진실과 화해의 정치

장원석 지음

온누리디앤피
DESIGN & PRESS

진실과 화해의 정치

■ 서언

이 책에 수록된 글들은 대량학살, 군사기지의 정치, 과거사 청산 등의 내용을 주요 주제로 삼고 있다. 이것들은 새천년 지구촌의 민주화 물결과 더불어 국내외적으로 부각된 쟁점이었다. 저자는 미흡하나마 관련 자료들을 수집하며 보다 넓은 시야에서 체계적으로 이러한 문제들을 이해하려 노력하였다.

제1부는 대량학살의 원인과 과정에 대한 다양한 사회이론들을 검토하였고 사태의 악화를 방지하기 위한 예방조치로써 인도주의적 개입의 원칙을 강조하였다. 그리고 평화학의 대가인 요한 갈퉁의 평화이론과 집단갈등 전문가인 바믹 볼칸의 이론을 소개하였다.

제2부는 각각 20세기와 21세기 최초의 대량학살 사태로 거론되는 아르메니아 제노사이드와 다르푸르 사태를 구체적인 사례로서 살펴보았다. 또한 동티모르와 더불어 독립을 추구하다 큰 희생을 치른 자유아체운동을 소개하였다. 저자가 객원교수로서 미국의 뉴스쿨 체류 당시 아체 독립투사들의 강연을 들을 기회가 있었는데 저자는 이들을 바라보며 100년 전 헤이그의 이준 열사를 떠올렸었다. 디아스포라 사회와 중간자적 소수민족 이론 역시 국내에 잘 알려지지 않은 주제인 것 같아서 이론을 소개하는 수준에서 자료를 정리하였다.

제3부는 최근에 정치학의 새로운 연구 주제가 되고 있는 군사기지 정치학을 다루고 있다. 먼저 개론서 격인 켄트 칼더의 '포위된 요새'의 내용을 정리한 후 개별 사례로서 한국의 평택 기지, 일본의 후텐마 기지 이전 논쟁과 푸에르토리코의 비에케스 해군기지 반대운동을 구체적으로 검토하였다. 군사기지 정치학의 최근 연구동향은 지역주민

들의 생존권과 이해관계에 우선적으로 초점을 맞추고 있다.

제4부는 과거 정권에서 자행된 총체적 인권 침해의 문제를 어떻게 해결할 것인가 하는 이행기의 정의 문제를 주로 다루고 있다. 사법적 정의와 회복적 정의가 조화를 이루어야 한다는 전제하에 관용과 화해의 방식을 통해 진실규명과 사회적 통합이라는 또 다른 가치를 추구하는 진실화해위원회에 대해서 알아보았다. 남아프리카공화국의 진실화해위원회는 회복적 정의를 지향하는 진실화해위원회의 대표적인 성공 모델이다. 그리고 민간단체가 중심이 되어 정의를 구현하고 지역공동체의 갈등해소를 시도하는 진실화해위원회의 새로운 경향을 살펴보기 위해 미국의 그린즈버러 진실화해위원회를 소개하였다. 한편 회복적 정의의 이상을 추구하는 진실화해위원회의 과정은 사과의 절차를 강조할 때만이 용서와 화해라는 최종적 성과를 기대할 수 있다는 판단하에 사과의 정치를 별개의 주제로 고찰하였다.

보론에서는 핵억지 이론을 중심으로 핵문제 전문가의 금세기 핵위기 사태에 대한 진단과 처방을 서평의 형식으로 소개하였다.

책의 내용이 엄격한 체계를 갖추지 못하고 있어서 제목을 어떻게 정할 것인가 고심하였는데, 결국 진실화해위원회로 귀결되는 이 책의 논리적 구성에 따라 '진실과 화해의 정치'로 결정하였다.

2018년 9월

장원석

■ 목차

제2부 • 대량학살의 실제

제3부 • 군사기지의 정치학

제1부

인권과 평화: 이론적 이해

제1장

인권보호는 국제사회의 의무와 권리

인권의 세계화현상이 진행되면서 급기야 주권침해 논쟁이 야기되고 있다. 인권의 세계화는 결국 주권국가에 대한 제3자의 인도주의적 개입을 정당화하기 때문이다. 필자는 여기서 인도적 개입의 내용을 군사적 개입뿐만 아니라 경제적인 제재나 외교적 압력을 망라하는 광의의 개념으로 설정한다. 1999년 나토가 코소보 사태에 대한 군사적 개입을 결정했을 때 많은 사람들이 이를 국제관계 패러다임의 혁명적인 변화로 해석하였다. 노스웨스턴 대학의 법학 교수인 스테픈 프레서(Stephen Presser)는 국제법의 새로운 원칙이 출현하여 주권을 침해하는 새로운 국제질서로의 진입을 목격하는 중이라고 우려를 표명하였다. 반면 국제인권감시 기구인 휴먼 라이츠 와치(Human Right Watch)의 책임자인 케네스 로스(Kenneth Roth)는 뉴욕 타임스에 대한 기고문을 통해 1999년은 인도주의에 반하는 범죄가 이루어진 국가의 주권이 더 이상 존중될 수 없다는 것을 보여준 해로 기억될 것이라고 말했다. 체코의 대통령이었던 하벨(Havel) 역시 코소보는 국익이 아니라 원칙과 가치의 이름으로 수행된 최초의 전쟁이며 미래에 인권이 주권보다 더 중요하다는 선례를 남겼다고 주장하였다. 피치자 중심의 주권론에 착안하여 주권을 국민의 권리로 파악하는 경우 인도주의적 개입은 주권의 침해가 아니라 주권의 실현이라고 주장할 수도 있을 것이다. 그러나 국민의 대표로서 통치자와 정부 역시 주권의 상징이며 따라서 양자의 긴장관계는 불가피하다고 말할 수밖에 없다. 필자는 이 주제를 놓고 심층적인 연구를 수행한 적이 없지만 사회과학도의 한 사람으로서 인도주의적 개입을 지지하는 범용한 견해를 피력하려 한다. 그러나 그것은 무조건적인 주장이 아니며 몇 가지 전제를 수반한다.

우선 인권과 주권의 개념이 각각 진보와 보수의 논리를 동시에 내포하고 있다는 사실을 지적하고 싶다. 양자의 긴장관계에 있어서 선택의 문제는 결코 정의와 불의의 대결로서 일반화될 수 없다. 가령 주권의 개념은 대내적인 지배와 강제의 관계뿐만 아니라 대외적인 독립과 자결, 국가적 평등의 이념을 내포한다. 또한 주권의 대행자로서 국가는 국민의 복지와 생존권을 책임질 경우 진보의 주체이기도 하다. 따라서 인권과 주권의 개념은 진보와 보수의 이데올로기와 일대일 상관관계를 맺고 있지 않으며 양자는 여러 가지 상황의 논리와 연결되어 있기 때문에 극단적인 흑백논리를 주장할 경우 자신이 규정한 덫에 스스로 걸려들 가능성이 있다. 진보적 차원에서 인권의 우위를 주장한다 할지라도 제국주의적 외세에 대항하는 제3세계 국가의 입장을 고려한다면 보수의 논리로 역전될 수 있고, 제3세계 국가의 반제국주의를 옹호하다 보면 압제정권에 침묵하는 모순적 상황과 직면하게 된다. 인권과 주권의 선택이 구체적 상황의 논리에 의해서 의의를 부여 받게 된다는 사실을 자각한다면 논쟁은 보다 합리적인 수준에서 전개될 것이라 생각한다.

우선 인권의 세계화 과정을 간단히 고찰해보자. 인권의 개념이 자연권 혹은 생득적 권리로 인식된 것은 사회계약론의 완성과 더불어서이다. 그러나 동일한 시기에 주권의 개념 역시 신성한 가치로 정립됨으로써 인권은 시민권적 양상을 띠게 되었다. 칸트의 이론이 보여주듯이 세계시민으로서의 권리는 공화적 체제를 전제로 할 때만 실현될 수 있었다. 제2차 세계대전이 종료되면서 나치의 만행에 침묵했던 서구사회는 죄의식과 이상주의적 에토스가 결합되면서 세계인권선언을 선포하고 제노사이드 협약을 체결하였다. 냉전의 이데올로기 속에서 소비에트 블록에 가해진 서구사회의 인권 공세 역시 인권의 세계화에 한 계기를 제공하였다. 냉전의 종식과 더불어 국제사회의 행동방식은 혁명적인 변화를 보이기 시작하여 주권국가의 내부에서 발생한 반인륜적 범죄에 대해서도 책임을 추궁하기에 이르렀다. 밀로셰비치(Milosevic)나 피노체트(Pinochet)를 법정에 세웠으며 국제형사재판소의 설립이 모색되었다. 신자유주의적 세계화와 탈영토화의 경향은 주권국가의 권위를 약화시켰으며 국경을 초월한 민간단체의 연대는 국가주권의 논리를 약화시키는 환경적 요인이 되었다. 인권과 민주주의의 이념을 공동체적 가치로 수용하고 있는 유럽연합의 경우 파시스트 정당을 포용하는 오스트리아의 선거 결과에 대해서 경고를 하기에 이르렀다.

한편 2005년 1월 20일 부시 미 대통령은 대통령 2기 취임사를 통해서 미국은 자유의 수호자로서 인간의 존엄성을 외면하는 모든 독재정권을 결코 용납하지 않을 것임을 분명히 선언하였다. 2005년 3월 미국의 상원과 하원은 전 세계 독재국가들을 민주화시키기 위한 '민주주의 증진법'을 의회에 상정하였다. '민주주의 증진법'의 핵심내용은 미국무부와 재외공관들이 민주주의 확산의 전초기지가 되어 비민주국가들의 민주화에 적극 개입하자는 것이다. 폭정의 대상으로 지목받고 있는 북한·이란·쿠바·미얀마·벨라루스·짐바브웨 등의 국가를 주로 겨냥하고 있는 것으로 알려졌다.

세계사의 현실적 추세를 어떻게 규범적으로 정당화 할 것인가? 필자가 취하는 논리는 두 가지 전제에 입각해 있다. 첫째는 계약론적 국가관이다. 즉 국가의 존재 이유는 국민의 자유와 권리를 보호하기 위한 수단적 역할에 있으며 그 자체 목적이 아니라는 것이다. 로크의 이중주권론(double sovereignty theory)과 같은 맥락이다. 따라서 주권의 사수는 그것이 심각한 인권 침해를 수반할 경우 의미가 없다고 본다. 둘째 인권의 보편성에 대한 주장이다. 인권의 개념은 시대에 따라 진화를 거듭해 왔으며 현재에는 사회권뿐만 아니라 환경권까지를 포함하게 되었다. 그러나 인도주의적 개입의 경우 인권의 개념은 국제사회의 모든 구성원들에 의해서 보편적 가치로서 인정될 수 있는 최소의 수준에서 그 내용이 규정되어야 할 것이다. 즉 이 경우 인권의 침해라 함은 대량학살이나 전체주의적 지배 등 인간의 존엄과 가치를 본질적으로 훼손하는 행위를 말한다고 하겠다. 따라서 문화적 차이에 기인하는 경미한 사안은 인도주의적 개입의 명분이 될 수 없을 것이다. 물론 양자의 경계가 모호해지는 지점이 있을 수 있고 경우에 따라서는 후자에 대해서도 개입이 시도될 수 있으나 그것은 가능한 한 자제되어야 할 것이다. 만일 인권의 개념을 미국식 개인주의에 입각하여 파악한다면 비서구 사회는 대부분 비정상적이고 후진적인 사회로 간주될 수 있으며 따라서 모두가 최소한 경고의 대상이 될 수 있을 것이다. 그러나 미국식 개인주의가 보편적 가치라고 말할 수는 없는 것이며 따라서 인권의 개념 역시 보다 핵심적인 내용으로 압축될 필요가 있다. 싱가포르나 말레이시아가 아시아적 민주주의를 주장한다고 하여 경제적 제재를 시도하거나 외교적 압력을 가한다는 것은 사리에 맞지 않는다고 생각한다. 인권의 보편성은 문화와 종교의 차이를 초월하여 공감대를 확보할 수 있는 전인류적 가치를 지칭한다 할 것이다.

주권론을 옹호하는 논리를 살펴보면 크게 두 개의 범주로 나누어진다. 하나는 인도주의적 개입의 정당성 자체를 부정하는 원칙론적 견해이고 다른 하나는 부적절한 개입이나 효과적이지 못한 개입을 우려하는 방법론적 견해이다. 필자는 인도주의적 개입을 옹호하기 위해서 전자에 대해서는 반대의 논리를 주장하며 후자에 대해서는 대안을 제시하려 한다.

인도주의적 개입에 대한 첫 번째 범주의 반론은 주권론의 본질적인 옹호이다. 이 경우 주권론은 문화적 상대주의의 논리에 입각하여 인권의 침해 사실 자체를 인정하지 않을 수 있다. 즉 인권의 침해여부 판단은 해당국가의 고유한 기준에 따라 이루어 질 것이며 제3자가 관여할 문제가 아니라고 말한다. 이에 대한 필자의 반론은 문화적 특수성이 충분히 고려될 수 있지만 인권의 본질적 침해는 재량의 범위를 벗어난다는 것이다. 나아가 본격적인 주권론의 옹호는 주권국가 내부에서 인권침해가 자행되고 있다는 객관적인 사실이 인정된다 하더라도 결코 외부적인 개입이 허용될 수 없다고 주장한다. 그 이유로서 주권은 인권의 전제이며 주권 없이 인권도 존재할 수 없다는 논리를 내세운다. 주권을 상실함으로서 사실상 인권을 상실했던 제3세계의 역사적 경험을 생각할 때 이러한 주장은 이해해줄만한 구석이 있다. 그러나 현재의 인도주의적 개입은 과거의 제국주의와 근본적으로 성격을 달리하며 이러한 논리를 주장하는 대부분의 국가가 비민주적인 체제나 정권을 유지하고 있다는 사실을 직시할 때 그것은 형식논리에 불과하게 된다. 주권론이 보다 극단화되면 다음과 같은 논리도 주장될 수 있다. 즉 소수의 희생을 통해 체제가 보전됨으로써 다수 인민의 권리가 보호된다는 것이다. 이에 대한 반론은 일반 국민이 정부의 인권탄압을 과연 용납하고 있는지에 대해 의문을 제기하는 것이다. 만일 그것이 공권력의 강요에 의한 침묵이라면 주권의 논리는 애당초 정당성을 상실할 것이며 설령 다수 국민이 소수집단에 대한 인권침해를 용납한다 하더라도 체제외부적인 관점에서 볼 때 그것은 사이비 종교집단과 다를 바 없는 왜곡된 의식으로 비난받아야 할 것이다.

인도주의적 개입을 반대하는 두 번째 논리는 강대국의 자의적 행동에 대한 우려이다. 누가 개입여부를 최종적으로 결정할 것이며 판단의 기준은 무엇인가? 이러한 논리는 상당부분 미국의 군사력 남용에 대한 거부감에서 비롯되는데 제국주의의 지배나 식민지 경험을 갖고 있는 제3세계의 일반적인 반응이기도 하다. 그들은 미국이 과거 아시아와 아프리카 혹은 중남미 지역에서 보여준 이중적 태도와 부적절한 의도를 문제 삼으며 군함외교의 가능성을 지적한다. 그러나 이러한 주장은 역설적으로 정당한 절차와 주체가 인정될 경우 인도주의적 개입이 정당화될 수 있다는 논리가 된다.

개입을 반대하는 또 다른 논리는 개입이 초래하는 의도하지 않은 결과의 문제이다. 무력에 의한 개입의 경우 군사적 표적과 민간의 표적 구분이 힘들 뿐만 아니라 폭력적인 정권은 인간방패의 간교한 전술을 채택할 가능성이 있기 때문에 무고한 시민의 피해가 예상된다. 또한 군사적 공격뿐만 아니라 경제적 제재 역시 민중적 재앙을 초래할 가능성이 높다. 이라크 전쟁이나 코소보사태에서 확인됐듯이 식량과 에너지 부족, 의료와 보건 상황의 급격한 악화, 치안의 부재 등 민중의 생존권을 위협하는 심각한 상황이 전개될 것이며 다수의 민중에게 해방의 기쁨보다 고통을 안겨줄 수 있다는 점이다. 여성, 노약자, 어린이 등 사회적 약자의 삶이 우선적인 타격을 입을 수 있다. 그러나 이러한 지적은 개입의 방식이 보다 신중히 이루어져야 하며 비례성의 원칙이 견지되어야 하고 다각도로 보완적인 조치가 수반되어야 함을 일깨워주지만 불의를 외면해야 한다는 논리로 귀결되는 것은 아니라고 생각한다.

마지막으로 상대국가의 내부 상황을 제대로 알지 못하기 때문에 개입이 자제되어야 한다는 식의 논리도 간혹 주장되지만 정보화 사회의 진전 등을 지적하지 않는다 하더라도 건전한 상식의 세계를 감안할 때 그것은 궁색한 논리라고 본다.

필자의 입장은 결국 최소 인권의 실현을 위해서는 인도주의적 개입에 따른 주권의 침해가 불가피하며 정당한 절차와 주체가 보장된다면 인도주의적 개입에 대한 대부분의 반론이 어느 정도 불식될 수 있다는 것이다. 오히려 현실적 이해관계를 초월한 국제사회의 일관성 있는 개입이 일련의 학습효과를 통하여 주권침해를 최소화하거나 이를 미연에 방지하는 전통을 수립하게 될 것이라는 판단이다. 그렇다면 최선의 전략은 진정한 대표성을 갖는 국제기구로서 유엔의 발전을 도모하고 이를 통해서 인도주의적 개입을 모색하는 것이다. 필자는 다음과 같은 제안에 동의한다.

1) 국제사회는 대규모적 인권침해에 대해서 설령 그것이 주권침해를 초래한다 할지라도 사태에 개입할 수 있는 권리와 의무를 갖고 있다

2) 인도주의적 개입을 위해서 유엔의 승인이 필수적이지만 긴급사태의 경우 사후적인 승인도 가능하다. 단 유엔이 중지를 명할 경우 즉각적으로 이를 실행해야 한다.

3) 대규모적 인권침해사태에 대한 사실 여부 확인의 책임은 유엔이 진다. 모든 국가들은 사실 확인을 위한 유엔의 임무수행에 협조해야 한다.

4) 군사력 동원은 최후의 수단이 되어야 하며 비례성의 원칙이 견지되어야한다.

5) 모든 의사결정은 인간의 고통을 경감시킨다는 근본적인 원칙에 입각하여 공정하게 이루어져야 한다.

6) 인도주의적 개입의 주체는 사태를 수습한 후 해당지역의 재건

과 자립의 특별한 책임을 진다.

7) 유엔의 개입이 소기의 성과를 가질 수 있도록 국제사회는 충분한 자원과 무력을 제공해야 한다. 유엔이 책임 있는 주체나 다국적 군대에게 책임을 이관할 경우 정당한 절차를 밟아야 한다.

사족이지만 양날의 칼을 갖는 주제를 다루는 경우 흔히 발견되는 현상으로서 논리적 일관성의 결여 문제를 언급하고 싶다. 특정 사안에 대해서 인권의 문제를 앞세워 숙연한 논리를 주장하는 사람이 북한이나 이슬람 근본주의에 대해서 일언반구 하지 않는 경우가 있는가 하면, 반대로 미국의 패권주의를 비판하며 제3세계의 주권을 옹호하는 사람이 아시아적 민주주의에 대해 우호적인 발언을 하는 것을 별로 보지 못했다. 승산 있는 논쟁에서 큰 목소리를 내고 당혹스러운 주제에 대해서는 침묵한다는 인상을 받게 된다.

제2장

제노사이드의 사회이론

Ⅰ 머리말

20세기는 '제노사이드'의 시대였다고 말할 수 있다. 그것은 금세기에 행해진 체계적이고 의도적인 대량학살의 규모에 기초한 평가일 뿐 아니라, 전대미문의 대량학살 메커니즘과 기술의 효율성에 기초한 평가이다. 그러나 제노사이드가 학문적 주제로 부상한 것은 비교적 최근의 일이다. 계몽주의의 세례를 받았음을 자부하는 인류사회가 비극적 사태의 본질을 직시하려 하지 않았을 뿐 아니라 방법론적으로도 많은 어려움이 있었기 때문이다. 사실 기록된 역사의 대부분은 승자에 의해서 쓰여 졌고 희생자들은 그것을 패배의 결과로서 수용해왔다. 집단적 부정의 역사를 역전시키기 위해서는 20세기의 충격을 필요로 하였다. 홀로코스트의 생존자들은 나치의 만행에 대해 침묵을 거부하였다. 그들은 후대를 위해서 자신들의 경험을 기록하고 고발하였다. 제2차 세계대전이 종료되자 연합국은 나치 지도자들을 법정에 세워 그들의 반인륜적 죄상을 심판하였고 이것은 민간인 학살에 대한 범죄에 경종을 울렸다. 전후에 민주주의 이념이 확산되고 고등교육이 보편화되면서 대중의 지적 수준이 높아지자 지역주의와 민족주의가 약화되었다. 서구의 언론 역시 권력자에 대항하여 국내적으로 혹은 국제적으로 약자의 대변자 역할을 자임하게 되었다. 이러한 분위기에 고무된 여타 제노사이드의 희생자들도 자신들의 이야기를 토로하기 시작하였다. 결국 학자들도 인류 사회가 목격한 대량학살을 거론하고 분석하는 연구가 거의 없다는 사실을 각성하기에 이르렀다. 1970년대 중반 이후 사회과학은 다른 분야에서와 마찬가지로 이 비합리적 사태를 합리적으로 설명하기 위한 노력을 시작하였다.

이 글은 먼저 제노사이드 현상에 대한 이론적인 고찰을 행한다. 제노사이드의 개념을 둘러싼 논쟁과 유형분류의 방식 등에 대해서 살펴본 후, 제노사이드의 발생원인과 가해자 심리분석 등의 주제를 검토할 것이다. 다음에 제노사이드 사태의 예방과 저지 및 사후 처리 문제에 관련된 논의들을 순차적으로 정리한다. 인도주의적 개입과 유엔의 역할, 사법적 정의와 국제형사재판소, 과거사 청산과 진실화해위원회 등에 초점을 맞출 것이다.

II 제노사이드의 개념과 유형

1. 개념

1944년 유대계 출신의 폴란드 변호사 라파엘 램킨(Raphael Lemkin)은 『유럽점령지역과 추축국의 지배』라는 자신의 저서에서 제노사이드를 '육체적, 문화적 말살을 목표로 하여 민족, 종교, 인종집단을 계획적으로 파괴하는 행위'라고 정의하였다(Lemkin 1944). 1948년 유엔의 「제노사이드 방지와 처벌에 관한 협약」은 램킨의 정의에 입각하여 제노사이드를 '민족적, 인종적, 종교적 집단을 총체적 혹은 부분적으로 파괴하기 위한 의도 속에서 ⅰ) 집단구성원의 살해, ⅱ) 집단구성원의 심각한 신체적, 정신적 피해유발, ⅲ) 총체적 혹은 부분적으로 집단구성원의 신체적 파괴를 유도하기 위해 그들의 삶의 조건을 고의로 파괴 하는 것, ⅳ) 집단의 출산을 저지하기 위해 강요하는 조치, ⅴ) 집단의 어린이들을 강제적으로 다른 집단에게 넘기는 행위를 의미한다'고 규정하였다.

유엔의 제노사이드 개념정의는 적어도 두 가지 문제를 야기하였다. 첫째, 그것은 인종적, 종교적 성격의 학살만을 제노사이드로 규정함으로써 여타 형태의 학살, 가령 정치적이며 경제적인 집단에 대한 학살을 개념에서 제외시켰다는 점이다. 당시 협상의 대표들은 정치적 집단과 사회경제적 집단은 법률적으로 정의하기가 너무 모호하다고 주장하며 인종적인 학살만을 문제 삼았다. 그러나 시간이 흐르자 많은 학자들이 제노사이드의 개념정의를 보다 폭넓게 적용할 것을 주장하게 되었다. 가령 어빙 루이스 호로위츠(Irving Louis Horowitz)는 국가가 자신의 이념에 대한 충성을 강요하기 위해 반체제론자들을 응징하는 내부적 억압의 형태로서 제노사이드를 강조하였고, 레오 쿠퍼(Leo Kuper) 역시 민족국가 내부에서 행사되는 적대적 계급에 대한 폭력을 제노사이드의 개념 속에 포함시켰다(Horowitz 1976; Kuper 1982). 상이한 개념을 채택하는 방식으로 두 종류의 사태를 구별하여 학문적 접근을 시도할 수도 있지만, 정치적인 관점에서 볼 때 비인종적 집단을 국제협약에 포함시키는 것이 더 바람직하다고 말할 수 있을 것이다. 비인종집단까지를 포함하는 광의의 제노사이드 개념은 대량학살의 개념으로 치환될 수 있는데, 후자의 용어는 어느 정도 규모의 문제를 상정하고 있으며 혹자의 이론에 따르면 5만 명의 기준이 제시되기도 한다(Valentino 2004, 11-12).

둘째, 그것은 의도성의 기준을 강조하였다는 점이다. 제노사이드는 의도적인 학살을 말한다. 따라서 사전에 계획되지 않은 사태는 비극적이고 개탄스럽더라도 제노사이드가 아닌 다른 무엇으로 호칭되어야 한다는 입장이다. 여기서 의도성의 의미를 조금 더 유연하게 파악한다면, 직접적인 살해 의도가 없더라도 강제 행군, 강제 노동, 강제 추방 등의 결과로 수많은 민간인의 희생이 초래될 것이라고 이성적으로 예견할 수 있을 경우에 그것은 의도적인 행위로 간주된다. 따라서 기아, 피로, 유기, 질병 등으로 인한 죽음도 제노사이드의 범주에 포함된다. 그러나 현대 사회가 익명적 권력에 입각한 지배체제로 변화한 현시점에서 볼 때 의도성에 대한 강조는 시대착오적이며 계획의 존재유무와 관계없이 모든 구조적 폭력의 결과를 문제 삼아야 한다는 강력한 주장이 대두되고 있다(Wallimann and Dobkowski 2000, xxii). 후술하는 대드리안의 잠재적 제노사이드는 침략에 따른 질병 피해, 문화 파괴 등과 같이 의도하지 않은 결과가 초래한 사태이다. 예를 들면 호주의 태즈매니아인들이나 브라질 내륙의 원주민들은 이런 방식으로 멸종되었다.

덧붙여 말한다면, 산발적인 폭력으로서 국가테러와 대상을 총체적이며 체계적으로 학살하려는 제노사이드는 구분되어져야 한다. 또한 제노사이드는 내전과 구별되는 개념이다. 내전은 제노사이드를 촉발하는 한 요인이 되지만 제노사이드 그 자체는 아니다.

2. 유형 분류

기존의 분류방식은 대체적으로 대량학살이라는 광의의 제노사이드 개념을 수용하여 양태, 동기, 배경 등 다양한 기준들을 적용하고 있는데, 의도성의 구체적 내용이라 할 수 있는 동기의 구조를 중심으로 분류하는 것이 가장 일반적이다. 실제상황에서는 의도의 구체적 내용이 하나 이상의 범주와 관련이 있기 때문에 무엇이 지배적인 의도인지를 결정해야 한다. 분류의 몇 가지 사례들을 살펴보면 다음과 같다. 바하큰 대드리안(Vahakn Dadrian)은 ⅰ) 문화적 동화를 목적으로 하는 문화적 제노사이드, ⅱ) 폭격에 의한 민간인 사망이나 침략에 따른 질병, 피해 등 의도하지 않은 결과로서 잠재적 제노사이드, ⅲ) 지배집단에 도전하는 소수세력의 처벌을 목표로 하는 응징적 제노사이드, ⅳ) 경제적 자원 확보를 목표로 하는 공리적 제노사이드, ⅴ) 특정집단의 총체적 말살을 꾀하는 최대의 제노사이드 등으로 분류하였다(Dadrian 1975, 201-212). 여기서 대드리안은 의도성뿐만 아니라 의도하지 않은 사태까지 분석에 혼용하고 있다. 한편 레오 쿠퍼는 과거 제노사이드에서 나타난 가해자의 동기에 초점을 맞춰 다음의 3가지 유형으로 분류하였다. ⅰ) 종교적, 인종적 차이를 해결하기 위해 계획된 제노사이드, ⅱ) 식민지 정복과정에서 주민들을 위협하기 위해 계획된 제노사이드, ⅲ) 정치적 이데올로기를 강요하거나 완성하기 위해 계획된 제노사이드(Kuper 1982, 11-18). 쿠퍼의 분류는 제노사이드에 대한 엄격한 개념정의를 하지 않고 있으나 유엔의 개념정의에서 배제된 정치적, 경제적 대량학살을 포함시키고 있다는데 의의가 있다. 한편 커트 조나슨(Kurt Jonassohn)과 프랑크 초크(Frank Chalk)는 ⅰ) 적대세력의 위협을 제거하기 위한 제노사이드, ⅱ) 경제적 부의 획득을 목적으로 하는 제노사이드, ⅲ) 테러를 조성하기 위한 제노사이드, ⅳ) 신념과 이데올로기의 실현을 위한 제노사이드 4개의 유형을 제시하였고(Wallimann and Dobkowski 2000. 12-15), 로저 스미스(Roger Smith)는 ⅰ) 보복을 본질로 하는 응징적 제노사이드, ⅱ) 정복의 과정에 수반되는 제도적 제노사이드, ⅲ) 실리를 목적으로 하는 공리적 제노사이드, ⅳ) 권력 투쟁에 따른 독점적 제노사이드, ⅴ) 구원과 정화를 모색하는 이데올로기적 제노사이드의 5가지 유형으로 분류하였다(Wallimann and Dobkowski 2000. 23-29). 이외에도 바바라 하프(Barbara Harff)는 제노사이드의 계기로서 국가적 격변의 특징에 주목하여 i) 전쟁 및 제국 해체 직후의 제노사이드, ii) 식민지 해방에 따른 제노사이드, iii) 쿠데타와 혁명 직후의 제노사이드, iv) 정복의 제노사이드 4개의 유형을 제시하였다(Harff 1984).

이들 분류 방식을 살펴보면 상호배타성과 망라성이라는 분류의 기본원칙이 엄격히 지켜지고 있지 않으며, 특히 의도성의 내용에 따른 분류의 경우에 희생자 집단의 정체성(identity)과 가해자 집단의 동기(motive)가 착종됨으로써 혼란을 가중시키고 있다. 가령 인종적 제노사이드의 경우에 대상은 인종 집단이지만 동기는 종교나 문화상의 차이에 기인하는 학살일 수도 있고 혹은 정치적, 경제적 차원의 판단에 따른 학살일 수 도 있는데 이러한 문제를 유형분류와 관련하여 어떻게 처리할 것인가?[1] 따라서 필자는 보다 일관성 있는 분류를 시도하기 위하여 정체성과 동기의 기준을 두 축으로 하는 새로운 모델을 제시하려 한다. 새로운 분류 방식에 따르면 정체성의 변수는 인종집단과 비인종집단으로 크게 이분되는데, 전자의 범주 속에는 국내에 거주하는 소수인종 뿐만 아니라 외국의 원주민 집단 등도 포함되며 후자의 범주 속에는 특정의 계급이나 정치세력 등이 포함된다. 학살의 동기를 규정하는 주요 변수로서는 종교·문화적 요인, 정치적 요인, 경제적 요인, 이데올로기적 요인, 군사적 요인의 다섯 가지 범주를 설정한다. 종교·문화적 요인은 인종적 혐오감의 근본원인

---

1) 헌팅턴이 문명충돌론을 제기했을 때 이에 대한 주요한 비판의 논리 중 하나는 충돌이 문명의 차이 그 자체에서 기인하는 것이 아니라 정치, 경제, 군사의 세속적인 이해관계 충돌에서 비롯되었으며 문명의 차이는 정당화의 논리에 불과하다는 주장이었다. 이에 대해서는 Muller의 저서『문명의 공존』(2001) 제2부 '현대의 전쟁과 갈등' 참조할 것.

으로서 정신적이며 물리적인 삶의 방식 차이 그 자체를 강조한다. 정치적 요인은 정권이나 체제에 대한 도전 혹은 위협 등을 내용으로 한다. 경제적 요인은 영토의 확보나 자원분배에 따른 현실적 이해관계의 충돌을 의미한다. 이데올로기적 요인은 특정의 신념체계를 국가구성원들에게 강요하거나 급진적인 방식으로 사회변혁을 시도하는 경우이다. 마지막으로 군사적 요인은 대게릴라전의 수행과정에서 재래식 군사기술을 사용하여 적을 제압하지 못할 경우에 초토화 전술이 채택됨을 말한다. 군사적 요인은 상기의 4가지 요인 모두와 결합될 수 있다. 새로운 매트릭스는 10개의 조합을 보여주는데 각각은 이론상으로 가능한 모든 형태의 제노사이드를 설명해줄 뿐 아니라 각각의 범주에 상응하는 역사적 사례를 확인할 수도 있다. 그러나 이들 10개의 조합 모두에 대해 고유한 명칭을 부여하고 그것을 개념화하는 것은 다소 복잡한 작업이며 현실적으로도 유용성이 떨어지기 때문에 보다 발생빈도가 높은 전형적 사례에 초점을 맞춰 유형분류를 축소할 필요가 있다. 그리고 모든 사례에 대해서 사실상 복수의 동기가 작용하고 있으며 부분적으로 분류의 중복이 불가피하다는 사실을 인정한다면 어느 정도 간소화된 함축적 개념을 도입하는 것이 좋다. 종합적으로 말한다면, 제노사이드의 유형분류는 협의의 제노사이드로서 인종적 제노사이드와 광의의 제노사이드로서 비인종적 제노사이드 두 가지로 대별된다. 인종적 제노사이드는 본질적 제노사이드와 비본질적 제노사이드로 다시 이분해 볼 수 있다. 본질적 제노사이드는 문화·종교적 차이와 같은 인종적 변수 그 자체에서 비롯되는 적대감이 대량학살로 귀결되는 경우이다. 만약 홀로코스트가 어느 정도 독특한 사건이라고 한다면 그것의 종교적 차원이야 말로 고유성의 중요한 요소가 된다. 기독교 사회에 의해서 유대인은 신을 살해한 민족이라는 악마의 정체성을 부여받고 도덕적 의무의 세계로부터 추방되었다고 해석될 여지가 있다(Wallimann and Dobkowski 2000, 292). 르완다 제노사이드의 경우에도 투치족은 인간 이하의 해충집단으로 공공연히 비하되어 살해되었다. 비본질적 제노사이드는 분리 독립의 주장과 같은 정치적 도전을 분쇄하거나 영토 및 자원을 확보하기 위한 공리적 동기에서 비롯된 대량학살을 의미한다. 보스니아나 동티모르 사태가 정치적 도전에 대한 대응이었다면 다르푸르 사태는 목초지와 수자원 확보라는 현실적 요청에 따른 충돌이었다. 제국주의나 정복의 시대는 종말을 고했지만 희소자원의 쟁탈 과정에서 저항하는 원주민들이 생명을 위협받을 가능성은 아직도 상존한다. 잉여인구를 급진적인 방식으로 처리하여 독일인들에게 충분한 생활공간을 제공하려 했던 사건으로 홀로코스트를 바라보는 리차드 루벤스타인(Richard Rubenstein)의 잉여인구 가설 또는 트리아즈(triage) 이론은 비본질적 제노사이드의 범주에 속할 수 있다(Rubenstein 1983). 경제적으로 성공한 소수인종 집단에 대한 주류 사회의 적의와 반감이 제노사이드의 촉발요인이 될 수 있다고 가정하는 월터 젠너(Walter P. Zenner)의 중간자적 소수민족(middleman minorities) 이론[2] 역시 비본질적 제노사이드의 범주 속에서 이해될 수 있을 것이다(Zenner 1978).

광의의 제노사이드 개념인 비인종적 제노사이드는 주로 정치적, 이데올로기적, 군사적 동기와 관련하여 발생하는데 필자는 이를 각각 정치적, 이데올로기적, 군사적 제노사이드로 호칭하려 한다. 정치적

---

2) 중간자적 소수민족 이론에 대해서는 1973년의 보나시츠(Bonacich) 논문을 참조할 것. Edna Bonacich, "A Theory of Middleman Minorities," *American Sociological Review* 38 (1973), pp. 583-94. 중간자적 소수민족이론을 제노사이드와 결합시키는 시도는 1978년의 젠너(Zenner) 논문을 참조할 것. Walter P. Zenner, *Middleman Minority Theories and the Jews: A Historical Assessment*. New York: YIVO Working Papers in Yiddish and East European Jewish Studies Series. No. 31 (1978).

제노사이드는 동질적인 인종집단 내부에서 체제나 정권에 도전하는 세력들을 응징하기 위한 제노사이드이다. 사실 20세기에 빈번히 발생했던 대량학살의 근원은 권력을 독점하기 위한 투쟁이었다. 1971년 우간다 정부를 전복하고 역사상 유래 없는 야만적인 정권을 출범시킨 이디 아민(Idi Amin)은 정권에 반대하는 모든 적대세력을 처형하였는데 그는 자신의 권력을 공고히 하기 위해서 50만 명을 학살하였다. 이데올로기적 제노사이드는 특정의 신념에 따라 사회를 개조하기 위한 처방으로서 적대적 인종과 계급을 총체적으로 박멸하려는 시도이다. 크메르 루즈(Khmer Rouge)의 지도자들은 마오주의적 마르크스주의에 입각한 농촌사회의 건설을 목표로 신속하고 완벽한 체제이행을 꾀하였는데 이 과정에서 전 국민의 4분의 1 이상이 희생되었다. 한편 군사적 제노사이드는 게릴라 토벌 과정에서 무고한 민간인이 대량학살 되는 경우이다. 정부군은 강제이주와 초토화 작전을 통해 게릴라 집단의 지지기반을 파괴하고 현지 주민에 대한 통제력을 강화하는 경향이 있다. 게릴라 토벌작전은 대부분의 대량학살 사태에서 중요한 2차적 동기를 제공한다. 소련이 아프가니스탄에서 쓰라린 경험을 하고도 몇 년 후 체첸에서 유사한 전술을 다시 채택한 것은 게릴라전이 현대전투의 일반적인 형태로 남아있는 한 군사적 제노사이드 역시 사라지기가 어렵다는 사실을 보여준다(Valentino 2004, 233).

III 제노사이드 이론의 구조

1. 발생 요인

제노사이드의 전개과정에 주목하여 사태의 발발에 영향을 미치는 세 개의 주요한 구조적 요인을 추출하면 다음과 같다. 첫째, 집단 간 투쟁의 역사를 보이는 심각한 내부적 균열의 존재이다. 경쟁하는 집단 사이에 내부적인 일체감이 높을수록 상대방에 대해서 극단적인 조치를 취할 가능성이 많다. 양극화는 보통 종교, 가치, 전통, 이데올로기 등의 차이에 의해서 심화된다(Wallimann and Dobkowski 2000, 43). 둘째, 국가적 격변 사태의 발생이다. 여기에는 패전과 제국의 해체(유대인 대학살이나 아르메니아 사태), 식민지 해방(남부수단, 비아프라, 방글라데시, 동티모르 등), 쿠데타와 혁명(캄푸치아, 인도네시아) 등의 사태를 예로 들 수 있다. 패전은 국민적 긍지를 파괴하고 때때로 적으로 인식된 집단에 대한 제노사이드를 유발한다. 식민지로부터 해방되었거나 혁명 직후의 사회는 체제건설의 과정에서 주도적 지위를 차지하기 위한 내부적 폭력에 돌입하는 경향이 있다(Wallimann and Dobkowski 2000, 43). 셋째, 정치적 의사결정의 단계이다. 발렌티노에 따르면 대량학살에 있어서 사회일반이 차지하는 역할은 일반적으로 아주 미미하며 사태는 결국 정치 지도자나 군사 지도자들이 갖고 있는 특정한 목적이나 전략에서 비롯된다(Valentino 2004, 3). 제노사이드는 정책결정권자가 취하는 의식적 선택의 결과이며 반대파를 억압하는 여러 수단 가운데 가장 극단적인 정책이다.

이들 세 가지 공통적 요인 외에 두 개의 매개 변수를 추가할 수 있다. 하나는 해당국가 정치체제의 성격이 민주적인가 여부이다. 민주적인 국가일수록 절대 권력에 대한 견제장치와 합리적인 정치문화로 인해 제노사이드의 발생가능성은 낮아진다. 럼멜(Rudolph Rummel)은 민주적 정부형태가 비민주적 정부에 비해 낮은 수준의 대량학살이나 인권침해와 관련이 있음을 보여주는 강력한 증거를 제시하며 민주정부의 정치과정은 대량학살의 결정이나 이행을 불가능하게 만든다고 주장한다(Rummel 1994). 그러나 이에 대해 민주국가는 자국 국민들에 대해서는 관대할지 모르지만 타국과의 전쟁이나 해외 식민지에 대한 통치에 있어서 야만적일 수 있다는 반론을 할 수 있다(Valentino 2004, 26-29). 또 다른 변수는 살인정권에 대한 외부세계의 견제 혹은 지원 여부이다. 살인정권에 대한 국제적 제재 혹은 개입의 부재는 제노사이드를 촉발하는 외부적 여건을 제공한다. 제노사이드 국가에 대한 초강대국의 공식적, 비공식적 지지는 해당 정권의 생존증명서가 된다. 어떤 경우에 국제사회는 억압적 국가에 대해 비난도 두둔도 하지 않았는데 그것은 해당국가가 세계의 주목을 받기에는 너무나 보잘 것 없는 존재여서 일종의 행동의 자유를 만끽한 경우였다. 유대인 망명자에 대한 피난처 제공을 대부분의 국가가 거부한 사실에서 드러나듯이 유대인에 대한 국제사회의 동정심은 거의 존재하지 않았다. 대드리안은 아르메니아 제노사이드를 논하는 과정에서 서구열강의 소극적 태도가 사태를 악화시킨 결정적인 요인이었으며 이것은 사실상 제노사이드의 허가증이 되었다고 주장하였다(Dadrian 1999, 154). 훗날 히틀러는 유대인 학살을 결정하는 과정에서 측근들이 국제사회의 개입가능성을 우려하자 누가 아르메니아 사태에 대해 관심을 보였는가라고 반문하였다.

2. 가해자의 심리 분석

제노사이드와 관련된 사회과학 이론들은 주로 정치적 의사결정과정에 초점을 맞추고 있다. 그들은 왜 대량학살을 결심하였는가? 살인명령을 맹목적으로 이행했던 하급자들의 의식세계도 마찬가지로 사회과학의 관심사이다. 그들은 순종할 수밖에 없었는가? 가해자는 편의상 기획자와 집행자 두 집단으로 나누어 생각해 볼 수 있는데 이들 양자의 관계는 상호보완적이어서 어느 한 편이 자신의 역할을 강력히 수행하지 않으면 사실상 대규모의 학살 사태는 발생하기가 어렵다. 일반 대중의 역할은 후술 하는 것처럼 상대적으로 미미한 편이라고 보여 진다.

1) 기획자

제노사이드 기획자의 정신 상태를 범주화하면 비정상적인 경우, 정상적이며 순수한 경우, 정상적이며 불순한 경우로 3분해 볼 수 있으며, 정상적이고 순수한 경우에도 이데올로기적 동기와 실용주의적 동기를 다시 분리하여 고찰할 수 있다. 여기서 정상적이라 함은 의사결정 과정에 병리적 요인이 작용하지 아니함을 의미하고, 순수한 경우라 함은 사적인 이해가 개입되지 아니함을 의미한다. 물론 기획자의 행위 동기는 복합적일 수 있다.

첫째, 비정상적인 동기에 입각한 의사결정이다. 히틀러에 대한 일부 연구가 주장하는 것처럼 정치지도자의 병리적 행태가 사태의 발단일 수 있다. 그러나 국가지도자 수준에서의 정책결정 과정이 가학증세나 편집증 같은 병리적 요인의 지배를 받는다고 상정하는 것은 다소 현실성이 떨어져 보인다.

둘째, 정상적이고 순수한 의식상태의 첫 번째 유형으로서 이데올로기적 의사결정을 시도하는 경우를 생각해 볼 수 있다. 크메르 루즈 통치하의 캄보디아와 같은 20세기 공산주의 제노사이드는 무모한 국가개조 사업을 추진함으로써 대규모적 희생이 따랐던 대표적 사례가 된다. 이데올로기적 동기의 제노사이드는 정치지도자들이 사리사욕을 취하지는 않고 있으나 무자비하고 비현실적인 신념을 고집하는 경우로서 설명될 수 있다. 폴 포트가 이끄는 캄푸치아 공산당 지도부는 마오주의적 마르크스주의를 모델로 하여 역사상 유래 없이 신속한 공산주의 건설을 시도하였으며 문자 그대로 제로에서부터 시작되는 완전히 새로운 캄보디아 사회를 창조하고 있다고 믿었다(Valentino 2004, 133). 그들은 중간단계를 거치는 시간낭비 없이 완벽한 공산주의 사회를 창조하는 최초의 국가가 될 것이라고 자신하였다. 순결한 사회를 건설하기 위해서 인종과 계급을 총체적으로 박멸하려는 시도는 현대와 더불어 시작되었다. 현대적 이데올로기의 핵심에는 까뮈가 말했던 형이상학적 반항이 존재한다(Wallimann and Dobkowski 2000, 27). 말하자면 그것은 질서, 정의, 인류애 등을 구현하는 새로운 천지창조의 시도이다. 혁명은 불순물을 제거하고 싶어 하는 강력한 욕망에 의해서 동기화된다. 총체적인 외과수술을 통해 지상에 천국을 건설하겠다는 야심, 불가능은 없다는 신념은 어디서 연유하였는가? 탈근대를 선언한 포스트모더니즘에 따르면 전쟁과 기아, 혁명으로 점철되었던 20세기는 해방과 진보를 추구하였던 근대 이성의 기획이 실패하였음을 증명한다. 파국의 절정은 파시즘과 스탈린 체제의 출현이다. 근대의 지식은 정치권력과 결합하여 사회적으로 제도화되었고 거대설화는 이 과정에서 자신의 신념을 절대화함으로써 일정한 수준의 폭력을 항상 행사하였다(Lyotard 1984). 20세기 전체주의 사회의 등장은 하나의 진리만을 고집하는 근대적 지식과 이념이 초래한 테러의 극단적인 경우이다.

셋째, 정상적이고 순수한 의식상태의 두 번째 유형으로서 정치지도자들이 국가가 처한 위기상황을 과장되게 파악하여 극단적인 해결책을 취하는 경우이다. 이른바 전략적 관점(strategic perspective)에 입각한 분석틀인데, 이 경우 기획자들은 대량학살 그 자체를 목적으로 간주하지 않는다. 희생자 집단에 대한 폭력은 본래적으로 전체 주민을 절멸하려는 의도를 갖고 있지 않다. 그들은 희생자에 대한 약간의 동정심, 희생자들의 격렬한 저항과 제3자의 개입에 대한 우려 때문에 덜 폭력적인 대안을 먼저 구상한다. 그러나 덜 폭력적인 억압정책이나 제한적인 양보 등 여타의 선택이 비효과적이거나 비실제적이라는 결론에 도달하는 경우에 대량학살은 최종적 해결 수단이 된다. 따라서 대량학살이나 제노사이드는 인지된 위협에 대해 지도자들이 취하는 '합리적 반응'으로 해석될 수 있다(Valentino 2004, 68). 그것은 전시 상황에서 내부의 적에 대한 선제공격이나 국가적인 경제위기 혹은 인구문제 등을 타개하기 위한 영토 확장 등 나름대로의 명분을 갖고 있다. 그러나 대량학살의 전략적 이해는 가해자들이 자신들이 직면하고 있는 문제를 항상 객관적으로 평가하고 있음을 의미하지 않는다. 오히려 많은 사례를 보면 대량학살의 희생자들에 의해서 야기된 위협은 실재적이라기보다는 상상적인 성격의 것이었다. 가령 유럽의 유대인들은 1930년대에 독일에 대해 이렇다 할 위협을 주지 않았음에도 불구하고 일부 독일의 지도자들은 강박관념과도 비슷하게 주관적인 피해의식을 심화시켰다.

넷째, 정상적이며 불순한 동기의 의사결정이다. 이것은 정치 엘리트들의 권력의지가 학살의 동인을 제공하는 상황이다. 사회적 혼란을 틈타 정치권력을 장악하기 위한 음모로서 제노사이드가 악용된다는 '정치적 기회이론'이나 체제의 위기를 수습하고 정권을 보전하기 위해 무고한 집단을 희생시킨다는 '희생양 이론' 등이 여기에 해당된다(Valentino 2004, 22-26). 다만 후자의 경우에 그러한 시도가 사적인 이해를 초월한다면 나름대로 대의를 표방할 여지가 있다.

2) 집행자

제노사이드의 집행세력은 크게 국가기구에 해당되는 군과 관료집단, 민간인으로서 악역을 대행하는 준군사단체인 민병대 조직으로 이분된다. 대부분의 학살을 조직하고 집행하는 것은 군대와 준군사단체인 민병대들이다. 관료집단은 이들에 대해 간접적인 방식으로 행정지원을 한다. 기존의 연구에 따르면 군대는 최소한의 조직규범을 견지하고 있기 때문에 학살과정에서 극히 제한적인 역할만을 수행한다. 학살의 임무는 대개 군 조직과 민병대의 소수 집단 - 가학주의자들과 이데올로기적 광신자들 - 이 주도하며 대다수의 병력은 살인행위에 대해 거부감을 보인다. 그러나 후자 역시 특수한 상황하에서는 학살과정에 동참하게 되는데 이들 다수의 의식세계를 설명하는 이론이 '상황적 압력(situational pressures)' 이론이다.

모든 사회 속에는 어떤 이유에서든지 간에 폭력과 학살에서 만족을 느끼는 개인들이 존재하며 일부는 적극적으로 폭력을 갈구한다. 한 심리학적 연구에 따르면 폭력범죄자들 가운데 5% 정도가 이러한 집단에 속한다고 본다(Valentino 2004, 40). 또한 소수의 군인들은 일부 폭력 범죄자들처럼 심지어 살인행위 자체 속에서 기쁨을 느낄 수 있다. 때때로 지도자들은 이들 집단을 적극적으로 충원하여 학살의 책임을 맡기는데, 재소자들을 학살조직의 구성원으로 선발한 많은 사례가 있다(Dadrian 1993, 58; Woodward 1995, 238). 1941년 라트비아에서 독일군은 1만 3천명의 유대인을 학살하였는데 이 과정에서 1,700명의 군인과 경찰은 수송과 경비업무를 떠맡았던 반면, 12명밖에 안 되는 소수의 사람들이 총살을 집행하였다. 보스니아 사태 당시 가장 악명 높은 집단이었던 '아르칸의 호랑이'는 500-1,000여 명에 지나지 않았으며 주로 범죄자나 깡패들로 구성되어 있었다. 당시 군대는 종종 민간인에 대한 처형임무를 회피하고 주위 경계책임만을 맡았으며 '더러운' 일은 이들 준군사단체가 떠맡았다.

한편 제노사이드 집행자들의 또 다른 집단은 '진실한 신자'들이라고 묘사될 수 있는 사람들이다. 이들은 대량학살이 필요할 뿐 아니라 또한 정당하다고 확신하기 때문에 학살에 가담한다(Valentino 2004, 41). 이들 '진실한 신자'들은 폭력 그 자체에서 어떠한 쾌락도 느끼지 않으며 정반대로 그것은 그들에게 혐오감을 불러일으킨다. 이러한 집단은 학살을 정당화하는 이데올로기나 희생자들에 대한 뿌리 깊은 증오심에 의해 동기가 부여되는데 상대적으로 고위직일수록 이데올로기적인 성향이 보다 강하게 나타난다. 정치지도자들은 순수한 새디스트보다 진실한 신자 집단을 더 선호한다. 왜냐하면 전자는 군대 조직의 규율을 이행할 수 있는 능력이 거의 없으며 통제가 힘든 집단이기 때문이다.

가학적 성향 혹은 인종적 증오심이나 이데올로기적 광기에서 직접적으로 학살에 관여하는 집단은 가해자 전체에서 차지하는 구성비율로 볼 때 극소수에 불과하며 나머지 대다수는 마지못해 소극적으로 학살에 관여한다. 그렇다면 이들의 행위 동기를 어떻게 설명할 것인가? 유력한 가설의 하나인 '상황적 압력'이론은 가해자의 대부분이 특정의 주변상황과 밀접하게 관련된 다양한 요인 – 애국적 의무감, 물질적 욕망, 출세의 야심, 처벌에 대한 두려움 등 – 때문에 열광함 없이 폭력적 행위에 동참하게 된다고 본다(Valentino 2004, 37). 1960년 대 초에 행해진 스탠리 밀그램(Stanley Milgram)의 고전적 실험은 권위에의 복종의 문제에 초점을 맞추고 있지만(Milgram 1974) 많은 사회심리학자들은 인간의 행동에 영향을 미치는 상황적 요인의 놀라운 위력을 강조하는데 실험의 보다 중요한 의미가 있다고 보았다. 1971년 스탠포드 대학의 필립 짐바르도(Philip Zimbardo) 교수가 행한 모의 감옥의 실험 역시 정상적인 사람들도 특수한 환경 하에서는 비교적 용이하게 가학적인 행동을 할 수 있음을 보여주었다(Zimbardo 2007). 평범한 민간인을 대상으로 한 이들 실험이 보여주는 놀라운 결과를 고려할 때, 군대나 경찰 혹은 준군사조직의 경우에 권위에 대한 복종과 상황적 압력의 효력은 더욱 증폭될 가능성이 높아진다. 가령 브라우닝(Christopher R. Browning)의 독일 경찰

부대를 대상으로 한 연구에 따르면 군대 특유의 집단주의적 조직문화가 보통 병사들을 학살 행위에 동참하게 만든다(Browning 1993, 184-186). 이들 심리학적 연구의 증거는 가해자들이 보여준 야만적 행동이 경우에 따라서는 정상적인 사람들에 의해서 일정 수준 나올 수 있음을 보여준다.

그러나 이런 방식의 설명을 거부하는 다니엘 골드하겐(Daniel Jonah Goldhagen)은 희생자들에 대한 철저한 증오심이나 학살을 정당화하는 이데올로기에 대한 광적인 집착을 문제 삼지 않은 채 대부분 가해자들의 행위를 설명하는 것은 잘못이라고 주장한다(Goldhagen 1996).[3] 홀로코스트의 가해자들은 반유대주의의 신조 속에서 학살을 정당한 것으로 간주했으며 확신을 갖고 살인을 자행하였다. 골드하겐에 따르면 홀로코스트의 가해자들은 유대인에 대한 탄압과정에서 종종 명령 이상으로 행동하였고, 직접적인 감독이 없는 상태에서도 학살 명령에 복종하였으며, 희생자에게 불필요할 정도로 야만성을 드러내 보였다. 그러나 이에 대해 재반론을 펴는 발렌티노에 따르면 가해자들은 나치의 신봉자도 아니었고 광적인 반유대주의자들도 아니었으며 나치의 선전과 세뇌에도 불구하고 학살의 정당성에 대해 피상적인 신념만을 보여주었다고 말한다. 다수의 아우슈비츠 생존자들은 나치 친위대원 가운데 순수한 새디스트들은 상대적으로 매우 적었다고 기록하였으며, 크메르 루즈 정치수용소의 경우에도 학살의 주범들은 헌신적인 공산주의 운동과는 거리가 먼 청년들이었다. 1994년의 르완다 제노사이드에 대해 광범위한 조사를 수행한 인권단체 「아

3) 이 책은 출판 직후 '독일 국민은 과연 마지못해 유대 학살에 관여 했는가'에 대한 치열한 논쟁을 불러 일으켰다. 대표적인 반론으로서 Norman G. Finkelstein and Ruth Bettina Birn, *A Nation on Trial: The Goldhagen Thesis and Historical Truth* (New York: Holt, 1998)을 참조할 것.

프리칸 라이츠」는 학살 명령에 순응한 대부분의 후투족들이 마지못해 행동한 공범자들이었으며 어쩔 수 없이 학살을 했다는 사실을 투치족 생존자들이 기꺼이 인정하였다고 결론을 내렸다. 발렌티노는 제2차 세계대전 기간 중에 독일군이 보여준 잔학성이 유대인만을 대상으로 하지 않았다는 사실은 이유 없는 야만성이 이데올로기적인 신념이나 인종적 증오심 없이도 얼마든지 가능하다는 것을 강력하게 시사한다고 말한다. 그리고 정상적인 개인들이 타인에게 고통을 가하면서 점차 쾌락을 느끼게 되는 변형효과(transformation effect)의 가설을 추가한다. 즉 대다수는 처음에 자신이 받은 명령에 대해 혐오감을 보이지만 어쩔 수 없이 학살행위에 가담하는 과정에서 피와 폭력에 익숙하게 되고 심지어 일부는 이를 즐기게 된다는 설명이다(Valentino 2004, 55).

과거의 제노사이드는 힘들고 시간을 요하는 작업이었다. 그러나 근대적인 조직형태는 대부분의 사람들로 하여금 학살의 현장에서 벗어나 살인을 지원하는 일상적 업무를 수행할 수 있게 만들었다. 독일의 대부분 관료들은 비망록을 작성하고 설계도를 기획했으며 서류에 서명하고 회의에 참석하였다. 업무의 일상화는 행위 주체로 하여금 도덕적 회의를 최소화하고 작업의 의미보다는 기술적인 문제에 몰두하게 만들었다. 더구나 철저한 노동의 분업은 살인행위를 분절화시켰으며 홀로코스트에 협조했던 다수의 관료집단은 별다른 죄의식 없이 인간의 파괴 작업에 일조하였다. 한나 아렌트(Hannah Arendt)가 결코 이해될 수 없으며 용서될 수 없는 근본악 혹은 절대악을 거론하면서 '악의 평범성'을 주장한 것도 이러한 맥락에서였다. 아렌트에 따르면 아이히만은 악의 화신인 이아고나 맥베드가 아니었다. 이 시대 최고의 범죄자를 지배한 것은 철저한 무사유(無思惟) 그 자체였다(Arendt 2006, 391).

3) 일반 대중

대량학살 과정에서 나타나는 일반 대중의 역할과 태도를 어떻게 볼 것인가에 대해 두 가지 상반된 시각이 있다. 첫째 견해는 일반 대중이 학살 과정에 거의 영향을 미치지 못할 뿐 아니라 일반적으로 그것에 대해 거부감을 갖는다는 견해이다. 대량학살은 소수 가해자 집단의 행동만으로 충분히 가능하며 대중은 이러한 사태의 전모를 잘 알지도 못한다. 나치는 유대인 학살을 비밀에 부쳤는데 그것은 국민을 상대로 학살의 도덕적 정당성을 납득시킬 자신이 없었기 때문이었다. 물론 대중의 일부는 평소의 편견이나 정부의 선전 때문에 대량학살을 공감하고 지지할 수도 있다. 그러나 일반 대중에게 있어서 정권을 지지하는 것과 특정의 정책, 예를 들어 대량학살을 지지하는 것은 별개의 문제이다. 설령 독일 국민 다수가 유대인에 대해 부정적인 감정을 가졌을지라도 대량학살을 지지했을 것이라고 보기는 어렵다. 살인은 단순한 박해와 전혀 성격이 다르기 때문이다. 그러나 일반 대중은 거부감에도 불구하고 이러한 야만적인 국가정책에 대해서 순응하거나 방관하는 경향이 있다. 의로운 행동을 택했던 극소수를 제외한 대다수의 사람들은 불만의 표출에 따른 불이익이나 희생을 두려워하기 때문이다(Valentino 2004, 38).

그러나 상황이론을 거부했던 골드하겐의 입장에서 볼 때 일반 대중 역시 학살의 적극적 공모자이다. 학살의 주동자들은 일반 대중의 정서를 대변했으며 많은 시민들이 암암리에 나치의 비밀임무 수행에 협력하였다. 유대인 학살은 독일사회에 만연된 반유대 감정을 배경으로 가능하였다. 대량학살의 원동력으로서 사회 전체를 관통했던 비합리적 광기를 지적하는 학자들 역시 일부 가해자 집단에게 학살의 책임을 전가할 수는 없다고 주장한다. 잉여인구의 가설을 개진한 루벤스타인은 다수의 독일 국민이 민족적 동질성의 성취에 만족해하였으며 그들은 결코 나치의 선동에 놀아난 것이 아니었다고 말한다. 중간자적 소수민족이론을 원용하는 월터 젠너는 아르메니아인, 유대인, 베트남의 중국 이민자 집단을 예로 들며 경제적으로 성공한 소수인종집단에 대한 주류 사회의 반감이 제노사이드의 전제조건이 될 수 있음을 조심스럽게 인정한다. 그러나 대량학살에 있어서 사회 일반이 차지하는 역할은 미미하며 정치지도자나 군사지도자의 역할이 절대적이라고 말하는 발렌티노는 골드하겐이 말하는 일반 대중의 구체적 범위에 대해 반론을 제기한다. 골드하겐은 10만 명 이상의 독일 국민이 적극적으로 유대인 학살에 관여하였다고 결론을 내렸는데, 이 수치는 절대치의 측면에서 볼 때 충격적인 숫자일 수 있지만 당시 독일 성인 남성인구의 1% 미만에 불과한 숫자였다. 발렌티노에 따르면 골드하겐은 가해자들의 잔인성을 크게 강조하였지만 그것이 다수 국민의 행동이라는 사실을 거의 증명하지 못했다(Valentino 2004, 36).

Ⅳ 제노사이드의 예방과 인도주의적 개입의 원칙

1. 인도주의적 개입의 원칙

일반적으로 인도주의적 개입이란 자연재해나 인간이 만든 재앙인 전쟁 혹은 제노사이드로 인한 고통을 경감하기 위하여 외국에서 작전을 수행하는 것을 말한다. 가장 논쟁적인 형태의 인도주의적 개입은 군대의 동원과 관련되는데 여기에는 전투 병력뿐만 아니라 덜 폭력적인 형태로 간주되는 수송, 기술, 의료, 보안부대 및 민사대의 파견 등을 포함한다. 비판자들은 그것이 외관상으로 선을 추구한다는 명분을 앞세운 현대판 제국주의가 될 수 있으며 과거 식민지 시대에 주장했던 '백인의 짐(The White Man's Burden)'의 논리와 비슷하다고 비난한다(Heidenrich 2001, 131). 1999년에 미국이 이끄는 나토동맹군이 코소보에서 알바니아인들을 상대로 인종청소를 자행하던 밀로셰비치의 유고슬라비아에 대해서 전쟁을 시작했을 때, 이 논쟁은 절정에 도달하였다. 나토는 인도주의적 개입을 선언하였지만 유엔의 승인을 받지 않았고 심지어 구하지도 않았다. 만일 나토가 안전보장이사회의 승인을 받으려 했다면 러시아나 중국 혹은 두 나라 모두가 아마 거부권을 행사했을 것이다. 나토가 전쟁에서 승리한 후 3개월이 지난 제54차 유엔총회 개회사에서 유엔 사무총장 코피 아난은 이 문제를 본격적인 주제로 거론하였다. 그는 코소보 작전이 명확한 기준 없이 개입을 시도하는 위험한 선례를 만들고 있는가 아니면 국제법을 강제하기 위해 군사행동을 하는 새로운 시대의 도래를 예고하는가라고 물음을 던졌다.

인도주의적 개입은 주권과 인권이라는 두 개의 가치를 동시에 충족시키지 못하는 상황이기 때문에 보수주의 진영과 자유주의 진영 내부에 다양한 견해가 존재하며 그것을 일반화하기가 어렵다. 모든 보수주의자들을 고립주의자라고 말할 수 없으며 모든 자유주의자들을 개입자라고 말할 수도 없다. 예를 들면 보수주의 진영 내부에서도 의견이 갈리는데 가령 카토연구소의 수석연구원인 더글라스 밴도우(Douglas Bandow)는 직접적으로 미국을 위협하지 않는 모든 분쟁에 개입하는 것은 미국을 비극 속으로 옭아매는 처사라고 말하는 반면(Bandow 1999), 신보수주의자인 어니스트 르페버(Ernest Lefever)는 행위자의 숫자는 도덕성과 상관이 없으며 누구든지 제노사이드를 저지할 능력이 있는 국가나 기구는 그렇게 행동할 수 있는 도덕적 권한을 갖고 있다고 주장하고 인도주의적 개입의 주체로서 유엔을 고집하는 것에 반대한다(Lefever 1993, 17-20). 반면 프린스턴 대학의 법학교수인 리차드 폴크(Richard Falk)는 군사적 개입보다 더 효과적으로 희생자들을 도울 수 있는 다른 방법이 있다고 말하며, 그런 방법 중의 하나로서 유엔난민고등판무관 사무소와 같은 긴급구호기구를 이용할 것을 주장하였다(Falk 1993, 755-764). 한편 로마 가톨릭의 요한 바오로2세는 국민주권과 내정불간섭의 원칙이 아직도 유효하지만 그렇다고 국가가 고문과 암살의 보호막이 될 수는 없다고 말하며 민족과 인종집단의 생존이 심각하게 위협을 받을 경우에 인도주의적 개입은 국제공동체의 의무라고 선언하였다(Renô 1993, 28-67). 바티칸은 1994년 르완다 제노사이드 당시 학살을 중지시키기 위한 인도주의적 개입을 요구하였다.

필자는 마이클 왈저(Michael Walzer)의 입장에 공감한다. 왈저는 자유주의적이며 좌파적 성향을 갖는 저널 인 『디센트』의 편집자인데, 1977년 『정당한 전쟁과 정당하지 않은 전쟁: 역사적 사례를 통해서 바라본 도덕적 논쟁』을 출판함으로써 인도주의적 개입의 문제에 대한 지적 권위를 획득한 바 있다. 보스니아 전쟁이 계속되던 1994년 말 왈저는 자신이 군사적 개입을 반대하지만 그것이 절대적 원칙은 아니며 잔혹함과 고통이 극에 달하고 지역의 힘으로 그것을 저지할 수 없는 경우에 인도주의적 개입은 도덕적으로 필요성이 인정된다고 말했다. 그는 "민주주의, 자유기업, 경제정의, 기타의 사회적 관행이나 제도를 실현하기 위한 인도주의적 개입은 정당화 될 수 없다. 그러나 제노사이드를 중지하기 위한 개입은 정당하다."라고 주장한다(Walzer 1995, 35-41). 1999년 왈저는 나토의 유고슬라비아 개입이 유엔의 위임을 받지 않은 작전이었음에도 불구하고 그것을 지지하였다.

그렇다면 인도주의적 개입의 원칙은 구체적으로 어떠한 내용을 갖고 있는가? 기독교는 가장 오래된 '정당한 전쟁(just war)'의 원칙 중 하나를 보유하고 있다. 그것은 5세기 경에 성 아우구스티누스가 말한 것으로 알려졌는데, 1990년대 초 하버드 신학교의 대표적인 로마 가톨릭 신학자였던 브리안 헤일(Brian J. Hehir) 신부는 기독교의 정당한 전쟁의 원칙을 약간만 수정한다면 인도주의적 개입의 원칙으로 응용될 수 있다고 제안하였다. 그는 후일 유고슬라비아에 대한 나토의 전쟁 수행방식이 정당한 전쟁의 원칙과 일치하지 않는다는 이유를 들어 그것을 비판하였다. 기독교의 '정당한 전쟁'의 원칙은 개입을 하지 않는 것이 윤리적 규범이라는 전제에서 출발한다. 그러나 다음의 6가지 조건이 충족될 경우 그것은 거부될 수도 있다. 기독교의 '정당한 전쟁'의 원칙은 전쟁이 도덕적으로 정당한 명분을 가져야할 뿐 아니라 그 방식 역시 도덕적으로 수행되어야 함을 강조한다. 첫째, 개입의 근본적 의도가 정당해야 한다. 둘째, 정당한 권위만이 언제 개입이 필요한지를 결정할 수 있다. 셋째, 개입이 선의를 가장한 비도덕적 동기에서 발동되어서는 안 된다. 다시 말해서 내면적 동기 역시 정당해야 한다. 넷째, 개입은 최후의 수단이 되어야 하며 모든 평화적 대안이 우선적으로 시도되어야 한다. 다섯째, 개입은 합리적인 성공가능성을 전제로 한다. 여섯째, 개입은 그 비용이 성과를 능가하지 않아야 한다(Hehir 1993, 39-55). 마지막 전제는 이른바 비례성의 원칙을 말하고 있는데 이에 따르면 도시의 점령과 같은 개입의 하위목표는 비전투원들의 희생과 재산의 손실을 최소화시키면서 달성되어야 한다는 것이다. 도시를 구하기 위해서 도시를 파괴한다는 것은 도덕적 비례성의 원칙에 맞지 않는다.

한편 정치현실주의 학파의 대표적 인물로서 미 국무장관을 역임했던 키신저는 미국인 병사들이 국익과 무관하게 생명을 위협받아서는 안 된다고 주장한다. 그는 이 세상에는 수많은 학살이 존재하며 미국이 세계의 어디에선가 일어나고 있는 모든 사태에 개입할 수는 없다고 잘라 말한다. 그러나 그는 부득이 개입을 고려해야 하는 경우에 적용되어야 할 네 가지 개입의 원칙을 제시한다. 첫째, 정당한 명분이 있을 것. 둘째, 목적과 수단의 비례성. 셋째, 성공가능성이 높을 것. 마지막으로 가능하다면 인도주의적 명분이 강력한 국가적 이익에 의해 보강될 것(Kissinger 1999, B-7).

제노사이드를 중지시키려는 인도주의적 개입이 이들 모든 전제 조건을 고수한다면 득보다 실이 더 많을 수 있다. 가령 비례성의 판단은 논쟁적일 수밖에 없다. 따라서 그것은 도덕적 절대가 아니라 하나의 도덕적 지침으로서 수용되어야 할 것이다. 그리고 개입을 결정했다면 행동은 신속할수록 좋다. 하버드 대학의 스탠리 호프만 교수는 인도주의적 개입은 초기에 발동되어야 하며 강제력 역시 초기에 사용되어야 한다고 말한다. 신속한 무력 사용이 위기의 악화를 예방하는 가장 좋은 방법이라는 것이다. 코피아난 역시 사태의 악화를 막기 위해서는 예방 능력의 강화에 주력해야 하는데 군대의 신속한 배치가 매우 중요하다고 강조하였다.

2. 유엔 상비군의 요청

인도주의적 개입의 주체는 누구인가? 국제사회의 합의를 상징한다는 점에서 유엔이 그 역할을 떠맡는 것이 가장 바람직하다 할 것이다. 이 경우 군사력의 동원은 두 가지 방식으로 가능하다. 하나는 개별국가나 나토와 같은 국제기구에 대해서 유엔이 위임을 하는 것이다. 유엔헌장 제43조는 유엔안전보장이사회의 요청이 있거나 혹은 협약이 체결되어 있는 경우에 유엔 회원국 혹은 회원국 집단을 통해 병력과 시설을 이용할 수 있다고 규정하고 있다. 1995년 보스니아

사태 당시 유엔의 위임을 받은 나토는 세르비아 군대에 대해 2주간 폭격을 감행하여 밀로셰비치로 하여금 영구적인 휴전협상 - 데이튼 평화협정 - 을 수용하게 만든 후에 중무장한 병력을 보스니아에 주둔시켰다. 그러나 유엔이 회원국들에게 군사적 개입을 위임하는 방식은 군사작전이 신속하고 효율적으로 수행될 수 있다는 장점에도 불구하고 몇 가지 문제가 있는데, 우선 강대국들이 해외파병을 꺼리는 경향이 있다는 것이다. 선거를 의식하는 정부라면 작전 수행 중에 발생하는 희생으로 인해 심각한 국내적 상황이 초래될 수 있음을 잘 인지하고 있다. 그 결과 해외에서의 제노사이드 억제활동은 2차적 목표로 밀려나고 자체적으로 설정한 국익의 보호라는 새로운 1차적 목표가 우선하게 된다(Heidenrich 2001, 186). 동티모르 사태 당시 호주 정부는 인도네시아와의 관계를 고려하여 군대파병을 거절한 바 있으며, 러시아 정부는 그루지야 사태가 악화되어 유엔 평화유지군 파견이 결정되었을 때 러시아의 단독파병 요청에 반대하였다. 지역기구 역시 회원국들의 동의를 전제로 행동을 취할 수 있는데 파병에 동참하려는 국가는 매우 적으며 상징적인 수준을 넘어 충분한 병력을 제공하려는 국가는 더욱 소수이다. 나토 회원국 대부분은 개입의 범위가 불필요하게 확대되는데 거부감을 보여 왔으며 가령 1997년 알바니아 사태 당시 나토는 개입을 거부하였다. 마찬가지로 코소보 전쟁이 발발했을 때 대부분의 나토 병력은 유럽인들이 아닌 미국인들이었다.

군사력 동원의 두 번째 방식은 유엔 다국적 평화유지군을 파병하는 것이다. 이것은 일견 이상적인 방식처럼 보이나 더욱 문제가 크다. 유엔 안전보장이사회가 평화유지군 파병을 결의하면[4] 유엔 사무

4) 유엔 안전보장이사회가 거부권을 행사하는 경우에 총회는 '평화를 위한 단결

총장은 회원국들에게 병력 제공을 요청하는데 대부분의 유엔 회원국들은 병력 제공에 매우 인색할 뿐만 아니라 언제든지 자신의 부대를 철수시킬 수 있는 권한을 갖는다. 다수의 국가들이 거의 사전 통보 없이 이 권한을 발동해왔다. 개별 정부가 자국의 부대를 통제하는 한 다국적 군대는 제노사이드를 억제할 수 있는 신뢰할만한 주체가 되지 못한다. 또한 다국적 군대의 편성과 이동에 상당한 시일이 소요되기 때문에 적절한 작전의 시기를 놓칠 수 있다. 더구나 이들 다국적 군대는 작전절차, 훈련방식, 장비모델, 전투수칙, 심지어 평화유지의 원칙에 있어서도 다양한 차이를 보이고 단결력을 결여하고 있기 때문에 내부로부터 전력을 약화시킨다. 심한 경우 유엔 병력이 암시장이나 마약밀매에 관여하는 사례가 보고되기도 한다(Heidenrich 2001, 196-197).

유엔 평화유지군의 한계를 극명하게 보여주는 두 개의 사례는 소말리아 사태와 르완다 사태이다. 1992년 소말리아의 기아상태가 재앙의 수준에 도달하자 조지 부시 대통령은 미군이 주도하는 대규모의 인도주의적 개입을 제안하였고 유엔 안전보장이사회가 여기에 동의하였다. 그러나 소말리아에 진입한 미군 주도하의 유엔부대는 사태가 악화되자 피해가능성을 우려하여 신속하게 철수하였다. 그리고 다음해에 기습작전을 감행하는 과정에서 미군 18명이 전사하자 소말리아에서 유엔 작전은 완전히 종료되었다. 새로 출범한 클린턴 행정부는 인도주의적 개입의 지침을 새롭게 수정하여(대통령령 PDD-25) 1994년 르완다 사태가 발생했을 때 이를 적용함으로써 사실상 개입

(uniting for peace)' 결의를 할 수 있다. 이것은 1950년 11월 3일 국제연합총회에서 가결된 내용으로서 애치슨 플랜이라고도 한다. 미국이 소련의 거부권 행사를 봉쇄하기 위해 마련한 안전장치이다. 유엔 부대의 파병은 중요한 사안이므로 제18조의 규정에 따라 회원국 3분의 2이상의 참석과 투표를 요구한다.

을 거부하였다. 1993-1994년의 르완다 사태는 변방의 중요하지 않은 국가에 대해 국제사회가 위험부담을 거부할 경우에 어떠한 결과가 초래되는지를 극명하게 보여주었다. 휴전 상태를 감시하기 위한 소규모의 유엔 병력이 파견된 후 서류상으로 7만 명의 평화유지군이 조직되었으나 르완다에서 제노사이드가 발생하자 이 모든 약속은 휴지조각이 되었다. 80만 명이 희생된 3개월의 제노사이드 기간 동안 유엔은 부질없는 논쟁으로 일관하였다. 르완다 학살을 중지시킨 것은 유엔이 아니라 투치 게릴라의 진격이었다. 유엔 부대의 현지 지휘관이었던 달레르 소장은 '살해된 것이 인간이 아니라 멸종위기에 처했던 고릴라였다면 국제공동체가 좀 더 신속하고 강경하게 대처했을 것'이라고 분노의 심정을 피력하였다(Heidenrich 2001 201). 1999년 코소보 사태 당시 나토의 개입이 임박해지자 밀로셰비치는 유엔 평화유지군의 코소보 진입을 제안했는데 그것은 유엔병력을 소집하는데 수개월이 소요된다는 사실을 이용한 일종의 지연전술이었다. 이러한 문제들을 해결하기 위한 대안이 유엔 상비군 조직의 창설이다. 이미 1945년 루스벨트에 의해서 국제적인 강제를 수행하기 위한 유엔기구의 군대창설이 제안된 바 있으며 그것은 유엔헌장 속에도 반영되었다. 그러나 거대한 다국적 군대의 창설은 냉전의 상황 속에서 공감대를 형성하는데 실패하였다. 한편 유엔 평화유지군 지휘관들은 동일한 방식으로 훈련을 받고 동일한 제복과 장비를 지급받는 통합적인 부대가 전통적인 다국적 군대보다 더 효율적이라는 주장을 거듭해왔다. 1994년 르완다 제노사이드 사태 이후 캐나다와 네덜란드 정부는 유엔의 대응능력을 개선하기 위한 특별 연구를 수행했는데, 그들은 지리적 안배를 고려하며 1만 5천명의 지원자를 인적 구성원으로 하는 5천명 규모의 3개 여단 창설을 제안하였다. 부대는 안전보장이사회의 명령을 받게 되며, 평화유지와 평화강제의 두 임무를 복합적으로 수행할 수 있어야하므로 헌병부대의 형태를 취하는 것이 좋고, 최소한 경무장한 장갑차량과 보병무기 및 경찰장비를 갖추어야 할 것이라고 보고서는 주장하였다. 유엔 상비군의 예산은 유엔 회원국들 사이에서 분담될 수 있으며 미국이 20% 정도를 부담하는 것으로 되어있다. 다른 국가들은 장비의 제공, 기지 및 국가시설의 무료사용 조치, 특수교관의 파견 등 다양한 방식으로 비용을 부담할 수 있다(Heidenrich 2001, 235-244).[5] 1995년 예일 대학 교수인 폴 케네디(Paul Kennedy)와 브루스 러셋(Bruce Russett) 역시 공동 논문을 통해서 사무총장이 매번 회원 국가들에게 병력 파견을 호소하고 귀중한 시간을 허비하는 현재의 문제를 해결하기 위해 유엔 상비군이 필요함을 역설하였다(Kennedy and Russett 1995, 56-71). 한편 부시 행정부 국가안보회의의 일원이었으며 브루킹스 연구소의 연구원이었던 리차드 하스(Richard Haas)는 1994년 자신의 저서를 통해 유엔 상비군의 필요성을 인정하면서도 소규모의 부대는 적에게 손쉽게 제압될 수 있는 문제점을 갖고 있음을 지적하였다(Haas 1994, 147).

V 사법적 정의의 구현과 국제형사재판소

1. 국제형사재판소 설립 이전

제노사이드 협약은 만일 서명국들이 국내법에 제노사이드를 범

---

5) 네덜란드 보고서를 포함한 유엔신속대응군 창설 제안에 대해서는 Dick A. Leurdijk, *UN Rapid Deployment Brigade: Strengthening Capacity For Quick Response* (The Hague: Netherlands Institute of International Relations Clingendael, 1995)을 참조할 것.

죄로 명시하지 않고 있다면 적절한 법률을 제정할 것을 요구하고 있다. 또 다른 선택은 국제법정이다. 제노사이드 협약 제6조는 다음과 같이 기술하고 있다. "제노사이드로 기소된 개인은 범죄행위가 자행된 지역의 국가법정에서 재판을 받거나 혹은 협약당사자들이 그 관할권에 동의한 국제법정에 의해서 재판을 받는다." 제1차 세계대전 종료 후부터 국제범죄에 책임이 있는 사람을 재판하게 될 국재재판소의 이상이 광범위하게 검토되었지만, 1993년과 1994년 설치된 두 개의 임시 국제형사법정은 제2차 세계대전 직후 뉘른베르크와 동경에 설치되었던 군사법정 이후 최초의 것이었다. 1943년 런던회의에서 연합국은 독일의 무조건적 항복을 받아낸 후 전범자들을 기소할 것임을 분명히 하였다. 1945년 8월의 런던 협약에 따라 뉘른베르크 국제군사법정이 설치되었으며 세계 유형의 범죄 - 평화를 파괴한 범죄 혹은 침략전쟁을 일으킨 범죄, 반인도적 범죄, 전쟁범죄 - 를 규정하였다. 일본의 장교와 지도자들을 재판하기 위해 유사한 법정인 극동국제군사법정이 동경에 설치되었다. 뉘른베르크 법정은 최초에 24명의 독일인을 기소하였다. 그러나 계속된 재판은 1946년 12월부터 1949년 4월 사이에 185명을 법정에 세웠다. 이들 중 25명은 사형, 20명은 무기징역, 97명은 단기형을 선고 받았고, 35명은 석방되었다. 재판은 여러 가지 이유로 졸속이라는 비난을 받았다. 가장 큰 비난은 그것이 승자의 정의이며 정치적 의도에 따라 진행되었다는 것이었다. 승자는 법을 제정하고 법정을 조직하였으며 재판관과 재판받을 대상을 선택하였다(Rigby 2001, 175).[6] 연합국의 그 누구도 드레스덴, 히로시마, 나가사키에 대한 무차별적 폭격 행위에 책임을

6) 선별적 형식의 정의로서 뉘른베르크 재판의 성격에 대해서는 Martha Minow, *Between Vengeance and Forgiveness.* (Boston: Beacon Press, 1998)를 참조할 것.

지지 않았다는 점에서 그것은 선별적 형식의 정의였다. 더구나 기소된 자는 전체의 일부에 불과하였다. 혹자는 이들 개인이 국가가 책임을 져야할 행동으로 인해 기소되었다고 주장하였다. 그러나 제2차 세계대전 직후에 설치된 국제법정은 두 개의 유산을 남겼다. 하나는 국제사회가 가증스런 범죄에 대해서 상급자의 지시를 따르거나 국가를 위해 일한 경우에도 개인적인 책임을 묻는다는 선례이다. 뉘른베르크 재판과 동경재판은 반인도적 범죄, 전쟁범죄, 침략전쟁이라는 가증스런 행위의 범주를 규정하고 인류 전체가 가해자를 법정에 세우는 또 다른 선례를 남겼다(Rigby 2001, 176). 뉘른베르크 법정 이후 전쟁범죄와 반인도적 범죄는 신속하게 조문화되었고 개인적 책임의 원칙이 뿌리를 내렸지만, 그것을 이행할 수 있는 수단을 개발함에 있어 별다른 진전을 보지 못했다. 헤이그의 국제사법재판소는 규정에 의해서 관할권의 범위가 개입에 동의하는 국가간 분쟁에 제한되었다.

냉전의 발발은 반인도적 범죄에 책임이 있는 자를 기소하고 재판할 권한을 갖는 상설 국제형사법정의 설치가능성을 봉쇄하였다. 동서 양측 모두는 국제기구가 자국 국민을 기소하고 재판할 수 있는 권한을 부여받는 것을 두려워했으며 어느 쪽도 국가주권의 침식을 받아들일 준비가 되어있지 않았기 때문이었다. 1960년 이스라엘 비밀요원들은 아르헨티나에 잠입하여 유대인 학살 책임자로 악명 높았던 아돌프 아이히만을 체포한 후 이스라엘로 비밀리에 압송하였다. 1961년 이스라엘 법정에 서게 된 아이히만은 1962년 교수형에 처해졌다. 이스라엘 법정이 제노사이드 범죄에 대해 사형을 선고한 것이 적합한지에 대해 논란이 일었으며 아이히만 재판은 다시 한번 국제법정의 필요성을 상기시켰다. 그러나 소련의 붕괴 이후 상황은 변하기 시작하였다. 구유고슬라비아와 르완다에서 자행된 만행은 안전보장이사회로 하여금 두 개의 특별법정을 설치하도록 만들었다.

1992년 보스니아에서 인종청소 사태가 발생했을 때 서구사회는 지상군의 파견에 거부감을 보였고 효과적으로 사태에 개입하는데 실패하였다. 비난이 고조되자 유엔은 유고슬라비아 전쟁범죄 조사를 위한 전문가위원회를 임명하였고 1993년 위원회는 중간 보고서를 통해 임시국제법정의 설치를 요청하였다. 같은 해 2월, 유엔 안전보장이사회는 구유고 지역에서 자행된 반인륜적 범죄와 제노사이드 책임자를 기소하기 위한 국제법정의 설치를 선언하였다. 사실상 유엔과 국제사회는 구유고지역의 군벌과 전투원들에게 '현재로서는 살육의 중지를 강제하지 못하고 있지만, 후일 너희들의 행동에 대해 책임을 물을 것'이라고 말하고 있었다(Rigby 2001, 173). 같은 시기인 1994년 아프리카 르완다에서 다수족인 후투족에 의해 소수족인 투치족에 대한 체계적인 살육이 자행되기 시작했을 때 유엔 평화유지군은 무력개입을 거부하며 소극적 태도로 일관함으로써 유엔은 탈냉전사회가 초래한 도전에 맞서는데 다시 한번 실패하였다. 1994년 7월 유엔 사무총장 갈리는 르완다 국민들에게 국제사회가 그들을 잊지 않고 있으며 잔혹행위의 책임자들은 체포되어 처벌될 것이라고 약속하였다. 같은 해 설치된 르완다 국제형사재판소는 1994년 1월 1일부터 12월 31일 사이에 르완다 영토에서 자행된 제노사이드와 기타 심각한 반인륜적 범죄에 책임 있는 르완다 시민들을 기소할 것이라고 선언하였다.

두 개의 법정은 최초에 하나의 상징으로서 숭고한 의도를 과시하였으나 현실적인 성과는 매우 미미하였다. 보스니아의 평화협정을 성사시키기 위한 서방세계의 노력은 법적인 정의를 추구하는 재판소의 임무와 충돌하였다. 왜냐하면 휴전을 체결했던 주체인 군벌들이 곧 잔혹한 범죄의 책임자였기 때문이다. 이러한 딜레마를 의식한 안전보장이사회는 국제형사법정의 설치를 지연시켰으며, 예산은 터무

니없이 적게 책정되었고, 다국적 군대는 조우하는 기소자들만 체포하는 소극성을 보였다. 그 결과 실제로 체포되어 헤이그로 이송된 자는 수용소 간수 등과 같이 상대적으로 지위가 낮은 인물들뿐이었으며 그들에게 명령을 내린 사람들은 무사할 수 있었다. 르완다에서도 이야기는 비슷하였다. 민병대인 인터아함웨(Interahamw) 소속원 12만 명이 체포되어 재판을 받았으나 제노사이드의 주동자들은 국경을 넘어 비교적 안전한 지역의 난민수용소로 피신하였고 이웃국가의 보호를 받았다. 두 지역 모두에서 재판은 매우 느리게 진행되었다. 두 법정은 임시재판소였고 제한된 시기, 제한된 지역, 제한된 숫자의 범죄만을 처리한다는 점에서 보편적 정의를 약속하는 이상적인 방식이 아니었다(Rigby 2001, 179). 그러나 두 법정은 자신들의 약점에도 불구하고 국제적 강제의 가능성을 보여줌으로써 상설 국제형사재판소 설치의 전기를 마련하였다. 2000년 4월 보스니아의 세르비아인 최고지도자였던 크라지스닉이 자택에서 체포되어 헤이그 재판소로 이송되었으며, 재판소는 유고슬라비아의 대통령 밀로셰비치를 기소하였는데 현직 국가원수가 전범으로 기소된 것은 그것이 처음이었다.[7] 르완다의 추방된 전직 수상 잔 캄바우다는 종신형을 선고받았다.

2. 국제형사재판소 설립 이후

유엔은 1998년 7월 17일 이탈리아 로마에서 국제형사재판소 설립을 위한 외교 전권대표회의를 개최하여 찬성 120개국, 반대 7개국

7) '발칸의 도살자'로 악명 높은 슬로보단 밀로셰비치는 크로아티아 전쟁, 보스니아 내전, 코소보 전쟁을 일으킨 전쟁범죄, 1995년 보스니아 7,000여 명의 이슬람교도에 대한 학살과 알바니아계 코소보 주민 1만 명 이상에 대한 '인종청소' 지시 등 무려 66가지의 혐의로 2002년 2월부터 재판을 받았다. 하지만 그는 유죄 선고를 받기 전에 2006년 3월 재판소 감옥에서 돌연 사망하였다.

(미국, 이라크, 리비아, 카타르, 예멘, 중국, 이스라엘), 기권 21개국으로 로마 규정(Rome Statute)으로 불리는 국제형사재판소(ICC)규정을 채택하였다. 로마 규정은 2002년 7월 1일 발효되었고, 이 규정에 따라 국제형사재판소는 2003년 3월 11일 네덜란드 헤이그에 설치되었다. 현재 ICC 회원국 혹은 ICC규정 당사국 수는 114개국에 이른다. 그러나 미국, 러시아, 중국과 같은 주요 국가들과 대다수의 아랍 국가들이 미가입상태로 남아있다.[8] 국제형사재판소는 유엔과 밀접한 관련을 갖고 있으나 유엔의 기관은 아니다. 그것은 별개의 법인격을 갖는 독립된 국제기구이다. 재판관, 검사, 사무국장 및 주요 요원들은 외교사절에 준하는 특권을 누린다. 따라서 헤이그 주재 외교공관 외에 국제형사재판소 외교대표부를 별도로 설치·운영하는 나라도 있다. ICC는 4가지 유형의 중대한 국제범죄에 대해 형사관할권을 행사할 수 있다. 그것은 i) 제노사이드[9], ii) 인도에 반한 죄, iii) 전쟁범죄, iv) 침략범죄이다. 다만 이 중 침략범죄는 1998년 로마회의에서 그 정의와 관할권 행사요건에 합의를 이루지 못하였다. 이는 국제사회가 침략의 정의에 대해 신중한 입장을 취해왔고 상당한 논란이 있었기 때문이다. 2010년 6월 침략범죄의 정의 및 관할권을 정하기 위한 외교전권대표회의가 열렸는데 정의에 대해서는 합의를 보았으나 관할권 행사시기는 2017년 재검토회의에서 결정키로 하였

---

8) 미국은 2000년 12월 31일 로마조약에 서명을 했으나 공화당이 장악한 의회는 클린턴의 서명을 바보짓이라고 비난하며 비준을 거부하였다. 공화당의 부시행정부는 2002년 5월 로마규정에 대한 서명을 철회하였다. 하지만 기소대상자의 출신국이 조약에 가입해 있지 않더라도 가입국 영내에서 범죄가 발생한 경우에는 재판관할권이 인정되기 때문에 미국은 이 조항을 회피하기 위해 40여개 국가와 기소면제협정을 체결하고 있다.

9) 로마회의에서는 제노사이드 범죄에 정치적, 사회적 집단을 포함시키지 않았다. 왜냐하면 정치적, 사회적 집단에 대한 보호는 '인도에 반한 죄'로 처리할 수 있기 때문이다. 김영석, 『국제형사재판소법 강의』(서울: 법문사. 2003). p. 63.

다. 따라서 현재로서는 ICC가 침략범죄의 범인을 기소하고 재판할 수 없다. 재판소는 소장단, 재판부, 검사실, 사무국으로 구성되며 재판관 및 검사의 임기는 9년이고 원칙적으로 재선을 금한다. 검사는 고발이 있거나 직권으로 수사에 착수할 수 있으며 재판부로부터 체포영장을 발부받아 해당국가에 체포와 신병인도를 요청할 수 있다. 궐석재판은 원칙적으로 인정되지 아니하며 최고 형량은 종신형이다.

국가간의 분쟁을 조정하는 국제사법재판소와는 달리 개인을 재판하는 국제형사재판소에 대해 비판자들은 국제형사재판소가 국가의 주권을 위협한다고 주장하고 있다. 따라서 조약은 수사권 남용을 방지하고 국가의 주권을 존중하기 위해 국제형사재판소가 개입할 수 있는 여러 가지 전제조건들을 규정하고 있다. 재판소는 유엔 안전보장이사회의 명령이 있지 않거나 혹은 적어도 분쟁 당사국중 하나가 로마 조약에 가입해 있지 않은 경우에는 조사에 착수할 수 없다. 이러한 조건이 충족되더라도 만일 개별국가의 사법체제가 재판권을 갖고 있다면 재판소는 사건에 개입할 수 없다. 재판소는 개별국가의 사법권을 대체하는 것이 아니라 하나의 보완적 법정이다. 재판부는 우선 관련국의 사법체계가 사건을 조사하기 위한 '진정한 의지와 능력'을 갖고 있는지 여부를 판단해야 한다. 기소를 해야만 진정한 의지가 증명되는 것은 아니다. 국가적인 의무는 조사를 하는 것이지 기소를 하는데 있지 않다(Heidenrich 2001, 65). 만일 그러한 조사의 의무가 충족된다면 재판소는 활동을 할 수 없다. 여기서 국가의 사법체제가 진정으로 그 기능을 발휘하지 못하고 있다고 하는 것은 그것이 총체적 혹은 실질적으로 붕괴하였음을 의미한다. 그러나 재판소가 사법적 관할권을 주장할 수 있는 경우조차도 유엔안전보장이사회는 12개월 동안 법적 절차의 연기를 명령 할 수 있으며 횟수에 제한 없이 명령을 갱신할 수 있다. 이외에도 기소된 혐의자들을 어떻게 체포할 것인가의 문제가 있다. 물론 현재 각국의 경찰조직들은 예전보다 더욱 긴밀하게 협력하고 있으며 코소보와 같은 일부지역에서는 유엔경찰대가 전범 용의자들을 체포하기도 하였다. 그러나 협정비준에 실패했던 국가의 일원인 미국은 장차 자신들의 군인들이 미국이 아닌 곳에서 재판을 받게 될 가능성에 대해 거부감을 보였으며 중국은 티베트에서의 탄압을 심판할 권한을 가질지도 모르는 법정의 존재를 두려워하였다. 이스라엘 역시 점령지역에 거주하고 있는 민간인 관련규정을 의식하고 있다. 민간인 재산의 강제박탈과 추방은 자신을 공격하는 무기가 될지도 모르기 때문이다(Rigby 2001, 179). 국제형사재판소가 향후 기구의 중요성에 걸맞는 국제적 위상을 확보하고 발전하기 위해서는 가입국가와의 통상적 업무협력뿐만 아니라 범죄인 체포 및 인도를 위한 협약 체결 등 사법공조의 강화가 절실히 요청된다. 유엔과의 관계 재정립도 중요한 사안이다. 독립기구로서의 한계를 극복하고 행정적, 재정적 능력을 확보하기 위해서 유엔과의 적절한 관계를 설정하는 협정을 체결할 필요가 있다.

국제형사재판소가 수사 중인 사건 가운데 가장 많이 알려진 것은 수단의 다르푸르 사태이다. 유엔안전보장이사회는 2005년 다르푸르 인종학살 사태를 국제형사재판소에 회부하였으며 재판부는 2009년 알 바시르 현 수단대통령에 대해 반인도적 범죄혐의를 인정하여 체포영장을 발부하였는데 현직 국가원수로는 최초의 사례이다.

VI 과거사 청산과 진실화해위원회

재판은 선이 악에 대해 승리를 거두고 죄를 지은 자가 자신의 행동에 대해 대가를 치르게 하는 방식으로 도덕률과 같은 역할을 수행할 수 있다. 이 경우 그것은 역사의 상징적 교훈으로서 기능을 할 수 있다. 그러나 그것은 과거의 미묘한 역사를 다루는 최선의 방법이라고 말할 수 없다. 따라서 또 다른 접근법이 요구되는데 바로 진실위원회의 방식이다.

라틴아메리카에서 군사평의회를 계승한 민간정권이나 남아프리카공화국에서 새로 출범한 후기 아파르트헤이트 정권이 직면했던 상황을 고려할 때, 진실위원회는 정치적 범죄의 가해자들을 재판할 수 있는 의지나 수단을 결여했으나 깊은 분열과 쓰라린 고통 때문에 용서와 망각의 정책이 불가능한 정권이 채택하는 접근방식이다. 그러한 상황은 일반적으로 다음의 조건과 관련이 있다. 첫째, 과거에 범죄에 연루된 공범자의 숫자가 너무 많기 때문에 그들에 대한 재판이 미래 화해의 토대와 국민의식의 발전을 파괴할 경우이다. 둘째, 숙청 대상 집단의 상당 부분이 특정의 인종집단이나 공동체에 근거해 있는 결과, 숙청이 인종적 혹은 공동체적 갈등을 야기하며 미래의 정치적, 사회적 분열의 원인이 될 수 있는 경우이다. 셋째, 새로운 정권이 숙청의 주요 대상이나 그들의 국내 후원자가 장악하고 있는 상대적 자원 때문에 숙청을 할 수 있는 힘과 능력에 대해 자신감을 갖지 못할 경우이다(Rigby 2001, 7). 이런 상황은 새로운 정권이 구정권에 대해 완전한 승리를 거두는 대신에 숙청의 주요 대상이나 그 후원자와의 협상을 통해 정권을 인수할 경우에 유력하게 된다. 또한 재판은 과거의 진실을 파헤치는데 한계를 갖는다. 그것은 피고와 검사가 각각 자신의 진실을 권위적으로 수용할 것을 요구하는 전투적 상황이 된다. 이 과정에서 양측은 과거의 어떤 측면을 숨기고 다른 측면을 강조하는 역사의 왜곡을 범하게 된다. 재판과 숙청이 동료시민을 대상으로 행해진 범죄의 가해자에 대한 처벌을 목표로 하는 반면, 진실위원회의 주된 관심사는 희생자를 향하고 있다. 그것의 목적은 희생자들의 신원을 확인하고, 그들의 역할과 그들에게 가해진 만행을 밝혀내며, 적절한 배상을 행하는 것이다. 위원회의 설치 의도는 그러한 과정을 통해서 희생자와 그 가족들이 분노와 고통을 해결할 수 있도록 도와주는데 있다. 이러한 방식은 1983년 아르헨티나의 라울 알폰신 대통령에 의해서 설치된 '실종자조사 국가위원회'가 준거가 되었다. 1991년 칠레는 아르헨티나 전례를 뒤따라 '진실과 화해국가위원회' 보고서를 공표하였다.

1976년 아르헨티나의 군부는 페론 대통령을 축출하고 권력을 장악하였다. 군사통치기간 중 피노체트 장군이 권력을 독점했던 칠레와는 달리 아르헨티나에서는 각 군의 수장들이 권력을 공유하였으며 군사평의회가 조직되었다. 7년의 군부통치기간 동안 1만 명에서 3만 명에 이르는 사람들이 살해되거나 실종되었다. 1982년 포클랜드 전쟁의 패배로 군사정권이 붕괴되었고 1983년 라울 알폰신이 이끄는 급진당은 정권을 인수한 직후 실종자를 조사하고 군사평의회 지도자들을 기소하기 위한 대통령위원회의 임명계획을 발표하였다. 신정부는 조사위원회의 결과를 토대로 책임자들을 기소하고 책임을 추궁하려 하였다. 그러나 군사평의회는 정권이양 직전 군부에 의해 저질러진 모든 범죄에 대해 완전한 사면을 선언하였고, 무력을 장악하고 있던 군부는 신정부의 조치에 반발하였으며 결국 일련의 반란사태가 발생하였다. 반란군과의 협상과정에서 크게 두려움을 느낀 알폰신 정부는 최고명령권자를 제외한 모든 군인들에 의해서 자행된 인권침해를 상관의 명령에 따른 것으로 인정하여 무죄로 간주하였다. 후임 대통령 메넴 역시 사면을 통한 화해의 과정을 계속 추진하였다. 그러나 정부의 소심한 태도와는 대조적으로, 아르헨티나 민주주의의 지속가능성에 자신감을 얻은 시민단체들은 단호한 태도로 범죄자 처리문제에 임하여 망각과의 투쟁을 전개하였다. 실종자의 자녀들로 조직된 단체인 히조스(Hijos)는 학살책임자의 소재를 파악한 후 거주지가 파악되면 동네 주민들에게 '이웃에 살인자가 살고 있으니 조심할 것'이라고 쓰인 전단을 뿌리며 시위를 벌이곤 하였다. 더러운 전쟁의 범죄자 집 앞에는 그들의 재판과 처벌을 요구하며 통행자에게 위험을 경고하는 도로표시판이 설치되었다. 아르헨티나 인권단체들은 인터넷 웹사이트를 개설하여 고문자와 살인자의 사진을 게재하였다.

1973년 9월 11일 민주적으로 선출된 칠레의 아옌데 정부는 군부 쿠데타에 의해서 전복되었으며 이 와중에서 아옌데는 목숨을 잃었다. 3군 대표와 경찰총수 도합 4명으로 구성된 군사평의회가 권력을 장악하고 피노체트 장군이 수장이 되었다. 쿠데타 다음날 내전이 선언되어 의회가 해산되고 정당이 해체되었으며 노조가 폐쇄되고 엄격한 검열이 시작되었다. 반정부적인 태도를 보이는 모든 사람들에 대해 체포가 시작되었다. 그 후 15년 동안 군사정부는 공포정치를 실시하였으며 수많은 시민들이 국가정보요원에 의해서 납치되고 살해되었다. 1990년 대통령에 취임한 파트리시오 아일윈은 대통령령을 통해 '진실화해위원회'의 설립을 공표하였다. 위원회의 임무는 4가지로 규정되었다. 첫째, 어떻게 억압적 체제가 가동되었는지를 밝히는 일, 둘째, 모든 실종사건과 초법적 살인을 규명하는 일, 셋째, 희생자 가족에게 보상 및 배상조치를 제안하는 일, 넷째, 유사한 사태의 재발을 막기 위한 대책을 강구하는 일(Rigby 2001, 81). 최종보고서에 따르면 도합 3,197명이 살해되거나 실종된 것으로 나타났다. 아르헨티나에서와 마찬가지로 이미 사면법의 적용을 받았던 군부는 모든 인권침해 사건에 대한 재조사 계획에 반발하였고 동료들을 민간법정에 기소하려는 방침에 대해 무장한 장갑차를 앞세워 항의 시위를 벌였다. 그러나 최종적으로 피노체트는 면책특권을 박탈당하고 체포구금되었으며 간신히 기소유예 판결을 받았다.[10] 칠레 대통령 파트리시오 아일윈은 텔레비전에 출연하여 피노체트 정권의 희생자 가족들에게 국민을 대신하여 사과하였다.

진실위원회의 방식을 옹호하는 사람들은 종종 아르헨티나와 칠레의 군대와 보안요원에 대한 사면조치가 존재하지 않았다면 진실은 감추어진 상태로 남아있을 것이라고 주장한다. 재판과 처벌이 예상된다면 누가 수치스런 행동을 인정하겠는가? 그러나 생존자의 입장에서 볼 때 이것은 가해자가 계속해서 면책특권을 누리게 됨을 의미한다. 그들은 사법적 재판을 면제받을 뿐만 아니라 심지어 자신이 저지른 수치스런 행동을 시인할 것조차 요구받지 않는다. 진실위원회가 자신이 파헤쳐야 할 바로 그 과거를 사실상 은폐할 수 있다는 것은 고통스런 역설이다.

1994년 4월 남아프리카 공화국 역사상 최초의 민주선거가 실시되었으며 그 다음달 넬슨 만델라 정부가 적법하게 출범하였다. 새롭게 태어난 남아프리카 공화국은 아르헨티나나 칠레처럼 과거의 인권침해 책임자들이 과도정부와 보안기구의 주요 지위를 유지하고 있는 위태로운 상황과 직면하였다. 그러나 가해자에 대한 기소가 비현실적이며 간신히 성취된 평화를 위협할 수 있다 하더라도 무조건적 사면 역시 생각할 수 없는 대안이었다. 이러한 딜레마에 빠진 남아프리카 공화국은 조건부 사면의 요소를 자신의 방식에 도입하였다. 남아프리카공화국의 방식에 따르면, 사면받기를 원하는 모든 인권침해

10) 1998년 칠레의 독재자 피노체트는 신병치료차 런던에 갔다가 피노체트 정권 당시 스페인 시민에게 자행된 제노사이드와 테러를 문제 삼은 스페인 판사가 발부한 범인인도 영장을 받은 영국 당국에 의해 체포되었다. 2000년 3월 피노체트는 본국 강제송환 된 후 칠레 검찰에 의해 인권유린 혐의 등으로 칠레 법정에 섰다. 칠레 대법원은 2003년 7월 1일 피노체트에 대한 정신상태 감정 결과 치매 증상으로 법정에서 자신을 변호할 능력이 없는 것으로 판단된다며 기소중지 명령을 내렸다. 그는 2006년 12월 칠레 군병원에서 심장병으로 사망하였다.

가해자들은 자신의 행동을 충분히 고백하고 그것을 사면위원회에 제출하여 검토를 받아야했다. 그들이 재판으로부터 해방되려면 자신의 범죄를 시인하고 사면위원회에 대해 그것이 개인적 악의나 사적 이익 때문이 아니라 정치적인 차원에서 저질러졌음을 납득시켜야 했다. 비록 성공적인 신청자의 경우에 공식적인 처벌을 피할 수 있다고 하지만, 그것은 가해자에게 대가를 전혀 요구하지 않는 과정은 아니며 여전히 일종의 정의가 여기에 작용하였다. 즉 동료시민에게 자행했던 모든 죄악을 드러내 보이도록 하고 그것을 공식적으로 기록하는 것은 공개적으로 모욕을 주는 것과 같다(Rigby 2001, 9). 그러나 남아프리카의 진실화해위원회는 응징적 정의를 뛰어넘는 회복적 정의의 목표를 분명히 하였다. 투투(Desmond Tutu) 대주교는 우분투(ubuntu)의 개념을 통해서 인권침해의 가해자에게 다시 한번 참여할 수 있는 공간을 제공하는 것은 그들의 잃어버린 인간성을 회복시킬 뿐만 아니라 사회적 조화와 합일을 통해 공동체를 풍요롭게 만들 것이라고 역설하였다(Rigby 2001, 10).[11)]

상실을 경험한 사람들에게 사법적 정의의 실현을 포기하고 불완전한 진실을 수용하도록 요구하는 것은 쓰라린 고통일 수 있다. 그렇지만 그것은 배상과 보상을 통해서 어느 정도 부드러워질 수 있다. 칠레의 진실위원회는 생존한 희생자들에 대한 보상을 건의하였는데 그것은 기념물 건립과 같이 희생자의 명예를 회복시키는 상징적 조치뿐만 아니라 희생자 가족에 대한 재정적 보상과 교육 및 복지 혜택 등의 물질적 조치를 포함하였다. 남아프리카공화국은 칠레의 경험을 참조하여 희생자에 대한 명예회복과 재정적 지원을 제안

11) 우분투의 개념에 대해서는 Desmond Tutu, *No Future Without Forgiveness* (London: Rider, 1999) 참조.

하면서도 그것에 추가하여 소외된 집단이 기본적 요구를 충족할 수 있도록 관계규정을 대폭 개정할 것을 강조하였다.

진실의 규명, 정의의 추구, 평화의 욕망 사이에는 지속적인 긴장이 존재한다. 그리고 진실위원회는 진실규명과 명예회복, 보상조치를 통해서 용서와 화해를 추구한다. 피노체트의 예에서 보듯이, 뒤늦게라도 사법적 정의가 부분적으로 실현된다면 용서와 화해의 시도는 더욱 힘을 얻게 될 것이다.

Ⅶ 맺는 말

제노사이드 현상에 대한 분석과 처방이라는 관점에서 이상의 논의를 요약하면 다음과 같다. 우선 제노사이드의 작동 메커니즘을 직시한다면 소수의 가해자 집단이 학살과정에서 절대적인 역할을 수행하고 있음을 알 수 있으며 따라서 이들 집단의 행동을 전면적으로 제어하는 것이 제노사이드의 발발이나 사태의 악화를 방지하는 가장 효과적인 대처 방식이 된다. 특히 학살의 기획자들은 국제사회의 반응을 의식하기 때문에 사태의 징후가 발견되는 초기 단계에서 강력한 경고 메시지를 전달하고 예방차원에서 신속하게 평화유지군을 파견할 필요가 있다. 시간이 지연될수록 군사적 개입은 더 큰 희생과 부담을 수반하게 된다. 무력개입의 정당성을 확보하고 국제사회의 지지를 이끌어내기 위해서는 인도주의적 개입의 원칙을 분명히 해야 하나 그것은 하나의 지침으로서 적용되어야지 반인륜적 학살을 방관하는 제약요인이 되어서는 안 될 것이다. 현재의 유엔 평화유지군 운용방식은 제노사이드 사태 발생시 효과적인 대처방안이 되지 못한다는 사실이 보스니아나 르완다 사태를 통해 증명되었기 때문에 유엔 상비군 창설의 제안은 논리적으로 설득력이 있으며 국제사회가 해결해야 할 시급한 과제라고 생각된다.

제노사이드의 집행은 소수의 가학자 집단과 이데올로기적 광신자들이 주도하는 경향이 있지만 궁극적으로는 군과 관료, 민병대의 평당원 구성원들 다수가 어떠한 방식으로든지 학살 행위에 동참하게 된다. 상황이론에 따르면 이들은 여러 가지 세속적 동기 속에서 마지못해 학살에 협력하지만 점차 자신의 행동에 둔감해 질 수 있다. 우여곡절의 과정 속에서 탄생하였지만 서서히 자신의 위상을 정립하고 있는 국제형사재판소는 제노사이드 사태의 핵심 주동자들뿐만 아니라 이들 다수의 비자발적 가해자들에 대해서도 추상같은 법의 심판을 내림으로써 자신은 상부의 명령에 따랐을 뿐이라고 항변하게 될 미래의 잠재적 주체들을 향해 책임윤리의 전통을 수립하고 일벌백계의 교훈을 심어주어야 할 것이다. 이런 점에서 아이히만을 평범한 학살 집행자의 일원으로 간주하면서도 준엄하게 법적 책임을 물은 아렌트의 가상적 판결문은 시사하는 바가 크다. 그녀는 다음과 같이 아이히만을 단죄한다. "피고는 누구라도 그러한 역할을 떠맡을 수밖에 없었을 것이며 따라서 잠재적으로 모든 독일인이 똑같이 유죄가 될 것이라고 말한다. 피고가 말하려는 의도는 거의 모든 사람이 유죄인 곳에서는 아무도 유죄가 아니라는 것이다. 그러나 이것은 우리가 피고인에게 내리고 싶은 결론이 아니다. 피고가 우리의 판단을 이해하지 못한다면 소돔과 고모라의 이야기에 주목할 것을 권하는 바이다. 이 두 도시는 그곳에 사는 모든 사람들이 똑같이 죄를 지었기 때문에 하늘로부터 내려온 불덩이에 의해 파괴되었다....비록 8천만 독일인이 피고처럼 행동했더라도 그것이 변명의 이유가 될 수는 없다."(Arendt 2006, 381). 진실화해위원회 역시 사건의 진실을 규명하고 가해자들의 수치스러운 행동을 공식적 역사에 기록함으로써 야만적 사태의 재발 방지에 일조할 수 있을 것이다.

마지막으로 소시민의 자화상이라고 할 수 있는 일반 대중의 태도에 대해서 언급해보자. 홀로코스트의 생존자로서 야만의 역사를 인류 사회에 증언했던 엘리 비젤(Elie Wiesel)은 “폭풍이 지나간 후에 우리를 놀라게 한 것은 다수가 살인에 가담했다는 사실이 아니라 우리에게 관심을 보인 사람이 너무 적었다는 사실이다.”라고 토로하였다(Ritter and Myers 1986, 123-125). 야스퍼스는 홀로코스트를 회고하며 유대인 학살 당시 침묵하고 책임을 다하지 못한 사람들의 도덕적이며 형이상학적인 죄악을 지적한 바 있다. 일반 대중은 희생자들을 잘 알지 못할 수 있지만 대량학살이 반인륜적 범죄이며 제노사이드가 사악한 행동이라는 것을 안다. 생명의 존엄성을 자각하고 인간의 기본권을 지키려는 평범한 사람들의 관심과 노력만이 제노사이드를 막을 수 있는 최후의 보루이다. 모든 운동은 궁극적으로 한 사람에게서 시작되었으며 한 사람의 생명을 구하는 사람이 세계를 구한다는 이야기를 다시 한번 생각해볼 필요가 있다.

제3장

대량학살의 전략적 이해

Ⅰ 머리말

이 글은 미국 다트머스 대학교의 정부학 조교수인 벤자민 발렌티노가 2004년에 발표한 저서[1]를 분석함으로써 대량학살에 대하여 새롭게 조망한 중요한 가설을 소개하려는데 목적이 있다.

20세기는 인류 역사상 가장 유혈적인 참사를 경험하였음에도 불구하고 대량학살이나 제노사이드는 일반적인 사회현상으로서 학문적인 관심을 제대로 받지 못해 왔다. 지난 세기 후반에 들어 약간의 연구결과가 축적되기 시작했는데, 그것들은 대체적으로 사회 집단간의 뿌리 깊은 균열, 전쟁이나 혁명과 같은 국가적 위기의 심리적 효과, 비민주적 정치체제의 권력집중 문제 등에 초점을 맞춰 왔다. 발렌티노는 이들 이론이 중요한 통찰력을 제공한 것은 사실이지만 또한 중대한 한계를 보여주었다고 말한다. 즉 이들 구조적 변수들은 유사한 상황에 처했으면서도 대량학살이 발생하지 않았던 사례들을 충분히 설명해주지 못한다는 것이다. 그는 대량학살에 대한 이해가

---

[1] Benjamin A. Valentino, *Final Solutions: Mass Killing and Genocide in the Twentieth Century* (Ithaca and London : Cornell University Press, 2004).

광범위한 사회구조적 요인 대신에 소수의 정치지도자나 군사지도자가 취했던 전략적 선택이라는 시각에서 모색되어야 한다고 주장한다. 그는 역사적 사례들을 구체적으로 검토함으로써 지도자들의 전략적 목표와 신념이 상황적 압력 및 외부적 사태와 어떻게 상호 작용하여 대량학살의 유력한 동기를 초래하는지를 고찰한다.

발렌티노가 주장하는 '전략적 관점'에 의한 설명은 기존의 이론들이 고집해온 '근본원인적 관점'의 그것과 비교할 때 대량학살의 예방과 개입에 있어서 상이한 결론을 보여준다. 그는 집단적 차별의 해소나 민주적 정부의 건설과 같은 근본원인을 거론하는 것은 비현실적일 뿐만 아니라 최악의 경우 쓸모없는 노력이라고 말한다. 이들 사회악은 너무나 보편적인 현상이기 때문에 그것들이 존재하는 모든 곳에 사전 개입할 수도 없고 단기적으로 문제의 해결을 기대하기도 어렵다. 반면에 전략적 관점은 대량학살의 동기를 만들어내는 많은 조건들을 식별함으로써 대량학살의 가능성을 예측할 수 있는 보다 신뢰할만한 지표들을 제공한다. 발렌티노는 대량학살의 예방을 위한 개입에 있어서 무력의 사용은 불가피하다고 주장한다. 우선적인 목표는 가해자들을 제거하는 것이다. 만일 이것이 현실적으로 불가능하다면 차선책은 희생자 집단을 안전하게 도피 시키는 작업이 된다.

이 저서에 대한 서평들을 살펴보면, 발렌티노의 전략적인 접근은 대량학살의 비합리성을 강조하는 대신 그것에 대한 합리적 이해를 시도함으로써 미래의 비극을 예방할 수 있는 희망을 보여주었으며 그의 처방은 이상주의자들의 그것보다 훨씬 더 효과적일 수 있다는 긍정적인 평가와 함께, 사실상 인종적인 적대감과 증오심이 집단학살의 주요 동기가 되고 있지는 않은지 특히 홀로코스트의 경우 나치의 유대인 학살이 진정으로 최종적인 선택이었는지에 대해 반론이

제기되고 있다.[2)]

II 전통적 연구의 논리와 한계

1. 대량학살의 개념 정의

대규모의 비전투원들에 대한 의도적인 학살을 설명하기 위해 공식적으로 사용되는 용어는 존재하지 않는다. 물론 가장 일반적인 용어는 '제노사이드'(genocide)이다. 그러나 제노사이드라는 용어의 가장 큰 한계는 그것의 어원과 공식적인 유엔의 정의(定義) 양자 모두에 있어서 의미가 상대적으로 협소하다는 것이다. 유대계 출신의 폴란드 변호사인 라파엘 렘킨(Rapahael Lemkin)은 1994년 처음으로 '제노사이드'라는 신조어를 만들어냈다. 렘킨은 이 용어를 만들기 위해 '인종 또는 종족' 이라는 의미의 그리스 단어 genos와 '죽이다'라는 의미의 라틴어 파생어인 cide를 결합시켰다. 렘킨은 제노사이드를 "집단 자체를 절멸시키려는 목적 속에서, 민족 집단들의 삶의 근본적인 토대를 파괴하기 위한 다양한 행위의 통합적 계획"으로 정의하였다.[3)] 렘킨 자신이 기안과정에 중요한 역할을 했던 1948년의 유

2) Daniel Chirot, "Final Solutions: Mass Killing and Genocide in the 20th Century by Benjamin," Comparative Political Studies (June 2005); Jessica Priselac, "Final Solutions: Mass Killing and Genocide in the 20th Century," *SAIS Review*, vol.25, no1(Winter/Spring 2005); John Ikenberry G., "Book Review : Final Solutions: Mass Killing and Genocide in the 20th Century," *Foreign Affairs*, Vol. 83, Issue 5(Sep/Oct 2004); Paul B. Miller, "Final Solutions: Mass Killing and Genocide in the 20th Century," *H-Net Reviews* (August 2005).

3) Raphael Lemkin, *Axis Rule in Occupied Europe: Laws of Occupations,*

엔 제노사이드 협약은 제노사이드의 희생자들을 '민족적, 인종적, 종족적 혹은 종교적' 집단으로 한정하고 있다. 이와 비슷하게 옥스퍼드 영어사전은 제노사이드를 "인종이나 민족 집단에 대한 의도적이고 체계적인 절멸"로 정의하고 있다. 제노사이드 협약이 마련된 이후 줄곧, 많은 연구자들이 유엔의 정의에 대해 이의를 제기해왔다. 그들은 무엇보다도 제노사이드의 정의에서 정치적, 비인종적 집단들을 명백하게 배제한 것을 문제 삼았다.

발렌티노는 희생자들의 집단적 정체성에 관계없이 비전투원들에 대한 체계적 학살의 원인을 이해하는 것이 주요하다고 강조한다. 그러나 그는 제노사이드의 개념을 확대시키는 대신 '대량학살'(mass killing)이라는 보다 일반적인 용어를 통해서 관련 현상들을 포괄적으로 분석하려 한다. 그는 대량학살을 '대규모의 비전투원들에 대한 의도적인 학살'이라고 정의한다. 대량학살의 희생자들은 그들이 비전투원이며 죽음이 의도적으로 초래되는 한, 모든 종류의 집단(인종, 정치, 종교 등) 구성원들을 포함한다. 그는 대량학살의 세 가지 개념 요소를 더욱 구체화 시킨다.

첫째, 대량학살은 의도적이어야 한다. 그것은 자연재난이나 질병으로 인한 죽음, 또는 전시에 행해진 민간인들에 대한 비의도적인 살인과 구별된다. 이러한 정의는 처형, 독가스 주입, 폭격 등과 같은 '직접적인' 살해 방식에 국한되지 않는다. 그것은 기아, 유기, 재산 박탈, 파괴, 생필품의 봉쇄에 따른 죽음 등을 포함한다. 그것은 또한 강제 이주나 강제 노동의 시기에 발생한 일련의 희생을 포함한다(Valentino, 10). 죽음의 의도성 여부를 결정하는 것은 지극히 어려운

Analysis of Government, Proposals for Redress (Washington, D.C: Carnegie Endowment for International Peace, 1944), p. 79. 발렌티노 책. 10에서 재인용.

일일 수 있다. 그것은 가해자가 품고 있는 특수한 목적에 대한 지식을 요구하기 때문이다. 이러한 정의에 따르면 대량학살은 처형을 목적으로 특별히 고안된 정책의 결과일 필요만은 없다. 죽음이 민간인들의 행동을 바꾸도록 강요하거나 위협하기 위해 기획된 정책에서 기인한다면, 그리고 이들 정책으로 인해 가해자들에게 광범위한 죽음이 초래되리라는 것을 이성적으로 예상할 수 있다면, 그것은 의도적이라고 간주될 수 있다. 따라서 공습으로 희생된 민간인들은 공격자들이 생존자들에게 항복의 압력을 가하기 위해서 의도적으로 공격이 감행될 경우 대량학살의 희생자들로 간주된다. 그러나 공격자들이 인근의 군대나 기반시설을 파괴하는 과정에서 민간인들이 희생된다면, 그것은 비의도적인 행위로 간주된다. 강제 행군, 강제 노동, 혹은 강제 추방의 결과에 따른 죽음 역시 가해자들이 이들 정책의 이행이 수많은 민간인들의 희생을 초래할 것이라고 이성적으로 예견할 수 있다면 - 가해자들이 이들 희생자들에 대한 학살 그 자체를 계획하지 않았더라도 - 의도적인 행위로 간주된다.

둘째, 추가적인 설명을 요구하는 대량학살 정의의 두 번째 측면은 '대규모'의 의미이다. 제노사이드에 대한 대부분의 학문적 정의와는 달리, 대량학살의 개념은 가해자들이 전체 집단 혹은 집단의 일정부분을 파괴하려는 의도를 반드시 갖고 있어야 한다고 구체적으로 적시하지 않는다. 오히려 이 경우 대규모의 수는 5년을 전후한 기간에 걸쳐 발생한 적어도 5만 명 이상의 죽음을 의미한다고 단순하게 규정된다(Valentino, 10-11). 이러한 구체적인 수적 기준은 어느 정도 자의적이지만, 이처럼 비교적 높은 기준을 설정한 것은 대규모의 폭력 사태가 실제로 발생했으며 학살은 의도적이었다는 사실을 확신을 갖고 말할 수 있게 하는데 도움을 준다. 민간인 사망자에 관한 활용 가능한 자료가 일반적으로 빈약한 수준임을 감안한다면, 비교적 높은 기준을 활용하는 것은 매우 중요하다. 발렌티노는 5만 명 이상이 학살된 사건들을 설명할 수 있는 이론들이 또한 2만 명이나 3만 명이 사망한 사건들을 설명할 수 있다고 가정하는 것은 타당성이 있다고 말한다. 그러나 절대적으로 수적 기준에 의존하는 정의는 비교적 큰 규모의 희생자 집단들을 강조하는 편견을 회피 할 수 없다는 점을 지적할 필요가 있다. 이러한 논의는 소규모 집단들에게 가해진 위협이 연구할 가치가 없다거나 이들 집단이 폭력으로부터 보호받을 자격이 없다는 것을 의미하지 않는다.

셋째, 보다 의미를 명료화할 필요가 있는 대량학살 정의의 세 번째 개념 요소는 '비전투원'이라는 용어이다. 대량학살과 여타 형태의 전쟁을 구별해주는 것은 비전투원들을 대상으로 취해진 폭력인가 여부이며 그것은 우리의 도덕적 감수성을 크게 자극한다. 비전투원은 조직화된 군사집단의 구성원이 아니며 적군이나 적의 재산에 물리적인 타격을 가하려는 전쟁행위에 적극적으로 가담하지 않는 비무장한 사람들을 지칭한다. 식량이나 기타 보급품을 제공하거나 무장 세력을 옹호하는 비폭력적 정치활동에 참여한다고 해서 비전투원이 전투원으로 전환되는 것은 아니라는 사실을 강조할 필요가 있다(Valentino, 13-14). 이런 활동들은 전투원들에게 직접적인 물리적 위해를 가하지 않기 때문에, 이런 활동에 가담하는 개인들은 - 그들이 사법적 처벌을 받을 수 있을지 모르지만 - 학살로부터 보호를 받아야 한다.

2. 대량학살에 대한 전통적인 설명방식

제노사이드라는 용어가 50년 이상 사용되어져 왔지만, 제노사이드나 대량학살에 관한 공식적인 이론들은 거의 존재하지 않는다. 특정의 대량학살과 제노사이드에 대해서는 많은 글들이 쓰여졌지만,

일반적인 사회현상으로서 대량학살에 관한 학문적 연구는 흔치 않다. 그러나 비교적 소수의 이론적 작업이 특히 지난 20여 년 동안 축적되기 시작하였다.

발렌티노는 제노사이드와 대량학살에 관한 3대 연구 계보를 다음과 같이 정리한다. 첫째 계보는 제노사이드와 대량학살의 주요 원인이나 전제조건으로서 집단들간에 존재하는 뿌리 깊은 사회적 균열의 중요성에 초점을 맞추는 경향이 있다. 둘째 계보는 전쟁, 혁명, 기타 국가적 위기들이 대량학살을 촉발시킨다고 주장한다. 셋째 계보는 이러한 폭력의 가장 중요한 원인으로서 정부형태와 권력집중의 문제를 강조한다. 발렌티노는 이들 각각의 접근방식이 대량학살에 대해서 중요한 통찰력을 제공하고 있지만 그 어느 것도 완전히 만족할만한 설명이 아니라고 주장한다.

1) 사회적 균열과 대량학살

제노사이드의 핵심 원인이나 전제조건으로 언급된 가장 일반적인 요인 가운데 하나는 동일한 사회 내에 살고 있는 이질적 집단간의 심각한 분열현상이다. 발렌티노는 사회적 균열의 충격에 초점을 맞추는 제노사이드나 대량학살의 설명을 총칭하여 다원적 사회 이론(plural society theory)이라고 부른다(Valentino, 16). 몇몇 학자들이 비슷한 설명을 하고 있지만, 다원적 사회이론은 제노사이드 비교연구의 선구자인 레오 쿠퍼(Leo Kuper)와 가장 밀접하게 관련되어 있다. 학자들은 심각한 인종적, 문화적, 종교적, 계급적 분열, 정도가 심한 공개적 혹은 사실적 차별, 정치적 혹은 경제적 배제, 집단들간의 불신이나 증오 등 다양하게 사회적 균열을 정의해왔다. 이와 구별되지만 또한 관련이 있는 이론군(群)은 특히 집단들 관계의 비인간적 특징에 초점을 맞춘다. 여러 학자들에 따르면 사회적 균열은 사회를 양극화시키고, 집단간의 갈등 가능성을 고조시키며, 억압받는 집단들에 의한 반란을 촉발하고, 적들의 신분 확인을 용이케 하거나 혹은 도덕적 책임의 규범을 침식함으로써 제노사이드를 유발할 수 있다.

2) 국가적 위기와 대량학살

대량학살과 제노사이드를 설명하는 두 번째 이론은 전쟁, 혁명, 심각한 경제공황, 기타 파국적인 사건들 - 국가적 위기 - 이 대량학살의 발생에 중요한 계기를 제공한다고 주장한다. 많은 연구들이 증명하는 것처럼, 거의 모든 대량학살 사례들은 일종의 국가적 위기 상황에 뒤이어 나타나거나 혹은 그 기간 동안에 발생한다. 국가적 위기와 대량학살간의 상호관계에 대한 설명은 두 가지로 대별될 수 있다. 첫째 그룹은 희생양 이론(scapegoat theory)이라고 부르는 설명으로서, 국가적 위기가 초래한 사회적·심리적 영향이 제노사이드를 유발하는 계기가 된다고 보며, 둘째 그룹은 정치적 기회 이론(political opportunity theory)이라 불리는데, 국가적 위기로 인해 생겨난 대량학살의 기회와 유인에 초점을 맞추고 있다.

① 희생양 이론

희생양 이론은 대량학살에 대한 가장 일반적이고 정교한 사회적·심리적 이론 가운데 하나이다. 이러한 접근은 다원적 사회 이론에 의해서 조명된 일부 요인과 설명을 포함한 사회학적 연구의 특성을 개인심리학 및 사회심리학의 통찰력과 결합시킨다. 희생양 이론 지지자들은 심각한 위기로 파괴된 사회가 고통의 책임을 소수 집단들이나 힘없는 다수 집단에게 전가하려 할 때 대량학살 사태가 발생한다고 주장한다(Valentino, 22). 이들 이론에 따르면 극심한 생활 조건으로 고통을 받는 개인들은 자신들의 문제와 좌절의 근본 원인을 이해하고 확인하려는 강력한 심리적 욕구를 갖는다. 희생양 이론의 지지자들은 개인들이 희생양의 선택을 통해서 자신들 문제의 근본 원인을 이해하며 이러한 문제들에 대한 예측과 통제가 가능하다는 믿음을 갖게 된다고 주장한다. 또한 그들은 다른 사람들에게 자신들의 두려움이나 불안감을 투영시킴으로써 삶에 대한 죄의식과 개인적인 책임감에서 벗어나려 하는 심리가 제노사이드의 계기를 제공한다고 말한다.

② 정치적 기회이론

국가적 위기의 영향에 초점을 맞춘 또 다른 설명의 계보는 그것이 정치권력을 공고히 하거나 제노사이드적 이데올로기를 이행하려고 모색하는 혁명 엘리트들에게 유인, 기회, 구실을 주기 때문이라고 주장한다(Valentino, 25). 전쟁, 혁명, 심각한 경제적 공황은 비교적 소수의 집단에게 국가의 정치적, 군사적 기제를 장악할 수 있는 기회를 제공할 수 있다. 이러한 견지에서 볼 때 독일의 군사적 패배와 경제적 붕괴는 홀로코스트와 관계가 있는데, 그것은 사태가 독일 국민들로 하여금 자신들의 문제에 대해 유대인을 비난하도록 유도했기 때문이 아니라, 이러한 요인들이 독일의 신생 민주주의 정치체제를 심각할 정도로 훼손했기 때문이다. 이들 위기는 정치적 파당의 등장에 기여하였고, 민주적 절차를 불안정하게 하였으며, 공상주의의 망령을 불러일으켰다. 또한 일부 투표자들에게 공산주의와 파시즘을 포함해 독일의 경제 문제에 대한 급진적 해결을 고려하도록 자극하였으며, 그 결과 나치와 같은 급진주의자들이 독일의 국가권력을 쉽게 장악할 수 있게 해주었다.

3) 비민주적 정부형태와 대량학살

제노사이드와 대량학살 연구의 세 번째이며 최종적인 계보는 그것이 발생하는 사회의 정부형태 속에서 그 원인을 찾으려 한다. 루돌프 럼멜(Rudolph Rummel)은 이러한 설명의 가장 강력한 지지자이다. 럼멜이 사용하는 '권력 원리'(power principle)라는 용어에 따르면, "정부는 권력을 더 많이 가질수록, 엘리트들의 변덕과 욕망에 따라 독단적으로 행동하고 전쟁을 일으키며 시민과 외국인들을 학살할 가능성이 더 많게 된다. 정부는 권력의 제약을 더 많이 받을수록, 타인에 대해서 덜 공격적이 된다[4]." 럼멜과 기타 연구자들은 민주적 정부형태들이 다른 정부체제들 - 특히 전체주의 정권과 공산주의 정권 - 에 비해 보다 낮은 수준의 대량학살 및 인권 침해와 관련이 있음을 보여주는 강력한 증거를 제시해왔다.

3. 발렌티노의 비판

발렌티노는 이상의 세 가지 접근방식에 대해서 각각 다음과 같이 비판을 가한다.

1) 대량학살 가해자들이 종종 희생자들을 자신들과 다른 존재, 자신보다 열등하거나 심지어 덜 인간적인 존재로 간주한다는 것은 의문의 여지가 없다. 한 인간이 바로 자신과 같은 다른 인간을 대상으로 무방비 상태의 집단에 대한 대대적인 학살에 가담한다는 것은 상상하기 어렵다. 대량학살과 제노사이드의 희생자들이 살해되기 전에 종종 경제적, 정치적 차별을 받는다는 것은 놀라운 일이 아니다. 그러나 이러한 관찰은 기존의 사회적 균열이나 희생자 집단에 대한

---

4) Rudolp Rummel, *Death by Government* (New Brunswick, N.J.: Transaction, 1994), pp. 1-2. 발렌티노 책 27페이지 재인용.

부정적 태도가 대량학살의 주요하고 독립적인 원인이거나 결정적인 전제조건임을 의미하지 않는다. 이러한 종류의 폭력을 자세히 들여다보면, 심각한 기존의 사회적 균열이 대량학살의 충분조건이나 보편적인 필요조건이 아니라는 사실을 알 수 있다.

일반적으로 다원적 사회이론의 지지자들은 공산주의 대량학살이 홀로코스트와 같이 인종적으로 촉발된 제노사이드들과는 다른 원인을 가지고 있다는 이유를 내세워 자신들의 이론을 소련, 중국, 캄보디아와 같은 사례에 적용하기를 회피해왔다. 홀로코스트와 공포정치는 확실히 근본원인이 다르다. 그러나 공산주의 대량학살의 역사가 강력하게 암시하는 것은 가장 극단적인 수준의 폭력이 심각한 사회적 균열이 존재하지 않는 곳에서도 존재할 수 있다는 사실이다. 이러한 결론은 우리가 심지어 인종적 대량학살의 경우에 있어서도 사회적 균열의 인과적 역할을 단순히 가정해서는 안 된다는 것을 암시하고 있다.

발렌티노는 제노사이드적 폭력에 관련된 인종 집단들 상호간의 사전적 분열의 심각성이 종종 과장되고 있다고 주장한다. 일단 폭력적 충돌이 발생한 후에는 집단간 균열의 중요성을 지나치게 강조하기 쉽다. 광범위한 폭력은 과거의 사실을 왜곡하고 집단 상호간의 상대적 조화와 협력의 오랜 역사를 외면하게 하며 집단 관계의 부정적 측면들을 악화시키는 경향이 있다. 발렌티노는 인종 집단간의 심각한 균열은 독립적인 원인이나 전제조건이라기보다는 대규모 폭력의 효과로 보는 것이 더 타당하다고 말한다. 비교적 관용적인 사회의 경우에도, 강력한 집단들은 자신들의 적들을 비인간화시키고, 현존하는 사회적 분열을 강화시키며, 심지어 새로운 분열을 만들어낼 수 있음을 보여주어 왔다. 심각한 차별, 도덕적 배제, 비인간적 태도들은 종종 선행하는 사회적 특성이 아니라 희생자 집단에 대한 폭력을 촉진하기 위해 고안된 의식적 전략의 결과이다(Valentino, 19).

예를 들면 구 유고슬라비아에서 세르비아인, 크로아티아인, 이슬람교도들 간에 벌어진 공공연한 차별은 1991년의 대규모 폭력사태가 발생하기 이전에는 특히 심각하거나 만연되었던 것 같아 보이지 않는다. 객관적인 지표를 통해서 볼 때, 인종간의 관계는 전적으로 조화로웠다고 말할 수는 없었지만 여타국가의 그것보다 크게 악화된 수준이었다고 말할 수도 없었다. 1989-1990년에 실시된 여론조사 결과는 집단들 간에 높은 수준의 인종적 관용이 존재함을 보여주었다. 심지어 1991년 11월에조차도 70-90%의 주민들은 유고슬라비아로부터의 독립이나 인종적으로 분리된 공화국의 건설에 반대하였다. 특히 보스니아에서는 수많은 전투가 종교적 의미를 띠었지만, 전쟁 이전에 스스로를 종교인으로 간주하는 보스니아인들은 25%(자신을 종교인으로 간주하는 미국인들은 70%를 넘는다)도 안 되었다. 전쟁 이전 10여 년 동안 크로아티아에 거주하는 세르비아인 가운데 29%가 크로아티아인 배우자와 결혼하였다(1993년 미국에서 백인 배우자와 결혼한 흑인은 12.1%에 지나지 않았다). 대부분의 관찰자들은 전쟁 이전의 시기에 인종집단 상호간 부분적으로 적개심과 편견이 존재했지만, 대다수 사람들은 정치지도자들이 인종집단간의 불신을 자극하고 주민들을 전쟁에 동원하기 위해 선동적인 캠페인을 시작할 때까지 이러한 감정이 광범위한 폭력을 촉발할 만큼 강하지 않았다는데 의견을 같이한다.

정반대로, 심각한 사회적 균열에 의해서 찢겨진 사회도 대량학살을 경험함 없이 오랜 기간 존재할 수 있다. 사실 그와 같은 사회는 매우 흔해 보인다. 예를 들면 많은 역사학자들은 1800년대 후반과 1900년대 초반에 반유대인적인 태도와 유대계 소수인종에 대한 차별이 독일에서보다 러시아, 폴란드, 프랑스, 기타 유럽 국가들에서 더 심했다는 사실에 동의한다. 짐 크로우(Jim Crow)시대에 미국 남부 주에 살았던 흑인들 역시 사회의 주요 집단들로부터 공공연한 차별, 강력한 경제적·정치적 배제, 비인간적인 증오와 차별을 받았음에도 불구하고 제노사이드를 피할 수 있었다. 마찬가지로 이스라엘과 이스라엘 점령지역에 살고 있는 팔레스타인 사람들[5], 인종차별주의 시대를 살았던 남아프리카의 흑인들은 수십 년 동안 극단적인 수준의 증오와 차별로 고통을 겪었지만 제노사이드의 희생자가 되지 않았다.

위에서 언급한 증거들은 대단히 심각한 기존의 사회적 균열이 대량학살이나 심지어 협의의 제노사이드에 대해서도 보편적인 필요조건이나 충분조건이 되지 못한다는 사실을 강력하게 암시한다. 그렇다고 해서 이러한 결론이 대량학살과 제노사이드의 인과론적 과정에 작용하는 이들 요인의 역할을 배제하는 것은 아니다. 예를 들면 독일 반유대주의의 오랜 역사를 언급함 없이 나치의 유대인 학살 이유를 이해하는 것은 사실상 불가능하다. 발렌티노에 의하면 그와 같은 요인들이 중요하지 않다는 것이 아니라, 그것들이 독일 같은 국가들과 소수 집단들을 상대로 체계적인 절멸 작전을 전개하지 않았던 여타 사회와의 차이를 제대로 말해주지 못한다는데 문제가 있다.

5) 발렌티노는 전략적인 관점에 입각하여 팔레스타인 문제가 대량학살로부터 자유로울 수 있다는 낙관적인 입장을 취한다. 1948년 이후 양자 사이에서 대량학살 사태가 발생하지 않았던 것은 부분적으로는 이스라엘이 자신을 방어할 수 있는 충분한 무력을 갖추고 있었기 때문이었고, 부분적으로는 팔레스타인 난민들이 자유롭게 이웃 국가로 탈출할 수 있었기 때문이었다. 그러나 보다 중요한 사실은 자살폭탄의 위협에도 불구하고 팔레스타인 지도부가 보여준 자제력이다. 사실 마음만 먹는다면 그들은 얼마든지 민간인 학살을 시도할 수 있지만 여태까지 그런 사태가 발생하지 않았다는 것은 그들이 그것을 거부하고 있음을 강력하게 암시한다. 즉 그들은 대량학살이 초래할 비생산적이며 파멸적인 효과를 충분히 인식하고 있다. Benjamin A. Valentino, "Final Solutions, Future Puzzles," *Security Studies* 13, no.3(Spring 2004), pp. 216-218.

2) 국가적 위기는 대량학살을 필연적으로 혹은 일반적으로 초래하지 않는다. 국가적 위기가 비교적 일반적인 현상인 반면, 대량학살은 보기 드문 사태이다. 따라서 대부분 희생양 이론의 지지자들은 가해자들 사회와 문화의 특정 측면이 국가나 사회로 하여금 희생양을 만들도록 몰아가며 궁극적으로 제노사이드나 대량학살을 초래한다고 주장한다. 다양한 위험 요인들이 지적되어져 왔는데, 그것들은 권위에 대한 복종의 전통, 공격적인 문화의 기질, 사회 및 정부 제도의 특정 형태 등을 포함한다. 그러나 희생양 이론의 대다수 지지자들은 대단히 심각한 기존의 사회적 균열이 국가적 위기 상황 속에서 대량학살에 대한 호소력을 제고시킨다는 전제를 수용한다.

역사의 기록은 대량학살이 국가적 위기에 뒤이어 일어난다는 희생양 이론의 가설을 대체적으로 확인하지만, 또 다른 증거는 양자 사이에 존재하는 인과론적 관계에 대해서 의문을 제기한다. 무엇보다도 다원적 사회이론과 관련해 앞에서 언급되었듯이, 사회집단들 상호간의 심각한 균열은 대량학살의 발생을 위한 필수적인 요인이 아니다. 제노사이드와 대량학살은 일반적으로 차별이나 폭력적 갈등의 역사가 거의 존재하지 않는 유사한 사회 집단 구성원 사이에서 발생한다. 이러한 연구결과는 희생양 이론에 타격을 준다. 왜냐하면 이 이론은 선행하는 사회적 균열이 국가적 위기에 대해 대량학살로 대응하는 소수의 사회와 그렇지 않은 대다수의 사회를 구별하는데 도움을 주는 결정적인 요소라고 주장하기 때문이다.

보다 중요한 사실은, 역사적 증거들이 희생양 이론의 지지자들에 의해서 서술되는 기본적인 심리적 메커니즘의 적실성에 대해서 의구심을 보인다는 것이다. 희생양 이론은 대량학살이 국가적 위기로 야기된 심리적 좌절과 두려움을 경감시키는데 도움을 준다고 주장한다. 이러한 주장이 맞는다면, 우리는 지배적인 사회집단 구성원들이 학살에 대해서 자발적으로 지지한다는 사실을 보여 주어야 할 것이다. 그러나 홀로코스트조차도 희생양 이론을 상당히 당혹케 하는 증거가 된다. 희생양 이론을 지지하는 사람들은 홀로코스트를 희생양 이론의 패러다임적 사례로 인용하고 있기 때문에 그것은 특별한 의미를 갖는다. 일부의 연구자들 - 이들 가운데 가장 유명한 사람은 다니엘 골드하겐(Daniel Goldhagen)[6]- 은 대부분 독일인들이 유대인의 절멸을 원했다고 주장하지만, 중요한 학문적 견해들은 이러한 해석에 단호히 반대한다. 나치시대나 그 이전 시기의 독일 국민 여론에 대한 조사연구는 제노사이드가 가해자 사회집단 구성원들 사이에서 폭넓게 인기가 있어야 한다는 희생양 이론의 함축적 의미를 반박한다. 홀로코스트 발생 이전의 독일 사회에 반유대주의가 만연하였다는 사실을 심각하게 부정하는 학자들은 없지만, 대다수 독일 국민들은 유대인의 절멸을 요구하는 수준까지 나가지는 않았다(Valentino, 24).

대부분의 독일인들이 유대인 대량학살을 지지하였다는 주장은 독일 국민과 나치 정부 자신의 행동을 보더라도 모순적이다. 유대인들에 대한 자발적인 폭력은 나치가 정권을 잡은 뒤에도 보기 드문 현상이었다. 나치 지도자들은 희생양 이론의 지지자들이 주장하듯이 독일 국민들의 충동에 대응하여 행동한 것이 결코 아니었으며 지속적인 선전을 통한 반유대주의 슬로건조차도 대다수의 독일인들에게 유대인들이 죽어야 된다는 확신을 심어주지 못했다. 국가적 위기는 사회의 일부 구성원들로 하여금 희생양들에 대한 폭력적인 복수를 모색하도록 자극했을 수도 있지만, 이러한 심리적 반응은 보편적인 현상이라고 보기 힘들다.

6) Daniel Jonah Goldhagen, *Hitler's Willing Executioners: Ordinary Germans and the Holocaust* (New York : Knopf, 1996).

발렌티노는 정치적 기회이론 역시 국가적 위기와 대량학살 간의 상호관계에 대한 나름대로의 설명을 제시하고 있지만, 그것은 궁극적으로 제노사이드와 대량학살을 이해하거나 예측할 수 있는 수단을 상대적으로 거의 제공하지 못한다고 주장한다. 국가적 위기는 보다 안정적인 사회와 비교할 때 대량학살의 개연성을 보여줄 수도 있지만, 국가적 위기가 그와 같은 폭력을 촉발시킬 절대적 가능성은 지극히 적은 법이다. 위에서 지적한 것처럼, 절대 다수의 국가적 위기들은 - 그것이 전쟁, 혁명, 혹은 심각한 경제 공황이든지 간에 - 대량학살에 이르지 않는다(Valentino, 26). 대부분의 정치적 기회이론 지지자들은 이러한 한계를 인정한다. 그러나 정치 엘리트들로 하여금 국가적 위기로 나타난 제노사이드적 기회를 이용하도록 하거나, 반대로 이들 위기를 보다 평화적으로 해결하도록 만드는 특정 조건들과 요인들을 규명하는데 많은 노력을 기울이는 사람은 거의 없다.

3) 민주주의 정부형태가 다른 정부형태에 비해 자국의 시민들에 대한 대량학살에 덜 가담한다는 사실은 대량학살에 관한 이론적 문헌에서 가장 신중하게 증명된 발견 가운데 하나이다. 발렌티노는 그럼에도 불구하고 두 가지 문제점이 이러한 통찰력의 유용성을 제한한다고 주장한다.

첫째, 럼멜이 인정하는 것처럼 민주주의 국가들은 자국의 시민들을 살해한 적이 거의 없지만, 그들은 외국과 전쟁이나 해외 식민지에서 대량 학살에 개입하고 있다. 미국은 1899년-1902년의 필리핀 점령 기간에 20만 명에 이르는 민간인들을 학살하였으며 그들 중 다수를 의도적으로 살해하였다. 군과 제휴한 민주 프랑스는 알제리 전쟁 기간에 수십만 명의 민간인들을 살해했으며, 베트남에서는 25만 명을 학살한 것으로 추정된다. 양자 모두 의도적 살인이었다. 민주주의 국가들은 또한 시민으로 규정하지 않은 국내 집단들에 대해서도 대량학살을 자행해왔다. 미국이 북미 원주민들을 대상으로 수행한 일련의 무자비한 전쟁은 가장 전형적인 사건이라 말할 수 있다. 이 전쟁은 최종적으로 원주민들을 거의 절멸시키는 결과를 초래하였다. 럼멜의 이론이 보여주는 두 번째 한계이며 보다 중요한 한계는 그것이 언제 대량학살이 발생할 것인지를 거의 예측하지 못한다는 것이다. 럼멜이 인정하듯이 권력은 대량학살의 필요조건이지만 충분조건이 아니다. 따라서 민주주의 국가들이 여타 형태의 정부들 보다 학살에 덜 가담한다고 이해하는 것이 중요하지만, 가장 비민주적 정권들조차도 대부분의 집권 시기에 대량학살에 가담하지 않는다고 인식하는 것 역시 중요하다(Valentino, 28). 대량학살에 대한 보다 포괄적인 이론은 주체가 민주적인 집단이든 비민주적인 집단이든 자신들의 반대자들과 평화롭게 문제를 해결하기보다는 폭력을 동원하게 되는 조건들을 구체적으로 밝혀내야 한다.

III 대량학살과 지도자의 역할

대량학살은 고도의 비민주적 정부의 출현이나 심각한 사회적 위기의 발생으로 적절히 설명되지 않는다. 이들 요인들이 대량학살의 위험을 증대시킨다는 증거를 제시할 수도 있지만, 절대 다수의 비민주적 정부와 사회적 위기들은 민간인들에 대한 대규모 폭력과 관련이 없다. 이것은 여타의 중요한 원인들이 대량학살의 과정에 작용하고 있음을 암시한다.

발렌티노는 대량학살을 이해하기 위해서는 광범위한 사회적 혹은 정치적 요인 대신에 고위 정치 지도자와 군사 지도자들의 특정한 목적이나 전략에서부터 시작해야 한다고 주장한다(Valentino, 2). 제노사이드에 대한 과거의 이론적 연구는 소수 엘리트들의 이익과 사상이 사회의 나머지 부분의 폭력 참여를 설명할 수 없다는 이유로 리더십의 역할을 축소시키는 경향을 보여 왔다. 그러나 발렌티노는 사회 일반이 대량학살에 미치는 영향은 보통 생각되어지는 것보다 더 약하다고 주장한다. 이웃이 이웃에 등을 돌리는 대량학살은 좀처럼 대중적인 사업이 되기 힘들다. 정반대로, 대량학살의 추진력은 대개 비교적 소수의 강력한 정치지도자들이나 군사지도자들로부터 비롯된다. 때로는 개별적 지도자들이 학살의 과정을 자극하거나 수립하는데 결정적인 역할을 할 수도 있다. 스탈린 없는 공포정치, 히틀러 없는 홀로코스트, 마오쩌둥 없는 문화대혁명이란 상상하기 어려운 사건들이다. 르완다의 경우 광적인 소수의 후투족 지도자 집단이 학살의 추진체가 되었으며 한 평가에 따르면, 고위 관리 24명이 제노사이드를 기획하였다. 아르메니아인 제노사이드에 책임이 있는 청년터키당 정권의 지도자였던 엔베르 파샤(Enver Pasha)는 정권 장악 과정에 소규모 집단이 강력한 역할을 수행한다는 사실을 이해하였고, 이러한 집단이 갖고 있는 과도한 권력에 대한 두려움이 제노사이드를 일으키도록 결정하게 된 한 이유였을 것이라고 주장하였다. 그는 미국 대사 헨리 모겐소(Henry Morgenthau)에게 다음과 같이 말하였다(Valentino, 63).

> "귀하는 우리 청년터키당이 터키에서 이 혁명을 시작했을 때 200여명에 불과하였다는 사실을 명심해야 합니다.... 우리가 아르메니아인들을 두려워하는 것은 혁명을 경험했기 때문입니다. 200여명의 터키당원이 정부를 전복할 수 있다면, 수백 명의 총명하고 교육받은 아르메니아인들도 똑같은 일을 할 수 있습니다. 그래서 우리는 그들이 우리를 해칠 수 없도록 하기 위해서 그들을 분산시키는 계획을 의도적으로 채택

하였습니다.”

20세기 대량학살 현상에 대한 폭넓은 고찰은 그것을 수행하는데 필요한 최소한 수준의 사회적 지지를 확보하는 것이 그리 어렵지 않다는 사실을 보여준다. 지도자들은 대량학살을 수행하는데 필요한 개인들을 충원하고 일반 대중의 순종이나 수동성을 확보할 수 있는 강력한 수단들을 가지고 있다. 대량학살의 수행은 사회 다수의 적극적인 지지를 요구하지 않는다. 폭력 자체는 군사조직이나 준군사조직의 구성원과 같은 비교적 소집단의 사람들에 의해서 행사되는 것이 보통이다.

발렌티노가 제안하는 ‘전략적 관점’에 의하면 대량학살은 지도자들의 가장 중요한 이데올로기적 혹은 정치적 목적을 달성하고 그들에게 가장 심각한 위협으로 간주되는 사태에 대처하기 위해 고안된 도구적 정책으로 정확하게 파악될 수 있다(Valentino, 3). 일반적인 인식과는 달리, 이들 지도자들은 좀처럼 대량학살 그 자체를 목적으로 간주하지 않는다. 희생자 집단에 대한 폭력은 그 자체 전체 주민을 물리적으로 절멸하려는 의도를 갖고 있지 않다. 그것의 목적은 종종 희생자들이 완전한 새로운 생활양식에 복종하고, 집과 재산을 포기하며, 정치적 혹은 군사적 반대 집단들에 대한 그들의 지지를 중지하도록 강요하는데 있다. 일부 가해자들은 - 특히 나치는 - 희생 대상을 완전히 절멸 시키려고 시도하였다. 그러나 나치의 절멸정책은 덜 폭력적인 억압의 형태나 희생자 집단에 대한 제한된 양보 등 지도자가 자신의 목적을 달성하기 위한 여타의 선택이 비효과적이거나 비실제적이라는 결론을 내린 후에 채택되었다.

따라서 가해자들은 대량학살을 두 가지 측면에서 ‘최종적 해결’(final solution)로 간주한다(Valentino, 3). 대량학살은 항구적이라는 의미에서 최종적인 해결책이 된다. 그것은 희생자들로 인해서 야기되었다고 인식된 문제들을 해결하기 위한 미래의 노력에 대한 필요성을 제거한다. 그러나 대량학살은 이들 문제를 해결하기 위한 일련의 노력에 있어서 마지막 수단이기 때문에 또한 최종적이다. 그것은 대개 지도자들이 재래식 군사 전략과 정치 전략을 사용하여 희생자들을 제대로 다루지 못하는데서 비롯된다. 가해자들은 일부 단편적인 인간애나 동정심의 발로 때문에 대안을 먼저 생각해 보지 않을 수 없으며, 절대적 폭력에 즉각적으로 의지하기를 주저할 것이다. 더 그럴듯한 이유는, 대량학살이 상당한 위험 - 희생자들의 격렬한 저항, 자국 국민과 외국의 소외, 제3자의 개입 초래 - 을 수반할 수 있기 때문에 가해자들이 덜 폭력적인 대안을 모색할 수밖에 없다는 것이다. 그러나 가해자들이 심각한 이해관계가 달려있다고 인식하며, 덜 폭력적인 대안들이 봉쇄되었거나 혹은 실행불가능 하다고 판단할 때, 대량학살의 동기는 배가된다.

대량학살의 전략적 이해는 가해자들이 자신들이 직면하고 있는 문제들을 항상 객관적으로 평가한다는 것을 의미하지 않으며, 이런 문제들을 해결할 수 있는 대량학살의 능력을 정확하게 평가하는 것도 아니라는 사실을 강조할 필요가 있다. 인간은 객관적 현실이 아니라 주관적 인식과 신념의 토대 위에서 행동한다. 실제로 대량학살 정책의 구상과 이행에 있어서 소규모 집단과 개인이 수행하는 강력한 역할을 그와 같은 폭력을 촉발시키는데 잘못된 인식의 영향을 증폭시킬 수 있다. 그러므로 대량학살에 대한 전략적 접근은 가해자들이 현실과 무관하게 대량학살의 필요성과 효과성을 인식할 때 그것을 채택할 가능성이 많다는 것을 시사한다. 많은 사례를 보면, 대량학살의 희생자들에 의해서 제기된 위협은 실재적이라기보다는 상상적인 성격의 것이었다. 가령 유럽의 유대인들은 1930년대에 독일에 대해서 이렇다 할 위협을 주지 않았다. 그러나 실제는 중요하지 않았으며, 독일 지도자들은 점점 상반된 인식을 강화시켰다. 또한 그들은 자신들의 신념에 따라 행동할 수 있는 힘을 갖고 있었다. 뿐만 아니라 가해자들은 자신들의 목표를 달성할 수 있는 역량을 종종 과신하였다. 대량학살은 강력한 정치적, 군사적 전략이 될 수 있지만, 그것은 동시에 그것을 선동한 사람들의 견지에서 보더라도 매우 비생산적인 결과를 초래할 수 있다. 사실 대규모 폭력의 행사는 희소 자원을 불필요하게 소모하고, 희생자 집단의 저항을 불러일으키며, 희생자들을 지지하는 제3자의 개입을 초래하고, 정권의 이데올로기를 불신하게 만드는 역효과를 종종 초래한다(Valentino, 67). 이 글에서 소개된 세 개의 주요 시나리오 역시 종국에 가서는 가해자들의 목적을 달성하는데 실패하였다. 소련, 중국, 캄보디아에서 공산주의 지도자들은 농민들에게 새롭고 보다 생산적이라고 판단되는 농업의 방식을 강요하기 위해 대량학살에 의존하였다. 폭력은 농민들을 위협하는데 성공하였지만 또한 대기근과 경제의 붕괴라는 결과를 초래하였으며, 결국 급진적 공산주의 농업의 방식을 포기할 수밖에 없었다. 터키, 나치 독일, 르완다에서는 가해자들이 소수 인종들로부터의 인지된 위협을 제거하기 위해 대량학살을 이용하였다. 이들 사태의 경우, 무방비상태의 민간인들을 학살하는 임무는 수행중인 전쟁 물자의 전용을 불가피하게 하였고, 그것은 주요한 군사적 패배에 일조하였다. 과테말라 내전과 소련의 아프가니스탄 점령 시기에, 대량학살은 저항 운동에 대한 민간인들의 지지를 파괴하려는 의도가 있었다. 그러나 아프가니스탄에서 폭력은 수백만 명의 민간인들로 하여금 반군을 지지하도록 만들었으며, 소련의 점령을 반대하는 국제적인 반대여론을 고조시켰다. 과테말라에서 전술 역시 단기적으로 볼 때 성공적이었지만, 군사정부에 대한 대중적 분노는 여전하였으며, 정권은 결국 반군과 협상을 하고 민주개혁을 이행하지 않을 수 없었다.

발렌티노는 지도자들이 특정의 위협에 대처하거나 특정의 이데올로기를 이행하기 위해 대량학살을 합리적인 수단으로 간주할 수 있다고 주장한다. 그러나 그는 지도자들이 매우 특수한 상황과 특수한 조건하에서만 대량학살을 매력적인 수단으로 인식할 가능성이 있다고 말한다. 그는 특수한 조건하에서 지도자들에게 대량학살의 강력한 자극을 유발할 것으로 보이는 여섯 가지의 구체적인 동기 - 이것들은 대량학살의 여섯 가지 '유형'에 해당된다 - 를 확인한다. 이들 여섯 가지 동기는 두 개의 일반적인 범주로 분류될 수 있다(Valentino, 69).

첫째, 지도자들의 계획이 대규모 주민 집단에 대해서 거의 완전한 물질적 권리 박탈이라는 결과를 초래할 때, 이들 집단의 저항을 저지하기 위해 대량학살이 필요하다는 결론을 내리거나 혹은 대량학살만이 이들 집단이나 이들의 영향력을 물리적으로 제거할 수 있는 유일한 현실적 방안이라는 결론을 내릴 가능성이 있다. 발렌티노는 이러한 유형을 통칭하여 '박탈적'(dispossessive) 대량학살이라고 부른다. 둘째, 지도자들이 재래식 군사 전술을 통해서는 희망이 없다고 보거나 혹은 너무 많은 비용을 소모한다고 인식하는 군사적 충돌일 경우, 대량학살은 매력적인 해결방안이 될 수 있다. 적의 군사력을 직접적으로 분쇄하려는 지도자들의 노력이 좌절되면, 그들은 적군을 지지하고 있다는 의심이 드는 민간인들을 표적으로 삼으려는 강력한 유혹에 직면하게 된다. 그는 이러한 부류의 대량학살을 '위압적'(coercive) 대량학살이라고 부른다. 각 시나리오의 구체적 사례가 [표 1]에 소개되고 있다(Valentino, 70).

[표 1 : 사례]

동기/유형	시나리오	사 례*
		박탈적 대량학살
공산주의	집단농장 및 정치적 테러	소련(1917~59) 중국(1950~76) 캄보디아(1975~79) 터키 아르메니아(1915~18)
인종	인종 청소	홀로코스트(1939~45) 르완다(1994)
영토	식민지 팽창	북미 및 남미의 유럽 식민지 독일령 서남아프리카에서의 헤레로족 제노사이드(1904~7)
	팽창주의	서부 폴란드의 독일 합병(1939~45)
		위압적 대량학살
대게릴라	게릴라전쟁	프랑스로부터의 알제리 독립전쟁(1954~62) 소련의 아프가니스탄 침공(1979~88) 에티오피아 내전(70~80년대) 과테말라 내전(80년대)
	테러 폭격	독일과 일본에 대한 연합국 폭격(1940~45)
	기아봉쇄/포위전쟁	독일에 대한 연합국 해군의 봉쇄(1914~19) 비아프라에 대한 나이지리아 영토 봉쇄(1967~70)
	준국가/반란 테러	알제리 독립전쟁 당시 민족해방전선(FLN)의 테러 (1954~62) 남베트남에서의 베트콩 테러(1957~75) 모잠비크에서의 민족저항운동(RENAMO) 테러(1976~92)
제국주의	제국주의 정복 및 반란	독일의 서유럽 점령(1940~45) 동아시아의 일본제국(1910~45)

이들 중 다음의 3개의 시나리오는 최대의 희생자를 기록했을 뿐 아니라 20세기 대량학살의 절대 다수 사례를 설명해준다.

첫째, 대량학살은 사회의 급진적 공산주의화를 추구하는 정권들에게 매력적인 전략이 될 수 있다. 실제로 공산주의 정권들은 인간의 역사에서 가장 폭력적인 대량 학살에 책임이 있어왔다. 급진적 공산주의 정권들은 대량학살과 밀접한 관계를 보여 왔는데, 이는 그들이 도입하려는 사회적 변화가 대다수 인민들에게 거의 완전한 물질적 박탈이라는 결과를 초래했기 때문이다. 집단농장과 같은 공산주의 정책들은 수천만 명의 인민들로부터 집과 재산을 빼앗고 전통적인 생활양식을 파괴하였다. 사실 폭력과 억압이 동원되지 않았다면, 누구도 그러한 가혹한 변화에 기꺼이 복종하려 하지 않았을 것이다. 공산주의 지도자들은 수백만 명 인민의 생명을 희생시키려는 욕심을 갖고 일을 시작하지 않았다. 그러나 그들은 자신들의 목적을 달성하기 위해서 필요할 경우 대량학살을 피하지 않았다. 이러한 인식은 공산주의 지도자들로 하여금 개인들이 반혁명 활동에 가담한 증거가 없음에도 불구하고 전체 사회 집단들이나 계급에 대한 예방적 진압을 모색하도록 조장하였다. 그것은 또한 공산당 내부의 수많은 희생자들을 제거하는 피의 정치적 숙청을 유도하였다.

둘째, 대규모의 인종 청소 정책을 모색하는 정권들은 또한 대량학살을 고려해야 하는 중요한 동기에 직면한다. 인종, 민족, 종교 집단들에 대한 대량학살은 종종 가해자들의 희생자들에 대한 뿌리 깊은 증오심의 결과나 혹은 학살 자체를 위한 학살로서 묘사되어 왔다. 그러나 발렌티노는 지도자들이 희생자들로부터의 위협을 사회적 격리나 정치적, 군사적 조직 능력의 영구적 파괴를 통해서 저지할 수 있다고 믿을 때 인종적 대량학살 사태가 발생한다고 생각한다. 이러한 인식은 가해자들의 인종주의적이거나 민족주의적인 신념에 근거할 수 있으며, 또는 희생자 집단들의 실질적인 위협 – 그것은 거의 항상 과장되는 경향이 있지만 – 에 대한 반응일수도 있다. 인종 청소와 대량학살은 완전한 동의어는 아니지만 종종 동시적으로 발생한다. 사람들에게 집과 재산의 포기, 오지에서의 낯선 생활을 강요하는 일은 상당한 강제를 필요로 한다. 심지어 희생자들이 굴복을 한 이후에도, 대규모 인구이동의 영향은 치명적이다. 인종적 대량학살 사태는 가해자들이 희생자들을 물리적으로 추방하는 것이 불가능하거나 비현실적이라고 결론을 내릴 때 발생한다. 가해자들은 단순히 대규모의 희생자들을 받아들일 수 있는 영토를 발견하지 못하거나, 또는 희생자들이 국경선 너머에서 위협적인 태도를 계속해서 취할 것이라는 두려움을 가질 때 이러한 결론에 도달할 수 있다. 가해자들이 일단 희생자 집단들을 처리하는 효과적인 방식으로서 추방의 가능성을 배제하게 되면, 인종 청소에 대한 충동은 체계적 절멸의 욕망으로 확대될 수 있다.

셋째, 주요한 게릴라 반군들을 격퇴하려는 정권은 대량학살의 전략을 채택할 수도 있다. 많은 연구는 게릴라 반군을 격퇴하기 위한 노력 속에서 행해진 민간인들에 대한 의도적 살육이 20세기 대량학살의 가장 일반적인 추진력이었음을 보여준다. 반군들의 게릴라 전술은 대(對)게릴라 부대로 하여금 민간인들을 목표로 한 작전을 강력하게 자극하기 때문에, 게릴라전은 종종 대량학살에 이르게 된다. 게릴라 부대들은 식량, 은신처, 정보 등과 관련하여 민간인들에 대한 직접적인 의존도가 재래식 군대보다 훨씬 더 높다. 민간인들의 지원은 게릴라전에 있어서 주요한 힘의 원천이지만, 그것은 또한 약점일 수도 있다. 게릴라 부대와는 달리 반군들이 의존하는 민간인들은 대체적으로 무방비적이고, 기동성이 없으며, 자신을 은폐하지 못하는 특징이 있다. 그러므로 게릴라들을 섬멸하려는 군사조직은 게릴라들과 직접 교전하는 것보다 그들에 대한 인민의 지지 기반을 목표로 삼는 것이 더 쉬운 방법이라는 사실을 발견하게 된다. 게릴라들을 고립시켜 민간인의 지원을 차단하려는 이 시도는 종종 대량학살이라는 결과를 초래한다.

여기서 설명한 시나리오들이 대량학살의 강력한 동기를 유발하는 것은 사실이지만, 그것들이 언제나 대량학살을 야기하는 것은 아니다. 다양한 매개변수들이 대량학살을 일으키는 지도자들의 동기나 능력에 영향을 미치며, 결과적으로 대량학살의 발생가능성을 증대시키거나 감소시킬 수 있다. 가령 표적이 된 민간인들의 규모, 박탈적 변화가 이행되는 속도, 안전한 지역으로 탈출할 수 있는 희생자 집단의 능력을 포함한 여러 가지 요인과 조건이 대량학살을 수행하는 가해자들의 동기나 능력에 영향을 미칠 수 있다(Valentino, 71).

Ⅳ 가해자와 대중의 심리 분석

1. 대중의 방관과 수동성

많은 학자들이 사회의 구조와 심리에서 제노사이드와 대량학살의 원인을 찾으려 했던 이유 중의 하나는 대량학살의 수행이 사회 다수의 직접적인 개입 또는 적어도 적극적 지지와 공감을 필요로 한다는 암묵적인 가정 때문이다. 그 결과 심지어 일부 학자들은 대량학살에 개입된 사회를 집단적인 정신질환을 앓고 있는 사회로 간주해야 한다고 주장하였다.

그러나 발렌티노는 이러한 가정이 근거가 없다고 말한다. 대부분의 시민들에게 일반적으로 요구되는 것은 무기력, 수동성, 타인의 고통에 대한 외면 등이며 대량학살과 관련된 간접적 형태의 협력조차도 다수의 대중을 필요로 하지 않는다. 대량학살 사태에서 종종 순응이나 방관이 목격되는 중요한 이유 중의 하나는 대량학살에 대한 적극적인 반대가 일반적으로 높은 희생을 요구하는 반면 그것의 혜택은 행동하지 않은 사람들에게도 돌아가기 때문이다.

그와 같은 상황에서 개개인들은 이익의 공유를 기대하며 타인들로 하여금 대가를 지불하도록 행동한다. 이러한 부정적 자극은 희생자 집단들에 대한 폭력을 저지하기 위한 국외자들의 조직 능력을 심각할 정도로 방해할 수 있다. 대량학살에 대한 적극적 반대는 박해 내지 심지어 죽음을 초래할 수 있다. 더구나 대량학살을 저지함으로써 생겨나는 직접적인 이익은 보호자들보다도 잠재적 희생자들에게 귀속된다. 희생자들은 보통 규모가 작은 고립된 소수 집단에서 나오기 때문에, 대량학살에 반대하는 사람들은 이방인들의 목숨을 구하기 위해 종종 자신의 목숨을 걸어야 하는 상황을 맞게 된다. 발레티노는 이러한 관점에서 볼 때 정말로 이상한 사회는 대량학살이 일어날 경우 대부분의 사람들이 수동적으로 방관하는 사회가 아니라 희생자들을 보호하기 위해 위험을 무릅쓰는 사회라고 말한다(Valentino, 39).

2. 적극적 가해자의 심리

대량학살은 대개 소수 집단의 개입만으로도 충분히 가능하지만, 이들 개인이 그와 같은 야만적인 행위과정에 어떻게 충원이 되고 자극을 받게 되는지를 이해하는 것은 여전히 중요하다. 어느 수준에서는 개별적 가해자들의 수만큼이나 많은 대량학살 가담 동기가 존재한다. 그럼에도 불구하고 발렌티노는 두 가지 두드러진 사회적, 심리적 과정이 대부분 대량학살 가해자들의 충원과 동기를 설명해 준다고 말한다. 첫 번째 과정은 대량학살을 책임지게 될 조직 속에 가학적이며 광신적인 개인들을 인위적으로 충원하거나 혹은 그들이 자발적으로 투신하는 과정이다. 두 번째 과정은 평범한 인간이 당국이나 동료집단으로부터의 상황적 압력을 받아 극단적 폭력 행위에 가담하게 되는 과정이다. 이들 두 개의 과정은 대량학살을 자행하는 개별적 가해자들의 상이한 동기를 보여주지만, 양자는 폭력에 대한 광범위한 대중적 지지가 없는 상태에서도 대량학살을 수행할 수 있는 충분한 수의 사람들을 충원하는 것이 어떻게 가능할 수 있는지를 설명하는데 도움이 된다.

1) 선택효과

대량학살에 가담하는 이유를 설명하는 가장 확실한 해답은 매우 혼란스러운 설명일 수도 있다. 어떤 사람들은 그것이 좋아서 행동을 한다. 모든 사회 속에는, 어떤 이유에서든지 간에, 폭력과 학살에서 만족을 느끼는 개인들이 존재한다. 일부는 적극적으로 폭력을 갈구한다. 다른 일부는 보다 기회주의적인 차원에서 폭력에 가담한다. 폭력적 범죄를 저지르는 가해자들을 대상으로 한 심리학적 연구는 이들 범죄자 가운데 5% 정도가 폭력행위와 타인에게 고통을 가하는 것을 즐긴다는 사실을 지속적으로 보여주었다. 일부 폭력행위자들은 사실상 폭력에 중독적인 것과 같은 증세를 보여준다. 참전병사들에 대한 심리학적 연구 결과 역시 2-15% 정도 비율의 군인들이 아무런 주저함이나 양심의 가책 없이 살인을 행할 수 있음을 보여주었다. 이들 소수의 군인들은 일부 폭력 범죄자들처럼 심지어 살인행위 자체 속에서 기쁨을 느낄 수 있다.

이들 특수한 개인들은 학살을 주저하는 다른 가해자들을 보초로 세우거나 덜 폭력적인 임무를 맡도록 하면서 실질적인 학살에 더 많은 부분을 책임진다. 이러한 종류의 역할 분담을 보여주는 극단적인 사례는 1941년 라트비아의 리가(Riga) 교외에서 발생한 학살사건을 들 수 있다. 당시 독일군과 그들의 지휘 아래 있던 라트비아군은 하루 동안 대략 1만3천명의 유대인들을 살해하였다. 이 학살에 대한 설명에 따르면 1700명의 군인과 경찰관들은 희생자들을 처형장으로 내몰고 그 곳을 경비하는 임무를 떠맡았던 반면, 12명밖에 안 되는 소수의 사람들이 총살을 집행하였다(Valentino, 41).

존 뮐러(John Mueller)에 의하면 학살을 위한 자발적 선택과 의도적인 충원은 구 유고슬라비아의 전쟁 당시 살인부대 구성에 커다란 영향을 미쳤다. 민간인들에 대한 대부분의 폭력은 비교적 소수의 깡패집단, 살인청부업자, 그리고 피의 인종 청소 작업을 수행하기 위해 특별히 모집된 죄수들에 의해서 수행되었던 것으로 보인다. 보스니아-세르비아의 준군사조직들 가운데 가장 악명 높은 집단이었던 '아르칸의 호랑이'(Arkan's Tigers)는 500-1000명에 지나지 않았으며 주로 범죄자나 깡패들로 구성되어 있었다. 반면에 세르비아사회의 보다 대표적인 부분을 반영하는 유고슬라비아 군의 주력부대는 종종 민간인들을 직접적으로 처형하는 임무를 회피하였으며, 그 대신 목표가 된 마을의 주위 경계 책임을 맡고 준군사단체들에게 '더러운 일'을 떠맡기려 하였다(Valentino, 41).

그러나 모든 자발적 가해자들이 단순히 폭력의 짜릿한 희열 때문에 대량 학살에 가담한 정신병자들이거나 범죄자들이라고 결론을 내릴 수는 없다. 가해자들의 또 다른 집단은 보다 정확하게 말해서 '이념적 신봉자들'(true believers)이라고 묘사될 수 있다. 이들 가해자들은 대량학살에 가담한다. 이념적 신봉자들은 폭력 그 자체로부터 어떠한 쾌락도 느끼지 않는다. 정반대로 그것은 그들에게 혐오감을 불러일으킨다. 하인리히 힘러(Heinrich Himmler)조차도 대량 처형을 목격하자 마음이 흔들렸던 것으로 알려졌으며, 그는 "이러한 피의 작업에 의해서 배반당했다"고 주장하였다(Valentino, 41). 이러한 인간들은 학살을 정당화하는 이데올로기에 대한 사명감이나 희생자들에 대한 뿌리 깊은 증오심에 의해서 동기가 부여된다.

2) 상황적 압력

위에서 설명한 선택 효과는 대량학살 가해자들 다수의 행동을 설명하는 것 같지만, 또 다른 다수의 행동을 설명하기에 불충분하다. 아마도 대부분의 사회는 대량 학살을 수행하는데 충분한 새디스트들과 이념적 신봉자들을 보유하고 있지만, 실제로 그와 같은 개인들이 가해자의 유일한 원천이라고 말하기 어렵다. 이것은 특히 일반적인 징집 혹은 선택 가능성을 제한하는 여타의 절차를 통해서 모집된 부대들의 경우에 분명해진다.

크리스토퍼 브라우닝(Browning)은 자신이 연구했던 부대의 경우 동료들의 압력이 학살 명령을 따르도록 하는 핵심적 요인이었다고 말한다. 개개의 군인들은 학살에 참여하지 않을 수 있는 선택권을 부여받았지만 최종적으로는 학살에 가담하였다. 군인들 가운데 거의 대부분이 - 적어도 처음에는 - 자신들이 하는 일을 두려워하고 혐오했지만, 80-90%가 학살에 가담하였다. 무리를 뛰쳐나와 명령을 거부한다는 것은 그들의 능력 밖의 행동이었다. 그들에게는 사격을 가하는 일이 더 쉬웠다. 왜 그런가? 우선, 학살 명령을 이행하지 않는다는 것은 자신들의 동료들에게 '더러운 임무'를 떠맡기는 것과 다름이 없었다. 개인들의 의지와 무관하게 부대는 학살 임무를 수행해야 했기 때문에, 그것을 거부한다는 것은 불유쾌한 집단적 의무에 대한 개인의 책임을 거부하는 것과 같았다. 이것은 동료들과 관계라는 측면에서 볼 때 비사회적인 행동이었다. 사격을 가하지 않은 사람들은 고립, 배척, 추방의 위험 - 적대적 주민들에게 둘러싸인 해외주둔부대라는 시각에서 볼 때 매우 불안한 전망이었다 - 과 직면해야만 했고 그들은 달리 의지할 곳이 없었다.[7)]

그러면 우리는 어떻게 브라우닝이 '보통사람'이라고 불렀던 이들 군인들의 행동을 설명할 수 있는가? 대량학살 가해자들의 행동을 이해하는데 도움이 되는 몇 개의 강력한 증거는 1960년대 초에 심리학자인 스탠리 밀그램(Stanley Milgram)이 수행했던 유명한 실험결과 속에서 찾아 볼 수 있다.[8)] 밀그램은 학습과 기억의 연구를 명분으로 피실험자들에게 완전히 낯선 인물인 상대방이 어휘목록에서 특정 항목을 기억하지 못할 때마다 일련의 전기 충격을 가할 것을 요청하였다. 피실험자들이 인지하지 못했던 것은 충격이 진짜가 아니며, 희생자는 사실상 실험에 협조하고 있는 인물이라는 사실이었다. 밀그램은 희생자가 필사적으로 비명을 지를 때까지 피실험자들의 거의 3분의 2가 충격을 가하려 한다는 사실을 발견하고 놀라움을 금하지 못했다. 다수의 피실험자들은 희생자가 무의식적 침묵 상태에 빠진 후에도 계속해서 전기충격을 가하였다. 밀그램은 이러한 한계실험을 다양한 방식으로 수행하였다. 밀그램은 어느 특수한 실험의 경우에는 희생자의 손을 강제로 전극 위에 올려놓아야 할 상황임에도 불구하고 피실험자들의 30%가 최고 수준의 충격 - "위험: 극심한 충격" 이라고 쓰여 있고 "XXX"라고 표시된 스위치를 작동하는 것 - 을 가했음을 알았다.

---

7) Christopher R. Browning "Ordinary Germans or Ordinary or Ordinary Men? A Reply to the Critics," in Michael Berenbaum and Abraham J. Peck(eds.), *The Holocaust and History: The Known, the Unknown, the Disputed, and the Reexamined* (Bloomington: Indiana University Press, 1998), pp. 184-186. 발렌티노 책 pp. 45-46에서 재인용.

8) Stanley Milgram, *Obedience to Authority* (New York : Harper & Row, Publishers, 1974).

심리학자들은 처음에 밀그램의 실험을 신뢰하지 않았다. 그러나 그의 놀라운 연구결과는 대단히 확고하다는 사실이 입증되었다. 밀그램은 다양한 방식으로 1천명 이상의 피실험자들을 실험하였다. 그의 연구는 다양한 국적과 사회경제적·교육적 배경을 갖고 있는 피실험자들을 대상으로 되풀이되었다. 유사한 실험들은 보통 사람들로부터 똑같이 혼란스러운 행동을 이끌어내었다. 밀그램의 실험은 특히 권위에 대한 복종의 문제에 초점을 맞추고 있지만, 많은 사회 심리학자들은 인간의 행동에 영향을 미치는 상황적 요인들의 놀라운 위력을 강조하는데 실험의 보다 중요한 의미가 있다고 보았다. 권위는 보통사람들의 극단적이고 폭력적 행동을 조장할 수 있는 다수의 상황적 압력 가운데 하나일 뿐이다(Valentino, 44).

이러한 경향은 1971년 스탠포드 대학의 필립 짐바르도(Philip Zimbardo) 교수를 대표로 하는 심리학자 연구진이 수행했던 또 다른 놀라운 실험에 의해서 강력하게 입증되었다. 짐바르도는 투옥의 심리적 효과를 연구하기 위해 시뮬레이션화된 감옥을 만들었고, 대학생들 가운데 간수와 죄수 역할을 할 개인들을 무작위로 선발하였다. 모든 피실험자들은 '권위주의적 인간성'을 식별하기 위해 고안된 일련의 인간성 시험에서 정상적인 반응을 기록하였다. 그러나 실험 둘째 날이 되자, 일부 간수들은 죄수들을 야만적이고, 가학적이며, 굴욕적으로 다루기 시작하였다. 물리적 폭력이 금지됐지만, 간수들은 죄수들을 소화기의 드라이아이스로 구타하였으며, 그들의 옷을 벗겼고, 팔굽혀펴기를 반복하도록 강요하였으며, 몇몇을 독방에 감금하였고, 재소자들에 대해서 여러 가지 정신적 고문을 가하였다. 간수들의 잔인성이 계속되자, 짐바르도는 죄수들의 안녕을 우려해 6일 만에 서둘러 실험을 끝내야 했다. 짐바르도는 시뮬레이션이 "정상적인 사람들도 비교적 용이하게 가학적인 행동을 할 수 있음을 보여주었다..... 이 연구에서 관찰된 병리현상은 피실험자들에게 이미 존재하고 있는 인간성의 차이에서 기인한다고 해석될 수 없다. 오히려 그들이 보여준 비정상적인 사회적, 개인적 관계들은 특수한 환경이 초래한 산물이었다. 그곳의 규범과 사태는 다른 곳에서라면 병리적이라 말할 수 있었겠지만, 이러한 감옥에서는 적절한 행동일 수 있었다"고 결론을 내렸다.[9)]

밀그램과 짐바르도 실험의 한계에도 불구하고, 많은 학자들은 그것들이 현실 세계에서 가해자들의 행동을 이해하는데 유용하다는 사실을 알게 되었다. 홀로코스트 연구에 대한 아더 밀러(Arthur Miller)의 검토는 "복종의 실험을 일반화 할 수 있다는 놀라울 정도의 합의가 존재하며, 그것들은 학문적 배경과 정향을 달리하는 다수의 논평가들에 의해서 홀로코스트 및 종종 '사회악'으로 언급되는 여타의 사건들을 이해하기 위한 의미 있는 가설로서 간주된다"는 사실을 발견하였다(Valentino, 46).

3. 골드하겐의 반대 가설과 발렌티노의 반론

그러나 홀로코스트에 초점을 맞추는 소수의 논평가들은 희생자들에 대한 철저한 증오심과 학살을 정당화하는 이데올로기에 대한 광적인 집착을 문제 삼음 없이 가해자들의 행위를 설명하는 것은 불가능하다고 주장한다. 이러한 입장을 지지하는 대표적인 인물인 다니엘 골드하겐은 "홀로코스트의 가해자들은 유대인을 절멸시키려는

---

9) Philip Zimbardo et al., "The Psychology of Imprisonment : Privation, Power and Pathology," in David L. Rosenhan and Perry London(eds.), *Theory and Research in Abnormal Psychology* (New York: Holt, Rinehart and Winston, 1975), pp. 270-287. 발렌티노 책 pp. 45-46에서 재인용.

신념과 문화적 반유대주의의 신조 속에서 학살을 정당한 것으로 간주하였으며.... 가해자들은 확신을 갖고 살인을 자행하였다"고 말한다(Valentino, 46). 더욱이 골드하겐은 "이들 학살을 자행한 가해자들이 일부 소수세력에 불과했다고 말할 수 없으며, 그들은 군인 정신을 소유하지도 않았고 나치의 초인들도 아니었다"고 주장한다. 정반대로 "가해자들 행동의 전반적인 특징은 독일 국민 일반의 특징으로 일반화될 수 있고, 일반화되어야 한다"고 골드하겐은 주장한다. 가해자들의 행위에 대한 이러한 이데올로기적 설명은 위에 소개된 선택효과나 상황적 압력에 초점을 맞추는 설명과 완전한 대조를 이룬다. 골드하겐은 이러한 주장을 뒷받침하기 위해 두 가지 주요한 증거를 제시한다. 첫째, 다수의 홀로코스트 가해자들은 밀그램 실험의 피실험자들과는 달리 자신들이 따랐던 명령이 정당하다고 확신하였으며 여러 가지 방식으로 자신들의 신념을 공공연하게 표명하였다. 둘째, 그들은 유대인 학살과정에서 빈번하게 주어진 명령 이상으로 행동을 했으며 직접적인 감독이 없는 상태에서도 명령을 충실하게 이행하였다.

이러한 골드하겐의 주장에 대해 발렌티노는 다음과 같이 반론을 제기한다. 첫째, 대부분의 일반당원 가해자들은 - 그들에게 명령을 내렸던 군부와 정계의 고위 지도자들과는 반대로 - 그러한 야만성을 정당화하는 나치 이데올로기에 대해서 피상적인 신념(shallow belief)만을 가졌던 것 같다. 둘째, 이유 없는 잔인성을 보여주었다거나 직접적 감독이 없는 상태에서도 명령에 순응했다는 사실은 앞에서 언급한 선택 효과 및 상황적 압력의 가설과 양립 불가능하지 않다(Valentino, 48).

1) 피상적 신념

발렌티노는 개인적 신념이 대부분 홀로코스트 가해자들의 참여를 고취시키는 독립적 요인이 되었다는 주장에 의문을 던지는 세 개의 주요한 증거를 제시한다. 그것들은 그 대신 이들 홀로코스트 가해자들을 자극한 신념이 비교적 피상적인 성격의 것이었음을 보여준다. 첫째, 브라우닝의 연구에서 나타난 것처럼, 다수의 일반당원 가해자들은 학살을 촉발시켰던 나치의 인종차별 이데올로기에 대해서 깊은 이해가 부족했던 것 같다. 그들은 기꺼이 임무를 수행하였고 때때로 학살에 열중하기도 했지만, 그것은 그들 자신의 사상이 아니었다(Valentino, 45). 둘째, 나치의 선전과 세뇌가 이러한 신념의 구체화에 강력한 역할을 했다는 사실을 주목할 필요가 있다. 많은 홀로코스트 가해자들이 자신들의 행동을 정당하다고 믿었겠지만, 그들의 신념은 오래 전부터 가졌던 뿌리 깊은 성격의 것이 아니라 희생자들을 심각한 위협으로 묘사하고 그들에 대한 폭력행위를 촉구하는 선전을 통해 바로 얼마 전에 주입된 관념이었다. 그러나 가해자들의 신념은 홀로코스트에 대한 참여를 설명하는 근본적인 동인으로 간주되기가 어렵다(Valentino, 49). 셋째, 홀로코스트의 가해자들은 자신들이 편견을 품었던 유대인들뿐 아니라 전시에 독일이 점령한 거의 모든 지역에서 무방비상태의 수많은 민간인들을 학살하였다. 그리고 희생자들 중에는 독일인 정신질환자 및 만성질환환자들도 포함되었다. 이들 희생자들이 나치 이데올로기의 공격 목표나 독일인들의 편견의 대상이 되어 본적이 없는 민족 혹은 인종 집단에서 선택되었다는 사실은 증오나 이데올로기적 신념이 가해자들의 행동을 설명할 수 있는 보편적 필요조건이나 충분조건이 될 수 없다는 사실을 말해준다(Valentino, 51).

2) 이유 없는 야만과 감독받지 않는 순종에 대해

만일 홀로코스트의 가해자들이 나치의 철저한 신봉자도 아니고 광적인 반유대주의도 아니라면, 그들이 희생자에게 가했던 수많은 잔인한 행동들을 어떻게 설명할 수 있는가? 직접적인 감독이 부재한 상태에서 혹은 가혹한 처벌의 위협을 받지도 않았는데 그들이 살인 명령에 순종했던 사실을 어떻게 설명할 수 있는가? 이러한 행동은 앞에서 언급된 가해자의 행위 동기 설명에 대한 도전을 의미하는 것처럼 보인다. 그러나 이들 가해자들이 보여준 이유 없는 야만성에 대한 또 다른 설명은 적어도 일부 개인들의 경우 희생자들에 대한 지나친 잔혹행위가 철저한 증오심이나 이데올로기적 광신주의를 반영하지 않을 수도 있음을 시사한다. 오히려 앞에서 설명된 심리학적 연구의 증거는 이유 없이 자행하는 야만적 행위와 폭력적 명령에 대한 자발적 순종이 정상적인 환경 속에서 정상적인 사람들에 의해서 일정 수준 나올 수 있음을 보여준다. 사실 이러한 결론은 짐바르도의 교도소 시뮬레이션 실험이 발견한 핵심적 내용이다. 골드하겐은 스탠리 밀그램의 연구결과가 수많은 홀로코스트 가해자들의 이유 없는 야만성과 자발적 순종을 설명할 수 없다고 무시하였으며, 짐바르도의 연구는 언급조차 하지 않았다.

그러나 비(非)이데올로기적 잔학행위는 정상적인 개인들을 이유 없는 폭력을 행사하는 학살자로 만드는 야만화의 점진적 과정에서 기인한다고 볼 필요가 있다. 로이 바우마이스토(Roy Baumeister)가 자세히 기록하는 것처럼, 새디스트적 행동에 대한 심리학적이며 역사적인 연구 결과는 대부분의 새디스트들이 처음부터 그러한 방식으로 행동하지 않았다는 사실을 보여준다. 이와는 반대로 대부분의 새디스트들은 처음에 폭력과 유혈사태에 대해 혐오감으로 학살을 꺼려했던 사람들이었다. 그러나 그들은 타인에게 고통을 가하면서 점차 쾌락을 느끼게 되었다. 폭력행위에 가담함으로써 그들은 변하게 되었고, 폭력을 행할수록 그것은 더욱 쉬운 일이 되었다. 즉 폭력행위에 가담한다는 것은 야만으로의 경향을 불러일으킬 뿐 아니라 희생자들에 대한 가해자들의 인식에 대해서도 변형효과(transformative effect)를 초래할 수 있다(Valentino, 55). 밀그램의 실험에 참여한 피실험자들은 희생자들을 증오했기 때문에 그들에게 고통을 준 것이 아니라, 희생자들에게 고통을 가한 결과 그들을 증오하게 되었다. 발렌티노는 이러한 점진적 변형과정이 골드하겐과 브라우닝이 연구했던 부대의 경우에도 분명하게 확인될 수 있다고 주장한다. 대다수는 처음에 자신들이 받은 명령에 대해서 혐오감을 보였다. 그러나 대부분은 피와 폭력에 익숙하게 되었고, 일부는 심지어 이를 즐기게 되었다.

상황적 압력이나 피상적 신념의 관점에서 볼 때, 소수의 권력자들만이 대량학살에 대해 비난을 받아야 하고 폭력 행위의 가담자들이나 해당 사회의 방관자들은 도덕적으로 용서받을 수 있다는 결론의 유혹을 느낄 수 있다. 그러나 발렌티노는 이러한 결론이 거부되어야 한다고 말한다. 대량학살은 야만적 폭력을 자행하는 소규모 집단의 적극적인 참여가 없이는, 그리고 대부분의 경우 학살에 대한 대중의 수동성이나 무관심이 없이는 가능하지 않을 것이다. 이러한 행동이 일반적인 현상이라는 이유로 용서될 수는 없다. 권위에 대한 순응과 대중적 수동성이 일반적인 현상일 수 있지만, 역사는 또한 비도덕적 명령의 이행을 거부하거나 학살사태가 발생하였을 때 종종 개인적 위험을 무릅쓰고 방관을 거부했던 개인들의 주목할 만한 사례들을 보여준다. 인간은 강력한 상황적 압력에 영향을 받을 수 있지만, 우리들 각자는 자신의 행동에 개인적인 책임을 져야 한다. 그러므로 우리는 단순히 명령에 따랐을 뿐이라거나 혹은 다른 사람들도 그런 상황에서는 마찬가지로 행동했을 것이라는 논리로 대량학살에 참여하거나 그것을 거부하지 않은 사람들에 대한 도덕적 비난을 약화시켜서는 안 된다. 오히려 우리는 폭력의 잠재력 혹은 타인을 향한 폭력에 대한 무관심이 거의 모든 인간과 사회에 내재해 있다는 사실을 유념해야 할 것이다(Valentino, 60).

V 대량학살의 예방과 개입

발렌티노의 이론은 대량학살의 원인에 대한 세 가지 핵심적 결론을 보여준다. 첫째, 소수의 지도자들이 종종 이러한 종류의 폭력을 자극하고 실행하는데 중요한 역할을 한다. 대량학살은 자신의 이익, 사상, 증오, 두려움, 오해 등에 따라 활동하는 비교적 소수의 강력한 정치 지도자들이나 군사 지도자들에 의해 대체적으로 기획되고 조직된다. 둘째, 소규모 집단들이 대량학살의 핵심적 역할을 수행할 수 있기 때문에, 기존의 균열, 증오와 차별, 비민주적 정부 형태와 같은 사회 일반의 특성을 거론하는 것은 대량학살의 위험에 처해있는 사회를 식별하는데 제한적인 효용을 가질 뿐이다. 셋째, 대량학살은 대개 도구적, 전략적 계산에 의해서 추진된다. 가해자들은 대량학살 그 자체를 목적으로 추구하는 것이 아니라 목적을 달성하기 위한 수단으로 간주한다. 지도자들은 자신들의 목표를 달성하기 위한 여타의 전략이 불가능하거나 비현실적이라고 믿게 된 후에야, 좌절감 속에서 대량학살을 선택하였다.

그러나 제노사이드와 대량학살에 대한 일반적인 설명은 고도로 분절되거나 차별적인 사회, 집단간에 존재하는 비인간적 태도, 또는 비민주적 정부 형태와 같은 광범위한 사회적 변수를 폭력의 근본 원인이나 전제조건으로 가정하는 경향이 있다. 따라서 이러한 이론들은 이들 특성을 지닌 사회가 끊임없이 대량 학살의 위험에 놓이게 된다고 주장한다. 이러한 예측이 정확하다면, 오직 사회의 구조, 지배의 형태, 또는 집단간 관계의 근본적인 변화만이 결국은 대량학살의 위험을 제거할 수 있다. 물론, 사회 계층의 축소, 집단간의 이해 증진, 민주주의 확산은 소중한 목표들이다. 설령 그것이 대량학살을 예방하는데 아무런 기여를 하지 못한다 하더라도, 이러한 노력을 추구해야할 충분한 이유가 있다. 그럼에도 불구하고 발렌티노는 대량학살의 예방을 위한 이러한 '근본 원인적' 접근이 적어도 두 가지 중요한 측면에서 한계가 있음을 지적한다. 첫째, 이러한 노력은 대량학살 발생률의 감소에 도움을 줄 수 있지만, 대량학살을 완전히 제거하지는 못한다는 사실이다. 대량학살의 가해자들은 심지어 비교적 동질적 사회 속에서도 완전히 새로운 희생자 집단들을 만들어낼 수 있음을 입증해 왔다. 민주주의 국가들은 자국 국민들을 대상으로 대량학살을 자행하는 경우가 거의 없지만, 럼멜이 인정하는 것처럼 전쟁 기간 중에는 국경 내에 거주하는 비(非)시민집단과 외국의 민간인들을 살해할 수 있다. 그러므로 사회적 균열의 제거나 민주주의의 확산이 반드시 대량학살을 예방하는 것은 아니다(Valentino, 237). 이들 전략이 보여주는 두 번째 심각한 문제는 그것이 이론적으로 많은 약속을 할 수 있지만 현실적으로 그것을 폭넓게 실현할 수 없다는 것이다. 이들 사회악에 의해서 특징되는 사회의 숫자가 너무 많고 그것들을 치료하는 실질적인 과제가 너무 벅차기 때문에, 이들 문제를 완화하기 위한 사전적인 개입의 비용은 엄청나게 비쌀 수 있다. 외부로부터의 노력에 의해서 해당 사회의 기본적 구조나 시민적 태도를 변화시킨다는 것은 대단히 어려운 일이며, 게다가 이들 노력은 임박한 폭력을 예방하기에는 너무나 많은 시간을 소모한다. 이로 인하여 근본 원인적 접근은 종종 개입의 주체가 되어야 할 국제 행위자들이 아무런 행동을 취하지 않는데 대한 준비된 변명으로 이용될 수 있다(Valentino, 238). 국가와 사회의 근본적인 변화만이 대량학살을 막을 수 있다면, 그리고 그와 같은 변화들이 외부적인 힘을 통해 성취되기 어렵거나 불가능하다면, 우리는 개입을 무의미하고 근시안적인 조치로 쉽게 무시해 버릴 수 있다. 예를 들면 1990년대 초, 미국의 관리들은 구 유고슬라비아에서 자행된 폭력행위를 강제적으로 종식시키기 위한 개입을 주저하면서 그것을 정당화하기 위해 이러한 논리를 반복적으로 채택하였다. 1992년 로렌스 이글버거(Lawrence Eagleburger) 미 국무장관 대리는 이러한 어투로 사태를 설명하였다.

> "이 전쟁은 비합리적이다. 인종적 갈등에는 합리성이 존재하지 않는다. 그것은 감정이고 증오이다; 그것은 어떠한 가치나 목적을 위한 것이 아니다; 그것은 그냥 계속되고 있을 뿐이다. 그러한 종류의 전쟁은 중단시키기가 매우 어렵다."

그러나 대량학살에 대한 전략적 시각은 비록 대량학살이 매우 손쉽게 자행될 수 있음을 강조하고 있기는 하지만, 다른 한편 이러한 폭력행위를 예방하거나 제한하는 것은 별개의 문제이며 다른 이론들에 비해 오히려 덜 힘든 해결책을 기대할 수 있을 것임을 암시한다. 이러한 전략적 접근은 대량학살을 예방하거나 제한하기 위한 개입에 대해 두 가지 주요한 내용을 함축하고 있다.

첫째, 전략적 접근은 대량 학살이 임박해 있다는 경고로 활용할 수도 있는 비교적 구체적인 상황, 조건, 사태들을 확인해준다. 대량학살에 의존할 가능성이 가장 많은 정권들은 단시일 내에 많은 사람들을 물질적으로 박탈하는 급진적 사회 변화를 이행하려고 시도하는 정권이거나, 대규모의 집단들을 물리적으로 추방하려는 정권, 또는 대중을 지지기반으로 하는 게릴라 반란을 저지하려고 노력하는 정권이다(Valentino, 239-240). 상황적 요인들로 인하여 덜 폭력적인 전략을 통해서 목적을 달성하기가 힘들거나 불가능할 때, 대량학살의 가능성은 매우 높아진다. 우리가 일단 무엇을 주목할 것인가를 알게 된다면, 외부의 관찰자들조차도 폭력의 시작에 앞서 진행되는 대량학살의 위험 요인들 다수를 확인할 수 있다. 대량학살은 좀처럼 첫 번째로 채택되는 정책이 아니기 때문에, 세심한 관찰자들은 지도자들이 다른 수단을 통해 자신들의 목표를 달성하려 할 때 대량학살의 잠재적 가능성에 대한 경고를 받을 수 있다. 예를 들면, 소련 정권은 스탈린이 1929년 농민계급에 대한 전면전을 선언하기 이전에 세금과 물가의 유인 및 저수준의 폭력을 구사함으로써 농업생산을 사회화하려는 공개적인 노력을 하며 거의 12년을 소비하였다. 독일에서는 나치가 정권을 잡고 유대인들에 대한 체계적인 학살을 시작할 때까지 7년 이상이 소요되었다. 이 시기에 나치는 자신들의 인종주의적인 이데올로기를 은폐하려고 하지 않았으며, 이주와 추방을 통해서 독일로부터 유대인들을 청소하려고도 하지 않았다. 마찬가지로 과테말라의 군사정권은 1981년 대대적인 대량 학살에 착수하기 전, 지방의 게릴라 반군을 진압하기 위해 3년 이상을 투쟁하였다.

대량학살 예방을 위한 전략적 관점이 두 번째로 함축하고 있는 내용은 국제 행위자들이 대량학살이 일어날 가능성이 있다고 믿거나 그것이 시작되었을 경우 어떻게 대처할 것인가의 문제와 관련이 있다. 전략적 관점은 대량학살의 추진력이 일반적으로 사회구조나 정부구조 속에 있는 것이 아니라 정치적이며 군사적인 지도부에 있다고 보기 때문에, 대량학살을 예방하기 위한 효과적인 개입은 해당 사회의 근본적인 변형을 모색할 필요가 없음을 암시한다. 오히려 대량학살을 예방하기 위한 개입은 학살을 자극하고 조직하는데 책임이 있는 소규모 집단과 지도자들의 권력을 제거하거나 무장해제 시키는데 초점이 맞춰져야 한다(Valentino, 243). 이러한 종류의 개입은 가해세력의 군사력을 격퇴하고, 지상에서 희생자 집단을 보호하며, 난민에 대한 인도주의적 원조를 제공하는 전통적인 군사작전의 형태를 취한다. 따라서 발렌티노는 우리가 대량학살의 예방을 위한 군사적 개입을 시도하는 경우 그것을 전쟁의 대안으로 생각하는 태도를 극복해야 하며 대량학살을 예방하는 행위는 또 다른 목적을 위한 전쟁임을 인정해야 한다고 말한다. 국제적인 제재나 전쟁 범죄에 대한 기소의 위협 어느 것도 보스니아나 코소보에서 세르비아가 지원한 폭력 행위를 저지하지 못하였다. 청년터키당과 나치 정권 모두 광범위한 경제 봉쇄를 포함해 국제적 제재의 위협을 받았지만, 양자 모두 외부의 압력에 굴복하기보다는 전면전을 선택하였다.

그러나 결의에 찬 적에 맞서 전쟁을 수행하는 것은 항상 비싼 대가를 치르는 법이다. 그것은 개입자들에게 상당한 피해와 희생을 초래하는 실질적인 위험을 수반한다. 따라서 피해를 최소화하려는 욕망은 무력 개입을 선택할 경우 지상군의 투입을 매우 꺼리게 만들며 주로 공군력에 의존하는 경향이 있다. 예를 들면 구 유고슬라비아에서 미국은 세르비아가 최종적으로 평화안에 동의한 1995년까지 보스니아에 지상군을 파견하지 않았다. 그 시점에 이르자 대부분의 학살과 인종 청소는 이미 종료되고 있었다. 보스니아에 주둔하고 있는 유럽의 유엔 지상군은 협정이 체결되기 전 민간인들을 보호할 권한을 부여받지 못했으며 자신의 눈앞에서 전개되는 대규모 학살을 지켜볼 수밖에 없었다.

미국은 자국에서 멀리 떨어진 지역에서 대규모 군사작전을 독립적으로 수행 할 수 있는 능력을 갖춘 몇 안 되는 국가들 가운데 하나이며 제노사이드나 기타 대규모 잔혹행위를 예방하는데 책임이 있다는 신념을 빈번히 표명해 왔다. 그러나 미국의 탈냉전기 정책들은 제노사이드와 대량학살을 예방하기 위한 강력한 책임을 보여주는데 실패해왔다. 오히려 1990년대에 미국은 원칙적으로 대량학살의 예방을 위한 행동을 지지했음에도 불구하고, 이런 원칙을 실천에 옮기기 위해 필요한 조그마한 희생조차 감당하려 하지 않았다(Valentino, 246). 이러한 신념과 행동의 차이는 미국인 사상자가 발생할 가능성이 있을 때 특히 두드러진다. 예를 들면 1992년 미국이 주도하는 소말리아 개입 초기에 행해진 여론조사의 결과는 미국인의 73-81%가 작전을 지지하고 있음을 보여주었다. 미국은 개입을 통해 수만 명 혹은 심지어 수십만 명의 목숨을 구하였지만, 미군의 임무가 식량제공에서부터 지역 민병대의 무장해제라는 보다 위험한 일로 확대되는 순간, 작전에 대한 지지가 떨어지기 시작하였다. 1993년 10월 모가디슈에서 벌어진 치열한 전투에서 18명의 미군이 사망하자 지지도는 더욱 추락하였다. 전투가 있은 뒤 수일이 지나자, 미국인의 60%가 "미국은 소말리아에서 한 명의 병사라도 더 죽게 할 수 없다"는 문항에 동의하였다는 여론조사 결과가 나왔다. 소말리아에서의 미국의 경험은 6개월도 채 지나지 않아 발생한 르완다 학살 당시 - 홀로코스트 이후에 발생한 제노사이드의 가장 명백한 사례이다 - 군사적 개입을 가로막는 가장 중요한 요인의 하나가 되었다. 제재나 공습과 같은 응징적 정책의 현실적 한계보다 더욱 문제가 되는 것은 그것이 폭력을 실질적으로 자극할 수 있다는 위험이다. 제재와 공습은 가해자들에게 대량학살의 대가를 치르도록 하는데 성공할 수도 있지만, 가해자들이 이로 인한 고통에 대해서 희생자들을 비난한다면 대량학살의 개입 동기나 이에 대한 대중적 지지가 강화될 수도 있다. 응징적 정책은 잠재적 희생자들을 물리적으로 보호할 수 없기 때문에 대량학살의 가능성은 여전히 상존한다.

따라서 발렌티노가 최종적으로 제안하는 현실적인 처방은 다음과 같다. 지상군의 전투 참여 없이 희생자들을 대량학살로부터 보호하기 위한 보다 효과적인 전략은 대량학살의 잠재적 희생자들이 안전한 지역으로 탈출하는 것을 돕는 일이다(Valentino, 249). 보다 신중하게 준비를 하고 보다 많은 자원이 수송과 재정착 과정에 투입된다면, 난민들은 보다 적은 희생 속에 장정에 오를 수 있을 것이며 재활의 고난 역시 크게 완화될 수 있을 것이다. 난민 대열을 보호하고 국경을 개방하는 정도의 소규모적 개입조치만으로도 더 많은 난민의 탈출을 촉진할 수 있다. 이러한 결론은 자명한 것처럼 보이지만, 대량학살의 근본원인이 집단간의 증오, 희생양의 물색, 혹은 학살 자체를 위한 학살의 욕망에 있다고 본다면 일반적으로 대량학살의 가해자들이 희생자들이 안전한 곳으로 도망가는 것을 저지하려 할 것이라고 생각할 수도 있다. 그러나 가해자들이 희생자 집단의 도피를 기꺼이 허용하려 한다면, 탈출을 지원하기 위해 기획된 개입은 폭력을 방지하거나 제한하는 효과를 어느 정도 기대할 수 있다. 나토의 공습이 세르비아인들의 코소보 알바니아인들에 대한 학살을 막을 수 없었던 반면, 알바니아 국경 건너에 세워진 모범적인 난민 수용소들은 많은 희생자들에게 투쟁보다는 탈출을 격려하였고 탈출한 사람들이 살아남을 수 있도록 피난처를 제공해 주었다. 마찬가지로 한국, 쿠바, 베트남에서 공산주의 혁명에 뒤이어 발생한 대규모의 탈출은 수많은 인명을 구하였다. 이러한 집단 탈출의 성패는 인근 국가의 정부가 다수의 난민들을 받아들일 의지를 갖고 있는지 여부에 달려있다. 대량학살로부터 탈출하려는 시도는 빈번히 국제적 무관심이나 심지어 반대에 부닥치곤 하였다. 발렌티노는 난민들에 대한 국제사회의 보다 적극적인 문호 개방이 터키령 아르메니아, 나치 독일, 르완다의 제노사이드를 포함해 금세기에 자행된 최대의 유혈적 대량학살사태의 희생자 숫자를 감소시킬 수 있었을 것이라고 말한다. 심지어 홀로코스트의 경우에도 서방 국가들이 유대계 이민자들에 대한 장벽을 낮추었더라면, 그들은 더 많은 사람들의 생명을 구했을 것이다(Valentino, 251).

제4장

요한 갈퉁과 TRANSCEND의 평화학

Ⅰ 머리말

요한 갈퉁(Johan Galtung)은 평화학을 독립적인 학문의 체계로 발전시켰다고 평가를 받는 학자이다. 평화를 거론하는 각종 보고서와 대담은 종종 그의 이론과 개념을 인용한다. 그런데 놀랍게도 필자의 조사에 의하면 국내에서 그의 평화이론을 소개하는 본격적인 논문은 거의 없었다. 제국주의론에 관한 몇 편의 석사학위 논문과 단편적인 인물소개 혹은 인터뷰기사가 대부분이었다. 다만 그의 저서 두 권이 최근 번역되었을 뿐이다.[1] 그래서 필자는 근래에 출간된

1) 필자가 조사한 바에 의하면 다음의 세 편 석사학위 논문이 있다. 정중식, 「갈퉁의 제국주의론 연구」, 단국대 대학원(1988); 최진하, 「제국주의론에 대한 비판적 고찰」 서강대 대학원(1986); 조현석, 「평화개념의 현대적 전개에 대한 고찰」, 서울대 대학원 (1983). 소논문으로는 최원기, "평화학의 아버지 요한 갈퉁 박사," 『월간중앙』 제29권 4호 (2003. 4), pp. 56-62; 요한 갈퉁, "세계화와 테러," 이재봉 옮김, 『시민과 세계』, 제1호 (2002), pp. 184-190; 요한 갈퉁, "미국, 서방 그리고 그 밖의 세계," 박성준 옮김, 『시대와 민중신학』, 통권 제7호 (2002), pp. 388-392; 요한 갈퉁·진희관 대담, "경제사회문화적교류는 한반도 평화의 첩경," 『통일한국』 174 (1998), pp. 44-47; 요한 갈퉁, "한반도 통일을 위한 제언," 이재봉 옮김, 『평화연구』 5 (1996), pp. 187-202; 요한 갈퉁, "21세기 한민족의 전망," 『신동아』 446권 (1996), pp. 332-341; 요한 갈퉁, "한국재통일을 위한 중립화론적 접근," 『민족통일』 7,8,9,10 (1989), pp. 76-95; 황인찬, "신제국주

갈퉁의 저서[2)]를 중심으로 그의 평화이론의 체계를 간단히 정리해 보려고 한다.

II TRANSCEND의 평화 네트워크[3)]

TRANSCEND는 1993년 8월 갈퉁과 그의 부인 후미코 니시무라(Fumiko Nishimura) 등이 중심이 되어 국제적인 갈등중재조직으로 탄생하였다. 갈퉁에 의하면 TRANSCEND는 지난 45년간의 연구경험과 45개의 국제적 갈등 중재의 경험을 토대로 평화로운 수단에 의한 평화의 실현을 추구한다. 1998년 현재 '평화로운 수단에 의한 평화'를 표방하는 475개의 주요 평화조직이 있는데 이들 대부분은 비정부기구이다. 이들은 1980년대의 평화운동에 자극을 받아 주로 1990년대에 조직되었다. TRANSCEND도 이들 조직중의 하나이다. TRANSCEND는 현재 50여개 국가에서 초청된 학자와 200여명의 전문가들(외교관, 시민운동가, 언론인, 학생, 평화연구자, 국제기구직원, 교수, 정신의학자, 사회복지업무 종사자 등)이 21개의 프로

의이론에 대한 고찰," 『공군평론』 80호, 81호 (1988), pp. 307-335. 번역서로서는 요한 갈퉁, 『평화적 수단에 의한 평화』, 이재봉 외 옮김 (들녘, 2000). 이 책에 대한 서평은 김기정, "한반도 평화를 위한 이론적 모색," 『서평문화』 40 (2000), pp. 113-118 참조; 요한 갈퉁·이케다 다이사쿠 대담, 『평화를 위한 선택』, 손대준 옮김 (신영미디어, 1997).

2) Johan Galtung, Carl G. Jacobsen and Kai Frithjof Brand-Jacobsen, *Searching for Peace: The Road to TRANSCEND* (London: Pluto Press, 2002).

3) 이하 Johan Galtung, "Transcend: A Philosophy of Peace-And One Way of Enacting It," in Johan Galtung, Carl G. Jacobsen and Kai Frithjof Brand-Jacobsen, *Searching for Peace: The Road to TRANSCEND* (London: Pluto Press, 2002), pp. xiii-xxiii; Johan Galtung, "TRANSCEND: 45 Years, 45 Conflicts," *Searching for Peace*, pp. 173-188 참조.

그램[4])을 중심으로 활동하고 있다. 조직의 운영위원회는 소장 갈퉁, 부소장 디트리히 피셔(Dietrich Fisher), 사무총장 카이 프리쵸프 브랜드 야콥슨(Kai Frithjof Brand-Jacobsen), 재무책임자 캐트린 카우퍼(Katrin Kaufer) 등으로 구성되어 있다. 동 조직은 현재 256명의 회원을 확보하고 있으며 한국의 경우 원광대 정외과의 이재봉 교수가 회원으로 등록되어 있다. 2001년 중반까지 약 4천여명이 TRANSCEND 네트워크 프로그램에 참여하였다. TRANSCEND 네트워크의 활동 내용을 분류하면 행동, 교육훈련, 연구, 보급 4개의 범주[5])로 나누어지는데 갈등의 중재와 해소에 초점을 맞추는 행동의 영역이 가장 큰 비중을 차지한다. TRANSCEND는 연구의 분야에서도 몇 가지 유용한 지표개발[6])을 통해서 평화연구에 기여해 왔다.

TRANSCEND는 온라인상의 가상공동체이며(홈페이지: http://www.transcend.org) 모든 국제적 연락은 e-메일(transcend@transcend.org)을 통해서 이루어진다. 예산부족으로 오프라인상의 모임을 거의 갖지 못하고 있으나 조직의 활성화와 민주화를 위해서 직접적인 대면행사를 더 많이 개최할 것을 약속하고 있다. TRANSCEND 발전의

4) 21개의 프로그램 내용은 다음과 같다: 갈등 조정, 평화건설 및 강화, 평화교육, 평화언론, 평화지대, 평화유지, 평화로운 화해, 평화산업, 개발과 생존 및 형평, 지속가능성, 평화문화, 비군사적 안보와 전쟁근절, 인권과 민주화, 글로벌 거버넌스, 여성과 평화, 평화와 개발, 평화와 예술, 평화박물관, 평화관광, 개인적 차원의 평화, 평화와 구조적 폭력.

5) 평화행동과 관련해서는 TRANSCEND 갈등서비스(TCS), 평화교육은 TRANSCEND 평화대학(TPU), 평화연구는 TRANSCEND 연구소(TRI), 평화보급에는 TRANSCEND 미디어 서비스(TMS)를 각각 운영하고 있다. TRANSCEND는 제3세계의 70-80개 신문을 대상으로 30여개의 칼럼에 기고하고 홍보활동을 하고 있다.

6) '전쟁참여지표'(WPI)는 한 국가가 역사적으로 볼 때 전쟁에 개입하는 정도가 얼마나 되는지를 보여준다. '조기경보지표'(EWI)는 WPI와 문화적이며 구조적인 폭력의 수준을 근거로 한 국가가 전쟁에 개입할 가능성의 크기를 측정한다. '갈등변환지표'(CTI)는 주어진 상황 하에서 과거의 사례와 타 지역의 사례를 비교하여 갈등변환 가능성의 정도를 측정한다.

획기적 계기는 1996년 유엔의 재난관리 훈련책임자인 존 에버솔(Jon Ebersole)이 갈퉁에게 갈등변환에 관한 연구를 위촉한 일이었다. 그 결과 1998년 유엔에 의해 35페이지의 축약본 보고서가 12개국 언어로 출판되었으며 2000년에는 189페이지의 완역판 보고서가 2개국 언어로 출판되었다. 이들 책자는 현재 유엔의 훈련교재로 사용되고 있다. TRANSCEND는 기본적인 운영경비를 평화대학 수강료 등을 통해서 자체적으로 조달하고 있으며 갈등 중재에 대해서도 이를 서비스 개념으로 파악하여 최소비용만을 수령하고 있다. TRANSCEND는 정부 혹은 갈등 당사자로부터의 자금지원을 거부하는 원칙을 고수하며 기금마련에 고심하고 있다.

갈퉁은 다음과 같이 지난날을 회상한다. 1951년 갈퉁은 양심적 병역거부자로서 군복무기간보다 6개월이 더 긴 18개월의 공익근무를 하게 되었다. 1년이 지나자 그는 나머지 잔여기간의 공익근무를 거부하였다. 그는 평화를 위해 헌신하려는 젊은이에게 사법부가 명령하는 공익근무는 시간낭비에 불과하다고 주장을 하였다. 그는 나머지 6개월간의 독방 수감생활을 자청하였고 당국에 의해서 이 요구가 수용되었다. 10년이 지난 어느 날 사법부 장관은 갈퉁에게 전화를 걸어 그의 견해를 다시 한번 경청하였다. 그 후 당국은 군복무 대신 평화업무를 수행할 수 있도록 하는 새로운 조치를 결정하였고 이러한 반응은 곧 유럽에 보급되어 지금도 계속되고 있다. 갈퉁에 의하면 TRANSCEND를 조직하는데 있어서 가장 중요한 계기가 되었던 사건은 버지니아주 샬롯빌(Charlottesville)의 경험이었다(pp. 174-175). 1958년 갈퉁은 콜롬비아 대학교 조교수로서 대학원생들과 같이 지역사회의 갈등연구에 착수하였다. 그들은 토마스 제퍼슨의 고향으로서 국가적 평화의 상징이었으나 내부적으로 인종갈등의 상처를 앓고 있었던 이곳에 도착하였다. 그들은 주민에 대한 표본조사뿐만 아니라 지역지도자의 세 집단 - 인종차별주의자, 차별반대자, 흑인그룹 - 에 대한 패널스터디를 시작하였으며 2,000명에 대한 인터뷰를 진행하였다. 그 결과 훌륭한 자료들이 축적되었고 시장이나 경찰서장이 미처 알지 못하는 많은 정보들이 수집되었다. 그 당시 마을은 인종과 이념의 대립 때문에 세 집단 상호간에 접촉이 전혀 없었고 각각은 상대방의 생각을 제대로 알지 못하고 있는 상태였다. 갈퉁이 이끄는 연구팀은 갈등의 과정을 사회과학적 관점에서 분석한 후 이것을 주민들에게 끈기 있게 설명하는데 성공하였다. 그 후 집단간의 대화가 촉진되었고 모두가 만족할 수 있는 해결책이 모색되었다. 모든 사태는 투명하게 분석되었고 갈등은 탈신비화되었다. 결국 마을은 평화적으로 인종갈등을 극복하는데 성공하였다. 주민들로부터 많은 감사 편지와 격려 인사를 받은 갈퉁은 이후 평화를 연구하는 학자인 동시에 갈등을 중재하는 실천가로서 두 개의 역할을 수행하게 되었다. 갈퉁은 계속해서 두 개의 경험을 더 소개한다. 1967년 갈퉁은 유럽의 미래를 살펴보기 위한 유럽회의 프로젝트에 착수하였다. 그는 19명의 각국 외무부 책임자들과 자리를 같이 하여 격의 없는 대화를 나누었으며 모임은 최종적으로 유엔유럽안보위원회를 만들어 갈등 당사국들이 모든 주제에 대한 자유로운 토론을 시도하자는 결론에 이르게 되었다. 이러한 제안은 그 해 외교회담석상에서 공식화되었고 대체적으로 긍정적인 반응을 얻어냈으나 체코의 외무장관이 아직 때가 이르다는 이유로 이를 거부하여 성사되지 못했다. 그러나 당시 회의에 참석했던 젊은 외교관이 후일 체코 외무부의 제2인자가 되자 이른바 '갈퉁 플랜'(Galtung plan)을 거론하였고 그 결과 보다 항구적인 조직으로서 유럽안보협력회의(CSCE)가 제안되었다. 유럽안보협력회의는 1990년 파리회의에서 유럽의 평화를 위한 기본 조직으로서 수용되었다. 갈퉁은 이 경험을 통해 다음과 같은 교훈을 얻었

노라고 술회하고 있다. 종종 비현실적이며 이상주의적이라고 배격 받는 의견들이 시간이 지나서 현실주의적이라는 평가를 받는다. 1967년 뿌린 씨는 어느 젊은이에 의해서 전파되어 1990년에 수확을 거두었다(p. 177). 우리는 인내심을 갖고 결과를 기다려야 한다고 갈퉁은 말한다. 갈퉁이 마지막으로 소개하는 일화는 에콰도르와 페루의 분쟁이다. 양국은 1941년부터 국경선 문제를 두고 분쟁을 벌여왔는데 1995년 또 다시 국경분쟁이 발발하였다. 어느 회의에서 에콰도르의 전(前)대통령이 갈퉁에게 묘안이 없는지 자문을 구했을 때, 그는 양국이 관리하는 평화지대로서 자연공원의 건설을 제안하였다. 전 대통령은 이 제안이 실현되려면 적어도 30년이 걸릴 것이라고 농담을 하였다. 그 후 갈퉁의 아이디어는 제네바에서 유엔 외교관들의 교육훈련 내용으로 활용되었고 이 사실을 알게 된 에콰도르 대사가 갈퉁을 본국으로 초청하였다. 갈퉁과 에콰도르 정부 관리들 사이에서 보다 구체적인 대책이 논의되었다. 1998년 에콰도르는 분쟁지역을 자연공원으로 지정하여 양국이 공동 관리하는 방안을 공식적으로 제안하였고 페루정부가 이 안을 수용함으로써 사태는 평화적으로 해결되었다. 갈퉁은 이 경험을 통해서 당사자가 생각해내지 못하는 해결책을 제3자는 제시할 수 있다는 교훈을 얻었다고 회고한다(p. 179).

Ⅲ 폭력의 메커니즘과 주류 담론의 한계[7)]

갈퉁에 의하면 폭력과 전쟁에 이르는 표준적 역사가 존재한다.

7) Johan Galtung, "Conflict, War and Peace: A Bird's Eye View," in Johan Galtung, Carl G. Jacobsen and Kai Frithjof Brand-Jacobsen, *Searching for Peace: The Road to TRANSCEND* (London: Pluto Press, 2002), pp. 3-15.

갈등은 사회 속에 편재하지만 그것이 곧 폭력으로 연결되는 것은 아니다. 갈퉁은 갈등으로부터 폭력에 이르는 일련의 과정을 다음과 같이 설명한다. 갈퉁이 말하는 소위 ABC 삼각형 이론이다(p. xiv). 갈퉁 특유의 문장술에 의하면 갈등(conflict)= 태도(attitude)+행동(behavior)+모순(contradiction)이 된다. 우선 갈등은 양립불가능하거나 상호모순적인 복수의 목표들 사이에서 발생한다. 자신의 목표달성이 상대방의 존재로 인하여 방해를 받고 있다는 판단은 좌절과 분노의 감정을 야기한다. 적과 동지의 관념이 과대망상적인 단계에 이르면 집단적인 병리현상을 보이게 되고 상대방에 대한 증오는 물리적, 언어적 폭력을 초래한다. 동서 냉전, 유고사태, 테러와의 전쟁 모두가 동일한 메커니즘으로 설명이 가능하다. 그러나 자유주의는 부드러운 태도만을 강조하는 오류를 범했으며, 보수주의는 공격적인 행동만을 문제 삼는 오류를 범했고, 마르크스주의는 자본과 노동의 모순만을 지적하는 오류를 범했다(p. 153). 그러므로 모순적인 목표, 상대방에 대한 적대적 태도, 폭력적 행동은 갈등의 심화과정을 고찰함에 있어서 3개의 필수적인 분석요소가 된다. 이러한 과정은 개인적, 우발적 요인뿐만 아니라 문화적이며 구조적인 변수에 의해서도 크게 영향을 받는다. 폭력적인 문화와 억압적인 구조 하에서 폭력의 발생가능성은 증대된다. 갈퉁에 의하면 폭력적인 문화는 DMA(Dualism, Manicheism, Armageddon) 증후군을 보인다(p. 6). 이분법은 세계를 선과 악의 두 진영으로 파악한다. 마니교주의는 선과 같이 투쟁하지 않는 자는 악의 편에 서있다고 가정을 한다. 아마겟돈은 악이 폭력에 의해서만 응징된다는 신념 속에 최후의 결전을 유혹한다. 폭력적 문화는 폭력의 행사를 보다 자연적인 현상으로 수용하게 만든다. 갈퉁에 의하면 기독교와 이슬람교는 본래 신앙을 강조하지만 실제적으로는 폭력적 문화의 배경을 제공한다(p. 15).

갈퉁은 폭력을 유발하는 8개의 중요한 갈등 단층선(fault-line)을 지적한다. 그것들은 자연, 성, 세대, 인종, 계급, 배제, 민족, 국가이다. 갈퉁은 특히 평화의 유지자로서 국가의 존재에 대해서 회의적인 태도를 취한다. 갈퉁에 의하면 1648년 베스트팔렌 조약 이후 국가체제는 과도하게 사용되었고 국가는 전쟁권을 남용하게 되었다. 국가는 세계의 평화를 위해서 존재하는 것이 아니라 국가의 이익을 위해서 존재한다. 그리고 국가의 이익은 소수의 엘리트에 의해서 자의적으로 규정되며 그것은 전쟁을 불사하는 개념이다(p. xiii). 20세기에 들어선 인류사회는 비국가적 행위자의 중요성을 강조하기 시작하였다. 제2차 세계대전이 종료되자 이후 평화란 국가에게 맡기기에는 너무나 중요한 사안이라는 생각이 보편화되었다. 냉전의 시기에 사람들은 국가의 평화의지와 능력을 불신하기 시작하였으며 마틴 루터 킹(Martin Luther King Jr.), 넬슨 만델라(Nelson Mandela), 데스몬드 투투(Desmond Tutu)의 사상에 감동을 받아서 정부에 의한 문제해결을 기다리지 않고 직접 거리로 뛰쳐나왔다. 비정부기구는 정부의 평화독점에 대해서 항의하였고 민간외교가 활성화되기 시작하였다. 갈퉁에 의하면 냉전의 종식은 사실상 시민사회의 역할을 통해서 성취되었다. 갈퉁은 한줌의 국가와 그들 국가의 소수 엘리트들에게만 혜택을 부여하는 왜곡된 세계화에 반대하여 모든 사람들의 삶을 개선시키는 진정한 세계화를 모색할 것을 주장한다. 갈퉁은 그동안 2선에 물러나 있었던 비국가적 행위자들 - 비정부기구, 지방정부, 초국가기구 - 이 이제 전면에 나서야 할 때라고 말한다.

갈등의 주기는 폭력이전의 단계, 폭력의 단계, 폭력 이후의 단계 3개의 국면으로 나누어질 수 있다. 폭력이전의 단계에서는 갈등의 변환(conflict transformation)과 양극화의 해소(depolarization) 노력이 요청된다. 폭력을 미연에 방지하기 위해서는 한편으로 갈등을 창조적으로 변환시켜 문제의 근원을 해결해야 하고 다른 한편으로 사태가 악화되는 것을 막기 위한 노력을 경주해야 한다. 유엔의 술어를 빌린다면 전자는 평화구축(peacemaking)의 문제이고 후자는 평화건설(peace-building)의 문제이다. 전자는 질병의 원인을 제거하는 일이고 후자는 신체의 치유능력을 강화하는 일에 비유될 수 있다.[8] 폭력의 단계에서는 평화유지를 위한 평화지대의 설정이 요청된다. 평화지대는 갈등당사자가 상호간의 관계를 정상화하기 위해서 모델지역을 설정하는 것을 의미하는데 군, 경찰, 민간의 공동노력이 필요하다. 폭력의 후유증을 치유하는 제3단계에서는 폭력의 종식을 선언하고 화해의 과정을 밟게 된다.

주류의 담론은 종종 정의로운 전쟁을 명분으로 사악한 세력의 박멸을 주장한다. 전쟁은 선과 악의 대결로 간주된다. 신민주주의, 시장경제의 수호 등의 이름으로 전쟁은 정당화된다. 그것은 상대방 역시 동일한 논리를 취할 수 있다는 사실을 외면한다. 전쟁이 조기에 종결되지 않을 경우 제3자의 개입이 이루어지는데 명분은 정의를 지원하고 선량한 피해자의 고통을 덜어주기 위함이라는 휴머니즘의 논리를 취한다. 그러나 그것은 강대국의 전쟁개입이 정치적, 군사적, 경제적, 문화적 차원의 숨은 의도를 갖고 있음을 간과한다.

갈퉁은 전쟁에 대한 주류언론과 정치인의 태도를 다음과 같이 분석한다. "그들은 폭력의 표피적 현상에만 관심을 보이고 그것의 원인을 숙고하지 않는다. 그들은 현상을 단순화시켜 편가르기를 시도한다. 그들은 각각을 선과 악 어느 한편에 귀속시키고 폭력의 불가피성을 강조한다.... 그들은 구조적 폭력을 외면하며 희생자의 가족

---

8) Johan Galtung, "Conflict, War and Peace: A Bird's Eye View," p. 3, p. 10. 갈퉁은 다른 저서에서 두 개념의 관계를 반대로 설명하고 있다. 요한 갈퉁, 『평화적 수단에 의한 평화』, 이재봉 외 옮김(들녘, 2000), p. 231 참조.

에 대해서 무관심하다. 그들은 분쟁 개입세력의 저의를 이해하지 못하며 해결책을 제시하지 못한다. 그들은 휴전을 곧 평화라고 생각한다."(pp. 14-15).

대안적 담론은 평화적 수단에 의한 평화를 추구한다. 그것은 한편으로 분쟁 당사자를 동시에 만족시킬 수 있는 새로운 대안을 모색하며 다른 한편으로 갈등의 양극화를 저지하기 위해 모든 노력을 경주한다. 갈퉁은 4개의 성공적인 평화담론의 사례를 예시한다(pp. 11-13). 첫째는 미국 남부의 흑백인종차별주의 극복사례이다. 한때 심각한 양상을 보이기도 했던 미국 남부의 인종차별 사태는 1인1표 민주주의와 흑백평등사회의 강력한 이미지가 국민 다수에 의해 수용됨으로써 비폭력적으로 문제가 해결되었다. 결정적인 계기는 1954년 5월 미 대법원의 결정이었다. 그것은 '분리되나 평등한'(separate but equal)이라는 전통적인 논리를 부정하고 '차별이 없으며 평등한'(desegregated and equal)이라는 새로운 구호를 지지하였다. 둘째는 남아프리카의 인종차별정책이다. 사태는 전쟁이나 제3세력의 개입 없이 평화적으로 종식되었는데 다수의 주민들이 민주주의와 인권의 이념에 대해서 점차 공감대를 형성하고, 만델라와 클라크와 같은 지도자들이 갈등의 양극화를 해소하기 위해 노력함으로써 사태는 평화적으로 해결되었다. 미국의 인종차별 금지와 로디지아/짐바베의 성공적인 문제해결 사례 역시 좋은 영향을 주었다. 세 번째의 사례는 냉전의 종식이다. 최초에 동서 두 진영은 수렴이론이나 사회민주주의의를 통해서 상호접근을 시도했지만 소련의 체제 와해로 그것은 곧 효력을 상실하였다. 시민사회가 뒤이어 문제해결을 떠맡게 되었다. 비폭력적 수단에 호소하는 동구의 반체제운동과 서구의 반핵평화운동은 각각 스탈린체제를 비판하고 핵전쟁의 위험을 경고함으로써 체제경쟁을 완화시키는데 기여하였다. 1980년대가 되자 두 개의 운동은 민간외교를 통해서 하나로 결합되었으며 그것은 베를린 장벽을 허무는데 크게 기여하였다. 네 번째의 사례는 스페인 내전이다. 내전은 일단 프랑코의 승리로 귀결되었지만 장기적으로 볼 때 누구도 승리자가 될 수 없었다. 제2차 세계대전 이후 다당제 민주주의를 조심스럽게 접촉하기 시작한 양진영은 1975년 프랑코의 죽음을 계기로 파시즘도 스탈린주의도 아닌 다당제 민주주의를 건설하는데 성공하였다.

Ⅳ 갈등변환의 기술과 중재의 원칙[9)]

1) 갈등변환의 기술

갈퉁에 의하면 경험적으로 볼 때 갈등의 당사자들은 폭력을 선호하는 인물들이거나 범죄자 혹은 심리적 병자들이 아니다. 그들은 종종 지적일 뿐만 아니라 인간적으로 매력적이기조차 하다. 문제는 자신의 행동으로 인해 초래된 결과에 의해서 스스로 구속되고 출구를 발견하지 못하고 있다는 것이다. TRANSCEND의 대화술은 개별적인 면담을 통해서 당사자들이 수용 가능한 결론을 확대시키는 방법을 모색한다. 갈등의 변환은 고도로 숙련된 대화의 방식을 통해서 갈등당사자가 상호적이고 지속적으로 목표를 추구할 수 있는 상황을 창조함을 의미한다. 갈등의 중재 및 해소과정에서 가장 중요한 것은 분쟁의 근원을 치유하는 갈등변환의 기술이다. 갈퉁은 협상의 기술과

---

9) Johan Galtung, "Crafting Peace: On the Psychology of the TRANSCEND Approach," in Johan Galtung Carl G. Jacobsen and Kai Frithjof Brand-Jacobsen, *Searching for Peace: The Road to TRANSCEND* (London: Pluto Press, 2002), pp. 151-170 참조.

심리에 대해서 행태주의적이며 심리학적 관점의 접근을 시도한다.

갈등의 중재에 있어서 우선적으로 요구되는 것은 중재자의 중립성과 객관성이다. 선량한 중재자(honest broker)는 갈등 당사자와 이해관계가 없어야 한다. 갈퉁은 이런 관점에서 볼 때 미국이 중동평화의 중재자가 될 수 없다고 말한다(p. 156). 갈등 당사자 상호간의 직접적인 대면은 각자가 본래의 입장만을 고집함으로써 종종 논쟁을 유발하기 때문에 문제의 해결은 갈등 중재자와 당사자 1인의 대화로부터 시작된다. 사전에 이미 결론을 취하는 소크라테스적 대화술(Socratic dialogue)과는 달리 갈등의 중재는 모든 것이 열려있는 상호적 과정이다(p. 159). 갈퉁이 설명하는 대화의 과정은 다음과 같다. 우선 갈등 당사자들이 갖고 있는 희망과 공포 - 긍정적인 목표와 부정적인 목표 - 를 확인하고 그 심층적인 내용을 검토한다. 다음에는 당사자들이 미처 생각하지 못했던 새로운 인식의 세계를 개척한다. 가령 한반도 사태의 경우 남북의 정치적, 군사적 목표의 차이에도 불구하고 문화적 전통이나 경제협력의 이점을 강조함으로써 제3의 방안을 모색할 수 있다(p. 154). 각각의 대화 당사자에 의해서 보다 포괄적인 새로운 목표가 설정되면 이것이 갈등 상대방에 의해서 공유될 수 있는지를 확인하고 그 지속성 여부를 아울러 검토한다. 최종적으로, 협상을 할 심리적 준비가 되어있는 갈등 당사자가 서로 자리를 같이하여 공동의 목표를 확인하고 구체적인 조치를 논의한다. 갈퉁은 갈등의 변환에 요구되는 인지적 차원의 기술로서 예측의 논리를 적절히 구사할 것을 강조한다. 그것은 한편으로 현금의 사태가 지속될 경우 예상되는 어두운 결과를 지적하고 다른 한편으로 새로운 시각을 도입할 경우 예상되는 긍정적 결과를 강조함으로써 발상의 전환을 유도한다. 갈퉁은 갈등의 변환과정에서 집단적 무의식의 세계가 반드시 고려되어야 한다고 말한다. 영광과 긍지, 수치와 분노의 감정은 전쟁과 폭력을 유발하는 배후의 심층문화(deep culture)를 제공하기 때문이다. 하나의 공동체가 견지하고 있는 깊은 감정의 세계는 대표자의 역할과 무관하게 지속된다. 따라서 협상대표 개인의 의식뿐만 아니라 그가 속해 있는 공동체의 무의식의 세계에 대해서도 깊은 성찰이 요구된다. 이런 관점에서 볼 때 프로이드의 정신분석학은 갈등과 폭력의 해소과정에서 중요한 역할을 수행한다(p. 166).

2) 개입과 중재의 원칙

타자의 갈등에 대한 개입은 갈등 당사자가 스스로 문제를 해결하지 못하고 있다는 사실로서 정당화될 수 있지만 중재자의 실존적 한계로 인하여 반론이 제기될 수도 있다. 따라서 갈등의 중재를 위한 개입의 원칙은 신중함이 수반되어야 한다. 갈퉁은 다음과 같이 10가지 원칙을 제시한다(pp. xxi-xxii).

1. 중재자는 오류를 범할 수 있기 때문에 자신의 제안을 취소할 수 있는 여지를 남겨야 한다.
2. 당신 자신이 갈등당사자가 되더라도 중재자의 개입을 기꺼이 허락할 것이라는 판단이 들 경우에만 사태에 개입한다.
3. 보편적 가치를 지향하되 상대적 가치의 세계를 인정한다.
4. 깊은 대화를 통해서 상대방을 이해하려고 노력한다.
5. 자기 자신에 대한 성찰을 통해서 내면의 원동력을 확인한다.
6. 만병통치약과 같은 해결책을 고집하지 않고 문제의 본질을 숙고한다.
7. 갈등 당사자들 스스로에 의한 대화를 격려한다.
8. 지도자들만의 결정에 의존하지 않고 보다 폭 넓은 참여를 통

한 해결책을 모색한다.
9. 중재의 결과는 두려움이나 보상의 욕망이 아닌 정의의 관념에 의해서 도출되어야 한다.
10. 중재의 결과는 외부로부터의 힘이 아닌 내부적 지지에 의해 유지되어야 한다.

갈퉁은 곧이어 현장에서 활약하는 갈등 중재자를 위한 19개 행동 지침을 제시한다(p. xxiii).

1. 개인적인 영달을 추구하여 중재에 나서지 않는다.
2. 갈등중재 업무에 필요한 기술과 지식을 습득한다.
3. 갈등중재 이외에 숨겨진 의제를 갖지 않는다.
4. 정당성의 근원은 중재자가 갖고 있는 기술과 지식, 열정과 인내이다.
5. 갈등중재자가 갈등 당사자와 개인적 감정이 있는 경우 사안에 관여하지 않는다.
6. 당사자 모두와 대화를 나누고 그들을 이해하려 노력한다.
7. 속임수를 쓰지 않고 정도(正道)를 취한다.
8. 비밀의 요구를 존중한다.
9. 갈등 당사자로부터 일반적인 환대를 넘어서는 보수나 선물을 받지 않는다.
10. 갈등 당사자들 상호간의 의사소통은 당사자의 허락을 요구한다.
11. 갈등 당사자들 각각에 대해서 한 목소리로 대화한다.
12. 고정관념을 버리고 늘 새로운 아이디어를 수용한다.
13. 취소할 수 없는 제안은 하지 않는다.
14. 개인이나 조직의 명예를 추구하지 않는다.

15. 개입의 필요성이 종료되는 경우 즉각 철수한다.
16. 갈등해소를 위한 계획과 과정은 중재자나 당사자가 아닌 일반 대중에게 귀속된다.
17. 자신의 기술, 지식, 경험을 타인과 공유한다.
18. 당신이 중재를 했거나 중재를 할 계획인 갈등 당사자들로부터 직접적인 자금지원을 받지 않는다.
19. 갈등중재의 업무는 훌륭한 임무 수행을 통해서 보상을 받는다.

갈퉁이 소개하는 창조적 대화를 통한 문제해결 방식의 구체적 사례는 소말리아의 시르(shir)이다.

> "그것은 갈등해결의 전통적인 방식이다. 우선 갈등에 연루된 부족의 모든 성인남자를 소집한다. 여성과 어린이 그리고 다혈질의 전사들은 여기에서 제외된다. 사람들은 무더운 대낮의 열기를 피해서 가시나무 밑에서 휴식을 취한다. 그들은 차를 마시고 한담을 나눈다. 순한 대마초를 서로 권하면서 오랜 친구들 혹은 적들과의 만남을 즐긴다. 시간이 흐르면서 분위기는 더욱 부드러워지고 갈등의 주요 사안들을 해결할 수 있는 여건이 조성된다. 그 결과는 내면으로부터 우러나오는 평화이다. 그것은 유엔이 기획한 아디스 아바바(Addis Ababa) 호텔 회의장의 임시변통적인 평화와 성격이 다르다." (p. 170)

갈퉁은 갈등의 해결에 시간적 인내가 절대적으로 요청됨을 강조하며 쇼펜하우어의 말을 인용한다. "모든 진리는 3개의 단계를 통과한다. 첫 번째 단계에서 그것은 조롱거리가 된다. 두 번째 단계에서 사람들은 그것을 격렬하게 반대한다. 세 번째 단계에서 그것은 자명한 진리로 수용된다." 갈퉁은 여기에 제로(zero) 단계를 추가한다. "처음에는 모두가 침묵한다."(p. 182)

V 국가와 민족의 변증법[10)]

지구상에는 200여 개의 국가와 2000여 개의 민족이 존재한다. 이 중에서 민족국가는 20여 개에 불과하며 나머지 180개 국가는 대부분 패권을 장악한 민족에 의해서 지배되고 있다. 그러나 대부분의 민족은 성스러운 시절과 공간의 추억을 간직하고 있다. 따라서 갈퉁에 의하면 1980개의 잠재적 독립전쟁의 가능성이 상존한다(p. 126). 다민족 국가로서 구성원 상호간에 균형을 이루고 있는 나라는 오직 스위스뿐이다. 두 개 이상의 민족이 동일한 공간에 대한 권리를 주장할 경우 그것은 참으로 양립 불가능한 모순을 초래한다. 심지어 관용이나 평등의 정신으로도 문제가 해결되지 않을 수 있다. 갈퉁은 특정 민족에 대해서 분리나 합병을 강요하는 것은 구조적 폭력과 유사한 불의라고 말한다. 국가와 민족의 변증법은 지구촌 사회의 평화를 위해서 반드시 해결되어야 할 최고의 중요사안이다.

냉전이 종식되자 사회주의나 자유주의에 의해서 억제되었던 민족주의의 판도라 상자가 개봉되었다. 민족적 정체성과 국가적 통합의 변증법의 문제를 어떻게 해결할 것인가? 민족자결의 요구는 국가 탄생의 당위를 의미하는가? 갈퉁은 민족자결의 요구가 자치권의 획득이라는 낮은 단계에서부터 완전한 독립이라는 높은 단계에 이르기까지 다양한 방식을 통해 충족될 수 있으며 일률적으로 해답을 제시할 수 없다고 말한다. 그 이유는 상대집단의 존재와 권리를 고려 할

10) Johan Galtung, "The State/Nation Dialectic: Some Tentative Conclusions," in Johan Galtung, Carl G. Jacobsen and Kai Frithjof Brand-Jacobsen, *Searching for Peace: The Road to TRANSCEND* (London: Pluto Press, 2002), pp. 126-141.

때 문제가 간단치 않기 때문이다. 이것은 마치 언론의 자유가 무제한적으로 용인될 수 없으며 책임의 원칙을 수반하는 것과 마찬가지의 이치이다(p. 131). 갈등의 해결은 당사자 모두가 수용 가능한 방식으로 진행되어야 하고 그것은 지속가능한 성격의 것이어야 한다. 가족과 이웃의 사정을 생각하지 않고 가정을 박차 나가는 배우자는 설령 고통 받은 부인이 주인공이라 할지라도 무책임하다는 비난을 면하기 어렵다(p. 134). 갈퉁은 국가뿐만 아니라 민족 역시 탈신비화되어야 한다고 말한다. 민족적 정체성을 이유로 다른 민족의 권리를 침해할 수는 없는 법이다.

갈퉁은 민족과 영토분쟁에 관한 33개의 사태를 3개로 유형화 한 후 현장조사를 토대로 각각에 대해서 해결책을 제시한다. 1민족 1국가의 경우에도 세계화의 조류에 따른 이민의 물결로 인해서 동일한 문제와 직면할 수 있으나 유럽연합이나 북유럽(Nordic) 국가처럼 장시간에 걸쳐 국가적 혹은 민족적 흡수와 동화현상이 진행될 수 있다.

첫째, 4개의 사례는 1민족 다국가/영토의 경우이다. 한민족(Koreans), 쿠르드(Kurd)족, 사미(Samis)족, 마야(Mayas)족의 경우가 여기에 해당된다. 쿠르드족은 터키, 이라크, 이란, 시리아, 아르메니아 5개국에 분포하고 있으며, 사미족은 노르웨이, 스웨덴, 덴마크, 러시아 4개국에, 마야족은 멕시코, 과테말라, 온두라스 3개국에 분산되어 있다. 한국은 특수한 사례이다. 갈퉁은 다음의 5가지 대안을 순차적으로 제시하는데 수용여부는 각각의 상황에 달려있다. 1) 거주하는 지역에서 평등한 인권을 실현한다. 2) 국내적으로 자치권을 획득한다. 3) 국가별로 의회를 구성하고 자치권을 상호 연결시켜 독립국가의 역할을 수행하는 국가연합을 건설한다. 4) 자치권을 상호 연결시켜 연방국가를 건설한다. 구성단위들은 자율성을 일정부분 보유한다. 5) 단방제 국가를 수립한다. 한국의 김대중 대통령은 3)-4)-5)의 방식을 제안한 바 있다(p. 136).

둘째, 9개의 사례는 다민족 1국가/영토의 경우이다. 이스라엘/팔레스타인, 로디지아/짐바베, 하와이, 힌두/모슬렘, 소말리아, 중국, 레바논, 일본/러시아, 에콰도르/페루가 여기에 해당된다. 갈퉁은 이 경우에 대해서도 5가지 방안을 순차적으로 제시하는데 그것들은 첫째의 사례와 반대로 국가해체적인 방향으로 나아간다. 1) 구성원 모두가 평등한 시민의 권리를 향유할 수 있는 단방제 국가를 지향한다. 이것은 로디지아가 짐바베로 국호를 변경하게 된 배경이 되었으며 인도의 모슬렘에 대해서 적용된 공식이기도 하다. 2) 국가의 한 구성원으로서 자치권을 부여받는다. 팔레스타인 주민들에게 제안되는 방식이며 현재 하와이 원주민들에 대한 적용가능성 여부가 거론되고 있다. 3) 재정, 외무, 안보를 공동으로 관리하는 연방국가를 창설한다. 소말리아의 경우 비영토적인 연방제의 방식을 고려할 수 있으며, 소수민족의 문제를 해결해야 하는 중국의 경우도 다음의 4)와 마찬가지로 적용가능한 방식이다. 4) 구성원 모두가 독자적으로 재정, 외교, 안보의 권한을 행사함으로써 사실상의(de facto) 독립을 실현하는 국가연합을 건설한다. 인도의 경우에 이 방식을 적용할 수 있을 것이다. 5) 구성원 모두가 사실상, 법률상(de jure)의 독립을 쟁취하는 단계이다. 이는 팔레스타인 지역의 분쟁해결을 위한 유일한 대안이며 오키나와의 경우에도 해당된다. 6) 마지막 방식은 북방영토를 둘러싼 러시아/일본의 분쟁과 안데스 지역의 에콰도르/페루의 분쟁과 관련이 있다. 그것은 분쟁지역을 양측이 공동으로 소유하고 관리하는 것이다. 일종의 평화지대를 선언하는 이 방식은 구체적으로 자연공원, 경제특구, 캠프지대, 갈등조정센터 등 다양한 형식을 취할 수 있다. 북아일랜드, 바스크 지역, 한국의 DMZ도 이러한 방식을 적용할 수 있다(p. 137).

셋째, 나머지 20개의 사례는 다민족 다국가/영토의 경우이다. 이것은 가장 복잡하면서도 빈번하게 발생하는 사례이다. 코카서스 지역의 갈등은 3개 국가와 28개의 민족, 외부의 개입세력 4개 국가에 의해서 진행된다. 세 번째 유형의 사례는 대체적으로 산악지역에서 발견되는데 코카서스, 피레네, 유고슬라비아, 히말라야, 힌두쿠시 등의 지역이 여기에 해당된다. 일반적인 문제해결 방식은 첫 번째와 두 번째의 방식을 적절히 배합하는 것인데, 여기에 한 가지 덧붙일 내용이 있다. 그것은 지역 내의 국가간, 기업간, 시민사회간 상호협력을 증대시키는 울타리 조직을 새롭게 만들어 주는 것이다. 다민족 다국가/영토의 구성요소들이 국경을 초월하여 서로 결합하는 경우 긴장완화의 효과를 기대할 수 있다. 울타리의 형식은 협의체, 국가연합공동체, 연방국가, 지역국가 등 다양한 형태를 취할 수 있다. 갈퉁이 제안하는 울타리 조직의 예를 열거하면 다음과 같다: 태평양반구(半球) 포럼, 중동 안보협력기구, 남동부유럽 안보협력기구, 코카서스 안보협력기구, 중앙아시아지역협력연합, 중앙아프리카 국가공동체, 지중해안보협력기구, 동아시아공동체, 아시아·태평양 안보협력기구(pp. 138-139).

갈퉁은 이상의 분석 외에도 추가적인 아이디어를 제시한다. 첫째, 비영토적 통합(non-territoriality)의 방식이다. 가령 사미족은 주소가 아니라 민족으로서 등록을 한 후 각 집단은 하나의 의회를 확보하고 연방적 사안의 해결을 위해 초의회를 구성할 수 있다. 이러한 방식은 영토적 통합에 접근할 경우 야기될 수 있는 내부적 열기의 위험을 극복할 수 있는 이점이 있다. 둘째, 기능적 주권(functional sovereignty)의 방식이다. 당사자가 실제로 요구하는 주권의 내용과 상대방이 양보할 수 있는 주권의 내용을 비교하여 절충안을 만드는 방안을 생각할 수 있다. 이러한 방식은 독립이냐 현상유지냐의 이분법을 극복하는데 효과적이다. 셋째, 공동주권이론(condominium/joint sovereignty)의 방식이다. 이것은 하나의 영토가 반드시 하나의 국가나 민족에 귀속된다는 발상에 도전하여 공동의 소유 관념을 개진하는 경우이다. 이러한 방식은 현재 남극에 대해서 적용되고 있는데 갈등해결의 무한한 잠재력을 보여주는 대신 해당지역 주민의 법적 지위와 관련하여 문제를 남긴다(p. 140).

VI 9·11 테러의 진단과 처방[11)]

갈퉁은 1988-91년 미국이 걸프상공에서 이란의 민간항공기를 격추하고 이라크에 대한 대규모의 공격을 감행했을 때 이미 맨해튼의 교량 폭발이나 터널 파괴 같은 비극적 사태의 발생을 예견했다고 말하며 사태를 분석한다.

1) 진단

갈퉁에 의하면 9·11사태에 대한 주류의 담론은 그것을 오사마 빈 라덴(Osama bin Laden)과 알카에다(Al Qaeda)의 테러로 본다. 테러는 전술적 차원에서 볼 때 정규적 군사행동과 달리 예측을 불허하는 수단을 동원하여 대량살상을 꾀하는 행동으로서 필연적으로 선량한 시민의 희생을 수반한다. 한편, 테러는 이념적 차원에서 볼 때 증오의 감정에서부터 출발하여 상대방의 생명을 위협하게 되는 근본주의적 의식구조에서 기인한다. 갈퉁은 주류담론의 해석과 관련하여 두 가지 점을 문제 삼는다. 첫째, 국가테러도 테러이다. 갈퉁에 의하

---

11) Johan Galtung, "11 September 2001: Diagnosis, Prognosis, Therapy," in Johan Galtung, Carl G. Jacobsen and Kai Frithjof Brand-Jacobsen, *Searching for Peace: The Road to TRANSCEND* (London: Pluto Press, 2002), pp. 87-102.

면 제2차 세계대전 당시 영국/미국 공군의 독일과 일본에 대한 공습이나 1999년 유고슬라비아에 대한 나토의 공습 역시 테러이다. 적군의 항복을 강요하기 위해 시민의 살상을 불사하는 군사작전은 테러의 범주에 귀속될 수밖에 없다(p. 88). 다음에 보는 것처럼 미국의 국가테러는 전후의 시기에 와서 더욱 빈발하고 있다. 둘째, 근본주의적 의식구조에 사로잡혀 있는 것은 일부 이슬람 세력뿐만 아니라 미국의 경우도 마찬가지이다. 빈라덴이 이교도를 증오하고 사악한 제국과의 투쟁을 주장하는 것처럼 콜린 파월(Colin Powell)은 미국이 신의 섭리에 의해서 세계를 이끌도록 건설되었다고 주장하였고 조지 부시(George W. Bush)는 예수를 가장 존경하는 정치철학자라고 말하며 미국의 편을 들지 않는 국가는 테러주의의 편을 드는 것이라고 주장하였다. 이런 관점에서 볼 때 테러와의 전쟁은 기독교와 이슬람 근본주의의 대결로 파악될 수 있다(p. 89).

그러나 미국의 일부 견해와 서구의 상당수, 그리고 여타지역 대부분 사람들이 주장하는 해석은 보복(retaliation)이다. 이러한 해석에 의하면 9·11 사태는 증오와 절망에 사로잡힌 사람들이 사용할 수 있었던 유일한 언어가 된다(p. 90). 물론 이러한 해석이 사태를 정당화하는 것은 아니다. 다만 그것은 사태의 본질을 파악하고 해결책을 모색하는데 도움이 된다. 그들은 어떠한 동기에서 보복을 생각하고 행동했는가? 세계무역센터는 미국의 자본주의와 구조적 폭력의 상징이고 펜타곤은 미국의 군사주의와 직접적 폭력의 상징이다. 갈등은 미국이 주도하고 있는 세계화가 시장경제의 급속한 팽창을 통해서 이윤만을 강조하고 소외집단의 기본적인 욕구를 박탈한 채 핵심국가의 핵심세력만을 살찌게 했다고 말한다. 또한 미국은 자국의 이익을 위해서 필요한 경우 직접적인 무력행사를 수시로 자행하였다. 한 연구에 의하면 미국은 1890년부터 2001년까지 134개 사건의 분쟁에 군사적으로 개입하였는데, 제2차 세계대전 이전은 1년에 1.15건, 이후에는 1년에 1.29건의 평균 수치를 보여준다. 냉전 종료 후의 시기에 초점을 맞춘다면 그것은 1년에 2건으로 증가한다. 이는 제국의 팽창과 분쟁 개입의 빈도가 비례한다는 가설을 입증한다. 미국의 개입은 군사적인 폭력에만 국한되지 않으며 정치인 암살, 독재정권 지원, 선거조작 등 다양한 형태를 취한다. 이런 맥락에서 볼 때 테러는 세계적인 수준에서의 계급투쟁이며 문명의 충돌과 무관한 현상이다(p. 94). 갈퉁에 의하면 국가폭력의 문제를 고려할 때 보다 비난받아야 할 사람은 빈 라덴이 아니라 헨리 키신저(Henry Kissenger)이다(p. 96).

2) 예측

갈퉁은 단기적으로 볼 때 강력한 군사력을 보유하고 있는 미국의 승리로 일견 사태는 종료될 것이라고 말한다. 그러나 이 경우 빈 라덴은 순교자가 될 것이고 이슬람 사회의 증오심은 증폭될 것이며 테러조직은 새롭게 재조직될 것이다. 아프가니스탄 사람들은 반미투쟁을 위해서 재차 단결할 것이다. 무력수단을 통한 승리는 갈등의 근원을 해소하지 못한다. 미국이 승리를 선언한 다음날부터 보복이 시작되고 폭력의 악순환이 끝없이 계속될 것이다. 갈퉁은 미국의 승리 선언이 자기파멸을 초래할 것이라고 말한다(p. 99).

갈퉁은 이러한 상태가 계속될 경우 최종적으로 미국이 패배할 것이라고 본다. 이미 9·11사태가 보여준 것처럼 미국은 여러 가지 측면에서 취약성을 노출하고 있는 사회이다. 베트남과 같은 자급자족적 농촌사회는 외부로부터의 충격에 둔감할 수 있지만 미국과 같이 고도로 조직화된 사회는 경제적, 사회적, 심리적인 파급효과로 인해서 조그마한 충격에도 치명적인 위기를 맞게 될 것이며 미국의 정치지도자와 시민들은 사기저하와 의식의 변화를 경험하게 될 것이다.

그리하여 과거에 노예제도나 식민지주의가 종말을 고했던 것처럼 이슬람을 비롯한 제3세계에 대한 미국의 압제 역시 동일한 운명을 맞게 될 것이다. 한때 노예소유주들은 흑인노예의 항거에 대항하여 가족의 안전을 지키고 사회를 보호한다는 논리로 폭력행사의 정당성을 주장하였다. 식민지를 경영했던 열강들은 식민지의 저항에 대응해서 군대를 파견하였다. 그러나 세계의 역사는 어떠한 방향으로 전개되었는가?

3) 처방

갈퉁은 우선 9·11 사태에 대한 처리방식에 대해서 언급한다. 갤럽이 9·11 직후 33개 국가를 대상으로 행한 여론조사의 결과는 매우 시사적이다. 질문은 다음과 같다. "만일 테러범이 확인된다면 기지를 제공하고 있는 해당국가에 대해서 군사공격을 해야 하는가 혹은 범인들을 인도받아 법정에 세워야 하는가?" 공격을 찬성하는 국가는 3개국뿐이었다(이스라엘 77%, 인도 72%, 미국 54%). 법정에서의 재판을 통한 해결방식은 30개 국가에서 평균 80%의 압도적인 지지를 받았다(영국 75%, 프랑스 67%, 라틴아메리카는 80%를 훨씬 상회하였다). 간단히 말한다면, 세계는 무력에 의한 정의가 아니라 법에 의한 정의의 구현을 바라고 있다. 갈퉁은 재판의 절차와 관련하여 그것은 국제적으로 진행되어야 한다고 주장한다. 이 경우 유엔은 자격이 없다. 왜냐하면 거부권을 갖고 있는 안보리 상임이사국 중 4개 국가가 기독교 국가이고 중국은 유교국가로서 이슬람국가의 이익이 전혀 대변되지 않기 때문이다. 국제사법재판소(ICJ)나 국제형사재판소(ICC)가 사건을 공정히 처리할 수 있는 적절한 기구이다. 갈퉁이 제안하는 재판은 리비아 모델(Libya model)이다. 1988년 스코틀랜드 로커비(Lockerbie) 상공에서 폭파된 팬암(PanAm)기 추락

사건은 재판과정에서 오랜 시간이 소요되었지만 법에 의한 정의를 실현하였다.[12)]

갈퉁이 제시하는 9·11 사태의 근본적인 문제해결 방법은 무엇인가? 갈퉁은 양측 모두에 대해서 획기적인 의식의 변화와 대오각성을 요구한다. 그것은 대단한 용기를 필요로 하는 작업이다. 우선 이슬람 민중은 간디적인 방식을 통해서 비폭력적인 투쟁을 전개해야 하며 테러주의와 억압적인 체제 모두를 고립시켜야 한다. 테러주의자와 억압적 정권은 종종 동일한 이슬람 강경세력의 지원을 받고 있다(p. 97). 갈퉁은 오사마 추종자들이 9·11 대신 다음과 같은 방식으로 행동해야 옳았다고 주장한다. 그것은 미국, 유럽, 일본의 대사관 주위에서 이들 국가가 범하는 세계적 불의를 규탄하고 정부와의 대화를 요구하는 동시적이며 평화적인 대중시위를 조직하는 일이다. 혹은 결핍의 고통 속에서 생활하고 있는 사람들을 위한 구체적인 조치를 촉구하며 비양심적인 국제기업의 상품불매운동을 전개할 수 있다. 이러한 투쟁이 성공을 거둘 수 있을 것인가? 갈퉁은 과거 동서 냉전의 종식이 그랬듯이 남북간의 갈등도 평화로운 방식을 통해서 성과를 거둘 것이라고 예상한다. 범세계적인 반핵평화운동과 반스탈린주의 저항운동이 그랬던 것처럼 반세계화운동, 이슬람의 테러와 억압정치를 반대하는 운동 역시 최종적으로 남북의 평화를 실현할 것이다.

그렇다면 미국의 과제는 무엇인가? 미국은 직접적 혹은 구조적

---

12) 로커비 사건은 지난 1988년 12월 21일 뉴욕행 팬암 보잉747 여객기가 스코틀랜드 남서부의 로커비 상공에서 폭파되어 259명 탑승자 전원과 지상에 있던 11명이 숨진 사건이다. 안보리는 1992년 팬암기 폭파용의자 인도 압력의 일환으로 리비아에 대해 무기 수출과 항공운항을 금지시켰다. 리비아는 1999년 항공기폭파 용의자 2명을 국제법정에 인도했으며 그 중 리비아 정보요원 출신인 압델 바세트 알리 알-메그라히는 스코틀랜드 항소법원에서 살인죄로 종신형을 선고받았다. 그러나 함께 기소되었던 다른 리비아인은 1심에서 무죄를 받아 석방되었다.

인 폭력의 행사를 자제하고 화해를 모색하는 새로운 외교정책을 전개해야 한다. 그 구체적인 신호탄은 다음의 7가지 내용이 될 것이다(pp. 97-98).

1) 팔레스타인을 국가로서 인정한다.
2) 아라비아를 성지로 인정하고 모든 미군 기지를 철수한다.
3) 이라크에 대한 제제를 철회하고 협상을 시작한다.
4) 이란의 대통령 하타미(Khatami)의 초청에 응하고 기독교와 이슬람간의 관계에 대한 공개적인 대화를 한다.
5) 아프가니스탄에서 손을 때고 이 지역을 유엔의 신탁통치에 위임한다.
6) 삶의 기본적인 수요가 충족되지 않고 있는 극빈지역에 대해서 '세계화 예외지역'(globalization-free zone)을 선포하고 이들에 대한 마샬 플랜(Marshall Plan)을 준비한다.
7) 독일의 사례에서 교훈을 얻는다. 독일은 자신이 정복했던 18개국에 대해서 사과와 보상을 했을 뿐만 아니라 자신의 역사와 관련하여 교과서를 새로 서술하였다.

갈퉁은 이러한 과정이 시민사회에 의해서 주도되어야 한다고 말한다. 갈퉁에 의하면 현재 미국인들의 의식세계는 나치체제하의 독일인들이 공산주의를 희생양으로 삼았던 것처럼 테러주의의 담론을 벗어나지 못하고 있다. 그들 대부분은 사태의 본질을 깨닫지 못하고 있다(p. 94).

마지막으로 갈퉁은 중재의 방법에 대해서도 한마디 조언한다. 양측의 대표 - 부시와 빈 라덴 혹은 제2인자들끼리 - 가 서로 자리를 같이하여 자신들의 세계관을 토론하고 복수의 악순환에서 벗어날 수 있는 방안을 논의하는 것이 좋다. 래리 킹 라이브(Larry King Live) 같은 프로에 출연한다면 이상적인데 지미 카터(Jimmy Carter), 프레드릭 드 클러크(Fredrik de Klerk), 넬슨 만델라(Nelson Mandela) 같은 선량한 정치인들이 이런 자리를 주선한다면 더욱 좋을 것이다 (p. 102).

Ⅶ 맺는 말

45년의 실무와 연구에 대한 갈퉁의 자부심은 대단한 것 같다. 그는 소위 말하는 정치현실주의가 과연 얼마나 현실적이었는지를 반문하며 일련의 대담한 가설을 제시하였다. 45개의 국제적 갈등사례는 진단, 예측, 처방의 3단계 형식으로 간단히 정리되었다. 그의 결론은 간결하며 종종 번득이는 통찰력을 보여준다. 절망적인 사안의 경우에도 해결책은 존재한다는 믿음을 갖고 대안을 제시하는 긍정적인 태도도 돋보인다. 그 결과 유엔은 그의 이론을 갈등해결의 지침으로 채택하기에 이르렀다.

그러나 갈퉁의 저서를 읽으면서 느낀 몇 가지 문제를 지적하면 다음과 같다. 우선 사소한 것이지만 글쓰기 방식에 대해서 언급하지 않을 수 없다. 갈퉁은 자신의 생각을 정제함 없이 마구잡이식으로 문장을 전개한다. 학술논문의 엄격함이나 철학적 단상의 유려함을 찾아 볼 수 없다. 불필요하게 부호나 수식을 동원하고 망라성과 상호배타성이라는 기본원리를 적용시키지 않는 개념과 분류를 시도하는 것에 대해서 필자는 거부감을 느낀다. 그리고 자기과신이 지나치다는 인상을 받는다. 그의 이론은 종종 개인적 일화에 근거를 두고 있는데 - 가령 자신이 어떤 주장을 했는데 몇 년 후 정책입안자가 자신의 이론을 많이 참고했다고 회상하더라 혹은 자신의 이론대로 사태가 해결되더라 하는 식이다 - 그것은 사물의 일면에 불과하며 실질적인 인과관계를 검증할 방법이 없다. 가장 문제가 되는 부분은 45개 지역의 분쟁에 대해 단정적으로 모범답안을 제시하는 그의 태도이다. 누구도 신이 될 수 없으며 절대지(絶對知)란 존재하지 않는다고 생각하는 사람의 입장에서 볼 때 지구촌 사회의 모든 분쟁을 몇 페이지의 처방으로 해결해 버리는 그의 용기에 대해서 감탄을 금하지 못하게 된다. 이러한 필자의 느낌은 다음의 서평을 통해서도 재확인된다.

> "... 이러한 자만심 속에 내재해 있는 위험은.. 분석자가 환자의 구체적 상태보다 일반적인 지식과 기술을 동원한다는 것이다....이러한 지식이 물론 도움이 되기는 하지만 불완전하게 이해된 자료 위에서 이론체계가 구축될 수 있다. 가령 북아일랜드에 대한 저자의 처방은 매우 피상적이며.... 스리랑카에 대한 처방도 설득력이 부족하다....."[13]

또 다른 서평 역시 비슷한 문제를 지적하고 있다.

> ".... 이 책에서 제시된 분석적이고 실천적인 도구들은 논리적으로 설득력이 있지만 그것들을 현실화하는데 몇 가지 어려움이 있다.... 그렇게 많은 갈등을 다룬다는 것은 그것이 깊이가 없다는 이야기이며 문제들이 충분히 논의되지 않았다는 증거이다."[14]

그러나 이러한 결함들은 평화학의 대부로서 갈퉁의 사상과 이 책이 갖고 있는 총체적인 의미에 비하면 사소한 문제제기에 불과할지

---

13) Johan Darby, "Searching for Peace: The Road to TRANSCEND," *The Ethnic Conflict Research Digest*, vol. 4, no. 1 (May 2002), pp. 19-20.

14) Henrik Mungenast, "Searching for Peace: The Road to TRANSCEND," *Journal of Refugee Studies*, vol. 14, no. 2 (2002), pp. 209-210.

모른다. 엘리제 볼딩(Elise Boulding)이나 아나톨 라포르트(analtol Rapport)가 말하듯이 이 책은 평화를 연구하고 실천하는 모든 사람들이 반드시 읽어야 할 필독서일 것이다.

제5장

집단갈등의 정신분석학적 접근: 바믹 볼칸(Vamik Volkan)의 이론에 대한 소고

I 머리말

이 글은 종교적, 인종적, 이념적 집단 갈등의 해소를 위해 분쟁 현장을 발로 누비며 평화의 정착에 기여해 온 정신의학자 바믹 볼칸의 이론을 소개한다.[1] 볼칸은 대규모 집단이 개입되는 국제적 분쟁 해결에 공식적 외교 협상만으로는 소기의 성과를 거두기 어렵다고 말하고 비공식적 외교의 방식을 통한 정신분석학적 접근이 반드시 요청됨을 역설한다. 비용과 편익의 계산만을 염두에 두는 합리인의 모델뿐만 아니라 무의식적 행위 동기와 역학이 동시에 규명되어야만

1) 바믹 볼칸(1932-)은 버지니아 대학 정신의학과 명예교수로서 키프로스에서 터키인 부모 사이에서 출생하였다. 버지니아 대학 정신의학과를 졸업한 후 1971년 동 대학 정신의학과 교수가 되었고 2002년 은퇴하였다. 버지니아 의과대학에 '정신과 인간 상호작용 연구센터'(CSMHI)를 설립하여 현장에서 입증된 지식을 기반으로 민족갈등, 인종차별, 테러리즘, 집단정체성, 사회적 외상 등에 대한 연구를 수행하였으며 발트해 공화국, 쿠웨이트, 알바니아, 전 유고슬라비아, 그루지아, 남오세티아, 터키, 그리스 등지에서 활약하였다. 발칸은 은퇴 후 지미 카터 전 미국 대통령이 이끄는 '국제협상네트워크'에 참여하였으며 테러리즘을 연구하는 '국제정신의학협회' 그룹의 일원으로 활동하였다. 현재 그는 비영리단체인 '국제대화 이니셔티브'(IDI) 의장이며 대학, 기업, 정부기관 등 다양한 주체들을 상대로 집단적 갈등해소를 위한 정신분석학적 접근법에 대한 강의를 진행하고 있다. 그는 수백편의 논문과 책을 썼으며 노벨평화상 후보로도 여러 번 지명된 바 있다.

적실성 있는 대책을 수립할 수 있다는 것이다. 비공식적 외교 혹은 트랙2 외교는 적대집단간 영향력 있는 구성원들 사이의 비공식적 상호작용을 통해서 참여 당사자의 태도변화는 물론 여론과 정부 정책 수립에 영향을 미칠 것을 기대한다. 정신적 트라우마(trauma)에 초점을 맞추는 그의 이론은 프로이드적 가설을 원용하는데 정당한 방식으로 애도와 분노의 표출이 허용되지 않을 경우 피해자 집단의 자기방어기제는 폭력의 악순환을 초래할 가능성이 높다고 본다. 볼칸의 최종적 목표는 문제의 완전 해결에 있지 않고 갈등 당사자 상호간에 존재하는 뇌관을 해체하여 폭력의 재발을 막고 평화 공존을 모색하는 것이다. 그것은 적의 존재를 광명의 세계 속에 노출시켜 평화를 가로막는 심리적 장애 요인을 극복하려 한다. 볼칸은 이를 위해 3단계(root, trunk, branch)로 이행되는 나무 모델(TREE model)을 제안한다. 나무모델은 집단적 갈등 해소를 위한 진단과 처방의 과정을 담고 있는데 다양한 사례들이 예시된다. 이 글은 집단적 갈등에 대한 볼칸의 이론을 진단과 처방의 두 범주로 나누어 그것을 재구성해 나간다. 필자는 볼칸의 이론이 주로 국제관계를 염두에 두고 전개되고 있지만 국내적 집단 갈등의 연구에도 시사하는 바가 많다는 판단하에 그의 이론을 검토하고자 한다. 결론에서는 화해와 상생을 모색하는 갈등 해소의 노력이 정의의 요청과 충돌하는 문제를 생각해 본다.

II 집단갈등과 정신적 외상의 역학

1. 볼칸의 이론은 대규모 집단 내에 존재하는 공유된 심리적 동기와 경험이 정치과정에 미치는 영향에 관한 연구이다. 볼칸은 특

히 정신적 외상의 전이 메카니즘을 주목한다. 적대적 집단의 의도적 행위로 인한 정신적 외상은 자연적 재해와 달리 대규모 집단의 정체성에 큰 영향을 미친다. 볼칸에 따르면 집단적 정체성(group identity)을 형성하는 강력한 계기는 과거의 상흔과 과거의 영광이다. 선택된 정신적 외상(chosen trauma)은 적에 의해 자행된 치명적 손실과 굴욕의 산물로서 구성원들에 의해 공유된 이미지는 수년에서부터 수세기에 걸쳐 집단적 연대의식을 강화시킨다. 선택된 영광(chosen glory)은 의식적으로 재생되는 과거의 승리와 영화에 대한 회상이다. 이것 역시 자부심을 자극하며 집단적 정체성을 강화시킨다. 그러나 볼칸은 전자의 힘이 후자의 그것보다 더 강력하다고 본다(Volkan 2013, 231). 선택된 트라우마는 일련의 무의식적 방어기제를 작동시킴으로써 분노와 복수의 감정을 자극하고 우리의식(we-consciousness)을 고양시키며 새로운 위기사태에 즈음하여 과거의 역사를 재생시킨다.

볼칸은 사과와 용서는 충분한 애도의 과정이 종료된 후에야 가능한 현상이므로 성급한 화해의 기대를 버리고 피해자의 애도 과정에 협력하는 것이 복수의 감정을 완화시키는 효과적인 전략이 된다고 말한다. 대규모 집단간의 사과와 용서는 상당한 시간을 요구하는 복잡한 심리적 과정의 산물이다(Volkan 2006, 129-130). 피해자 집단은 정당한 방식으로 자신들의 상처를 애도하고 분노할 수 없을 경우 모멸감과 무기력감 속에서 자신의 감정을 다음 세대로 이전시킨다. 주어진 심리적 과제는 자존심의 회복과 복수의 요청 등이 그 내용이 된다. 정신적 외상의 세대간 전이(transgenerational transmission)는 수천 또는 수백만 명의 사람들 사이에서 강력한 네트워크를 창출하며 집단적 정체성을 강화한다. 또한 이 과정에서 복수의 과제를 정당화하는 정치적 이데올로기가 정립된다. 볼칸은 이것을 자격 이데올로기(entitlement ideology)라고 호칭하는데 이탈리아의 '이레덴티즘'(Irredentism), 그리스의 '메갈리 이데아'(Megali Idea), 투르크인의 '팬투라니즘'(Pan-Turanism), 세르비아인들의 '크리스토슬라비즘'(Christoslavism), 극단적 이슬람주의자들의 '이슬람제국으로의 귀환'(the Return of an Islamic Empire)등이 그 사례이다(Volkan 2014, 36-37). 이러한 이데올로기를 통해서 적대적 두 집단 간 심리적 경계가 설정되고 상대집단은 비인간적 집단으로 매도된다.

시간이 흘러 새로운 위기가 감지되는 경우에 현재의 상황을 선택된 외상과 결합시키는 시간붕괴(time collapse) 현상이 발생하고 이것은 집단간 갈등의 평화적 해결을 가로 막은 치명적 장애요인이 된다. 정치적 지도자들은 현실적 위기 사태에 직면하여 고의적 혹은 본능적으로 소속집단의 정신적 외상을 자극하는 경향이 있다. 그 결과 과거의 사건이 현재를 해석하는 기준이 되고 이러한 시간붕괴 현상은 과장된 위협의 환상을 초래한다. 왕자 라자르(Lazarre)가 오스만 군대에 의해서 살해된 후 세르비아인들은 보스니아의 무슬림과 코소보의 알바니아인들에 대해 복수의 권리를 다짐해 왔다. 밀로세비치와 그의 동료들은 600년 전 코소보 전투에서 전사한 라자르의 애국주의에 호소하며 제노사이드적 행위를 자행하였다. 볼칸은 오스만 제국의 통치 시절 독립에 대한 열의를 불러일으키는 원동력이었던 라자르의 코소보 전투가 1914년 가브릴로 프린치프(Gavrilo Princip)로 하여금 오스트리아-헝가리 제국(세르비아의 압제자로서 오스만 제국을 대체한 세력)의 왕위 후계자인 페르디난도 대공을 암살하는 계기가 되었다고 말한다(Volkan 2014, 94). 볼칸은 피해자 집단의 비이성적 반응이 집단적 정체성을 왜곡된 방식으로 강화할 때 언어말살이나 사원 파괴 등 정화(purification)의 과정을 밟게 되며 극단적인 경우 그것은 인종청소나 대량학살, 테러리즘 등으로 발전할 수 있다고 주장한다.

2. 집단갈등과 정치지도자의 역할

대규모 집단의 정신적 외상은 자신들의 분노를 해결해줄 강력한 지도자의 출현을 요청한다. 자신의 힘과 능력에 대한 지도자의 신념은 추종자들의 불안감을 해소하며 미래에 대한 희망을 제공한다. 강력한 자기애(narcissism)의 성향을 보이는 이들 지도자들은 반대급부로서 개인적 위엄의 유지와 증대를 갈망한다. 밀로세비치의 예에서 보듯이 퇴행적 집단의 지도자들은 대체적으로 위기의식을 자극하며 파괴적인 방향으로 나아간다. 그러나 강력한 카리스마를 과시하는 이들 지도자들 모두가 파괴적인 것은 아니다. 일부 지도자들은 추종자들의 정신적 외상을 위무하며 건설적인 방식으로 그들의 자존심을 회복시킨다. 남아프리카공화국의 넬슨 만델라의 경우가 여기에 해당된다.

유고사태와 마찬가지로 포스트아파르트헤이트(post-apartheid) 체제의 탄생도 기존의 국가질서가 전면적으로 해체되는 과정 속에서 진행되었고 누적된 정신적 외상의 물리적 표출도 가능한 상황이었다. 그러나 만델라는 흑과 백 두 집단의 통합을 위해서 비폭력적 과정을 주도하였다. 다음은 만델라의 차별화된 리더십을 보여주는 일화이다.

1995년 남아공 정부는 월드컵 럭비경기 대회를 유치하였다. 그러나 럭비는 백인들이 애호하는 경기로서 인종차별의 문제를 종종 야기해왔고 대표 팀의 명칭인 스프링복(springboks)은 아파르트헤이트의 이미지를 간직하고 있었다. 대표 팀에 흑인 선수는 한 명 뿐이었다. 그러나 만델라는 대표 팀 훈련장을 방문하여 선수들을 격려하였고 스프링복의 모자를 착용하였다. 그는 흑인 거주지역을 방문한 자리에서 자신이 쓴 모자를 가리키며 "우리선수들에게 격려를 보낸다. 여러분도 내일 경기에서 그들을 응원할 것을 부탁드린다"라고 말하였다. 대표팀은 이에 대한 답례로서 만델라가 수감되었던 감옥을 방문하여 다시 한번 대통령에게 경의를 표하였다. 이 대회에서 남아공 대표 팀은 호주, 프랑스, 뉴질랜드를 격파하여 우승을 차지하였고 어두운 과거를 연상시켰던 백인의 스포츠는 통합과 희망의 상징이 되었다(Volkan 2014, 80). 데스몬드 투투의 진실화해위원회는 만델라의 화해 노력을 강력하게 지원했는데 볼칸은 위원회의 활동이 종료되지 않은 애도의 과정을 수용하는 기념행사와도 같았다고 말한다.

Ⅲ TREE 모델1: 집단 갈등의 진단

1. 볼칸은 나무모델을 설명하는 과정에서 다음의 3개 체험사례를 주로 인용한다. 첫째는 1979-1986년의 아랍과 이스라엘간 대화 과정이다. CSMHI는 미국정신의학협회의 후원하에 캠프 데이비드 협정 이후 해결해야 할 난제들을 처리하기 위한 새로운 접근의 일환으로 비공식적 외교를 시도한 바 있다. 둘째는 1988-1990년 캐나다 국제평화안보연구소의 후원으로 키프로스 공화국의 터키계와 그리스계 주민갈등해소를 위해 양자 간 대화를 중재한 경험이다. 셋째는 1994-1996년 애틀랜타 카터센터와 협력하여 에스토니아의 인종분열 사태 - 에스토니아인과 러시아인 사이의 갈등 - 를 극복하기 위한 대안들을 모색하였다. 이러한 과정에서 볼칸은 직접 회의를 주재하거나 혹은 옵저버로 참여하였다.

나무모델의 첫 단계는 사태의 진단이다. 볼칸은 완벽한 진단없이 대화를 시작하는 것은 어둠속에서 사격을 하는 것과 같다고 말한다. 집단 갈등사태에 대한 심리적 진단은 나무의 뿌리(root)에 해당된다. 진단의 과정은 현지조사를 필수적으로 요구하는데 이동하기 전에 해당지역의 역사와 문화를 연구하고 기본적인 정보를 수집한다. 또한 학제간 협력이 요청되며 필요하면 지역전문가의 자문을 받는다. 출발 전 마지막 작업은 현지의 면접대상자와 잠재적인 조력자를 선정하는 것이다. 면접대상자는 정부관계자, 정치인, 시민단체 대표, 언론인, 학자 등을 포함한다.

현지면접은 개방적이고 심층적인 방식으로 진행되어야 하며 대상자의 내면의식을 충분히 파악할 수 있어야 한다. 불안의 수준, 적대감의 강도, 리더와 추종자들 관계의 역동성, 집단적 환상과 기대의 실체 등을 평가하며 즉각적으로 해결되어야 할 쟁점을 도출한다. 정신적 외상을 상기시키는 장소 – 묘지나 기념비 등 – 에 동행함으로써 응답자가 내적 감정을 밖으로 분출하는 현장을 체험한다. 그리하여 임계점에 이르기까지는 드러나지 않는 '은폐된 대사'(hidden transcript)의 목록들을 작성한다. 은폐된 대사란 표현되지 않는 감정의 내용을 말한다(Volkan 1999, 155). 그것들은 종종 협상과정에서 심리적 저항을 조장하고 효과적인 토론을 방해한다. 에스토니아 사태를 예로 들면 다음과 같다. 에스토니아는 1918–1940년 사이의 짧은 기간을 제외하고는 천년 동안 다른 국가의 지배를 받으며 살아왔다. 1991년 에스토니아는 소련으로부터 독립을 되찾아 표면상으로는 행복한 삶을 영위하게 되었지만 그들은 이웃 국가에 의해 다시 한번 나라를 빼앗기지 않을까하는 두려움 속에 살고 있다. 이러한 불안심리가 러시아와의 갈등을 촉발하고 자국 내에 거주하는 러시아계 주민들(에스토니아 국민 중 30%가 러시아 출신이다)에 대한 경계의식을 강화시켰다. 적대적 환경에 의해 국가가 소멸될 수 있다는 위기의식 때문에 에스토니아인들은 비(非)에스토니아인에 대한 사회통합정책에 거부감을 보여왔다. 반면 러시아계 주민들은 소수민족으로의 신분 변화를 쉽게 수용하기가 힘들었다.[2] 에스토니아 사태의 경우 볼칸은 에스토니아인들의 과도한 우려를 불식시켜 러시아계 주민들과의 적절한 사회통합을 제언하는 것으로 최종적인 처방의 방향을 결정한다.

2. 그리스와 세르비아의 선택된 트라우마

1) 조상들의 정신적 외상이 후대에 미치는 장기적 영향, 특히 집단적 정체성과 과장된 권리의식의 문제를 제기하는 볼칸은 그리스와 세르비아의 사례를 주로 거론한다. 물론 국제관계의 모든 분쟁은 어느 한편만의 책임이 아니며 당사자 모두에게서부터 연유하나 정신적 외상과 국가적 이데올로기의 관계를 설명하기 위해서 오스만 투르크 제국과 대립각을 세웠던 그리스와 세르비아인들의 정신세계를 중점적으로 분석한다.

1453년 5월 29일 콘스탄티노플이 술탄 메메드2세가 이끄는 이슬람군에게 점령되자 비잔틴제국은 이슬람이 통치하는 오스만 제국으로 교체되었다. 유럽 사회는 이 사건을 과거 십자군 전쟁시대의

---

2) 독립 후 에스토니아 정부는 에스토니아인이 아닌 사람은 언어시험에 합격해야만 이 시민권을 부여하는 조치를 시행하였다. 그런데 시험은 표준화되지 않았으며 에스토니아인 검사관과 신청자 사시에 일대일 면접이 요구되었다. 러시아인들이 언어강좌 개설을 요청했지만 재원부족을 이유로 이를 거절하였다. 중재팀의 심층조사에 따르면 에스토니아인들이 표준화되지 않은 언어시험을 고집하는 심층적인 이유는 러시아어를 사용하는 사람들이 에스토니아를 떠나기를 원해서였다. 한편 러시아인들의 경우 에스토니아어가 어려워서 배우지 않으려 하는 것이 아니라 자신들의 지위가 낮아졌다는 것을 인정할 준비가 되지 않았기 때문이었다. Vamik Volkan, "The Tree Model: A Comprehensive Psychopolitical Approach to Unofficial Diplomacy and the Reduction of Ethnic Tension," *Mind and Human Interaction*, No. 10 (1999), pp. 170-171.

예루살렘 함락과 동일시하였고 새로운 십자군이 조직된다는 소문이 나돌기도 하였다. 후일 교황이 된 아이네아 실비우스 피콜로미니는 투르크인들이 호머와 플라톤을 두 번 죽였다고 주장하였다. 하지만 이후의 사태는 상실감과 모욕감, 무기력감으로 일관하였으며 오스만 제국내의 기독교인들은 언젠가 세월이 흘러 다시 제국을 회복할 것이라는 감정을 노래했을 뿐이었다. 역사학자 버크스에 따르면 콘스탄티노플 점령이후 투르크인들은 유럽 전역에서 부정적인 이미지로 정형화되어 포악하고 호색적인 집단으로 각인되었다. 특히 비잔틴 제국의 그리스계 주민들에게 콘스탄티노플의 함락은 선택된 정신적 외상이 되었고 이후 그들은 영원히 애도하는 집단이 되었다. 1830년 그리스가 독립하자 그리스인들의 새로운 정체성은 헬레니즘적이며 비잔틴적인 복합적 양상을 보이게 되었다. 독립을 성취한 그리스의 국가건설은 왕국의 영토내 발전뿐만 아니라 오스만 제국내에 살고 있는 그리스계 주민들의 대통합을 동시에 표방하게 되었다. 새로운 그리스의 건설을 추구하는 Megali Idea는 비잔틴 제국의 재건을 목표로 삼아 그리스의 외교정책에 큰 영향을 미쳤고 과장된 권리의식을 표출하는 과정에서 전쟁과 테러 등 상당한 희생이 뒤따랐다. 작금의 키프로스 사태도 그 후유증의 일환이다.

키프로스의 그리스계 주민들은 그리스인으로서 자신의 정체성을 파악하고 있으며 지식인들이 비잔틴 문명의 부활을 주장하고 교회가 그리스와의 통합을 호소했을 때 별다른 이의 없이 한 목소리를 내고 있다. 2004년 4월 1일 키프로스에서 통일의 찬반을 묻는 국민투표가 실시되었는데 그리스계 주민들은 압도적으로 반대의사를 표명하였다. 그리스계 키프로스인들은 섬 전체를 차지하겠다는 환상을 보여주었고 터키계 키프로스인들과 공존하겠다는 생각을 거부하였다 (Volkan 2014, 43). 투표에 앞서 그리스 정교회는 찬성투표를 하는 그리스계 주민들은 지옥에 가게될 것이라고 설교하였다.

현재 남키프로스에 주로 거주하는 그리스계 주민들은 초기 그리스 이주민들의 후예이며 북키프로스의 터키계 주민들은 오스만투르크 제국의 지배 이후 대거 유입되어 정착한 이주민들이다. 그리스는 1830년 자국의 독립 이후 지속적으로 키프로스와의 병합을 주장해 왔으며 이 문제로 터키와 갈등을 빚어 왔다. 제1차세계대전 후 승전국이 된 영국은 1923년 로잔조약을 통해 키프로스를 식민통치함으로써 3자 대립의 상황이 전개되었다. 그리스계 주민들의 자치정부 수립 요구가 점차 폭력적인 성향을 띠기 시작하였고 그리스 정부도 국제연합에서 키프로스의 독립 및 그리스와의 합병에 대해 강한의지를 표명하였다. 1960년 마침내 키프로스는 독립을 선언하였고 그리스계와 터키계 주민들간 권력분점이 이루어졌다. 그러나 1963년 그리스계가 그리스와 키프로스의 합병을 추진하고 권력배분의 약속을 담은 헌법조항의 개정을 시도하면서 양자간 분쟁이 심화되었다. 1974년 그리스 군사정권의 지원을 받은 그리스계 키프로스 민족주의자들이 키프로스섬을 그리스에 병합시키고자 쿠테타를 일으켰고 이에 터키정부는 키프로스를 침공하여 섬 북부에 북키프로스 정부를 수립함으로써 남북이 분단되었다.

2) 볼칸은 20세기 후반의 유고사태를 집단심리의 차원에서 설명하는 경우는 거의 없었다고 말하며 세르비아의 사례를 새롭게 조명한다. 이야기는 코소보 전투에서부터 시작된다. 11세기에 비잔틴 제국으로부터 독립한 세르비아 왕국은 약 200여년 번영을 구가하다가 1371년 봉건영주들의 추대에 의해 라자르(Lazar)를 새로운 군주로 선출하였다. 그러나 오스만 제국이 팽창함에 따라 1389년 세르비아는 코소보에서 일대 격전을 치르게 된다. 전투 중 라자르는 포로가

되었고 오스만의 술탄 뮤라드(Murad)는 퇴각 후 세르비아인에 의해 암살되었으며 이에 따라 라자르도 처형되었다. 이후 70년이 지나서 세르비아가 오스만 제국에게 함락되자 코소보 전투는 서서히 선택된 트라우마로 진화하기 시작하였다. 수많은 전설과 민담이 출현하였으며 코소보의 기억은 신성한 슬픔이 되었고 그것을 언급하는 것만으로도 세르비아인의 영혼을 뒤흔들었다. 라자르는 범용한 지도자로부터 일약 순교자로 면모를 일신하였는데 이는 이슬람의 침공으로부터 기독교 문명을 지키는 완충자 역할을 해온 세르비아에 대해 유럽의 카톨릭 국가들이 감사해하지 않는데 대한 서운함의 발로이기도 하였다. 코소보 전투가 있었던 그날은 성자의 날(St. Vitus day)로 기념되었고 사람들은 전쟁터에 피어난 꽃들이 울고 있다고 노래하였다.

한편 오스만 제국은 정부 관리와 군사 요원으로 세르비아인들을 충원하며 간접적인 방식으로 그들의 개종을 유도하였다. 그 결과 보스니아 지역에서는 이슬람 교도들이 전 인구의 절반을 차지하게 되었고 수도인 사라예보는 거의 전부가 이슬람 신자들로 채워졌다. 19세기 후반에 들어 오스만 제국이 쇠퇴하고 민족주의가 강성해지자 라자르와 코소보 전투는 다시한번 새로운 이미지를 부여받게 된다. 과거 예수와 같은 성자의 모습으로 묘사되었던 라자르의 회화와 초상은 강인한 전사의 모습으로 새롭게 표현되었고 세르비아인들은 수치심과 무기력감을 떨쳐버리고 복수를 다짐하게 되었다. 1878년 베를린 조약에 따라 세르비아는 오스만 제국으로부터 독립하였다. 그리고 발칸전쟁(1912-1914)이 발발하자 코소보도 해방되었다. 한 젊은 병사는 후일 코소보의 해방이 가져다 준 감동을 다음과 같이 기록하였다. “하느님, 어머니가 자장가를 통해서 들려주었고 학교에서 선생님이 늘 가르쳤던 라자르의 코소보가 실제로 해방된 것을 이제 목격하게 되다니..”(Volkan 2014, 94). 제1차 세계대전이 끝난 후 세르비아는 크로아티아, 슬로베니아와 더불어 남슬라브인의 국가라는 뜻의 유고슬라비아 왕국을 수립하였고 몬테니그로와 보스니아가 다시 편입되었다. 제2차세계대전이 끝나자 유고슬라비아는 마케도니아를 추가로 편입하여 6개의 공화국 연방체제를 유지하였으며 코소보는 자치주의 지위를 유지하였다. 티토가 이끄는 유고슬라비아 사회주의연방공화국은 반동적 민족주의를 경계하며 국가적 통합을 강조하였으나 그가 사망하고 1987년 고르바쵸프의 페레스트로이카가 시작되자 국가적 해체의 조짐이 나타나기 시작하였다. 개인적으로도 심각한 정신적 외상의 전력을 갖고 있는 밀로셰비치는 코소보는 곧 세르비아를 의미한다고 주장하며 세르비아 민족주의의 부활을 주도하였다. 1989년 대통령의 지위에 오른 밀로셰비치는 라자르의 유해를 이장하는 국가적인 의식을 거행하여 600년 전의 코소보 전투가 마치 전날의 사건인 것 같은 국민적 분위기를 조성하였다. 밀로셰비치는 계속해서 코소보 전투의 현장에 거대한 기념비를 세우고 '세르비아의 장정들이여 투르크와 맞서기 위해 검은새 들판(the Field of Black Birds)으로 집결하라'는 라자르의 외침을 기둥에 새겨놓았다. 1989년 6월 28일 코소보 전투 600주년 기념식 날 그는 헬리콥터를 타고 행사장에 도착한 후 다시는 이슬람이 세르비아를 정복하지 못할 것이라고(never again) 군중들에게 연설하였으며 거대한 민족주의의 물결 속에서 그의 존재는 더욱 부각되었다. 한편 보스니아에서 회교도들은 세르비아인들에 의해 오스만 제국의 대리인으로 인식되었으며 종종 투르크인으로 지칭되었다. 슬라브 민족의 이슬람으로의 개종은 인종적 배반(race betrayal)으로 간주되었다. 보스니아의 세르비아인들은 과거의 굴욕을 복수할 수 있는 시기가 도래했다고 느끼기 시작하였고 잔인한 인종청소에 앞서 대대적인 선전활동에 돌입하였다. 선전은 회교도 세력이 오스만 체제의 부활을 획책하고 있으며 외부의 이슬람 근본주의 세력과 결탁하고 있다는 내용이었다. 이제 투르크족의 존재는 '명백하고 현존하는' 위험으로 간주되었다(Volkan 2014, 99). 보스니아에서는 라도반 카라드직과 라트코 밀라딕의 주도하에 세르비아인의 선택된 트라우마가 재가동되었고 스레브레니차(Srebrenica)의 경우 유엔의 안전지대임에도 불구하고 8천명의 회교도들이 투르크인으로 간주되어 처형되었다. 구유고국제형사재판소(ICTY)는 밀로셰비치가 보스니아의 제노사이드 범죄에 직접적으로 개입한 증거를 발견하지 못했으나 스레브레니차의 학살을 방지하지 못한 책임을 추궁하였다. 볼칸은 보스니아 사태의 원인을 설명함에 있어서 집단적 정체성과 '기독교슬라브주의'(Christoslavism)만이 유일한 설명변수는 아니지만 이러한 심리적 분석은 어떻게 대참사가 발생하였고 또 지속되었는지에 대한 이해를 제고시켜준다고 말한다.

Ⅳ TREE 모델2: 집단 갈등의 처방

1. 심리정치적 대화

나무모델의 제2단계와 3단계는 집단갈등의 처방에 관한 내용이다. 제2단계인 줄기(trunk) 단계는 심리정치적 대화(psychopolitical dialogues)의 과정으로 명명된다.

심리정치적 대화는 2년에서 3년에 걸쳐 연 3회, 각 4일간 개최된다. 각 진영에서 15-20명 숫자의 인원이 참가하며 회의기간 중 동일한 인사가 참석해야 한다. 시작하는 날과 끝나는 날에는 전체회의를 소집하고 그 사이에 소그룹 회의를 개최한다. 회의의 중심은 소그룹 회의이며 마지막 본회의는 최종적으로 제안된 소그룹 회의의 실행계획을 공유하는 자리이다. 연구소 CSMHI의 중재팀은 정신의학자와 전직외교관 및 정치학자 또는 역사학자로 구성되는 2-3인의 회의진행자를 각 소그룹 대화과정에 배정한다. 소그룹회의는 4일간 진행되는데 심리정치적 회의는 4일이 최적 기간이라는 경험적 판단에 따른 조치이다(Volkan 1999, 157). 중재자들은 첫 이틀 동안 주도권을 잡고 회의를 진행하여 세 번째 날 참가자들이 서로의 발언에 귀를 기울이는 분위기를 조성한 후 마지막 날에 긴장을 완화시킬 수 있는 실질적인 제안을 이끌어낸다. 중재자들은 참가자들과 식사를 같이하며 비공식적 자리를 통해서 상호간 의사소통을 원활히 한다.

회의 장소는 중립적인 위치로 인식되는 곳을 택해야하며 제3국을 활용하거나 혹은 양국을 오고가는 순환 방식을 취할 수도 있다. 또한 참가자들이 회의에 몰두할 수 있도록 다소 격리된 장소를 선택하는 것이 좋다. 또한 회의장 환경이나 진행되는 행사가 어느 한편의 불만을 야기하지 않도록 세심한 배려를 한다. 참가자들의 역량에 따라 회의의 파급효과가 달라지기 때문에 대화 참가자들은 사회적으로 영향력이 있고 비공식적인 활동에 적극적으로 참여하는 개인이어야 한다. 또한 다양한 부문을 대표하고 상대 집단의 구성과 균형을 이루는 것이 좋다.

소그룹 회의 과정에 맨 처음 해결해야할 과제는 참가자들이 느끼는 불안감을 해소하는 것이다. 따라서 중재팀 구성원들은 토론을 위한 안전한 환경을 조성하는데 주력한다. 볼칸은 회의진행자에게 요구되는 덕목으로 중립성과 전문성을 강조한다. 일부 참가자들은 대화에 참여한다는 사실 자체만으로도 배신자라는 비난을 받을 수 있는 상황이기에 중재자들은 어느 한쪽 편을 들지 않으며 참가자들에게 자신들의 중립성을 확신시켜야 한다. 또한 보다 의미있고 현실적인 토론이 이루어지기 위해서는 소규모 집단의 심리적 속성에 숙달

된 전문가들의 역할이 중요하다. 볼칸은 정신의학과에서 개발한 현장실습교재를 인용하며 이 단계에서는 임상의학자들이 중심이 되어 참가자들의 심리적 저항을 극복하고 호기심을 자극할 것을 제언한다(Volkan 1999, 161). 심리정치적 대화가 진행되는 동안 중재자들은 매일 협의의 시간을 가지며 자신들이 관찰한 사항을 공유하고 잠재적인 어려움을 해결해 나간다.

최근에 발생한 군사적 또는 정치적 사태가 참가자들의 감정을 악화시킬 수 있기 때문에 회의가 시작되기 전에 그것의 의미를 인정하는 유연한 접근이 필요하다. 또한 중재자들은 참가자들이 과거의 고통에 대해서 애도할 수 있도록 협조함으로써 그들이 심리적 압박감에서 해방되어 현실적인 의제를 다룰 수 있도록 조치한다.

볼칸은 대규모 집단의 역사를 회의 참가자 개인의 차원에서 회고할 때 보다 친밀하게 그 체험이 공유될 수 있으며 역설적으로 당사자의 고정된 시각을 완화하는데도 도움이 된다고 말한다. 개인적인 이야기(personal story)는 비록 선악의 구도속에서 전개되지만 감정이입이 진행되면서 상대방을 인간적으로 이해하게 되는 양면성이 존재한다. 중재자들은 반대편 참여자들에게도 비슷한 이야기를 들려둘 것을 간접적으로 요청할 수 있다. 양측에서 비슷한 이야기가 전개될 경우 서로의 상처에 대한 상호 이해가 시작되고 점차 상대를 비난하는 대신에 공통된 감정을 느끼게 된다. 또한 이러한 자리는 개인적인 체험이 집단적으로 동질적이지 않다는 사실을 깨닫게 하는 효과도 있다(Volkan 1999, 170).

일단 대화가 시작되면 양측은 경쟁적으로 자신들의 피해와 고통을 강조하기 시작하며 중재자가 개입하지 않을 경우 이러한 양상은 끊임없이 반복된다. 가령 키프로스 사태의 경우 터키계 주민들은 1963년의 탄압 사건을 계속 강조하고 그리스계 주민들은 1974년 터키 군대의 침입을 격렬하게 비판한다. 대화 참여자들은 자신의 집단적 정체성을 재확인함으로써 심리적 안정감을 확보하려 한다. 양측의 주장은 현실에 근거를 두고 있으나 종종 과장되고 왜곡되는 경향이 있다. 중재자는 이 과정에서 상대진영에 대해서도 자기변호의 기회를 허용하여 발표자가 채색되지 않은 현실을 직시하고 잘못된 인식을 수정할 수 있도록 유도한다. 중재자들은 참가자들이 자신의 집단을 대변하도록 권장하지만 역설적으로 그 과정에서 서로의 고통을 상호인식하고 상대방의 집단적 정체성을 확인하게 되면 점차 협상의 진전을 위한 우호적인 분위기가 조성된다. 의사소통이 계속되면서 양측은 감정적인 친밀감을 느끼게 되고 종종 화해의 경험을 맛보기도 한다. 아랍과 이스라엘의 대화에서는 양측 대표들이 '우리는 아브라함의 자손으로서 모두가 형제 자매'라는 이야기를 하기에 이르고, 에스토니와 러시아의 대화에서 양측은 '극단주의자'들을 공통적으로 비난하기에 이른다. 그러나 서로 너무 가까워지면 심리적으로 불안감을 느끼게 되고 다시 차이와 거리를 확인하는 공격적인 태도로 복귀한다. 볼칸은 이러한 패턴이 반복되는 현상을 아코디언 연주에 비유한다. 볼칸에 따르면 현실세계에 대한 효과적인 논의는 아코디언 연주가 어느 정도 진행되어야 하며 너무 성급한 합의의 성과는 시간이 지난 후 파기될 가능성이 많다고 말한다(Volkan 1999, 168).

소집단 토론과정에서 상대방이 자신의 집단과 유사하다는 인식으로 불안감을 느끼게 되면 참가자들은 자신의 정체성을 유지하기 위해서 사소한 차이의 중요성을 과장하며 건설적인 대화를 방해할 수 있다. 따라서 중재자들은 참가자들 사이에서 발생하는 작은 분쟁의 의미를 잘 이해해야 한다. 그것은 대화의 과정을 탈선시킬 수도 있지만 반대로 불안감을 극복하는 방어기제로서 유용한 기능을 수행하기도 한다. 중재자는 상호 공감하거나 합의에 도달하는 것이 집단적 정체성의 상실을 의미하지 않는다는 사실을 모든 참가자들에게 확신시켜야 한다.

2. 현지 프로그램의 개발

심리정치적 대화가 종료되면 도출된 결과를 공식적 정책과정에 반영하기 위한 노력이 경주된다. 에스토니아 사태의 경우 시민권 부여의 조건으로 러시아인들에 대해 언어시험을 강제한 것은 몇 가지 문제가 있다는 진단하에 연구소 중재자들은 점진적이고 신중한 접근을 조언하였다. 대화의 과정에 참여했던 전직 고위공직자와 정치인들의 도움으로 대통령과 수상 및 정부 부처에 대한 브리핑이 이루어졌고, 특히 에스토니아의 소수민족 문제를 다루기위한 자문기구인 원탁회의 구성원들이 대화에 참여함으로써 비공식적인 회의와 공식적인 기구를 직접적으로 연결하는 통로가 되었다.

심리정치적 대화의 또 다른 후속조치는 풀뿌리 차원의 행동계획을 실천에 옮기는 것이며 이를 위해 필요한 현지 조직을 가동시키는 일이다. 볼칸은 이러한 과정을 언급하며 건강한 줄기는 새로운 가지(branch)를 만들어 낸다고 말한다. 지역 사정에 적합한 프로젝트를 수행할 비정부기구(NGO)를 조직하기 위해서 현지인으로 구성되는 책임집단이 선정되고 책임집단은 중재팀의 역할을 현지에서 수행하게 된다. 책임집단은 중재팀으로부터 중재의 기술을 전수받고 분쟁의 무의식적 원인을 심도있게 이해하며 현지 중재자의 역할을 수행한다. 책임집단의 중요한 역할은 갈등당사자들이 참여하는 현지주민 조직(에스토니아의 경우 10명의 에스토니아인과 10명의 러시아인)을 구성한 후 구체적인 사업계획을 수립하고 자금지원을 요청하는 일이다. 이 과정에서 책임집단은 중재팀으로부터 지속적인 조언과 지도를 받으며 구체적인 협력사업을 이끌어나간다. CSMHI는 지역 공동체 방문시 국회의원과 정부관계자들을 초청하여 이들 단체의 노력을 소개한다.

에스토니아의 사례를 소개하면 다음과 같다. 무스타매, 클루가, 무스트비 3개 마을이 선정되어 에스토니아인과 러시아계 주민간의 갈등해소를 위한 프로그램이 개발되었다. 무스타메에서는 에스토니아 주민과 러시아 주민의 유치원을 통합하여 에스토니아의 언어와 문화를 교육하는 사업이 실시되었다. 군사기지였던 클루가에서는 커뮤니티 센터를 조직하여 두 집단이 마을의 치안과 복지를 위해 공동의 노력을 기울이게 하였다. 무스트비에서는 두 집단이 생태관광 프로그램을 공동으로 운영하여 마을 경제를 회복하는데 협력하도록 하였다. 3개의 단체는 교차의 방식으로 각각의 마을을 방문하며 현장을 경험하였고 프로젝트 책임자들은 성공의 비결들을 상호교환하였다. 각 단체의 활동은 실제영상을 비디오로 만들어 평가의 자료로 삼았는데 가령 캐나다의 영상제작자 알란 킹이 제작한 '용의 알(the Dragon's Egg): 20세기 폐허에서 평화만들기'는 황폐한 마을이 생기있는 공동체로 진화하는 클루가 주민들의 감동적인 이야기를 담고 있다(Volkan 1999, 184). CSMHI는 세 지역의 대표들을 수도로 초청하여 3년간의 성과를 정부 와 언론 앞에서 발표하게 하였으며 이듬해 미국 버지니아 샬로트빌에서 캡스톤 회의(capstone conference)를 개최하여 분쟁해결 전문가와 다양한 분야의 학자들을 상대로 프로젝트의 결과를 공유하는 토론회를 개최하였다.

나무모델의 접근법은 지역에 따라 적절히 방식을 조정하면 다양한 유형의 상황에서 긴장완화, 폭력갈등 예방, 정신적 외상을 겪은 사회의 치유, 그리고 평화공존의 증진에 기여할 수 있다. 가령 진입지점(entry point)의 문제를 예로 들어보자. 에스토니아에서 대화의 모임은 고위관료와 정치인들을 적극 활용할 수 있었지만 조지아 사태[3]의 경우 최고위층 정책결정자들을 대상으로 한 심리정치적 대화가 원천적으로 불가능하였다. 이에 따라 적대적 두 집단간 대표자 회의는 일반대중 수준에서 모색될 수밖에 없었고 난민들을 보호하고 있던 조지아의 '인적자원개발재단'과 남오세티아에서 어린이들의 정신적 외상치유를 담당하던 '젊은이의 궁전' 관계자들로 구성된 대화의 모임을 조직하였다. 주로 정신건강업무에 종사하던 실무자들간의 심리정치적 대화모임을 출범시켜 당국의 허가를 받은 후 점차 사회지도급 인사들의 참여를 유도한 것이다.

V 맺는 말

1977년 이집트 대통령 안와르 사다트는 이스라엘 의회를 방문하여 행한 역사적 연설에서 아랍과 이스라엘 사이에 존재하는 갈등의 70%는 심리적인 성격의 것이지 정치적, 경제적, 군사적 요인이 아니라고 발언하였다. 그러나 무의식의 세계를 중시하는 정신분석학은 현실적인 이해관계의 충돌을 문제삼는 국제관계의 분석에 주변적인 자리만을 차지해왔다. 금세기 초 제1차세계대전의 발발에 즈음하여 프로이트는 끊임없는 갈등과 무력 충돌의 역사를 언급하며 인간의

3) 1991년 조지아 공화국이 소련으로부터 독립한 후 러시아계 주민들이 다수 거주하고 있는 압하스(Abkhazia)와 남오세티아(South Ossetia)가 분리독립을 요구하자 조지아와 남오세티아간 무력충돌이 발생하였다. 2008년 조지아가 군사작전을 시작하자 러시아가 즉각 무력개입하여 조지아 군대를 일거에 제압하고 남오세티아의 독립을 승인하였다. 미국과 서방세계가 개입의사를 비추면서 남오세티아 전쟁은 국제문제로 비화되었다. 프랑스의 중재로 러시아와 조지아는 최종평화안에 서명하였다.

파괴적 본능을 거론하였다. 그는 집단화된 개인은 이해보다 감정의 지배를 받으며 이성의 소리는 잔인한 원시적 본능 앞에 무기력해진다고 보았다. 볼칸의 문제의식 역시 대동소이하다. 왜 대규모 집단간의 유혈사태는 지속되는가? 인간의 보편적 본성이 폭력적 행위를 유발하고 있지 않은가? 볼칸이 주목하는 것은 정신적 외상에 입각한 집단적 정체성의 퇴행적 발로 현상이다. 볼칸의 나무모델 이론은 집단적 정체성의 분석에 매우 유용한 개념과 분석틀을 제공한다. 또한 피해자 집단의 일탈 가능성을 경계하여 제시하는 처방의 논리 역시 참신하다. 갈등 당사자간 견해 차이를 최대한 부각시킴으로써 역설적으로 간극을 좁혀나가는 그의 전략은 대단히 현실주의적 접근방식이다. 전문적인 중재기구의 조정을 통해서만 적대적 관계를 해소할 수 있다는 주장 역시 설득력이 있다.

볼칸은 주로 국제관계 차원의 집단 갈등을 연구 대상으로 삼았다. 그러나 국내적 차원의 집단 갈등 역시 동일한 방식으로 분석되고 처방될 수 있다. 사회적 트라우마를 경험한 특수집단의 정치세력화 과정을 분석한 국내의 한 연구는 볼칸의 개념 도식이 그대로 적용된다. 임미리는 경기동부연합의 기원과 발전과정에 대한 연구에서 볼칸이 강조하는 선택된 트라우마, 피해의식의 세대이전, 복수의 이데올로기, 시간의 현재화 현상 등 거의 유사한 분석을 행하고 있다.[4)]

4) 임미리의 논문은 2012년 통진당 비례대표 부정경선 사태를 촉발했던 경기동부연합이 극단적 정치세력으로 성장하고 고립되어 가는 과정에 대한 연구이다. 경기동부연합은 통진당내 다수세력으로서 성남시를 기반으로 하여 주사파가 주축을 이루고 있는 집단이다. 1971년 8월 박정희 정권 최초의 도시봉기인 광주대단지 사건은 도시계획에 따른 강제이주과정에서 희생양이 된 철거민들이 벌인 생존권 차원의 투쟁이었다. 5만 여명이 참여한 단지 주민들의 봉기 속에서 폭동의 주범으로 몰린 철거민들은 이후 광주대단지가 성남시로 승격하는 과정에서 사회적 차별과 배제의 피해를 입게 된다. 1980년 광주항쟁을 계기로 성남지역 대학

그런데 볼칸의 정치심리적 갈등 이론에 집중하다가 잠시 생각을 가다듬는 순간 다음과 같은 의문이 떠오른다. 정당한 분노 역시 해소되어야 하는가? 볼칸의 이론은 대단히 중립적이고 기술적인 함의를 갖고 있으며 선악의 문제에 대해서는 일종의 판단유보를 행하고 있다.[5] 물론 볼칸은 피해자의 분노가 또 다른 폭력을 초래하는 사태를 막아야 한다는 대의명분을 갖고 있다. 그러나 피해자의 정신적 트라우마를 치유하기 위해서는 평화공존을 강조하기 이전에 최소한의 선행조치가 필요하지 않은가? 과거사 청산의 연구에 따르면 사법적 정의의 실현이 불가능하거나 바람직하지 않을 경우 이른바 회복적 정의가 요청된다. 그것은 진실 규명, 피해자의 명예회복, 물질적 보상, 제도 개선 등의 일련의 조치를 포함한다. 이러한 과정을 거치

생과 청년단체들이 민주화운동에 동참하였을 때 이들 세력은 자주·민주·통일을 표방하는 급진적 정치세력으로 부상하였고 민노당과 통진당의 주도세력이 된다. 경기동부연합은 개인적 삶을 철저히 배격하고 군대를 방불케 하는 집단문화를 강조하는 전설적인 활동을 과시한 바 있다. 필자인 임미리는 광주대단지에 대한 기억의 고착이 이념적, 조직적 폐쇄성을 초래하여 북한을 통일조국의 표상으로 보는 종북주의 노선을 추종하게 만들었고 배타적인 패권주의를 추구한 결과 비례대표 선거의 조작 사건에 이르게 된다고 말한다. 반복적이고 무시간적인 기억만이 존재하는 시간의 현재화 현상은 광주대단지 시절의 공포와 분노를 끊임없이 다시 불러내었다. 임미리에 따르면 경기동부연합은 두 가지 죽음의 기억을 보유하고 있는데 하나는 공권력의 횡포로 인해 굶주려 죽은 사람들에 대한 기억이고 다른 하나는 공권력에 항거해 죽음을 택한 사람들에 대한 기억이다. 이들 집단은 두 개의 기억을 자산으로 집단적 정체성을 구축하였고 죽음을 채찍질 삼아 일체감과 유대감을 강화하였다. 임미리의 분석은 트라우마를 통한 집단적 정체성의 형성과 계승, 흑백논리에 입각한 적과 동지의 구별, 현재화된 분노의식, 복수를 정당화하는 이데올로기 등을 강조하는 발칸의 정신분석학적 분석틀과 매우 유사하다. 임미리, "'경기동부연합'의 기원과 형성, 그리고 고립,"『기억과 전망』 여름호 (통권 28호, 2013), pp. 67-108 참조.

5) 그는 갈등해소의 기술이 근래에 들어 유망한 사업 영역으로 부상하고 있다고 말한다. Vamik Volkan, *Psychoanalysis, International Relations, and Diplomacy: A Sourcebook on Large-Group Psychology* (London: Karnac Books, 2014), p. 123.

지 않고 기술적인 문제해결만을 시도하는 경우 과연 그것이 올바른 문제해결 방식이며 또한 충분한 성과를 기대할 수 있을 것인가? 특히 대량학살 등 절대악의 존재를 상정한다면 선악의 판별에 따른 정의의 요청을 외면할 수 있는가? 따라서 숙련된 중재자의 역할을 강조하는 볼칸의 집단갈등 해소이론은 진실화해위원회와 같은 회복적 정의의 기제를 보완하는 방법론으로서 올바른 의미를 갖는다 할 것이다.

제 2 부

대량학살의 실제

제6장

아르메니아 제노사이드 연구

I 머리말

1915-1918년 사이에 터키에 살고 있는 200만 명이 채 안되는 전체 아르메니아인 가운데 50만-150만 명이 오스만 정부에 의해서 대량학살로 희생되었다. 아르메니아 대학살은 20세기 최초의 제노사이드로서 홀로코스트의 전주곡이 되었으며 후일 인종적 학살의 전형적 유형으로 언급되었다.

학자들에 따르면 제노사이드의 전개과정은 잠재적 요인, 폭발의 계기, 정치적 결정의 3단계 구조를 취한다. 잠재적 요인으로서는 인종적 갈등, 이념적 갈등, 영토·자원적 탐욕 등을 들 수 있다. 폭발의 계기는 전쟁, 혁명, 독립 등이 초래하는 사회적 혼란뿐만 아니라 가뭄이나 기근 등 자연적 재앙도 포함된다. 최종적인 요인인 정치적 결정의 구조는 다시 최고지도부의 판단, 대중의 반응, 체제의 속성, 외부세계의 개입 유무 등 복잡한 변수가 일련의 기제를 형성한다.[1)]

---

1) 제노사이드의 일반이론이 정립된 것은 아니지만 다음의 저서는 상기의 분석틀을 취하고 있다. Benjamin A. Balentino, *Final Solutions: Mass Killing and Genocide in the Twentieth Century* (Cornell University Press, 2004). 제노사이드의 유형과 결정요인 등에 대한 부분적인 논의는 Isidor Wallimann and Michael N,

이 글은 아르메니아 제노사이드 연구에 천착해 온 바하큰 대드리안의 연구결과[2)]를 중심으로 아르메니아 대학살의 원인과 전개과정을 살펴보려 한다. 대드리안이 설명하고 있는 아르메니아 대학살은 제노사이드의 일반적 분석틀에 완전히 부합되는 전형적인 사례를 제공한다. 즉 패전과 제국 해체의 위기에 놓였던 오스만 제국이 오랫동안 갈등관계에 있었던 소수인종집단으로부터의 도전에 직면하여 최종적인 선택을 행한 것이 아르메니아 사태의 본질이라는 주장이다. 다만 대드리안은 『대량학살의 허가증』이라는 책 제목이 암시하듯이 비극적 사태의 발발에 있어서 외부세계의 방관을 결정적인 변수로서 강조하고 있다.

먼저 대드리안의 설명을 일반적 분석틀에 따라 재정리함으로써 아르메니아 제노사이드의 원인과 구조에 대한 가설을 정립한 후, 이에 대한 평가를 시도한다.

II 잠재적 요인: 오스만 제국의 배타적 이슬람주의

1) 종교적 차별

대드리안은 아르메니아 대학살의 잠재적 요인으로서 맨 먼저 오

Dobkowski, *Genocide and the Modern Age* (Syracuse University Press, 2000) 참조.

2) Vahakn N. Dadrian, *Warrant for Genocide: Key Elements of Turko-Armenian Conflict* (New Brunswick and London: Transaction Publishers, 2006). 대드리안은 베를린 대학에서 수학을 전공한 후 비엔나 대학과 취리히 대학에서 각각 역사와 국제법을 수학하였고, 시카고 대학에서 사회학 박사학위를 취득하였다. 다수의 외국어에 능통했던 그는 제노사이드 연구에 천착한 후 특히 아르메니아 대학살을 집중적으로 조명함으로써 아르메니아 정부로부터 최고 훈장과 명예박사학위를 받기도 하였다.

스만 제국의 배타적 이슬람주의를 지적한다. 이 문제를 다루는 대드리안의 시각은 이중적이다. 즉 오스만 제국의 왜곡된 종교관과 국가정책은 최종적으로 이슬람의 교리 그 자체에서 기인한다고 본다. 코란 속에는 신 앞의 평등이나 인권에 관한 내용이 존재하며 종교를 강요해서는 안 된다는 규정도 있지만 200여개 이상의 성전(聖戰)관련 구절을 보여주고 있으며 곳곳에서 이교도에 대한 정복과 처벌을 강조하고 있다(Dadrian, 6). 대드리안은 이슬람교 자체가 시간의 흐름에 따라 관용의 정신을 상실하고 호전적 태도를 취하게 되었다고 본다. 코란은 이교도를 해충으로 간주하였으며 이교도와의 교제를 신에 대한 모독으로 규정하였다. 무함마드의 후계자로서 칼리프의 칙령은 무슬림과 비무슬림 사이의 어떠한 평등도 인정하지 않았다. 이슬람의 샤리아 법은 엄격한 법률의 체계를 결여한 일종의 윤리적 전범이며 법철학의 체계이다. 그것은 내용이 모호하고 난해하며 종종 일관성을 결여하고 있음에도 불구하고 무슬림들의 신앙생활뿐만 아니라 정치사회적 삶을 규율해 왔는데 비무슬림에 대한 샤리아법의 시각을 살펴보면 이슬람은 압도적으로 차별적인 종교이다.

다른 한편 대드리안은 오스만 제국이 밀레(millet)제도[3]의 외관에도 불구하고 최악의 신정체제이며 이슬람의 역사에서 유래가 없을 정도로 배타적인 체제였다고 본다. 본래 이슬람은 이교도를 수용하는 경우에 복종과 공물 및 조세를 대가로 이교도의 안전을 보장하는 쌍무적 전통을 견지하며 이를 통해 일정한 경제적 수입을 향유해 왔

3) 밀레(millet)제도는 제국의 지배자들이 소수인종집단의 경제적, 행정적 기여를 인정하여 그들에게 어느 정도의 문화적, 종교적 자치를 허용했던 포용적 통치기제로서 로마제국, 오스만제국, 합스부르크제국 등에 의해서 성공적으로 채택되었다. Gabriel Sheffer, *Diaspora Politics* (Cambridge University Press, 2003), pp. 57-58.

다. 그러나 오스만 제국은 기독교도인 아르메니아인들에 대해서 일방적인 착취관계를 강요하였으며 이들에 대한 제3자의 약탈을 방조하였다. 특히 19세기 초 술탄 무함마드가 봉건제 폐지와 중앙집권제의 확립 등 체제개혁을 추진하는 과정에서 지방영주에 의한 거주민 보호기제가 파괴되었고 중앙권력이 미치지 못하는 변방의 경우에는 불법세력이 사실상의 통치를 행하는 불행한 결과를 초래하였다. 왜곡된 이슬람 브랜드는 술탄 하미드의 통치시기(1876-1908)에 절정에 달하였다. 어느 독일인 관찰자는 가혹한 조세수탈을 다음과 같이 묘사하였다. "집짓는데 세금내고, 태어났다고 세금내고, 공기를 호흡한다고 세금내고, 수확물에 대해서 세금내고, 쿠르드족에 세금내고, 끝없는 세금 때문에 바닷물이 마르고 강물이 마를 정도이다."(Dadrian, 9) 1894년의 사순(Sassoun)봉기는 과중한 세금 부과조치에 대한 아르메니아인들의 저항이었는데 세금이 갑자기 두 배로 오르자 주민들이 이를 거부하였고 완고한 지사는 무슬림 주민들을 선동하여 학살을 자행하였다. 아르메니아인들에 의한 모든 불만의 표시는 지방장관에 의해서 늘 폭동으로 규정되었다. 한편 오스만 제국내의 이교도들은 무슬림과 차별화된 의복을 착용해야 했으며, 말 대신 노새나 당나귀를 타야만 했고, 이슬람 여성과 결혼할 수 없었으며, 가옥의 크기가 제한되었고, 무슬림을 만나면 경의를 표시해야만 했으며, 교회는 최소한의 보수만이 허용되고 신축이 불가능 하였다. 아르메니아인들은 이러한 사회적 차별뿐만 아니라 법적인 차별에 의해서도 고통을 받았는데, 이슬람교도들에게 통상적으로 인정되는 무기휴대권이 부정됨으로써 아르메니아인들은 위급한 상황에서 자위권을 행사하지 못했다. 서구 열강은 1876년 5월에 체결된 베를린 의정서를 통해 오스만 정부가 아르메니아인의 무기휴대 권리를 인정해 줄 것을 요구하였으나 이슬람법에 위반된다는 이유로 거부되었다. 또한 하급심의 경우에 기독교인의 증언은 법적인 증거로서 인정되지 아니하였다. 오스만 정부의 사법제도는 법무부와 종교부가 통합 운영됨으로써 종교적인 편견이 크게 작용하였다. 뿐만 아니라 수도와 도시 지역에서 사회적 진출이 막힌 아르메니아인들이 은행가, 상인, 무역업자, 수공업자로서 점차 성공을 거두게 되자 좌절감을 느끼는 무슬림들의 질시와 분노로 인해 상황은 더욱 악화되었다. 아놀드 토인비(Arnold Toynbee)는『역사의 연구』에서 오스만 제국 통치하의 아르메니아인들의 지위가 인간가축에 불과하였다고 묘사하였다(Dadrian, 10).

2) 쿠르드족 요인

쿠르드족은 본래 터키 중남부에 위치한 타우루스 산악지역과 페르시아 지방을 근거지로 삼아 활동하다가 아르메니아로 알려진 터키 북동부 지역으로 이주하였는데, 봉건적이며 준유목민적 생활을 영위했던 쿠르드족은 비무장한 정주민인 아르메니아인들을 주기적으로 약탈함으로써 후자의 생존에 심각한 위협이 되었다. 영국인 저자 린치(H.F.B. Lynch)는 자신의 저서에서 아르메니아 문제가 쿠르드족의 약탈에서부터 시작되었다고 지적하였으며, 또 한 사람의 관찰자인 와그너(Moritz Wagner)는 "쿠르드족이 아르메니아인들의 말과 가재를 빼앗고 신속하게 사라지는 기술은 혀를 두를 정도"였으며 야만적인 약탈로 인해 야기된 혼돈과 무질서 때문에 아나톨리아는 완전히 해체될 지경이었다고 기술하였다(Dadrian, 32). 아르메니아인 다쉬나크 당 기관지는 사설에서 1820년대 이후 쿠르드족은 아르메니아인들에게 천형(天刑)이 되었으며 그 어떤 민족들보다 아르메니아인들에게 고통을 안겨주었다고 주장하였다. "쿠르드족과 아르메니아인의 관계는 1870년대가 되자 국제사회에서 법적인 문제로 부각되었지만 실제로는 수 세기동안 지속되어온 문제였다. 터키인, 타타르인, 페르시아인 그 어떤 인종집단도 이들만큼 우리에게 고통을 안겨준 집단은 없었다. 오스만 정부의 통제력이 미치지 않는 내륙 오지에서는 국가 속의 국가가 존재하였고 아르메니아인들은 또 하나의 정부에 의해서 수탈을 당하였다. 쿠르드족은 자의적인 과세, 끊임없는 약탈, 살인과 납치, 고문 등으로 우리를 파괴하였다. 아르메니아인은 터키인과 쿠르드족에 의해 이중적인 노예가 되었으며 양자는 서로 협력하여 아르메니아인의 피를 빨아먹었다."(Dadrian, 33) 이슬람 학자들도 이미 무기력해진 아르메니아인들이 쿠르드족으로 인해 치명적인 타격을 입었음을 인정하였다.

쿠르드족과 아르메니아인들 사이에 갈등이 격화됨에 따라 일부 아르메니아인들에 의해서 오스만 제국에 대항하는 양자간 연합이 모색되기도 하였으나 근본적인 문제가 걸림돌이 되었다. 가축을 방목하는 유목집단이었던 쿠르드족은 점차 정착생활을 원하게 되었고 농경지를 비롯한 토지의 확보가 절실한 상태였기 때문에 양자의 충돌은 불가피하였다. 쿠르드족 문제의 해결을 요청하는 아르메니아인들의 청원과 호소가 계속되자 1847년 오스만 정부는 과거의 방관적인 태도에서 벗어나 오히려 공식적으로 쿠르드족을 편입하는 정책을 채택하고 그들에게 각종 편의를 제공함으로써 사태를 더욱 악화시켰다. 토지가 민족적 정체성의 근간임을 깨달은 오스만 정부는 아르메니아인 농민 집단의 해체를 겨냥하여 쿠르드족의 토지 강탈을 측면에서 지원하였으며 이슬람교도인 쿠르드족을 이용하여 아르메니아인들을 견제하려 하였다. 1891년 쿠르드족으로 구성된 준군사조직인 하미디예(hamidiye) 부대가 창설됨으로써 쿠르드족 편입정책은 제도적으로 절정에 도달하였다. 러시아의 코사크(Cossack)족 부대에 맞서기 위한 대응조치라고 명분을 내세웠지만 사실상 부대의 주요 임무는 아르메니아인 문제를 해결하는데 있었다. 하미디예 부대는 비록 정규군이 아니었지만 정부로부터 제복과 계급장 및 무기를 제공받았으며 부족장들에게는 왕궁에서 장군직이 수여되었고 정부의 언론은 이들을 애국자로 묘사하였다. 1899년이 되자 하미디예는 500명 단위의 63개의 부대로 성장하였다. 1894-1896년의 아르메니아인 대학살 당시 쿠르드족은 다시 한번 불법적인 토지 강탈을 대규모적으로 자행하였다. 1878년의 베를린 협약은 쿠르드족의 약탈을 규제하는 특별한 조항을 삽입하기도 하였으나 전혀 효과를 거두지 못하였으며 1908년에 권력을 장악한 청년터키당은 아르메니아인들에 대한 토지의 반환과 보상을 약속했지만 끝내 약속은 지켜지지 않았다.

3) 개혁운동의 전개와 탄압

아르메니아인들은 아르메니아 밀레의 최고지도자인 대주교를 통해서 오스만 정부를 상대로 끊임없이 항의서한을 발송하고 시정요구서를 제출하였다. 급기야 1871년 아르메니아 의회는 이 문제를 다루기 위한 특별위원회를 구성하고 대토론을 벌였다. 오스만 정부를 자극하지 말자는 보수 세력의 반론에도 불구하고 특별위원회는 보고서를 작성하기에 이르렀는데, 보고서는 가혹한 조세, 정부 관리의 부패, 법정에서 아르메니아인의 증언을 인정치 않는 사법제도의 문제점, 특수한 형태의 약탈 등 4개의 이슈를 거론하였다(Dadrian, 40). 대주교가 이 문건을 수상에게 전달했으나 내용이 모호하다는 답변만을 들었을 뿐이었고 수상직이 빈번히 교체됨에 따라 사안은 유야무야되었다. 결코 아르메니아인들의 독립이나 자치를 바라지 않았으며 단지 아르메니아인의 처우개선만을 원했던 크리미안 대주교는 오스만 정부가 냉담한 태도를 취하자 서구 열강의 수도를 순회하며 각국

지도자들에게 도움을 요청하였고 급기야 혁명적 변화를 기원하였으며, 러터 전쟁 발발 당시 아르메니아인들에게 애국전쟁을 호소하고 하미드 술탄으로부터 국가훈장을 받았던 네르세스 바르자베디안 대주교도 아르메니아인에 대한 박해가 계속되자 베를린회의 대표들에게 지원을 요청하였다.

오스만 정부의 무반응은 단순한 무능이나 무관심이 아니라 종교적 신념의 문제와 직결되어 있었는데 그들은 이교도들을 동등하게 대하는 것이 이슬람 교리에 어긋난다고 생각하였다. 다른 한편 기득권의 포기라는 현실적인 위기의식도 크게 작용을 하였다. 즉 오스만 당국은 개혁의 본질이 두 인종 간 평등한 관계를 수립하는데 있다고 보았으며 이로 인해 전통적인 지배와 피지배의 관계가 전복되거나 혹은 역전될 수 있다는 우려를 하고 있었다. 1859년에는 개혁입법을 국가적 수치로 여기는 장교 및 성직자들의 반란이 시도되기도 하였으며, 후일 청년터키당의 최고지도자가 된 탈라트는 아르메니아인들이 터키인들을 지배하려 한다는 의구심을 토로하였고 국방책임자였던 엔베르는 아르메니아인들의 지성과 근면을 높이 평가한 후 2백명의 터키인들이 오스만 정부를 전복했는데 아르메니아인들이라고 못할 리 없다고 우려를 표명하였다. 아르메니아인들에게 동등한 지위를 부여하는 경우에 자신들이 더 이상 지배계급의 신분을 유지할 수 없을지도 모른다는 위기의식에 사로 잡혀있었던 무슬림 대중들 역시 개혁입법에 대해 반발하였다. 대드리안은 1909년 아다나 지역 아르메니안인들이 자치를 주장하다가 학살을 당했을 때 무슬림들의 카페는 축제분위기였다고 말한다(Dadrian, 72).

서구 열강은 1853년 크림 전쟁 이후 러시아의 일방적 독주를 견제하는 동시에 터키에 압력을 가함으로써 오스만 체제의 개혁을 유도하려 하였다. 서구 열강과 러시아의 주장으로 1839, 1856, 1895,

1914년에 개혁입법이 발표되었으며 특히 1876년의 헌법은 기독교인의 재산과 생명을 보호하기 위한 차별금지 및 평등조항을 삽입하는 등 가시적인 성과도 있었다. 그러나 외세의 강압에 의해서 마지못해 개혁법안을 수용했을 경우에도 이를 백지화하는 행정명령이 곧 시달되곤 하였는데, 가령 1895년 술탄 하미드는 개혁법안을 발표하였지만 수상은 지방정부에 공문을 보내어 해당 법령을 무시하라고 지시하였다(Dadrian, 45). 따라서 서방세계는 개혁의 이행을 감시하고 통제할 수 있는 실질적인 제도의 설립을 강력하게 요구하였지만 오스만 정부는 이를 거부하였다. 결국 개혁조치는 전적으로 오스만 정부의 선의에 의존하게 되었고 서구 열강은 무기력을 절감하며 더 이상의 개입을 포기할 수밖에 없었다(Dadrian, 21).

사태가 개선되지 않자 아르메니아인들 사이에서 점차 급진적인 투쟁단체가 등장하였는데, 대표적인 두 단체는 훈차크(Huntchaks)당과 다쉬나크(Dashnak)당으로서 전자는 아르메니아의 완전한 해방과 분리를 주장하였으나 후자는 오스만 지배하의 행정적 자치를 요구하였다. 그러나 이들의 숫자는 극히 일부에 불과하였으며 그들의 주장은 일반국민들과 성직자들의 지지를 받지 못하였다. 그 이유는 대다수 아르메니아인들이 폭력적 수단에 대해서 거부감을 갖고 있었을 뿐 아니라 일반 대중과 아르메니아인 지도자들이 사실상 오스만 제국의 주권을 인정했기 때문이었다. 그러나 오스만 당국은 개혁과 혁명, 자치와 독립의 차이를 인정하지 않고 모든 불만의 표출을 반역과 폭동으로 규정하였으며 개별적인 수준에서의 저항을 전체 공동체의 책임으로 돌리고 무차별적인 진압과 보복을 시도하였다. 단순히 베를린 협약의 이행이나 개혁입법의 준수를 주장하는 개혁주의자들도 종종 반역자로 처형되었다.

III 사태의 악화: 러터전쟁의 발발

1) 무슬림 난민의 유입

대드리안은 대규모적 인구 이동에 따른 주민구성 비율의 변화가 폭력사태의 발발에 중요한 계기가 된다고 본다. 터키와 아르메니아의 갈등 심화는 무슬림의 대량 이주와 직접적인 상관관계를 보여준다. 1860년대부터 러시아 정부는 카프카스 지역 무슬림 주민의 터키 이주를 추진하였는데, 1878년 러터전쟁 이후 1백만 명 이상의 무슬림 주민들이 터키로 이주하였고 20세기 초 그 숫자는 3백만 명에 도달하였으며 그들 중 상당수가 아르메니아인들이 집단적으로 거주하고 있던 아나톨리아 지역에 정착하였다. 사실상의 난민인 이들을 받아들일 준비가 전혀 되어있지 않았던 오스만 정부는 속수무책이었으며 상당수의 이주민들이 기아상태를 벗어나지 못한 상태에서 도적질과 약탈행위를 통해 생계를 해결하였다. 오스만 정부의 외무장관은 "그들은 굶어죽거나 도적질을 하거나 둘 중의 하나를 선택할 수밖에 없는데 우리가 무엇을 할 수 있는가?"라고 발언하는 지경이었다(Dadrian, 31). 그러나 뒤늦게 상황을 판단한 오스만 정부는 이슬람 난민문제의 처리를 정치적으로 이용하려 하였다. 즉 아르메니아인들이 집중적으로 거주하고 있는 지역에 이들 난민을 이주시켜 다수 세력인 아르메니아인들이 개혁의 기치를 들지 못하도록 행정구역 개편을 시도한 것이다. 1880년대와 1890년대 20여 년 동안 새로운 행정구역이 만들어지는가 하면 지역경계가 새롭게 획정되는 등 노골적인 게리맨더링(gerrymandering)이 진행되었다(Dadrian, 139). 그 결과 아르메니아인들이 집단적으로 거주하고 있었던 아나톨리아 6개주 역시 이슬람 주민이 다수세력이 되었다. 더구나 난민집단과의 잦은 충돌과 당국의 박해 때문에 외국으로 탈주하는 아르메니아인들의 숫자가 늘어남에 따라 아르메니아인 공동체는 파편화되었고 이는 아르메니아 과격단체의 위기의식을 자극하였다.

2) 아르메니아 공동체의 반격

1876년 콘스탄티노플 회의에서 서구 열강이 발칸지역의 안정을 위해 오스만 정부가 강도 높은 개혁을 추진할 것을 요구하자 이 문제를 처리하기 위해 오스만 의회가 소집되었을 때, 아르메니아 출신 의원들 대부분이 서구의 내정간섭을 비난하였으며 의회는 공식적으로 서구의 요청을 거부하였다. 그렇지만 러터전쟁이 발발하자 아르메니아인 공동체는 사실상 선택을 강요받는 애매한 상황을 맞게 되었다. 기독교 형제에 대한 구원을 자처하는 러시아 군대의 진격에 대해 어떠한 태도를 취할 것인가? 공동체적인 합의가 부재한 상태에서 대체적으로 하층계급은 러시아에 대해 호의적인 태도를 보였고 중산층과 고위 성직자들은 오스만 체제를 선호하였다. 그러나 아르메니아인 사회는 최종적으로 동화를 강요하는 러시아보다 힘들지만 정체성 유지가 가능한 오스만 제국을 선택하는 쪽으로 방향을 잡았다(Dadrian, 58). 전쟁이 발발하자 아르메니아 대주교는 '시저의 것은 시저에게, 하느님의 것은 하느님에게로' 라고 말하며 종교와 정치의 분리를 주장하고 조국수호 전쟁에 동참할 것을 호소하였다(Dadrian, 47). 아르메니아인 지도자들 다수는 오스만 제국이 자신의 조국이며 러시아의 침공명분에 동의하지 않는다고 공식적인 입장을 표명하였다. 많은 아르메니아 젊은이들이 자원입대하였으며 아르메니아인들로 구성된 민병대와 보충대가 조직되었다. 술탄 하미드는 아르메니아인들이 보여준 애국심과 충성심을 높이 평가하고 치하하였다. 그러나 전시 상황 속에서 쿠르드족에 의한 피해가 더욱 심각해지자 애국주의의 선언을 통해 자신감을 얻은 아르메니아인 공동체는 아르메니아 문제를 오스만 의회에 공식적으로 제기하였다. 아르메니아 출신 의원들은 아르메니아 밀레가 조국수호전쟁에 적극적으로 동참하고 있음에도 불구하고 쿠르드족을 포함한 오스만 군대에 의해서 도처에서 공격을 받고 있다고 말하며, 쿠르드족의 비무장 아르메니아인 습격, 책임자에 대한 면책, 정부당국의 공모의혹 등의 문제를 추궁하고 이에 대한 시정을 요구하였고 다수의 무슬림 의원들이 여기에 동조하였다. 아르메니아의 언론은 아르메니아인 문제가 최초로 국가적인 차원에서 논의되었다고 보도하였다(Dadrian, 59). 회기 중에 전쟁의 패배와 술탄의 독재에 대해 문제가 계속적으로 제기되자 침묵을 지키던 술탄은 의회를 해산하고 헌법의 정지를 선언하였다. 이후 충성스런 밀레로서 아르메니아 공동체의 이미지는 종식되고 아르메니아인들은 외세와 결탁하여 국가안보를 위협하는 내부의 적으로 간주되었다.

3) 1894-96년의 대학살: 제노사이드의 전주곡

1876년 술탄 압둘 아지즈가 폐위되고 동생인 34세의 하미드가 개혁파 수상인 미드하트 파샤의 지지를 등에 업고 왕위에 올랐다. 등극 당시 그는 군주의 권한을 축소시키고 인종문제 해결을 포함하여 체제 쇄신을 단행한다는 개혁안에 동의하였다. 그러나 하미드는 개혁론자인 수상 미드하트가 교육제도와 징병제도의 개혁안을 제출하자 본색을 드러내었다. 개혁안에 대한 거부조치를 취한 하미드는 이에 격분해 저항하는 수상 미드하트를 실각시킨 후 살해하였다. 이후 하미드의 통치 시대는 터키-아르메니아 갈등의 절정을 보여주었다. 술탄은 비무슬림의 오스만 사회통합을 부정하였으며 열강의 개혁압력을 표면적으로 수용하였지만 비밀지령을 통해 공식적 명령을 무효화시키는 이중적인 행태를 계속하였다.

1894년 사순 지역의 몇 개 구에서 과중한 세금납부를 거부하는 아르메니아인들이 봉기하여 진압군에 저항하는 사태가 발생하자 정부는 이에 대해 책임소재와 무관하게 전체주민을 대상으로 무차별적인 학살을 자행하였다. 1896년에는 아르메니아인 혁명단체가 오스만 은행을 습격하는 사건이 있었고 정부는 이를 빌미로 단체 지도자의 고향을 초토화시켰으며 20만 명의 아르메니아 주민이 희생되었다. 1894-96년의 학살은 술탄이 직접 지시한 것은 아니었지만 왕궁의 비밀지령이 있었고 지방정부가 협력했으며 터키 군대가 학살을 주도하였다. 이 과정에서 쿠르드족이 동원되었으며 심지어 감옥에서 석방된 죄수들도 임무를 수행하였다. 1896년 미국 상원은 아르메니아인 학살을 문명세계에서는 볼 수 없는 최대의 참사라고 비난하는 결의안을 통과시켰다.

대드리안은 하미드 시대의 대학살이 1915-16년의 대학살과는 몇 가지 점에서 차이를 보이는 제한적 범위의 사건이었음을 인정한다. 1894년의 사순 학살을 예외로 한다면 희생자들 대부분이 남성이었고, 사건은 대부분 도시 중심부에서 발생했으며, 거주지나 근무지 혹은 인근지역에서 학살되었고, 짧은 시간동안 지속되었다(Dadrian, 85). 대드리안은 그럼에도 불구하고 1894-1896년의 학살을 1915-16년 학살의 전주곡으로 해석한다. 그 이유는 영국을 비롯한 유럽 열강이 이 사태에 대해 분노감을 표출하였지만 술탄이나 학살 책임자에 대해서 어떠한 조치도 취하지 못하는 무기력함을 보여줌으로써 오히려 아르메니아인의 고립성을 만천하에 노정시켜 후일 외부의 시선을 의식치 않는 본격적인 제노사이드를 초래했기 때문이다. 대드리안은 이 당시 국제사회가 술탄 하미드에 대해 개인적 책임을 물었다면 이후의 상황은 달라졌을 것이라고 말한다(Dadrian, 87).

Ⅳ 제노사이드의 결정: 청년터키당의 최종선택

1) 발칸 전쟁과 제국의 해체

1912년 8월 발칸 전쟁이 발발하여 러시아의 지원을 받은 세르비아, 불가리아, 그리스, 몬테니그로 등 약소민족이 발칸동맹을 결성하고 독립 전쟁에 돌입하였다. 이에 따라 아르메니아인 디아스포라 사회의 무장투쟁과 대규모적인 난민 발생이라는 1877년 러터 전쟁 당시의 상황이 더욱 심각한 양상으로 재현되었다. 불가리아 군대 속에 지원병으로 충원된 아르메니아인 부대는 전설적인 영웅인 안트라닉(Antranik)의 지휘 하에 눈부신 전공을 쌓았다. 불가리아의 지휘관은 복수심에 불타는 이들 아르메니아인 병사들이 사자와 같이 용맹했다고 언급하였다. 이와는 반대로 새로운 병역법이 발효되어 수많은 아르메니아인 장정들이 징집되었고 이들은 비차별적인 병역제도에 자부심을 느끼며 조국을 수호하기 위한 전쟁에 목숨을 바쳤다(Dadrian, 111). 전쟁장관인 나짐 파샤는 언론을 통해 이들이 영웅적 행동을 치하하였다. 그러나 오스만 제국의 군사적 패배를 틈타 아르메니아인 성직자와 정치인들이 대표단을 파견하고 서구 열강에 아르메니아 문제해결을 호소하자 오스만 정부는 분노감을 감추지 못했으며 청년터키당 급진파의 지휘부는 보다 근본적인 아르메니아인 정책을 계획하기 시작한다.

1913년 오스만 당국은 50만 명에 이르는 무슬림 난민의 아나톨리아 재정착을 결정하고 이후에 전개될 전시 대량학살의 사전작업에 착수하였다. 이들 무슬림 난민들은 발칸과 러시아 지역에서 기독교인들에게 당했던 박해를 기억하며 증오심에 불탄 채 아르메니아인들을 습격하였다. 더구나 정부의 무대책으로 생존의 문제가 시급했던 이들 난민집단에게 약탈을 통한 전리품 획득은 자극제가 되었다. 오스만 정부가 정책적으로 이들 난민집단을 아르메니아인 밀집지역으로 이주시킴에 따라 아나톨리아 지역은 유래 없는 폭력사태를 맞게 되었다. 오스만 정부는 현지에 헌병을 조직하면서 다수의 병력을 이들 난민집단에서 충원했으며, 그들은 또한 반아르메니아 정책의 이행을 감독하는 책임자뿐만 아니라 이티하디스트(Ittihadist: 과격파 청년터키당 비밀조직)의 핵심멤버로서 부상하였다. 그리하여 아르메니아인 강제추방법이 공표되기도 전에 복수심으로 무장한 무슬림 난민들에 의해서 사실상 일련의 작전이 시작되었다(Dadrian, 147).

2) 청년터키당의 노선전환

1908년 권력 탈취 당시 청년터키당은 체제개혁의 기치를 앞세워 아르메니아 문제의 전향적 해결을 약속하였다. 그러나 급진파가 권력을 장악하는 과정에서 사회적 통합을 주장하는 온건파에 대한 대대적인 숙청이 뒤따랐고 소수의 급진파 핵심세력은 종래에 표방해왔던 오스만주의를 포기하고 '터키인을 위한 터키'라는 국수적인 민족주의로서 터키주의를 채택하였다. 범-터키주의(pan-Turkism)와 범-투란주의(pan-Turanism)를 구현하는 동질적 국가의 청사진[4]에 입각해 볼 때 아르메니아는 지리적, 영토적으로 장애물이었고 아르메니아인들에 대한 인종청소는 불가피한 조치가 되었다. 정권 초기에 청년터키당 수뇌부는 아르메니아인 운동단체와 비밀리에 접촉을 시도하며 나름대로 문제해결을 위한 노력을 경주하였으나 이들 단체

---

[4] 범튀르크주의는 19세기 중반 범슬라브주의에 맞서 튀르크어 사용 민족의 통일을 주장했던 사회운동을 말한다. 범투란주의는 투르크족, 타타르족, 몽골족 등 북방 유목민의 통일을 주장하는 더 큰 외연을 갖는 개념이다. 범터키주의라고 표현하게 되면 지역을 보다 한정하는 의미를 갖는다. 여기서는 범튀르크주의와 범터키주의를 구별하지 않고 동의어로 사용하겠다.

의 단호하고 확고한 태도에 좌절감을 느끼게 되었다. 이 과정에서 청년터키당은 추방된 술탄 하미드의 조언을 구하기도 하였는데 결국은 과거와 동일한 탄압정책으로 회귀하였고 오히려 더욱 극단적인 조치를 채택하기에 이른다. 술탄 하미드는 제국의 여타 지역 상실은 생명과 무관한 수족의 절단에 불과할 수 있지만 아르메니아 지역의 상실은 곧 신체의 죽음을 의미한다고 말한 바 있으며 아르메니아인들의 개혁운동은 터키인들에게 실존의 위기를 느끼게 하였다(Dadrian, 168).

대드리안에 따르면 1910년 살로니키 전당대회가 개최되었을 때 청년터키당의 수뇌부는 비밀회합을 통해서 이미 아르메니아인 문제에 대한 근본적인 문제해결을 결심하였고 이후 상황의 전개를 주시하면서 일련의 준비작업에 착수하였다(Dadrian, 96). 그러나 그들은 내부적으로 배타적인 터키주의를 추진하면서도 대외적으로는 포용적인 오스만주의를 표방하는 이중트랙정책을 계속하였으며 철저히 비밀을 유지하였다. 1912년 발칸 전쟁이 발발하자 아르메니아인 다수는 과거처럼 조국수호전쟁에 동참하여 체제에 대한 충성심을 증명하였으며 오스만 정부는 이를 치하하였다. 그러나 아르메니아인 디아스포라 사회가 유격대를 조직하여 국내로 진입해 오고 일부 지역에서 러시아 군대를 환영하는 봉기가 발생하자 정부의 시각은 다시 싸늘해졌으며 아르메니아 개혁주의자들이 패전을 틈타 열강에 대한 로비를 강화했을 때 분노하기 시작하였다. 1914년 2월 러시아의 압력으로 또 한번의 개혁입법이 성사되자 정부의 분노감과 위기의식은 최고조에 달했다.

청년터키당 급진파의 최고지도자였던 탈라트는 비망록에서 아르메니아 공동체에서 분리주의 움직임이 나타나고 있으며 개혁운동에 외세가 개입하고 있다고 비난하고 오스만 제국의 영토를 보전하기 위해서는 문제의 근원을 완전히 해결하는 근본적인 해결책이 요구된다고 주장하였다. 비록 전시의 사보타지와 일부 아르메니아인 집단의 파괴행위를 언급했지만 탈라트는 개혁운동의 문제가 갈등의 핵심적 사안임을 지적하였다. 탈라트는 1912년과 1913년이 터키-아르메니아 갈등이 최고조에 달했던 시점이라고 언급하였으며 개혁운동이 궁극적으로는 러시아의 개입을 통해 아르메니아의 독립으로 귀결될 것이라고 주장하였다. 또한 아르메니아인들이 정부안을 수용할 것을 설득하는 자신의 노력에도 불구하고 발칸 전쟁의 패배라는 약점을 악용하려 하였다고 비난하였다. 개혁 압력을 가하는 외세의 개입이 지속될 경우에 대량학살이 뒤따를 것이라는 경고가 아르메니아인 출신의 청년터키당 간부나 국회의원을 통해 계속 전달되었지만 상대방에 의해서 이것이 일축되고 새로운 개혁입법이 강요되었을 때, 제노사이드 기획자중의 한 사람이었던 사킬(Sakil)은 다음과 같이 말하였다. "아르메니아인들이 외세의 힘을 빌어서 개혁문제를 거론한 것에 대해 터키인들은 분노하고 있다. 우리는 아르메니아인들이 터키 정부의 노력에 만족함을 표명할 것이라고 기대하였다. 대주교와 아르메니아 정당들은 마땅히 정부에 협조해야만 하였다."(Dadrian, 126) 결국 대학살조치는 수세기 동안 골칫거리였던 아르메니아 개혁문제를 완전히 해결하는데 그 목적이 있었으며 1914년 2월의 개혁입법 강요가 제노사이드의 비극을 초래하는 결정적인 계기가 되었다. 청년터키당의 대변인은 "아르메니아인의 존재는 터키의 존립에 위협이 될 수밖에 없었고 이러한 위협을 제거하기 위한 조치가 전 세계인에 의해서 비난받을 것임을 알고 있었다."라고 솔직히 고백하였다(Dadrian, 127).

3) 1915년의 아르메니아 제노사이드

게리맨더링을 통한 수적 우위의 확보, 이슬람 난민집단을 통한 간접통제, 아르메니아 투쟁단체 지도부에 대한 회유작업 등 모든 노력이 수포로 돌아갔을 때 마지막 선택은 제노사이드로 귀결되었다. 제1차 세계대전이 발발하자 오스만 정부는 전시동원령을 발표하여 아르메니아인들에 대한 징집조치를 취한 후 곧 이들을 노동대로 편입시키고 집단적으로 학살하였으며, 이와 동시에 아르메니아인 지도자급 인사들을 살해하고 민간인에 대한 대규모의 추방조치에 착수하였다.

병역의무는 국가 구성원 개개인의 평등한 권리와 의무를 전제로 하는 조치로서 사회통합의 핵심적 사안이다. 크림 전쟁을 전후하여 비무슬림 국민의 병역의무 문제가 논의되기 시작했을 때, 당시 이스탄불 주재 영국대사는 오스만 제국의 해체를 방지하려면 병역의 의무를 보편화하여 국민적 통합을 도모할 필요가 있다고 조언하기도 하였다. 혼성부대가 좋은지 독립부대가 좋은지에 대해서도 의견교환이 있었으며 혼성부대가 주로 권장되었다. 1875년에 새롭게 정비된 징병법은 국민개병제의 원칙을 천명하면서 20세에서 40세에 이르는 비무슬림 남성들에 대해서는 병역을 면제시켜주는 대신 세금으로 그것을 대신하도록 규정하였다. 러터 전쟁이 발발했을 당시에 수많은 아르메니아인들은 단순한 노무자로서 탄약과 식량을 운반하는 임무를 수행하였다.

1909년 청년터키당이 비무슬림을 병역의무 대상에 포함시키는 보편적 징집제도를 발표하자 무슬림과 비무슬림 사회 모두에서 논란이 있었는데, 무슬림들의 경우에 이 조치는 이교도 집단의 대등한 지위를 인정하는 근본적인 모순을 내포하고 있다고 생각하였고 더구나 비무슬림 장교에 의한 지휘권을 인정할 수가 없었기 때문에 대다수가 거부감을 표명하였다. 또한 기독교 신자들에게 무장을 허용한다는 것은 너무나 위험한 조치로 간주되었다. 한편 아르메니아인 사회는 보편적인 강제징집제도를 전적으로 찬성한 것은 아니었지만 비무슬림집단도 무슬림과 대등한 지위를 인정받게 되었다는 것과 조세부담에서 해방되었다는 사실 때문에 대체적으로 이를 환영하였다 (Dadrian, 63-64).

1914년 8월 2일 터키 정부는 독일과 군사협정을 체결한 직후 일반 동원령을 발표하여 15-60세의 건장한 아르메니아인 남자들을 징집하였다. 그리고 9월 11일 이들을 무장해제 시킨 후 노역부대로 재편성하기 시작하였다. 이러한 조치는 전쟁에 돌입하기 이전의 시점에서 이루어진 것으로서 아르메니아인들의 봉기나 반역행위와는 아무런 관계가 없었다. 동시에 학살업무를 수행하기 위한 터키인 특수부대가 조직되었다. 제1차 세계대전이 발발하자 발칸 전쟁 당시와 마찬가지로 이중적인 양상이 전개되었다. 유럽과 러시아, 미국의 아르메니아인 디아스포라 사회가 자발적으로 부대를 조직하여 터키와의 전쟁에 돌입하였지만 수많은 아르메니아인 젊은이들이 터키를 지키기 위해 자원입대하였다. 아르메니아인들의 충성심을 치하하던 청년터키당 수뇌부는 1915년 4월 발칸 전쟁의 전설적인 영웅 아트라닉이 아르메니아인 자원병을 이끌고 코사크 부대의 지원을 받으며 딜만(Dilman)에서 터키군을 격퇴하고, 같은 시기 반(Van)에서 주민봉기가 일어나 터키의 진압군을 물리치자 극도의 위기의식을 느끼게 되었다. 탈라트와 엔베르는 미국 대사 모겐소(Morgenthau)에게 러시아 군대를 상대로 한 작전의 실패가 주로 아르메니아인들 때문이라고 주장하였다.

노역부대로 편입된 아르메니아인 병사들은 소규모로 다시 분산된 후 오지의 도로 보수, 철도 건설 등의 임무에 투입되었는데 이 과정에서 그들은 체계적으로 기아에 시달려야 했고 최종적으로는 터키인 특수부대와 정부의 사주를 받은 쿠르드족에 의해서 직접적으로 학살되었다. 동료 병사들에 의해서 수만 명의 군인들이 집단적으로 학살당한 것은 근대역사에서 유래를 찾기 힘든 사건이었다. 이들 부대에 대한 학살은 건장한 아르메니아인 성인 남자를 제거함으로써 나머지 아르메니아인들을 무력화 시키려는 목적을 갖고 있었다(Dadrian, 119). 곧 이어 1915년 5월 14일 사이드 하림 수상은 임시추방법을 공표하였다. 이에 따라 어린이와 노인 및 병약자를 포함한 제국 내 모든 아르메니아인들이 황량한 시리아 사막으로 추방되었고 이들 중 다수가 장거리 도보 이동과정에서 기아와 질병으로 희생되었다. 터키의 역사학자 바이우르(Bayur)는 탈라트가 수상에게 보낸 비밀문서를 통해 청년터키당 최고지도자의 급진적 문제해결 의지를 확인하였다. 이 문서에서 탈라트는 "문제를 완전하게 해결하기 위해서 급진적인 해결책이 필요하다"고 말한 후 추방계획의 개요를 설명하였는데 대드리안에 따르면 급진적 해결책은 제노사이드의 완곡한 표현이었다(Dadrian, 124).

대드리안은 케말주의자(Kemalist)에 의한 터키 공화국 출범이 기능적인 측면에서 볼 때 아르메니아 제노사이드로부터 자유롭지 못하다고 말한다. 만일 아르메니아인 문제가 해결되지 않았더라면 터키 공화국의 출범은 큰 난관에 봉착했을 것이다. 아르메니아인 문제 해결을 위해 제노사이드를 자행한 것은 비극적 범죄였지만, 아르메니아인들이 1918년까지 터키의 동부에 집단적으로 거주했더라면 독립국가의 탄생이 불가능했음은 자명한 사실이었다. 아타튀르크(Ataturk)의 국민운동은 아르메니아의 비극을 대가로 했다는 점에서 역사의 아이러니이다(Dadrian, 127).

전쟁에 패한 오스만 정부는 승전국의 압력 속에서 전범재판을 강행하였으나 케말주의 정권이 들어서면서 재판이 종료되었다. 1920년대 말 터키 정부는 아르메니아 공화국에 대해 다시 한번 제노사이드를 획책하였지만 소비에트 군대가 진주하면서 이러한 계획은 실패로 끝났다. 대드리안은 소련군의 개입이 없었더라면 아르메니아인들은 지구상에 멸종되었을 것이라고 말한다(Dadrian, 160).

V 맺는 말

대드리안의 아르메니아 제노사이드에 대한 설명을 요약하면 다음과 같다. 오스만 제국은 이교도에 대해서 매우 차별적인 국가였고 소수의 기독교 집단인 아르메니아인들은 오랫동안 박해를 받아왔다. 19세기에 들어서 아르메니아인들은 자신들의 지위신장을 위해 목소리를 높이기 시작하였다. 그러나 오스만 당국은 이를 외면하였고 오히려 쿠르드족을 앞세워 의도적으로 아르메니아인들에 대한 탄압을 자행하였다. 기독교 국가로서 러시아와 서구 열강은 오스만 정부에 대해서 아르메니아인 문제 해결을 위한 가시적인 조치를 끊임없이 요구하기에 이르렀는데, 특히 러시아는 이를 무력개입의 명분으로 삼았다. 따라서 영국을 비롯한 서구열강은 러시아의 야욕을 저지하기 위해서 오스만 정부에게 아르메니아인 문제를 해결하도록 압력을 가했다. 1876년 오스만 정부는 자신의 의지에 반하여 신헌법을 공표하고 아르메니아인 문제에 대하여 보다 포용적인 원칙을 천명하였으나, 새로 등극한 술탄 하미드는 강경한 이슬람주의자로서 아르메니아인 문제에 대해 매우 완고한 태도를 취하며 사실상 사태를 원점으로 되돌리고 러시아와의 전쟁을 불사하였다. 1878년 전쟁에서 패한 오스만 정부는 베를린 협정을 통해 다시 한번 아르메니아인 포용원칙을 재천명했으나 실질적인 후속조치를 취하지 않은 채 종래의 정책과 관행을 고수함으로써 러시아와 서방세계는 무기력한 방관자의 지위를 인내할 수밖에 없었다. 한편 러터 전쟁 당시 카프카스 지역으로부터 대규모의 무슬림 난민이 오스만 제국 내부로 유입되었고 이들 중 일부는 아르메니아인 거주 지역으로 이동하여 쿠르드족과 더불어 약탈을 자행하였다. 난민유입으로 상황이 더욱 악화된 아르메니아인들은 오스만 정부에 대해 거세게 항의하였고 사태를 수수방관하던 오스만 정부는 이들 난민의 재정착문제를 행정구역 개편과 결부시켜 인위적인 게리맨더링을 실시함으로써 일부 지역에서의 아르메니아인의 수적 우위를 파괴하였다. 오스만 정부의 태도에 절망한 일부 아르메니아인들은 과격한 투쟁단체를 조직하기 시작하였고 당국은 아르메니아인들이 주도하는 개혁운동을 더욱 경계하게 된다. 결국 1894-96년 일부 아르메니아인들의 저항과 일탈행위가 빌미가 되어 제1차 대량학살이 자행되었다. 1908년 거사를 통해 술탄 하미드를 퇴위시킨 청년터키당은 아르메니아인 문제의 전향적 해결을 약속하였지만 내부권력투쟁을 통해 사태를 장악한 급진파 지도부는 아르메니아인 저항단체와 일련의 접촉을 가진 후 포용정책을 폐기하고 전투적인 터키 민족주의를 표방하게 된다. 1912년의 발칸전쟁으로 소수민족들이 독립하고 오스만제국의 해체가 가속화되자, 아르메니아인 문제는 치명적인 단계에 돌입한다. 러터 전쟁에 이어 발칸지역으로부터 대규모의 무슬림 난민이 발생하였고 기독교도에 대한 증오심으로 무장한 이들 집단은 아르메니아인들이 집중적으로 거주하고 있던 아나톨리아 지역에서 아르메니아인들을 상대로 살인과 약탈을 자행하였다. 오스만 정부는 이전과 마찬가지로 이들의 약탈행위를 방관하거나 혹은 암암리에 지원하였다. 비록 다수의 아르메니아인들이 조국수호전쟁에 동참하였다고는 하나 일부 아르메니아인 디아스포라 사회가 유격대를 조직하여 국내로 침공해오고 아르메니아인 정치지도자와 종교지도자들이 패전이 임박한 시점에서 서구 열강을 상대로 오스만 체제의 개혁을 애걸하자 위기의식에 사로잡혔던 청년터키당의 급진파 지도부는 아르메니아인 문제의 완전한 해결을 결심하게 된다. 1915년 아르메니아인 디아스포라 부대가 터키군을 상대로 대승을 거두고 일부 아르메니아인 집단 거주 지역에서 봉기가 발생하는 시점에 맞춰 아르메니아인들에 대한 대량학살이 시작되었다. 지도급 인사들이 체포된 후 처형되었고, 징집된 아르메니아 장병들이 노역부대로 전환된 후 분산되어 학살되었으며, 주민들은 시리아 지역으로 강제이주 되는 과정에서 기아와 질병, 폭력으로 희생되었다.

대드리안의 설명에서 눈길을 끄는 부분은 '제노사이드의 허가증'이라는 책 제목이 암시하듯이 국제사회의 반응을 논하는 부분이다. 러시아와 서구 열강은 아르메니아인 문제의 해결을 위해 나름대로의 방식으로 오스만 제국의 내정에 개입하였으나, 정작 1894-1896년의 대학살 사태가 발생했을 때 너무나도 무기력하였고 사후적으로 어떠한 책임도 묻지 않았다. 1909년 청년터키당이 아데나의 봉기를 진압하는 과정에서 다시 한번 대학살이 자행되었으나 서방세계는 여전히 침묵하였다. 청년터키당의 지도부는 하미드의 전례에서 아무런 교훈도 얻지 못했으며 오히려 일련의 사건을 통해 자신감을 갖게 되었다. 이러한 상황은 전후 케말주의 정부가 독립을 추구하는 아르메니아인들을 상대로 또 다시 제노사이드를 계획하는 과정에서 반복되었다. 터키군에 패배한 아르메니아인들의 운명이 풍전등화의 상황에 놓였을 때, 서방세계는 승전국이었음에도 불구하고 아르메니아 사태에 관여하려 하지 않았으며 신생독립국가를 비정하게 포기하였다. 대드리안은 발칸반도의 독립이 러시아, 영국, 프랑스 등 국제열강의 적극적 지원을 배경으로 가능했던 반면, 아르메니아의 경우에는 이들 국가의 관심을 끌만한 전략적, 경제적 중요성이 발견되지 않았기 때문에 강력한 후원국가가 존재하지 않았고 아르메니아에 대한 국제사회의 보호조치 역시 외교적 각서의 수준을 넘지 못했으며 결정적인 순간에 모든 국가가 손을 놓았다고 말한다. 이러한 상황을 잘 파악하고 있던 오스만 정부는 아르메니아와 관련된 국제협약을 하나씩 파기했으며 최종적으로 대량학살이라는 극단적인 행동을 취할 수 있었다. 대드리안에 따르면 제노사이드의 발생과정에서 가장 중요한 변수는 희생자 집단을 위해 억제력을 발휘할 수 있는 외부적 힘의 존재 유무이다. 이 점에서 볼 때 아르메니아는 구조적인 취약성을 갖고 있었다(Dadrian, 154, 169-170). 1920년 소비에트 공산정권의 개입이 없었더라면 아르메니아인들은 터키 정부의 제노사이드 계획에 의해서 다른 소수민족들처럼 역사에서 사라졌을 것이다. 대드리안의 이러한 가설은 '인도주의적 개입'의 문제를 다시 한번 생각게 한다. 즉 설익은 개입은 내정간섭에 대한 저항뿐만 아니라 집권층의 위기의식을 자극하여 지원국의 선의와는 반대로 피해집단의 희생을 가중시킬 수 있다. 따라서 인도주의적 개입이 일단 결정되면 마지막 순간까지 일관성 있게 추진되어야 하며 무력개입의 경우에 반드시 상대방을 제압할 수 있어야 할 것이다[5].

대드리안의 아르메니아 제노사이드 설명 방식과 관련하여 몇 가지 문제를 제기하면 다음과 같다. 우선 논리 전개가 치밀하지 못할 뿐만 아니라 분석적이지 못하다. 중요한 쟁점들이 심층적으로 논의되지 않고 있으며 종종 논리의 비약, 모호하고 추상적인 서술 등 학문적인 엄밀성이 결여되어 있다.[6] 사태의 핵심이라 할 수 있는 1915년의 대학살에 대해서도 누가, 어디서, 어떻게 행동했는지 구체적인 설명이 없다. 오스만 군대와 쿠르드족들에 의해서 수많은 사람

---

5) 동일한 논리를 취하고 있는 저서로서 John G. Heidenrich, *How to Prevent Genocide* (Praeger, 2001) 참조. 하이든리히는 국제사회의 무력개입만이 제노사이드를 막을 수 있는 최선의 방책이라고 말한다.

6) 동일한 지적을 하는 서평으로서 Mary Schaeffer Conroy, "Book Reviews: Warrant for Genocide," *The Social Science Journal*, vol.37, no.3 (2000), pp. 481-493.

들이 희생되었다고 주장할 뿐이다. 대다수 아르메니아인들이 러시아의 지원을 거부하고 오스만 제국을 조국으로 선택했다고 말하면서 청년터키당 수뇌부가 분리주의 움직임에 대해 위기의식을 느꼈다고 주장한다면 이것을 어떻게 해석해야 할 것인가? 극소수의 저항세력을 근절하기 위해서 절멸정책을 택한 이유는 무엇인가? 제1차 세계대전 발발 이전 시기에 이미 최종선택을 결심한 청년터키당 수뇌부가 전시에 아르메니아인들에 대한 소집령을 내리고 이들을 무장시켰다면 이것은 또 무슨 의도인가? 무장한 아르메니아인 병사들에 의해서 집단적인 봉기가 일어날 가능성은 예상하지 못했는가? 이 책은 꼬리를 무는 의문들에 대해서 명쾌한 해답을 주지 않는다. 마찬가지로 오스만 제국의 밀레 제도가 실패한 제도였는지는 또 다른 논의가 필요하다. 사실 이러한 지적은 비단 대드리안이나 아르메니아 제노사이드의 연구에만 국한된 문제가 아니다. 제노사이드를 연구하는 학자들은 전문적인 역사학자들에 비해서 관련 지식이나 역사적 사실의 미세한 논의에 있어서 상대적으로 열세에 놓여있다고 볼 수 있다. 가령 아르메니아 제노사이드를 연구하는 학자가 러터 전쟁이나 발칸 전쟁과 관련된 모든 주제와 쟁점을 통달할 수는 없는 법이다. 그러나 역사의 사각지대에 대한 연구라 해서 느슨한 평가의 잣대가 허용되는 것은 아니며 오히려 성공적인 학제간 연구를 위해 보다 치열한 접근태도가 요구된다 할 것이다.

둘째, 대드리안은 논증을 시도함에 있어서 구체적인 증거를 적절히 제시하지 못하고 있다. 대부분의 주장은 당시 터키에 주재하고 있던 외교관들이 본국으로 발송했던 보고서들에 의존하고 있으며 1차 자료, 특히 터키 정부의 공식적인 자료를 제대로 인용하고 있지 못하다. 그는 이 점에 대해서 모든 과정이 극비리에 진행되었기 때문에 1차 자료를 입수하기 어렵다고 말하고 있으나 이 문제는 향후 아르메니아 제노사이드 연구의 중요한 과제이다. 사실 제노사이드 연구의 어려움 가운데 하나는 객관적인 자료를 확보하기가 어렵다는 점인데 이는 사안의 성격상 자료의 소실뿐만 아니라 의도적인 파괴와 은폐, 조작, 증언의 거부 등 실체를 규명하는데 방법론적으로 난제가 많기 때문이다.[7] 따라서 일부 가해자들은 이를 문제 삼아 과거의 역사를 부정하는 경우도 있으며 현재 터키 정부의 공식적인 입장 역시 이러한 상황을 십분 활용하고 있다고 보여 진다. 즉 터키 정부는 1915년 당시 아르메니아인들에 대해 대규모적인 추방조치가 취해졌으며 이 과정에서 충분한 식량과 의료물자가 제공되지 않은 채 무리한 행군이 강행됨으로써 상당수가 희생되었다는 사실을 인정하지만, 그것은 전시 상황에서 취해진 불가피한 조치였으며 대량학살의 기획과는 무관하다고 주장한다. 더구나 오스만 군대와 특수부대가 직접적으로 학살을 자행했다는 사실을 전면적으로 부인한다. 비슷한 맥락에서 군터 루이는 아르메니아 제노사이드의 결정적인 증거로 제시되고 있는 유일한 자료는 1918-1919년 군사법정의 재판기록과 어느 터키 관리의 비망록[8]인데, 전자는 충분한 법적절차를 밟지 않은 채 취해진 승자의 기록이어서 사실여부가 의심스럽고(이러한 사실을 잘 아는 영국정부는 후일 군사법정에 제출된 자료들을 인정하지 않았다고 군터 루이는 지적한다), 후자는 여러 가지 정황으로 보아 날조된 기록이 아닌가하는 의문을 제기한다.[9] 입증책임의

---

7) Isidor Wallimann and Michael N, Dobkowski, *Genocide and the Modern Age* (Syracuse University Press, 2000), pp. 15-16.

8) Andonian, *The Memoirs of Naim Bey: Turkish Official Documents Relating to the Deportation and Massacres of Armenians* (Newton Square, Pa.: Armenian Historical Society, 1965, reprint of London, 1920ed). 이 비망록에는 탈라트 파샤가 아르메니아 학살을 지령했다는 전보가 실려 있다.

9) Guenter Lewy, "Revisiting the Armenian Genocide," *The Middle East Quarterly*,

형식논리를 완고하게 고집할 때 경우에 따라서는 역사적 사실이 부정되는 가공스런 결과에 직면할 수도 있기 때문에 제노사이드의 논증은 더욱 더 치밀하고 끈기 있게 자료발굴을 위한 노력을 경주해야 할 것이다.

마지막으로 지적되어야 할 문제는 아르메니아 제노사이드에 대한 통렬한 고발에도 불구하고 대드리안이 자신의 의도와 무관하게 오스만 당국의 고민을 십분 이해해주는 한 가지 논리를 제시하고 있다는 것이다. 이른바 '최종선택'의 가설인데 이는 최고수뇌부에 의한 제노사이드의 결정이 갈등 해결을 위한 일련의 과정이 실패한 후에 취해지는 마지막 선택이라는 주장이다.[10] 물론 최종선택이라고 해서 그것이 도덕적 정당성을 갖게 되는 것은 아니지만 그래도 문제의 근원이 해당정부에게 위기의식을 초래할 정도로 심각한 사안이었고 해당정부는 문제해결을 위해서 다각도로 노력을 기울였지만 결국 실패했으며 막다른 골목에서 극단적인 선택을 취하게 되었다는 논리는 대량학살이 맹목적인 야수적 본능, 권력획득의 야심 등 불순한 동기를 상정하는 음모설이나 희생양 이론등과는 그 뉘앙스에 있어서 거리가 있는 것이 사실이다. 물론 터키주의에 입각한 국가건설이라는 정치적 목적을 아르메니아 제노사이드의 또 다른 동기로 볼 수도 있지만 그 자체가 위기의식의 소산이며 최후의 처방전이라고 생각한다면 대드리안에게 있어서 최종선택의 가설은 여전히 유효할 것이다. 제국 해체의 와중에서 아르메니아인들에 대한 모든 유화책이 실패로 끝났을 때 내외로 적을 맞이한 오스만 정부는 전쟁에 즈음하여 나름

---

vol.XII, no.4 (fall 2005).

10) Benjamin A. Valentino, *Final Solutions: Mass Killing and Genocide in the Twentieth Century* (Cornell University Press, 2004), p. 130. 발렌티노는 이것을 대량학살의 '전략적 논리'라고도 표현한다.

대로의 생존전략을 취했다고 이 비극적 사태를 바라본다면 그것은 대학살 책임자들에게 일말의 합리성을 부여하는 논리가 된다. 따라서 청년터키당 수뇌부의 최종적 의사결정에 관한 연구는 아르메니아 제노사이드 연구의 핵심적 주제가 될 것이다.

제7장

다르푸르 사태의 역사적 고찰

Ⅰ 머리말

2003년 봄 다르푸르라고 불리는 서부 수단의 잘 알려지지 않은 지역으로부터 이상한 루머가 흘러나오기 시작하였다. 유목민들에 의해서 정착 농민들이 학살되고 마을이 불태워지는 등 참혹한 사태가 발생하고 있다는 것이다. 과거에도 유목민과 정착민 사이에 간헐적으로 충돌이 있어왔으나 이번의 상황은 상상을 초월한 내용이었다. 공격자들은 "흑인들은 나가라. 이 땅은 지금부터 아랍인의 것이다."라고 외치고 있는 것으로 전해졌다.

오랫동안 계속되었던 수단 정부와 남부 기독교 게릴라들 사이의 내전이 평화협상 체결을 목전에 둔 시점이기에 사람들은 혼란스러워하였다. 이슬람교도들이 거주하고 있는 서부 지역에서 새로운 분쟁이 일고 있으며 이슬람이 이슬람을 죽인다고?

급기야 국제사면위원회(Amnesty International), 국제위기그룹(International Crisis Group), 아프리카 인권감시(Human Right Watch Africa)와 같은 국제 NGO들이 일제히 문제의 심각성을 지적하였고 2004년 여름이 되자 불길한 단어인 '제노사이드'가 운위되기 시작하였다. 점차 다르푸르 사태는 21세기의 최초의 제노사이드로 묘사되었다. 1994년 르완다에서 제노사이드가 발생한지 10년이 지나 똑같은 악몽이 다시 아프리카 대륙을 괴롭히다니 아프리카는 저주받은 지역인가?

2005년 1월 케냐의 나이로비에서 남부 수단과의 평화협정이 최종적으로 타결되었고 '마침내 평화가'(peace at last)라는 언론의 보도가 전 세계에 타전되었다. 그러나 다르푸르 사태는 계속 악화되고 있었고 사망률이 치솟았으며 무정부 상태가 계속되었다. 2007년 7월 31일 유엔 안전보장이사회는 제1769호 결의안을 채택하고 동년 10월까지 2만 6천 명의 유엔평화유지군을 파견한다고 결의하였다. 또한 반기문 유엔 사무총장은 다르푸르 사태의 해결을 유엔의 3대 과제 중 가장 시급한 과제라고 발표하였다.

이 글은 다르푸르 사태에 대해서 특별한 해석이나 문제를 제기하는 것이 아니라 기존의 자료들을 분석하여 일견 난해해 보이는 상황을 정리하고 체계적인 설명을 시도하는 것을 목적으로 하고 있다.[1)]수단과 다르푸르의 역사를 통해서 사태의 원인과 경과를 살펴보고 미래를 전망하려 한다.

II 독립왕조의 시기(14세기-1916)

다르푸르는 해수면에서 9백 미터 높이에 있는 고원지대로서 아프리카에서 가장 폐쇄된 지역적 특성을 갖고 있는 곳이다. 중심부에

---

1) 이 글은 Gérard Prunier, Darfur: *The Ambiguous Genocide* (Ithaca, New York: Cornell University, 2007)을 중심으로 내용을 구성하였다. 제라르 프뤼니에는 파리 대학교 교수로서 아프리카 연구의 권위자이다. 르완다 대학살을 비롯하여 아프리카 현대사에 관한 여러 권의 책을 저술하였다.

는 화산이 분출되어 형성된 3천 미터의 마라(Marra)산 산괴가 있다. 다르푸르의 북부 지역은 사막주변 지대로서 건조한 기후의 낙타 유목민들 세계이다. 중부 지역은 연간 강우량이 500mm 정도이며 소출량은 작지만 기장, 옥수수, 참깨, 오크라, 토마토, 양파 등을 주요 곡물로 해서 정착 농민들이 거주한다. 남부는 연간 800-900mm의 강우량을 기록하는 반습 지역으로서 농업이 더 발달해 있으며 땅콩, 망고, 귤 등의 환금작물을 재배한다. 다르푸르 경제의 기본구조는 지리와 기후 여건의 영향을 받아 오늘날까지도 자급자족적인 농업과 목축업 형태를 유지하고 있다. 그러나 과거에는 일부 상인들에 의해서 장거리 교역이 이루어졌고 술탄시대에 다르푸르의 주요 교역품목은 노예, 상아, 타조 깃털, 아라비아고무 등이었다.

다르푸르는 푸르(fur)족의 고향 혹은 땅(dar)이라는 뜻으로서 수단 전체면적(250만 평방킬로미터)의 5분의 1에 해당되는 광활한 지역이며 인구는 약 6백만 명 정도이다. 1994년에 북부 다르푸르, 서부 다르푸르, 남부 다르푸르 3개 주로 분할되었다. 인종적으로 매우 복잡한 양상을 보이나 대체적으로 말해서 아프리카계와 아랍계로 양분해 볼 수 있으며 종교적으로는 거의 대부분이 이슬람교도들이다.

다르푸르의 본래 토착민은 아프리카의 푸르족이었는데 14세기에서 16세기 사이에 아랍계통의 부족들이 이곳으로 이주하면서 '아랍인 원주민'(native Arabs) 집단을 형성하게 되었다(Prunier 2007, 6). 19세기에 들어 식민지 개척이 시작되면서 뒤늦게 진입한 새로운 아랍인 집단은 이들 아랍인 원주민 집단과 구별되었는데 그들은 노예와 상아 무역에 종사하며 외국인 엘리트 집단으로서 정복자적인 신분을 향유하였다.

1. 술탄왕조의 성립(1640's-1874)

14세기 말부터 몇 개의 아프리카 부족이 다르푸르 지역을 지배해 오다가 1640년대에 들어서 푸르족이 주도하는 케이라 푸르 술탄 왕조(Keyra Fur Sultanate)가 출현하였다. 다르푸르의 최초 역사 기록에 따르면 푸르족의 걸출한 지도자였던 술레이만(Suleiman)은 권력을 장악한 후 부족을 이끌고 마라산을 내려와 평원지역에서 새로운 왕국을 건설하였는데 이 때 그는 이슬람교를 새로운 통치이념으로 수용함으로써 다르푸르 정치체제가 크게 도약할 수 있는 전기를 마련하였다. 그것은 게르만 민족의 기독교 개종에 비유되는 사건이었으며 이후 다르푸르 왕국은 이슬람 문자와 강화된 행정체계를 활용하며 아프리카의 이슬람 세계에 진출함으로써 새로운 정통성을 확립하였다(Prunier 2007, 9). 이 과정에서 일부 집단은 이슬람으로의 개종을 거부하고 고향을 떠났지만 정치경제적인 통합과 더불어 언어와 종교의 문화적 변용이 뒤를 따랐다. 그러나 푸르족이 주도했던 케이라 왕국은 비록 이슬람화 되었음에도 불구하고 다인종국가로서 이교도의 전통을 부분적으로 유지하였다. 가령 여타의 이슬람 국가와는 달리 여성의 지위가 인정됨으로써 이곳을 방문한 외부의 이슬람 성직자들을 경악시켰으며, 마찬가지로 사법제도 역시 아프리카 방식과 아랍 방식이 이중적으로 적용되었다. 그러나 그들은 아랍 세계를 동경한 나머지 문명화된 아랍 세계와 여타의 야만적 세계라는 이분법적 세계관을 취함으로써 다르푸르 사태의 단초를 제공하는 허위의식의 씨를 뿌렸다. 다르푸르의 술탄 왕국은 느슨한 형태의 봉건제도를 유지하였으며 귀족들은 전사로서 일종의 기사의 윤리도 보여주었다. 1780년대 말에 이르러 왕국은 다르푸르 동쪽의 코르도판 지역을 정복하고 그곳에 오늘의 수도인 엘 파셔(El Fasher)를 건설하였다.

2. 도적의 시대(1874-1898)

1821년에 투루크-이집트[2]는 남쪽의 광활한 영토를 정복하기 위해서 군대를 파견하였다. 그 당시 우리가 지금 수단으로 알고 있는 지역은 정치체가 존재하지 않았으며 수단이라는 말은 중세의 아랍 지리학자들이 '흑인의 땅'이라는 뜻으로 부르던 호칭이었다. 대부분 수단 지역이 저항 없이 투르크의 지배를 받게 되었으나 술탄이 지배하던 다르푸르는 이집트 군대와 전투를 벌였다. 1821년의 전투에서 다르푸르는 이집트 군대에게 패배했지만 승리자는 다르푸르로 진입하지 않고 복귀하였다.

그러나 수단에 주둔하고 있던 이집트 군대를 배경으로 북부 수단의 상인들(카르투머)이 노예와 코끼리 사냥을 위해 남부로 진출하기 시작하였으며, 기업적인 무역상 쥬베일(Zubeyr)이 노예군대를 이끌고 1873년 다르푸르로 진격하였다. 1874년의 전투에서 쥬베일은 다르푸르 왕국의 술탄을 사살하고 자신이 케이라 술탄의 지위에 올랐다. 그러나 며칠 후 이집트에서 파견된 수단의 총독이 상황을 장악하고 쥬베일을 대신하여 다르푸르에 대한 통치를 시작하였다. 이후 다르푸르는 이집트 당국과 수단 상인이라는 늑대의 사냥감으로 전락하여 일명 '도적의 시대'를 맞게 되었다(Prunier 2007, 15).

투르크-이집트인의 지배는 그리 오래가지 않았다. 1881년이 되자 이집트인의 통치는 마흐디스트(Mahdist)로 알려진 집단의 반란으로 위기를 맞게 되었다. 마흐디즘은 최후의 심판을 가정하는 일종

2) 1517년 이집트의 맘루크 왕조가 오스만 투르크 제국의 침략으로 멸망하자 이집트는 오스만 투르크의 지배를 받게 되었다. 그러나 오스만 투르크 제국의 국력이 점점 쇠퇴해지고 나폴레옹의 침략전쟁을 거치면서 이집트는 일정 부분 자치권을 획득하게 되었다. 1882년 2월 영국 해군의 침략으로 이집트는 영국령이 되었다.

의 이슬람교 종말론을 말한다. 37세의 세이크(Sheikh)는 자신이 예고된 마흐디즘을 주장하며 수단 대중의 민족주의 정서에 편승하여 반란을 일으켰다. 그들의 봉기는 들불처럼 퍼져나갔고 마흐디스트들은 4년 후인 1885년에 카르툼을 점령하여 새로운 정치체제를 건설하였다. 그러나 승리를 거둔지 5개월 만에 마흐디가 사망함으로써 마흐디스트 체제는 이후 악화일로를 걷게 되었으며 다르푸르 지역의 경우에 그들은 주민들로부터 별다른 지지를 확보하지 못했다. 다르푸르의 주민들은 아랍인과 비아랍인 할 것 없이 모두가 투르크-이집트의 지배뿐만 아니라 마흐디스트 국가체제에 대해서도 반감을 보였다. 그들에게는 마흐디스트 체제 역시 기본적으로 나일 계곡 출신의 외국인들에 의한 지배였고 따라서 그들은 계속해서 독립을 시도하였다. 1898년에 영국 군대의 공격으로 마흐디스트 국가의 수도가 함락되자 다르푸르는 독립을 회복하였다.

3. 최후의 왕조(1898-1916)

마지막 술탄의 후손이었던 알리 디나르(Ali Dinar)는 마흐디스트 국가체제가 붕괴하면서 1898년 다르푸르 술탄의 자리에 올랐다. 대영제국의 이집트 총독이었던 크로머(Cromer)는 경제적으로 가치가 거의 없다고 판단되는 다르푸르의 재점령에 반대하였다. 또한 그는 다르푸르가 카르툼에서 매우 멀리 떨어져 있어서 통치에 어려움이 있을 뿐 아니라 국경의 획정과 관련하여 프랑스와 마찰을 일으킬 가능성이 있다고 판단하였다. 따라서 영국은 알리 디나르로부터 충성서약을 받고 매년 상징적인 봉납을 받는 것으로 만족하려 하였다. 디나르는 마흐디스트 운동의 부활을 경계하면서 자신의 왕국에 대한 통제권을 회복하였다. 그의 통치는 전반적으로 온건했으며 다르푸르는 오랜만에 찾아온 평온의 시기를 누리게 되었다.

그러나 제1차 세계대전이 발발하고 터키의 선전활동이 강화되면서 추축국이 다르푸르를 아프리카 진출의 교두보로 이용할지도 모른다는 우려가 일기 시작하였다. 영국은 디나르가 터키-독일의 꼭두각시가 되고 있다고 주장하면서 즉각적으로 군사적인 조치에 착수하였다. 1916년 영국 군대는 최후통첩을 거부한 다르푸르 군대와 엘-파셔 근처에서 전투를 벌여 승리를 거두었다. 항복을 거부했던 디나르는 요새로 피신한 후 저항을 계속하다가 전사하였다. 이후 다르푸르는 수단 영토의 일부로서만 존재하게 되었으며 그나마 주변의 지위로 전락하였다.

혹자는 독립왕조 시대의 다르푸르를 다음과 같이 평가하였다. 첫째, 다르푸르는 비록 민족국가는 아니었지만 이웃국가들에 의해서 인지될 수 있는 정치적 단일체였으며 분명한 국경을 확보하고 있었다. 둘째, 다르푸르는 인종적 모자이크 사회였지만 아랍인과 비아랍인 사이에 특별한 갈등은 존재하지 않았다. 셋째, 다르푸르는 부유하지는 않았지만 전통적인 경제를 배경으로 번영을 구가하고 있었다 (Prunier 2007, 22-23).

III 식민통치의 시기(1916-1956)

다르푸르를 합병한 영국과 이집트의 공동통치정권은 과거에 술탄을 위해서 복무했던 대부분의 지역관리들을 그대로 고용하며 매우 온건한 통치를 실시하였다. 그들은 카르툼과 블루 나일 일대 지역에 대해서 대규모의 투자를 행하고 행정자원을 투입하였지만 다르푸르와 같은 변방지역에 대해서는 무관심으로 일관하였다. 카르툼 행정부의 다르푸르에 대한 방관적 태도는 간접통치의 논리로 정당화되었다. 이 시기에 영국은 수단정치서비스(Sudan Political Service)라는 독특한 행정체제를 수단에 도입하였는데 그것은 최소한의 기능만을 수행하고 실질적인 행정업무를 지역의 전통적인 지도자들에게 일임하였다. 영국은 1899-1939년의 시기에 250만 평방킬로미터의 방대한 지역을 통치하기 위해서 마치 클럽과도 같았던 느슨한 조직을 운영했을 뿐이었다. 315명이 이 자리에 충원되었는데 그들은 대부분 옥스퍼드나 케임브리지를 졸업한 중산층의 자제들로서 해외근무를 통해서 개인적인 자유를 한껏 누렸다.

20세기 초에 프레데릭 루가드(Frederick Lugard)에 의해서 이론적으로 정립된 간접통치의 기술은 '선의의 무시'(benign neglect)를 요체로 한다.[3] 영국은 아프리카에서 지역의 문화를 존중하며 지역의 전통적인 정치집단을 통해서 권력을 행사하는 온건한 식민정책을 구사하였다. 그러나 식민 당국은 주민들의 고유한 삶의 방식을 침해해서는 안 된다는 논리 하에 이들의 생존 기반을 개선하는 문제에 대해서 관심을 보이지 않았다. 그 결과 이들 지역은 근대화의 혜택을 받지 못하는 소외 지역으로 계속 방치되었다. 간접통치 정책에 따라 지역의 행정권이 전통적인 부족 지도자들에게 위임되고 외부적인 지원이 절연됨으로써 기술 진보나 교육의 개선 문제는 항상 외면되었다. 이 시기의 다르푸르는 간접통치의 전형이었다. 가령 1935년까지 다르푸르에는 초등학교가 4개뿐이었으며, 수단의 유일한 고등교육기관인 고든 대학교의 1929년 입학생 510명 중에서 다르푸르 출신은 한 명도 없었다(Prunier 2007, 30). 수단의 영국 행정가들은 또한 주

---

3) Frederick Lugard, *The Dual Mandate in British Tropical Africa* (London: Frank Cass, 1965).

민들에게 불필요한 지식과 사상을 주입하는 지식인들을 경계하였다.

이 시기에 마흐디의 유복자였던 사이드(Sayid)를 상징으로 하는 네오마흐디즘이 부활하여 식민당국을 긴장시키기도 하였는데 당국의 정책 변화에 따라 이들에 대한 조치가 완화되자 마흐디즘 운동은 수단 전역에 걸쳐 24개의 지부를 조직하는데 성공하였다. 다르푸르에도 3개의 지부가 조직되었으며 점차 그들의 영향력이 확대되었다. 그 후 일부 지역에서 마흐디스트의 폭동이 일어나 다르푸르에서도 지부가 폐쇄되는 사태를 겪기도 했지만 그들의 인기는 계속 상승하였다.

종전이 가까워짐에 따라 수단의 독립이 정치적 의제로 부상하자, 1944년에 '나일 계곡의 통합' 즉 이집트와의 통합을 주장하는 통일당(Unionist)이 출현하였으며 1945년에는 마흐디스트 정권 수립을 목표로 하는 움마(Umma)당이 조직되어 통일당에 대항하였다. 1953년에 행해진 최초의 수단의회의 선거에서 통일당은 97석 중에 50석을 차지하였고 움마당은 22석을 확보하였다. 그러나 다르푸르에서는 대부분 유권자들이 마흐디스트들에게 표를 던졌다. 이 당시까지만 해도 다르푸르는 투표과정에서 아랍인과 아프리카인의 분열을 보여주지 않았다(Prunier 2007, 36).

IV 수단 독립과 인종 갈등(1956-1984)

다르푸르가 인종정치로 분열을 겪기 시작한 것은 1970년대에 들어서이다. 여기에는 수단과의 합병 이후 낙후된 현실로 인하여 소외감을 느끼게 된 지역 정서를 배경으로 마흐디스트들의 정치적 조작과 차드와 리비아의 인종적 갈등이 크게 작용을 하였다. 또한 이 시기에 들어서 진행된 사막화라는 생태적 요인이 인종적 정체성을 강화하는데 한 몫을 하였다. 그 결과 진보적이며 혁명적인 아랍인과 반(反)아랍적이며 반동적인 아프리카인이라는 대립구도가 조성되었다.

1. 국내 정치의 혼란과 다르푸르의 분열

1958년 독립 후 최초로 실시된 선거에서 움마당이 승리를 거두었으며 다르푸르에서는 22개 선거구 중 19 곳에서 당선되는 압승을 거두었다. 그러나 사이드의 움마당은 다르푸르의 충성심을 너무나 당연시 하였고 이에 대해 어떠한 보답도 고려하지 않았다. 수단의 초창기 민주주의는 곧 국가적 위기에 직면하였다. 경제적 채무와 외화잔고의 고갈, 기업들의 연속적 파업, 약한 정부의 존재와 의회의 지속적 공세, 남부의 반란, 심지어 이집트의 전복음모 등 정부의 무능력이 노정되었다. 위기사태에 직면하게 된 수단의 정당들은 사실상 군대에게 권력을 이양함으로써 군사정권이 등장하였다.[4] 군부독재 기간 동안 사이드가 죽고 짧은 기간의 살육적인 투쟁이 있은 후에 움마당은 그의 손자인 사디크 알 마흐디(Sadiq al-Mahdi)가 정권을 잡았다. 군사독재가 종료된 직후인 1965년 5월에 실시된 총선거에서 움마당은 173석 중 76석을 차지하였는데 다르푸르에서는 24석 중 16석을 확보하였다.

그러나 이 시점에 이르러 다르푸르는 중앙정부에 대한 불만을 간접적으로 표출하기 시작하였다. 1963년에 다르푸르의 개발을 목표로

---

4) 1956년 독립 이후 수단은 7개의 정부를 경험하였는데 그 중 4개가 군사정권이었다. 1958-64년의 아부드 정권, 1969-85년의 니메이리 정권, 그 후 과도 군사정부 12개월, 1989년 이후의 바시르 정권 등 독립 후 50년간 총 37년이 군사정권이었다.

하는 다르푸르개발전선(DDF)이 조직되었는데 그것은 다르푸르의 주민들 대다수가 아랍인이나 비아랍인 할 것 없이 중앙정부로부터 소외감을 느끼고 있다는 징표였다. 이브라임 디레즈(Ibrahim Diraige)가 주도했던 이 조직은 후일 다르푸르가 중앙정부와 투쟁을 하는 과정에서 중요한 역할을 수행하게 된다. 1965년에는 수단에 적합한 헌법형태를 놓고 국민적인 논쟁이 벌어졌는데, 이슬람의 젊고 역동적인 지도자 알 투라비(al-Turabi)가 이슬람적 정향의 헌법 채택을 주장하였을 때 놀랍게도 기독교계가 다수인 남부인들 뿐만 아니라 다르푸르도 반대의사를 보였다. 그것은 중앙정부가 이슬람 헌법의 채택을 계기로 통치권을 강화하려는 의도를 보인데 대해 다르푸르가 더 이상의 주변적 존재로 머무는 것을 거부하겠다는 의사표시였다(Prunier 2007, 40). 이 사건을 계기로 수단의 이슬람 세계는 내부적인 분열을 보이기 시작했지만 처음에 그것은 인종적 변수가 아닌 지역적 변수에 근거해 있었다. 그러나 1968년 선거에서 움마당이 분열되어 삼촌과 조카의 조직이 대결을 벌이게 되었을 때 움마의 강력한 본거지였던 다르푸르는 선거과정에서 큰 혼란을 겪었다. 디레즈와 제휴한 사디크는 다르푸르의 소외가 아랍인의 아프리카인에 대한 경멸 때문이라고 주장하며 아프리카 유권자들을 선동한 반면, 다른 한쪽에서는 아랍민족주의를 자극하며 다르푸르의 토착 아랍인들이 카르툼의 통치계급으로 합류하게 될 것이라는 희망을 제시하였다. 선거 결과는 다르푸르 개발전선의 지지를 받은 사디크의 움마당이 24석 중에서 13석을 확보하여 다르푸르에서 승리를 거두었고 삼촌인 아이맘 알 하디가 이끄는 세력은 7석만을 얻는데 그쳤다. 1968년의 선거와 이에 따른 선동정치는 다르푸르의 주민들에게 왜곡된 인종감정과 문화의식을 만들어내었고 그것은 이후 초래될 비극적 사태의 불씨가 되었다. 1969년에 육군 대령인 니메이리(Nimeiry)에 의해서 군사 쿠데타가 발생하여 군부 독재가 시작되자 이들 정치인들은 모두 투옥되었고 움마당은 정치적 억압을 받았다.

2. 차드, 리비아 요인

1965년 이래 차드는 아프리카에서 가장 오래된 내전에 휘말려 왔다. 그리고 다르푸르는 차드 내전 초기부터 분쟁에 중요한 역할을 하였다. 차드가 북부의 이슬람과 남부의 기독교 세력으로 양분되어 후자가 권력을 장악하고 있었기 때문에 다르푸르는 게릴라 운동단체인 차드민족해방전선(FLNT)에게 반란의 자연적 배후지가 되었다.

1969년 9월에 권력을 잡은 리비아의 젊은 혁명지도자 가다피(Gaddafi)는 제2차 세계대전 이후 리비아에 진주한 영국과 미국의 군사기지를 폐쇄하고 북아일랜드 공화군과 필리핀의 이슬람 모로 전선을 지원하며 차드와의 국경분쟁을 다시 일으켰다. 차드에 대한 그의 적의는 부분적으로 차드의 대통령이 아프리카인이고 기독교인이라는 사실에 기인하였다(Prunier 2007, 44). 그는 사실상 인종주의자였으며 아랍우월주의와 범아랍주의를 맹렬히 주창하였다. 가다피는 최초에 니메이리 정권에 호감을 보였으나 후자가 수단과 리비아의 합병을 거절하고 남부 수단의 기독교 세력과 평화협정을 추진하자 권력투쟁에서 패배한 사디크의 리비아 망명을 환영하고 수단의 국가전복을 계획하기에 이른다. 1976년에 리비아에서 훈련을 받은 1천 2백명의 수단 민병대들이 카르툼을 침공하였으나 수단 정부군의 반격으로 격퇴되었으며 그 과정에서 반란에 동조했던 다르푸르의 많은 주민들이 학살당하는 사태가 발생하였다. 카르툼 정부와 리비아 및 차드가 다르푸르에서 각축전을 벌임에 따라 현지 주민들은 아랍과 아프리카로 양분된 인위적인 세계 속에 점차 빠져들게 되었다.

3. 사막화와 생태적 위기

아랍인과 아프리카인의 이분법을 더욱 악화시킨 추가적인 요인은 인간의 소행이 아니라 신의 행동이라고 밖에 말할 수 없는 생태적 위기의 문제였다(Prunier 2007, 47). 70년대에 들어 가뭄이 빈번해 지면서 사막화 과정이 심각한 사태에 이르게 되었다. 목초지 감소와 수자원 부족으로 인한 환경적 여건의 급격한 악화는 정치적으로 조작된 인종적 정체성을 더욱 양극화시켰다. 스스로를 아랍 부족으로 인식하게 된 사람들은 자신들이 아프리카인 이웃과는 다른 집단이라는 사실을 확인하는 시점에서 생존 수단을 위협받게 되었고 제한된 자원으로 인한 양자간의 충돌은 상대 집단을 부정적으로 인식하게 만들었다. 한편 1970년대 초에 차드에서 가뭄과 기근 사태가 발생하자 전통적인 우방국가인 프랑스 정부는 식량지원에 착수하였고 지원된 식량은 차드 남부 지역에 우선적으로 배분되었다. 정부로부터 외면당한 북부의 이슬람 주민들은 생명을 유지하기 위해서 다르푸르로 이동하였다. 이들은 본래 아프리카 계통의 부족들이었으나 다르푸르에서는 아랍인으로 인식되었다. 굶주리고 있었으며 무장하고 있었던 이들 난민 집단으로 인해 현지 주민과의 충돌 사태가 발생하였고 그것 역시 다르푸르의 인종 갈등을 자극하는 한 요인이 되었다. 카르툼 정부는 폭발 직전의 위기상황을 해소하기 위해 적극적으로 사태수습에 나서는 대신에 과거와 마찬가지로 다르푸르를 정치적, 군사적 게임을 위한 수단적 존재로만 바라보며 방관적 태도로 일관하였다.

V 대기근과 다르푸르의 위기(1984-2003)

1. 대기근의 발생과 도덕적 질서의 붕괴

강우량이 급격히 감소함에 따라 다르푸르 북부 지역은 점차 경작이 불가능하게 되었다. 한 연구조사에 따르면 1976-1986년 사이에 다르푸르의 일부 지역에서는 강우량이 40% 이상 줄어들었다.[5] 반유목민족은 완전한 유목민이 되었으며 그들은 정착 농민의 남아있는 목초지를 침식하기 시작하였다. 니메이리 정부는 다르푸르의 상황이 악화되자 현지 출신의 정치인인 디레즈를 주지사로 임명하여 뒤늦게 민심을 수습하려 하였다. 디레즈는 즉각적으로 행정개혁에 착수하며 수자원 개발을 시도했으나 이미 상황은 최악의 사태를 맞고 있었다. 과거에 수단정부가 구상했던 다르푸르 발전 프로젝트는 상징적인 토템 기둥을 세우는 정도였으며 영국 통치 이후 수자원 개발이 한번도 시도된 적이 없었던 다르푸르의 주민들은 하수로 오염된 물을 식수로 이용하고 있었다. 1983년 11월 디레즈는 해외로부터의 식량원조가 이루어지지 않는다면 다음 해에는 사태가 더욱 악화될 것이라는 경고를 담은 '기근편지'를 대통령에게 발송하였다. 카르툼 정부로부터 별다른 반응이 없자 상경하여 항의를 하던 디레즈는 결국 지사직에서 해임되었다. 1984년 8월이 되자 기근은 더 이상 부인할 수 없는 사태가 되었고 니메이리는 결국 다르푸르를 재난지역으로 선포하며 국제사회에 식량 원조를 요청하였다. 기근사태가 여타 지역으로 급속히 확대되면서 식품가격이 급등하고 노동자들은 파업에 돌입하

---

5) 이것은 엘 파셔의 경우이다. 강우량 통계표는 Prunier, *op. cit.*, p. 49 참조할 것.

였다. 에티오피아 공산정부와 가다피 독재에 대한 방호자로 수단을 인식해왔던 미국 정부는 신속하게 식량원조에 착수했으나 시기를 놓친 니메이리 정부는 1985년 5월 거리의 폭동으로 전복되었다.

1984년부터 1985년 11월까지 계속된 기아사태로 다르푸르 주민 9만 5천 명이 사망하였다. 가뭄은 사람들로 하여금 식량을 찾아 헤매게 만들었으며 대규모의 인구 이동을 초래하였다. 이전에는 일종의 도덕적인 질서가 존재하였고 갈등이 발생할 경우에 부족간의 협상이나 중재 등의 전통적인 방식을 통해 문제가 해결되었다. 알렉스 드 왈(Alex de Wahl)에 의하면 1984년의 가뭄은 목초지의 감소뿐만 아니라 북부 지역 아랍계 낙타 유목민들의 세계관을 변화시켰다. 더 이상 마초를 구할 수 없게 된 그들은 습지가 있는 남쪽 지역을 향했고 남부의 정착 농민들은 이들의 진입을 힘으로 저지하려 하였다. 나쁜 씨앗을 제거하기 위해 목초지를 태우는 농부들의 관행은 격감하는 가축 무리를 바라보는 절망적인 유목민들에게 치명적인 사태로 간주되었다. 양측은 상대방을 적으로 비난하기 시작하였다. 아프리카인들이 목초를 베어버리자 아랍인들은 아프리카인들이 소유하고 있는 가축들을 훔치기 시작하였고 아프리카인들은 그들을 향해 총구를 겨누었다. 그러나 이미 차드 반군과 리비아 군으로부터 무기를 확보한 아랍인들은 살인자가 되고 있었다(Prunier 2007, 58). 다르푸르의 기아사태에 즈음하여 가장 신속하게 움직인 것은 리비아였다. 1985년 8월 곡물과 분유를 실은 수송차량과 함께 리비아 군대가 엘 파셔에 도착하였다. 리비아는 호전적인 아랍주의 이념을 전파하며 아랍인 유목민을 일방적으로 지원하였다. 아랍 혁명을 위한 국제여단임을 자처하는 리비아 군대는 다르푸르를 배후 근거지로 하여 정규군뿐만 아니라 민병대까지 동원하며 남부 수단과 차드에 대한 공격을 계속하였다. 1986년 총선거에 승리한 사디크의 움마당은 과거의 친리비아 정책을 계속 고수하였고 자신들의 정치적 목적을 달성하기 위해서 다르푸르가 리비아의 통제 하에 놓이는 것을 사실상 승인하였다. 다르푸르에서는 리비아의 통화가 화폐로서 통용되었다. 차드 군대가 다르푸르에 주둔하고 있는 리비아 군대와 아랍인 민병대 캠프를 공격하자 다르푸르의 내전은 리비아/차드 분쟁과 완전히 뒤섞여 하나가 되었다. 1988년이 되자 '나쁜 기사들'이라는 의미의 잔자위드(Janjaweed)[6)]라는 용어가 사용되기 시작하였으며 외부 군대의 지원을 받은 이들 아랍인 민병대들은 흑인 마을을 습격하고 민간인들을 학살하기 시작하였다. 폭력에는 폭력으로 맞서야 한다는 논리에 따라 자위를 목적으로 푸르족의 민병대가 조직되었고 카르툼에서는 리비아군의 주둔에 항의하는 대규모의 시위가 발생하였다. 그러나 사디크의 민주정부는 다르푸르 사태를 외면하거나 방조하였으며 오히려 동일한 이슬람 형제임을 앞세워 다르푸르의 흑인들을 남부 수단과의 전쟁에 징집하는 이율배반적인 태도를 보여주었다.

2. 리비아군의 철수와 남부 수단 반군의 개입

1989년 차드 반군의 지도자였던 이드리스 데비(Idris Deby)는 차드 대통령 살해를 시도하다 실패하여 리비아가 통제하던 다르푸르로

---

6) 사회학적으로 볼 때 잔자위드는 다음의 6개 집단으로 분류될 수 있다: 1980년대 이후 활동을 시작한 도적과 강도들, 정규군에서 퇴역한 제대병사들, 아프리카인인 이웃과 토지문제로 갈등을 겪고 있는 아랍의 젊은이들, 민병대 합류조건으로 감옥에서 석방된 일반범죄자들, 광신적인 아랍 인종주의자들, 일자리가 없는 아랍 젊은이들. Prunier, *op. cit.*, pp. 97-98. 그러나 모하메드 살리는 잔자위드가 역사적으로 다르푸르의 원주민들에게 적의를 품었던 유목민 바가라(Baggaga)족으로부터 대부분 충원되었다고 말한다. M.A. Mohamed Salih, "Understanding the Conflict in Darfur," Centre of African Studies, University of Copenhagen, *Occasional Paper* (May 2005), p. 12.

피신하였다. 그러나 1990년에 재차 공격을 시도한 데비는 승리를 거두고 차드의 수도에 입성하여 '아프리카의 30년 전쟁'을 종결시켰다. 그리고 1989년에 오마르 하산 알 바시르(Omar Hassan al Beshir)가 이끄는 장교들에 의해서 친리비아적인 사디크의 민간 정부가 전복되었다. 이에 따라 실리와 명분을 모두 상실한 리비아는 다르푸르에서 군대를 철수시켰다. 이후 다르푸르 사태는 인종 갈등의 외부적 요인이 제거됨으로써 순수한 수단 국내 문제가 되었다.

그러나 이번에는 남부 수단 반군의 지도자인 존 가랑(John Garang)이 다르푸르에 관심을 보이고 다르푸르 반군을 지원하기 시작하였다. 갑자기 가랑이 다르푸르 사태에 개입을 하게 된 이유는 남부 수단의 분리 독립을 주장하며 자신의 지도 노선에 도전하는 반군 과격파 세력과의 대결 과정에서 남부 수단뿐만 아니라 수단의 소외된 모든 지역을 해방시키는 새로운 수단을 건설하려는 자신의 청사진을 과시하고 싶었기 때문이었다(Prunier 2007, 72). 그 결과 가랑은 다르푸르 출신인 다우드 볼라드(Daud Bolad)를 앞세워 다르푸르에 대한 공격을 감행하였지만 같은 흑인임에도 불구하고 남부의 딩카족은 다르푸르에서 외국인으로 인식되어 별다른 호응을 받지 못했고 볼라드는 마흐디스트들의 밀고로 체포되어 처형되었다. 차드 내전의 종식과 볼라드 봉기의 실패로 인하여 다르푸르에 표면적으로는 고요의 시기가 도래하였다. 1994년 다르푸르는 3개의 행정구역으로 분리되었으며 이로 인해 불이익을 받게 된 마살리트(Masalit)족에 의해서 1990년대 후반에 산발적인 게릴라 전투가 전개되었다.

3. 알 투라비의 축출과 다르푸르 위기 재개

다르푸르 사태에 다시 기름을 부은 것은 오랫동안 카르툼 정치의 실력자로서 막강한 권력을 행사해왔던 알 투라비가 권력 투쟁에 패배한 후 다르푸르에서 재기를 꾀하게 되면서부터이다.[7] 1999년 12월 대통령 오마르 알 바시르는 국가비상사태를 선포하고 의회를 해산하였다. 바시르는 사실상의 쿠데타였던 이 조치를 통해서 자신의 정치적 스승이며 노회한 정치인이었던 하산 알 투라비를 제거하고 급진적 이슬람주의 노선을 수정하여 수단의 국제적 위상을 재정립하려 하였다. 투라비는 다르푸르를 중심으로 한 지방의 인맥을 중심으로 새로운 정당을 조직하여 바시르 정권에 도전하였다. 그는 민중봉기의 가능성을 염두에 두며 과거의 입장에서 완전히 선회하여 카르툼 정부의 실정을 비판하는데 열중하였다. 나일 아랍인들의 권력 독점 때문에 서부 수단이 정당한 대우를 받지 못하고 있음을 폭로하는 '검은 책'(Black Book)이 그의 진영에서 무명으로 출간되었다. 2001년 2월에 투라비가 이끄는 조직은 수단인민해방군(SPLA)과의 제휴를 발표함으로써 세상을 놀라게 하였다. 그것은 과거에 양극단에 섰던 두 세력이 카르툼 정부를 전복하기 위해서 연합했음을 의미하였다. 남부 수단 반군과는 달리 자체적인 군사력을 보유하고 있지 못했던 투라비는 다르푸르에서 무장 집단을 조직하며 남부 수단 반군을 통해서 무기를 구입하고 전열을 가다듬었다. 같은 해 6월 남부

---

7) 박찬기는 투라비의 개인적인 권력욕이 다르푸르 사태의 주요한 계기를 제공한다고 본다. 박찬기, "중동의 정치변동과 민주화: 수단 다르푸르 내란의 원인 규명에 관한 고찰," 『한국국제정치학회하계학술대회발표자료집』(한국국제정치학회, 2006), p. 110, 113. 1932년 수단 동북부의 카살라에서 출생한 투라비는 프랑스 소르본느 대학에서 박사학위를 취득한 후 카르툼 대학에서 법학강의를 하였다. 그는 이슬람형제단 활동으로 수시로 탄압을 받고 수감생활을 했으며 1989년 바시르 군사혁명의 배후 지도자가 되었다. 이후 그는 수단 역사상 가장 극단적인 이슬람 정책을 추진했으며 1991년에는 오사마 빈 라덴을 받아들여 알 카에다의 조직 정비에 협력하였다. 그 결과 수단 정부는 미국정부에 의해서 불량국가로 지명되었고 클린턴 정부로부터 미사일 공격을 받기도 하였다. 그는 바시르와의 권력 투쟁 끝에 1999년 12월에 실각되었다.

수단 반군은 임박한 반란을 지원하기 위해서 다르푸르를 공격하였으나 다우드 볼라드의 침공 때와 마찬가지로 공격은 실패로 끝났고 정부군에 의한 잔혹한 보복이 뒤를 따랐다. 수천 명의 민간인들이 공중폭격과 민병대의 공격으로 희생되었는데 그것은 2년 후에 전개될 다르푸르 사태의 축소판과도 같았다.

한편 2001년 9/11사태 이후 테러와의 전쟁에 열중했던 미국은 수단을 선한 이슬람 동맹으로 간주하고 수단 정부와의 긴밀한 협력을 추구하였다. 미국의 압력으로 남부 수단과의 평화협상이 시작되었으며 국제 언론과 서방외교관들은 남북 대화의 진전을 축하하였다. 그러나 국제사회의 관심이 남부 수단과의 평화협상에 집중되어 있을 때 다르푸르의 상황은 악화일로를 걷고 있었다.

VI 제노사이드의 발발과 평화협정 체결(2003-2006)

1. 다르푸르 반군의 공세와 수단 정부의 초토화 정책

2002년 11월 카르툼 정부는 다르푸르에 특사를 파견하여 남부 수단과 같은 어리석음을 범하지 말 것을 경고하며 도로 개설과 수로 개발을 위해 특별히 예산을 지원할 것임을 약속하였다. 그러나 2003년 2월에 30명 전문가의 지원을 받은 300명의 반군이 골루의 작은 마을을 습격하여 200여명의 병사들을 살해하는 사건이 발생하였다. 반군의 가장 큰 세력인 수단해방군(SLA)은 본래 1980년대 후반에 자위적 차원에서 무장을 했던 반(反)잔자위드 민병대였는데 다르푸르 해방전선(DLF)으로 활동을 재개해오다가 2003년에 명칭을 변경하였다.[8] 같은 해 4월에 수단해방군은 북 다르푸르의 수도인 엘 파셔를 공격하여 항공기를 파괴하고 무기와 연료를 탈취하며 공군 장성을 포로로 삼은 후 뒤이어 두 번째로 큰 도시인 멜리트를 공격하여 정부 창고를 습격하고 무기와 식량을 탈취하였다. 미국 측 자료에 따르면 이때 반군은 200명의 군인 포로들을 처형하였다. 같은 해 5월에는 과거 이슬람주의 민병 대원이었던 카릴 이브라힘(Khalil Ibrahim)이 정의평등운동(JEM)이라는 반정부단체를 조직하고 투쟁을 선언하였다. 투라비의 영향력 하에 있었던 이 조직은 바시르 정부에서 숙청된 비아랍계 이슬람주의자들로 구성되어 있었다. 이로써 다르푸르 반군은 수단해방군과 정의평등운동이라는 두 개의 축을 갖게 되었으며 시간이 흐름에 따라 수많은 군소단체들이 출현하였다. 수단해방군은 1989년에 사태가 진정되자 해산에 동의하고 주요 무기들을 은닉한 채 낡은 무기들을 경찰에 인계한 상태였는데 카르툼 정부와 다르푸르의 재대결이 피할 수 없는 상황이 되자 다시 병력을 충원하고 훈련을 시작하였다. 정의평등운동은 주로 군수물자의 수송과 재정지원을 책임지게 되었다. 수단 정부는 다르푸르 사태에 남부 수단 반군과 알 투라비의 정당이 연루되어 있다고 발표하였다.

남부 수단과의 협상을 진행 중이었던 수단 정부는 남부 수단 반군세력이 카르툼으로 진출할 경우에 다르푸르 사태는 더욱 통제가 힘들어 질뿐만 아니라 여타 지역으로 확산될 가능성이 있었기 때문에 군사적 수단을 동원하여 신속하게 반란을 진압하기로 결정하였다. 대부분 신병과 다르푸르 출신으로 구성된 정규군을 신뢰할 수 없게 된 수단 정부는 민병대인 잔자위드의 동원을 고려하기 시작하였다. 그동안 정부는 이 거친 무장대에 대해서 제재와 관용을 반복

8) 명칭의 변경은 중요한 의미를 함축한다. 반군은 더 이상 분리주의 노선을 추구하지 않고 수단의 민주화와 다르푸르의 사회경제적 지위 향상을 위해 투쟁하겠다는 새로운 목표를 천명한 것이다. M.A. Mohamed Salih, *op. cit.*, p. 14.

하는 애매한 태도를 취하고 있었다. 최종적으로 잔자위드는 정부군과 합동작전을 시작하였으며 많은 민병대원들이 정규군의 군복과 견장을 지급받았다.

2003년 7월에 수단 정부군은 수단해방군의 본거지로 추정되는 3개 지역에 대해서 대대적인 공격을 감행하였다. 러시아제 항공기인 AN-12의 집중 폭격과 미그기 및 헬기의 기총공격이 있은 후에 탱크를 앞세운 지상군의 공격이 시작되었다. 말이나 낙타를 탄 잔자위드는 때로는 독자적으로 때로는 정규군과 함께 공격을 하였는데 그들은 가옥을 불태우고 곡식을 파괴하며 가축을 도살하였고 여자들을 강간하였다. 아프리카인 남자들은 살해되었으며 모든 비아랍인들이 체계적으로 추방되었다.9)

알렉스 드 왈은 다르푸르 학살사태의 본질을 수단 정부가 마오쩌둥의 게릴라전 이론에 착안하여 '저비용의 게릴라 토벌전'(counter-insurgency on the cheap)을 시도한 것으로 분석하였다. 그것은 물고기를 잡기 위해서 연못의 물을 빼야 한다는 논리로서 아프리카인들이 거주하는 촌락을 파괴함으로써 반군들이 활동할 수 있는 공간을 파괴하는 작전을 의미하였다.10) 그러나 후술하는 것처럼 뒤늦게 사

9) 정부군과 잔자위드의 공격 방식 및 만행에 대한 자세한 설명은 Human Right Watch, "Darfur in Flames: Atrocities in Western Sudan," *Human Right Watch*, Vol.16, No.5 (A) (April 2004), pp. 13-33을 참조할 것.

10) 이것은 알렉스 드 왈에 의해서 처음 사용된 표현이다. Alex de Waal, "Counter-insurgency on the Cheap," *London Review of Books*, vol. 26, no. 15 (August 5, 2004). 그러나 프뤼니에는 다르푸르 사태를 게릴라 토벌전의 관점에서 바라보는 것은 복잡한 문맥을 사상하고 정부 책임을 축소하는 문제가 있음을 지적한다. Prunier, *op. cit.*, p. 152. 혹자는 초토화 작전(scorched earth policy)이라는 표현을 사용하고 있다. Karin Willemse, "Darfur in War: The Politicization of Ethnic Identities?" *ISIM Review* (Spring 2005), p. 14.; Allison S. Cohen, "We Must Halt the Genocide in Darfur, Sudan Now," The Jacob Blaustein Institute for the Advancement of Human Rights, *Human Rights Discussion*

태를 파악한 국제사회의 압력에 의해서 2004년 5월에 대규모의 인도주의적 개입이 이루어지고 상징적이나마 아프리카연합군이 진주함에 따라 제노사이드적 양상을 보이던 인종청소는 저강도의 게릴라 토벌전으로 전환되었고, 희생자들 역시 직접적인 학살이 아니라 소모전(war of attrition)에 따른 질병과 기아에 의한 피해를 입게 되었다.

2. 국제사회의 대응

초기에 다르푸르 사태는 거의 언론에 알려지지 않았다. 해외 언론들은 수단의 남북평화협상에만 관심을 보였지 아프리카 촌락에서 살상극을 벌이는 악마의 기마병에 대해서는 누구 하나 언급하는 사람이 없었다. 다르푸르를 국제사회로 끌어낸 것은 국제 NGO들이었고 국제사면위원회와 국제위기그룹이 맨 처음 그 역할을 하였다. 점차 BBC와 여타의 통신사들이 다르푸르의 위기를 뉴스로 다루고 특파원을 파견하기 시작하였으며 유엔 인권조정관 무케쉬 카필라(Mukesh Kapila)가 인터뷰를 통해서 르완다와 다르푸르의 차이는 단지 피해자의 숫자라고 주장함으로써 사태의 심각성을 고발하는 결정적인 계기를 제공하였다. 신문들은 점차 흥분하기 시작하였고『뉴욕타임스』는 제노사이드를 언급하기에 이르렀다. 다르푸르 위기에 대한 언론보도가 뒤늦게 된 가장 큰 이유는 수단 사태를 북부의 이슬람과 남부의 기독교 세력간의 전쟁으로만 파악해온 고정관념으로 인해서 이슬람과 이슬람간의 폭력사태를 미처 상상하지 못했으며 더구나 남북평화협정의 진전으로 수단이 아프리카의 성공 스토리가 되고 미래의 잠재적인 투자지역으로 부각되는 시점이었기 때문이었다.

Paper (June 2005).

본격적인 반란진압 작전으로 100만 명이 넘는 난민이 발생하였고 식량 및 의료품 부족과 폭력, 강간 등 난민촌의 절망적인 생활환경 때문에 희생자의 숫자가 계속 늘어나자 유엔을 비롯한 국제기구와 국제 NGO들은 다르푸르에 대한 인도주의적 지원을 시작하였다. 미국국제개발처(USAID)와 국제적십자사는 사태가 1984년의 기근보다 더 나쁘다고 발표하기에 이르렀다. 그러나 '방해받지 않는 접근'을 약속했던 수단 정부는 교묘한 방식으로 이들 단체의 접근을 방해하였고 민병대는 식량 전달과정에서 난민뿐만 아니라 구호요원들을 위협하였다. 밀과 사탕수수 시럽이 유전적으로 변형되었다는 구실로 미국의 구호식품 하역을 거부하기도 하였다.

워싱턴은 다르푸르 사태에 곤혹스러워 하였는데 특히 현실주의자들인 국무부와 CIA는 카르툼이 테러와의 전쟁에 중요한 역할을 하고 있다고 주장하며 수단 정부와의 협력을 계속 모색하였다. 그러나 가랑의 로비를 받은 미 의회는 수단평화법과 같은 반(反)카르툼 법안을 통과시키려 하였다. 국민 여론 대다수가 수단 정부에 대한 제재를 지지하였고[11] 기독교 원리주의 단체나 유대인 집단이 다르푸르 사태에 항의를 시작하자 부시 행정부는 딜레마에 빠지게 되었다. 결국 백악관은 외형적으로 목소리를 높이며 반카르툼 법안을 통과시키면서도 군사적인 차원에서 아무런 조치도 취하지 않는 전략을 채택하였다.[12] 콜린 파월은 상원외교관계위원회에서 제노사이드라

11) 2005년 5월에 실시된 조그비(Zogby) 여론조사는 다르푸르에서 제노사이드 사태가 발생하였다(80%), 미국은 이 사태를 용납해서 안된다(84%), 전쟁범죄자들을 국제형사재판소에 회부되어야 한다(91%) 등의 결과를 보여주었다. Prunier, *op. cit.*, 162. 또한 하버드 대학은 수단과 교역을 하는 모든 회사의 주식을 처분하였는데 그것은 대학에서부터 연기금에 이르기까지 전국에 걸쳐 연쇄적인 반응을 촉발하였다. Don Cheadle & John Prendergast, *Not on Out Watch* (New York: Hyperion, 2007), p. 221.

12) 그러나 미국이 특유의 도덕주의에 입각하여 다르푸르 사태의 해결에 적극적으

는 용어를 사용하였지만 미국이 여기에 군사적으로 개입해야할 의무는 없다고 발언하였다(Prunier 2007, 140). 한편 보스니아나 코소보 사태 당시에 무기력함을 보여주었던 유럽 연합은 다르푸르 사태에 즈음하여 인도주의적 개입을 위한 자금 지원 외에 별다른 행동을 취하지 않았다. 부시 행정부의 이라크 침공에 대해 거부감을 가졌던 유럽 국가들은 오히려 미국의 지나친 사태개입 가능성을 경계하였다.

유엔 역시 다르푸르 위기에 즈음하여 난처한 입장에 처하게 되는데 그것은 서구 세계가 유엔의 적극적인 행동을 요청하면서도 사실상 이에 따른 재정적, 군사적 수단을 제공할 의사가 없다는 사실을 잘 알고 있었기 때문이었다. 따라서 2004년 6월 코피아난은 자신의 우유부단함을 비판하는 목소리에도 불구하고 다르푸르 사태가 현 단계로서는 제노사이드나 인종청소라고 말할 수 없다고 선언하였다. 이 당시 유엔 조사위원회는 다르푸르 사태를 제노사이드가 아닌 전쟁범죄로 규정하였다. 그러나 유엔은 51명의 전범자 명단을 국제형사재판소(ICC)에 통보할 것을 제안하였고 그것은 이후 다르푸르 사태 진전에 큰 영향을 미쳤다. 미국 정부는 이에 대해 국제형사재판소가 아닌 르완다식의 특별재판소 설치를 제안하며 유엔의 입장에 반대하였다.

결국 국제사회는 아프리카인에 의한 아프리카 문제의 해결이라는 방식을 채택하였다. 서방세계로부터의 자금 지원에 전적으로 의존한 채 아프리카 연합(AU)은 2004년 8월에 150명의 자체적인 평화유지군(AMIS)을 다르푸르에 투입하였는데 그 후 병력은 7천 명에

로 임했으나 중국, 러시아, 파키스탄 등의 방해로 그것이 지체되었다고 주장하는 애국주의적인 논문도 있다. 한 예로 Richard S. Williamson, "Darfur: Genocide in Slow Motion," *UNA_USA Occasional Paper*, No. 1, 17 (April 2006)를 참조할 것.

이르게 된다. 아프리카 연합군은 현지에서 사태의 전개를 감시하는 제한적인 임무만을 부여 받았으며 폭력의 행사를 저지할 수 있는 권리가 인정되지 않았다. 아프리카 연합은 다르푸르 대량학살과 관련하여 카르툼 정부나 잔자위드를 비난하는 것을 거부하였다. 처음부터 불가능한 임무(mission impossible)를 부여받았던 아프리카 연합군의 존재는 다르푸르 사태에 임하는 국제사회의 반응을 상징적으로 보여주었다(Prunier 2007, 145).

그러나 2004년 말 카르툼의 일반적 정서는 다르푸르에 대한 서구 사회의 관심을 정치적 음모로 간주하고 있었다. 그것은 특히 미국의 이라크 침공 이후 악화된 이슬람 세계의 반서구 감정과 맥락을 같이 하였다. 다르푸르에서 석유 탐사권을 갖고 있는 유일한 회사는 일본 기업이었음에도 불구하고 사람들은 서방 세계가 석유를 노리고 있다는 의혹을 제기하였다.

3. 남부 수단과의 평화협정 체결과 다르푸르 사태의 악화

2005년 1월 케냐의 나이로비에서 수단 정부와 남부 수단 반군 사이에 평화협정이 체결되었다.[13] 양측은 평화협정을 통해서 궁극

13) 제1차 수단 내전은 1958년에 군사정부가 반기독교적인 조치를 취하면서 시작되었다. 1972년에 평화협정이 타결되어 남부 지역의 종교적 자유와 자치권이 부분적으로 허용되었다. 1983년에 수단정부가 이슬람 율법에 따른 통치를 전국으로 확산시키겠다고 하자 기독교를 믿는 남부가 이에 강력하게 반발하며 제2차 내전이 발발하였다. 이 시기에 딩카족의 장교였던 존 가랑에 의해서 수단인민해방운동(SPLM)이 조직되었다. 종교적 갈등에 더욱 불을 지른 것은 남부 지역에 매장된 대규모의 석유자원이다. 수단은 사하라 사막 이남 아프리카 국가들 중에서 석유 수출 3위의 국가이다. 남부 지역은 중앙정부가 막대한 석유 수입에도 불구하고 자신들에 대해서 전혀 신경을 쓰지 않고 있기 때문에 독립을 할 수밖에 없다고 주장하였다. 2005년의 평화협정 결과 6년간의 과도기간을 설정하는 등 6개안에 합의했는데 종교 문제와 관련해서는 이슬람 율법의 지배를

적으로 상대방을 무력화시키고 와해시킨다는 동상이몽을 하고 있었다. 하지만 외견상으로는 남북의 평화협상으로 인해 다르푸르 사태 역시 평화적인 문제 해결이 가능할 것이라는 기대가 고조되었다. 그러나 일련의 사태로 인하여 다르푸르 위기는 다시 한번 혼란 속으로 빠져들기 시작하였다.

첫 번째 사태는 남부 수단의 반군 지도자 가랑의 죽음이었다. 2005년 7월에 출범하는 통일정부에서 부통령직을 맡을 예정이었던 가랑은 2009년의 대통령 선거를 위해 총력을 기울이고 있었다. 어렵게 구축된 이슬람 세력과의 협력관계를 유지하며 통일정부의 전폭적인 지지를 기대했던 가랑은 다르푸르 문제에 대해서 조심스러운 태도를 취할 수밖에 없었다. 그러나 카르툼에 입성한 후 2주 만에 그는 헬기사고로 사망하였다. 카르툼은 가랑의 죽음으로 남부 수단이 2011년에 거의 분리 독립할 것으로 예상하였다. 카르툼 정부는 인종적으로 복합적이었던 다르푸르가 북부 수단을 위협하는 트로이 목마가 되는 것을 사전에 방지하고 남부 수단과의 대결에 있어서 안전판을 확보하기 위해서 다르푸르에 대한 아랍인의 통제를 강화해야 한다는 강박관념을 갖게 되었다(Prunier 2007, 165).

두 번째 사태는 일부 다르푸르 반군의 횡포와 반군의 내부적 분열이었다. 민니 아루쿠 민나위(Minni Arku Minnawi)가 이끄는 수단해방군 일파가 강압적인 방식으로 주민들에게 세금과 식량을 강요하고 여성들을 위협했을 때, 아프리카인이었던 베르지드(Bergid)족은 정부군 편에 서서 이들에게 저항하였다. 이러한 유형의 사건은 점점 혼란 속으로 빠져드는 다르푸르 비극의 실체를 보여주었다.

받는 북부와 달리 남부 10개주에는 그 원칙이 적용되지 않는다는 내용을 명기하였고, 하루 생산량 32만 배럴에 달하는 원유 생산 수입은 북부와 남부가 50 대 50으로 나눠 갖기로 결정하였다.

2005년 10월에 다르푸르 반군은 극적인 인종적 해체를 경험하였다. 젊고 야심적인 반군 지도자 민나위는 하스카니타에서 회의를 개최하고 스스로 반군 최고 지도자임을 선언하였다. 그것은 다르푸르 인구의 8%에 불과한 자가와족의 잔치였으며 전체 인구의 40%에 해당하는 반군 다수세력인 푸르족과 그들의 지도자 아브드-엘-와히드는 회의에 불참하였다. 과거에 차드 대통령의 경호원이었던 민나위는 제1인자인 와히드를 제거하고 수단의 정치지도자로서 부상할 야심을 갖고 있었으며 이를 위해 그는 수단과 차드 정부 양자 모두와 협력할 준비가 되어있었다.

세 번째 사태는 차드 내전의 새로운 양상이었다. 차드 정부를 전복하고 대통령의 자리에 오른 이드리스 데비는 처음에 수단 정부의 다르푸르 정책에 대해 협력적인 태도를 보였다. 그러나 주로 자가와족 출신이었던 측근들에 의해서 다르푸르에 있는 자가와족 반군에 대한 지원 압력을 받게 된 데비는 점차 입장을 바꾸게 되었다. 이에 따라 수단 정부 역시 다르푸르에 기지를 두고 있는 반데비 세력에 대한 지원을 시작하였고 2005년 중반이 되자 차드인들은 자체적으로 다르푸르 반군을 조직하려 하였다. 양국 사이에 국경을 넘나드는 공격의 악순환이 시작되었고 다르푸르 사태는 점차 대리전의 양상을 띠게 되었다. 같은 해 말에 데비 대통령의 친위대 장교들이 반란에 실패한 후 다르푸르로 피신하자 차드 군대는 다르푸르로 진격을 하였고 수단 정부는 이에 맞서 잔혹한 보복을 가했다. 그들은 차드의 아랍인들로 구성된 잔자위드를 조직하여 다르푸르에서와 마찬가지 방식으로 차드의 아프리카인들을 공격하였다(Prunier 2007, 170). 아프리카의 최빈국인 차드는 점차 절망적인 위기 상황으로 빠져 들었고 내부적으로 쿠데타의 음모에 시달리게 되었다. 2006년 4월에 수단정부는 차드 반군을 도와 최종적인 공격을 시도했으나 다르푸르 반군의 사태 개입으로 작전에 실패하였다. 차드 내전은 다르푸르 평화협정의 전망을 어둡게 만드는 한 요인이 되고 있다.

2006년 초가 되자 다르푸르 사태는 아프리카 민간인에 대한 잔자위드의 공격, 전리품을 둘러싼 잔자위드 상호간의 충돌, 가축을 강탈하려는 게릴라 부대와 이에 맞선 민간인의 투쟁, 게릴라 부대 상호간의 주도권 투쟁, 차드 반군의 다르푸르 반군 공격, 아랍인 상호간의 생존권 투쟁 등 극심한 인종적 혼란을 겪게 되었다. 유엔 사무총장 코피 아난이 다르푸르가 무정부 상태이며 불법천지라고 개탄하였을 때 그것은 결코 과장이 아니었다(Prunier 2007, 169).

4. 다르푸르 평화협정 체결과 그 이후

다르푸르 평화협정은 2004년 12월에 나이지리아의 아부자에서 시작되었다. 국제사회는 평화협정의 체결로 유엔 평화유지군의 파견을 포함한 모든 문제가 일거에 해결될 것이라는 기대 속에서 수단정부와 다르푸르 반군에 대한 압력의 강도를 높여나갔다. 그러나 2005년 4월에 유엔은 다르푸르 사태의 전범자들을 국제형사재판소에 고발함으로써 수단 수뇌부에게 충격을 주었다. 수단 정부의 강경파들은 유엔군의 진입이 국제형사재판소에 넘겨진 전범자 명단의 체포로 이어질 것이라는 개인적인 공포를 느꼈을 뿐만 아니라 다르푸르에 대한 양보가 수단의 국가체계를 붕괴시키고 동부의 반군들에 대해서도 똑같은 결과를 초래할 것이라는 우려를 하며 협상을 거부하였다. 그들은 서구의 개입이 석유자원에 대한 탐욕과 미군기지 건설 계획 때문이라고 주장하며 미국 외교관의 목에 현상금을 걸기도 하였다. 그러나 온건파가 주도권을 잡으면서 상황은 역전되었고 아프리카 연합의 군대를 유엔 평화유지군으로 교체하는데 대해서도 합의가 이루어졌다. 수단 정부의 정보책임자가 미국으로 건너가 막후 협상을 벌였으며 그 과정에서 전범자 명단은 51명에서 17명으로, 그 후 다시 8명으로 축소 조정되었다. 서방은 다르푸르 반군에 대해서도 서명시한을 설정하고 그들이 서명을 거부하는 경우에 국제테러리스트 명단에 오르게 될 것이며 여행금지와 자산동결 등 제재를 받게 될 것이라고 위협하였다. 다르푸르 반군의 최대 파벌의 지도자인 아브드-엘-와히드는 부시 대통령과 토니 블레어 영국 수상을 비롯한 18명의 세계지도자들이 전화와 편지로 설득을 행했음에도 불구하고 끝내 서명을 하지 않았다. 결국 민니 미나위가 서명을 함으로써 2006년 5월 5일에 나이지리아 아부자에서 다르푸르 평화협정(DPA)이 체결되었다. 국제사회는 그것이 위대한 외교적 승리임을 주장하였다. 그러나 다르푸르 인구의 절반과 흑인 인구의 80%를 대표하는 수단해방군의 와히드 파벌과 정의평등운동 세력은 서명을 거부하였다.

108 페이지에 달하는 다르푸르 평화협정은 3개 부분으로 구성되어 있다. 첫 부분은 안보조항으로 전투 중지, 게릴라군의 숙영, 잔자위드 무장해제, 수단해방군의 정규군 및 경찰 편입 등을 다루고 있다. 두 번째 부분은 권력 공유조항으로 반군에게 권력 서열 4위인 대통령 수석보좌관직, 다르푸르 3개 주 가운데 1개 주의 지사직, 지방의회의 3분의 1 의석을 제공할 것과 다르푸르 지역청을 설립할 것을 보장하는 내용으로 되어 있다. 세 번째 부분은 재산공유 조항으로 다르푸르의 재건과 발전을 위한 자금 조성과 난민에 대한 보상금 지급 등을 내용으로 하고 있다(Prunier 2007, 179).

기술적으로 볼 때 이들 내용에는 큰 문제가 없었으나 모든 것이 수단 정부의 선의(善意)에 달려 있다는 점이 우려사항으로 지적되었다. 수단 정부는 국제사회의 압력 때문에 서류상으로 동의를 하였으나 과거에 서명한 협정을 이행하지 않는 것으로 악명이 높았다(Prunier

2007, 182). 더구나 다르푸르 평화협정은 차드 문제와 다르푸르 반군의 분열 사태를 거론하지 않음으로써 치명적인 결함을 내포하고 있었다.

평화협정 체결 직후부터 사태는 크게 잘못된 방향으로 나아가기 시작하였다. 평화협정 서명 후 3일이 지나자 난민들은 유엔의 직접 개입을 촉구하며 평화협정에 반대하는 서명을 하고 항의시위를 벌이기 시작하였다. 민나위 수하의 몇몇 장군들은 평화협정 체결과 관련하여 유엔에 조사를 촉구하는 편지를 썼다. 잔자위드는 평화협정에 서명한지 몇 시간 만에 공격을 재개하였고 차드 국경 인근에서는 전투가 계속되었다. 2006년 6월에는 전 주지사인 디레즈를 포함한 다르푸르의 유력인사들이 평화협정을 거부하는 조직인 국민구국전선(NRF)을 결성하였다. 뒤이어 최악의 사태가 발생하였다. 잔자위드와 민나위가 이끄는 다르푸르 반군이 수단의 정규군과 합동으로 평화협정을 거부하는 아프리카 소수 부족을 공격한 것이다. 사람들은 과거의 자유의 전사(freedom fighters)가 잔자위드의 동맹이 된 사실에 놀라움을 금치 못하였으며 유엔은 다르푸르 평화협정이 사문서화되는 현실을 개탄하였다.[14)]

---

14) 2007년 1월에 수단에서 활동 중인 14개의 유엔 관련 국제구호단체들은 구호요원들에 대한 안전 조치 보장과 구호요원들을 공격하고 위협한 자들에 대한 처벌을 요구하는 성명을 발표하였다. Joint Statement on Darfur, January 18, 2007; Source: UN High Commission for Refugees. 수단 문제 전문가인 에릭 리브스 교수에 의하면 다르푸르에서 활동 중인 구호단체들의 안전이 보장되지 않음으로써 그 활동이 마비되는 경우에 사망자의 숫자는 향후 1백만 명을 넘어설 수 있으며 그것은 르완다 사태를 능가하는 수준이 될 것이다. 현재로서 카르툼 정부에 압력을 가할 수 있는 유일한 국가는 중국이며 중국이 다르푸르 사태를 계속해서 외면할 경우에 2008년의 북경 올림픽은 다르푸르 제노사이드에 대한 중국의 공모를 폭로하는 무대가 될 것이다. Eric Reeves, "Understanding Genocide in Darfur: The View from Khartoum," *Sudan Tribune* (Friday 26 January 2007).

Ⅶ 맺는 말

다르푸르의 참극은 전형적인 아프리카 위기 사태의 사례이다. 우리들로부터 멀리 떨어져 있으며 잘 알려지지 않은 오지에서 역사적으로 복잡한 난맥상을 보이는 인종집단 상호간에 극단적 폭력성을 동반한 갈등이 인도주의적 위기를 초래하고 서구 사회는 뒤늦게 이를 문제 삼지만 실질적으로는 사태에 개입할 의사가 없으며 유엔은 숭고한 명분에도 불구하고 회원국들로부터 충분한 지원을 기대하기 힘들다는 사실을 잘 알고 있기에 적극적인 조치를 망설인다. 아프리카인에 의한 아프리카 문제 해결의 논리는 결국 누구도 사태에 책임을 지지 않는 결과를 초래하였다.

제노사이드 이론의 일반적 가설에 따르면 사태는 다음과 같은 방식으로 전개된다. 우선 오랜 시간 지속되는 잠재적인 인종적 적대관계가 선행한다. 그것은 종종 경제적 이해관계의 충돌이나 문화적 정체성의 차이를 배경으로 한다. 그 후 자연적인 재앙이나 사회적인 변혁이라는 매개 변수가 등장한다. 마지막으로 정치권력을 추구하는 정치 지도자들에 의해서 희생양이 선정되고 대중적 선동이 이루어지며 학살계획이 수립된다.[15] 다르푸르의 경우에 이러한 가설은 완전히 들어맞는다고 보기 힘들다. 지역 주민들 사이에 아랍인과 아프리카인의 이분법이 하나의 허위의식으로 일찍부터 자리를 잡기는 하였으나 그것은 적대적인 관계로까지 나아가지 않았으며 현실적으로 볼

15) 제노사이드의 일반이론에 대해서는 Isidor Wallimann·Michael Dobkowski, *Genocide and the Modern Age* (Syracuse University, 2000); Benzamin A. Valentino, *Final Solution: Mass Killing and Genocide in the Twentieth Century* (Ithaca and London: Cornell University Press, 2004)를 참조할 것. 특히 발렌티노의 책은 정치적 요인의 중요성을 크게 강조하고 있다.

때 두 집단을 구별할 수 있는 물리적인 척도도 존재하지 않았다. 오히려 문제의 핵심은 저개발과 소외로부터 야기된 지역적 불만에 있었으며 이는 식민통치의 유산으로서 수단 해방 이후까지 계속된 카르툼 정부의 무관심이 빚어낸 결과였다. 따라서 다르푸르의 반발은 초기에 아랍인과 비아랍인의 경계를 초월하였으나 리비아의 가다피와 수단 마흐디스트들의 아랍주의 이데올로기에 의해서 인위적으로 인종의식이 형성되었고 책임전가가 이루어졌다. 카르툼 정부는 빈곤과 가뭄 및 기아사태를 해결하는데 실패하였고 다르푸르 사회의 내부적 갈등에 편승하여 문제를 해결하려 하였다. 잔자위드 집단의 모체가 된 다르푸르의 '아랍인 원주민'들은 어떤 의미에서 다르푸르 사태의 희생자라고도 말할 수 있다. 흑인 원주민과 아랍인 원주민 두 집단의 지도자들이 카르툼의 무관심에 맞서 공동의 대의를 만들지 못한 것이 다르푸르의 비극이었다(Alex de waal 2005, 5) 1970년대 이후 가속화된 사막화 현상과 수자원 고갈 및 생태계의 교란은 다르푸르 위기의 직접적인 계기를 제공하였고 아랍인 원주민들은 카르툼에 있는 '강가의 아랍인'들에 의해 결코 동일한 신분으로 인정을 받지 못하였음에도 불구하고 인위적으로 주입된 이데올로기와 허황된 환상에 사로잡혀 비아랍인 박해에 앞장을 선다. 따라서 다르푸르 사태는 인종적인 변수보다는 조작적이며 정치적인 변수의 영향이 더 크다고 말할 수 있으며 남부 수단과의 평화협정 체결 이후 복잡다기화 되고 있는 인종적 갈등은 이러한 사실을 잘 보여준다.

유엔은 최소한 20만 명이 다르푸르에서 사망한 것으로 추정하였으며 논자에 따라서는 희생자의 숫자가 50만 명에 이르는 것으로 파악되었다.[16] 다르푸르 전 인구의 3분의 1에 해당하는 2백만 명이 난

16) 제라르 프뤼니에는 2005년 초를 기준으로 희생자의 숫자를 28만 명에서 31만

민수용소를 전전하였다. 다르푸르 사태가 제노사이드에 해당되는가에 대한 논란도 있지만 1948년의 제노사이드 협약 규정을 참고할 때 그것은 의문의 여지가 없어 보인다. 동 협약에 따르면 '전체적 또는 부분적인 물리적 파괴를 목적으로 집단의 삶의 조건에 고의적으로 위해를 가하는 행위'를 제노사이드로 규정하고 있다. 다만 의도성의 문제를 강조할 경우에 수단 정부는 르완다 제노사이드 당시 인터아함웨(Interahamwe)의 동원과는 달리 즉흥적이며 비조직적인 일면을 보여주었기 때문에 대조를 이룰 수도 있다.[17] 유엔 조사위원회가 "수단정부가 특정 인종 혹은 종족 집단을 절멸시키려는 국가적 정책을 폈다는 충분한 증거를 발견하지 못했다."라고 적시한 것은 이런 입장을 반영하였다. 따라서 다르푸르 사태와 관련하여 외교관들이나 유엔 관료들 사이에서 통용되는 용어는 제노사이드가 아닌 인종청소이다. 그러나 가장 엄밀한 의미에서 그것이 제노사이드에 해당되는

명 사이로 파악한다. Prunier, *op. cit.*, p. 152. 한국수출입은행 자료에 의하면 사망자의 숫자는 30만 명으로 추산된다. 한국수출입은행, "다르푸르 평화협정, 성과와 전망," 『수은해외경제』 제25권 제6호 (한국수출입은행, 2006. 6), p. 68. 에릭 리브스는 2006년 4월 29일 현재 질병과 영양실조로 사망한 사람의 숫자가 26만 명이고 폭력에 의해서 희생된 자가 22만-27만 명으로서 전체 사망자 수는 48만-53만 명에 이른다고 말한다. Eric Reeves, "Quantifying Genocide in Darfur", http://sudanreeves.org(April 28, 2006), p. 13.

17) 사만다 파워는 제노사이드의 개념이 반드시 르완다식의 학살을 요구하는 것은 아니며 제노사이드 협약의 내용을 다르푸르 사태에 적용시키는데 문제가 없지만 의도성의 문제에 대해서는 더 많은 조사를 요구한다고 말한다. Samanda Power, "Dying in Darfur: Can the Ethnic Cleansing in Sudan be Stopped," *The New Yorker* (August 30, 2004), p. 24. 그녀는 다르푸르의 아프리카인 촌락이 절반 이상 파괴된 이후에도 잔자위드가 다수의 민간인들에 대한 공격을 계속할 것이라고 수단 정부는 예상하지 못했을 수도 있다고 말한다. *Ibid.*, p. 23. 알렉스 드 왈 역시 기획된 인종 파괴의 청사진은 존재하지 않았다고 말하며 반인륜적 전쟁범죄라고 부르는 것이 더 적절하다고 주장한다. Alex de Waal, "Counter-insurgency on the Cheap," *London Review of Books*, vol. 26, no. 15 (August 5, 2004). p. 7.

지를 따지는 것은 의미론(semantics)의 문제에 불과하며 현실적으로 볼 때 그것이 제노사이드인지 인종청소인지를 구별하는 것은 실익이 없다.

다르푸르의 평화협상은 역설적으로 수단의 정치 혼란을 예고하는 전조로서 해석되기도 한다.[18] 불만을 가져온 변방의 소외 지역들이 다르푸르 사태에 자극을 받아서 무력 사용을 시도할 가능성이 크기 때문이다. 가령 2005년 1월 동부 지역의 베자(Beja) 의회는 부와 권력의 공유를 요구하며 수단정부에 대한 저항을 시작하였는데 베자의 의회와 군대는 아직까지도 수단정부군과 전투를 계속하고 있다.

다르푸르 위기의 해결은 수단의 통치 엘리트들이 수단은 더 이상 카르툼 중앙정부의 힘만으로는 통치가 불가능하다는 사실을 깨달을 때 가능하다. 그러나 다르푸르의 엘리트들 역시 다르푸르의 독립을 원하고 있지 않다. 그들은 다르푸르가 분리 독립을 할 경우에 가령 석유가 발견된다 하더라도 빈약한 기반시설과 부존자원으로 인해서 가뭄이나 기아를 자체적으로 감당할 수 없음을 잘 알고 있다. 따라서 양자를 고려하는 현실주의적 해법은 상이한 인종집단의 정체성을 인정하는 자율적 연방국가를 건설하는 것이다.[19] 이슬람민족전선(NIF)이 지배하는 북부의 정치 엘리트들이 이러한 현실을 얼마나 수용할 것인지 여부가 문제 해결의 관건이 될 것이다.

---

18) M.A. Mohamed Salih, "Understanding the Conflict in Darfur," Centre of African Studies, University of Copenhagen, *Occasional Paper* (May 2005), p. 25.

19) *Ibid.*, p. 27.

제8장

아체 분리주의 운동 일고

Ⅰ 머리말

수마트라섬 최북단에 위치하고 있는 아체특별주는 면적이 55,390 km^2이며 인구는 약 400만 명이고 3개 시 8개 군으로 구성되어 있다. '메카의 베란다'(verandah of Mecca)라고 불릴만큼 이슬람교가 주민생활에 절대적인 영향을 미치고 있는 이곳은 원주민 전체가 이슬람교를 믿고 있다(제대식 2003, 66). 원주민의 80%가 아체족이며 그 외에 가야족과 가야알라스족 등 6개의 종족이 거주하고 있다. 아체인 대부분은 구릉지대에서 환금작물(후추, 코브라, 커피, 고무, 담배 등)을 재배하거나 북부 해안의 비옥한 평원을 따라 쌀농사를 짓고 있다. 아체에서 가장 큰 소수민족은 자바인으로서 그 숫자는 28만여 명에 이른다. 일부 공직자를 제외한다면 그들 대부분은 군도 주변지역의 인도네시아화를 위해 자바에서 건너온 이주민들이다.

아체 지역은 지난 130년 동안 전쟁과 반란의 역사로 점철되어 왔으며 그 결과 폭력의 반다(Banda) 혹은 저항의 섬으로 불리게 되었다. 특히 1976년 이후 아체인들은 독립국가의 건설을 위해 인도네시아 정부를 상대로 무장투쟁을 불사해 왔다. 인도네시아 군도의 여타 지역에서도 자원 개발이나 지역적 소외를 문제 삼아 불만이 표출되어 왔지만 아체에서와 같은 극단적인 무장봉기사태는 발생하지 않았다. 아체인들이 단순한 자치가 아닌 독립을 부르짖는 이유는 무엇인가?

이 글은 아체 분리주의의 역사적 배경을 먼저 검토한다. 반식민지 투쟁의 유산, 자카르타 정부의 배신과 과도한 통합정책, 경제적 박탈감, 하산 티로의 리더십 등 4개의 범주를 통해서 이에 대한 해답을 시도한다. 그 다음에 게릴라전과 대게릴라전의 전개과정을 1953년의 다룰 이슬람(Darul Islam) 봉기, 1976년의 자유아체운동 출범, 1989년의 무장투쟁 재점화와 군사작전 지역 설정, 1998년 수하르토 퇴진과 아체 독립운동 부활의 4단계로 정리한다. 그리고 GAM(자유아체운동)과 정부군의 전략을 군사적 차원과 정치적 차원에서 간단히 비교한다. 마지막으로 2005년 8월 헬싱키 평화협정 이후의 아체 사태를 개관하고 잠정적인 결론을 시도한다.

II 아체 분리주의의 역사적 배경

1. 술탄 왕조의 정체성과 반식민지 투쟁의 유산

기존의 연구에 따르면 1471년 아체 지역에 술탄이 지배하는 아체 다루살람 왕국이 건설되었다(Reid 2006, 10). 이슬람을 정신적 원동력으로 통일을 성취한 아체 왕국은 1518년 포르투갈 함대의 침략을 격퇴함으로서 국가적 자존심을 키워나갔고 술탄제와 이슬람 공동체, 아체어에 입각한 민족적 정체성을 구축하였다. 이후 아체 왕국은 주변 국가나 부족 집단들에 의해서 특별한 존재로 인식되었으며 17세기 이스깐다르 무다 왕조(1607-1636)에 이르러 전성기를 맞이하였다. 이 시기에 아체는 동아시아와 남아시아를 연결하는 해로 상의 전략적 위치로 인하여 강력한 무역왕국으로 부상하였다.

그러나 동남아 지역으로 진출하여 인도네시아 군도의 대부분 지역을 점령한 네덜란드는 전세계 후추 공급량의 2분의 1 이상을 공급해 온 아체 왕국을 그대로 내버려 두지 않았다. 네덜란드는 식민통치의 역사상 가장 큰 규모의 원정대를 파견하여 막대한 희생을 치른 끝에 왕국의 수도인 반다 아체에 입성하여 아체 왕국을 강제 합병하고 술탄 제도를 폐지하였다. 아체 왕국의 마지막 술탄 무함마드 다우드샤와 뗑꾸 찍디띠로를 지도자로 하는 울라마(ulama)[1]들은 끈질긴 게릴라전을 전개함으로써 아체 전쟁(1873-1903)은 30년 동안 계속되었다. 아체 전쟁은 20세기의 베트남전을 연상케 하는 동남아시아 최대의 반제국주의 투쟁이었으며 또한 이슬람의 지하드를 예고하는 전쟁이기도 하였다(Reid 2006, 14). 구(舊)귀족세력인 울레발랑(Uleebalang)의 협력에 힘입어 친식민정부가 수립되었으나 찍디띠로와 그의 추종자들은 1911년까지 항쟁을 계속하였다. 그 후 전쟁이 종료되고 네덜란드의 식민통치가 시작되었지만 아체인들의 정신적 저항은 계속되었다.

태평양 전쟁에서 일제가 패망하자 1945년 8월 17일 인도네시아 공화국이 수립되었고 아체 지역은 공화국에 편입되었다. 네덜란드 정부가 기득권을 회복하기 위해 구식민지에 복귀하자 인도네시아와 네덜란드 사이에 독립전쟁(1945-1949)이 시작되었다. 이때 아체는 위기에 처했던 인도네시아 군대의 마지막 보루로서 병력과 자금을

---

1) 울라마는 이슬람의 율법 지식인을 말한다. 이들은 높은 종교적 지식과 청렴함으로 이슬람 대중의 존경과 믿음을 얻었다. 이슬람 사회가 전성기를 맞이하고 그 세력이 세계 곳곳으로 퍼져 나가던 시기에 자칫 분열되기 쉬운 국가를 안정시키고 일반 대중들을 정신적으로 통일시키는 역할을 하였다.

지원하며 임시수도의 역할을 수행하였다. 이 시기에 무정부상태 속에서 사실상의 자치 정부를 운영했던 아체 주민들은 자신들의 공헌에 자부심을 느끼며 종전 후 인도네시아 정부로부터 특수한 지위를 인정받기를 기대하였다.

2. 자카르타 정부의 배신과 과도한 통합정책

특별한 대우를 바라는 아체 주민들의 기대에도 불구하고 1950년에 헌법 체제를 정비한 인도네시아 정부는 아체 지역을 북부 수마트라주의 하위 행정단위로 지정하였다. 또한 수카르노 정부는 국가통합을 강조하는 판차실라(Pancasila)[2)]의 이데올로기를 앞세워 이슬람으로 무장된 아체 주민들의 정치 문화에 대해 경계적인 태도를 보였다. 그 결과 1953년 다우드의 반란이 발생하자 정부는 이를 무마하기 위해서 아체를 다시 주로 복귀시키고 특별한 지위를 약속하였다. 그러나 자치의 범위는 종교와 교육, 관습 등의 부문에 국한되었으며 그것 역시 실질적인 조치를 취하지 않았다. 새로 들어선 수하르토 정부의 신질서(New Order) 정책 역시 다인종국가인 인도네시아를 통합하려는 일념 하에 하나의 민족을 강조하고 인위적인 이주 정책을 추진함으로써 사실상 아체의 자바화(Javanization)가 진행되었다. 신질서 정책은 또한 고도로 중앙집권화 된 정치체제를 강요함으로써 지방의 정체성을 파괴하였다. 보상과 처벌의 방식을 통해서 새로운 기술관료 집단이 형성되었고 전통적인 울라마들은 영향력을 상실하거나

2) 판차실라는 전지전능한 신에 대한 신앙심, 정의롭고 예절 바른 인간성, 하나로 통일된 인도네시아, 대중합의와 대의제도를 통한 지혜로운 정책에 의해 인도되는 민주주의, 모든 인도네시아인을 위한 사회정의라는 다섯 가지 원칙으로 구성되어 있다. 각자의 신을 섬기되 서로 배척하지 않고 차별하지 않는다는 판차실라의 내용은 통일된 인도네시아의 건설을 강조하고 있다.

친정부 세력으로 변질되었다. 수하르토 정권이 해체되면서 1999년과 2001년 두 차례에 걸쳐 아체특별법이 제정되었고 그것들은 과거와 달리 아체인들의 요구를 상당부분 반영하였지만, 이 시점에 이르러 아체인들은 자카르타 정부의 신의를 믿지 않았으며 따라서 특별법에 대해 별다른 관심을 보이지 않았다. 그리하여 본래 특별한 형태의 자치나 혹은 연방제를 요구했던 아체 지도자들의 주장은 점차 독립 국가의 건설로 방향을 전환하였다.

3. 경제적 박탈감

아체의 자원개발은 네덜란드가 아체를 점령하면서부터 시작되었다. 식민지 정부의 개발사업은 석유 자원과 고무 플랜테이션 사업에 초점이 맞추어졌다. 식민지 정부의 경제정책은 아체 지역을 국가 경제와 세계 시장을 부양하는 원료 생산지로 만들었으며 외부로부터 유입된 자본이 개발이익을 독점적으로 향유하게 되었다. 또한 자바로부터 건너온 이주민들이 하급관리자로서 노동력을 제공하고 생산 활동을 주도하였다. 그 결과 아체는 인도네시아 군도와 통합되었으며 그것의 변방 지역으로 전락하였다(Reid 2006, 122). 이 과정에서 전통적인 귀족 계급인 울레발랑은 식민 당국과 협력하고 어느 정도 혜택을 입었으나 대다수의 농민계급은 완전히 소외되었다. 인도네시아 공화국의 출범과 더불어 외국인 자본가들이 철수했지만 중앙 정부와 자카르타의 자본이 그것을 대체하였고 동일한 상황이 계속되었다. 1970년대에 들어 대규모의 천연가스가 발견되자 정부는 모빌 오일(Mobil Oil)사와 합작회사를 설립하고 생산에 착수하였다. 그러나 천연가스의 개발 수익금 역시 거의 대부분을 중앙정부가 독점하였으며 개발이익의 10% 지역 환원을 요구하는 아체 사회의 목소리에 대해 정부는 전혀 반응을 보이지 않았다. 게다가 경제성장을 우선적인 목표로 추진했던 수하르토 정부는 필요한 외화를 획득하기 위해서 대규모의 벌목사업에 착수하였다. 그 결과 아체는 홍수 등 생태계의 파괴로 인한 피해를 입게 되었으며 농민들은 토지를 잃거나 강제이주를 해야 하는 상황을 맞기도 하였다. 인도네시아 국가수입의 11%를 제공하고 있으며 천연가스 하나만으로도 1년에 26억 달러를 벌어들이고 있음에도 불구하고 식민지 시대보다 경제적으로 더 나아진 것이 없고 전국에서 가장 가난한 지역으로 남아있게 된 아체인들은 자카르타 정부가 자신들을 착취하고 있다고 느끼게 되었다(Skuma 2004, 4).

4. 하산 티로의 리더십

식민지 전쟁의 전설적 영웅 찍디띠로의 후예인 하산 티로는 제3세계 지도자 성장과정의 전형적인 사례를 보여준다. 독립전쟁 당시에는 소년병으로 참전하였으며 인도네시아 최고 정치지도자의 보좌관 역할을 수행하기도 하였다. 전쟁이 끝나자 미국 콜롬비아 대학으로 진학하여 법학과 정치학을 수학하였으며 인도네시아 유엔 대표부에서 파트타임으로 근무하였다. 다우드의 반란이 일어나자 즉각 지지 성명을 발표하고 다우드의 대리인으로서 국제무대에서 투쟁의 대의를 전파하는데 앞장섰다. 인도네시아 정부의 귀환명령을 거부한 하산 티로는 뉴욕에 계속 거주하면서 남아시아와 중동의 이슬람 국가들을 상대로 지원을 요청하였고 특히 1955년 반둥회의에 불참할 것을 호소하였다. 그러나 그의 노력은 묵살되었다. 1976년 아체로 돌아온 하산 티로는 다우드의 지지 하에 자유아체운동(GAM)을 조직함으로써 본격적인 독립투쟁을 시작하였다. 혁명정부가 궤멸되자 스웨덴으로 망명한 그는 현지에 망명정부를 수립하고 아체의 무장투쟁을 원격 조정하였다. 노선 차이로 인해서 망명정부 내부적으로 분열이 있었으나 그 누구도 하산 티로의 지도력을 넘보지 못했으며 아체의 게릴라부대 지휘관들도 대부분 하산 티로의 영향 하에 있었다. 그는 일부 온건파 운동가들의 현실주의적인 태도를 배격하고 시종일관 비타협적인 태도를 견지함으로써 비민주적인 이미지에도 불구하고 자신의 입지를 확고히 하였다. 최초에 하산 티로는 다우드와 마찬가지로 인도네시아가 이슬람이라는 종교를 바탕으로 하는 연방제 국가가 되기를 희망하였으나 1976년 이후 아체의 독립 쪽으로 방향을 선회하게 된다(Reid 2006, 135).

Ⅲ 게릴라전과 대게릴라전의 전개과정

1. 다우드의 봉기(1953-1959)

1951년 7월 아체를 주로 승격시키는 법률이 폐지되자 아체 주민들 사이에 불만이 고조되었다. 한편 독립전쟁 당시 단행된 사회개혁 과정에서 개혁적인 종교지식인 집단인 울라마협의회(PUSA)에 의해서 토지와 재산을 몰수당했던 귀족 계층이 과거의 권리 회복을 위한 투쟁을 시작하였다. 1953년 9월 아체의 울라마였던 다우드 버르흐(1899-1987)는 인도네시아가 이슬람 연방국가가 되어야 한다고 주장하며 아체 자치국을 선언하고 무장한 군대를 이끌어 안보 거점과 공공기관에 대한 공격을 시작하였다. 다우드의 반란은 신정일치를 주장하는 다룰 이슬람(Darul Islam)[3] 봉기와 궤를 같이 했으며 자바

3) '이슬람의 세계'라는 뜻으로서 인도네시아의 '이슬람교 국가건설운동'을 일컫는다.

섬의 무장 세력과 공동보조를 취했다. 이에 자카르타 정부는 1956년 아체의 주 지위를 회복하는 조치를 취했고 1959년에는 아체 주에 대해서 특별한 지위를 부여하는 성명을 발표하였다. 반란군 내부적으로 강온파간에 이견이 표출되었고 연방제(federalism)를 고집하는 다우드와 달리 현실주의자였던 하산 살레는 아체에 대해서 종교와 교육상의 자치권을 인정하는 협상안에 합의하였다. 다우드는 평화협정에 응하지 않고 현지를 이탈했으나 1962년 결국 고향으로 복귀하였다. 다우드의 해외 대변자로 활약했던 하산 티로(Hasan Muhammad di Tiro)는 정부에 항복하지 않고 미국에 체류하였다. 다우드의 반란은 실패로 끝났지만 여기에 가담했던 다수의 주민들은 후일 자유아체운동을 지원하는 중요한 세력을 구성하게 된다.

2. 자유아체운동(GAM)의 출범(1976-1979)

1976년 하산 티로가 이끄는 70여명의 전문직업인과 지식인들은 자유아체운동을 조직하고 아체 독립선언을 하였다. 하산 티로는 네덜란드가 1949년 인도네시아에 아체를 양도한 것은 법적으로 원천 무효라고 말하며 자신들이 아체 술탄왕조의 계승국가(successor state)임을 주장하였다(Reid 2006, 135). 하산 티로에 의해서 새로운 정부가 구성되었고 300여명의 추종자들이 제한된 무기와 함께 무력항쟁을 시작하였다. 정부군이 진압작전에 착수하자 이들은 밀림지대로 도피하여 2년 4개월 간 게릴라전을 전개하였다. 이 시기에 대부분의 핵심인사들이 체포되거나 처형되었고 결국 하산 티로는 스웨덴으로 도피하여 새로운 망명정부를 수립하였다. 현지에 최종적으로 살아남은 50여명은 은둔한 상태에서 비밀리에 투쟁을 계속하였다. 비록 봉기는 실패로 끝났지만 이후 아체 독립의 대의가 주민들에게 폭넓게 전파되었고 대부분의 지역에서 동조 세력들을 확보할 수 있게 되었다.

3. 무장투쟁의 재점화와 군사작전지역(DOM) 선언(1989-1998)

이슬람 국가들을 대상으로 도움을 요청하던 하산 티로는 리비아의 가다피 대통령에게서 게릴라 훈련 지원을 약속받았다. 그 후 약 300여 명의 아체 출신 자원병들이 리비아에서 전투술과 이데올로기 교육을 받고 말레이를 경유하여 아체로 입국하였다. 1989년부터 이들은 군대와 경찰, 관공서를 습격하고 무기를 탈취하는 등 산발적인 공격을 감행하였다. 지식인들의 가세에 대한 우려와 주요 산업시설 보호 문제로 사태의 심각성을 느끼게 된 아체 주지사는 정부에 군대 증파를 요청하였다. 약 750 여명으로 추산되는 게릴라 부대를 진압하기 위해 당시 아체 지역에 주둔하고 있던 6천명의 병력 외에 6천 명의 외지 병력이 추가로 투입되었고 즉각적으로 군사작전지역(DOM)이 선언되었다.

인도네시아 정부는 분리주의 운동의 존재를 인정하지 않고 범죄집단을 소탕한다는 명분을 강조함으로써 저항세력의 정치적 동기를 무시하려 하였다. 진압군은 주민의 지지를 등에 업고 반군을 제압해야 한다는 대게릴라 작전의 핵심원칙[4]을 어기고 처음부터 무차별적인 진압에 착수하였다. 군부의 의도는 충격요법(shock therapy)을 통해서 주민들에게 공포감을 조성하고 게릴라부대에 대한 협조를 차단하는데 있었다(Skuma 2004, 10). 수천 명의 주민들이 고문과 강간을 당하거나 약식 재판과 즉결 처분을 받았으며 처형된 시체들은

4) 이에 대해서는 Leroy Thomson, *The Counter Insurgency Manual* (London: Greenhill Books, 2002) 참조.

도로나 공공장소에 버려졌다. 진압군은 또한 민병대와 자경단을 운영하여 6만 여명의 주민들을 전투 및 정보 수집활동에 투입하였다. 젊은이들은 군대가 도착하기 전에 목표 지역을 수색하는 임무를 부여받았으며 현지 주민들은 스파이 활동을 강요받았다. 그것은 민간인들을 전투 상황에 끌어들이는 것을 금지하는 국제법에 반하는 조치였다. 1992년에 이르러 반군의 전투력은 거의 무력화되었다. 그러나 이러한 초토화 작전은 수많은 희생자 가족을 양산함으로써 1998년 민주화 이후 보복살인의 악순환을 초래하였으며 다른 한편으로 아체의 반란이 전주민적 투쟁으로 전환되는 계기를 제공하였다.

4. 수하르토의 퇴진과 아체 독립운동의 부활(1998-2004)

1) 동티모르 변수와 자유아체운동의 전략

1999년 동티모르 독립은 GAM에게 많은 영감을 주었다. 그들은 동티모르에 대한 국제사회의 관심과 동정이 아체로 이어질 것을 기대하며 자신감을 회복하였다. 따라서 그들은 아체의 상황을 동티모르와 비교하며 진압군에 의한 인권 유린과 민병대의 만행을 강조하였다. 동티모르의 독립이 국제사회의 지원에 힘입은 바 크다는 사실을 깨달은 GAM은 전통적인 게릴라전과 더불어 외교전에도 전력을 기울이기 시작하였다. GAM은 독립 여부에 대한 주민투표의 실시와 유엔이 주도하는 평화협상 개최를 요구하고 국제인권 단체와의 연대를 강화하는 등 아체 사태의 국제화에 박차를 가했다. 그러나 결국 GAM은 국제사회의 지지를 끌어내는 데 실패하였다. 유엔과 미국은 정부군의 과도한 토벌작전을 비난하면서도 인도네시아의 영토 보전을 사실상 지지하였다. 여기에는 9·11 이후 이슬람 분리주의 운동에 대한 국제사회의 태도 변화 외에도 납치와 인질 등 GAM의 일탈행위로 인해 국제사회의 시각이 싸늘해진 점도 한 원인이 되었다(Reid 2006, 243-244).

2) 자카르트 정부의 유화정책 실패

1998년 수하르토 정권이 붕괴하자 군부는 수세에 몰리게 되었다. 시민단체들은 군사정권하에서 자행된 인권유린 사태에 대한 조사와 책임자 처벌을 요구하였고 아체에서도 1990년대의 군사작전과 관련하여 진상규명을 요구하기 시작하였다. 군 최고사령관인 위란토는 군사작전지역 선언을 철회하며 아체 사태에 대해서 공식적으로 사과하였고 외지인 부대의 즉각적인 철수를 약속하였다. 그러나 철수하는 부대와 주민들 사이에서 충돌사태가 빈번히 발생함으로써 아체의 앞날에 어두운 그림자가 드리워지기 시작하였다.

1998년 말이 되자 GAM 역시 군과 경찰에 대한 공격을 재개하였다. 수세에 몰렸던 정부군은 다시 군대를 재배치하고 일련의 작전에 착수하였다. 그러나 민간 정부가 들어서고 군의 지위가 도전을 받는 상황 하에서 신정부는 보다 유연한 접근을 취할 수밖에 없었다. 1990년대의 게릴라 토벌전이 야기한 인권유린 사태를 의식하고 있었던 정부는 군대 대신 경찰을 앞세웠고 소극적인 치안회복 작전으로 일관하였다. 지휘체계가 이원화되고 군보다 무장이나 훈련이 덜 된 경찰이 지휘권을 행사함으로써 군사 작전이 큰 성과를 거두지 못하는 결과를 초래하였다. 또한 일반 경찰 외에 경찰 기동타격대(Brimob)가 투입되었는데 이로 인해 민간 피해를 최소화하려는 정부의 의도는 별다른 효과를 보지 못했다. 기율과 직업정신이 결여된 경찰 특수부대는 임의로 고문과 처형을 자행함으로써 과거 군사작전지역 시대의 토벌전과 다를 바가 없다는 인식을 주민들에게 심어주었다(Sukuma 2004, 17).

1999년 와히드가 대통령에 당선되자 인도네시아 보안군과 GAM의 무력 충돌이 격화되는 상황 속에서도 대화를 통해 갈등을 해결하려는 노력이 시도되었다. 2000년 스위스에 본부를 둔 인도주의적 국제구호단체인 앙리 뒤낭 센터(HDC)의 중재로 대화에 착수한 양측은 다보스에서 공동성명을 발표하고 인도주의적 지원을 위해 잠정적으로 휴전 조치를 취한다고 발표하였다. 그러나 군 내부 일각에서 이러한 조치에 불만을 보였고 GAM 역시 이 기간을 전력 보강의 기회로 삼았기 때문에 협정은 소기의 성과를 거두지 못한 채 곧 파기되었다. 후임자인 메가와티 대통령 역시 적대적 행위 중지 협약(COHA)을 재차 체결하고 평화지대 설정, 필리핀과 태국의 평화감시단 파견 등 보다 적극적인 시도를 재개하였다. 그렇지만 양측 모두 상대방의 진의에 대해 의구심을 가졌고 충돌이 계속됨으로써 협약은 다시 한번 무산되었다. 2003년 5월 동경에서 양측은 최종적으로 협상에 임했으나 GAM이 정부 측이 제시한 조건 - 인도네시아 국가체제 인정, 특별자치 수용, 즉각적인 무장해제 등 3개 조항 - 을 거부하자 경찰 주도하의 보안작전은 종료되고 본격적인 군사작전이 재개되었다(Skuma 2004, 21). 이 시기에 GAM은 무장을 강화하고 병력을 보강하였으며 아체 행정구역 대다수에 대해서 영향력을 행사하였다.

3) 최후의 군사작전과 쓰나미 사태

협상이 결렬되자 인도네시아 정부는 비상계엄을 선언하고 1975년 동티모르 작전 이후 최대 규모의 군사작전에 착수하였다. 암호명 '통합작전'(Operasi Terpadu)으로 알려진 이 작전은 과거와 달리 민간정부에 의해서 법적인 절차를 밟았다는 점, 의회와 모든 정치세력 및 국민의 지지를 바탕으로 취해진 조치라는 점에서 과거의 그것과 차이가 있었다(Skuma 2004, 22-23). 아체 지사의 권한이 계엄사령관에게로 이전되었고 군대가 모든 작전권을 행사하였다. 통합작전은 반군 소탕을 제1의 목표로 하였으나 주민들의 지지를 확보하는 것을 또 하나의 목표로 삼았으며 선무활동과 경제적 지원활동을 강조하였다. 통합작전은 군사적인 측면에서 상당한 성과를 거두어 GAM 전투력의 절반을 파괴하였고 대부분의 촌락을 GAM의 통제권에서 해방시키는데 성공하였다. 그러나 새로운 군사작전 역시 독립을 갈망하는 GAM의 투지를 잠재우지는 못했으며 아체 주민들에게 많은 고통을 추가적으로 안겨주었다. 여전히 민간인 희생자가 속출했으며 인권 유린사태가 끊이지 않았고 소개(疏開)과정에서 많은 주민들이 고통을 겪었다.

한편 자카르타 정부는 GAM을 고립시키기 위한 외교전의 일환으로 하산 티로와 그의 추종자들을 국제사회에 테러집단으로 기소하였다. 스웨덴 정부를 상대로 법적인 절차를 밟은 결과 스웨덴 검찰조사단이 입국하기도 하였으며 인터폴에 대해서도 협조 요청을 하였다. 이로 인해 국제사회가 GAM의 폭력 활동을 주목하게 되었고 GAM의 정치적 입지가 크게 약화되었다. 그러나 전문가들은 아체 문제가 해결되려면 단순한 군사작전만으로는 불가능하며 다음의 3가지 선결과제가 해결되어야 한다고 주장하였다. 첫째, 아체의 사회경제적 지위를 향상시켜야 한다. 아체는 풍부한 천연자원을 보유하고 있음에도 불구하고 인도네시아에서 두 번째로 가난한 주이며 전 인구의 40%가 빈곤선 이하의 삶을 살고 있다. 둘째, 주정부의 무능과 부패 문제를 해결해야 한다. 아체 주정부는 인도네시아에서 가장 부패한 지방정부로서 정치인과 관료들은 외부로부터의 지원자금과 각종 개발자금을 착복하고 있다. 셋째, 정의의 실현문제이다. 군사작전지역 선언 이후 아체에서 자행된 인권유린사태에 대한 조사와 처벌이 이루어지

않는 한 아체 주민들의 불신은 결코 치유될 수 없다(Sukuma 2004, 29-35).[5)]

계속되는 정부군의 공세로 GAM의 전투력이 크게 파괴되었지만 GAM이 아체 독립의 요구를 포기할 가능성은 전무하였다. 그러나 2004년 12월 크리스마스 전야에 밀어닥친 강도 9의 지진과 쓰나미 사태로 상황은 급변하였다. 북부 수마트라에서만 16만 명이 희생되었고 50만 명이 난민이 되었으며 전쟁으로 이미 파괴되었던 사회간접시설은 완전히 마비되었다.

2005년 전의를 상실한 반군은 헬싱키에서 인도네시아 정부와 평화협상에 착수하였다. 여기에는 유도요노 정부의 전례 없는 문제해결 의지도 일조를 하였다. 동년 8월 15일 GAM은 독립의 요구를 포기하였고 정부는 수감 중인 게릴라 요원들의 무조건적 사면과 GAM의 정치참여를 약속하였다. GAM의 부대 해체와 무기 반납, 정부에 의한 사면조치와 군부대의 즉각적인 철수로 1만 5천명의 생명을 빼앗은 30년 전쟁이 한 순간에 해결되자 모두가 놀라움을 감추지 못했다(Aglionby 2005). 아체는 보다 강력한 자치권과 석유 및 천연가스 등 천연자원 수입의 70%를 보장받았고 유럽 및 인근 국가에서 파견된 250명의 감시단이 평화협정의 준수과정을 지켜보게 되었다.

---

5) 인도네시아 정부는 군부의 반발을 두려워하여 이 문제에 대해 아무런 조치를 못하고 있는 실정이다. 하비비 대통령 당시 조직된 특별위원회는 7천여 건의 인권침해사례 중 5건만을 기소하였는데, 와히드 정부가 들어선 후에 그것들 중 오직 1건만 법적으로 처리되었고 그것도 하급 장교들만을 처벌하는 선에서 마무리 되었다. 그 후 메가와티 정부가 들어서자 나머지 4건은 모두 흐지부지 되었다. 시민단체나 언론에 대한 정부의 규제로 인해서 이 문제는 더 이상 진전을 보지 못하고 있다.

Ⅳ 자유아체운동(GAM)과 정부군의 전략 비교

1. GAM의 전략

1) 군사적 전략

1976년에 70명의 투사로 시작된 자유아체운동은 2000년대에 들어서 6천여 명에 이르는 병력을 확보하였다. 또한 이들은 지속적으로 무장을 강화하여 2천여 정의 소화기와 유탄발사기, 60mm 박격포 등으로 무장을 하였다. 무기들은 정부군으로부터 탈취하거나 캄보디아, 베트남, 태국 등지로부터 입수한 것들이었다. GAM의 전략은 현지 지형에 대한 우월한 지식과 주민들의 지원을 활용하여 지구전을 펼치는 것이었다. 그들은 매복 기습을 행하고는 산악지대로 피신하거나 주민들 속으로 몸을 숨겼다. 게릴라 부대의 한 지휘관은 다음과 같이 말했다.

> "그들이 공격하면 우리는 후퇴한다. 그들이 떠나면 우리는 돌아온다. 그들이 지치면 우리는 공격한다." 다른 지휘관은 여기에 덧붙였다. "우리는 전쟁에서 승리할 필요가 없다. 그들이 승리하는 것을 저지하면 충분하다."(Schulze 2004, 34)

반군들은 몸값을 목표로 기업가들을 납치하거나 편향된 보도를 하는 언론인들을 응징하기도 하였다. GAM이 정부군과 경찰 외에 추가적인 공격 목표로 삼은 대상은 다음과 같다. 첫 번째 공격목표는 지방정부의 구조를 마비시키는 것이었다. 반군들은 공공건물을 공격하고 관리들을 협박하였다. GAM에 대해 적대적인 태도를 취하는 정치인이나 판사 혹은 존장들 역시 납치되거나 살해되었다.

그 결과 GAM은 아체 지방정부의 70%를 장악하고 대체 정부를 운영하였으며 독자적으로 세금을 징수하고 증명서 발급 등 통상적인 행정업무를 대신하였다. 두 번째 공격 목표는 국가교육체제를 겨냥하였다. 반군들은 학교시설을 불태우고 교사들을 공격하고 협박하였다. 그들이 교육체제의 파괴를 목표로 삼은 이유는 학교가 자바인의 역사를 정당화하며 아체의 청소년들을 세뇌시키고 있다고 판단했기 때문이었다. 또한 학교시설의 파괴는 아체의 청소년들을 이슬람 기숙학교로 유도하고 군대가 학교시설을 숙영지로 이용하는 것을 저지하는 부수적인 효과를 기대할 수 있었다. 세 번째 공격 목표는 석유, 전기, 가스 등 에너지 기반시설을 파괴하여 지역경제를 마비시키는 것이었다. 예를 들면 그들은 인도네시아 액슨모빌사를 공격하고 직원들을 납치하였다. 그것은 아체의 천연자원을 약탈하는 행위를 저지하고 정부군에 대한 자금 지원을 차단한다는 명분을 앞세웠다. 네 번째 공격목표는 자바인들이었다. 게릴라들은 이들 이주민들을 정부군의 잠재적 부역자로 간주하였고 이들이 정부군에게 정보를 제공하거나 혹은 민병대로서 활약할 가능성이 있다고 보았다. 따라서 그들은 자바인들을 대상으로 방화와 살인 등 테러를 행하며 아체로부터 떠날 것을 강요하였다. 엠네스티 인터내셔널은 이러한 행위를 인권침해로 간주하고 GAM을 비난하였다.

2) 정치적 전략

1979년 망명정부를 수립한 GAM 지도부는 국제사회에 대해서 지원을 호소하는 정치적인 노력을 효과적인 투쟁전략으로 간주하였다. 그러나 본격적인 국제화 투쟁은 수하르토 정권이 퇴진한 1999년 이후에 시작되었다. GAM은 한편으로 인도네시아 정부와의 휴전협상에 착수하여 시간적 여유를 확보하며 다른 한편으로 미국과 유엔을 상대로 강력한 외교전을 전개하였다. 1970년대와 1980년대에 GAM이 주장했던 아체 민족주의는 반자본주의와 반서구주의를 지향하였으며 이슬람 국가들로부터의 지원을 기대하였다. 그러나 냉전이 종료되어 국제정치의 환경이 일변하고 동티모르가 독립을 성취하자 GAM은 민주주의와 인권이라는 서구적 가치를 앞세워 서구 사회의 동정을 얻으려 하였다(Reid 2006, 242).

3) 전략의 한계

GAM은 현지 지형에 대한 우월한 지식과 주민들의 지원을 십분 활용하였으나 병력이나 장비 면에서 정부군의 적수가 되지 못했고 따라서 처음부터 군사적인 승리는 기대하기가 어려웠다. 또한 GAM은 정치적인 전략을 구사함에 있어서 비타협주의로 일관하였는데 그것은 수하르토의 실각 이후 인도네시아 체제 와해가 임박하였고 반대로 아체의 독립이 필연적이라는 상황인식에 기인하였다(Reid 2006, 243). 그러나 9·11 사태 이후 이슬람 분리주의 운동에 대한 국제사회의 반응이 부정적이 되고 민간인 납치나 학교시설 파괴 등 GAM의 테러 행위가 지탄을 받게 됨에 따라 유엔을 비롯한 대부분의 국가가 인도네시아의 영토 보전을 지지함으로써 GAM은 사면초가의 상황을 맞게 되었다.

2. 정부군의 대게릴라전 전략

1) 군사적 전략

초기에 20명 규모의 정보요원으로 반군체포를 시작했던 정부 당국의 조치는 2003년에 이르러 3만 명의 정부군과 1만 5천명의 경찰

병력이 투입되는 대규모의 군사작전으로 확대되었다. 또한 군사작전 구역 선포와 더불어 채택되었던 강경일변도의 진압작전은 인권유린 사태에 대한 국제사회의 비난과 국내 정치의 민주화에 즈음하여 보다 신중한 접근 방식을 취하게 되었다. 그 결과 충분한 훈련과 장비로 전문성을 제고한 정부군은 주민들의 반응을 우선적으로 고려하는 고전적인 대게릴라 전술을 구사하였다(Reid 2006, 245). 가령 2001년의 '치안회복작전'이나 2003년의 '통합작전'은 지역의 문화를 존중하고 기술 및 경제적 지원을 실시하며 주민들의 마음을 얻기 위한 노력을 병행하였다.

정부군 군사작전의 기본적인 패턴은 우선 GAM을 주민들로부터 분리시키고 그들에 대한 보급과 통신을 차단한 후에 GAM의 군사지휘부를 파괴하는 것이었다. GAM의 통신망을 차단하기 위한 노력에도 불구하고 반군은 위성전화를 이용하여 스웨덴의 지도부와 접촉을 계속하였다. 때때로 GAM의 총사령관을 살해하는데 성공하기도 했지만 17개 지역 사령관의 존재로 인해서 GAM 전체를 마비시키는 데는 실패하였다. 반군에 협조적인 것으로 의심되는 지역의 주민들은 강제 소개되었으며[6] 정부군은 입수된 명단을 근거로 촌락을 이탈한 주민들의 가택을 수색하여 은닉 중인 무기와 탄약 등을 적발하였고 이들의 주택은 담 벽에 X의 문자가 표시되어 감시의 대상이 되었다. 일부 시민단체들에 대한 수색 및 압수 사태가 빈

6) 군대는 아체 지역을 4개의 범주로 분류하였다. 백색지역은 갬으로부터 완전히 벗어난 지역으로서 대개 군대가 주둔하고 있는 타운 지역이다. 회색지역은 갬 조직원이 존재하지 않으나 일부 주민들이 보급을 지원하는 지역이다. 적색지역은 갬의 기지나 막사가 없으나 완전히 갬의 통제 하에 놓여있는 지역이다. 흑색지역은 갬의 부대가 주둔하고 있고 완전히 통제 하에 있는 지역이다. 중앙정부는 백색지역에 대해서만 개발지원을 약속하였다. Teuku Samsul Bahri, "Long Story of State Violence in Aceh," (www.asianbridge.asia) 2003. 7. 11.

번히 발생하였으며 GAM에 우호적인 국제 NGO들은 입국이 거부되거나 출국을 강요받았다. 외부로부터의 무기 반입을 저지하고 반군의 멜라카 해협 해상활동을 저지하기 위해서 12척의 전함이 동원되었다. 또한 주민들은 충성심 서약을 강요받았으며 양민임을 표시하는 증명서가 발급되었다.

1999년 이후 정부군의 기율이 크게 강화되기는 하였지만 게릴라 토벌작전 과정에서 자행되는 인권침해는 여전히 심각한 문제로 남았다. 정도의 차이는 있었지만 고문과 강간, 약식처형, 집단적 보복 사건이 그치지 않았다. 좌절한 군인들은 아체인들이 인도네시아 정부에 대해 충성심을 결여하고 있다는 고정관념으로 인해서 특히 젊은 이들을 대상으로 종종 무차별적인 폭력을 행사하였다. 군사작전의 추진과정에서 또 하나의 문제는 주민자위대의 존재였다. 다양한 형태의 자위대들이 조직되어 기본적인 군사훈련을 받았고 칼이나 창과 같은 전통적인 무기로 무장하였다. 자위대는 공식적인 군사작전에 투입되지 않았지만 정보수집, 홍보활동, 보초와 순찰, 장애물 설치 등의 임무를 부여받았다. 주민자위대의 조직은 통상적인 인도네시아 군사작전의 기본원칙(전국민방위의 원칙)이었지만 훈련 부족과 기율 문란, 책임과 통제의 한계 등의 문제가 있었고 전투원과 비전투원의 경계를 흐리게 하는 부작용을 초래하였다(Reid 2006, 263). GAM은 아체 지역의 주민자위대를 동티모르의 민병대와 비교하며 그들의 역할을 비난하였다. 마지막으로 지방정부의 부패와 무능도 군사작전의 효과를 반감시키는 요인이 되었다. 수하르트 정권의 퇴진에 따라 탈중앙집권화가 이루어지고 지방 정부가 보다 큰 재량권을 갖게 되자 개발자금과 구호자금의 용도를 둘러싼 각종 추문은 지역 주민들의 불만을 자극하였다.

2) 정치적 전략

GAM과 마찬가지로 인도네시아 정부도 2000년부터 정치적 전략을 채택하기 시작하였다. 아체에 주둔하고 있는 외지인 군대를 철수시키고 과거에 자행된 인권유린사태에 대해 공식적인 사과를 행하며 반군과의 대화에 착수하는 등 타협에 의한 사태해결을 기대하였다. 그것은 인도네시아 역사상 전례가 없는 조치였으며 아체 사태의 해결을 위해서 특별자치안이 제시되었다. 인도네시아 정부는 평화협상 과정에서 GAM이 목표로 삼는 국제공동체 - 유럽연합과 미국 - 의 힘을 빌어서 아체의 분리 독립을 저지하려 하였다. GAM이 인도네시아 정부와의 타협에 관심을 보이지 아니하고 대외홍보와 자체적인 무력 증강에만 힘을 쏟자 보다 적극적인 조치가 뒤를 따랐다. 2003년 인도네시아 정부는 하산 티로를 포함한 GAM 지도부를 인터폴에 수배 의뢰하였으며 스웨덴, 말레이시아, 태국 정부를 상대로 테러주의자들에 대한 법률적인 절차를 밟기 시작하였다. 이리하여 GAM의 활동은 국제사회의 감시와 규제를 받게 되었다(Reid 2006, 262).

3) 전략의 한계

인도네시아 정부의 최종적인 군사작전은 GAM의 전투력을 크게 파괴시켰으며 법적·외교적 제재는 GAM을 국제사회에서 고립시키는데 성공하였다. 그러나 이 모든 전략은 갈등의 근본원인 - 빈곤과 상대적 박탈감, 정체성의 파괴 등 - 을 치유함 없이 상대방의 일방적인 양보만을 강요함으로써 아체인들로 하여금 자치안을 수용하고 저항을 포기하도록 유도하는데 실패하였다. 쓰나미 사태라는 외부적인 충격이 가해지지 않았더라면 아체 사태의 평화적 해결은 많은 난관에 봉착했을 것이다.

V 2005년 평화협정 이후

1. 헬싱키 양해각서와 아체특별법 제정

헬싱키 평화협정은 신속하게 이행되었고 과거와 달리 양측은 아체 문제 해결에 진정으로 협력하였다. 아체 협약의 주요 내용은 다음과 같았다.

> 즉각적으로 전투를 중지한다. 연말까지 3천여 명으로 추산되는 GAM 전투원의 무장을 해제한다. 모든 GAM 구성원들에 대해서 사면조치를 행하며 정치활동을 이유로 이미 수감 중인 1천 5백여 명의 요원들을 8월 말까지 전원 석방한다. 아체에서 정부군의 이동을 규제한다. 인도네시아 법률을 개정하여 아체에 근거를 둔 정당의 정치참여를 허용한다. 인권유린 사태를 조사하기 위한 인권법정과 진실화해위원회를 아체에 설치한다. 아체가 자신의 고유한 깃발, 문장, 국가를 사용하는 것을 허용한다. 아체 지역 천연자원 수입의 70%를 현지에 할당한다. 그러나 자카르트 정부는 아체 지역의 외교, 안보, 통화, 재정, 종교, 사법 문제에 대해서 통제권을 갖는다(Pan 2005).

아체 지방의회는 GAM을 포함하여 아체의 지식인과 주민들로부터 광범위한 의견을 수렴한 후에 아체특별법 초안을 작성하여 의회에 제출하였다. 인도네시아 정부 역시 독자적으로 초안을 마련하여 의회에 제출하였다. 인도네시아 의회는 아체특별법 심의에 착수하였고 이 과정에서 아체에 동정적인 정당과 적대적인 정당 사이에 이견이 노정되었다. 2007년 7월에 공표된 아체특별법(LoGA)은 양해각서의 내용이 일부 수정됨으로써 아체 주민들로부터 반발을 사기도 했으나 심각한 충돌사태는 발생하지 않았다. 양해각서는 자카르타의 아체 관련 정책이 아체 정부의 사전 동의(consent)를 필요로 한다고 명기하고 있었지만 특별법은 그것을 협의(consult)의 수준으로 격하시켰다(International Crisis Group, 4 October 2007). 또한 인권유린 책임자 처벌을 위한 민간 법정 설치와 진실화해위원회의 구성 규정이 삭제되었다. 정부군 주둔 제한 규정 역시 쓰나미 사태에 따른 재해 복구 작업 필요성을 이유로 생략되었다. 이러한 결함에도 불구하고 아체특별법은 아체의 평화정착에 크게 기여하였으며 인도네시아 정치의 민주화에도 일조를 하였다. 가령 2007년 7월 헌법재판소는 인도네시아 전 지역에서 무소속 후보가 지방 선거에 출마하는 것을 인정하는 결정을 내렸다. 아체특별법이 지역정당의 후보뿐만 아니라 무소속 후보도 지사 선거에 출마할 수 있다고 규정하고 있기 때문이다(Braun 2007).

새로 선출된 이완디 유수프 아체 주지사는 아체 특별법의 개정을 다짐하고 있으나 아체 선거에서 GAM이 압승을 거둔 사실에 우려의 눈길을 보내는 자카르타 정계의 시각을 감안하여 성급한 법률개정 시도는 자제되어야 한다는 지적도 있다.

2. 총선거 실시와 사회통합 정책

2006년 12월 실시된 아체 선거에서 GAM 출신의 이완디 유수프가 주지사로 선출되었다. 선거과정에서 스웨덴 망명 정부에 세력기반을 둔 노장파와 현지 게릴라 부대 지휘관 출신의 소장파 사이에 주도권 다툼이 있었고 각각은 독자적인 후보를 내세웠다. 청년터키당이라고도 말할 수 있는 소장파들이 지지하는 유수프가 38%를 득표하여 당선되었는데, 노장파 세력이 지지했던 후보의 득표율 17%를 감안한다면 GAM은 8명의 후보가 경쟁을 벌인 주지사 선거에서

55%의 지지를 얻어내는 파괴력을 보여주었다. GAM은 시장과 군수 선거에서도 21개 선거구 중 19개 선거구에 진출하여 8개 지역에서 승리를 거두었다. 그 결과 2007년 9월 현재 인구 기준으로 GAM은 아체 지역의 49.6%를 통제하게 되었다(International Crisis Group, 4 October 2007).

예상을 뒤엎은 이러한 선거 결과는 기존 정당과 기성 정치인들에 대한 아체 주민들의 실망감 외에도 GAM의 조직력이 크게 작용을 하였다. GAM은 이전의 게릴라 부대 지휘관 출신들로 구성된 아체 과도위원회(KPA)라는 새로운 조직을 결성한 후에 아체 독립 여부에 대한 주민투표를 주장하는 대학생 단체(SIRA)와 제휴하여 투표 과정에 결정적인 영향력을 행사하였다(International Crisis Group, 22 March 2007). GAM은 2009년 총선거가 실시되기까지 자체 조직을 해체하지 않겠다고 공언하고 있다.

2006년 12월 선거의 승리로 GAM 출신 인사들이 대거 공직에 참여하게 되었으며 해당 지역 게릴라 부대의 지휘관들은 이 과정에서도 큰 영향력을 행사하였다. 행정 경험이 전혀 없는 이들 GAM 출신 인사들이 과연 양질의 행정 서비스를 제공하여 주민들의 욕구를 충족시킬 수 있는 지 여부는 확답을 내리기 어렵다. 그러나 선거 후 아체과도위원회는 각종 사업과 이권에 개입하여 문제를 야기하고 있으며, 특히 일자리 부족으로 다수 주민들이 생계에 어려움을 겪는 상황 하에서 불법적인 벌목사업에 개입하고 있다(International Crisis Group, 4 October 2007). 따라서 이후의 문제는 아체 지방정부를 장악하고 있는 GAM 세력이 행정 능력을 충분히 발휘하고 부정과 부패의 함정에서 벗어날 수 있는가 하는 것이다. GAM의 내부적인 분열과 갈등 역시 하나의 변수이다. GAM은 향후 2009년 선거와 관련하여 3개의 정당으로 분열될 것으로 예상되고 있다.

한편 평화협정의 체결과 더불어 반군 전투원들의 사회 복귀를 돕기 위한 사회재통합 프로그램이 도입되었다. 사업의 취지는 정부의 선의를 증명하고 전투원들의 생계유지를 지원하는데 있었으며 해당자들에게는 현금이 지급되었다. 수형자, 전투원, 기타 피해자라는 3개의 범주를 통해 정착자금이 지원되었는데 그 과정에서 대상자 선정과 자금 전달 방식을 놓고 인도네시아 정부와 GAM 사이에 마찰이 일었다. 가령 수감자의 경우에는 순수한 정치적 활동으로 인해 기소된 것인지 혹은 범죄적 행위와 연루되었는지 여부가 문제되었으며, 전투원의 경우에는 정부가 명단 제출을 요구했으나 GAM측은 해당자의 신변 보호를 이유로 이를 거부하고 총원에 대한 일괄 지급 방식을 주장하였다. 초기에는 GAM의 지역 사령관 모임인 아체과도위원회의 요구가 관철됨으로써 자금은 지역별로 전투원의 숫자에 따라 사령관들에게 분배되었으며 분배의 내용을 확인할 길이 없었다. 그 후 공식적인 관리 부서인 아체재통합위원회(BRA)가 조직되었고 위원회는 KPA가 제출한 명단을 기초로 자금을 지급하였지만 명단에 기재된 사람들이 실존하는 인물인지 혹은 그들이 실제로 돈을 수령하였는지 여전히 확인할 방법이 없었다. 불투명하고 불공정한 자금 지급방식으로 인해 수혜대상자들 사이에서 불만이 일었으며 내부적으로 갈등이 표출되기도 하였다. 그러나 KPA는 자금 분배의 권한을 이용하여 후견제의 네트워크를 강화하였다(International Crisis Group, 4 October 2007). 명단 작성 과정에서 게릴라 부대 지휘관들의 영향력이 크게 작용했기 때문이다. 이러한 부작용을 극복하기 위해서 개인적인 생계비 지원 대신에 피해 지역의 사회간접시설을 지원하는 새로운 방식(KDP)이 도입되기도 하였다. 그러나 방만한 자금관리와 파당적인 분배 방식은 여전히 문제가 되었다. 급기야 주지사 유수프는 아체재통합위원회의 쇄신을 결심하고 명망가인 드줄리(Djuli)를 조직의 수장에 임명하여 사업의 투명성과 효율성 제고를 요구하게 되었다.

Ⅵ 맺는 말

유도요노 정부는 아체 문제에 대해서 낙관적인 태도를 취하고 있다. 본토의 일반적인 분위기 역시 아체 사태가 해피엔딩으로 종결되었다고 본다. 그러나 많은 아체인들은 문제가 완전히 해결된 것이 아니며 갈등이 재개될 수 있다고 생각한다. 아체특별법이 헬싱키 양해각서의 기본 정신을 충분히 살리지 못하는 한, 상황은 시한폭탄과 같을 수 있다(International Crisis Group, 4 October 2007). 특히 인권유린사태의 진상 조사를 위한 진실화해위원회의 설립요구는 매우 민감한 사안이다.

아체의 내부적인 문제도 우려가 되는 부분이다. 현재 아체 지역은 말리크 마우드가 이끄는 스웨덴 망명정부 세력과 유수프 지사가 이끄는 야전 지휘관 세력이 대립하고 있으며 2009년 선거에 대비하여 3개의 정당으로 분열되고 있다. 아체 재통합자금의 분배와 관련하여 주민들 사이에 앙금이 깊어지고 있는 것도 문제이다. 또한 행정 경험이 없는 GAM 정부가 각종 이권에 개입하여 부정과 부패를 유발할 가능성이 상존한다. 파푸아처럼 아체를 2개의 행정 구역으로 나누는 방안도 잠재적인 갈등요인이다. 2006년의 지방선거에서는 아체 동남부 지역의 분리를 주장하는 후보가 근소한 표차로 패배한 바 있다.

국제위기그룹은 다음과 같이 조언을 하고 있다: 첫째, GAM 당국은 지방정부의 행정 서비스를 개선하고 행정의 투명성과 효율성을 제고하며 자체 요원들의 기강을 바로 잡고 부패를 근절해야 한다. 특히 문제가 되고 있는 벌목사업들을 동결해야 한다. 또한 헬싱키 양해각서의 완전한 이행문제는 자카르타의 정치적 상황을 고려하며 완급을 조절할 필요가 있다. 둘째, 인도네시아 정부는 아체특별법에서 소홀히 다루어지고 있는 내용들을 보완해야 하며 규정의 탄력적 운용을 통해서 진정한 자치의 실현에 협조해야한다. 이를 위해 제3자가 개입함 없이 당사자 사이에서 현안 문제를 해결할 수 있는 직접적인 협의 체제를 구축할 필요가 있다. 또한 반(反)아체분리주의 운동단체에 대한 지원을 자제해야 한다. 마지막으로, 아체 재통합 프로그램을 지원하고 있는 외부단체들은 보다 체계적인 계획을 수립하고 회계감사를 강화하여 사업의 투명성 제고에 노력해야 한다(International Crisis Group, 4 October 2007). 아체특별자치주가 진정한 의미의 특별자치주로 거듭 태어날 수 있는가 하는 것은 인도네시아 정부와 자유아체운동 양자 모두가 인내심을 가지고 힘들게 얻어낸 평화를 지켜나갈 수 있는지 여부에 달려있다 할 것이다.

제9장

디아스포라 사회와 중간자적 소수민족

I 머리말

민족의 이산(離散)으로 번역되는 디아스포라(diaspora)의 어원은 그리스어 dia(over: 넘어서)와 spera(sow: 뿌리다)의 합성어이다. 최초에 이 단어는 고대 그리스인들이 소아시아와 지중해 연안을 정복하고 식민지를 건설하면서 자국국민을 현지로 이주시켜 세력을 확장해 나가는 과정을 지칭하였다. 그 후 디아스포라는 기원전 6세기에 국가를 잃고 전 세계를 떠돌아다니게 된 유대인의 유랑을 의미하게 되었는데 옥스퍼드 영어 사전에 따르면 "바빌론 유수 이후 팔레스타인 밖에 흩어져 사는 유대인들"을 가르킨다.[1)]

1990년대에 들어 디아스포라 연구가 활발해지면서 디아스포라는 유대인 뿐만 아니라 모든 민족의 국제이주, 망명, 난민, 이주노동자 등을 아우르는 포괄적인개념으로 사용되고 있다. 디아스포라의 이념형을 설정한다면, 1) 특정의 기원으로부터 외국으로의 이주

1) 그러나 유대인의 디아스포라에 대해서는 바빌론유수설 외에도 구약성서설이 있다. 후자에 따르면 메소포타미아 지역에서 가나안 지방으로의 초기 이동이나 이집트로의 이주 시기까지 거슬러 올라간다. Gabriel Sheffer, *Diaspora Politics* (Cambridge University Press, 2003), pp. 36-48.

2) 모국에 대한 집합적 기억 3) 정체성과 연대감 유지 4) 모국과의 지속적 유대 등의 핵심요소들을 지적할 수 있을 것이다. 그러나 이념형의 개념이 암시하는 것처럼 이 모든 조건들을 구비하는 사례에 대해서만 디아스포라의 개념을 적용할 수는 없는 법이며 보다 폭넓은 사례들을 포함하는 개념으로 원용될 수 있다. 논자에 따라서는 모국으로의 귀환 욕망을 갖고 있는 사회만을 디아스포라 사회로 봐야 한다고 말하거나, 혹은 비자발적이며 강제적인 상황에서 모국을 떠난 경우로 디아스포라의 개념을 한정해야 한다고 주장하기도 한다.[2] 그러나 혹자는 오히려 그것이 현지에 정착하여 그곳을 제2의 고향으로 삼는(at home abroad) 사람들의 삶이며 따라서 디아스포라 사회는 모국과 현지 정부 사이에서 제3자적 위상을 확보하게 된다고 주장한다. 또한 디아스포라의 계기도 정치적 망명이나 강제이주에서부터 신세계에 대한 동경이나 모험에 이르기까지 다양하게 인정된다. 이러한 견해에 따르면 디아스포라의 개념은 다음과 같이 정리된다.

"디아스포라는 자발적 혹은 강제적 이주의 결과 형성된 정치사회 공동체로서 그 구성원들은 동일한 인종적 기원을 의식하면서 소수집단으로 현지에 정착한다. 그들은 모국 및 여타 지역의 동포집단과 정기적 혹은 비정기적인 접촉을 유지한다. 그들은 문화적 정체성에 입각하여 연대감을 확인하고 자체적인 조직을 결성하며 정치, 경제, 사회 문화적 영역에서 적극적인 참여를 모색한다. 그 결과 디아스포라 집단과 모국, 현지국가, 국제사회 사이에 초국가적 네트워크가 형성된다."[3]

---

2) 이러한 논쟁에 대해서는 윤인진, 『코리안 디아스포라: 재외한인의 이주, 적응, 정체성』(고려대학교출판부, 2004), pp. 4-7 참조.

다아스포라 연구는 이민자 집단이 문화적 정체성을 유지하며 조직적 행동을 하는 경우 모국과 현지국가의 정치적 역학뿐만 아니라 지역통합이나 국제관계에 지대한 영향을 미칠 수 있기 때문에 탈근대 사회의 새로운 정치과정으로 주목을 받고 있다.

디아스포라의 연구는 다양한 주제를 다루고 있지만 중요한 연구영역중의 하나는 이민자 집단과 현지 사회와의 관계이다. 1980년대 후반 이후 세계화 및 탈영토화추세가 지속되고, 민족국가의 약화, 문화적 다원주의 시대의 도래 등을 배경으로 이민의 규모와 숫자가 크게 증가하였고 이들의 집단적 행동 역시 강화되고 있는 추세이다. 그 결과 초래된 힘의 역학 관계를 반영하는지 혹은 사회 일반의 의식 변화를 의미하는지 분명치 않지만 일부 주류집단의 적대적인 태도에도 불구하고 현지 국가의 일반적 분위기 변화가 감지되고 있다. 즉 디아스포라 집단에 대한 관용성이 증가되었고 이와 더불어 디아스포라 집단 역시 자신감을 표출하고 있다. 그리고 디아스포라 집단의 현지사회에 대한 긍정적인 역할과 기여 가능성이 주장되고 있다.

그러나 대부분의 현지정부가 다원주의를 수용하고 디아스포라 사회에 대해 관용적인 태도를 보이고 있다고 하지만 이민자집단에 대한 어느 정도의 사회적 반발은 불가피하며 특히 초기 단계의 디아스포라 사회에 대한 반응은 파괴적일 수 있다. 그러한 반응은 유럽국가들 뿐만 아니라 망명자나 난민에 대해 과거에 자유주의적

---

3) Gabriel Sheffer, pp. 9-10. 그러나 순수성과 본래적 정체성을 강조하는 디아스포라의 개념을 비판하고 다양성, 이질성을 강조하는 혼성적 정체성 이론이 주장되기도 한다. 이러한 이론에 따르면 디아스포라의 정체성은 끊임없는 변형과정을 밟게 되며 마음의 고향은 상상의 세계 속에서만 존재한다. Stuart Hall, "Cultural Identity and Diaspora," in Jana Evans Braziel and Anita Mannur (ed.), *Theorizing Diaspora* (Blackwell Publishing, 2003), pp. 244-245.

인 전통을 자랑해온 미국도 마찬가지이다. 1990년대에 들어 전통적으로 이민에 대해 자유주의적인 태도를 보여 온 캘리포니아가 반이민운동을 주도한다는 것은 놀라운 사실이다. 마찬가지의 경향은 네덜란드, 캐나다, 덴마크, 노르웨이 등 국가에서도 발견된다. 뿐만 아니라 일부 지역에서는 극우 인종주의 단체들이 발호하고 있다.

왜 현지 사회는 이민자 집단에 대해 부정적인 태도를 취하는가? 이 문제에 대해서는 2개의 가설을 생각해 볼 수 있다. 헌팅턴(Huntington)의 문명충돌론과 관련된 논쟁은 국제사회에 있어서 인종간 갈등의 본질이 정체성 그 자체에서 기인하는지 혹은 경제적 낙후나 정치적 차별과 같은 비문화적 요인 때문인지의 문제를 놓고 이견을 보인다.[4] '문명의 충돌'의 논리를 국가내적으로 적용시키는 경우도 마찬가지이다. 한편에서는 적대감의 근원이 인종과 문화의 차이 그 자체에 있다고 본다. 표면상으로는 경기침체와 고용기회의 축소가 디아스포라 사회에 대한 반감을 유발시킨다는 식으로 경제적인 요인을 거론하지만 경기가 회복되는 시기에서도 이러한 적대감이 지속된다면 그것은 뿌리 깊은 인종주의의 소산으로 보아야 한다는 것이다. 그러나 다른 견해는 갈등에 작용하는 경제적 실리를 주목한다. 이민자 집단의 사회적 진출은 다수 집단에 대해서 할당된 부의 총량을 침식할 뿐만 아니라 잠재적인 경쟁자로서 기득권을 위협하기 때문이라는 주장이다. 중간자적 소수민족(middleman minority)이론은 후자의 입장을 취하는 대표적인 이론이다. 이 글은 중간자적 소수민족 이론의 관점에서 1978-1979년의 베트남 중국인 추방사태를 분석한

---

4) 새뮤얼 헌팅턴, 이희재 역, 『문명의 충돌』(김영사, 1997). 하랄트 뮐러, 이영희 역, 『문명의 공존』 (푸른숲, 2000)은 헌팅턴의 정체성 가설을 비판하는 한 예이다.

연구를 검토한다.

II 중간자적 소수민족 이론의 검토

1. 이론의 역사와 구조

남아프리카와 케냐에서 아프리카인들이 아시아인에 대항하여 폭동을 일으켰다. 아시아인들이 우간다에서 쫓겨났다. 중국인들이 동남아시아 전역에서 괴롭힘을 당하고 있고 베트남에서 추방되었다. 1942년 일본계 미국인들이 미국본토에서 행동의 자유를 억압받았다. 수십만 명의 아르메니아인들과 수 백 만명의 유태인들이 금세기에 학살당했다. 이 모든 사건들은 중간자적 소수민족의 운명과 관련하여 이론적인 관심을 유도한다. 중간자적 소수민족은 상업과 관련된 소규모 사업부문에서 집중적으로 활약하는 소수인종 집단을 말한다. 그들은 소수이기 때문에 설령 그들 중 많은 사람이 부의 축적에 성공한다하더라도 지배엘리트가 될 수 없다. 그들은 권력을 결여하고 있기 때문에 폭력에 취약성을 드러내 보인다.

근대 사회과학의 중간자적 소수민족 이론들은 중세와 근대 유럽 유태인들의 특이한 지위를 설명하려는 노력과 더불어 시작되었다. 가령 베버(Weber)는 전통적인 유태식 자본주의를 청교도에서 탄생한 합리적인 자본주의와는 상당히 다른 것으로 보았다. 베버에 의하면 유태인들은 청교도들과는 달리 다른 집단의 구성원들을 차별적으로 대우하는 이중적인 경제윤리규범을 보여주었으며 일과 사업을 신성한 소명으로 보지 않았다. 빌헬름 로셔(Wilhelm Rosher)는 유태인이 중세 경제에 화폐를 통한 교역 방식을 도입함으로써 포기의 상업을 지배할 수 있었으나 사회가 성장함에 따라 기독교도 상인들에 의해 교체되었음을 밝혔다. 게오르그 짐멜(Georg Simmel)과 페르디난트 퇴니스(Ferdinand Toennies)는 상인의 역할을 이민족 집단 사이의 매개자로 인식하여 성공의 조건을 규명하였다. 그들은 특히 이방인/중간자의 신용대부사업이 일시적으로 사람들에게 편의를 제공하지만 높은 이자의 부담은 결과적으로 차용자의 적대감을 유발시킨다는 사실을 밝혀냈다.

이들 학자들에 의해 강조된 '중간자'의 요소들은 후일 중간자적 소수민족 이론의 기초를 제공하였다. '중간자적 소수민족'이라는 용어는 하워드 벡커(Howard P. Becker)로부터 나왔는데 그 이론은 점차 유태인보다는 아시아 이민자들에 대한 분석에 이용되었다. 인간사회는 상업과 기술 분야에서 특정한 일들을 할 사람들을 필요로 한다. 이것은 중세와 식민사회에서 특히 사실이지만 현대 산업사회에서도 마찬가지이다. 이 역할을 수행하는 사람들은 일반적으로 외국 출신이거나 여타의 주민들과 구별되는 소수 집단이다. 그들의 성공은 인종적인 유대뿐만 아니라 절약이나 이중적 경제윤리규범과 같은 어떤 특징에 의해서 강화된다. 점점 더 많은 다수 집단 구성원들이 성공한 소수 집단과 경쟁함에 따라 이들에 대한 적대감이 증대된다. 또한 초기에 후원자였던 지배계급과 잦은 제휴가 이루어짐에 따라 소수 집단은 손쉬운 희생양이 된다.[5] 현대 자본주의 사회의 이민자 집단에 대해 중간자적 소수민족 이론을 적용한 에드나 보나시치(Edna Bonacich)의 해석은 새로운 논쟁을 재개시켰다. 그녀는 고된 노동과 얼마 안 되는 보수 때문에 토착민들이 꺼려하는 부문에 진출한 이민

---

5) Howard P. Becker, "Constructive Typology in the Social Sciences," in H. E. Barnes, H. Becker, and F. B. Becker(eds.), *Contemporary Social Theory* (New York: Appleton-Century, 1940), pp. 17-46.

자 출신 소상인들이 결국에는 공정치 못한 경쟁자로 비춰지는 상황을 추적하였다.[6)]

비록 소수민족 대부분이 가난하다 해도 부유하고 시기를 받는 사람들은 언제나 존재하기 마련이다. 어느 정도의 부는 있지만 권력을 갖지 못하는 그들의 지위 때문에 중간자적 소수민족은 공격에 아주 취약하다. 희생양을 만들어내는 배경적 요인은 최종적으로 정치적 동원을 위한 하나의 이데올로기를 완성시킨다. 중간자적 소수민족을 겨냥하는 이데올로기 속에는 두 가지 요소가 결합된다. 하나는 이들 중간자들의 경제행위를 토착민의 권리 침해로 간주하는 것이다. 그

---

6) Edna Bonacich, "A Theory of Middleman Minorities," *American Sociological Review* 38(1979), pp. 583-94; "Middleman minorities and Advanced Capitalism," *Ethnic Groups* 2 (1980), pp. 211-20. Jonathan Turner and Edna Bonacich, "Toward a Composite Theory of Middleman Minorities," *Ethnicity* 7 (1980), pp. 144-158. 중간자적 소수민족 이론에 대한 또 다른 검토는 Edan Bonacich and J.modell, *The Economic Basis of Ethnic Solidarity: The Case of Japanese-Americans* (University of California Press, 1981); Walter P. Zenner, "A Theories of Middleman Minorities: A Critical Review," in Roy S. Bryce-Laporte(eds.), *Sourcebook on the New Immigration* (New Brunswick, N.J.: Transaction Books, 1980), pp. 313-26; "The Jewish Diaspora and the Middleman Adaptation," in ed. E. Levine, *Diaspora: Exile and the Jewish Condition* (New York: Jason Aronson, 1983). pp. 141-56; "American Jewry in the Light of Middleman Minority Theories," *Contemporary Jewry* 5 (1980), pp. 11-30. 보나시치 이론에 대한 비판은 F. Bovenkerk, "Shylock of Horatio Alger: Beschouwingen over de Theorie der Handels Minderheden," in L. Dasberg en J.N. Cohen (red.), *Neveh Yaákov. Opstellen aangeboden aan Dr. Jaap Meijer ter gelegenheid van zijn zeventigste verjaardag* (Assen 1982), pp. 147-164를 참조할 것. 한편 다인종사회인 미국에서 한국인들은 백인 상류층과 흑인 및 히스패닉으로 구성된 하류층의 중간에 위치하여 전자가 생산한 생산물을 유색소수민족에게 판매하여 생활하는 이민자 집단이다. 미국의 한인사회를 중간자적 소수민족 이론으로 접근하는 연구로서 Min Pyong Gap, *Caught in the Middle: Korean merchant in America's Multi-ethnic Cities* (Berkeley University Press, 1996)가 있다. 구천서 교수 역시「재미동포의 중간자적 위치에 대한 신학적 이해」(재외한인 연구, 2001)라는 논문에서 중간자적 소수민족을 유로 아메리칸들에게 눌린 자이지만 동시에 다른 소수민족을 누르는 자라고 평가하였다.

것이 극단화될 경우 돈을 버는 것은 악마적인 행동이 된다. 두 번째는 중간자적 소수민족을 적국의 앞잡이로 바라보는 것이다. 이 두 가지 요소가 결합되어 중간자적 소수민족들을 인간이하의 집단으로 묘사하는 정치 이데올로기가 탄생한다(Zenner, 259). 그러나 박해의 정도와 수준은 미약한 차별에서부터 인종적 대량학살에 이르기까지 범위가 다양하다. 이들 양상을 살펴보면 다음과 같다.

2. 소수민족에 대한 박해 양상

1) 대량학살의 가능성

가장 극단적인 박해의 양상은 인종적 대량학살이다.[7] 나치에 의한 유태인학살과 청년터키당 정권에 의한 아르메니아인 학살의 두 사례는 중간자적 소수민족들에 대한 박해가 극단으로 치달았던 대표적인 사건들이다. 특히 대드리안(Dadrian)과 로버트 멜슨(Robert Melson)의 연구는 1915년에 자행된 아르메니아인들에 대한 국외추방과 학살의 과정을 사회과학적으로 훌륭하게 분석하였다. 나치의 유태인 학살에 대해서는 수많은 연구가 축적되었는데 바우어(Bauer), 다비도비치(Dawidowicz), 페인(Fein) 등과 같은 권위자들이 중요한 해석들을 발표하였다.

2) 추방가능성

독립 후 아프리카에서는 동남아시아인과 다양한 중간자적 소수민족들이 차별적 대우를 받거나 추방을 당하였다. 그들은 대부분 최

---

7) 대량학살이 특히 인종적인 성격을 띨 때 제노사이드(genocide)라고 말한다. 그러나 광의의 제노사이드 개념은 모든 대량학살을 지칭한다.

근에 이민을 온 사람들이었고 외국 국적의 소지자들이었다. 박해의 희생자들은 상업종사자뿐만 아니라 공무원, 이민노동자를 포함하였다. 이주자들 다수는 식민지 시대에 기회를 찾아서 이들 국가로 진입한 사람들이었다. 케냐와 우간다로부터의 아시아인들의 축출은 베트남에서의 중국인들의 축출처럼 세계적인 관심을 끌었다.

1971년 이디 아민(Idi Amin)의 우간다에서 발생한 인도인과 파키스탄인들 추방은 난민 다수가 영국 국민이라고 주장하였기 때문에 더 많은 주목을 받았다. 영국은 비백인 난민들을 이민자로 받아들이길 꺼려했으나 그들의 조국인 인도와 파키스탄은 영국이 우간다 독립 당시에 그들에 대한 보호를 약속했기 때문에 영국 국적을 주장하는 사람들은 영국의 책임이라고 느꼈다. 동아프리카의 인도인과 파키스탄인들은 토착민들과 가장 구별되었던 집단으로서 언어적이고 민족적인 차이 외에도 엄격한 카스트제도나 종파적 경계가 유지된 결과 사태가 악화되었다.

3) 박해를 모면하는 경우

위협적인 사회분위기를 감지하는 소수민족 집단은 나름대로 대비책을 강구하고 있다. 그들은 자신들의 자세를 낮추고 눈에 덜 띄도록 행동 할 수 있다. 그들은 하나의 민족 집단으로서 공개적인 정치 활동을 삼가며 언어와 종교, 그 밖의 것들을 포기할 수도 있다. 그들은 민족 집단의 직업구조를 변화시키거나 자신들에 대한 비판을 수용하고 자체 개혁을 시도할 수도 있다. 그리고 2차 대전 당시 북미의 일본인들처럼 자신들에게 완전한 시민권을 가져다주는 정치적 이데올로기를 강조할 수도 있다.

사실 어떤 상황 하에서 비무장한 소수민족 집단의 진실된 호소는 다수자의 관용을 초래할 수 있다. 가령 이슬람 치하의 유태인들은 권력투쟁의 외부에 존재하였으며 종종 이슬람 사회에 대해 적절한 복종을 보여줌으로써 안전을 유지할 수 있었다. 중간자적 소수민족과 희생양 만들기에 대한 논의 과정에서 중요한 하나의 이슈는 이들을 박해로부터 벗어나게 만드는 결정적인 상황에 관해서이다. 이와 관련하여 몇 가지 변수들을 살펴보고 구체적인 사례들을 검토한다.

① 관련 변수

첫째 요소는 기존 사회에 대한 도전을 용납하지 않는 사회적 기제의 존재여부이다. 가령 인도의 카스트 제도는 외부집단을 하부로 편입시키는 노동의 분업이 존재한다. 각각의 집단은 자신에게 주어진 역할을 통해 전체에 공헌한다. 그 결과 인도 서부의 전형적인 중간자적 소수민족인 파시인(parsis)과 인도의 유태인들은 박해로 고통을 받지 않는다(Zenner, 256).

둘째 요소는 경제가 성장하고 있는 개방사회의 존재 여부이다. 경제가 성장하고 있는 곳에서는 소수민족들이 새로운 개척분야에서 환영을 받는다. 그들은 도시의 슬럼지역과 같은 버려진 경제부문이나 혹은 1990년대 초기 영화산업과 같은 새로운 분야에서 기회를 가질 수 있다. 이와 반대로 빈곤이 증대하는 경기 침체기에는 소수민족에 대한 반감이 초래될 가능성이 많은데 그들이 차지하는 사회적 부의 몫이 커질수록 외국인 혐오증은 강화된다(Zenner, 257).

셋째 요소는 다수자가 갖고 있는 인종적 유대와 가시성에 대한 인식이다. 소수민족의 가시성은 특정 직업으로의 집중, 특정 종교 혹은 종교적 관행, 인종적 기호, 독자적 언어 등의 특징에 의해 강화된다. 대체적으로 외부인에게는 소수민족이 종종 사실보다 더 단결되어 있는 것처럼 보인다. 그러나 사실 소수민족 공동체는 종종 내부적으로 분파주의나 경쟁관계로 분열되어 있다. 중간자적 소수민족 이론은 인종적 연대가 외국인 혐오증을 강화시킨다고 보지만 주류사회에 동화하려는 노력 역시 동일한 효과를 초래한다. 동화의 과정에 들어선 소수민족 구성원들은 대학, 군대, 공무원, 기타 다양한 사회 무대에서 한정된 지위를 놓고 다수집단 구성원들과 보다 직접적으로 경쟁하게 된다. 다수집단은 모든 소수민족 구성원들이 통일된 전체를 구성한다고 보기 때문에 동화된 사람들 역시 음모론적 시각에서 관찰되어진다(Zenner, 257).

넷째, 다수자에 대한 소수자의 구성 비율 문제이다. 이것은 다수자가 소수자를 바라보는 시각에 중요한 영향을 미친다. 안드레스키(Stanislav Andreski)는 만약에 소수민족의 비율이 인구의 10%를 상회한다면, 그것은 가시성의 한계수위에 도달한 것이라고 주장하였다.[8] 반면 그는 인종집단 구성원을 수적 열세가 반드시 차별로부터의 자유를 보장한다고 보지는 않았다. 그러나 수와 비율의 문제는 쉽지가 않다. 독일의 홀로코스트는 유태인의 비율이 전체 인구의 1%도 안 되었음에도 불구하고 발생하였다. 그것은 주관적 인식의 문제인데 사회적 상위 직위와 주요 도시에서 구성 비율이 평균이상으로 높았기 때문에 유대인의 존재가 실제 이상 크게 보이는 결과를 초래하였다(Zenner, 257).

다섯째, 도시화와 다른 형태의 국내 이주는 농촌사회가 보여주는 이웃사촌의 감정을 파괴할 수도 있다(Zenner, 258). 구 도시들과 시골에서 보충성에 기초한 균형과 관용이 존재했을지도 모른다. 하지

---

8) Stanislav Andreski, "An Economic Interpretation of Anti-Semitism," *Jewish Journal of Sociology* 5(1963), pp. 201-213.

만 대규모의 도시화과정과 더불어 모든 외부집단 구성원들은 적대적인 이방인으로 보일 것이고 성공한 소수민족 구성원들에 대한 질시의 감정이 초래된다. 대규모적인 국제이민은 그러한 인식을 증폭시킨다. 19세기 말 러시아와 오스트로-헝가리 제국으로부터의 대규모 유태인 이민은 서부유럽의 소수 유태인 인구와 그들의 좋은 이웃들 사이의 관계를 급변시켜 버렸다. 19세기 말 중국인들의 동남아시아로의 대량 이민 역시 동일한 효과를 초래하였다.

② 구체적 사례

서부 인도의 파시인들은 인도가 인종간 갈등과 살육의 늪에 빠졌을 때도 어떠한 박해도 받지 않았던 예외적인 사례를 보여준다. 그들은 고대의 페르시아 종교인 조로아스터(Zoroaster)교도들로서 인도의 서부에서 거의 천년을 살면서 특정의 경제 부문에 진출하여 일반인들보다 부유한 독자적인 인종집단으로 존재해왔다. 그러나 그들은 작고 쇠퇴하는 집단이었다. 1971년 인도에는 약 9만 1천명의 파시인들이 살고 있었고 대부분이 봄베이에 밀집해 있었다. 비록 파시 공동체는 인도의 독립과정에서 일반적으로 보수적인 친영국 노선을 지지하였지만, 인디라 간디의 남편을 포함한 많은 파시인들이 인도의 독립을 지지하였다. 독립의 결과를 두려워하였던 파시인 다수가 조용히 인도를 떠났고 이것은 파시 공동체의 쇠퇴를 재촉하였다. 그 결과 인도 독립 이후에도 파시인들은 인도의 적으로 간주되지 않았다.

북아프리카를 연구하는 학자들은 유대인과 이슬람교도와의 관계에 대해 때때로 논쟁을 벌이기도 하지만 이곳에서 추방이나 약탈, 학살과 같은 사태는 결코 발생하지 않았다. 잠재적인 위협에도 불구하고 어떠한 박해도 받지 않았던 또 다른 사례는 모로코 유태인의 경우이다. 파시인들과 마찬가지로 모로코의 유태인들은 수세기 동안 모로코에 살아왔다. 그들은 이슬람교도 상인들과 간혹 경쟁을 하기도 했으며 특정의 경제 분야로 진출하여 부유한 삶을 살았다. 모로코는 아랍연맹의 회원국으로서 1967년과 1979년 이스라엘과의 전쟁에 파병하였지만 자국내 유태인에 대한 폭력이나 박해 사태는 발생하지 않았다. 몇몇 구조적인 설명 중의 하나는 유태인 개인과 그 가족을 한편으로 하며 힘 있는 이슬람교도와 그 가족을 다른 한편으로 하는 후견인과 피보호자(patron-client)의 관계가 전국적으로 형성되었다는 사실이다(Zenner, 263). 유태인 피보호자에 대한 공격을 자신에 대한 공격으로 동일시하는 독특한 관계망이 확대된 결과 현재의 국왕은 유태인 전체를 자신의 피보호자로 간주하게 되었다. 또한 문제의 발생을 예상한 유태인들이 1950년 이후 다수 이주를 행함으로써 유태인 공동체는 2십만 명에서 현재 2만 명으로 감소하였고 이것은 그들이 희생양이 될 가능성을 더욱 줄여주었다.

중간자적 소수민족들의 최후의 운명을 결정하는 변수들을 다시 한번 정리하면 다음과 같다: 외부로부터 진입하여 얼마나 오랜 시간이 흘렀는지 여부. 집단의 가시성. 소수자와 다수자의 문화적, 민족적, 종교적, 언어적 차이의 정도. 갈등의 시기에 사회가 전반적으로 보여주는 빈곤의 정도. 소수 민족의 전체 인구에 대한 구성 비율. 국가의 부에서 소수민족이 차지한다고 인식되는 몫. 다수자와의 관계가 보완적인가 혹은 경쟁적인가의 정도. 공동의 적이 존재하는가 여부, 그리고 인종적 갈등과 국가의 대외관계와의 관련 여부.

Ⅲ 베트남의 중국인 강제추방 사례 분석[9)]

1. 중국인의 동남아 이주 역사

대다수 전 세계 중국 이민자들, 특히 혁명 이전의 이민자들은 중국의 남동부 지역 출신들이었다. 19세기 이전 중국과 동남아시아 사이의 범선무역은 이 지역을 통해서 이루어졌다. 19세기와 20세기의 동남아시아 및 아메리카 대륙으로의 대규모 노동이민 역시 주로 이 지역에서 비롯되었다. 그들 대부분 이민자들은 원래 농민들이었지만 이 곳 사람들은 상업과 돈벌이에 친숙해 있었고 상업은 중국의 다른 어느 지역에서보다 남동부 지역에서 위력이 있었다.

전통적 무역 디아스포라의 일부로서 초기 이민은 가족 없는 독신 남성이 종종 토착 여성과 결혼하는 상황을 만들어냈다. 자바(Java) 같은 곳에서는 독자적인 중국인 공동체가 형성되기도 하였지만, 많은 곳에서 그들의 자손은 토착민들과 동화되었다. 인종간 결혼과 결합을 통해서 중국인 공동체는 비중국인들과 긴밀한 관계를 유지했다. 그러나 20세기에 시작된 중국인 가족이민은 이러한 양상을 일변시켰고 중국인들은 토착민들과 더 격리된 삶을 살게 되었다. 고양된 민족주의 의식을 배경으로 '황화(黃禍)(Yellow Peril)'에 대한 두려움이 확산되면서 중국인과 토착 주민들 사이에 갈등이 심화되었다. 중국인 이민은 중국의 내전과 1930년대의 중일 전쟁 기간에 최고조에 달했다.

---

9) 이하의 내용은 Walter P. Zenner, "Middleman Minorities and Genocide," in William Isidor and Michael N. Dobkowski, *Genocide and Modern Age* (Syracuse University Press, 2000), pp. 253-281을 요약하였다.

동남아시아 각국의 경제에 대한 중국인의 참여는 두 가지 양상을 보였다. 하나는 노동이민이었다. 19세기와 20세기 초 유럽인들은 동남아시아 전역에 걸쳐 광산과 농장의 노동인력을 충원하기 위해서 수많은 중국인들을 모집하였다. 노동자들은 도제 계약을 맺었거나 혹은 고용주에게 빚을 지고 있었다. 이들 대다수는 독신 남성들이었고 종종 중국에 아내와 자식을 남겨두고 있었다. 두 번째는 중국인 이민자들이 소규모 광산 사업에서 정미소나 고무 무역회사에 이르기까지 그들 자신의 사업을 시작하는 것이었다.

2. 중국인의 베트남 진출

중국 본토와 지역적으로 근접해 있는 베트남의 상황은 동남아시아에 진출해 있는 중국인의 전형적인 모습을 보여주었다. 19세기에 프랑스가 베트남을 정복하기 전까지 중국-베트남 역사는 무역, 조공, 그리고 간헐적인 전쟁으로 기록되었다. 중국 문명은 현재 베트남 국민들이 자신의 영토로 간주하고 있는 지역의 일부를 관장하였으며, 근대 이전의 시기에 베트남은 그들이 독립 국가였을 때조차도 중국 본토의 속국으로 간주되었다. 중국의 지배로부터 벗어나기 위한 독립투쟁은 베트남 역사의 일부분이다. 동시에 베트남은 중국으로부터 많은 문화적 전통을 수용하였다.[10]

10) 중국은 한국과 마찬가지로 베트남에 대해서도 적지 않은 분쟁의 소지를 남기고 있다. 중국학자들이 펴낸 「동아사」(東亞史)는 "한나라 문화는 베트남 초기 고대 문화를 형성한 주류이자 독립 후에도 문화발전의 기초가 되었으며 정치제도, 건축, 예술 방면에서도 중국문화의 흔적을 지우지 못했다"고 말하고 있다. 이런 주장의 배후에는 베트남이 광둥(廣東)과 광서(廣西)에 대한 영유권을 주장할 가능성에 대비해 역사적 명분을 축적하는 것으로 풀이된다. 초기 베트남 국가인 남비엣은 지금의 광저우(廣州)지방에 수도를 두고 있었는데 기원전 112년 한무제에 의해서 정복되었다. 이후 베트남은 1천년 이상을 중국의 직접 지배하에 들

청나라 초기였던 17-18세기에 만주족의 지배를 거부했던 중국인들이 코친 차이나(Cochin China: 지금의 사이공/호치민시를 포함하는 베트남 남부지역)에 정착하였다. 당시 베트남 통치자들은 이들의 이주를 장려하였다. 프랑스 통치(1859-1954)하에서 중국인 이민자의 숫자는 다시 증가하였다. 프랑스의 통치가 끝날 무렵 베트남에 거주하는 중국인 이민자들 중 상당수가 현지인에 동화되어 있었다. 1978년 베트남에는 약 1백 5십만 명의 중국인이 있었고, 그들 중 3십만 명만이 1954년부터 1975년까지 베트남을 두 개의 국가로 분리시켰던 북위 17도 북쪽에 살았다. 중국인들은 월남인구의 약 10%를 차지하였는데 전체 베트남 인구를 기준으로 할 때는 5%에 못 미치는 수준이었다.

중국인들은 주로 무역과 관련된 일을 많이 하였지만 광범위한 직업에 종사하였다. 북베트남에서 중국인들은 대개 공장노동자, 어부, 광부로서 생업에 종사하였다. 대부분의 중국 사업체는 소자본에다 소규모였다. 중국인들이 지배적이었던 사업은 정미업이었는데 쌀 수출국가였던 베트남으로 볼 때 이것은 매우 중요한 분야였다. 한 때 중국인들은 정미업을 거의 독점하기도 하였다. 1958년 당시 사이공 지역 정미소의 60%가 중국인에 의해 소유되었다. 중국인들은 소규모였지만 방적업과 직물업에도 진출을 하였다. 그들은 또한 잡화점, 약국, 쌀가게, 고물상 수출입상, 육상 및 해상수송, 은행, 보험회사 등도 소유하였다. 일부 중국인들은, 특히 하이난 섬 출신 중국인들은 후추와 같은 특수작물 재배에 큰 성공을 거두기도 하였다. 일반적으로 중국인들은, 특히 월남의 중국인들은 상업경제의 중추적 역할을

어갔다가 당나라 쇠퇴 시기인 939년 당나라 군대를 물리치고 독립국가인 다이비엣(Dai Viet:: 大麴)을 세웠으며, 다이비엣은 1804년 베트남으로 국호를 변경하였다.

수행하였다.

3. 베트남 이주 중국인의 지위

여타 동남아시아 지역에서와 마찬가지로 베트남에 거주하는 중국인들의 정치적 지위는 문제를 갖고 있었다. 1949년 이후 시작된 북경과 타이페이 정부의 체제경쟁으로 인하여 이러한 지위는 더 복잡하게 되었다. 특히 북경정부는 중국인들의 현지 동화 장려정책과 중국인들에 대한 충원 및 보호 정책 사이를 왕복하였다. 한편으로 북경 정부는 해외 중국인들에게 현지 국가의 좋은 시민이 되라고 충고하였지만, 다른 한편으로 해외 중국인 학생들에게 본토에서 수학할 것을 권장하고 다른 국가정부들이 중국인 거주민들을 박해할 경우 배를 보내 현지의 중국인들을 송환하기도 하였다.

인도차이나에서 중국인의 국적 문제는 프랑스 정부가 자신의 식민지에서 중국인을 통제하기 위해 만들어 놓은 여러 가지 장치로 인해 복잡한 상황이었다. 식민시기에 프랑스 당국은 법과 질서를 유지하기 위해 임명한 책임자(chiefs)를 통해서 중국인들을 간접적으로 통제하였다. 임명된 책임자는 중국인 공동체를 관리했는데 이러한 조치는 중국인과 다른 인도차이나인을 분리시키는 계기가 되었다. 이 방식은 훗날 북쪽의 공산정권과 남쪽의 디엠 정권 모두에 의해서 폐지되었다. 인도차이나에서 중국인들은 중국 국적으로 남아있었지만 토착민에게 주어진 권리와 프랑스인에게 주어진 권리를 모두 보장 받았다. 또한 그들은 기술적으로 중국 정부의 보호 하에 있었다. 따라서 베트남에서의 중국인의 지위는, 비록 중국 정부가 힘이 없어 그들을 효과적으로 도와주지는 못했지만, 아시아와 아프리카에서 초영토적 존재가 될 수 있었던 유럽인들의 지위와 비교될 수 있었다

(Zenner, 268).

베트남 분단이후, 각각 다른 중국정부와 외교관계를 맺는 두 개의 베트남이 있었기 때문에 상황은 더욱 복잡해졌다. 북쪽에서는 부분적인 현상 유지가 계속되었지만 남쪽에서는 베트남 거주 중국인의 귀화가 장려되었다. 1961년 중화인민공화국은 중국인 거주자에 대한 북베트남의 사법권을 인정하였고 그들에 대한 여권 발급을 중단하였다. 월남의 디엠 정부는 강제귀화 정책을 실시한 결과 많은 중국인들이 현지 사업을 계속하기 위해서 국적을 바꾸었다. 따라서 이 지역 경제에 대한 그들의 중요성은 그대로 유지가 되었다. 사이공 함락 이후 베트남 정부는 디엠 정권의 조치를 그대로 인정했지만, 중국정부는 그것이 정당성 없는 정부의 결정임을 이유로 들어 무효임을 주장하였다.

4. 베트남의 통일과 중국인 강제추방

월남에 거주하고 있었던 중국인의 시민권 분쟁은 또 다른 이슈와 결합되어 더욱 복잡해졌다. 베트남은 캄보디아와 해결을 보지 못한 영토분쟁을 계속하고 있었는데 중국은 폴 포트(Pol Pot) 정권 편을 들고 있었다. 게다가 월남 경제를 국유화하고 월남을 북베트남에 통합시키려는 하노이의 결정은 사이공 지역의 크고 작은 중국인 사업가들에게 영향을 미쳤다. 1978년 5월, 하노이 정부는 월남의 중국인 사업가들을 강력히 단속할 것을 결정하였고, 중국은 중국인 거주민을 후송할 두 척의 선박을 파견하겠다고 발표하였다. 하노이와 북경의 관계가 악화되었기 때문에 이 문제에 대한 협상은 좌초되었다. 1978년 여름이 되자 남쪽과 북쪽 베트남의 중국인 거주자들은 베트남을 떠나라는 압박을 받았고, 난민들은 중국-베트남 국경을 넘거나 혹은 베트남 해 밖으로 빠져나가기 시작하였다.

이리하여 1978-1979년의 난민 위기가 초래되었지만, 탈출은 원래 불법이었다. 난민들에 대해 강탈이 자행되고 부당한 출발세가 요구되었다. 중국인 사업가들은 배 한 척을 구하기 위해 현금과 귀금속을 지불하였는데, 그 중 반액은 정부로 흘러갔으며 공무원들에 대한 뇌물로 사용되었다. 그것은 1975년 7월까지 거의 3십만 명의 중국인들이 베트남을 빠져나왔다.

이 난민위기는 2차 대전 이전의 그것과 비교가 되었다. 중화인민공화국과 대만은 육지나 바다로 건너온 난민들을 진심으로 받아들였다. 물론 이들 난민들은 베트남에서와 마찬가지로 그곳에서도 재교육을 받아야 했다. 이것은 북베트남에서 온 난민들보다 사이공에서 온 난민들에게 더 힘든 문제가 되었다.

선체가 드러난 배를 타고 바다를 항해하는 난민들의 운명은 다양하였다. 그들이 탄 배와 보트는 험한 바다에서 거의 쓸모가 없었다. 난민들은 폭풍뿐만 아니라 해적들로 인한 수난을 당했다. 해적들 다수는 난민들을 약탈하는 것이 수지가 맞는다고 생각한 태국 어민들이었다. 난민 위기가 최고조에 도달하였을 때, 대부분의 선박들은 난민들이 있다고 생각되는 바다 길은 피해 다녔다. 그들은 또한 육지에 접근했음에도 불구하고 상륙허가를 받지 못했다. 압도적인 중국인 도시국가인 싱가포르와 홍콩도 난민들을 수용하기를 꺼려하였다. 말레이시아, 인도네시아, 필리핀과 같은 이웃국가들 역시 각자가 직면하고 있는 중국인 문제 때문에 이들 난민들을 받아들이지 않았다.

인도네시아와 필리핀에서 중국인들은 전체 인구의 5% 미만에 불과했지만, 경제의 몇 부문을 통제하고 있다고 보여 졌기 때문에 지난 세기 동안 토착 주민과의 갈등이 첨예하였다. 또한 양국에서는 중국인들의 이중국적이 문제가 되어 중국인 배제정책이나 강제동화

정책이 시행되어져 왔다. 양국 모두에 고도로 동화된 중국계 혼혈집단이 존재하였지만 그들은 중국인 난민들을 받아들이려 하지 않았다.

말레이시아 정부는 이 시기에 매우 말이 많았다. 1978년 여름에 말레이시아는 난민들이 자신의 영토에 상륙을 할 경우 그들을 다시 바다로 추방하겠다고 위협을 하였다. 말레이시아 인구의 35%가 중국인들이기 때문에 중국인 난민의 유입은 미묘한 인종적 균형을 위협할 수 있었다. 1970년 말레이시아는 인도차이나로부터 이슬람 난민들을 조용하게 이주시킨 바 있다. 중국인과 이슬람교도 말레이인 사이의 균형은 현재의 말레이시아 연방 구성에 핵심적인 사안이다. 싱가포르도 말레이시아 연방에 참여하려 했지만 배제된 이유는 부분적으로 그것이 중국인을 다수 인종으로 만들 수 있는 가능성 때문이었다. 말레이시아의 중국인들은 다양한 분야의 직업에 종사하고 있지만 특히 상업분야에서 두드러진 활약을 하였다. 말레이인들은 자신들이 정치를 지배하고 있지만 중국인들보다 경제적으로 약하다고 생각하며 중국인들이 자기 나라를 접수 할지도 모른다는 두려움을 갖고 있다. 말레이시아의 수상이었던 마하티르(Mahathir)는 1970년에 출판된 저서에서 이러한 두려움을 표현하기도 하였다.[11] 1978년과 1979년의 이 극적 사태는 곧 언론을 통해 서구사회에 보도되었다. 신문기사들은 남중국해가 터무니없는 세금과 뇌물을 지불한 후 베트남에서 떠날 것을 허락받은 난민들로 가득 차있으며, 그들은 해상에서 약탈과 강간을 당하고 있고, 주변국가들 특히 말레이시아 정부는 상륙을 허가하지 않고 있다고 고발하였다. 이것은 1930년대 후반과 1940년대 초반에 대한 기억을 떠올리게 만들었으며 동정의

11) Mahatir bin Mohammed, *The Malay Dilemma* (Singapore: Donald Moore, 1970).

물결이 서구 국가들을 휩쓸었다. 국제회의가 소집되었고 난민 추방을 통제하라는 압력이 베트남에 가해졌으며 말레이시아는 다른 협정이 체결될 때까지 난민들의 체류를 허가하라는 압력을 받았다. 프랑스와 미국은 상당한 수의 난민들을 받아들였다. 대부분의 미국인들은 1978년과 1979년의 "보트 피플"에 대해 이들이 중국인이라는 생각을 하지 않은 채 동남아시아 이민자들에게 보내던 눈길로 바라보았다(Zenner, 271).

5. 강제추방 정책의 평가

베트남의 중국인 추방 사례는 중간자적 소수민족이론의 일반적 논리에 잘 부합된다. 베트남에서, 특히 월남에서 중국인의 존재는 두드러져 보였다. 베트남은 수십 년의 국내외 전쟁으로 인하여 빈곤이 일반화 되어 있었고 통일 직후 사태는 더욱 악화되고 있었다. 이들 소수민족의 숫자가 급증한 것은 아니었지만, 그들은 다수 베트남인들보다 더 많은 부를 통제하였고 풍요로운 삶을 구가하였다. 베트남 내 중국인의 경제적 역할에 대해 반감이 일기 시작하였고, 월남에서는 이미 1957년부터 경제문제와 관련하여 중국인에 대한 비난이 고조되고 있었다. 이러한 상황은 하노이 정부가 승리를 거둔 후에도 마찬가지였다. 민족주의와 공산주의를 표방한 정부의 관리들뿐만 아니라 고객과 경쟁자들 모두 중국인의 역할에 분노의 감정을 표시하였다.[12] 한편 베트남의 중국인들은 세금과 협박을 통해서 약탈할 수

12) 베트남 정부의 태도와 관련하여 안보적인 측면을 강조하는 분석도 있다. 이에 따르면 하노이 정부는 중국 정부가 베트남과의 군사 대결을 준비하며 베트남의 경제 교란을 배후에서 사주하고 있다고 판단하였다. 문화혁명 당시 베트남 내부에서는 홍위병 운동이 부분적으로 시도되기도 하는 상황이었다. Gareth Porter, "Vietnam's Ethnic Chinese and the Sino-Vietnamese Conflict," *Bulletin of*

있는 부를 실제로 보유하고 있었다.

혹자는 베트남의 중국인 난민사태가 1938-1939년에 발생했던 나치의 유태인 추방사태와 많은 점에서 유사했다고 주장하기도 한다. 이 경우 중국인 축출의 전제조건이 유태인 추방사태와 일치하고 있음에도 불구하고 대량학살을 모면할 수 있었던 몇 가지 이유가 지적된다. 첫째, 이 당시 베트남 정부는 폴 포트 정부에 의해 자행된 야만적 학살을 응징한다는 명분을 앞세워 캄보디아 침공을 정당화하고 있었다. 따라서 정당성의 문제가 정치적 행동에 영향을 미쳤다. 둘째, 최소한 일부 난민은 중국정부에 의해 받아들여지고 있었다. 셋째, 1978-1979년 당시 미국과 중국은 강력한 군사력을 발휘할 수 있는 상황이었다. 넷째, 난민 추방은 인근국가와 적국을 혼란시키는데 유용한 전략이었다. 그것은 1980년 쿠바의 마리엘(Mariel) 난민사태[13]만큼 효과적이지는 못했지만 소기의 성과를 거두었다. 다섯째, 베트남인들은 이데올로기적으로 대량학살의 준비가 되어있지 않았다(Zenner, 271-272).

Ⅳ 맺는 말

디아스포라 사회의 경제적 성공과 취약한 정치적 구조는 적절한 계기가 주어질 경우 언제든지 불상사를 초래할 가능성이 있다. 베트남에서는 사이공 정권의 붕괴와 캄보디아와의 전쟁이 결정적인 계기

Concerned Asian Scholars 12, no. 4 (1980), pp. 55-60.

13) 마리엘은 수도 아바나 서쪽의 산업도시이다. 1980년 "떠날 자는 모두 떠나라"는 카스트로의 선언이 있은 직후 반년 남짓한 동안 쿠바인 12만 5천 명이 마리엘 항을 거쳐 쿠바를 떠났다.

를 제공하였다. 그러나 베트남의 중국인 이민자 수난사는 결코 이 지역에만 한정된 이야기가 아니다. 한국의 현대사 속에서도 유사한 사태가 발견되는데 만보산사건의 여파로 발생했던 중국 화교에 대한 습격사건이 그것이다.

만보산 사건은 1931년 5월 하순부터 장춘 근교 만보산 삼성보에서 조선인 농민과 중국인 농민 사이에 수로 개설문제를 둘러싸고 일어난 분규이다. 6월 초순 중국 경찰이 개입하여 조선 농민을 몰아내자 일본의 영사경찰은 조선 농민들이 법적으로 일본 신민이라 하며 이 분규에 개입하였고, 조선 농민들은 일본 경찰의 보호아래 수로 공사를 강행하였다. 몇 차례 충돌 끝에 7월 1일 중국 농민 200명이 조선인들이 만든 수로를 파괴하자 일본 경찰이 출동하여 중국 농민들을 향해 발포하였는데 다행히 인명피해는 없었다. 이것이 만보산 사건이다.[14] 사건 발생 후 불과 두 달도 지나지 않아 동북지역은 일본의 전면침공으로 사실상 식민지로 전락하였다. 만보산에서 조선과 중국 농민 간의 처음 충돌이 발생한 이래 동아일보와 조선일보는 계속적으로 이 사건을 보도하였다. 1920년대 후반 당시 중국 관헌들이 만주한인동포들을 박해하고 있으며 또한 중국인 노동자들 때문에 조선인이 일자리를 잃는다는 의식이 퍼지면서 조선에는 반중국인 의식이 자라고 있었다. 200여명의 조선 농민이 살상한 것으로 되어 있는 만보사건 호외(號外)는 이런 반중국인 감정에 불을 질렀다. 이 소식이 전해진 직후인 7월 3일 새벽부터 인천에서 중국인 가옥과 상점에 대한 투석이 시작되는 등 조선 전역에서 반중국 감정이 들끓기 시작

14) 만주한인과 중국농민의 충돌뿐만 아니라 7월에 조선에서 발생한 조선 배화폭동까지를 만보산사건으로 보는 견해도 있다. 이재령, “남경국민정부 시기 중국의 한국인식: 만보산사건에 대한 여론 동향을 중심으로,” 「중국사연구」 제31집 (2004.8), p. 372.

하였다. 7월 4일 폭동은 전국적으로 확대되었다. 서울 서소문의 중국인 거리에는 5천여 명의 군중이 몰려들어 중국인 상점의 물품을 끄집어내서 파괴하고 중국인들을 닥치는 대로 구타하였다.

전국으로 퍼진 폭동으로 인하여 400여회 이상의 습격사건이 전국 방방곡곡에서 일어났다. 전국의 중국인 거리는 문자 그대로 피비린내 나는 아수라장으로 변했다. 재조선 중국인들에 대한 습격에 분노한 중국인들의 보복공격의 표적이 될 수 있었던 재만동포들은 중국인에 대한 박해를 즉각 중단해 달라고 호소하였고, 한용운, 안재홍, 송지우 등의 민족지도자들은 이 불상사가 조선민족 전체의 의사가 아님을 천명하며 두 민족의 우의를 증진해야 한다고 강조하였다. 만보산사건으로 재만동포들이 엄청난 피해를 입었다는 내용이 오보임이 밝혀지고, 민족지도자들의 폭동자제 호소가 효력을 발휘하면서 7월 10일이 되자 안정을 되찾았다. 다행히도 임시정부나 재중 조선민족주의자들의 호소와 사태의 본질(일본이 사건의 배후에 개입했을 가능성이 많으며, 조선인이 중국에서 박해를 받을 경우 일본의 군대가 출동할 것이라는 예상)을 파악한 중국지도자들의 노력으로 조선인에 대한 대대적인 보복은 이루어지지 않았다. 이 참혹한 폭동으로 인한 피해자는 엄청났다. 국제연맹에 제출된 보고서에 의하면 사망 127명, 부상 393명이었으며 화교전체 인구의 1/3에 육박하는 1만 6천 8백명이 영사관에 수용되었다. 폭동 직전인 1930년 말 화교의 총인구는 6만 9천여 명이었으나 그 이후 귀환자가 속출하여 1933년 말 3만 7천 명으로 급락하였다(현재 그 수는 2만 명에 불과하다).[15)]

복합적인 요인이 개입된 이 사건의 본질을 단순한 민족감정의 폭

15) 이상의 내용은 한홍구, "호떡집에 불난 사연: 반중국인 폭동과 화교들의 수난." 「대한민국사 02」 (한겨레출판, 2003), pp. 17-28을 참조하였다.

발이었는지 혹은 중간자적 소수민족이론이 상정하는 것처럼 잠재적인 적개심의 발로였는지 어느 하나로 결론을 내리기가 어렵다. 그러나 기존의 연구들을 살펴보면 경제적 동기 역시 무시할 수 없는 요인이었던 것 같다. 만보산 사건이 터진 후 중국 국민당은 그 배경을 몇 가지로 파악하면서 일본의 대륙침략정책을 첫 번째로 꼽았으며, 조선화교배척사태에 대해서도 무지몽매한 조선인들이 일본의 교사를 받고 야만적인 폭력을 행사한 것으로 이해하였다.[16] 그러나 중국 민영신문의 상황 인식은 관영 언론과 차이를 보이는데, 후자가 일본의 만주침략에 따른 정치군사적 의도에만 초점을 맞춘 반면 전자는 조선의 화교 경제에 주목하였다. 당시 조선인들은 조선화교의 경제력을 시기하며 오래전부터 그들을 몰아낼 생각을 하고 있었으며 일본 식민 당국은 이러한 감정을 자극했다는 것이다. 곧 중국의 민영신문들은 일본의 침략정책 뿐만 아니라 조선화교의 과도한 경제력 집중도 배화폭동의 주요 요인이라고 인식하였다.[17] 당시 조선의 화교 상인들은 중국 산동과 가까운 인천을 근거지로 삼아 조선의 도시 상권을 대부분 장악하고 있었으며 한국인들에게 돈밖에 모르는 야비한 수전노라는 부정적인 이미지를 심어주고 있었다. 낡은 농사법만

---

16) 그러나 중국 공산당은 일본제국주의의 조직적 음모를 인정하면서도 그것의 목적이 단순한 대륙침략에 있었다기보다는 중국의 반제투쟁을 제압하고 조선인과 중국인사이의 적대적 민족 감정을 조장하여 양국 민중의 공동투쟁 전설을 파괴하는데 있다고 보았다. 또한 중국 지주자본가 계급의 수탈과 국민당 관리의 결탁 등 중국 내부의 책임을 강조하였다. 공산당은 국민당이 만보산사건을 이용해 중국인과 조선인의 민족감정 대립을 조장함으로써 양국 근로대중의 연대를 파괴하고 있다고 보았다. 손승회, “만보산사건과 중국공산당,” 「동양사학연구」 제83집 (2003. 6), pp. 134, 135, 142. 공산당의 만보산사건 해석은 편협한 민족주의의 한계를 넘어서려고 했지만 피압박민족 연대라는 국제주의적 사고에 사로 잡혀 사건의 실체에 제대로 접근하지 못했다. 손승희, “소설 「만보산」과 만보산사건,” 「대동문화연구」 제54집 (2005. 6), p. 209.

17) 이재령, *op. cit.*, p. 392.

고집하는 조선의 농민들과 달리 화교들은 천부적인 능력을 발휘하여 농업분야에서도 성공을 거두었는데 특히 상품용 야채재배를 독점함으로써 큰 이익을 보았다. 이런 현상은 농업뿐만 아니라 공업 분야에서도 마찬가지였으며 일본인들이 중국 공원들을 많이 채용했기 때문에 조선인 공원의 실업자 수가 나날이 늘어났고, 이 때문에 화교를 적대시하는 마음이 깊어졌다. 그러나 조선의 화교들은 조선인의 나태한 성품과 무능력, 비생산적인 습성 등을 꼬집으며 자신들의 경제적 지배를 당연시하였다.[18] 결국 만보산사건에서 드러나는 일제의 대륙 침략전술은 경제적 측면에서 화교와 중국인에 대해 조선인이 갖고 있던 나쁜 감정을 교묘하게 이용하였다고 말할 수 있을 것이다.

---

18) 이재령, *op. cit.*, p. 359.

제 3 부

군사기지의 정치학

제10장

포위된 요새: 군사기지의 비교정치학

I 머리말

"2004년-2005년 서울에서 행해진 몇몇 여론조사에서 조시 부시(George W. Bush)는 김정일보다 한국의 안보에 더 위험스런 인물로 평가되었는데 이는 미국인의 눈으로 볼 때 놀라운 결과였으며 기지관계에도 도움이 되지 않는 사태였다. 이런 감정의 이면에는 단순한 반미주의 그 이상의 복잡한 요인들이 깔려 있다. 비무장지대로부터의 부대철수와 이라크로의 부대재배치를 바라보며 미국이 한국을 포기한 것이 아인가 하는 의혹, 민주주의를 지지하는 젊고 활동적인 세대의 분노, 군부세력이 자행했던 1980년 광주대학살 당시 미국이 공모했다는 주장, 미국이 군사주둔을 통해 한반도의 분단을 영속화하고 있다는 증대되는 믿음 등이 그것이다. 정치와 경제로부터의 압력이 충분하지 않았는지 영화계까지 한국의 미군기지를 공격하고 있다. 최근 서울에서 개봉된 괴기 영화 '괴물'은 11일 만에 6백만(남한 인구의 1/8) 관객을 동원하는 기록을 남겼는데, 그것은 미군 기지를 주제로 삼고 있다. 영화는 미군기지에 의해 한강에 무분별하게 배출된 유독물질 속에서 부화한 돌연변이 생명체가 어린애를 집어삼키며 서울로 뛰어드는 내용을 다루고 있다. 불행하게도 영화는 심하게 왜곡되고 과장되기는 했지만 약간의 사실을 기초로 하고 있다. 영화감독 봉준호는 미군 소속의 장의사가 한강에 포름알데히드를 방출한 것 때문에 체포되었던 2000년의 사건을 토대로 하였다고 주장한다. 그것은 불미스러운 사건이었지만 지속적인 오염은 없었고 괴물은 더더구나 존재하지 않았다. 하지만 왜곡된 내용의 영화가 대중적 인기를 누리는 것은 시대의 징후이다.

요약하면, 한국의 미군 기지들은 냉전의 분위기가 점차 가라앉으면서 놀라울 정도로 포위된 요새가 되었다. 이제 그들을 포위하고 있는 것은 전통적인 적수인 북한군이 아니라 주둔국의 환경주의자들, 성난 영화관람자들, 학생들, 심지어 도심지역을 탐내는 부동산 개발업자들이다. 기지들은 또한 워싱턴과 서울의 공세 – 방어 전환을 우선시하는 미 국방부의 전략가들과 방치되는 것을 두려워하면서도 미국의 일극주의를 비난하는 한국의 정치인들 – 를 견디어야만 하고 있다. 한미 양국이 동맹을 맺었던 참전의 기억은 희미해지고 상호협력의 이점이 중국의 거대한 매력 앞에 무릎을 꿇을 때, 한국의 미군기지가 모순적 감정과 판단의 소용돌이 속에서 얼마나 오랫동안 살아남고 번영할 수 있을 것인가 하는 의문이 제기된다. 그것은 전 세계적으로 미국의 군사기지 위에 드리워진 어두운 그림자를 반영한다."[1)]

존 홉킨스 대학교 국제대학원(SAIS) 라이샤워 동아시아연구소 소장인 켄트 칼더[2)]는 현재 해외 미군기지가 처해있는 상황을 '포위

1) Kent E. Calder, *Embattled Garrisons: Comparative Politics and American Globalism* (Princeton: Princeton University Press, 2007), pp. 6-7.

2) 켄트 칼더(1948-)는 존 홉킨스 대학교 국제대학원(SAIS) 라이샤워 동아시아연구소 소장으로서 동아시아 정치경제학 전문가이다. 그는 하버드에서 학위를 받은 후 프린스턴 대학교에서 20여년 봉직했으며 서울대학교 객원교수로 한국을 방문하기도 했다. 그는 일본에 11년간 체류하며 미국 주일대사관 특별자문역을 역임

된 요새'(embattled garrison)라고 표현한다. 조금 과장한다면 대부분 미국의 해외 군사기지는 사면초가의 위기에 직면해 있다. 그것은 지역주민들의 군사기지 반대 운동에서부터 테러집단의 잠재적 공격가능성에 이르기까지 많은 난제들을 포함한다. 물론 이러한 위기는 미국만의 문제가 아니며 해외기지를 보유하고 있는 모든 국가들이 이미 겪었거나 현재 경험하고 있는 시련이다. 이른바 군사기지의 정치는 군사시설의 지위 및 운용과 관련하여 파견국과 주둔국 사이의 상호작용을 지칭하는 개념이며 이 과정에는 국가하위 주체 혹은 초국가적 주체들도 개입한다. 칼더는 비교론적 관점에서 보다 엄밀한 방법론을 적용하여 군사기지 일반에 관한 일련의 규칙성을 발견하려 한다. 문제의식은 군사기지 위기의 원인을 진단하고 그것들에 대한 해법을 제안하기 위함이다. 칼더의 가설은 다음과 같이 요약될 수 있다. 첫째, 군사기지 위기의 근원은 주둔국의 국내정치, 특히 지역정치의 역학에 기인한다. 군사기지는 국가안보라는 대의와 사회적, 환경적 삶의 피해라는 이중적 측면을 보유하고 있으며 여기서 비롯되는 비대칭적 이해관계는 민주화로 상징되는 체제변동의 시기에 폭발할 가능성이 많다. 둘째, 위기에 대한 효과적인 대응책은 점령군이 아닌 해방군으로서 군대 주둔의 정통성을 확보하는 한편, 물질적인 유인책 - 보상의 정치 - 을 최대한 활용하는 것이다. 엄격한 규율과 문화적 이해를 통해서 현지 주민들로부터 신뢰감을 확보해야 할뿐 아니라 물질적 보상의 혜택이 주민 모두에게 공정히 분배될 수 있도록 섬세한 정책을 수립해야 한다. 칼더는 군사기지의 정치가 다양한 주체들 간 합리적 선택의 과정이라고

한 바 있다. 일본의 경제성장과 세계화, 미일관계, 싱가포르 체제건설, 동아시아의 에너지 안보 등의 주제에 대해 다수의 저서를 출간하였다.

말한다.

칼더는 그동안 해외 미군기지에 관한 대부분의 연구가 군인 출신 학자들에 의해 수행된 결과 논쟁적인 이슈에 대한 심층적인 분석이 제대로 이루어지지 않았으며 또한 일부 전문적인 연구 역시 개별사례를 중심으로 역사적 접근을 행하거나 혹은 군사기지가 지역공동체에 미치는 인류학적, 사회학적 영향에 치중함으로써 정치학적인 비교연구가 매우 드물었다고 말한다.[3)]

이 글은 칼더의 이론을 재구성하여 우선 미군기지의 역사와 현황을 개괄한 후, 위기의 원인에 대한 다양한 요인들을 살펴본다. 그리고 그동안 미국 정부가 어떠한 방식으로 기지 정치를 관리해 왔는지에 대해 알아본다. 그 다음 미국 요새론(Fortress America)과 팍스 아메리카나(Pax Americana)로 대별되는 기지철수 논쟁을 정리한 후, 칼더가 제안하는 전략 및 전술을 검토한다. 결론에서 칼더의 군사기지 정치학이 보여주는 몇 가지 문제점을 지적한다.

II 해외 미군기지의 역사와 현황

1. 최초의 미국 해외 군사기지는 제국의 경험에서 기인하였다. 1884년 미국은 해군기지 건설을 위해 하와이 왕국으로부터 진주만에 대한 독점적 권리를 획득하였다. 그리고 1898년 스페인과의 전쟁을 통해서 필리핀, 푸에르토리코, 쿠바의 관타나모 기지를 확보하였다.

3) 칼더는 무게감 있는 기존 연구서로서 Chalmers Johnson, *Blowback: The Costs and Consequences of American Empire* (New York: Metropolitan Books, 2000); *The Sorrow of Empire* (New York: Metropolitan Books, 2004); Robert E. Harkavy, *Base Abroad: The Global Foreign Military Presence* (Oxford: Oxford University Press, 1989) 정도를 들고 있다.

1903년에는 파나마 운하 건설의 권리를 얻어냈고 이와 더불어 운하를 보호하기 위한 군사 기지를 인근지역에 설치할 수 있게 되었다. 제국을 향한 미국의 열망은 시오도어 루스벨트(Theodore Roosevelt)의 정치력을 통해서 점차 정교화되고 전략화되었다.

그러나 본격적인 해외 기지 건설은 제2차세계대전과 더불어서이다. 진주만 공격이 있은 후 1년이 지난 1942년 12월, 프랭클린 루즈벨트는 전후 미국이 주도하는 국제경찰군의 세계적 기지 네트워크 구축을 위한 계획안을 준비하도록 합동참모본부에 명령하였다. 루즈벨트의 전략적 관심은 초기에 대서양에 집중되었으나 전쟁의 긴급성 때문에 오래지 않아 태평양에서도 거의 동일한 수준의 기지를 확보하게 되었다. 한편, 영국이 보유하고 있었던 해외의 주요 기지 시설들은 미국이 전후 기지 네트워크를 구축하는 과정에서 결정적인 토대가 되었다. 미국은 러시아, 독일, 일본, 기타의 강대국과 비교해 볼 때 영국의 군사기지를 활용할 수 있는 유리한 위치에 있었는데 이 점은 미국이 전후 초강대국으로 부상하는 과정에서 종종 간과되었다(p. 11). 영국의 유증(遺贈)은 영미간 전략적 목표가 사실상 일치함으로써 더욱 용이하고 효과적이 되었다. 1940년 영국은 대서양 방어를 지원하기 위해 카리브해에 있는 다수의 군사시설들을 미국에게 양도하였으며 이후 디에고 가르시아(Diego Garcia)를 인계하였다. 바레인(Bahrain), 싱가포르(Singapore), 어센션(Ascension)의 미군 시설들 역시 영국으로부터 물려받은 것이다. 전쟁 종료 당시 미국은 북극에서 남극에 걸쳐 1백여 개의 국가와 속령에 2천여 개의 기지와 3만개 이상의 시설들을 운영하였다.

2. 전쟁이 끝나자 국제사회에서 미국의 지정학적 위상은 협소한 국가이익을 추구하는 중견국으로부터 세계의 평화와 안정을 수호하

는 초강대국으로 변화하였다. 미국의 전후 초기 전략은 중동에 대한 약간의 관심에도 불구하고 개발도상국으로부터 철저하게 이탈하였다. 그 대신 전시에 적이었던 유럽과 일본을 우선시하였다. 그곳에서 군사기지는 새로운 정치경제적 의미를 확보하게 되었다. 현재 지구촌 사회가 누리고 있는 정치경제적 번영은 1945년 이후 결정적인 5년 동안의 시기에 독일, 일본, 이탈리아와 미국이 적대적인 관계로부터 동맹국으로 놀라운 변신을 하였다는 사실에 힘입은 바 크다. 그리고 이러한 정치경제적 연대는 전후 초기 점령 당시 건설된 군사기지의 토대에 기초하였다. 군사기지는 암묵적인 지정학적 제재를 행하고, 추상적인 법률적 의무를 강화하며, 민주적 산업세계 전반에 걸쳐 초국가적 상호의존성을 확립한 주요한 원동력이 되었다.

그러나 미국의 외교관들과 군사 전략가들의 새로운 야심에도 불구하고, 1945년 중반 대규모에 도달했던 미국의 해외기지는 전쟁이 끝나자 여러 가지 이유들 - 주요 동맹국가들, 특히 영국 노동당이 그것을 지지하지 않았으며, 미국 국내 예산의 한계가 있었고, 몇몇 주둔 예정지의 정부가 협력을 거부하였다 - 로 인해 급격하게 축소되기 시작하였다. 1946-1947년 소련과의 관계가 악화되기 시작한 후, 심지어 국무부 정책기획국장 조지 케넌(George Kennan)이 최초로 봉쇄정책을 밝힌 후에도, 미국은 광범위한 주변부의 방위보다 제한된 '거점'에 초점을 맞추는 전략을 계속 추진하였다. 1949년 4월에 북대서양조약기구(NATO)가 설립되었음에도 불구하고, 미국의 기지 정책은 공산세계와 국경을 접한 지역에서조차 냉전의 기준으로 볼 때 놀라울 정도로 최소주의적(minimal)이었다(p. 19). 1948년 10월, 조지 케넌은 육군대학에서 아시아 대륙은 미국의 국가안보에 핵심적이지 않으며 미국의 주요 관심은 유라시아의 산업국가들 - 서유럽과 일본 - 이라고 강조하였다. 이런 사고체계의 절정은 나토 창설 9개월 후인 1950년 1월 국무장관 애치슨이 한국을 미 방어선으로부터 명시적으로 제외시킨 사건이었다.

3. 한국 전쟁은 몇 가지 중요한 측면에서 미국의 세계적 전진배치 구조를 강화하였다.

첫째, 그것은 케넌이 주장하는 것처럼 미국이 주요 거점만을 방어할 것인지 아니면 폴 니츠(Paul Nitze)의 주장처럼 모든 전선에서 공산주의를 저지해야 하는지에 대한 이전의 논쟁들을 단호히 해결하였다. 1950년 4월 4일 완성된 이 66페이지의 문서인 NSC-68은 니츠가 의장을 맡은 미 국무부와 국방부의 소규모 임시 위원회에 의해서 초안이 작성되었는데, 그것은 외관상 케넌의 실용주의적 봉쇄정책을 고수하였지만 그 개념을 치명적으로 재정의하였다(p.22). 케넌은 군사적, 산업적 주요 국가들을 적국으로부터 보호하는 것이 유리한 힘의 균형을 유지하는데 유일한 선결조건이라고 주장한 반면, NSC-68은 비우호적인 세력의 실질적 팽창은 어떤 경우에도 위험하다고 주장하였다. NSC-68은 한마디로 "자유 국가가 어느 한 곳에서 패배한다면 그것은 모든 지역에서 패배한 것"이라는 진단과 함께 전 지구적인 봉쇄를 주장하였다. 이 개념은 존 F. 케네디의 취임 연설과 베를린 장벽의 붕괴에 이르기까지 오랫동안 반향을 불러 일으켰고 미 냉전 이데올로기의 고전적 명제가 되었다(p. 22). NSC-68은 특히 유럽의 군사 배치 및 북대서양 조약기구와의 관계에 대한 전략적 사고에 강력한 영향을 끼쳤는데, 그 이유는 중요한 전선을 따라 증대되는 소련의 핵과 재래식 무기의 도전을 극명하고 설득력있게 제시했기 때문이다. 유럽에 주둔하고 있는 미군 병력은 독일의 부활을 억제하면서 소련의 위협에 대항하여 동맹국과의 협력을 공고히 하는 결정적 수단이었다.

미군의 존재는 한마디로 "러시아의 힘을 배격하고, 미국의 힘을 유지하여, 독일의 힘을 억누르는" 수단이었다(p. 23).

둘째, 정치경제적 관점에서 볼 때 한국전쟁은 비대칭적 경제관계의 '샌프란시스코 체제' 창설을 촉발했다는 것이다. 이 새로운 방식은 유럽에서처럼 동아시아 주요 동맹국들의 생산품에 대해 미국 시장을 개방하고 반대로 이들 국가에 대한 미국의 투자를 촉진함으로써 양국 간의 결속을 강화시켰으며, 해당 국가는 이에 대한 보답으로서 미군기지를 수용하게 되었다.

셋째, 한국 전쟁은 역내 미국 정책의 중심축으로서 일본의 역할을 확인했다는 점이다. 물론 한국 전쟁 이전에도 미국의 정책가들은 미국의 안보와 경제적 이해에 도움이 되려면 와해되고 예속된 사회로서 일본이 아니라 경제적으로 강력한 일본을 요구한다고 주장하였다. 한국전쟁은 이러한 생각을 강화하였으며 대규모의 전시물자 조달과 미국 시장에의 접근을 통해 일본의 재기를 도왔다. 게다가 일본의 미군 기지들은 전쟁 과정에서 중요한 역할을 수행하였고 이에 따라 기지를 포기하려 했던 초기의 정서는 사라져갔다. 한국 전쟁 기간 동안 미국은 오키나와 전체면적의 13%에 해당되는 4만 에이커의 군사기지를 개발하였다. 본토에서와 마찬가지로 오키나와 미군기지의 근본적인 형태는 이 기간에 완성되었다. 한국전쟁 이전에 미국의 전략가들이 심각하게 고려해 본적이 없었던 미군의 일본 본토 주둔은 이후 세계에서 가장 안정적이면서 전략적으로 중요한 해외 미군기지를 구축하였다. 2005년 9월 현재 주일 미군기지의 대체 가치는 34조 달러를 넘어선다. 그것은 독일과 미국 자신을 제외하고는 세계 최고 가치의 기지이다. 주일 미군의 작전 영역은 디에고 가르시아, 아프가니스탄, 이라크에 이르기까지 전지구적이 되었다.

넷째, 태평양에서 한국 전쟁의 마지막 영향은 쌍무적 안보조약의 '중심축-바퀴살(hub-and-spoke)' 동맹구조를 산출한 것이었고, 그것은 미군기지 접근의 법률적 토대를 확립하였다(p.24). 1951년에 미국은 일본, 필리핀, 오스트레일리아 및 뉴질랜드와 조약을 체결하였다. 군사기지와 안보조약은 동맹국을 안심시키는 동시에 국가 간 교역과 투자를 활성화하여 전후 세계의 정치경제 질서를 안정시키는 중요한 역할을 하였다.

4. 한국 전쟁이나 인도차이나 전쟁의 경우를 제외한다면 1945년과 9·11 사태 사이의 시기에 제3세계의 미군 기지는 점진적으로 퇴조를 보였지만, 중동에 대한 미국의 개입은 심화되었다. 여기에는 두 가지 요인이 작용하였는데 하나는 에너지 안보의 문제이다. 전쟁 이전부터 이미 미국의 석유회사들이 중동에 진출하고 있었고 미군 역시 석유 연료를 페르시아만으로부터 직접 공급받고 있었다. 다른 하나는 소련의 걸프만 진출 저지와 우랄 산업지대에 대한 감시 및 통제의 필요성이었다(p. 27). 1945년 2월 루즈벨트 대통령과 사우디아라비아의 압둘 아지즈(Abdul Aziz)는 다란(Dahran)에 미 공군기지를 건설한다고 발표하였으며 다란 기지는 소련의 유전을 공격할 수 있는 전략공군사령부 폭격 기지로 성장하였다. 또한 1947년 바레인에 미 해군기지가 건설되었는데 그곳은 미국 최대의 중동 석유채굴지역이며 미 해군의 주요한 전초기지이다. 1954년에는 터키에 인시를릭(Incirlik) 공군기지가 완성되어 핵폭탄을 장착한 터키 전투기가 배치되었다. 한편 1973년과 1974년의 '오일 쇼크(Oil Shock)' 사태와 같은 시점에서 발생한 욤 키푸르 전쟁(Yom Kippur War)[4]으로

[4] 1973년 10월 6일 이스라엘 사람들이 가장 경건시하는 '속죄의 날' 에 이집트와

미국의 중동 주둔에 대한 전략적 이해가 강화되었다. 이 시기에 미국은 인도양에 디에고 가르시아 공군기지와 병참항의 건설을 가속화하였다. 1980년의 이란-이라크 전쟁 기간에는 바레인 기지가 중요한 역할을 했으며, 걸프전(1990-1991) 이후에는 사담 후세인의 지속적인 위협 때문에 직접적인 중동 주둔이 더욱 강화되었다. 2000년이 되자 중부사령부의 작전관할권 하에 있는 미군 병력은 상시 2만 명에서 2만 5천 명 수준을 유지하였다. 이들 병력은 사우디아라비아 프린스 술탄(Prince Sultan) 공군기지의 4천명 병력 및 쿠웨이트의 도하 캠프(Camp Doha)에 있는 3천 명을 포함하였다. 미국의 지상군 주둔은 걸프협력회의(GCC) 국가와의 합동훈련 프로그램을 실시하고 오만, 카타르, 쿠웨이트, 아랍 에미리트, 그리고 바레인에 전쟁 예비물자를 광범위하게 사전비축함으로써 보강되었다. 특히 카타르는 중동 주둔 미군의 전략적 요충지일 뿐만 아니라 또한 세계에서 가장 큰 천연가스 지대를 보유하고 있다. 카타르는 1990년대 말에 14억불을 들여 건설한 최첨단의 알-우데이드(Al-Udeid) 공군기지를 보유하고 있으며 또한 세이리야(Sayliyah) 캠프에 미 육군 최대 규모의 전쟁 물자를 비축하고 있다. 이 시설은 2003년 이라크 전쟁 기간에 미 중부사령부 사령관 토미 프랭크(Tommy Franks) 장군의 전방 지휘본부로서 이용되기도 하였다.

5. 테러와의 전쟁 이후 미국의 해외 군사기지는 1/2 이상이 개발도상국에 진출해 있고 특히 1/3 이상이 이슬람 세계에 자리 잡고 있는데, 이는 1989년 베를린 장벽이 무너질 당시 각각 6%와 1%에 불

시리아 군대는 기습적으로 공격하여 욤 키푸르(Yom Kippur) 전쟁을 일으켰다. 키신저의 중재로 전쟁은 19일 만에 종결되었다.

과했다는 사실과 크게 대조를 이룬다(p. 51). 2005년 기준으로, 이라크에 12만1천6백명, 아프가니스탄에 1만8천명, 쿠웨이트 2만2천2백5십명, 2006년에는 카타르에 6천5백4십명, 아랍에미리트연방에 1천3백명, 바레인에 3천명, 사우디아라비아에 3백명의 미군이 주둔하였다. 특히 카타르에는 최첨단 시설의 공군기지가 건설되었고 지역 지휘본부가 설치되었다. 한편 아프간 전쟁과 이라크 전쟁을 수행하면서 신속한 병력수송과 병참보급을 위해 러시아와 중국의 반대를 무릅쓰고 중앙아시아와 동부유럽, 아프리카 지역에 새로운 군사기지를 설치하였는데 우즈베키스탄(2005년 철수함), 키르기스스탄, 폴란드, 루마니아, 헝가리, 불가리아, 지부티, 케냐 등의 국가가 여기에 해당된다. 그리고 아프간 전쟁 기간에 활약했던 사우디아라비아 프린스 술탄 공군기지의 연합공군작전센터(CAOC)나 이라크 전쟁 당시의 카타르 연합작전센터처럼 기술적으로 고도화된 조정센터가 더욱 중요해진 반면, 상대적으로 평화로운 지역에 위치해 있는 정적인 방어시설들은 비록 중요성이 감소한 것은 아니지만 덜 활동적이 되었다. 2006년 통계에 따르면 해외기지에 배치된 미군 병력 총인원은 29만여명의 군인을 포함하여 59만 여명에 이른다. 독일 58,118(176,969: 민간인 포함 숫자)명, 일본 33,871(115,568)명, 한국 30,683(62,804)명, 영국 10,052(28,931)명, 이탈리아 8,841(29,756)명 등의 순이다. 그리고 군사기지 시설의 가치로 환산해 볼 때, 해외 미군의 육군기지는 독일 65%, 한국 17%, 일본 7%의 순으로 분포해 있고, 해군은 일본 44%, 아이슬란드 11%, 영국령 인도양(BIOT)과 이탈리아 각 10%, 공군은 일본 33%, 독일 22%, 영국 13%의 순서이며, 해병대는 일본에 99.5%가 주둔해 있다. 해군과 공군만을 놓고 볼 때 주일 미군의 군사기지는 독일의 그것을 능가하고 있다. 일본 소재 가데나(Kadena) 공군기지와 요코수카(Yokosuka) 해군기지가 각각 자산가치 1위와

2위를 기록하고 있다(p. 58).

6. 이상의 해외 기지 역사를 되돌아 볼 때 기지정치의 중요한 교훈은 다음과 같다.

첫째, 개별 기지들은 복수의 잠재적인 전략적 기능을 갖고 있고, 주어진 기능들의 상대적인 중요성은 – 영토적 지배, 해양 패권, 작전 거점지역과 전략적 억지력 확보, 자원의 흐름 보호, 반테러작전 지원 등 – 시간의 흐름에 따라 변한다.

둘째, 군사기지의 진화하는 구조와 기능은 국제정치레짐의 성격에 의해서 큰 영향을 받는다. 가령 냉전 시기에는 해상과 영공의 지배를 구축하는 지정학적 역할이 결정적일 수 있었다. 그러나 탈냉전의 시기에는 반테러주의 전쟁으로 인하여 신속한 개입능력이 매우 중시되었고 정적인 대규모 군사시설보다 다수의 경량급 기지들이 요구되고 있다.

셋째, 결정적인 시기가 기지의 성격을 규정한다. 현행 미군기지 네트워크의 핵심은 유럽 대륙과 동북아의 거점을 포함하여 1943-45년과 1950-53년 시기에 근본적으로 결정되었다. 그리고 9/11 사태 이후 아프간 전쟁 및 이라크 전쟁은 미국의 해외기지 주둔 방식을 크게 변화시켰다. 부시 행정부의 2004년 8월 군사전환 계획은 억지력 제고를 위해 주요 우방국가의 미군 병력을 재편성하고 중동 이외의 지역에 배치된 다수의 병력을 국내로 소환하고 있다.

넷째, 일단 해외 기지가 구축되면 그것은 자신의 실제기능이 어떻게 진화하는지 여부와 관계없이 놀라울 정도로 지구력을 보이는 경향이 있다. 아이슬란드나 오키나와의 미군기지 사례에서 보듯이 해당 지역의 주민 저항에도 불구하고 기지시설들은 끈질기게 존속된다. 오직 정치적 격변에 따른 체제변동만이 기지철수를 가능케 한다.

Ⅲ 포위된 요새

1. 위기의 근원

1) 내재적 요인

기지반대운동은 이데올로기적, 민족주의적, 실용주의적 성격의 것으로 3분될 수 있으며 대개는 복합적인 양상을 보인다. 이데올로기적 반대의 대표적 사례로서 1980년대 독일을 중심으로 전개되었던 퍼싱(Pershing) 핵미사일 배치 반대운동을 들 수 있다. 시위자들은 그것이 유럽의 평화를 위협한다고 주장하며 거대한 반전반핵운동을 전개한 바 있다. 민족주의적 반대는 외국군의 진입으로 국가주권이 훼손되고 있다는 국민적 정서를 배경으로 한다. 냉전 종료 후 미국의 일방주의적 무력개입에 반대하는 이슬람 세계의 일반적 반응이 여기에 해당된다. 실용주의적 반대는 군사기지가 초래하는 범죄와 환경파괴 등 삶의 피해를 우려하는 경우이다. 모든 군사기지 반대운동은 실용주의적 차원을 필연적으로 내포하며 또한 가장 강력한 동인을 제공한다. 실용주의적 반대는 보상의 정치를 최대한 활용함으로써 문제 해결이 가능하다는 이점이 있다. 칼더는 복합적인 양상을 보이는 기지반대운동이라 할지라도 실용주의적 접근을 통해서 어느 정도 저항을 무마할 수 있다고 본다. 오키나와의 사례가 이를 잘 보여준다.

기지 정치의 구조를 살펴보면 첫째, 그것은 두 개 차원의 게임으로서 주둔국 정부는 파견국과의 협상뿐만 아니라 기지가 소재해 있는 지역사회를 상대로 또 다른 전선을 맞게 된다. 시대적 추세는 기지 정치의 성패가 점차 후자에 의해 보다 큰 영향을 받고 있음을 보여준다(p. 71). 둘째, 기지 정치에 관련된 주체들의 이해관계는 본질적으로 비대칭적이다. 지역 주민들의 경우 일방적으로 불리한 상황을 강요당한다. 소음과 범죄, 환경오염 등 모든 피해를 감수해야 하는 것은 지역주민들이다. 따라서 자신들이 겪는 고통을 보상받기 위해서는 투쟁만이 유일한 대안이 된다. 기지반대운동은 1995년 오키나와 미군 병사의 소녀강간 사건이나 2002년 한국의 미군장갑차 사고처럼 우발적인 계기로 점화되는데 시민단체와 종교단체, 노동조합 등이 가세하며 사태는 걷잡을 수 없는 상황으로 돌입한다. 이는 모든 군사기지에 상존하는 위험요인이다. 물론 정부는 국익이나 안보의 논리를 앞세워 기지의 존재를 정당화할 수 있다. 고위관료와 정치인, 대기업들은 군사 기지에 우호적인 경향이 있는데 그것은 군사기지의 존재가 국가안보뿐만 아니라 미국 시장 진출과 대외적 신인도 제고에 도움을 주기 때문이다. 주민들의 저항의 강도는 정부의 대응 방식에 따라 달라진다. 칼더는 충분하고 효율적인 물질적 보상이 문제해결의 관건이라고 말한다.

그러나 모든 해외기지가 지역주민들에 의해서 배척되는 것은 아니다. 군사기지가 지역공동체와 문화적으로 동질적이며 경제적으로 상생관계를 구축하는 경우에는 정반대의 현상도 가능하다. 독일 라인란트-팔츠주에 위치해 있는 카이저슬라우테른 군 공동체(Kaiserslautern Military Community)는 다섯 개의 공군기지와 열 개의 육군 시설물로 구성되어 있는 해외 최대의 기지촌인데 4만 4천명의 군사 요원들이 거주하고 있으며 이는 지역 주민의 1/5에 해당되는 숫자이다. 2003년 미국 정부가 기지감축 계획을 발표하자 해당 지역 시장들은 워싱턴을 방문하여 이에 반대하는 로비활동을 펼쳤으며 베를린 정부에 대해서도 미국 측에 압력을 가할 것을 호소하였다(p. 95).

2) 체제변동 요인

체제변동(regime shift), 특히 체제의 민주화가 국제 평화에 기여하게 될 것이라는 주장은 임마누엘 칸트와 우드로 윌슨에 의해서 강력하게 지지되어 온 믿음이다. 그러나 기지 정치의 관점에서 볼 때 민주주의로의 이행은 심각한 위협요인이 된다. 민주세력은 독재정권을 비호했던 강대국에 대해 반감을 표출하게 되며 일반적인 국민정서 역시 적대적이다. 기존의 국제협약들을 점검하는 과정에서 특히 군사기지 협정은 근본적인 재검토의 대상이 된다. 그리고 새로 출범한 민주정부는 유리한 협약 조건을 모색한다. 그 결과 다음의 다섯 가지 변화양상이 예견되며 주둔국과 파견국의 이해관계가 첨예하게 대립될 때 기지폐쇄라는 치명적인 단계에 이를 수 있다(pp. 113-114).

첫째, 기지 규모의 축소 혹은 도심지역 기지에 대한 철수 압력이 강화된다. 1988년 스페인 곤잘레스 수상은 마드리드 근교의 토레혼(Torrejon) 공군기지 이전을 주장하였고 그 후 기지 규모가 크게 축소되었으며 1996년에 기지는 폐쇄되었다. 그리스의 경우도 파판드레우 수상의 요구로 1990년 아테네 근교의 헬레니콘(Hellenikon) 미 공군기지가 폐쇄되었다. 이라크에서도 민주정부가 수립된 후 미 주둔군의 규모 축소를 꾸준하게 요구하고 있다.

둘째, 핵무기 철수를 요구한다. 스페인의 곤잘레스 사회당 정부와 그리스의 파판드레우 사회당 정부는 출범 직후 핵무기 철수를 강력하게 요구하였다.

셋째, 기지 임대료의 파격적인 증액을 요구한다. 이행기의 민주국가에서 일반적으로 목격되는 현상이며 과거에 영국과 프랑스, 러시아는 이러한 재정 부담을 감당하지 못하여 기지를 포기하였다. 미국 정부는 필리핀의 사례를 예외로 한다면 이러한 요구에 마지못해 응해왔는데 키르기스스탄 정부는 2006년 민주선거 후 임대료 100배

인상을 요구하여 75배 인상안을 관철 시킨 바 있다.

넷째, 군사작전권의 변화를 요구한다. 한 예를 든다면, 1987년 민주화 사태 이후 한국 정부는 한미연합사의 지휘권 환수를 주장하여 1993년 평시 작전통제권을 회복하였고 노무현 정부에 와서는 전시 작전통제권을 요구하기에 이른다.

다섯째, 기지사용권에 대한 제약이 뒤따른다. 1973년 욤 키퍼 전쟁 당시 그리스와 스페인 정부는 국내 미군기지의 중동전쟁 수행에 대해 제약을 가했으며, 2003년 이라크 전쟁 당시 터키 정부 역시 미군의 기지 사용을 통제하였다.

냉전의 시기 미국 정부는 군사기지를 제공하는 독재정권을 옹호함으로써 장기적으로 국익과 충돌하는 정책을 견지하였는데 소모사, 모부투, 박정희, 프랑코, 마르코스, 카리모프, 파파도풀로스 정권이 그 예이다. 독재정권은 종종 체제의 정통성을 과시하고 미국으로부터 경제적 지원을 받기 위해 군사기지를 제공하였다. 가령 프랑코의 경우 1953년 마드리드 근교에 유럽최대의 활주거리를 자랑하는 미공군기지를 건설하여 미국 정부로부터 체제를 인정받았다. 그러나 미국 정부는 때때로 기지 철수를 무기로 삼아 독재 정권에 대해 외교적 압력을 가하기도 하였다. 1977-79년 카터와 하비브는 박정희 정부에 대해 미군 철수 위협을 가한 바 있고, 2005년 부시와 라이스는 테러와의 전쟁 와중에도 우즈베키스탄 카리모프 정권의 학살을 비난하며 기지폐쇄를 감수하였다. 테러와의 전쟁과정에서 제3세계로의 미군 진주가 급증함에 따라 민주화의 후유증은 기지정치의 심각한 문제로 등장하고 있다.

3) 기술진보 요인

전통적으로 기지정치는 고위관료와 집권세력의 배타적 정책사안으로서 일반 시민의 접근을 불허해왔다. 그러나 정보통신 기술의 발전은 엘리트 집단의 카르텔을 파괴하였다. 학생과 주부까지도 기지 관련 정보를 확보할 수 있게 되었고 시민단체는 고도의 조직력과 국제적 연대를 통해서 본격적인 비판활동을 개시하게 되었다. 그 결과 기지정치에 대한 민중 집단의 영향력이 크게 강화되었다. 가령 용산 미군기지 이전의 사례를 들어보자. 한국은 인터넷의 보급과 시민단체의 활약이 세계적 수준에 이른 국가이다. 2004년 SPARK group (평통사: 평화와 통일을 찾는 사람들)은 용산 미군기지 이전조건과 환경보전 문제에 대해서 이의를 제기하며 기지이전에 관한 한미 협약문서 공개를 요구하였다. 정부가 이를 거부하자 비슷한 경험을 겪었던 독일의 환경운동단체 BUND(독일환경보전연합)와 접촉하여 라인-마인(Rhein-Main) 공군기지 기지이전 협약서를 확보하였다. 자료를 상세히 분석한 평통사는 이를 근거로 강력한 반대운동을 전개하였다(pp. 89-91). 고도로 조직화된 시민단체가 국제적 연대를 통해서 최신 정보로 무장하는 상황은 기지정치에 심각한 위협요인이 된다. 그것은 비에케스(Vieques)의 사례[5]가 보여주는 것처럼 기지폐

---

5) 1938년 미 해군은 미국령인 푸에르토리코 남동쪽 10km 지점에 있는 비에케스 섬에 대규모의 사격훈련장 건설에 착수하여 이후 섬 면적의 3/4에 해당되는 부지를 확보하였다. 1만여 명의 주민들은 안전지역으로 이주하였다. 비에케스 사격훈련장은 전체 미군 포탄 사격 연습량의 1/2을 차지하였다. 1999년 함포사격 훈련 중 민간경비원이 사망하는 사건이 발생하자 침묵하던 주민사회가 총궐기하였다. 교회와 여성단체, 환경단체가 앞장서 기지철수 운동을 전개하자 푸에르토리코 지역뿐만 아니라 미국 본토의 히스패닉 사회가 여기에 동조함으로써 심각한 국내정치의 이슈로 부각되었다. 뿐만 아니라 오키나와 괌, 한국 등 해외의 기지반대운동단체들이 가세함으로써 사태는 더욱 악화되었다. 국내선거에서의 역풍과 여타 군사기지에 미칠 악영향을 의식한 부시 행정부는 기지폐쇄 조치를 단행하여 신속하게 사태를 수습하였다. 뒤이어 푸에르토리코에 있는 루즈벨트 해군기지까지 본토로 이전되었다. 지구촌 투쟁의 양상을 보였던 비에케스 사태는 정보화 사회에 즈음하여 해외기지가 직면하게 된 미래의 양상을 보여주는 불길한 징후로서 해석되었다(Calder, p. 182-183).

쇄를 촉발할 수 있으며 파급효과 역시 지대하다.

2. 매개 변수

포위된 요새의 상황은 매개변수의 개입으로 위기의 강도가 달라진다. 많은 변수들을 상정해 볼 수 있으나 여기서는 역사적, 지리적, 제도적 요인들을 살펴본다.

1) 역사적 요인

군사기지의 역사적 맥락을 살펴볼 필요가 있는데 특히 문제가 되는 것은 첫째, 과거 식민지 시대에 기지가 건설되었는가 하는 것이고 둘째, 점령군으로 진주시 해방자의 역할을 진정으로 수행했는지 여부이다. 편의상 첫 번째 주제와 관련된 주장을 식민지 가설이라고 하고 두 번째 그것을 점령군의 가설이라고 하자. 식민지 가설에 따르면 과거에 식민지를 경영했던 국가가 해당 지역에 군사기지를 설치하는 경우, 후일 심각한 반기지 정서에 시달리고 종국에는 기지를 철수해야 하는 상황을 맞게 될 가능성이 많다. 해방된 국가는 정통성을 수립하는 과정에서 민족주의 정서를 앞세워 외국 군대의 철수를 주장하는 경향이 있기 때문에 구제국주의 국가들은 불가피한 선택을 강요받는다. 영국은 키프로스를 제외한 대부분 지역에서 부대를 철수했으며 프랑스는 현재 아프리카의 몇 개 국가에서 기지를 고수하기 위해 고전을 하고 있는 중이다. 러시아 군대 역시 모든 동유럽 국가에서 철수하였고 과거 소비에트 연방의 일원이었던 가까운 외국(near abroad)의 경우에도 아르메니아와 키르기스스탄 두 지역에서만 정상적으로 기지를 운영하고 있다. 미국 역시 필리핀과 파나마의 기지를 폐쇄하였으며 쿠바와의 관계가 정상화되면 관타나모 기지도 위태롭게 될 것이다(p. 103). 한편 점령군의 가설에 따르면 진주한 군대가 해방자로서 억압적 정권을 교체하고 민주주의를 실현할 경우 안정된 기지관계를 확보할 수 있지만, 구세력의 일부와 공모하거나 권위주의적 행태를 보이는 경우 대중적 저항에 직면하게 될 가능성이 많다. 가령 미국은 독일과 이탈리아, 일본에서 안정적으로 기지를 운영해왔는데 이는 기본적으로 미국 군대가 이 지역에서 민주주의를 이식함에 있어 모범적인 역할을 수행했기 때문이다. 특히 이탈리아는 강력한 공산당의 존재에도 불구하고 스페인, 그리스, 터키 등 여타 지중해 국가들과는 달리 한 번도 기지협정에 대해 재협상을 시도한 적이 없으며 미군의 핵무기 배치에 대해서 문제를 제기한 적도 없다. 반면 한국은 미묘한 사례이다. 미군은 해방군으로서 한국에 진주하였으나 점령기간 중 친일세력에 과도하게 의존하였고 후일 군사정권에 협조하는 바람에 6·25의 기억에도 불구하고 미군기지에 대한 대중적 정서가 그리 우호적이 못하다. 칼더는 테러와의 전쟁과 관련하여 이라크 사태를 한국의 사례가 되풀이 되는 것이 아닌가 하고 우려한다(p. 112). 미군은 후세인 정권 타도 이후 이라크에서 신속하게 민간정부를 수립하는데 실패하였으며, 권위주의적인 행정과 공격적인 군사작전으로 민심을 얻지 못하여 해방군으로서 잠재력을 십분 발휘하지 못했다. 이는 보스니아와 아프가니스탄에서 보여준 미국 군대의 성공사례와 대조를 보인다. 보스니아는 유엔과 나토의 지원 하에 전쟁을 수행한 후 유고로부터 독립을 선언하였고 아프가니스탄은 신속하게 카르자이(Karzai) 대통령을 선출하여 유럽의 지지를 확보하였다.

2) 지리적 요인

군사기지의 위치는 지역사회의 반응에 영향을 미친다. 접촉가설에 따르면 기지가 인구밀집지역에 위치할 경우 반(反)기지정서가 상대적으로 강화된다. 그 이유는 첫째, 젊은 병사들과 주민들이 접촉 기회가 많아질수록 충돌 사건도 빈발하게 되며, 둘째, 소음과 오염 등 환경 문제가 부각되어 주민 불만이 고조되기 때문이다. 따라서 도심지역이 농촌지역보다 주민저항을 야기할 가능성이 더 많다. 이는 주둔국 상호간 비교에서뿐만 아니라 동일 국가 내부적으로도 관찰될 수 있는 현상이다. 최고 인구밀집지역인 한국은 반군사기지 정서가 매우 강하나 최소 인구밀집지역인 독일은 가장 낮은 적대감을 표출한다(p. 120).

3) 제도적 요인

지방정부의 자율성, 즉 분권화의 수준도 기지 정치에 영향을 미친다. 탈중앙집권화된 국가일수록 군사기지 갈등이 촉발될 가능성이 많다. 중앙정부의 통제력이 강력하지 못하기 때문이다. 일본은 지방정부가 재정적 자립능력을 결여한 국가이다. 오키나와의 반군사기지 운동은 심지어 주지사가 앞장서서 반대를 하는 경우에도 국내정치에의 파급효과가 적다. 반면 한국은 민주화의 진전과 더불어 일본보다 지방자치가 크게 강화된 국가이다. 2001년 한국의 SOFA(주둔군 지위협정) 개정은 탈중앙집권화된 민주국가에 있어서 지역주민들의 목소리가 반영된 결과이다. 지방분권의 강화는 세계적인 현상이며 이런 점에서 미국의 해외기지는 더욱 큰 도전에 직면하게 될 것이다(p. 124).

3. 기지 정치의 패러다임

최초의 기지 건설은 파견 국가의 전략적 선택이지만 이후의 사태는 주둔 국가의 정책 결정이 주요 변인이 된다. 칼더는 주둔국 정부가 기지 문제를 다루는 방식에 초점을 맞춰 네 개의 패러다임을 고찰한다. 물질적 보상과 강제라는 두 개의 정책 수단을 어떻게 결합하는가에 따른 분류이다. 주로 강제 수단을 동원하는 것이 명령 정치(fiat politics)이며 물질적 보상에 의존하는 것이 보상 정치(compensation politics)이다. 두 개 수단을 동시에 구사하는 것이 시장 정치(bazaar politics)이며 두 개 모두를 초월하는 것이 정서 정치(affective poltics)이다.

첫째, 명령 정치 패러다임이다. 이것은 독재정치 체제하에서 안보의 논리를 앞세워 기지 건설에 필요한 부지를 명목상의 보상만으로 강제수용 하는 경우이다. 또한 반군사기지 활동은 국가안보를 위협하는 행위로서 처벌의 대상이 된다. 주둔국 정부는 기지 협상과정에서 솔직담백하며 최선을 다해 군사기지를 보호하기 때문에 파견국가로서는 크게 만족할 수 있는 모델이다. 그러나 앞서 지적한 것처럼 이러한 방식은 민주화를 계기로 기지 정치의 치명적 위기를 초래할 수 있다. 박정희 정권하의 한국(1961-79)과 프랑코 정권하의 스페인(1953-75)이 대표적 예이며 이밖에 중남미 군사독재 국가들의 경우도 여기에 해당된다. 한국은 국가보안법을 주요 무기로 활용하였는데 이로 인해 보다 자유주의적인 처방을 행한 일본과 저항문화에 있어 대조를 보인다. 즉 일본의 급진세력은 한국과 달리 형사처벌의 족쇄에서 자유롭기 때문에 시간이 흐르면 온건한 주류사회에 편입되는 경향이 있다(p. 151). 1953년 미국과 스페인은 전략공군기지 건설에 관한 협약을 체결하여 마드리드 근교에 유럽 최대의 활주로를 자랑하는 토레존(Torrejon) 기지를 건설하였고 미국은 프랑코 정권을 승인한 최초의 열강이 되었다.

둘째, 보상 정치 패러다임이다. 보상 정치는 주둔국 정부가 물질적 보상을 통해서 지역 주민의 불만을 해소하여 기지 관계를 안정시키는 방식을 말한다. 군사기지로 피해를 입는 모든 주체들에 대해서 공정하게 보상이 이루어져 모두가 수긍할 수 있도록 정당성의 외관을 부여하는 제도적 장치가 요구된다. 1945년 일본에 진주한 미군이 현재에 이르기까지 별 문제 없이 군사기지를 운용할 수 있었던 것은 해방자로서 미군의 역할도 중요하지만 일본 정부의 성공적인 보상 정치 정책에 기인한다. 일본의 방위시설관리청(DFAA)은 총리 직속 기구로서 주일미군 문제를 전담하는데 토지사용료 책정과 미군부대 노무자 고용에서부터 각종 복지시설 건설에 이르기까지 기지 관련 모든 문제를 관장한다. 관리청은 전국에 36개의 지역 사무소를 설치하여 지역 주민들이 참여하는 자문위원회를 두고 있으며 일반 관료 조직의 통제에서 벗어나 자율적인 권한을 행사한다. 또한 미일안보관계합동위원회는 양국 외교관리가 실무적 차원에서 현안문제들을 검토하여 분쟁을 사전에 해소하는데 나토의 그것보다 훨씬 우수한 조정기구라는 평가를 받고 있으며 DFAA와 상호협력한다. 특히 미군기지가 밀집해 있는 오키나와의 경우 1995년의 비극적 사건 이후 오키나와 특별행동위원회(SACO)가 설치되어 2억불의 자체 예산을 운용함으로써 주민들의 요구에 부응하고 있다(p. 136).

일본 정부가 본격적인 보상 정치에 전력을 기울이게 된 것은 몇 가지 배경적 요인에서 기인한다. 즉 전후의 고도성장으로 대규모 자원 동원 능력을 확보한 반면, 평화헌법 때문에 군비 수요가 미미하여 주둔국 지원에 크게 기여할 수 있었고, 급진 세력을 억압하기 위한 경찰력 강화 시도가 의회에서 번번이 좌절됨으로써 보상의 정치는 기지 문제를 해결하는 유일한 대안이 되었다. 이탈리아나 포르투갈의 기지[6] 관리 방식 역시 일본의 그것과는 수준상 차이가 있으나

6) 대서양에 위치한 포르투갈령 아조레스 제도의 라제스(Lajes) 공군기지를 말한다.

지역 주민의 요구와 애로 사항을 신속하게 해결한다는 점에서 보상 정치의 양상을 보인다. 제3세계에 대해서도 보상 정치의 모델이 권장되고 있으나 풍부한 재정능력과 효과적인 관리체제 구축이라는 전제조건의 충족에 한계가 있다.

셋째, 시장 정치 패러다임이다. 이것은 불안정한 국내정치의 양상을 보이는 체제이행기의 주둔국가가 파견국가로부터의 자원 이전에 큰 기대감을 보이며 기지협상과정에 강력한 요구 조건을 제시하는 경우이다. 그러나 협상은 파견국가 뿐만 아니라 국내 민주세력의 동의를 동시에 필요로 하는 이중 게임을 본질로 하고 있기 때문에 그 결과를 예측하기가 힘들다. 시장 정치 모델은 한편으로 보상의 방식에 의존하지만 다른 한편으로 억압의 수단을 채택하기도 한다. 9·11 사태 이후 우즈베키스탄은 시장 정치적 협상을 통해 미국 정부로부터 3배 이상의 지원을 받아냈으며, 우즈베키스탄이 미군 기지를 폐쇄하자 이웃 국가인 키르기스스탄은 무려 75배 증액된 기지 협상에 성공하였다(p. 142). 필리핀과 터키의 경우는 시장 정치적 협상이 실패로 귀결된 대표적 사례이다. 1986년 마르코스의 실각 이후 집권한 아키노 정부는 민주 세력의 지지를 등에 업고 1990-1991년 기지협상에 돌입하였다. 필리핀 정부는 클라크 공군기지와 수빅 해군 기지의 전략적 중요성을 십분 인식하고 있었기 때문에 과대한 보상을 요구하며 공격적인 태도로 협상에 임하였다. 이에 대해 미국 정부는 회의감을 표시하며 소극적인 태도를 보였다. 최종적으로 절충안이 마련되었지만 그것은 필리핀 상원에서 부결되었고 이에 미국 정부는 기지 철수를 단행하였다. 아키노 정부는 기지 협상의 과실에

그러나 현재 미국 정부는 기지 철수를 계획 중이며 중국이 물류 및 과학기지 건설을 추진 중이다.

미련을 보였지만 국내의 기지 반대 압력을 물리치기 위한 모험을 포기하였다. 한편 2002년 이라크 전쟁을 앞두고 미국 정부는 터키와 8만 미군 병력의 기지 사용 협상을 시작하였다. 터키 정부는 현금 보상과 차관 및 기타 교역 조건을 앞세워 미국 측의 최대한 양보를 기대하며 최종 결정을 계속 미루었다. 개전 직후 터키 의회가 승인한 최종안은 지상병력의 상륙을 거부하는 대신 공수부대의 재보급을 허용하는 수정된 내용이었다. 미국 정부는 작전 계획을 변경하여 쿠웨이트 집결부대와의 합류를 결정하였다. 협상의 실패는 터키 정부의 문제로서 결속된 지배집단의 부재와 분화된 권력구조에 기인한 것으로 분석되었다(p. 146). 대중적 지지를 받지 못하는 참전 결정에 대한 정치적 부담을 집권세력이 단호하게 수용하지 못한 것이다.[7)]

넷째, 정서 정치 패러다임이다. 파견 국가와 문화적 규범과 핵심 가치를 공유하는 경우 주둔 국가는 기지 정치와 관련하여 최대한 협조적이 된다. 문서화된 규약 대신 묵시적 이해를 중시한다. 앵글로색슨 국가인 영국과 호주는 미군 기지에 대해 특별한 보상을 요구하지 않으며 심각한 주민 저항도 없다. 다윈 공군 기지를 비롯하여 첩보위성을 운용하는 파인 갭(Pine Gap) 기지에 이르기까지 미국 정부는 호주에서 주요 시설들을 사용하고 있으나 야당인 노동당 정부도 암암리에 이를 묵인하고 있다. 그러나 동질적 문화권이라 하여 늘 협조적인 것만은 아니다. 가령 캐나다 정부는 이라크 전쟁을 포함하여 중동지역의 미군 작전에 협조를 거부하였고 뉴질랜드 정부 역시 반핵정책을 표방하여 미국의 핵전함 입항을 거부하였다. 이슬람 근본주의의 한 분파인 와하비즘(Wahhabism)을 신봉하는 사우디

7) 그러나 2015년 7월 터키 정부는 IS 공습에 나선 미군에 대해 자국의 공군기지 사용을 허가하였다.

아라비아는 안보상의 필요에 따라 미군 기지를 제공하였지만 국내외의 정서를 감안하여 철저하게 비공식적 처리 – 은폐의 방식 – 로 기지 정치를 일관하였으며(가령 SOFA도 없고 지도상 표시도 없다), 소기의 목적이 달성되면 신속하게 기지를 폐쇄하였고(1963년 다란의 미 공군기지를 폐쇄하였고, 2003년 후세인이 축출되자 미군 병력을 철수시켰다), 현지 미군 병사들이 부대 밖에서는 이슬람의 규범에 따를 것을 강조하였다. 가령 여군의 경우 운전이 금지되었고 외출시 전신을 가리는 의복을 착용해야만 했다(p. 157).

칼더는 기지 정치라는 관점에서 볼 때 명령 정치와 정서 정치가 점차 약화되고 있고 보상 정치와 시장 정치가 일반화되고 있으나 보상 정치는 재정상 한계가 있기 때문에 미래의 기지 정치는 결국 시장 정치의 방식으로 귀착될 것으로 본다.

Ⅳ 기지 철수 논쟁

포위된 요새의 문제와 관련하여 전통적인 전략을 고수하는 팍스 아메리카론을 비판하고 전면적인 해외기지 철수를 주장하는 미국 요새론이 부상하고 있다. 이들 논쟁을 살펴본 후 부시 행정부가 추진한 국방변혁에 대해서 알아본다.

1. 고전적 팍스 아메리카나론(Classic Pax Americana)

고전적 팍스 아메리카나론은 한국전쟁 이후 정립된 미국의 기지 정책으로서 기본적인 발상은 다음과 같다. 미국은 압도적인 힘의 우위를 통해 국제 질서를 관리한다. 이는 한편으로 패권국가의 출현을 저지함으로써 지역적 갈등을 억제하는 동시에 경제적 상호의존관계를 보호함으로써 세계경제의 번영에 기여한다. 서유럽과 동아시아 및 중동의 미군 기지는 이들 목적을 달성하는 기본 장치이다. 2차세계대전 후 미국의 기지정책은 소련의 공산주의와 독일 및 일본의 군국주의 부활을 동시에 저지하는 이중 봉쇄(dual containment)를 시도한 결과 훌륭한 성과를 거두었다(p. 217). 또한 미국의 해외기지는 동맹국에 대한 지지를 대외적으로 과시하여 잠재적 적국으로부터 우방을 보호하는 외교정책적 함의도 있다. 그러나 전통적 방식은 미국경제가 상대적으로 쇠퇴하는 시대에 경제적 부담이 클 뿐 아니라 투자 대비 실질적 이익이 과연 충분한가에 대해서 의문이 존재한다. 또한 베트남전이나 이라크전과 같이 인명 피해가 클 경우 국민적 여론이 악화될 수 있다.

2. 미국 요새론(Fortress America)

미국 요새론은 해외 미군기지를 본토로 철수시키고 외부사태에 대한 무력개입을 최소화할 것을 주장한다. 논리적 근거는 군사전략적 관점과 국제정치적 관점 두 가지로 대별된다.

첫째, 군사전략적 관점에서 볼 때 해외기지는 물리적으로 심각한 위협을 받고 있을 뿐만 아니라 해당국가의 거센 반발에 직면하고 있으며 각종 규제조치로 인해 작전상의 제약도 심각하다. 또한 주둔국가의 비용분담[8]에도 불구하고 예산상의 압박이 크다. 반면 미국은

8) 미군에 대한 주둔국 지원(HNS)의 수준은 일본, 한국, 독일, 이탈리아, 영국 등의 순인데 일본은 전체 미군기지 운영비용의 80% 정도를 부담하고 있다. 한 자료(『뉴데일리』, 2017년 2월 10일)에 의하면 한국은 65% 수준의 방위비를 분담하고 있다. 일본이나 한국과 달리 유럽 국가들은 주로 세금 면제나 훈련장 제공 등 간접적 형태의 비용 지원을 하고 있다. 한편 제3세계의 경우에는 반대로 미국 정

무인항공기(글로벌 호크와 드론 등)와 유도폭탄(JDAM) 등 각종 첨단무기를 확보하고 있어서 본토로부터 적에게 치명적인 타격을 가할 수 있으며 이것은 아프간 전쟁에서 이미 증명된 바 있다.

둘째, 국제정치적 관점에서 볼 때 미국의 일방주의는 국제사회의 저항을 초래하여 미국이 주도하는 세계체제를 스스로 파괴하고 있다. 가령 윌리암 오돔(William E. Odom)과 로버트 뒤자릭(Robert Dujarric)에 따르면 미국이 구축한 새로운 국제질서는 모든 국가로 하여금 자발적 협조를 통해 각자의 이익을 향수하게 하는 강력한 유인이 존재한다. 따라서 가능하면 군사개입 없이 미국이 주도하는 자유주의 정치경제를 확산하는 것이 바람직하다(pp. 210-211). 이들은 이라크 전쟁을 신속하게 마무리할 것을 주장한다. 미국 요새론은 의회의 주요 인사들, 방위산업 복합체, 군사혁신(RMA)을 주장하는 국방분석가들이 선호하는 전략이며 대중적인 호소력도 강하다. 그러나 미국 요새론을 비판하는 사람들은 그것이 해외기지의 정치경제적 함의와 자원안보적 효용을 간과하고 있다고 주장하며 첨단무기의 정밀성 역시 현재로서는 문제가 있다고 말한다.

3. 절충론

제3의 대안으로서 점진적 변화론은 군사혁신의 문제를 외면할 수 없으나 군사기지의 정치경제적 맥락과 동맹국의 신뢰문제 역시 무시할 수 없으며 더구나 천문학적인 기지이전 비용을 감안한다면 대안은 축소된 팍스 아메리카나 모델이 될 수밖에 없다고 주장한다.

부가 기지 사용의 대가로 군사적, 경제적 원조는 물론 공적 개발원조(ODA)를 행하고 있는데 협상 결과에 따라 규모가 달라진다. 스페인, 포르투갈, 그리스, 터키의 경우도 마찬가지이다.

그것은 독일이나 일본, 이탈리아에 주둔하고 있는 부대의 규모를 부분적으로 감축하더라도 중동 같은 불안정한 지역의 군사활동을 배후에서 지원할 수 있어야 하고 제3세계의 위험 지역(arc of instability) 역시 소규모적이며 일시적인 기지 건설은 불가피하다고 본다. 점진론자들은 디에고 가르시아처럼 안정된 해외 기지의 효용을 인정하나 중동에서의 대규모 군사 주둔은 미국의 국익을 해치고 현지 우방국가의 안정을 위협할 것이라고 우려한다.

한편 마이클 오한론(Micahel E. O'Hanlon)에 따르면 기술혁신의 성과에도 불구하고 해외기지 없이 군사전략적 목표를 달성한다는 것은 매우 힘든 일이며 현실적으로 한계가 따른다. 점진론자들은 단거리 작전에도 여전히 공군기지가 필요하고 군병력과 물자 이동에 안전한 항구가 요청되며 즉각적인 출동을 위해 지상군의 주둔 역시 필수적이라고 말한다. 또한 점진론자들은 인계철선(引繼鐵線)의 가치를 중시한다(p. 219). 현지 주둔 미군이 공격받는 경우 대규모의 보복이 뒤따를 것이라는 인식은 최고의 억지력을 제공한다. 해외기지의 제한적 감축을 주장하는 점진주의 전략은 국무성과 의회 및 학계의 고전적 국제주의자들과 양대 정당 중도세력의 호응을 받고 있다.

4. 국방변혁(Defence Transformation)

2002년 부시 대통령은 웨스트포인트 졸업식에서 냉전시대의 억제와 봉쇄정책은 보이지 않는 테러집단과 독재국가의 대량파괴무기로 인해 그 실효성이 떨어진다고 말하며 새로운 사고를 요청하였다. 기술 및 조직 혁신과 테러와의 전쟁으로 촉발된 국방변혁론은 속도, 정보, 정밀성의 강조를 요체로 한다. 럼스펠드 국방장관에 의해 본격적으로 추진된 국방변혁 정책은 냉전 시대의 무기체계를 폐기하고 각 군간 연합작전을 강화하며 첨단무기의 보급에 박차를 가했다. 국방변혁의 추진은 해외 군사기지 정책에도 영향을 미쳤는데 한편으로 기지 보호를 위해 미사일 방어(TMD) 체계를 강화하는 동시에 다른 한편으로 안전지대로의 부대 이전 조치가 취해졌다. 또한 독일 중심의 대형 군사기지 규모를 축소하고 신유럽(New Europe)[9] 및 중앙아시아, 아프리카 등지에 소규모적이며 일시적인 부대 배치(lily-pad 방식)를 계속적으로 추진하였다(p. 222). 부시 행정부가 착수한 국방변혁 정책은 미국 요새론의 주장을 일부 수용하는 측면도 있으나 - 가령 인계철선의 포기 - 대체적으로 점진론의 입장과 궤를 같이한다고 볼 수 있을 것 같다.

V 전략 및 전술의 제언

칼더가 제시하는 미국의 해외 군사기지 전략 및 전술을 요약하면 다음과 같다.

1. 기본 전략

첫째, 적절한 수준으로 해외군사기지의 규모를 축소 조정한다. 예산 부담이나 기타의 제약 요인을 감안할 때 이는 불가피한 조치이다. 20세기 영국의 역사는 자발적인 기지 철수를 통해 상대국가와 좋은 관계를 유지하는 좋은 선례를 보여준다. 이 과정에서 충분한

---

9) 럼스펠드의 용어로서 새로 나토의 구성원이 된 동유럽 및 중부유럽 구공산주의 국가들을 말한다. 이라크 전쟁 당시 독일이나 프랑스 같은 구유럽국가들의 비협조적인 태도에 불만을 표시하면서 사용된 표현이다.

시간을 두고 기지 철수의 부작용을 최소화 하는 후속조치를 수립해야 한다. 프랑스는 이와 반대로 과거의 유산을 고수하다가 도처에서 축출되는 불미스런 사례를 보여주고 있다.

둘째, 군사기지의 입지는 정치적 위험을 최소화할 수 있는 공간을 우선한다. 이런 관점에서 볼 때 디에고 가르시아[10]나 괌의 기지는 이상적 장소이다. 불안정한 제3세계로 군대가 진출할 경우 대상국가의 인근에 위치해 있는 우호적인 국가들 역내에 분산 배치하는 것이 좋다. 중동 사태의 경우 카타르의 미군기지가 여기에 해당된다.

셋째, 냉전 종료 후 테러와의 전쟁에 따른 새로운 군사전략의 요청을 감안할 때 속도와 유연성을 제공하는 소형첨단기지 위주로 기지 정책을 조정해야 한다. 싱가포르의 미군기지가 좋은 모델이 되며 카타르와 바레인 기지도 유사한 성격을 보여준다.

2. 주둔국에 대한 전략

첫째, 미국의 해외기지에 대한 최대의 위협은 주둔국의 체제변동이며 특히 국내정치의 민주화 과정은 여러 가지 문제들을 야기한다.

---

10) 디에고 가르시아는 인도양 중앙에 위치해 있는 작은 섬으로 나폴레옹 전쟁 당시 영국이 프랑스로부터 쟁탈하였다. 영국의 수에즈운하 철수를 앞둔 시점에서 미 군부는 인도양 지역의 힘의 공백을 메우기 위해 기지 건설을 구상하였다. 1965년 영국 정부는 이 섬을 모리셔스로부터 분리시킨 후 보호령으로 만들었고, 1966년 영미 양국은 50년 조차계약을 체결하였다. 영국 정부는 현지 주민들을 전원 이주조치 하였으며 칙령으로 이들의 귀환권을 박탈하였다. 이후 미 해군 통신기지와 활주로가 건설되었으며, 1979년의 이란 혁명과 소련의 아프가니스탄 침공으로 전략적 위상이 제고되자 본격적인 기지건설에 착수하여 1986년 완공되었다. 비행장과 군항, 대규모의 유류 저장 시설을 확보한 디에고 가르시아는 걸프전과 아프가니스탄 전쟁, 이라크 전쟁 당시 B-52 폭격기의 발진기지가 되었다. 2000년 원주민들이 정부를 상대로 과거의 보상 없는 퇴출조치에 대해 소송을 벌인 결과 그것이 법적으로 하자가 있다는 법원의 판결을 받았으나, 2004년 영국 정부는 상위법인 추밀원령을 통해 법원의 판결을 무효화하였다.

필리핀, 스페인, 그리스, 터키의 사례에서 보듯이 그것은 SOFA 개정과 작전권의 제약을 초래하고 때로는 기지폐쇄에 이를 수 있다. 따라서 권위주의 정권과의 지나친 밀착을 삼가고 대사관과 민군 전문가들이 참여하는 비공식적 연구 모임을 통해 야당 및 반대세력과의 소통 창구를 유지하는 것이 좋다.

둘째, 새롭게 진출하는 해외 미군 기지는 점령군이 아닌 해방군으로서 자신의 위상을 정립해야 한다. 전후 미군은 독일과 일본에서 이러한 역할을 성공적으로 수행했으며 발칸 반도와 아프가니스탄에서 동일한 방식으로 작전을 수행하였다. 유엔이나 나토 같은 다국적 군대의 개입은 해방군의 이미지를 강화한다.[11] 이라크 전쟁은 이러한 관점에서 볼 때 대체적으로 실패한 사례라고 평가할 수 있으며 따라서 이를 반면교사로 삼아야 한다. 주네덜란드 대사 출신으로 군사행정 경험이 없는 브레머(Bremer)가 지휘하는 연합국 임시행정처(CPA)는 신속한 권력이양에 실패하였고, 군대 지원 업무를 민간기업[12]에 위탁하여 이라크 국민에 대한 배려를 소홀히 하였으며, 현지 경찰을 해체하여 지역 사회와 괴리되었고, 비공식적 권력구조의 협조를 구하지도 않았다. 미군 순찰 병력은 중무장한 상태에서 즉각적

---

11) 미국이 일방적으로 주도한 이라크 전쟁과 달리(물론 영국과 호주, 폴란드가 지원군을 파견하였다) 보스니아 사태에서는 유엔과 나토가, 아프간 사태에서는 유엔이 개입하여 군사작전의 정당성을 강화하였다. 오키나와의 후텐마 미군기지도 유엔군 기지를 겸하고 있다.

12) 이라크 재건복구 사업의 대부분은 경험 많은 이라크 기업보다는 미국 기업에 맡겨졌다. 가장 큰 규모를 자랑하는 민간 기업인 할리버턴(Halliburton)은 실제 군 병사들에게 제공도 하지 않는 식사에 대해 1억6천만 달러를 수령하고 연료 배달에 6,100만 달러를 청구한 것 등과 같은 비리로 조사를 받고 있다. 할리버턴의 간부들은 정부로부터 수임한 사업을 다시 재하청을 주면서 다른 민간 기업들로부터 600만 달러의 뇌물을 받은 것으로 알려졌으며 타이어에 펑크가 났다는 이유로 8만5천 달러짜리 트럭을 버리는 등 무분별한 낭비를 일삼은 것으로 밝혀졌다.

인 대응사격을 실시하곤 하였으며 무자비한 진압작전과 아부-그라이브(Abu-Ghraib) 고문 사건은 이라크 국민들에게 적대감을 안겨주었다. 현지 사정에 무지한 군정 당국의 조치와 군사작전으로 인해 이라크에서 미군은 해방군이 되는데 실패하였다(pp. 233-234).

셋째, 정보 사회의 발전으로 주둔국 정부는 물론 반군사기지 단체들 역시 미국의 해외기지 관련 정보에 정통해 있다. 대부분 주둔국 정부는 SOFA 협상과 관련하여 타국의 사례들을 자세히 알고 있으며 비에케스, 오키나와, 대한민국의 반군사기지 운동의 예에서 보듯이 인터넷을 통해 상호 정보교환이 이루어지고 국제적 연대가 추진된다. 미국의 해외 군사기지 정책은 이러한 현실을 직시해야 한다.

3. 주둔국에 대한 전술

첫째, 평시에는 주둔 병사와 현지 주민의 접촉을 최소화하여 불필요한 마찰을 줄인다. 따라서 기지의 위치는 인구밀도가 낮은 외곽지대로 진출하는 것이 바람직하다. 그러나 대테러 작전 수행과정에서는 오히려 대민업무를 강화하며 순찰과 정보 수집에 임하는 것이 좋다. 따라서 부대의 위치 역시 도심 근처로 이동하는 것이 유리하다. 이라크 전에서 미군은 외곽지 요새를 고집함으로써 지역 공동체와 유기적 관계를 맺지 못했고 부대 이동시 위험에 노출되곤 하였다(p. 242).

둘째, 기지 보상 정책을 실시하는 과정에서 그 혜택이 지역 주민 모두에게 공평하게 돌아갈 수 있도록 세심한 배려가 있어야 한다. 지주들에 대한 고율의 임대료 수입 보장뿐만 아니라 각종 복지시설 확충, 취업 기회 제공, 지역 기업의 수주 혜택 등 지역사회가 이익을 공유할 수 있도록 보상의 질에 대해서도 유념한다. 또한 주민들의 불편을 신속하게 해결할 수 있는 제도적 장치를 마련한다. 일본, 이탈리아, 포르투갈은 보상정치의 성공사례들이며 특히 일본의 방위시설관리청, 미일안보관계합동위원회, 오키나와 특별행동위원회의 기능과 역할을 주목할 필요가 있다(p. 241).

셋째, 지역문제에 조예가 깊은 전문가들을 확보하여 지구적으로 사고하되 지방적으로 행동할 수 있어야 한다. 독일이나 일본의 경우처럼 지역축제 참여, 민군 체육대회 개최 등 지역주민과의 호흡을 같이 할 수 있는 행사를 기획한다. 또한 지역의 저항 엘리트들이나 시민단체와 인적인 네트워크를 구축하는 것도 기지정치의 안정에 도움이 된다.

Ⅵ 맺는 말

이상을 요약하면 다음과 같다. 미국의 해외 군사기지는 각종 시련에 직면해 있다. 특히 테러와의 전쟁과정에서 제3세계로의 군대배치가 진행됨에 따라 주둔국의 요구조건이 더욱 까다로워지고 있으며 첨단무기의 공격 위험에 노출되어 있다. 따라서 기술진보의 성과를 십분 활용하여 해외 기지의 운영을 근본적으로 재조정할 필요가 있다. 그것은 서유럽과 동아시아의 대규모 기지시설을 축소조정하고 중동과 중앙아시아, 동유럽의 안전한 지역에 소규모의 첨단기지들을 운영하는 것이다. 인도양의 디에고 가르시아, 카타르와 바레인, 싱가포르의 미군기지는 이러한 요구조건을 충족시키는 좋은 모델이 된다. 또한 이상적인 기지정치의 전략은 군사주둔의 대의를 실현하면서 지역주민들의 피해와 불만을 효율적으로 처리하는 보상정치의 기술을 습득하는데 있다. 오키나와의 사례는 성공적인 보상정치의 중요한 교훈들을 제공한다. 반면 이라크 전쟁은 실패한 기지정치의 반면교사가 된다. 이라크에 진주한 미군은 해방군으로서 잠재력을 십분 발휘하지 못하고 고압적이며 둔감한 방식으로 행동하여 현지 주민들의 협조를 확보하는데 실패하였다. 이상과 같은 칼더의 논리에 대해서 몇 가지 문제를 제기하면 다음과 같다.

첫째, 그는 보상정치의 효과를 지나치게 신뢰하고 있다. 그는 문화적 규범이나 가치가 기지반대운동에 영향을 미칠 수 있으나 최종적으로는 물질적 보상에 의해서 모든 갈등이 해소될 수 있다고 믿고 있다. 그러나 현실을 직시한다면 반전반핵의 정신적 가치가 보상의 논리에 함몰되지 않는 여러 사례들을 목격할 수 있으며 이는 시민단체나 운동가들에게서 일반적으로 보여 지는 현상이다. 그리고 지역주민들의 기지반대운동은 이들 시민단체나 운동가들과 분리될 수 없기 때문에 설령 충분한 보상을 확보하여 사태를 마무리하고 싶어도 그것을 행동으로 옮기는 것이 용이치 않다. 칼더는 지역주민들의 배후에 있는 저항단체들의 존재를 과소평가하여 지역주민들만 만족하면 사태는 종료될 것이라고 보고 있는데 이는 현실의 역학과 크게 차이가 있다. 저항단체와 지역주민들과의 관계는 항시 협조적일 수만은 없으며 상호간 내부적 갈등도 가능하다는 사실에 대해서 충분히 관심을 기울이지 않고 있다.

둘째, 그는 오키나와의 기지반대운동에 대해서 다소 주관적인 해석을 시도하고 있다. 칼더에 따르면 오키나와는 가장 성공적인 보상정치의 모델이며 그 결과 미국은 가장 안정된 해외기지를 운용할 수 있게 되었다. 그는 오키나와 주민들이 강력한 반군사문화의 존재에도 불구하고 효율적인 보상정치에 만족한 결과 오히려 기지의 존속을 원하는 역설을 보이고 있다고 말한다(p. 174). 그리하여 후텐마기지 이전이 표류하고 있는 근본적인 이유는 주민 상호간의 이해가 맞물림으로써 현상유지가 선호되기 때문이라고 본다. 오키나와 주민들의 기지반대운동은 보다 좋은 보상조건을 관철하기 위한 의례의식에 불과하다는 그의 견해는 지나치게 단순화된 분석이며 어쩌면 오키나와 주민들의 명예와 자존심을 훼손하는 처사일 수 있다. 미국 정부가 후텐마 기지를 이전하고 싶어도 주민 상호간 첨예한 이해관계 대립으로 어쩌지도 못하고 있다는 주장은 어디까지가 진실인지 의문이 든다. 마지막으로 칼더는 아프가니스탄 전쟁을 수행한 미군의 전략을 성공한 기지정치의 사례로서 거론하고 있는데 이후의 사태 전개를 감안한다면 이는 잘못된 평가가 아닌가 한다.

제11장

한국의 군사기지 갈등: 평택 미군기지 이전 사례

I 머리말

1990년대 이후 공공재(public goods)를 공급하기 위해 국가가 주도적으로 재원을 조달하여 시행하는 국책사업들이 첨예한 갈등 양상을 보이면서 막대한 국가재정 낭비와 국론 분열을 초래하는 시행착오를 반복하고 있다. 이러한 사태의 연장선상에서 최근 들어 군사기지의 이전·확장·신설과 같은 국가안보와 관련된 갈등 이슈들이 새롭게 등장하고 있다. 대표적 사례로서 2005-2006년 전 국민적 관심사로 대두되었던 평택 미군기지 이전을 둘러싼 갈등과 2002년 처음 이슈화되었다가 2005년 다시 새롭게 갈등이 점화되어 현재에 이르고 있는 제주 해군기지 건설을 둘러싼 갈등을 들 수 있다.

군사기지와 같이 국가안보를 위한 공공정책을 수립하거나 추진하는 과정에서 발생하는 이해관계의 충돌[1], 즉 '공공갈등'(public conflict)은 민주화 이후 빈번히 목격되는 특징적인 갈등 양상이라고 할 수 있다. 군사기지 갈등은 일반적인 공공갈등 이슈들처럼 개발이익과 환경 문제뿐만 아니라 국가이익과 지방이익이 충돌하는 갈등의 양상을

1) '공공기관의 갈등 예방과 해결에 관한 규정' 제2조.

보인다. 군사기지는 국가안보라는 보편적인 편익 실현에 기여하기 때문에 사회 전체나 국가를 위해 필요한 시설이지만, 지역사회 입장에서는 군사기지가 환경, 인권, 범죄와 같은 각종 사회적인 문제뿐만 아니라 지역발전 저해 같은 부정적인 효과를 발생시키는 '비선호시설'로 인식될 수 있기 때문이다. 뿐만 아니라 군사기지 갈등은 일반적인 공공갈등 이슈에 비해 안보와 평화라는 또 다른 가치가 접합되면서 더욱 많은 행위자들이 개입되어 합의 도출이 쉽지 않은 경향을 보일 가능성이 높다. 즉 진보와 보수의 이념대결, 더 나아가 국가와 시민사회의 균열 양상으로 확대되면서 그 어떤 갈등보다 심각한 사회적 분쟁으로 비화될 소지를 안고 있다.

군사기지 갈등이 이익갈등의 차원을 넘어서 안보론과 평화론의 가치 대결 양상으로 진화하고, 나아가 정치이념적 균열을 반영하는 갈등구도로 발전하면 상호간 합의와 타협의 접점을 찾기가 어렵게 된다. 그리고 이로 인해 막대한 경제적·사회적 비용을 초래함은 물론이고, 갈등이 고착되어 장기화될 경우 국가안보의 근간을 위협할 수도 있다. 이제 우리 사회의 새로운 갈등이슈로 등장하고 있는 군사기지 문제에 어떻게 접근하고 어떤 해결책을 모색할 것인가에 대한 본격적이고 체계적인 논의가 필요한 시점이다.

한국의 군사기지, 특히 미군기지들은 입지적 측면에서 수도권과 도심 주변에 집중되어 있는데, 이는 향후에도 계속 갈등의 소지를 안고 있음을 의미한다. 실제로 서울과 수도권의 지속적인 팽창에 따라 의정부, 동두천, 파주 같은 수도권 도시들에서는 점차 미군기지가 도시의 중심지에 위치하게 됨으로써 도시계획, 주택수요, 건설업계의 개발이익과 충돌하고 있다.[2] 또한 전국적으로 도시화가 진행되면

2) 김동성·양기용·강혜정, 『주한미군과 지역사회 통합에 관한 연구』, 경기개발연구

서 춘천이나 부산 같은 경우에도 미군기지가 도시의 중심에 위치하게 됨으로써 교통 장애는 물론 도시계획의 합리화에 심각한 저해 요인이 되고 있다.[3)]

미군기지 갈등은 단순히 한미관계 차원의 안보동맹 이슈로만 다루어서는 갈등 당사자들 사이에 존재하는 간극을 좁히기가 어렵다. 최근의 제주 해군기지 사태에서 보듯이 ,미군기지가 아닌 자국의 군사기지의 경우에도 갈등의 양상은 첨예하다. 이것은 미군기지 갈등을 단순히 외교 및 국제관계의 측면에서만 봐서는 안 된다는 것을 의미한다. 군사기지를 반대하는 정치인이나 다양한 반전·평화 NGO, 그리고 미군기지 이슈를 대중적으로 확산시키는 언론의 영향 등과 같은 국내정치적 요인에 대한 심층적인 분석이 요청된다. 더 나아가 미군기지가 입지하는 지역사회에 미치는 영향과 지역주민들의 이해관계도 필수적으로 고려되어야 한다.

본 연구는 향후 군사기지의 이전·확장·신설 과정에서 나타나게 될 갈등을 어떻게 합리적으로 해소 또는 관리해야 할 것인가에 대한 문제의식에서 출발하며, 이를 위한 하나의 시도로서 '군사기지 정치학'(military base politics)의 이론정립 필요성을 제기하고자 한다. 이를 위해 2005년과 2006년 사이 심각한 사회적 갈등을 야기했던 평택 미군기지 이전 사태를 분석하고 몇 가지 이론적 함의를 도출하려 한다.

원 연구보고서 2001-10(2001).

3) 남창희, "주한미군 재배치 계획의 배경과 한국의 대응방향," 『국가전략』, 제10권 1호(2004 봄), p. 10.

Ⅱ 군사기지 정치학: 이론적 논의와 분석틀

1. 기존 연구의 검토

한국에서 군사기지 관련 연구가 본격적으로 시작된 것은 1980년대 후반의 민주화와 1990년대 초반의 지방화 시대 도래 이후부터이다. 이후 한국의 군사기지 연구 경향은 주로 환경, 여성인권, 지역개발 등의 이슈를 중심으로 사회운동론적 시각[4]에서 접근하거나 한미동맹과 미국의 세계전략, 그리고 북한 및 동북아 국가들간의 군사적 경쟁과 관련된 안보론적 또는 국제관계론적 시각[5]에서 주로 접근해 왔다고 할 수 있다. 그리고 최근에는 지역사회와의 관계 또는 지역발전의 시각[6]에서 여러 연구들이 수행되고 있다.

---

4) 예를 들면 Young Ju Hoang, "Fragmented Remembrance and the Colonised Women's Bodies as the Buffer Zone: Yanggongju in American Bases Revisited," 『비교한국학』, 제5권(1999); Seung-Hwan Kim, "Anti-Americanism in Korea," *The Washington Quarterly*, Vol. 26, No. 1(2002); 주한미군범죄근절운동본부 편, 『미군범죄와 한미 SOFA』(서울: 두리미디어, 2002); 이강로, "한국내 반미주의의 성장과정 분석," 『국제정치논총』, 제44집 4호(2004); 심양섭, 『한국의 반미, 대안은 있는가』(서울: 삼성경제연구소, 2005).

5) 예를 들면 김홍길, "탈냉전기 한미군사동맹 재편의 주요쟁점: 미국의 한반도전략과 주한미군지위협정," 『한국동북아논총』, 제24권(2002); 김광열, "일본과 한국에서의 주둔미군 역할의 한계와 전망," 『대한정치학회보』, 11집 2호(2003); 조홍식, "주한미군의 환경책임과 SOFA의 후속협약," 『서울대학교 법학』, 제45집 3호(2004); 홍관희, 『주한미군 감축 및 재배치와 한국의 국가안보』, 통일연구원 연구총서 04-07(2004).

6) 예를 들면, 김동성· 양기용· 강혜정, 『주한미군과 지역사회 통합에 관한 연구』, 경기개발연구원 연구보고서 2001-10(2001); 최병두, "주한미군의 미시적 지정학: 미군기지로 인한 지역사회의 범죄 및 환경문제의 발생과 해결방안," 『한국지역지리학회지』, 제9권 제3호(2003); 양기용, "지방정부와 주둔미군과의 상호작용과 협력체제에 관한 연구," 『한국사회와 행정연구』, 제16권 제1호(2005).

이러한 기존 연구들은 다양한 정치사회적 갈등 이슈들을 제기하고 그에 대한 해소방안을 제시하고 있다는 점에서 유용한 연구들이라고 할 수 있다. 그러나 기존의 시각들이 군사기지 갈등의 역학을 체계적으로 포착하고 분석하고 있는가에 대해서는 의문의 여지가 있다. 예를 들면, 동맹관계나 국제관계론으로는 군사기지가 주둔하고 있는 지역사회 내부에서 발생하는 갈등의 본질에 접근하기 어렵다. 또한 군사기지 반대운동 차원에서의 군사기지 철폐나 미군철수 주장만으로는 군사기지의 현실적 필요성을 외면하기 십상이다. 마찬가지로 군사기지로 인한 정치사회적 갈등을 지역사회론적 시각에서 접근하는 것 역시 국가 전략적 관점이 결여된 협소한 시각일 수 있다.

그동안 주한미군 또는 미군기지 관련 이슈들은 대부분 거시적이고 이념적인 시각에서 찬성 또는 반대의 목소리가 드높았다. 평화운동을 주장하는 진보적 시민사회 집단들은 대중동원 차원에서 문제를 제기하였고, 또 이를 반박하는 논리 역시 단순히 평화를 위해 안보가 필요하다는 고답적인 방식에서 벗어나지 못했다. 왜 미군기지가 필요한가 또는 불필요한가? 그것의 존재가 국가의 안보는 물론 환경, 여성, 지역발전 등과 관련해서 어떤 영향을 미치고 있는가? 여기에 개입된 다양한 정치적 행위자들은 어떤 관점에서 자신들의 주장을 개진하는가? 이런 문제들에 대한 심층적인 논의 없이 찬성과 반대라는 대안 없는 단순한 주장만으로는 갈등을 해소할 수 없다. 국가안보를 위해서 군사기지가 필요악이라면 어떤 절차와 과정에 따라, 그리고 어떤 보완조치가 강구되어야 정치적 갈등을 최소화하면서 합리적인 결정에 도달할 수 있는지가 중요한 문제로 대두되고 있다.

2. 군사기지 정치학의 연구동향

군사기지 정치학은 해외에 가장 많은 군대를 주둔시키고 있는 미국이 현지 주민이나 주둔국 정부의 기지 반대 혹은 축소 철폐 움직임에 직면하여 어떻게 문제를 해결할 것인가 하는 관심에서부터 시작되었다. 이에 대해 주목할 만한 최근의 연구로 알렉산더 쿨리(A. Cooley)의 『포린 어페어스』(Foreign Affairs) 기고를 들 수 있다. 그는 해외에 민주적 가치를 전파한다는 미국 정부의 논리와 비민주주의 국가에 미군 기지를 유지하는 결정 사이의 모순 때문에 주둔국의 민주적 이행 이후 미군기지가 갈등이슈가 된다고 주장한다. 이러한 분석과 더불어 그는 미국 정부가 "군사기지 운용을 주둔국의 국내정치적 맥락으로부터 분리시키는 것이 어렵다"[7]는 지적을 하고 있다.

쿨리는 또 마턴(K. Marten)과 함께 수행한 연구[8]에서 2002년 오키나와현 지방선거에서 오키나와 미군기지 반대운동의 대부격인 오타 마사히데 지사가 패배한 원인에 대한 분석을 통해 오키나와 미군기지 반대운동의 부상과 약화는 역사적으로 형성된 반군사주의(antimilitarism) 문화보다는 해당 지역 주민들에 대한 경제적 보상과 인센티브 구조가 보다 중요한 요인이라고 주장한다. 따라서 미군기지를 둘러싼 갈등은 미국과 주둔국의 양자관계에만 배타적으로 초점을 맞추기보다는 주둔국의 국내정치, 즉 중앙과 지방관계를 특징짓는 인센티브 구조와 상호작용에 대한 분석이 더 중요하다고 말한

---

7) Alexander Cooley, "Base Politics," *Foreign Affairs*, Vol. 84, No. 6 (November/December 2005), p. 84.

8) Alexander Cooley and Kimberly Marten, "Base Motives: The Political Economy of Okinawa's Antimilitarism," *Armed Forces & Society*, Vol. 32, No. 4 (July 2006), pp. 566-583.

다. 또한 쿨리는 한국의 미군기지 갈등 정치화에 대한 연구를 통해 한국에서 미군기지 반대운동의 활성화에 영향을 미친 세 유형의 정치 행위자로 미군기지를 선거이슈로 부각시켜 당선된 새로운 정치인들, 미군기지 관련 이슈들에 대해 적극적인 반대 입장을 견지하는 수많은 NGO들, 그리고 미군기지 문제를 정치적 의제로 설정한 자유주의적 언론매체의 등장을 들고 있다. 그는 한국의 미군기지 갈등이 민주화의 산물이라는 점에서 60년대 이후 80년대까지 민주적 이행을 경험한 다른 미군기지 주군국들의 경험과 대체로 유사하지만, 광범위한 시민단체의 기지 반대운동 참여와 이 이슈를 대중적으로 확산시키는 데 기여한 정보기술의 역할이 다른 국가들과 차별화되는 한국적 특성이라고 주장한다.[9)]

한편, 미국의 동서연구센터(East-West Center)에 의해 수행된 '아시아에서 미군 주둔의 국내정치'(The Domestic Politics of the U.S. Military Presence in Asia) 프로젝트[10)]는 미국의 해외 군사기지 문제가 세계적·지역적 전략의 이슈로만이 아니라 주둔국 사회 내부, 즉 주둔국 정부의 경험과 주둔국 공동체, 그리고 시민사회 행위자들로부터의 영향을 중요하게 고려해야 할 필요성을 제기하고 있다. 이 연구는 특히 미군이 주둔하고 있는 지역사회의 영향을 면밀히 검토해야 한다고 주장하며 일본의 오키나와, 한국의 동두천과 평택, 필리핀의 민다나오의 사례를 분석한 후 최근의 흐름을 볼 때 과거와 달리 주둔국 국내정치의 갈등 관리가 필수적이라고 말한다.

---

9) Alexander Cooley, "Democratization and the Contested Politics of U.S. Military Bases in Korea: Towards A Comparative Understanding," *IRI Review*, Vol. 10, No. 2(Autumn 2005), pp. 201-232.

10) Sheila A. Smith, *Shifting Terrain: The Domestic Politics of the U.S. Military Presence in Asia*, East-West Center Special Report No. 8 (March 2006).

이러한 연구들을 기반으로 군사기지 정치학을 비교론적 시각에서 보다 체계적으로 다루는 새로운 연구들이 서서히 등장하고 있다. 쿨리는 어떻게 민주적 이행기에 있는 다양한 군사기지 주둔국의 국내정치(domestic politics)가 미군기지의 지위에 영향을 미치는지를 검토한다.[11] 미국의 군사기지가 주둔하고 있는 동아시아와 남부유럽의 여러 국가들 및 흑해와 중앙아시아의 새로운 주둔국들에 대한 사례연구를 통해 어떻게 그리고 왜 주둔국 정치인들이 미군기지의 주둔을 반대 또는 용인하는지에 대해 설명한다. 그리고 켄트 칼더(K. Calder)는 해외 미군기지가 진정으로 미국을 보호하고 해외에서 국익을 달성하는 데 필수적인 존재인가 라는 문제제기 하에 일본, 이탈리아, 터키, 필리핀, 스페인, 한국, 발칸 국가들, 아프가니스탄, 이라크 등에 주둔하는 미군기지 사례들을 분석하고 있다.[12] 그는 전세계 주요 지역에서 미국의 해외 주둔기지의 미래를 결정할 정치적·사회적 세력들을 검토하면서, 쿨리와 마찬가지로 주둔국의 민주적 이행은 미군기지의 취약성을 증대시키고 있다고 주장한다.

이상과 같이 군사기지 정치학을 선도하는 몇몇 연구들을 통해서 볼 때, 현재 군사기지 정치학은 미국을 중심으로 형성되기 시작하는 초기 단계이며, 특징적인 경향은 군사기지가 주둔하는 국가의 국내정치의 중요성을 특히 강조한다는 점이다. 그리고 결정적인 국내정치 요인으로 체제의 민주화를 들고 있다. 이것은 권위주의 시대에 미군기지에 관한 정책결정이 거의 전적으로 정치적 리더십과 국가안보 관료들에 의해서 이루어졌으나 민주화로 인해 이러한 고위 수준

---

11) Alexander Cooley, *Base Politics: Democratic Change and the U.S. Military Overseas* (Ithaca: Cornell University Press, 2008).

12) Kent E. Calder, *Embattled Garrisons: Comparative Base Politics and American Globalism* (Princeton, NJ: Princeton University Press, 2007).

의 정책결정이 도전을 받고 있음을 보여준다. 주둔국의 미군기지에 대한 정치적 도전은 곧 시민사회의 저항이며, 이로 인해 시민사회가 미국과 주둔국의 안보전략에까지도 영향을 미칠 수 있다는 인식이 전문가들 사이에서 확산되고 있다.

그리고 또 하나 주목해야할 부분은 지역사회와 미군기지의 관계이다. 지방화가 세계적 대세를 이루는 가운데 최근의 미군기지 갈등은 대체로 지역사회 또는 지역주민들로부터 발원하는 경향을 보이고 있다. 이는 과거 1960-80년대 미군기지 갈등에서는 별로 나타나지 않았고, 1990년대 이후부터 새롭게 나타나는 현상이다. 지역사회는 군사기지를 환경, 인권, 범죄와 같은 각종 사회생태적인 문제들뿐만 아니라 지역발전 저해 같은 부정적 외부효과(negative externalities)를 발생시키는 비선호시설로 인식하고 있다. 특히 군사기지가 제공하는 안보라는 공공재의 '편익'은 전국적으로 향유되지만, 환경문제, 지역개발 규제, 개인의 재산권 행사의 제한 및 가치 하락 등과 같은 '비용'은 해당 지역사회와 주민들만 부담하게 된다는 점에서 편익과 비용의 불일치 문제가 핵심 이슈이다.[13] 따라서 군사기지가 입지하고 있는 지역사회에 대한 영향과 지역주민들의 요구 및 이해관계에 대한 고려가 문제의 관건이 된다.

3. 한국 군사기지 갈등의 국내정치: 분석틀

권위주의 시대에 군사안보정책은 고위 정책결정자들의 전유 영역이었기 때문에 시민사회는 다른 이슈 영역들에 비해 안보정치에

---

13) 김천영(2002); 허훈, "군부대이전과 지역발전," 『한국행정학 50년: 비판적 성찰』. 한국행정학회 하계학술대회 발표논문(2006) 참조.

미치는 영향이 거의 없거나 미약했다.[14] 그러나 민주화와 지방화라는 국내적 환경의 변화와 탈냉전이라는 세계적 환경의 변화로 안보정치는 국가 내부의 전문 관료들의 성역에서 벗어나게 되었다.

민주화시대에 군사기지 반대운동을 이슈화·조직화하는 시민사회는 군사안보정책 결정에 영향을 미치는 새로운 행위자로 등장하고 있다. 국내정치의 민주화는 폐쇄적인 안보정책 결정과정의 개방을 요구했으며 반전·평화 NGO들의 적극적인 활동과 시민적 연대는 군사안보 문제의 비밀주의와 전문가주의에 제동을 걸게 되었다. 뿐만 아니라 제도정치권 내부의 상이한 정치적 이해관계에 따른 이견과 갈등의 가능성 또한 상존한다. 따라서 민주화 시대의 군사기지 정책은 국내정치적 역학과 그 영향으로부터 자유롭지 못하다고 할 수 있다.

지방화의 진전과 더불어 군사기지가 입지할 지역사회의 영향과 지역주민들의 요구 및 이해관계도 군사기지 갈등의 중요한 요인으로 작용하기 시작했다. 지방자치 이후 지방정부의 정책 패러다임이 관료주의에서 기업가주의로 변화하면서 권한·재정·자원 등을 확보하기 위한 치열한 경쟁이 전개되고 있다. 지방정부의 지위와 행정적 기능이 변화함에 따라 각 지방은 지역개발 및 정체성 강화를 위한 성장전략을 추진하고 있다. 그리고 전국적인 도시화의 확산과 함께 점차 군사기지가 도시의 중심지에 위치하게 됨으로써 환경이슈, 교통문제, 도시계획, 개발이익 등을 둘러싸고 지역주민과 충돌하는 양

---

14) Lawrence Jacobs and Benjamin Page, "Who Influences U.S. Foreign Policy?" *American Political Science Review*, Vol. 99, No. 1(2005), pp. 107-123. 한국에서도 민주화 이전까지 군사기지 문제는 군 내부와 고위 정치권의 성역이었다는 지적에 대해서는 Bruce Cumings, "Some Thoughts on the Korean-American Relationship," *JPRI Occasional Paper* No. 31(May 2003). http://www.jpri.org/publications/occasionalpapers/op31.html(검색일: 2007. 1. 23).

상을 보이고 있다.[15)]

결국, 오늘날의 정부는 시민사회나 지역사회가 군사기지를 수용하는 데 동의할 수 있도록 합리적으로 설득하고, 다각적인 보상 및 지원을 제공하며, 군사기지의 부정적 영향을 최소화할 수 있는 적절한 환경을 조성해야 하는 복잡한 과제에 직면해 있다. 한국은 그 어떤 국가에서보다 미군기지를 둘러싼 사회적 파열음이 강하게 나타나는 곳이다. 다른 국가들과 달리 분단으로 인한 상시적 안보체제 구축이 요청되는 반면, 급속한 성장과 도시화 과정을 통해 지역사회의 활동공간이 급속하게 확장되는 추세를 보이고 있다. 여기에 지방정부의 개발주의와 경영주의가 결합되면서 군사기지 문제는 국가적인 문제인 동시에 지방적인 문제로 부상하고 있다. 이는 곧 민주화와 지방화에 따른 국내정치 구조의 변화와 지역사회의 이해관계 변화가 군사기지와 관련된 갈등 이슈들을 더욱 심화시킬 수 있음을 의미한다.

이와 같이 한국에서의 미군기지 갈등이 민주화와 지방화의 상호연관에 따른 복잡성을 고려한다면, 국가수준(national level)과 지방수준(local level), 국가수준(state level)과 사회수준(society level)이 중첩되는 이중구조 하에서 갈등 구도의 형성과 특징을 파악할 필요가 있다. [그림 1]에서 보듯이, 미군기지를 둘러싼 갈등과 협력의 구도는 국가수준에서는 국가-시민사회의 관계 구조 하에서, 그리고 지방수준에서는 지방정부와 지역시민사회의 관계 구조 하에서 이루어진다. 그러나 군사기지의 갈등과 협력의 구도는 수준별로 배타적으로 분리되어 진행되기보다는 수준간 상호 침투 속에서 진행된다. 즉 중앙과 지방의 정부간 관계, 그리고 전체 시민사회와 지역 시민사회의 연대로도 나타날 수 있다.

---

15) 김동성·양기용·강혜정(2001).

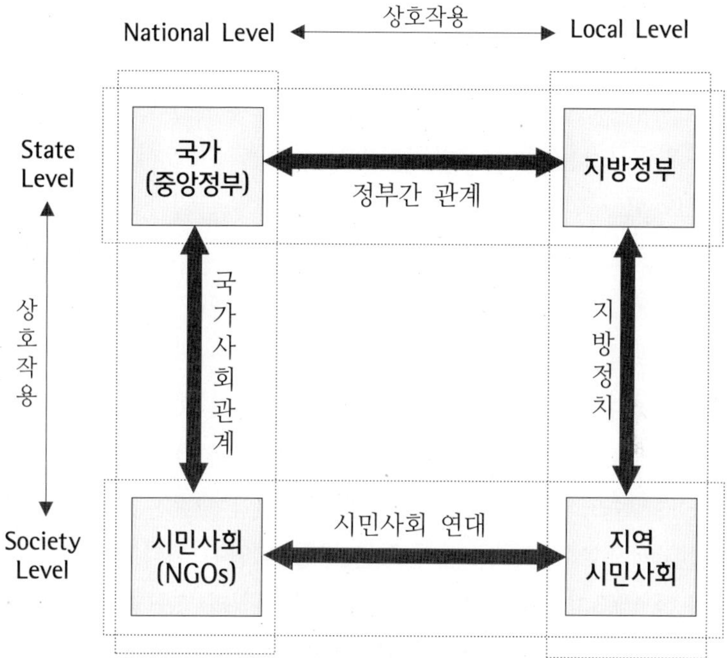

자료: 필자 작성

[그림 1] 군사기지 갈등의 구조와 과정

본 연구에서는 평택이라는 특수한 사례를 분석함에 있어서 [그림 1]을 토대로 다음과 같은 두 가지 수준의 분석에 초점을 맞추려 한다. 우선, 국가, 즉 중앙정부의 인식과 정책적 대응의 측면에 주목한다. 정부가 미군기지 정책을 어떻게 인식하고 어떤 방식으로 집행하는가의 문제는 국가에 대항하는 시민사회와 정책집행 대상이 되는 지역 시민사회의 인식과 대응방식에 지대한 영향을 미칠 수 있다. 민주화 이후에도 과거 권위주의 시대의 안보정책 집행 방식을 반복하는지 아니면 변화된 정치 환경에 조응하는 설득과 합의의 방식으로 집행하는지는 미군기지 반대운동의 정치적 동기를 부여하는 중요한 요인이 된다.

다음으로, 국가에 대항하는 시민사회의 역할과 대응방식을 검토할 것이다. 시민사회는 민주화를 통한 정치적 공간의 개방이라는 정치적 기회구조를 활용하여 군사기지 반대를 위한 사회운동을 벌인다. 그리고 시민사회의 반전·평화 NGO들은 단일한 목표를 추구하는 투쟁으로서 군사기지 반대운동을 벌이기도 하지만, 이와 관련된 복합적 이슈들 때문에 다양한 국내외 NGO들과도 연대한다. 그들은 국내의 여성인권단체, 환경단체, 평화운동단체, 일반 시민 등과 연합조직을 형성하는 자원동원 전략을 구사할 뿐만 아니라 국제적인 반전·평화 NGO들과도 연계한다.[16] 따라서 시민사회의 미군기지 반대운동을 주도하는 NGO의 조직화와 동원화 수준은 미군기지 갈등을 전국적으로 이슈화하는 중요한 추동 요인이 된다.

또한 미군기지가 입지할 지역사회의 인식과 그들의 내부적 역량에도 주목할 필요가 있다. 지방화 이후 한국의 지역사회에서는 군사기지를 지역발전을 저해하는 비선호시설로 인식하는 경향을 보이고 있다. 특히 미군기지로 인한 국가적 차원의 편익과 지역적 차원의 편익이 현저하게 괴리됨으로써 지역주민의 피해의식이 날로 커지고 있다. 따라서 군사기지가 입지하고 있는 지역사회에 군사기지가 미치는 영향과 지역주민들의 요구 및 이해관계에 대한 고려가 매우 중요하다.

[그림 1]을 토대로 할 때, 본 연구 주제인 평택 미군기지 갈등 사례는 중앙정부와 지방정부 간의 '정부간 관계'나 지방정부와 지역 시민사회 간의 '지방정치' 차원의 갈등은 그리 크지 않았던 것으로 보

---

16) 김태현, "2002년형 반미(反美): 그 정치심리학적 근원과 정치외교적 의의," 『한국과 국제정치』, 제20권 1호 (2004 봄), pp. 52-53.

인다. 대신에 중앙정부가 추진하는 미군기지 정책에 대한 지역사회의 반발을 계기로 국가에 대항하는 시민사회가 전국적인 연대를 꾀하면서 벌어진 갈등 사태라는 점에서 '국가-사회관계' 및 '시민사회 연대'라는 관계 구조의 맥락에 중점을 두어 분석할 것이다.

III 한국의 군사기지 갈등: 평택 미군기지 이전 사례

1. 갈등의 배경과 전개

평택 미군기지 갈등은 용산 미군기지 이전 문제와 맞물려 전개되었다. 용산의 미군기지 이전은 1987년 노태우 대통령 후보의 용산기지 이전 선거공약에서 처음 제기되었고 대통령 당선 이후 용산 미군기지 이전에 대한 검토를 지시했다. 이에 따라 한미 양측은 용산 기지를 1996년까지 평택과 오산으로 이전한다는 데 합의했다. 평택에서의 미군기지 반대운동도 이러한 한미 양측의 합의가 이루어진 데 따른 반발로, 1996년 11월 '용산미군기지 평택 이전을 결사 반대하는 시민모임'이 결성되면서 시작되었다. 평택 지역내 다양한 부문의 NGO들로 구성된 이 연합조직은 1999년 4월 '우리 땅 미군기지 되찾기 평택시민모임'의 결성과 2001년 '미군기지 확장반대 평택대책위원회'(이하 평택대책위)의 결성으로 진화했다.[17)]

그러나 주한미군 재배치와 관련 본격적인 용산기지 이전 논의가 시작된 것은 2003년 4월부터 시작된 '미래한미동맹 정책구상'(Future

17) 평택미군기지 갈등의 역사와 전개과정에 대해서는 '평택미군기지 확장저지 범국민대책위원회' 홈페이지 (http://www.antigizi.or.kr/) 참조.

ROK-US Alliance Policy Initiatives: FOTA) 회의이다. 2003년 다섯 차례의 FOTA 회의를 거치면서 한미 양측은 주한미군 기지체계를 통폐합하는 차원에서 미 2사단을 평택지역으로 이전하는 데 합의했고, 2004년에도 지속된 FOTA 회의에서는 용산기지의 평택으로의 이전과 그에 따른 토지 이용계획 등에 대한 협상을 마무리하고 국회의 비준을 얻어 평택으로의 미군기지 이전에 최종적으로 합의했다. 2003-2004년 한미 양국은 11차례의 FOTA 회의를 거쳐 2008년 말까지 용산미군기지를 평택지역으로 옮기기로 결정하고 기지부지용으로 평택지역의 349만평을 미군에 신규 공여하고 이전비용 또한 한국이 부담하기로 합의했다. 이에 따라 평택지역에는 기존의 오산 공군기지와 캠프 험프리스(Camp Humphreys) 외에 주한미군사령부, 유엔사령부, 한미연합사령부가 추가로 주둔할 예정이며 미 국방부의 주한미군 재배치 계획에 따라 한강 이북의 미 2사단도 향후 평택지역으로 이전하게 되었다.[18]

FOTA 회의가 진행되는 중에 평택 지역사회는 해당 지역주민들을 배제시키고 이루어지는 협상에 반발하여 2003년 7월 '미군기지 확장반대 팽성대책위원회'(이하 팽성대책위)를 결성했다. 그리고 2004년 용산기지까지 평택으로 이전이 결정되면서 주한미군 기지 이전 및 평택 미군기지의 확장 이슈는 평택이라는 제한된 지역을 넘어 전국적 이슈로 확대되는 계기를 맞게 된다. 2004년 5월 '불평등한 SOFA 개정 국민행동'의 상임대표인 문정현 신부가 팽성대책위의 김지태 위원장 및 미군기지 반대운동을 하는 지역 NGO 지도자들의 합의에 따라 2005년 4월 전국 및 지역 수준의 115개 단체가 참여하여 지역

---

18) 김동성·최용환·Adam Evans·박성호, 『미군기지 평택이전에 따른 주한미군과 지역사회간 갈등관리 및 협력제고 방안 연구』, 경기개발연구원 정책연구 2006-09(2006), p. 20.

주민들과의 상호 연계 하에 미군기지 반대운동을 벌여나가기 위해 '평택미군기지 확장저지 범국민대책위원회'(이하 평택범대책위)가 출범했다. 평택범대책위는 "평택 미군기지 확장 저지를 중심 투쟁과제로 하여 공동투쟁을 전개하는 사안별, 한시적, 협의적 연대투쟁기구"로 "평택 미군기지 확장을 통해 대북 선제공격과 대중국 봉쇄를 쉽게 하려는 미국의 새로운 군사전략을 저지하여, 평택 주민의 생존권과 한반도 평화와 민족자주권을 지키는 것을 목적"으로 평택지역에 대한 강제 토지수용 저지, 굴욕적 평택 미군기지 확장 비용부담 반대, 한반도 평화를 위협하는 주한미군 재배치 반대 등을 주요 임무로 설정했다.[19]

평택범대책위가 전국 수준의 연대조직으로 확대되었음에도 불구하고 운동의 목표는 평택 미군기지 확장 반대에 두었고, 특히 지역 이해 당사자들인 주민들의 권리와 관심사가 잘 반영되도록 하기 위해 지역주민들과 지역내 평택 연합단체들의 입장을 파악하는 데 많은 주의를 기울였다. 평택범대책위는 평택 미군기지 반대운동의 사무국 역할을 했다. 전국 및 지역 수준의 대표들로 구성된 집행위원회는 운동의 전략적 방향을 검토하는 역할을 했다. 그러나 평택범대책위의 실질적인 운영과정에서 중요한 결정은 주로 공동집행위원회가 결정했다. 팽성대책위와 평택대책위의 대표들 모두가 평택범대책위의 공동집행위원회에 직접 참여함으로써 평택범대책위의 미군기지 반대운동의 방향에 중요한 영향을 미칠 수 있었다.

한편, 2004년 10월 용산 미군기지의 평택 이전이 한미 양측 사이에 최종적으로 합의됨에 따라 평택 지역사회의 여론은 일부 시민

19) '평택미군기지 확장저지 범국민대책위원회' 홈페이지(http://www.antigizi.or.kr/) 참조.

단체의 적극 반대, 상인 연합회 등 이익단체의 찬성, 일반 시민들의 관망적 내지는 중립적 태도 등의 다양한 양상을 보였다. 그러나 용산미군기지의 평택 이전은 국방부의 토지매입단계에서 일부 원주민들의 토지수용 거부와 NGO의 저항에 직면했다. 평택 미군기지 확장을 둘러싼 가장 치열한 이슈는 지역주민들의 농토에 대한 강제적 수용이었다. 국방부와 지역주민들이 보상에 관한 공식적 또는 비공식적 협의를 했다고 하지만, 지역주민들은 중앙 정부가 자신들의 의사를 반영하지 않고 토지 수용을 결정했다고 주장하였다. 따라서 지역주민들이 보여준 집합적 저항의 숨겨진 동기는 명백하다. 농민들은 자신들이 경작하고 있는 토지에 대한 애착이 클 뿐만 아니라 생계 자체를 거의 토지에 의존한다. 국방부의 보상은 시장가격 수준에서 이루어졌을 뿐이고, 심지어 수용을 거부하는 토지에 대해서는 강제로 수용하는 방식이 취해졌다. 이러한 국방부의 반강제적 방침 때문에 지역 주민들의 국방부에 대한 반발은 클 수밖에 없었다. 이처럼 본래 원주민들의 생존권 수호 차원에서 전개된 평택의 미군기지 반대운동은 평택범대책위의 결성을 계기로 미군철수를 주장하는 이념적 차원으로 전환되면서 전선이 확대되었다.

2. 평택 미군기지 갈등의 국내정치

평택 미군기지 갈등이 지역적 운동에서 전국적 캠페인으로 확산된 이유를 분석하기 위해서는 정부의 문제인식과 태도를 먼저 검토해야 한다. 정부는 미군기지 이전 및 확장에 대해 국가안보와 동맹국으로서 국가간 신뢰의 문제를 강조하고 미국의 동북아 정책에 협조하여 국가안보의 수준을 높인다는 명분을 내세웠다. 따라서 지역사회 및 주민들의 이해관계보다는 보다 거시적인 국가이익에 입각하여 기지이전 협상과 정책을 추진했다. 그러나 이전을 반대하는 측에서는 기지이전 비용에 대한 한국 정부의 부담이 과다할 뿐만 아니라 중대한 정책결정에는 반드시 국민적 동의가 있었어야 함에도 불구하고 이러한 절차가 무시되었다고 주장했다. 또한 미군기지 이전은 지역사회의 자연생태계를 파괴하며 환경을 오염시킬 것이고 해당 지역의 토지수용에 대해 충분한 보상이 이루어지지 않고 있으며 새로운 거주지를 마련하는 대책 역시 미흡하기 때문에 지역주민의 생존권을 위협하고 있다고 주장했다.

이와 같은 맥락에서 보면, 미군기지 이전 및 확장을 둘러싼 갈등은 국가이익과 지방이익이 충돌하는 이익갈등의 사례라고 볼 수 있다. 그러나 이것은 갈등의 범위가 해당 지역에 국한될 때의 대립구도이다. 미군기지 갈등 이슈가 전국적으로 확산될 경우, 이익갈등보다는 가치를 둘러싼 갈등으로 전환되고 따라서 상호 협의와 타협을 어렵게 만드는 복합적인 갈등구도로 확대재생산된다. 결국, 정부는 지역사회 및 주민들을 배제하고 협상의 당사자를 오직 미국으로만 한정한 결과, 지역 수준의 반대를 넘어선 전국적 반대운동을 초래하였다. 이는 민주화 이후 성장한 시민사회의 미군기지에 대한 변화된 인식과 역량을 심각하게 고려하지 않은 결과였다.

이러한 정부의 태도에 대항하기 위해 시민사회 내부의 다양한 NGO들은 미군기지 반대운동을 조직적으로 전개했다. 2003년 FOTA 회의 이전까지 평택 미군기지 갈등은 주로 지역적 차원에 국한된 이슈였다. 그러나 용산 미군기지와 경기 북부지역 미 2사단의 이전 등이 FOTA 회의의 협상 의제로 채택되면서 지역사회 내부의 반대역량을 결집하게 되었고 2004년 FOTA 회의 후 평택범대책위의 결성을 계기로 전국적인 미군기지 반대 투쟁운동이 시작되었다.

평택 미군기지 이전·확장을 추진하는 정부와 이를 반대하는 NGO

들의 힘겨루기가 지속되는 가운데, 정부는 범부처적으로 '주한미군대책기획단'을 구성해 미군기지 이전 관련 행정과 주민보상 및 지원대책을 마련하고자 노력했다. 정부는 한미동맹 및 국가안보와 관련된 사안이었기 때문에 우선적으로 한미간 협의를 완료하고 그 다음 국회 비준을 받은 뒤에 주민 협의를 시작할 수밖에 없었다고 양해를 구했다. 그렇지만 예컨대, 최소한 국회 비준 단계에서부터 대표성을 가진 직접적인 이해관계자가 참여하는 협의기구를 구성하여 협의 절차를 밟았다면 일부 주민들이 협의를 기피하거나 최소한 대화의 테이블에 나오지 않는 일은 피할 수 있었을 것이다. 또한 미군기지 이전을 반대하는 단체들의 정치적 의견을 국회 비준 과정에서 충분히 경청하고 수렴했다면 미군기지 이전에 관한 쟁점이 다분히 이념적이고 정치적인 이슈로 계속 남아 있지 않았을 지도 모른다. 정부가 주민 보상과 지역 발전이라는 이해갈등적 요소와 반미운동이나 미군철수와 같은 가치갈등적 요소를 분리 대응하지 못한 것이 사태를 확대시킨 한 요인이라 여겨진다.

한국 사회는 민주화 이후, 특히 1990년대 후반 김대중 정부 집권 이후 이데올로기적 스펙트럼의 폭이 크게 확장되었다. 1990년대 이전까지 미군 주둔 문제와 관련된 정치적 갈등은 평등한 동맹관계와 단계적 미군철수를 주장하는 진보세력과 강력한 미군전력의 유지를 주장하는 보수세력 간 갈등구도였다. 그러나 2000년 이후 즉각적인 미군철수를 주장하는 급진세력의 등장으로 미군 주둔 및 철수와 관련된 정치적 갈등은 과거와 다른 양상을 보여주었다. 제도권 정치 내에서도 무조건적인 미군 주둔의 주장보다는 평등한 동맹관계를 실현하며 장기적으로 점진적인 미군철수를 주장하는 목소리가 주요 세력권을 형성했고, 보다 급진적인 정치세력들은 수적으로는 소수였지만 즉각적인 미군철수를 주장하는 상황으로 발전했다. 이러한 정치적 구도의 변화 속에 미군기지 논쟁은 갈등 당사자들이 구체적이면서 가능한 대안 제시 없이 '전부 아니면 전무'(all or nothing)의 태도로 사태에 임하면서 상황은 더욱 악화되었다.

분석의 차원을 지역 수준으로 낮춰서 보면, 미군기지가 입지할 지역사회의 이해관계와 지역주민들의 요구가 중요한 변수로 등장한다. 미군기지 입지 지역의 주민들에게 가장 큰 관심사 중의 하나는 토지 수용에 따른 보상조치라고 할 수 있다. 오랫동안 살아온 삶의 터전을 포기해야 하는 주민들에게 시장가격에 의한 토지 보상은 쉽게 받아들이기 어렵다. 또 인접 지역 주민들의 경우나 평택시 주민 전체적으로 볼 때, 미군기지가 크게 확장됨으로써 받을 수 있는 다양한 형태의 불이익을 쉽게 감수하기 어려울 것이다. 이런 이유 때문에 미군기지 입지 지역 주민 및 지역사회를 위한 다각적인 보상과 경제적 지원은 갈등 해소를 위한 가장 근본적인 방안의 하나라고 할 수 있을 것이다.

그러나 이러한 조치들이 실현되지 않음에 따라 필사적인 반대운동으로 경찰 및 군과 물리적 충돌까지 빚는 사태로 발전했고, 종국에는 '미군기지확장 반대 평택·팽성 대책위원회'와 '평택 참여자치시민연대'가 지역주민들의 평화적 생존권이 침해를 받고 있다고 주장하며 2005년 3월 미군기지 이전지역인 평택시 팽성읍 주민 606명을 포함해 전국 1천33명의 청구인들과 함께 헌법소원을 제기하였다. 그러나 2004년 12월 발효된 용산미군기지 이전협정과 한미연합토지관리계획(LPP) 개정협정에 대해 평택지역 주민 등이 낸 헌법소원은 헌법재판소 재판관 전원일치 의견으로 각하되었다.[20)]

---

20) 재판부는 결정문에서 "헌법소원 심판을 청구하는 사람은 공권력의 행사나 불행사로 인해 기본권이 '현재 그리고 직접적으로' 침해받고 있어야 한다"며 "미군기지 이전으로 인근 주민들의 삶이 영향을 받긴 하지만 개인의 인격이나 운명

물론 용산 미군기지의 평택이전은 지역경제 파급효과, 국제화 및 국제도시 이미지효과, 중앙정부에 대한 전략적 교섭력 강화효과 등의 측면에서 평택지역에 긍정적인 영향을 미칠 수도 있다. 즉 미군기지 이전에 소요되는 예산과 미군기지의 지역 내 소비증가 및 고용창출은 평택지역 경제 활성화에 긍정적으로 작용할 수 있다. 또한 국내 최대규모의 미군기지가 건설됨으로써 평택시의 글로벌화를 촉진하고 평택시가 국제도시로서의 이미지를 만들어 가는 데 도움이 될 수 있다. 아울러 평택시 전반의 발전을 위한 중앙정부의 대대적인 지원을 이끌어 낼 수 있는 명분으로 활용할 수도 있다.[21] 이러한 긍정적 효과에 대한 기대 때문에 지역사회 내부에서는 용산 미군기지의 평택이전을 찬성하는 세력들도 존재하게 된다.

그러나 생활환경 또는 사회문화적 측면에서 심각한 부작용이 초래될 수도 있다. 우선, 미군 공여지 문제는 주한미군과 지역사회가 가장 큰 갈등을 겪고 있는 이슈중의 하나로서 도시계획 왜곡 및 도시발전 저해, 재산권 침해 등의 문제를 내포하고 있다. 또한 미군기지에 의한 수질 및 주변 토양 오염 가능성, 각종 군사 활동이나 훈련으로 인한 교통체증과 소음 등은 지역사회가 간과할 수 없는 심각한 생활환경 이슈이다. 빈번하게 발생하는 미군 범죄, 미군 병사들과의 문화적 충돌, 일부 미군상대 유흥업소 종사자들의 일탈적인 행동 등

에 관한 사항은 아니며 개인적 선택에 직접적 제한을 가하는 것도 아니다"고 밝혔다. 재판부는 "미군기지를 평택으로 이전하는 것만으로 우리나라가 침략적 전쟁에 휩싸이게 된다고 인정하기도 어렵고 미군부대 이전 후 권리침해를 받을 우려가 있다 해도 그것은 다른 법률에 의해 장래에 잠재적으로 나타날 수 있는 것에 불과해 '직접성'과 '현재성'을 인정할 수 없다"고 덧붙였다. 헌법재판소, "대한민국과 미합중국간의 미합중국군대의 서울지역으로부터의 이전에 관한 협정 등 위헌확인," 2005헌마268 전원재판부(2006. 2. 23.), 『판례집 제18권 1집 상』, pp. 298-299.

21) 김동성·최용환·Adam Evans·박성호(2006), p. 46.

역시 미군기지와 지역사회의 사회문화적 갈등을 부추기는 요인이 될 수 있다.

이처럼 평택시의 미군기지 이전 및 확장 문제는 긍정과 부정의 양면적 효과를 가지고 있기 때문에 이에 대한 체계적인 검토를 바탕으로 미군기지 갈등에 접근해야 한다. 군사기지의 성격과 역할에 대한 이해 없이 지역사회가 이를 무조건적으로 수용하라는 요구는 과거 권위주의 시대의 발상이다.[22] 국가기밀 사항은 예외로 하더라도, 어떤 성격의 군사기지가 입지할 것이며 그 역할의 범위는 어디까지인지를 명확히 설명하고 지역주민들의 이해를 구할 필요가 있다. 또한 비용과 편익간 불일치 현상, 즉 부정적 외부효과를 내부화하기 위한 국가의 보상 및 지원정책도 강화되어야 한다.

더욱이 지방자치 이후 지방정부의 정책 패러다임이 관료주의에서 기업가주의로 변화하면서 권한, 재정, 자원 등을 확보하기 위한 경쟁이 치열해지고 있다. 중앙정부의 통제가 약화된 상황에서 지역간 이익갈등의 빈도와 범위도 크게 증대되고 있다. 이처럼 지방정부의 지위와 행정적 기능이 변화하고 지역발전을 위한 성장전략이 활성화되는 시점에서 군사기지가 비선호시설로 인식된다면 이를 둘러싼 갈등은 더욱 빈번해질 개연성이 크다. 과거의 중앙집권적 이익규율 방식을 해체하고 이를 대체하는 새로운 이익 조정 시스템을 수립하지 않는다면 기존의 갈등이 계속 반복될 수밖에 없을 것이다. 그리고 이러한 갈등은 사회 전체적으로 통합을 저해하고 막대한 갈등처리 비용을 지불케 함으로써 지방자치의 본질적 의미를 훼손할 수도 있다.

---

22) 지속가능발전위원회, 『공공갈등 관리의 이론과 기법』, 지속위 자료집 2005-17 (2005), p. 1.

Ⅳ 평택 미군기지 갈등의 군사기지 정치학적 함의

평택 사례를 통해서 본 한국의 미군기지 갈등은 민주화와 지방화가 중첩되어 나타나는 가운데 발생한 갈등이라는 점에서 아시아의 다른 국가 사례들과 차별화되는 특성을 가지고 있다. 필리핀의 수빅만 해군기지 갈등과 일본 오키나와 기지의 사례는 역사적으로 미군기지가 주둔하게 된 배경에 차이가 있지만, 미국의 아시아에 대한 지정학 관심과 관련하여 주요한 전략적 군사기지였고 각 지역에서 공히 군사기지로 인한 다양한 사회적 문제가 민주적 이행(democratic transition)의 맥락과 결부되어 주요한 갈등이슈로 부각된 공통점이 있다.[23] 그러나 이들 지역에서 군사기지 갈등이 진행되는 맥락은 서로 상이한 측면들이 있다. 필리핀의 경우 미군기지 반대운동은 민중권력을 통한 민주화 이후 민족주의적 정서나 새로운 외교안보정책이 큰 작용을 했다. 일본 오키나와 군사기지 반대운동의 경우는 오키나와현 오타 지사의 리더십이 군사기지 반대를 위한 지역주민 동원에 주요 요인으로 작용했다. 이처럼, 필리핀과 일본의 군사기지 갈등은 민주화와 지방화가 각각 미군기지 갈등에 어떤 영향을 미치는지를 보여주는 선행 사례라고 할 수 있다. 이들 두 국가의 사례와 비교할 때 한국에서는 민주화와 지방화의 영향이 중첩되는 가운데 군사기지 갈등이 발생했다는 점에서 특색이 있다.

군사기지 문제에서 국가 차원의 동맹관계나 안보전략상의 중요성은 간과할 수 없는 중요한 요소이다. 또한 정당과 정치인, 그리고 최종적인 결정자인 의회의 역할 등의 국내정치 동학도 중요하다. 더

---

23) Sheila A. Smith(2006), p. 5.

나아가 군사기지 반대운동을 전국적인 의제로 만드는 조직화된 시민사회의 역할은 지역사회의 군사기지 갈등 수준에 지대한 영향을 미친다. 한국처럼 시민사회의 역량이 막강한 국가에서는 인터넷과 같은 온라인 네트워킹 수단과 다양한 평화·반전 NGO로 구성된 오프라인 네트워크를 통해 군사기지 반대운동을 조직화하고 이를 지역의 반대운동 단체들과 연계할 경우 군사기지 반대운동의 파괴력은 더욱 커진다.

그러나 이러한 요인들 못지않게 중요하게 고려해야 할 문제가 지역사회의 동의 여부라고 할 수 있다. 지역사회가 군사기지를 수용하는 데 동의할 수 있는 다각적인 보상과 지원, 그리고 군사기지의 부정적 영향을 최소화하기 위한 적절한 환경을 조성하는 것이 필요하다. 이것은 곧 군사기지와 지역사회 발전의 양립 가능성에 관한 문제로 집약된다. 국가이익과 지역이익 그 어느 것도 양보할 수 없는 이익이라면, 그리고 현실주의적 안보와 이상주의적 평화 그 어느 것도 포기할 수 없는 가치라면, 문제는 어떻게 이러한 상충하는 이익과 가치를 양립시키느냐가 군사기지 갈등관리의 핵심이라고 할 수 있다.

본 연구는 군사기지 정책과 지역사회 발전의 양립 가능성을 모색하는 차원에서 군사기지 정치학의 위상과 성격을 설정하였다. 그러나 본 연구가 특정 사례에 대해 몇 가지 주요 요인들을 중심으로 분석을 행한 제한된 범위의 연구라는 점에서 포괄적인 한국 군사기지 정치학의 일반화 시도에는 근본적인 한계를 가지고 있다. 따라서 여기서는 몇 가지 주요 변수들에 대한 분석을 통해 도출된 시사점을 요약함으로써 본 연구의 함의를 대신하고자 한다.

첫째, 미군기지에 대한 정부의 정책결정 및 집행방식은 갈등의 점화와 확대, 심화 등에 주요한 요인으로 작용한다. 사실, 정부와 시민이 공히 개입되는 공공갈등에 관한 기존 연구들은 갈등 사안 자체의 본질적 측면도 중요하지만 갈등을 처리하는 정부의 태도와 그 해결방법이 더 중요하다는 데 대체로 동의한다.[24] 이는 정부의 정책이 수많은 갈등 사례들에도 불구하고 일방적 정책결정 과정을 답습하고 있으며 국가와 시민사회가 함께 갈등을 관리하고 조정하는 메커니즘이 부재하다는 것을 보여준다. 이러한 이유로 인해 국가는 특정한 정책과 관련된 이해관계 집단의 이기주의적인 집합행동과 동원된 시민감정이 합리적인 국가정책까지도 좌우하게 되는 '엔트로피 현상'[25]에 대해 별다른 해결책을 제시하지 못하고 있으며, 오히려 정책 딜레마로 이행되는 경우가 많아지고 있다. 이 점에서 평택의 미군기지 갈등 사례 역시 예외가 아니다.

안보이슈를 둘러싼 갈등의 경우 일반적인 사회갈등과 차별화되는 중요한 요소 중의 하나가 국가기밀 정보를 다룬다는 점일 것이다. 미군기지 이전의 경우와 같이 동맹국과의 협상이 중요한 요소로 강조될 수도 있다. 이런 안보갈등 이슈가 가지고 있는 특수성을 고려하더라도, 보다 투명한 정책결정과 이 과정에서 시민사회 또는 지역주민들과의 협의와 설득은 갈등관리 차원에서 필수적인 부분이라고 할 수 있다. 앞서 지적한 대로, 안보이슈와 관련하여 모든 정책을 고위정책책임자 수준에서 결정하고 결정된 사항에 대해 시민사회 또

---

24) 예를 들면, 박진·채종헌 편, 『갈등 조정, 그 소통의 미학』(서울: 굿인포메이션, 2006); 박홍엽·홍성만·김유환·권영인·강상규, 『공공갈등: 소통, 대안, 그리고 합의형성』(서울: 르네상스, 2007)을 참조.

25) 박영주, "정책갈등집단간 인식과 정부의 정책자율성 분석: 한약정책에 대한 분쟁을 중심으로," 『한국행정논집』, 제16권 제3호(2004), p. 508. 엔트로피(entropy)란 무질서의 정도를 가리키는 것으로, 시스템의 엔트로피 증가는 곧 시스템의 무질서의 증가를 의미하며, 외부환경과의 상호작용을 통한 자기조직화가 일어나지 않을 경우 시스템은 극한의 무질서 상태로 빠져들게 된다. 민병원, "탈냉전기 안보개념의 확대와 네트워크 패러다임," 『국방연구』 제50권 제2호(2007), p. 50.

는 지역사회가 무조건적으로 수용해야 한다는 논리는 권위주의적 발상이다. 따라서 어떻게 국가기밀 사항은 예외로 하면서도 안보이슈, 특히 군사기지 입지의 필요성과 정당성을 지역사회와 주민들에게 설득하고 이들과 지속적인 대화와 협의 채널을 유지하는가는 갈등관리를 위한 첫걸음이라고 할 수 있다.

둘째, 미군기지 반대운동을 주도하는 시민사회의 자원동원 전략을 주요하게 고려해야 할 것이다. 1990년대 일본에서 시민사회의 부흥은 미일동맹과 일본의 안보정책에 큰 영향을 미쳤다. 일본의 시민사회 조직들은 오키나와 미군기지, 핵잠수함 방문, 핵 군축 같은 안보 이슈들을 가지고 본국 및 미국 정부와 상호작용을 강화하고 있으며, 특히 지방정부와 이해관계가 일치할 경우 더욱 중요한 행위자로 부각될 것으로 전망되고 있다.[26] 따라서 군사기지 갈등은 시민사회의 대응양식에 의해 지대한 영향을 받게 된다.

시민사회의 미군기지 반대운동은 국내 차원에서 지역과 중앙 수준의 협조체제를 유지할뿐만 아니라 외국의 NGO와도 다양한 방식의 교류를 통해 연대할 수 있다. 푸에르토리코의 비에케스에서의 미군기지 반대 투쟁과정에서 미국 뉴욕에 근거지를 둔 푸에르토리코 디아스포라 조직들은 미군기지 철수에 중요한 역할을 수행했다.[27] 디아스포라 정치학(diaspora politics)의 관점에서 볼 때 군사기지 반대운동의 배경세력으로서 국제적 단체들과의 초국가적 연대는 군사기지 반대운동의 새로운 자원동원 전략으로 고려되어야 할 필요가

---

26) Naoki Kamimura, "Japanese Civil Society and U.S.-Japan Security Relations in the 1990s," *Medicine & Global Survival*, Vol. 7, No. 1 (April 2001), pp. 24-25.

27) Katherine T. McCaffrey, *Military Power and Popular Protest: the U.S. Navy in Vieques, Puerto Rico* (New Brunswick: Rutgers University Press, 2002).

있다.[28] 또한 미군기지와 관련된 이슈인 경우는 국가 주권이나 민족주의 또는 반미주의 같은 정서적 요소들까지도 가세한다. 이와 같은 다양한 자원들이 광범위하게 동원될 때 군사기지 반대 운동의 명분은 지역사회의 님비(NIMBY) 성격을 넘어 주권회복이나 민족주의 운동, 나아가 국제적인 반전·평화운동으로까지 확장된다. 따라서 시민사회의 역량에 따라 군사기지의 갈등은 큰 영향을 받을 수 있다.

셋째, 군사기지가 입지할 지역에 대한 국가의 보상과 경제적 지원에 대해 면밀한 검토가 필요하다. 군사기지 존재는 지역사회에 다양한 제약들을 가할 수 있다. 군사기지의 특성상 지방정부의 전반적인 발전계획이 제약을 받을 수 있음은 물론이고 개인적 차원에서 재산권 행사를 제한받기도 한다. 앞서의 논의처럼, 군사기지는 공공재를 제공하지만, 그로 인한 부정적 외부효과를 산출하기 때문에 국가의 보상과 지원은 군사기지 건설의 중요한 유인요소이다. 이 문제는 크게 지방정부와 지역 시민사회로 구분하여 검토할 수 있다.

지방정부에게 가장 중요한 유인요소는 지방재정에 대한 지원이다. 이는 다양한 형태로 이루어질 수 있는데, 직접적인 예산 지원은 물론이고 특정 사업에 대한 발주나 각종 국제적인 행사 유치를 통해서도 이루어질 수 있다. 지역 시민사회의 경우 가장 직접적인 유인요소는 경제적 효과라고 할 수 있다. 1995년 군사기지조정 및 폐쇄계획(BRAC)이 발표된 이후 미국의 각 지역이 이에 대해 높은 관심을 보인 이유는 군사기지의 경제적 효과가 크기 때문이다.[29] 예컨

---

28) Gabriel Scheffer, *Diaspora Politics: At Home Abroad* (Cambridge, NY: Cambridge University Press, 2003).

29) Tadlock Cowan and Baird Webel, "Military Base Closure: Socioeconomic Impact," CRS Report for Congress (2005). http://www.fas.org/sgp/crs/natsec/RS22147.pdf (검색일: 2006. 12. 9).

대, 애리조나 주의 경우 주 전체의 지역총생산(GRP)의 10%가 군사 부문에서 나오며, 이로 인해 군사기지는 주에서 세 번째로 큰 사적 부문 고용주로 평가받고 있다.[30] 따라서 군사기지 입지지역에 대한 보상과 경제적 지원은 군사기지 주둔지역 주민들의 기지 반대운동을 약화시키고 타협의 동기를 부여하는 중요한 변수의 하나가 된다.

마지막으로, 지역사회의 정치적 리더십과 지방정치 또한 주요한 고려 요인이 된다. 지방정책의 형성을 설명하는 다양한 지방정치이론들이 있다. 이러한 이론들은 지방정부의 정책 형성에 어떤 요인이 중요한지를 분석할 뿐만 아니라 지역사회의 발전 잠재력과 지방정치의 특성과의 관계에 대한 통찰력을 제공한다. 도시한계론(city limits)[31]의 시각에 따르면, 발전 잠재력이 취약한 지역의 경우 외부적 자원에 대한 의존도가 높으며 따라서 국책사업 성격의 군사기지에 대한 지역사회의 경제적 기대 역시 비교적 높을 수 있다. 성장기구론(growth machine)[32]의 시각은 지역사회 내의 기업의 이해 또는 이익집단의 영향력이 상대적으로 클 경우 군사기지 문제를 지역개발 이슈로 전환시킴으로써 군사기지를 반대하는 환경론자와의 갈등을 유발할 수 있다고 본다. 레짐이론(regime theory)[33]은 지방정부와 지역사회 시장(market) 세력의 상호작용에 의해 정책이 결정되지만 상대적으로

---

30) National Governors Association, "Military Installations Pressured by Sprawl," Natural Resources Policy Studies, NGA Center for Best Practices (October 11, 2002), p. 3. http://www.nga.org/Files/pdf/100802SPRAWL.pdf(검색일: 2006. 12. 9).

31) Paul E. Peterson, *City Limits* (Chicago: University of Chicago Press, 1981).

32) John R. Logan and Harvey Molotch, *Urban Fortunes: the Political Economy of Place* (Berkeley: University of California Press, 1987).

33) Stephen L. Elkin, *City and Regime in the American Republic* (Chicago: University of Chicago Press, 1987); Clarence N. Stone, *Regime Politics: Governing Atlanta*, 1946~1988 (Lawrence, K.S.: University of Kansas, 1989).

어떤 세력이 지역사회에서 더 강한 입지를 확보하고 있느냐에 따라 정책의 방향이 결정될 수 있다고 주장한다.

기존의 지방정치이론들을 통해서 볼 때, 지역사회 내부의 군사기지 갈등은 지역발전의 잠재력, 지역사회 정치세력들간의 이해관계, 그리고 공식적인 정부 리더십 등이 어떻게 작용하는가에 따라 군사기지 갈등의 구도 및 수준 등이 결정된다고 할 수 있다. 물론 여기에는 국가나 시민사회의 직간접적인 영향도 중요한 고려대상이 되어야 할 것이다. 오키나와의 경우, 현청과 지사가 적극적으로 기지반환 문제를 제기하면서 중앙정부와 많은 마찰이 야기되었지만, 미국 정부 및 의회에 직접 호소하는 방식을 활용한 결과, 중앙정부와 주일 미군측이 기지반환 문제를 심각하게 검토하게 만든 원동력이 되었다.[34] 그러므로 지역사회 내부에서 어떤 정치적 리더십이 우세하고 또 어떤 역할을 하는가에 따라 군사기지 갈등의 향방에 상당한 영향을 미칠 수 있다.

V 맺는 말

본 연구는 최근 우리 사회의 주요한 갈등 이슈로 부각되고 있는 군사기지 문제에 관해 체계적인 갈등관리와 합리적인 갈등해소를 모색한다는 현실적 문제의식에서 출발했다. 군사기지 문제는 최근 한국사회가 당면하고 있는 다양한 정치적 이슈들 – 안보와 평화의 상

34) 서동만, "오키나와(沖繩) 미군기지 문제와 일본 국내정치," 『주요 국제문제 분석』 (1997. 6. 18, 외교안보연구원). http://www.ifans.go.kr/ik_a003/ik_b011/ik_c007/1131767_1155.html(검색일: 2007. 2. 23); 남창희·이종성, "오키나와 주일미군 기지조정 정책결정 요인에 대한 연구: 미군, 일본정부, 지자체, 주민간의 협상 과정을 중심으로," 『일본연구논총』, 제19권 (2004), p. 74.

충가능성, 이념 대결과 사회적 균열, 지역발전과 지방분권의 요청 등 – 이 중첩되어 나타나고 있는 분야이다. 민주화 이후 급격하게 성장한 시민사회는 군사기지, 특히 미군기지 정책에 대한 사회적 합의의 필요성을 제기하고 있다. 그리고 지방화 이후 군사기지에 대한 지역사회의 반대는 국가적 이해와 지역적 이해의 조화를 추구하도록 요구하고 있다.

군사기지 갈등은 한국사회의 민주화와 지방화에 따른 사회·정치적 변화를 상징하는 갈등이라고 할 수 있다. 군사기지 문제가 시민사회의 자유로운 담론 영역으로 들어온 것은 민주화 이후의 일이며, 국책사업 갈등을 둘러싼 국가와 지역 간의 갈등은 지방경영과 지역개발의 중요성을 강조하는 지방화의 영향이라고 할 수 있다. 그러나 이러한 갈등을 사회·정치적 변화에 따른 불가피한 현상으로 방기할 사안은 아니다. 이런 관점에서 본 연구는 군사기지 갈등이라는 이슈를 둘러싸고 나타나는 다양한 측면들에 주목하면서 군사기지 정치학을 이론화할 필요성을 제안하였다.

군사기지 갈등의 해소는 다음의 두 가지 문제를 해결해야 할 것이다. 하나는 군사기지가 입지한 특정 지역사회와 주민이 부담하게 될 경제적 비용을 전국적으로 분산시키는 방안을 찾는 것이다. 그리고 다른 하나는 군사기지 갈등이 비생산적이고 파괴적인 방향으로 발전하지 않고 갈등 당사자들 모두가 만족하는 상생의 결과를 도출해 낼 수 있도록 민주적 절차를 정립하는 일이다. 이러한 작업은 향후 군사기지 갈등은 물론, 이와 유사한 여타의 공공갈등에 대처할 수 있는 유용한 이론자원을 제공할 것이다.

동북아 정세 및 한미 동맹관계의 변화, 국내 민주화의 질적 심화, 지역사회 발전에 대한 지방의 주체적 인식 등과 같은 환경 변화와 맞물려 군사기지 갈등은 앞으로도 지속적으로 발생할 가능성이 있다. 실천적 측면에서 중요한 과제는 갈등의 재발을 방지하는 데 있으며, 따라서 체계적이고 합리적인 군사기지 갈등관리를 통해 그것을 저강도의 갈등으로 전환시키고 합의와 타협을 가능케하는 메커니즘을 강구하는 것이다. 향후 연구는 필리핀, 일본 등지의 사례와의 비교분석을 통해 한국 군사기지 정치학의 이론화를 위한 토대를 다지고 나아가 군사기지 정치학의 아시아적 모델을 모색하는 작업을 진전시킬 필요가 있다. 이러한 비교분석을 바탕으로 시야를 확대할 때, 국내에서 발생하는 군사기지 갈등은 올바른 해법을 찾아나갈 수 있을 것이다.

제12장

오키나와 군사기지 건설과 주민 저항의 동인

I 머리말

근래에 들어서 부각되고 있는 '군사기지의 정치학'(military base politics)은 기지 건설에 따른 주민 저항의 문제를 중요한 연구주제의 하나로 삼고 있다. 군사기지 건설은 해당 지역주민들에게 나름대로 도움을 줄 수도 있지만 대체적으로 비선호시설 혹은 혐오시설로 인식되고 있는 것이 현실의 사정이다.

과거에 군사기지 건설로 야기된 주민 저항의 해소는 경제적 파급효과를 강조하고 재산권의 피해나 제약을 보상하는 물질적 유인책에 주로 의존하였다. 근대화의 과정을 밟았던 대부분의 사회는 물질적 유인에 취약하였고 그 결과 군사기지 건설에 따른 여타의 불이익이나 고통을 감수하는 경향이 있었다. 그러나 시간의 흐름에 따라 상황은 조금씩 달라지기 시작하였다. 매스로우의 심리학이나 신사회운동론이 보여주듯이 최소한의 물질적 욕구가 해결된 후기 근대사회에서는 탈물질주의적 경향이 강하기 때문이다. 문화적 정체성의 욕구나 환경, 평화, 인권, 여성 등의 의제가 부각됨에 따라 지역주민들의 삶을 부양하는 토대로서 군사기지의 존재 의의는 점차 중요성을 상실하기 시작하였다. 군사기지 건설과 이전을 둘러싼 지역주민과의 갈등은 경제적 보상을 둘러싼 이익갈등의 차원을 넘어, 보다 근본적인 가치의 충돌, 즉 물질주의적 가치(materialist values)와 탈물질주의적 가치(post-materialist values) 간의 갈등이라는 새로운 양상을 보이게 되었으며, 따라서 경제적 보상과 같은 물질적 유인만으로는 문제를 해결할 수 없는 상황이 되어가고 있다.

이 글은 오키나와(沖縄)의 사례를 통해서 군사기지 건설을 둘러싼 주민 저항의 동인이 무엇인지를 파악하고자 한다. 특히 평화, 인권, 환경, 삶의 질 등과 같은 정신적 가치를 추구하는 사회구성원들의 등장에 따른 새로운 갈등 양상을 포착하고 그 함의를 분석할 것이다. 주일미군 군사시설의 75%가 밀집된 오키나와의 경우, 초창기에는 주민들의 저항이 정당한 경제적 보상을 요구하는 방향으로 전개되었다. 본토 귀속 이후 오키나와 주민들은 일본 정부의 물량공세에 압도되어 일부 운동 단체들을 제외하고는 오랫동안 침묵을 지키는 경향을 보여주었다. 그러나 1995년 오키나와 초등학생 성폭력 사건 이후 본격적인 저항이 재개되었으며 그것은 과거와 양상을 달리하고 있다. 즉 오키나와 주민들은 평화, 인권, 환경이라는 비물질적 가치를 전면에 내세우고 있는 것이다. 이미 10년 이상 표류하고 있는 후텐마(普天間) 미군기지 이전 혹은 헤노코(邊野古) 미군기지 건설 논쟁은 이러한 새로운 상황을 극명하게 보여준다. 물질적 처방전은 대체적으로 효과가 반감되었으며 대상 주민에 따라서는 완전히 약효를 상실하였다.

그러나 여전히 오키나와의 군사기지 갈등을 물질적 가치에 입각한 이익갈등의 문제로 치환하는 학자들이 있다. 대표적으로 쿨리(Cooley 2006; 2008) 같은 학자는 작금의 오키나와의 상황을 경제우선주의의 승리와 그에 따른 반군사기지운동의 약화라는 측면에서 고찰한다. 이러한 견해는 정부의 물량 공세에 의해서 군사기지 반대운동이 약화된 것은 물론 오키나와 주민들의 비판의식마저 희석되고 있다고 본다. 그러나 필자는 시간이 갈수록 오키나와의 군사기지 반대운동이 강화되고 있다는 관점에서 이 문제에 접근한다. 오키나와 사회발전의 방향을 감안할 때 향후 경제적 필요보다 평화, 인권, 환경 그리고 삶의 질과 같은 비물질적이며 정신적인 가치가 더욱 강조될 것이라고 보기 때문이다. 이러한 변화는 후기산업사회로의 진입에 따른 조용한 혁명의 도래에서 기인한다(Inglehart 1987).

이 글은 오키나와 군사기지 반대운동의 새로운 계기를 만든 1995년 오키나와 주둔 미군의 초등학생 성폭행 사건으로부터 헤노코 기지 건설 찬반운동, 주민투표와 시장선거, 헤노코 기지 계획 변경 등 일련의 사태를 분석 대상으로 삼고 있다. 이러한 분석을 바탕으로 오키나와에서의 군사기지 반대운동이 어떠한 동인에 의해 추동되는가, 즉 어떠한 가치가 운동의 동기를 부여하는가의 문제에 초점을 맞춘다. 이 글의 기본 가정은 1995년 이후의 오키나와 군사기지 반대운동을 물질적 가치에 입각한 이익갈등으로 보는 것이 아니라 비물질적 가치에 의해서 동기가 부여된 사태의 전개로 본다. 따라서 그것은 신사회운동론의 관점에서 오키나와의 군사기지 갈등을 조망한다. 이러한 연구는 군사기지 반대운동의 성격 변화를 규명한다는 측면에서뿐만 아니라 군사기지 관련 갈등의 해소나 관리를 위해서도 의미 있는 정책적 함의를 제공할 수 있을 것이다.

II 군사기지 반대운동과 참여 동인: 이론적 논의

1. 기존연구의 동향

군사기지 갈등에 대한 본격적 연구의 출발은 1995년 미국의 '군사기지 재조정 및 폐쇄'(BRAC) 계획에서 비롯된다고 볼 수 있다. 미국 역시 국내에 다수의 군사기지를 두고 있기 때문에 BRAC 계획의 국내적 파급효과에 대한 관심이 상당히 높았다(GAO 1998). 그리고 그 관심은 BRAC 계획 추진 과정에서 군사기지 폐쇄와 관련된 정부간 관계(연방-주-지방) 연구(Glassberg 1995)에서 시작되어, 기지 폐쇄 및 재조정의 경제사회적 영향(Cowan and Webel 2005; Goren 2003; Dardia et al. 1996) 등으로 확장되었다. 2000년 초반부터는 외국 주둔 기지를 둘러싼 주둔국의 군사기지 반대운동이나 주둔국 정부와의 갈등 해소를 주제로 한 정치학적 연구들이 본격적으로 나타나기 시작했다(Yonetani 2001; Moriteru 2001; Medeiros and Yuan 2001; Sarantakes 2000).

미국의 군사기지 관련 연구동향을 살펴보면, 가장 두드러지는 특징은 미군기지가 주둔하고 있는 국가의 국내정치 상황을 강조한다는 점이다. 과거 미군기지의 주둔은 국가별로 다양한 역사적, 전략적 맥락의 산물이었다. 해당국가가 제2차 세계대전에서 패전하거나 혹은 미국이 전략적 목표를 설정함에 따라 군사기지가 설치되었고, 그 과정은 미국과 주둔국의 고위급 정치인이나 관료들 간의 협의에 의해 결정되는 양상을 보였다. 군사기지 주둔국이 권위주의 체제일 경우, 군사기지 문제는 군 내부와 고위 정치권의 성역이 될 수밖에 없었다(Cumings 2003). 탈냉전 이후 주둔국 내부에서 반미 또는 반군사기지 운동이 대두되면서 국내정치적 동학에 관심을 기울이는 새로운 시각이 등장하였다(Cooley and Marten 2006; Kamimura 2001). 최근 스미스(Smith 2006)와 쿨리(Cooley 2005a; 2005b) 등 미국 학자들을 중심으로 '군사기지 정치학'(base politics) 또는 '군사기지의 국내정치'(domestic politics of the military base)가 새로운 연구 주제로 부상하고 있다. 이러한 연구들은 미국의 입장에서 군사기지가 설치되어 있는 주둔국 내부의 국내정치를 주시한다는 점에서 새로운 연구경향으로 간주될 수 있다.

국내에서 군사기지와 국내정치에 관련된 연구들은 크게 두 가지 시각으로 구분될 수 있다. 하나는 사회운동론 시각의 연구들로, 이들은 반미주의, 군사기지로 인해 발생하는 환경·여성 및 사회문제 등에 관심을 집중하는 경향을 보인다. 그리고 다른 하나는 지방자치의 본격화에 따라 지역개발과 지방경영이 강조되고 지역주민의 복지가 강화되는 상황 속에서 지역개발론의 시각을 취하는 연구들이다. 이런 연구들은 미군기지로 인한 지역사회 갈등과 분열의 폐해를 지적하고 이를 극복해 나가기 위한 방향을 제시하는 경향이 있다.

사회운동론 시각의 연구 내용들을 구체적으로 살펴보면 미군에 의한 각종 범죄 및 사고, 미군기지에 의한 각종 환경오염 문제, 도시개발과 재산권 행사를 제약하는 방대한 규모의 미군공여지, 주한미군의 군사훈련으로 인한 피해와 피해보상 지연, 불평등한 SOFA(Status of Forces Agreement) 협정 등과 같은 다양한 이슈들을 조명하고 있으며(주한미군범죄근절운동본부 편 2002; Hoang 1999; 김동성 외 2006), 반미주의라는 이념적 패러다임을 배경으로 미군기지 반대운동을 조직하는 경향들을 분석한다(심양섭 2005; 이강로 2004). 지역개발론 시각의 연구들은 미군주둔지역에서 발생하는 갈등현안 조사와 미군과의 협력방안(양기용 2005; 김환철·김태복 2003) 및 지역사회 통합방안 도출(김동성 외 2001) 등을 주제로 삼거나, 비용-편익분석의 관점에서 군부대 이전(허훈 2006), 님비형 국방시설 설치(김천영 2002), 미군기지의 사회적 영향(최병두 2003) 등의 문제를 연구한다.

이와 같은 국내 선행연구들을 통해서 볼 때 군사기지 반대운동은 다양한 문제들을 제기하고 있음을 알 수 있다. 미군기지의 입지와 훈련으로 인한 사회적·생태적 폐해, 지역주민들의 재산권 행사나 지역사회 발전의 제약과 같은 경제적 피해뿐만 아니라 SOFA 협정의 불평등성과 반미주의와 같은 포괄적인 한미관계의 문제들이 분석되고 있다. 이와 같이 다양한 이슈들이 혼재하는 상황은 곧 군사기지 반대운동의 동기도 마찬가지로 복합적이라는 사실을 말해준다. 그러나 선행연구들은 반대운동의 본질적 동기를 규명하기 보다는 군사기지의 입지로 인한 부정적 측면과 반미주의를 과도하게 강조하거나, 군사기지의 긍정적 효과를 최대화하기 위한 실용주의적 측면만을 강조하는 한계를 보이고 있다. 이들 두 시각은 군사기지 반대의 동기나 군사기지의 경제적 효과를 이미 주어진 조건으로 설정하여 각각의 논리를 전개하는 경향이 있다.

민주화와 지방화 이후 한국 사회에서도 군사기지 반대운동이 계속되고 있다. 더욱이 도시화로 인해 기지 이전의 필요성이 점차 커지면서 군사기지 건설과 관련된 갈등은 앞으로도 계속될 것으로 보인다. 국방부는 앞으로도 국민생활의 편익증진과 효율적인 국토이용, 도시의 균형발전 및 군 시설 현대화를 위해 국유재산관리 특별회계예산을 사용하여 군사작전에 지장을 초래하지 않는 범위 내에서 군용시설 이전을 연차적으로 추진할 계획을 갖고 있다(국방부 2004, 166-168). 따라서 왜 주민들이 군사기지 건설에 저항하는가에 대한 연구 없이, 즉 반대운동의 동기를 파악하지 않고서는 갈등의 해소나 관리를 위한 방책도 군사기지를 이용한 경제적 효과의 창출도 요원하다고 할 수 있다. 나아가 반대운동의 동기 파악은 향후 유사한 갈등의 재발을 방지하고 갈등이 발생했을 때 이를 체계적이고 합리적으로 관리하기 위한 필수적 요청이라고 할 수 있다.

2. 군사기지 반대운동의 동인: 물질적 유인 대 탈물질주의적 가치

최근 군사기지를 둘러싼 갈등들은 군사안보정책 분야에 대한 국가 중심성이 흔들리고 있음을 보여주는 현상이다. 그것은 군사안보에 대한 국가의 권한이 비전통적인 안보 행위자로 간주되는 시민사회 행위자들에 의해 점차 침식당하고 있음을 시사하고 있다. 그것은 또한 안보가 전통적으로 국가의 고유영역이라는 오래된 통념을 허무는 것이며 시민사회는 군사안보정책에 대해 거의 영향을 미치지 못한다는 국제관계론의 경험적 주장(Jacobs & Page 2005)과도 차이를 보인다.

이러한 현상은 사회운동론에서 설명하는 정치적 기회구조(political opportunity structure)의 변화와 자원동원(resource mobilization) 능력의 강화를 배경으로 하고 있다. 민주화는 국내정치의 역동성과 개방적 정책결정 구조를 촉진하고 시민사회를 활성화하며, 시민사회는 민주화를 통한 정치적 공간의 개방이라는 정치적 기회구조를 활용하여 군사기지 반대를 위한 사회운동을 강화한다. 그리고 시민사회의 반전·평화 NGO들은 국내의 여성인권단체, 환경단체, 평화운동단체, 일반 시민 등과 연대조직을 형성하는 자원동원 전략을 구사할 뿐만 아니라 국제적인 반전·평화 NGO들과도 연계한다. 시민사회의 자원동원 능력이 현격히 고양되는 사회적 맥락은 바로 정치적 기회구조의 변화에서 기인한다(Klandermans 1984; McAdam 1988; Kriesi 1995).

이와 같이 사회운동의 새로운 경향을 신사회운동(new social

movement)의 맥락에서 접근하는 연구들은 전통적인 노동운동이나 농민운동과 같은 구 사회운동과의 차별성을 강조한다.[1] 이러한 연구들은 사회운동을 추동하는 이데올로기, 지지의 토대, 참여 동기, 조직구조, 정치적 전술 등에서 구사회운동과 차이를 보이는 특징들을 포착하려고 한다(Dalton et al. 1990, 30). 사회운동의 차별적 양상을 결정하는 보다 근본적인 기준의 하나는 사회운동에 참여하는 행위자들이 지향하는 가치이다. 즉 사회운동 참여자들이 물질주의적 가치를 지향하는지 아니면 탈물질주의적 가치를 지향하는지에 따라 신·구 사회운동을 구분할 수 있다. 잉글하트(Inglehart 1990, 73-74)는 탈물질주의적 가치가 신사회운동의 발흥에 결정적인 역할을 했으며 대다수 신사회운동의 기저를 이루고 있다고 말한다. 여기서 물질주의적 가치는 '경제적·물질적 안전성에 최고의 우위성을 두는 경향'이며, 탈물질주의적 가치는 '자기표현과 삶의 질에 최고의 우위성을 두는 경향'이다(Inglehart 1990, 77). 잉글하트는 이들 두 가치간의 우위성(value priority)의 문제로 사회운동의 성격을 구분할 수 있다고 주장한다.

군사기지 관련 갈등도 결국은 반대운동 참여자들이 어떤 가치에 의해 동기부여 되느냐에 따라 갈등의 강도와 갈등 해소의 가능성 여부를 예상해 볼 수 있다. 위에서 살펴본 것처럼, 반대운동 참여자들

---

1) 1970년대와 80년대에 들어 전개된 민권운동, 반전운동, 여성운동, 평화운동, 환경운동, 반핵운동 등이 전통적인 혁명이론이나 사회과학 이론과 부합되지 않게 되자 새로운 패러다임으로서 신사회운동론이 제시되었다. 신사회운동론을 주장하는 이론가들은 조직화된 계급운동이나 대규모적인 집단봉기의 시대는 종료되었다고 본다. 현대적 사회운동의 본질은 혁명이나 해방 대신 개인적 정체성과 문화적 욕망을 추구하는 자율적 시민의 유연하고 일상적인 저항으로 정의된다. 앤서니 기든스(Giddens 1991)는 이것을 착취와 억압의 폐지를 목표로 하는 해방의 정치로부터 자아의 실현을 추구하는 삶의 정치로의 이행으로 설명하였다. 계급정치로부터 삶의 정치로 사회운동의 형식과 본질이 변화하게 된 것은 서구사회가 물질적이며 산업적 가치를 중시하는 사회발전의 단계로부터 탈물질적이며 후기산업주의적 가치와 관행을 강조하는 변화의 효과로 설명되었다.

대다수가 물질적 유인에 의해 동기가 부여 될 경우, 갈등의 해소는 상대적으로 용이해진다. 반대운동 세력이 요구하는 수준의 물질적 보상을 통해서 충분히 문제 해결이 가능하기 때문이다. 그러나 반대운동 참여자들이 인권, 환경, 평화 등의 탈물질주의적 가치에 의해 동기부여 될 경우, 합의와 타협은 쉽지가 않다.

그리고 문제의 군사기지가 미군기지일 경우, 미군의 세계전략과 주둔국의 안보전략이 변경되지 않는 한, 군사기지 주둔 지역에서의 반대운동이 일회적으로 종료될 가능성은 크지 않을 것이다. 특히 전략적 가치가 높은 지역일수록 기지의 증설이나 이전 등과 관련하여 지속적인 갈등을 유발할 수 있다.

이 글은 오키나와의 군사기지 반대운동에 참여한 주민들이 어떤 동기로 인하여 찬성 혹은 반대를 하는가를 살펴보고자 한다. 몇몇 분석가들은 물질적 유인의 확대를 통해서 저항을 최소화할 수 있다고 진단하며, 다른 분석가들은 반대운동이 신사회운동적 성격을 갖고 있기 때문에 문제의 해결이 난망하다고 예측한다. 이 글은 오키나와의 군사기지 반대운동에 대한 사례 분석을 바탕으로 대립되는 두 주장을 검토하고 그것이 정부 당국에 주는 함의가 무엇인지를 알아볼 것이다.

Ⅲ 오키나와의 군사기지 반대운동

1. 1995년 사건과 제3의 파도

일본 본토의 0.6%에 불과한 오키나와에는 미군시설의 75%, 주일미군의 65%가 배치되어 있다(Inoue 2007, 2: Mulgan 2000). 이러한 현실 속에서 오키나와의 전후 역사는 크고 작은 수많은 사고로 점철되어져 왔다. 그러나 오키나와 주민들의 항의에도 불구하고 일본 정부의 적극적인 대처로 오키나와의 미군기지는 치외법권적인 지위를 유지하며 요지부동의 모습을 보여주었다. 냉전이 종료되고 공산주의의 위협이 사라졌음에도 불구하고 미국 정부는 아시아가 여전히 긴장과 불안정 상태에 놓여있다고 말하며 미군의 계속적인 오키나와 주둔 의지를 재천명하였다(DoD 1995, 2).

1995년 가을 12세의 오키나와 초등학생이 미군에 의해 납치된 후 강간당하는 사건이 발생하였다. 여성단체와 노조, 교사연합, 개혁정당, 기타 민간단체에 의한 일련의 항의가 있은 후 8만 5천 명의 오키나와 현민이 집결하는 대규모의 시위사태로 발전하였다. 여기에는 미군 문제를 좀처럼 거론하지 않았던 보수 정치인과 기업지도자들까지 참여하였다. 아라사키 모리테루는 이 사태를 1956년의 토지보상투쟁, 1972년의 오키나와 일본복귀투쟁에 이은 오키나와 반미투쟁의 제3의 파도로 설명하였다(Moriteru 2000). 그러나 제3의 파도는 이전과 양상을 달리하였는데, 마사미치 이노우에에 따르면 과거의 오키나와 투쟁이 억압과 착취에 대한 민중의 항거였다면 1995년의 투쟁은 평화와 인권이라는 지구적 이념의 세례를 받은 새로운 시민계급의 저항이었다. 그것은 탈물질주의를 지향하는 신사회운동과 궤를 같이 하였다(Inoue 2007, 69).

한편 오키나와현의 오타 마사히테(大田昌秀) 지사는 군용지 재계약을 거부하며 1996년 1월 모든 미군기지를 2015년까지 철수할 것과 2001년까지 후텐마기지를 무조건적으로 반환할 것을 골자로 하는 기지반환프로그램을 제시하였다. 1996년 9월 오타 지사는 이 문제를 놓고 주민투표를 실시하여 54만명이 투표에 참가한 가운데 89%가 미군기지 축소와 재조정, SOFA 개정에 찬성한다는 입장을 표명하였다. 1996년 11월 오타 지사가 이끄는 오키나와 현정부는 후속조치로서 국제도시 건설계획을 발표하였는데 계획의 궁극적인 목표는 기지경제에서 탈피하여 하이테크 산업에 입각한 산업 허브를 추진하는데 있었다(Inoue 2007, 128).

1995년 사태의 심각성을 인지한 일본 정부 역시 신속하게 대처 방안을 모색하였다. 1995년 11월 미일 양국은 오키나와인들의 분노를 해결하기 위해서 오키나와 특별행동위원회(Special Action Committee on Okinawa: SACO)를 조직하였으며, 1996년 12월 오키나와 특별행동위원회는 미군의 주요 시설 일부를 2003년까지 오키나와로 반환할 것이고 특히 극동 지역 최대의 미군기지 중 하나인 후텐마 해병대 항공 기지를 이전할 것이라고 발표하였다(SACO 1996, 36). 후텐마 기지는 1945년 미군의 오키나와 점령 직후 건설되어 오키나와 주둔 미군의 상징적 시설이 되었으며, 1980년대가 되자 오키나와 현정부는 주민복지와 안전의 차원에서 이 기지의 반환을 끊임없이 요구해왔다. 오키나와 특별행동위원회는 최종 보고서를 통해 오키나와 본섬 동해안 해상에 대체시설을 건설한다는 조건을 발표하였는데 그것은 나고시 인근의 헤노코 앞바다를 의미하였다.

후텐마 기지이전 계획이 발표되자 오타 지사는 "이 문제는 중앙 정부와 나고시 사이에서 해결되어야 한다"고 말하며 자신의 입장을 표명하지 않았다. 그 이유는 후텐마 기지 반환에 따른 경제적 지원을 가볍게 처리할 수 없었기 때문이었다. 히가 나고 시장은 나고시가 쓰레기 처분장이 아니라고 비난하며 오키나와의 미군기지 70%가 북부에 밀집되어있음에도 불구하고 남부와 북부사이에 현격한 경제적 수준의 차이가 존재함을 지적하고 거부의사를 분명히 하였다(Ryukyu Shinpo, January 22, 1997; Inoue 2007, 129-130). 그러나 보수주의자였던 히가 시장은 중앙 정부와의 밀실회담 이후 원칙적으로 기지건설에 반대하지만 예외적인 상황이라면 수용하겠다고 말하며 1997년 4월 공식적인 지지의사를 표명하였다.

2. 기지이전 계획과 주민투표

헤노코 기지건설을 찬성하는 집단은 '경제활성화 촉진을 위한 나고시민협회'를 결성하였는데 지주와 상공인, 건설업자, 택시회사, 유흥업계가 이 조직을 강력히 지원하였다. 나고시 최대 건설회사의 사장이 협회의 회장이 되었으며 보수적인 시의원과 자민당 국회의원도 여기에 가세하였다. 그들은 기지건설이 지역개발을 위해 일생에 한 번 있는 기회임을 강조하였다. 협회는 한때 오키나와 제2의 도시였던 나고시가 현재 얼마나 경제적으로 낙후되었는지를 지적하며 순수한 나고시민의 입장에서 이 문제를 바라보자고 주장하였다. 인구가 감소하고 사업체들이 빠져나가는 이 도시를 후손들에게 물려줄 것인가? 기지건설에 찬성한 사람들은 또한 건설노동자, 택시운전사, 청년실업자, 빠칭코 회계원 등 비정규직 노동자들을 포함하였다.

그러나 기지건설을 반대하는 주민들 역시 즉각적으로 행동에 돌입하였다. 특히 나고시 시민들은 야당, 노동조합, 교원단체가 중심이 되어 적극적인 반대운동을 전개하였다. 그들은 '나고시주민투표실현연대'를 조직했으며 헤노코로 건너가 투쟁을 선도하였다. 헤노코의 주민들 역시 주민투표실현연대에 동참하였으며 1997년 8월 주민연대는 3만 8천명의 유권자 중 1만 7천 여명의 서명을 받아 보수정치인들이 지배하던 나고시 시의회에 주민투표를 요구하였다. 주민투표실현연대는 주민투표 요구가 받아들여지지 않을 경우에 시장 소환절차를 밟겠다고 선언하였다. 일본 정부는 주민투표가 법적 구속력이 없음에도 불구하고 주민다수가 기지건설을 반대한다는 사실이 드러날 것을 우려하여 시장에게 거부하도록 압력을 가했다.

한편 헤노코촌의 주민들은 나고 시민들의 투쟁과는 별개로 독자적인 기지건설 반대운동 조직에 착수하여 1997년 1월 '생명보호협회'라는 명칭의 단체를 조직하였다. 20여명의 회원으로 출발한 생명보호협회는 대다수가 중산층 구성원들이었는데 그들은 헤노코 주민들에게 환경과 평화의 담론을 보급하였다. 협회는 오키나와 전쟁의 기억을 재생시켜 혈연과 위계가 지배하는 오키나와의 비담론적 문화에 도전하였으며 오키나와의 후진성을 도시화에 의해 오염되지 않은 오키나와의 긍지로서 재정의 하였다(Inoue 2007, 142). 그들 다수는 외부에서 유입된 새로운 정착민이 아닌 순수한 토박이들이었으며 비참한 전쟁의 기억을 간직하고 있었고 고향에 대해 남다른 애정과 긍지를 갖고 있었다. 그들은 '우리는 하나의 오키나와인'이라는 집합의식을 강하게 표출하였다. 특히 30대와 40대 여성주민들이 생명보호협회의 활동에 대해 깊은 공감을 표시하였다.

딜레마에 빠진 시장은 최초의 제안을 수정하여 기지건설 찬성이냐 반대냐의 양자택일이 아닌 1) 찬성 2) 조건부 찬성(환경보호 및 경제적 지원 실현) 3) 반대 4) 조건부 반대(환경보호 및 경제적 지원 미실현) 4개 중 하나를 선택하는 안을 제시하였다. 시정부는 다양한 의견을 존중 할 필요가 있다고 말하며 4개 항목을 열거하였지만 사실상 2개는 조건부 찬성을 유도하는 내용이었다. 일본 정부는 지역주민들이 반대할 경우에 기지를 건설하지 않겠다고 언급하였는데 주민투표는 기지 건설을 허용할 것인가에 대해 오키나와 주민들이 공식적으로 의견을 표시할 수 있는 최초의 기회였다. 미국 정부는 주민투표가 21세기 동아시아 미군 주둔 계획에 영향을 미칠까 노심초사하였다(Inoue 2007, 159).

1997년 9월의 여론조사는 찬성 21%에 반대 60%의 결과를 보여주었으나 일본 정부는 낙관론을 견지하며 장밋빛 공약들을 계속 발표하였다. 그러나 11월에 실시한 여론조사에서 지지율이 호전되지 않고 찬성 30%에 반대 60%라는 결과가 나오자 일본 정부는 당황하기 시작하였다. 수상을 비롯한 7명의 각료가 나고시를 방문하여 기지건설에 따른 이점을 홍보하였으며 오키나와의 자민당 현의원은 정부의 결정을 무시할 경우에 보복을 당할 수 있음을 암시하였다. 홍보차량이 거리를 누비고 다니는 과정에서 격차는 다소 좁혀졌다.

'주민투표실현연대'는 '기지건설반대연대'로 이름을 바꾸고 본격적인 기지건설반대운동에 돌입하였다. 39세의 미야기 야시로가 대표직을 맡았는데 그는 나고시 출신으로 고등학교를 마치고 동경에 12년간 거주하며 배우로서 진보적 운동에 관여했던 인물이었다. 반대운동은 국제적으로 보호를 받는 희귀 포유류인 듀공 보호를 앞세웠으며 듀공은 반기지운동의 상징이 되었다. 반대운동에는 공산당이나 노동조합과 같은 진보적 단체들도 참여를 했지만 중심적인 역할을 수행한 것은 경제적으로 여유가 있는 일반 시민들이었다. 정부 관료들이 파견되어 대대적인 홍보활동을 전개하였는데, 그들은 헤노코 해상 기지가 후텐마 기지의 5분의 1 규모에 불과하며, 환경을 최대한 보호하고 소음을 줄일 것이고, 헬리콥터가 주거지역을 비행하지 못하도록 조치할 것이며, 용도가 종료되면 기지를 철거할 것이라고 설득하였다(Inoue 2007, 173). 그러나 주민들은 충분한 사전조사가 있었는지, 헤노코가 과연 최적의 장소인지, 태풍이 올 경우 안전조치가 가능한지 등을 문제 삼았으며 설명회는 종종 양자간의 충돌로 끝나곤 하였다. 기지건설반대운동연대는 오키나와 전투의 아픈 기억을 상기시키며 오키나와가 치러 온 수 많은 희생과 미군 관련 사건들을 계속 강조하였다. 그들은 듀공을 그려 놓은 배지와 셔츠를 판매하기도 하였다.

주민투표 2개월 전에 기지건설 과정에서 경제적 수혜를 거의 입지 못하는 헤노코 인근지역 10개촌 주민들이 반대운동에 합세하였다. 여성들의 참여 역시 두드러졌는데 그들은 운동단체와 거리를 둔 채 구호도 없이 평화적인 시위를 벌였다. 주민투표 전날에는 수백 명의 여성들이 오키나와 전역에서 몰려들었으며 아이들의 미래를 위해서 기지건설을 반대해야 한다고 주장하였다. 기지건설 반대운동은 해외에서도 호응을 얻어 버클리, 뉴질랜드, 필리핀, 캘리포니아, 한국의 시민단체들이 동참하는 국제적인 연대를 과시하였다.

1997년 12월 최종적인 투표결과가 발표되었다. 유권자의 82%가 투표에 참여하였고, 52.8%가 반대의사를 표시하였다(찬성 8.13%, 조건부찬성 37.18%, 반대 51.63%, 조건부반대 1.22%).

3. 나고시 시장선거와 사태의 역전

주민투표는 끝났지만 여전히 두 진영간의 앙금은 가라앉지 않았다.[2)] 헤노코에서 기지건설 반대운동의 주체였던 생명보호협회는 힘을 탈진한 상태였으며 회장이었던 헤바루 겐지는 사의를 표명하였다. 한편 기지건설을 찬성했던 헤노코의 주민들은 환경과 평화의 구호 속에서 자신들의 생존권 문제가 외면당했다고 느꼈다. 미묘한 주민 정서를 지각한 생명보호협회의 지도부는 외지인들이 더 이상 투쟁에 가세하는 것을 경계하였고 심지어 구성원들이 미일안보동맹 등 정치적 사안에 대해 토론하는 것을 금지하면서 지나치게 지구촌적이었던 운동의 방향을 재조정하려 하였다.

2) 주민투표가 끝난 후 분위기는 더욱 험악해졌으며 입장을 달리했던 주민들은 심지어 결혼식이나 장례식에서조차 서로 인사를 나누지 않았다. 그것은 숨 막힐 것 같은 상황이었다. 50대의 한 남성은 정신적인 스트레스를 견디지 못하여 자살을 시도하기도 하였다(Inoue 2007, 188-189).

그러나 생명보호협회의 이러한 노력은 나고시 기지건설반대연대와의 갈등을 초래하였다. 주민투표 이전 단계부터 양 조직은 이미 불편한 상태에 있었다. 생명보호협회는 기지건설반대연대가 사태를 헤노코의 지역문제로 간주하지 않고 운동을 주도하는데 대해 불만을 느끼고 있었다. 그러나 양자는 서로를 필요로 하였으며 한편은 운동의 명분을 다른 한편은 동원기제를 제공하고 있었다(Inoue 2007, 191). 반대운동의 지도자였던 헤바루 겐지의 탈퇴에 즈음하여 두 조직 간의 연대가 파괴되었고 군사기지건설 반대운동세력의 내부적 분열은 일본 정부가 반격을 꾀할 수 있는 계기를 제공하였다.

주민투표의 결과를 존중하여 기지건설 계획 수용을 포기한다고 밝혔던 나고 시장 히가는 1997년 12월 24일 하시모토 수상과 면담 후 헤노코 기지건설이 오키나와 미군축소를 위한 첫 걸음이며 반드시 나고를 발전시키겠다는 수상의 엄숙한 약속을 믿는다고 말하며 기지건설 수용을 선언한 후 시정 혼란의 책임을 지고 사퇴하였다. 히가 시장의 폭탄선언은 불안정한 기류 속에 표류하고 있던 헤노코 사태의 흐름을 역전시키는 계기가 되었다.

후임 시장선거에 즈음하여 기지건설 찬성 진영은 기시모토를 후보로 선정하였다. 기시모토는 나고시 출신으로서 와세다 대학교를 나온 후 군사기지 반대운동 진영에서 활동한 전력이 있으며 그 후 히가 시장 밑에서 부시장직을 수행함으로써 현실주의자로 변신한 인물이었다. 반대진영은 현의원인 다마키를 후보로 옹립하였는데 그는 나고시 인근 마을 출신 정치인이었다. 찬성론자들은 기업과 상업인 네트워크, 토박이와 노동계급을 앞세워 나고시의 지역주의 정서에 호소하였다. 뒤늦게 선택의 압력을 받은 오타 지사는 이전의 모호한 태도를 버리고 해상기지 건설을 반대한다는 입장을 뒤늦게 피력하였지만 오히려 역공을 받았다. 기지건설 반대진영은 과거의 승리에 도취되어 승리를 자신하였으나 내부적으로 힘이 고갈되고 연대가 느슨해진 상태였다. 1998년 2월 8일 투표결과는 근소한 차이로 결정되었다. 3만 8천 여 명 유권자 중 82.35%가 투표에 참여하였고, 기시모토가 51.5%를, 다마키가 48.5%를 득표하였다. 반대운동 진영은 충격에 빠졌다.

반대운동 후보인 다마키의 패배는 오키나와 정치의 지형에 큰 영향을 미쳤다. 다마키를 지지했던 오타 지사는 같은 해 11월 지사 선거에서 오키나와의 경제적 이익을 앞세운 이나미네 후보에게 패배하였다. 선거운동 기간에 이나미네는 해상기지 규모를 1.5배 확장하고 군사·상업 복합형 공항을 건설하여 북부 오키나와의 경제활동을 지원하겠다는 청사진을 제시하였다. 일본 정부 역시 여세를 몰아 오키나와와 나고시에 대한 대대적인 지원 작업에 착수하여 북부 오키나와 개발기금을 조성하고 주민센터와 진료소, 식품가공시설, 통신센터, 국립기술대학 등 다수 시설들을 나고시에 설립할 것이라고 발표하였으며 2000년 G-8 정상회담의 나고시 개최를 결정하였다. 기지건설 반대운동이 크게 퇴조한 분위기 속에서 1999년 12월 이나미네의 민군 복합형 공항 건설 청사진에 기시모토 나고 시장도 동의하였고 일본 정부도 이를 신속하게 승인하였다.

4. 헤노코 기지 청사진 변경 이후

이후 수차례에 걸쳐서 기지이전 관련회의가 개최되었고 기지의 구체적인 위치 및 공법에 대한 논의와 듀공에 대한 예비적 조사보고가 진행되었다. 그러나 2002년 7월 매립방식에 의해 약 2500미터 길이에 공사기간 9년 반의 군민공용공항을 건설한다는 내용으로 계획이 재조정됨으로써 SACO에서 합의 되었던 철거가능한 해상기지는 거대한 군민공용공항으로 다시 선을 보였다(모리테루 2008, 247).[3] 2003년에는 대체시설건설협의회가 발족되어 나하방위시설국이 사업 주체가 되었다. 2004년 나하방위시설국은 연안을 보호하기 위한 공사를 위해 헤노코 앞바다에서 천공(穿孔) 조사에 나섰다.

한편 2002년 12월부터 시작된 미일안보협의위원회는 미군의 억지력 유지라는 대전제하에 오키나와의 부담경감을 논의하기 시작하였고 미군 재편문제가 거론되었다. 이에 따라 헤노코 기지건설 재검토에 대한 기대가 일기 시작하자 기지건설 지지세력은 대규모의 건설촉진대회를 개최하는 등 혼란이 계속되었다. 일본 정부는 해상공사의 기술적 어려움과 이에 따른 천문학적 예산 문제, 듀공 보호를 비롯한 환경 문제 등 난관에 봉착하자 해상기지를 피하고 신기지를 기존의 미군기지 내에 만들고 싶어 하였다. 그러나 미군 당국이 이러한 제안에 강력히 반대하자 2005년 절충안으로서 캠프 슈와브 연안을 매립하여 기지를 건설하는 연안안(沿岸案)에 합의하였다.

새로운 합의안에 따르면 신기지는 일부가 헤노코 곶에 있는 캠프 슈와브의 병사 지구를 가로 지르며, 북동쪽 끝은 오우라만, 남서쪽 끝은 헤노코 해상을 향해 튀어 나오는 1800미터의 활주로를 갖게 되었다(모리테루 2008, 286). 그것은 신형 수직이착륙기인 MV22 오스프레이(Osprey)의 도입을 전제로 한 다기능 군사전용시설 건설이었다. 그러나 연안안은 기지가 육지에 근접해 있음으로 해서 주민주거 지역에 소음이나 사고피해 가능성을 높였고 매립으로 인한 듀공의 서식지 파괴나 해역오염 문제도 그대로 남게 되어 주민들이 크게 반발하였다.

3) 해상기지 건설 대신에 헤노코 바다를 매립하여 공항을 건설하기로 계획을 변경한 결정적인 이유는 엄청난 기지건설 비용을 절감하는데 있었다. 여기에는 또한 관계당사자들의 이해관계가 크게 작용했는데 해상기지 건설이 본토의 철강회사들에게만 이익을 안겨준다는 판단 때문에 오키나와의 건설회사들이 매립안을 강력히 지지한 것도 청사진 변경에 큰 영향을 미쳤다.

기시모토 시장이나 이나미네 지사도 신기지안에 대해 거부 의사를 표명하지 않을 수 없었다. 자신의 지지기반인 기지건설 촉진파와 압도적인 반대여론 사이에서 우왕좌왕하던 이나미네 지사는 후텐마 기지의 현외 이전을 요구하며 정치적 손실을 줄이려 노력하였다. 2005년 10월 30일 현내 이설 반대 현민 대회가 열렸는데 류큐신보와 오키나와 방송의 합동여론조사에 의하면 연안안에 대한 지지는 불과 7%에 불과하였다(모리테루 2008, 269). 그러나 일본정부는 공유수면 사용허가, 환경영향평가, 매장문화재 조사 등의 권한을 지사나 시정촌장으로부터 중앙정부로 이전하는 특별법 제정을 추진하였다.

2002년 12월 미국정부는 오키나와와 본토의 미군의 재배치 문제를 거론하였고 2005년 8월 양국간 합의가 이루어졌는데 그것은 미국의 최신판 군사혁신(RMA) 계획 내용을 보여주었다. 일괄타결안(package deal)으로 알려진 합의 내용은 다음과 같다(Inoue 2007, 216-217: 모리테루 2008, 280-282). 첫째, 후텐마기지는 헤노코 해상이 아닌 캠프 슈바브 기지를 따라 해안을 매립하여 건설한다. 둘째, 후텐마 기지 이전과 더불어 8천 명의 미 해병대를 괌으로 이동시키고 다수의 군사시설을 오키나와에 반환한다. 또한 가데나 기지의 전투기들을 큐슈의 자위대에게 이양한다. 셋째, 일본의 자위대는 미군작전 수행에 더욱 긴밀히 관여한다. 마지막으로, 일본정부는 오키나와에 대해 추가적인 경제개발계획을 수립한다. 부시 대통령은 이러한 결과에 대해 큰 만족을 표시하였다.

2006년 2월 양국정부는 규모를 더욱 확대한 기지건설안을 최종적으로 발표하였다. 그러나 이러한 최종안이 발표되자 거주지역에 대한 소음과 치안문제가 우려되면서 헤노코 기지건설을 찬성했던 진영으로부터 반대의 목소리가 나오기 시작하였다. 전 나고시장인 기시모토는 육상안에 대해서 분명한 반대의사를 표명하였고, 이나미네 지사 역시 이를 수용할 수 없다고 불만을 토로하였다. 이나미네는 자신이 제안했던 해상공항안이 수용되지 않는다면 후텐마 기지는 오키나와 외부로 이전되어야 한다고 주장하였다. 기지건설을 찬성하는 보수주의 정치인들이 장악하고 있었던 오키나와 현의회와 나고시 시의회 역시 수정안을 부결시켰으며 여론 조사 결과 오키나와 주민의 다수가 이를 반대하는 것으로 나타났다. 미군재배치 추진과정에 오키나와가 전혀 관여하지 못한 것도 부정적인 주민정서를 자극하였다.

일괄타결안은 이외에도 일부 미군시설의 본토 이양을 결정함으로써 해당지역의 주민들이 반발하는 결과를 초래하였다. 우익 민족주의자인 이시하라 신타로 동경지사는 미군재배치 계획이 졸속임을 비난하였고, 가나가와현 지사 역시 반대 의사를 표명하였으며, 야마구치현 이와쿠니시는 주민투표를 단행하여 미군 항공대의 이전을 반대하였다. 또한 미군의 괌 이전비용 상당부분(59%)을 일본정부가 세금으로 충당하는 것에 대해 전국적으로 비판 여론이 일었다.

정부가 대체지역을 선정하기 위해 여러 가지 이해관계를 조정하는 과정에서 새로운 후보지가 많은 문제점들을 갖고 있으며 기지건설이 바람직하지 않다는 인식이 주민들 사이에서 다시 확대되었다. 이미 2004년과 2005년 무렵 여론조사에 따르면 신기지 건설 반대 숫자가 81%에 달하게 되었다. 일괄타결안이 발표되자 그것은 기지건설 반대운동과 기지건설 찬성운동이 부분적으로 연대하는 의도하지 않은 결과를 초래하였다(Inoue 2007, 218). 2005년 겨울부터 양측의 민간단체들은 신기지건설계획을 저지하기 위해 한 목소리를 내기 시작하였다. 2006년 3월 나고시 신임 시장은 항공기가 거주지역 상공을 운항하는 한 주민들의 안전과 복지가 위협을 받는다는 논리로 기지건설을 반대하였다. 그러나 2006년 4월 정부는 항공기가 민간거주지역 상공을 운항하지 못하도록 활주로 배치를 새롭게 하겠다고 약속하며 계속 압력을 가함으로써 나고 시장을 승복시켰고, 같은 해 5월 이나미네 지사도 마지못해 찬성의사를 표시하였다.

한편 나고시 시장 보궐선거 이후 기지건설 반대운동은 전력이 크게 약화되었다. 2001년과 2002년의 현민 여론조사에 따르면 일본의 안전을 위해서 기지건설이 불가피하다고 답변한 기지건설용인파가 기지건설 반대파를 능가하였는데 그것은 선거 패배에 따른 좌절감의 표현이기도 하였다(모리테루 2008, 254). 오키나와 주민들이 정부로부터 경제적 지원을 받고 기지시설 제공에 동의한 것 같다는 하버드대 사회학자 에즈라 포겔의 이야기는 설득력이 있어보였다(Vogel 1999, 11). 이 시기에 오키나와의 민중운동은 전체적으로 침체상태에 빠졌다. 그러나 부분적으로 작은 운동의 흐름은 계속되었으며 2000년 기지건설 반대운동 진영은 오키나와에서 국제환경NGO포럼을 개최하고 미군기지가 환경에 미치는 부정적 효과들을 폭로하였다. 2003년 9월에는 미국, 일본, 오키나와의 환경운동가들과 헤노코 생명보호협회가 미국의 캘리포니아 오클랜드의 지방법원에 펜타곤을 고소하였다. 그들은 듀공의 서식지 파괴가 일본법의 한계를 위반하고 있다고 주장하였다. 생명보호협회의 투쟁을 격려하기 위해 많은 운동가, 학생, 지식인들이 현지를 방문하였으며 그 결과 운동은 지속적으로 생명력을 부여받을 수 있었다. 해상안이 철회되자 반대운동은 신기지안의 심각한 폐해를 폭로하는데 심혈을 기울였다. 산호초의 파괴와 소음의 문제가 추가로 거론되었고 공항의 민간용 부지가 5%에 불과하다는 사실도 지적되었다. 또한 새로운 기지건설에 12년이 소요되기 때문에 후텐마 기지 반환이 지연될 수밖에 없음을 문제 삼았다. 과연 이러한 조치를 기지반환이라고 할 수 있는가? 그것은 미군기지의 영속화가 아닌가?

1995년 이후 기지건설을 위해 쏟아 부은 노력을 계산하고 미국으로부터의 비난을 두려워한 일본 정부는 명백한 답변을 회피하며 시간을 끌었다. 2004년 도날드 럼스펠드는 오키나와인들의 완고함과 일본 정부의 무능에 대해 불만을 표시하였는데 이것은 오키나와인들의 저항이 종료되지 않았음을 의미하였다. 이나미네 지사와 기시모토 시장은 일본 정부의 결정을 원칙적으로 지지하면서도 오키나와인들의 분노가 폭발하는 것을 막기 위해 기지사용을 15년으로 제한해야한다는 조건을 제시하였다.

2004년 생명보호협회 회원들과 지지자들은 헤노코 해안의 지질검사를 방해하는 시위를 시작하였다. 해상에 건설된 보오링 조사용 4개의 망루는 농성의 장소가 되었고 어민들의 어선은 그들을 방어하였다. 그러나 이 시기 헤노코의 군사기지 반대투쟁은 파괴와 폭력을 철저히 배제하는 비폭력 평화주의의 노선을 고수함으로써 1955년의 이에지마 농민투쟁[4])을 연상케 하였다(모리테루 2008, 263). 2004년 8월 기노완시 오키나와 국제대학에 헬리콥터가 추락하는 참사가 발생하자 3만 명의 시위군중이 운집하였는데 그것은 시민의 생명과 안전을 위협하는 군사시설에 대한 위기의식의 발로였다.

Ⅳ 오키나와 군사기지 갈등의 본질

1. 물질적 유인의 시각

냉전의 종식과 소련의 붕괴는 해외 주둔 미군기지의 존재이유를

---

4) 1954년 미군의 강제토지수용에 항의하여 이에지마 섬 주민들이 류큐 정부청사 앞에서 농성을 하였는데 그들은 미군에게 화를 내거나 욕하지 말 것, 낫이나 나무토막 등을 손에 쥐지 말 것, 큰 소리를 내지 말 것 등 일련의 행동규칙을 준수함으로써 오키나와 특유의 비폭력주의 문화를 보여주었다.

크게 약화시켰다. 그리고 주둔국 내에서의 군사기지 반대운동으로 인해 미국의 안보에 필수적이라고 간주되었던 필리핀, 파나마, 푸에르토리코 등의 미군시설들은 폐쇄되었다. 그러나 오키나와 미군기지는 이와 다른 양상을 보이고 있다. 1995년 사건에도 불구하고 반대운동을 이끌었던 오타 지사가 선거에 패배하였고 군사기지 반대운동도 약화되었으며 오키나와의 미군기지는 여전히 유지되고 있다. 오키나와의 역사와 문화, 그리고 그간의 군사기지 반대운동을 고려할 때, 미군기지의 존속은 역설적 현상이라고 할 만하다. 오키나와에는 역사적으로 형성된 특유의 반군사주의 문화가 존재한다. 무력에 의한 오키나와 왕국의 찬탈, 오키나와 전투의 비극, 전후 미군기지 건설과 이에 따른 부작용 등은 일본 본토에 대한 배신감과 더불어 반군사주의를 지향하는 오키나와 특유의 집단적 정체성을 형성했다. 그리고 『오키나와타임스』나 『류큐신보』와 같은 지역언론, 오키나와 교원노조, '오키나와 평화네트워크'와 같은 시민단체들은 오키나와의 반군사주의 평화운동을 이끌어가는 중심적 행위자이며, 현 의회와 지사까지도 종종 여기에 동조한다.

이러한 오키나와의 반군사주의 문화에도 불구하고 오키나와에서 미군기지가 존속할 수 있는 것은 일본 정부가 오키나와 지역사회와 주민들에 대해 다양한 형태의 물질적 유인을 제공한 결과라고 쿨리는 분석한다. 즉 오키나와에서 미군기지가 여전히 건재한 이유는 경제적 보상에 의한 물질적 유인이 반군사주의와 평화주의 문화 같은 탈물질주의적 가치를 압도했기 때문이다(Cooley 2006, 568).[5] 오키나와는 군사기지 주둔의 대가로 미국 정부가 해당국가에 대해 경제적

5) 쿨리는 미군기지의 존재를 용인하는 오키나와 주민의 비율이 반대하는 집단보다 약간 더 많은(a slight majority) 수준이라고 본다(Cooley 2008, 159).

보상을 행하는 다른 국가의 사례와 부분적으로 동일한 구조에 입각해 있다. 다만, 다른 점이 있다면 일본 중앙정부가 오키나와 지역사회와 주민에 대한 보상과 지원에 결정적인 역할을 한다는 것이다. 일방적인 성격의 미일안보조약과 평화헌법으로 인해서 일본 정부가 안전보장의 대가로 주일미군 주둔비용의 57%를 부담하고 있는 한, 일본은 미군이 저비용으로 군사기지를 운영할 수 있는 매력적인 지역이다. 다른 한편 일본 정부는 오키나와의 미군기지 문제가 언론에 부각되는 경우에 국내외적으로 곤경에 처할 수 있기 때문에 주민들의 불만을 사전에 무마시키는 선제조치를 취하는 경향이 있다(Cooley 2006, 576). 그러한 조치의 일환으로 일본정부는 오키나와에서 끊임없이 공공사업을 발주하고 대규모의 재정 지원을 행한다.

1990년대 말 기준으로 중앙정부의 재정지원은 오키나와 경제의 3개축인 관광, 농업, 기지수입의 합계를 능가했다. 오키나와에 대한 추가적인 지원은 부지 제공 지주에 대한 임대료 지불을 통해서 이루어진다. 전국적으로 볼 때에 군사기지 중 사유지가 차지하는 비율은 9%에 불과하나 오키나와는 무려 67%에 달한다. 일본 정부는 이들 지주들에게 직접 임대료를 지불하고 있다. 2001년 31,704명의 지주가 임대료를 지급 받았는데 52.3%는 1백만 엔 미만을, 38.5%는 1백만- 5백만 엔을, 9.2%는 5백만 엔 이상을 지급받았다. 이러한 임대료는 시장가격을 크게 상회하는 금액이었다.[6] 뿐만 아니라 쿨리는 오키나와 대학에서의 인터뷰를 근거로 중앙정부와 지방정부 모두 임대료 인상에 적극적이라고 말한다. 그것은 지방정부의 경우에는 세

6) 아시아 금융위기 후 상업용 부지의 임대료는 제자리 수준이거나 하락하고 있는 실정이지만 기지 임대료는 계속해서 인상되고 있다. 따라서 이들 지주세력은 강력한 로비집단으로서 군사기지 이전 및 축소에 강력히 저항하고 있다(Calder 2007, 172-173).

수의 확대를 꾀할 수 있으며 중앙정부의 경우에는 지역주민들을 무마하는 동시에 미국 정부에 대해서 미군주둔 비용부담의 증가를 증명할 수 있기 때문이다. 더구나 많은 경우에 지주들은 기지에 제공된 토지의 일부를 직접 경작하거나 임대를 줌으로써 추가적인 수입을 올릴 수 있다. 이외에도 중앙정부는 미군기지 인근지역 공동체 주민들의 복지를 위해서 자금을 지원한다. 즉 군사기지의 규모에 비례해서 공회당이나 도서관, 수영장 등 각종 편의시설이 제공된다. 뿐만 아니라 주민들은 그것이 군사기지로 인해 야기된 것으로 판정이 되면 소음이나 환경오염, 어업권 침해 등의 피해에 대해서 각종 보상을 받을 수 있다. 또한 일본 정부는 대규모의 공공사업을 발주함으로써 오키나와의 주요 산업인 건설산업을 부양하는 역할을 한다. 2001년의 경우, 오키나와의 건설업체들은 204건의 군 관련 사업 중에서 86%에 해당되는 176건을 수주 받았다. 공식적인 할당제가 있는 것은 아니지만 정치적인 압력 때문에 하청 형식을 통해서 많은 수의 오키나와 건설업체 들이 기지 관련 공사에서 혜택을 입을 수 있었다(Cooley 2006, 574).

한편, 쿨리는 미군기지의 존재 자체가 오키나와 지역경제를 활성화하는 측면이 있다는 점을 지적한다. 기지근로자와 기지에 물건을 납품하는 소상인들은 미군기지의 존재로 인해서 적지 않은 혜택을 받고 있다. 미군기지는 8천 3백 명의 오키나와 주민들을 고용하고 있는데 이것은 현정부에 이어 두 번째로 큰 규모이다. 기지 인근의 식당이나 가게주인들도 미군기지의 존속을 찬성하는 강력한 지지세력이다. 미군기지가 총체적인 경제활동에 미치는 기여도는 오키나와 총생산의 5.5%에 해당된다. 그 결과 오키나와의 많은 경제행위자들이 기지의존경제로부터의 이탈에 회의적인 태도를 보이고 있으며 오타 지사가 대안으로서 제시했던 자유무역지대 추진계획은 지역의 기업인과 농민단체들의 강력한 반대에 직면하기도 하였다(Cooley 2006, 575).

쿨리에 의하면 오키나와 미군기지의 보상구조는 지역주민들이 미군기지와 완전히 결별하는 것을 어렵게 만든다. SACO의 제안서에 대한 주민들의 반응이 이를 보다 분명하게 입증한다. 제안서는 본래 SOFA 규정의 개정과 미군기지의 부분적 반환을 목표로 만들어졌으며 일본 정부와 미군당국은 일부 군사시설의 이전을 통해 사고의 위험과 소음공해 문제가 해결될 것이므로 주민들이 적극적으로 협조하리라 기대하였다. 그러나 명분상으로도 당연히 찬성되어야 할 기지이전은 기득권과 경제적 이해관계에 매몰되어 심각한 지연사태를 겪고 있다. 예를 들면 나하항에 주둔하고 있는 미군 835수송연대의 이전 문제이다. 오키나와 주둔 미군의 모든 물동량을 취급하고 있는 이 부대는 인구밀집지역에 위치하고 있어서 사고의 위험이 상존하고 있다. 따라서 미군 당국은 인구가 드문 우라소 시의 킨서(Kinser) 캠프로 부대 이전계획을 수립하였고 두 도시의 시장도 여기에 동의하였다. 그러나 나하시의 군사기지 지주들이 부대가 이전할 경우에 임대료가 시장가격으로 새롭게 책정됨으로써 수입이 감소할 것을 우려하기 때문에 부대 이전이 지연되고 있다.

후텐마 기지이전 지연사태도 같은 맥락에서 설명이 된다는 것이 쿨리의 시각이다. 2005년의 협정에 의해서 양국은 6년 내에 기지이전을 완료하기로 합의를 보았다. 그러나 그것은 본래의 계획보다 10년이 지연된 일정이다. 후텐마 기지 이전은 기노완시 주민들의 숙원사업이고 베트남 전쟁 이후 낙후된 헤노코 촌 주민들에게도 득이 되는 사업이다. 헤노코 기지의 위치선정 과정에서 최종적으로 해안매립 방식이 채택된 것도 본토의 조선회사나 철강회사들만이 수혜를 입을 것이라고 판단한 지역 건설업계의 압력 때문이었다. 쿨리는 후텐마 기지 이전 지연사태에 대해서 현지 관리들과의 인터뷰를 근거로 기노완시의 지주들이 자신들의 임대료를 포기하지 않으려 하기 때문이라고 말한다(Cooley 2006, 578).

이와 같은 분석을 통해 쿨리는 오키나와 미군기지의 건설과 유지에 결정적인 영향을 미치는 변수는 경제적 수혜라고 본다. 바꾸어 말하면, 이는 물질적 유인이 미군기지 반대운동의 가장 주요한 동인이 된다는 것이다. 따라서 그는 미군기지 반대운동이 성공을 거두려면 지역주민들의 경제적 욕구를 충족시킬 수 있는 대안을 제시해야만 한다고 말한다(Cooley 2006, 579).

킴벌리 마틴 역시 쿨리와 유사한 시각을 견지한다. 오키나와에서 미군기지는 종종 끔찍한 사고들을 발생시켰고 주민들의 분노를 초래하였지만, 오키나와인 다수는 여전히 미군기지의 존속을 원하고 있다고 본다. 미군기지 반대를 위한 항의나 시위는 다분히 일본 중앙정부와 미군기지 당국을 의식하여 완곡한 형태로 진행된다. 항의나 반대 시위는 사전에 통보되고 시위자들은 정해진 코스로 가두행진을 하며, 미군기지와 관련된 요구 사항을 낭독하지만 정중한 방식을 취하며 영문과 일문으로 작성된 서류가 전달된다. 오키나와 사회의 미군기지 항의 시위는 우선적으로 일본 중앙정부를 긴장하게 만든다. 미군이 철수할 경우 평화헌법 개정이라는 정치적 부담을 안게 될 일본 정부가 사태의 확산을 원치 않기 때문이다. 이러한 오키나와의 상황을 통해 마틴은 오키나와의 미군기지가 단순히 유흥업이나 소매업을 진작시키는 여타의 해외 기지와 달리 가능한 최대의 지방이익을 제공함으로써 지역주민들의 지지를 이끌어 내는데 성공을 거두었다고 지적한다. 그는 소련 붕괴 이후 중앙아시아 지역의 키르기스탄과 우즈베키스탄 등지에서 테러와의 전쟁을 벌이고 있는 미군이 오키나와의 사례에서 배워야 할 것은 미군 주둔에 따른 경제적 혜택을 지배집단이 아닌 광범위한 계층의 보통사람들에게 제공하는 것이라고 말한다(Marten 2003).

한편, 맥코맥은 미군기지 논쟁과정에서 나타나는 오키나와 주민들의 물질주의적 태도가 개발지상주의라는 원죄에서 기인한다고 주장한다(Mccormack 2003, 106). 1972년 본토 귀속 이전 오키나와 경제는 기지수입에 크게 의존했으며 주민들은 농사와 어업에 의존하여 근근이 생계를 유지하는 수준이었다. 그러나 본토 귀속 이후 오키나와개발특별조치법에 의거하여 본격적인 개발사업이 시작되면서 오키나와 경제는 성장을 거듭함으로써 1인당 주민소득이 이탈리아의 그것을 능가하는 풍요의 사회를 건설하였다. 그러나 공공건설사업 위주로 진행된 오키나와 진흥계획은 무차별적으로 환경을 파괴하며 본토자본에 종속된 경제구조를 심화시켰다. 1975년의 오키나와 해양박람회가 대표적 사례인데 외부자본이 대거 유입되면서 투기바람까지 불었던 이 프로젝트는 대규모의 재정적자를 감당하지 못하면서 해양박물관이 헐값에 매각되는 사태에 이르게 된다. 난개발로 인한 각종의 부작용 속에서도 오키나와는 저개발되었고, 사회간접자본을 확충하기 위해 더 많은 자금을 투입해야한다는 강박관념은 외부자본에 대한 의존심리를 초래하였고, 그것은 마약처럼 더욱 강한 처방을 요구하면서 금단증상을 만들어 내었다.

맥코맥은 심지어 오키나와의 자존심을 지키려 했던 오타 지사의 노력도 이러한 한계를 벗어나지 못했다고 말한다(Mccormack 2003, 107). 오타의 세계도시 구상은 오키나와의 자립을 주장하면서도 근본적으로 중앙정부의 행정적, 재정적 지원을 전제로 하였기 때문이다. 오키나와 경제는 최대한 부양되어야 한다는 맹목적인 믿음은 일본정부가 자신의 의사를 관철시킬 수 있는 지렛대를 제공하였고, 1995년 사건 이후 재연된 미군기지 논쟁과정에서 정부가 대규모의 재정지원을 통해 사태를 역전시킬 수 있었던 것도 이러한 의존심리를 이용한 조치 덕분이었다. 나고시의 상공인들은 헤노코 기지 건설을 100년에 한번 있을까 말까한 개발의 기회라고 주장했으며, 2000년에는 오키나와의 일부 학자 집단에 의해서 미군기지의 존재를 경제발전의 계기로 적극 활용하자는 '오키나와 이니셔티브'(Okinawa initiative) 보고서가 발표되었다. 군사기지의 존속과 개발주의는 동전의 양면과 같다고 보는 그는 1995년 사건과 헤노코 사태에 즈음하여 오키나와 사회에 진정으로 필요한 것은 자신의 정체성을 회복하는 것이며 오키나와의 가치에 입각한 미래의 청사진을 새롭게 정립하는 것이라고 말한다(Mccormack 2003, 109). 오키나와 대학교수이며 환경운동가인 위준이 오키나와에 대한 지원을 삭감하는 충격요법이 필요하다고 주장한 것은 이러한 맥락에서이다.

이상의 논의들, 즉 물질적 유인의 시각에서 미군기지의 유지 또는 반대운동에 접근하는 연구들에 따르면, 오키나와의 미군기지 논쟁은 본질적으로 기지협상의 정치경제학이라고 할 수 있다. 이러한 견해는 역설적으로 일부 지역 운동가에 의해서도 확인된다. 가령 아라카와 아키라는 중앙정부의 지원금 정치(pork barrel politics) 때문에 범도민적인 군사기지 반대운동이 사라지고 있으며 시민사회가 소외되고 있다고 개탄하였다(Hein & Selden 2003, 265). 높은 실업률 속에 중앙정부로부터의 재정지원과 건설수주에 의존하는 오키나와의 종속경제는 진보적인 정당이나 평화운동마저도 악순환의 굴레를 깨뜨리지 못하게 만들고 있다. 나고시에 거주하는 오키나와의 저명한 소설가 메도루마 역시 지역사회의 지도자들이 경제적 보상을 이유로 후텐마 기지 이전을 정당화하는데 대해서 강력하게 비난하였다(Hein & Selden 2003, 265).

2. 탈물질주의적 가치의 시각

앞의 견해들과 달리 최근의 군사기지 반대운동은 탈물질주의적 성격이 강하며 경제적 유인책은 한계를 가질 수밖에 없다는 비판적 관점을 검토할 필요가 있다.

현대 오키나와 투쟁의 신화적 성격을 주장하는 미유미 탄지(Tanji 2006)에 의하면 오키나와의 미군기지 반대투쟁은 첫째, 현민들의 총의를 표현하는 결집된 운동이 아니라 다양한 목소리를 내포하는 분열된 운동이며, 둘째, 기본적인 성격이 과거의 이념적 반미투쟁과 생존권투쟁으로부터 신사회운동으로 양상이 변하고 있다는 것이다. 물론 탄지는 오키나와의 투쟁이 전통적 요소와 신사회운동적 요소 양자 모두를 공유하고 있다고 본다.

1972년 오키나와 본토반환 이전의 시기에 오키나와의 주민운동은 노동계급과 좌파정치집단이 주도하는 반미투쟁이 주를 이루었으며 그것은 민중적·전도적 양상을 보여주었다. 그러나 본토반환 이후 오키나와의 경제가 꾸준히 발전하여 후기산업사회적 단계에 진입하고 다른 한편으로 본토복귀운동이 오키나와의 자주성 확보라는 궁극적인 목표를 달성하지 못한 채 전략의 한계로 인한 내부적 분열이 노정되자 오키나와의 전통적인 민중운동은 점차 동력이 약화되며 일종의 방향전환을 모색하게 되었다. 1972년 이후 지역주민들이 주체가 되는 환경운동이나 여성운동이 새롭게 선을 보였는데 그것들은 과거와 달리 다양한 시민계급 구성원들의 자발적 참여를 본질로 하였으며 또한 정치 이데올로기나 물질적 보상이 아닌 삶의 방식과 정체성의 문제를 제기함으로써 과거와 차이를 보였다(Tanji 2006, 3).

새로운 운동은 오키나와의 전통을 회복할 수 있는 대안적 경제구조를 모색하였고 지속가능한 발전의 가치를 강조하였으며 에코-투어리즘이 활기를 띠게 되었다. 탄지는 1995년의 봉기를 제3의 물결로 파악하여 오키나와 투쟁의 연속성을 강조한 모리테루의 견해에 동의하지 않고 그것이 과거의 운동과는 성격을 달리하는 새로운 형태의 시민운동임을 지적한다(Tanji 2006; 5-6). 1995년의 운동은 시민계급과 여성이 주체가 되었으며 전통적인 생존권투쟁이나 반미이념투쟁과는 달리 인권과 평화의 정신적 가치를 주창하였고 직업적인 운동단체들은 지원세력에 불과한 역할을 수행하였다. 나고시의 헤노코 기지건설 반대투쟁은 범도민적인 투쟁으로 확산되지 않았으며 해당 지역의 주민운동으로 진행되었다. 헤노코 기지건설 반대투쟁은 풍요의 개념을 재정의 하고 오키나와의 듀공 보호를 전면에 앞세움으로써 지역의 자연자산에 대한 애정과 긍지를 과시하였다. 또한 나고시의 헬리포트(heliport)반대운동이나 주민투표실현연대 혹은 헤노코의 생명보호협회는 스스로 시민운동임을 자처하며 정당이나 노조단체들이 뒷전으로 물러날 것을 요청하였다.[7)]

오늘날 오키나와의 투쟁은 단일한 전략을 강요하고 통합을 강조하는 과거의 틀에서 벗어나 노선의 차이를 존중하고 다양성을 용인하는 분리된 행위자들의 연대로 변모하고 있다. 그러나 탄지는 신사회운동으로 변모해 나가는 오키나와 투쟁의 미래에 대해 그것이 느슨하지만 여전히 강력한 힘을 발휘하는 투쟁공동체가 될 것이라 예상한다. 따라서 헤노코 기지건설을 감행할 경우 '제4의 파도'가 밀어닥칠 것이라고 경고한다(Tanji 2006, 180).

---

7) 1999년 오키나와 사회당 사무국장은 다음과 같이 이러한 변화를 시인하는 발언을 하였다. "1950년 대 이후 오키나와 민중의 투쟁을 선도해온 진보적 정치조직의 역할은 변하고 있다. 정당과 노조는 더 이상 운동의 주도자일 수 없다. 주요한 행위자는 주요 사안의 의사결정과정에 자신의 고유한 행위동기를 갖고 참여하는 개별 시민들이다. 우리는 운동을 지배하려 해서 안 되며 지원자의 역할에 초점을 맞추어야 한다."(Tanji 2006, 168).

듀공 보호를 앞세운 헤노코 기지건설 반대운동은 2008년 초 예상 밖의 성과를 거두기도 하였다. 헤노코만 일대는 듀공의 주요 서식처로서, 류큐왕국 시절부터 무차별적으로 남획된 결과 최근 오키나와에 서식하고 있는 듀공의 개체 수는 50여 마리로 확인된 바 있다. 2003년 오키나와 시민 3명과 일본 본토, 오키나와, 미국의 6개 시민단체는 듀공 보호를 명분으로 샌프란시스코 연방법원에 기지건설계획 취소를 요청하는 소송을 제기하였다. 그들은 미국 정부의 모든 프로젝트는 국내외의 역사적, 문화적 유산을 파괴하는 것을 허용하지 않는다고 규정한 1966년의 '국민역사보존법(NHPA)을 근거로 제시하였다. 2008년 1월 미연방법원은 듀공재판 결과를 발표하였다.[8] 판결에 따르면 헤노코 기지건설 계획은 멸종위기에 처한 오키나와의 희귀동물인 듀공보호 조치를 충분히 하지 않음으로써 미국의 '국민역사보존법(NHPA)'을 위반한 것으로 드러났다. 법원은 미 국방부에 대해서 90일 이내에 환경영향평가와 관련하여 추가적인 보완조치 계획을 제출하도록 명령하였다. 탄지는 법원의 판결이 비록 기지건설 자체를 완전히 무산시킨 것은 아니지만 다음과 같은 중요한 의미를 갖는다고 말한다(Tanji 2008, 482-486). 첫째, 오키나와와 일본에서의 미군기지 건설이 미국 국내의 경우와 마찬가지로 엄격한 기준을 충족할 것을 요구함으로써 이제까지 묵인되었던 이중잣대(double standard)의 관행을 시정하였다. 이것은 현지 주민의 안전과 복지가 크게 강조될 것임을 의미한다. 둘째, 재판은 일본정부의 부실한 환경영향평가가 미국법의 엄격한 심사를 받게 된 사건이었다. 향후 군사기지 건설과 관련된 모든 환경영향평가는 결과가 완전히 공개될 것이며 필요한 경우 재조사가 불가피하게 되었다. 셋째,

8) 듀공 재판의 배경과 경과 및 판결 결과에 대해서는 Tanji(2008)을 참조할 것.

재판은 기지건설 반대운동이 미국정부 및 일본정부와 직접적으로 투쟁할 수 있는 공간을 제공함으로써 생존권을 문제 삼는 동료 노동계급과의 불필요한 충돌을 막아주었다. 이 과정에서 뜻을 같이하는 미국 시민들의 지지를 확인하였다.

한편 인류학자인 이노우에는 헤노코 군사기지 논쟁을 정체성의 분열과 이동이라는 시각으로 접근한다. 이노우에의 분석 역시 미유미 탄지와 마찬가지로 신사회운동론의 논리에 입각해있다. 오키나와가 본토로 귀속된 후 20년이 지나자 동질적인 집단으로서 민중계급이 사라지고 경제적 여유 속에서 자신감을 보이는 다양한 배경의 시민계급이 형성되었다. 1995년 사건에 즈음하여 이들 새로운 행위자들은 억압과 착취에 대한 집단적 투쟁이라는 과거의 방식 대신에 문화적 정체성에 입각하여 평화를 갈구하는 새로운 행동양식을 보여주었다(Inoue 2007, 63). 오키나와의 본토 반환을 계기로 일본정부는 본격적인 오키나와 경제개발사업에 착수하여 3차에 걸친 오키나와 진흥개발계획이 추진되었다. 섬 전역에 새로운 도로가 건설되었으며 차량의 숫자가 급증하였고 나하시는 뉴욕만큼이나 교통체증을 겪는 도시가 되었다. 1972년 44만 명이던 관광객의 숫자는 1990년대 후반 450만 명으로 증가하였다. 본토 귀속 직후 군용지 임대료는 600%가 인상되었으며 그 후 25년 동안 400% 인상되었다. 나하의 군항 부지는 은행과 부동산업자들에 의해 공시지가보다 20배내지 30배 높은 가격으로 거래되었다. 중앙정부로부터 거액의 지원자금이 유입됨에 따라 1990년대 말 오키나와의 1인당 소득은 G8국가인 이탈리아나 캐나다를 능가하게 되었다(Inoue 2007, 66). 한 때 약간의 봉급으로 여유와 위세를 즐기던 미군들은 빈곤집단으로 전락하였고 미군과 오키나와 주민들의 관계도 역전되었다. 비위생적인 전통가옥과 흙탕길, 전력과 식수부족으로 얼룩진 과거의 이미지는 패스트푸드와 콘

크리트 건물, 승용차의 물결로 대체되었다.

오키나와인들의 생활조건 향상은 집합의식의 변화에도 큰 영향을 미쳤다. 생활에 여유가 생겨남에 따라 오키나와의 전통문화는 더 이상 근대화의 장애물로 간주되지 않았고 류큐 왕국에 대한 향수가 강하게 일기 시작하였으며 슈리 왕성은 오키나와 영광의 상징이 되었다. 오키나와의 음식, 방언, 축제, 음악, 의상 모든 것이 오키나와의 자랑이 되었다. 1990년대 후반이 되자 한동안 망각되었던 전쟁의 기억이 다시 부활되었고 자신감과 문화적 긍지가 집합적인 반군사주의 감정에 추가되었다. 그러나 20여 년 동안 정부자금이 나하를 중심으로 한 남부지역에 집중적으로 투입되고 나고를 포함한 북부지역이 저개발 상태로 남게 됨에 따라 지역적인 불평등이 심화되었다. 또한 군용지를 소유한 도시와 마을 주민들만이 대규모의 보조금과 임대료를 지급받음으로써 사회적인 균열이 내부적으로 진행되었다. 미군정 통치기에 가난하고 평등한 사회였던 오키나와는 1980년대가 되자 부유하나 불평등한 사회로 변형되었다(Inoue 2007, 68).

나고시와 헤노코 주민들의 내부적 갈등은 '우리는 오키나와인이다'라는 의식과 '우리는 오키나와인이지만 상황이 조금 다르다'라는 의식의 대립이었다. 전자는 오키나와 전투와 미군기지 존속에 따른 시민들의 피해의식과 반군사주의 정서를 강조한다. 그러나 그것은 또한 오키나와인의 문화적 긍지와 자부심을 표출한다. 대체적으로 나고시 및 헤노코촌의 중산층이 보여주는 의식세계이다. 후자는 낙후된 지역경제를 거론하며 생존권의 문제를 강조한다. 대체적으로 노동자 계급이 보여주는 세계관이다(Inoue 2007, 19).

오키나와 경제가 국가적인 지원에 힘입어 풍요의 단계로 진입하자 역설적이게도 가장 혜택을 많이 받은 중산층을 중심으로 의식 각성이 진행되어 환경, 평화, 인권 등 지구적 이념의 세례를 받게 되었다. 이들의 의식세계는 이상주의에 입각해 있으며 오키나와의 문화적 전통을 재건하고 경제적 자립을 모색하려 한다. 그러나 그것은 서민계급의 경제적 현실에 대해서 둔감한 태도를 보인다(Inoue 2007, 211). 한편 오키나와의 경제발전 과정에서 나고시와 헤노코촌을 포함한 북부지역은 상대적으로 소외되었고 베트남전쟁의 종료와 더불어 기지경제에 의존했던 헤노코 지역은 상대적 박탈감을 크게 느끼게 되었다. 이러한 반응은 고정된 수입이 없는 노동자 계층에게서 특히 현저하게 나타났다. 그 결과 '우리는 상황이 조금 다르다'라는 예외의식이 팽배하게 되었고 그것은 미군기지 건설을 지지하는 정당화의 논리가 되었다. 그러나 후자의 논리는 경제적 필요를 앞세워 미국과 일본정부의 군사주의를 용인하는 퇴행적인 결과를 초래하였다(Inoue 2007, 211).

이러한 두 개의 자의식은 상황에 따라 어느 하나가 우세한 형국을 보이며 1995년 이후 미군기지 논쟁과정에서 역전의 드라마를 연출하였다. 1995년의 위기의식은 나고시 주민투표로 연결되었으며 '우리는 오키나와인이다'의 논리가 승리를 거두었다. 그러나 나고시 보궐선거와 이나미네 지사의 패배로 '우리는 오키나와인이지만 상황이 조금 다르다'라는 의식이 다시 우세하게 되었다. 2005년 헤노코 신기지 건설안이 발표되고 주민들이 연안 기지건설에 따른 위험을 자각하게 되자 여론은 다시 역전되었다.

V 맺는 말

오키나와에서 일부 운동단체와 지역운동가들은 시종 일관 미군기지 반대운동에 매진해왔다. 문제는 일반 시민들 사이에서도 태도

변화가 감지된다는 사실이다. 1995년 사건 이후 기지정리축소운동이 탄력을 받게 되었으며 그것은 한 때 다수의 목소리를 반영하였다. 비록 나고 시장 재선거와 이나미네 지사의 당선으로 찬성과 반대의 비율이 호각지세를 이루기도 하였으나 헤노코 신기지 건설 논쟁과정에서 다시 한 번 반대운동이 우세한 형국을 보여주었다.

기지건설 찬반의 심리를 들여다보면, 기지건설 찬성운동은 오키나와 부존자원의 한계를 경제적 보상으로 상쇄하고 싶어 하는 물질적 동기가 강하다. 심지어 반대운동 역시 일정 부분 더 많은 대가와 보상을 끌어내기 위한 수단적 측면이 있다. 그러나 반대운동의 본류는 물질적 보상에 더 이상 매몰되지 않고 정신적 가치를 추구하는 새로운 집단의 등장이라고 보아야 할 것이다. 오키나와 주민들의 평균소득이 비록 일본 본토의 70%에 불과하다고 하나 그 수준만으로도 이미 선진사회의 반열에 진입한 것이며 따라서 탈물질주의 사회가 이미 전개되고 있다고 보아도 무리가 없다. 즉 기지경제의 혜택을 받아 중산층 사회를 건설한 오키나와는 이제 자신의 모체인 기지경제를 거부하는 역설을 보여주고 있는 것이다. 물론 실업의 문제와 노동자의 생존권이라는 산업사회의 문제가 미해결 상태이기 때문에 물질적 동기와 정신적 동기가 주민들 사이에 혼재함으로써 기지건설에 대한 찬성과 반대가 공존하고 있지만 문제는 방향성에 있다.

탈물질주의 사회로의 조용한 혁명을 전제한다면, 오키나와 사회 역시 환경과 인권, 평화의 이념을 중시하는 의식구조가 지속적으로 강화될 것이며 물질적 보상만으로는 기존의 군사기지를 유지하는데 한계가 있을 것이다. 향후 전개될 투쟁의 양상을 신사회운동론의 일반적인 관점(Dalton et al. 1990, 30)에서 생각해 볼 때, 과거와 같은 범도민적인 투쟁을 기대하기는 어려우며 다소 느슨하고 비체계적인 투쟁이 예상된다. 헤노코 기지건설 반대운동이 국지적인 모습을 보이는 것도 이러한 맥락에서 이해될 수 있다. 그러나 그것은 더 많은 시민계층의 지지를 받게 될 것이며 보상에 의한 타협을 거부하는 완고한 투쟁이 될 것이다. 정부당국이 기지건설을 강행할 경우에 초래될 제4의 파도는 다극적이면서도 단호한 양상을 보일 것이다. 더구나 미군 기지를 목표로 한 테러의 발발 등 비상사태가 발생한다면 군사기지 반대투쟁은 엄청난 규모의 마그마를 분출하게 될 것이다.

오키나와 미군기지가 제국주의적 잔재에 불과하다고 주장하는 찰머스 존슨에 의하면, 기지가 밀집된 오키나와에서는 미군 병사에 의한 사고가능성이 상존하며 따라서 거대한 역풍(blowback)이 필연적으로 예상된다. 그는 오키나와에서의 역풍이 소련의 동구지배를 와해시켰던 베를린 장벽 붕괴와 같은 효과를 가질 것이라고 말한다(Johnson 2004). 류큐 대학의 국제관계학 교수인 가베 마사키 역시 후텐마 기지의 현내 이전은 시한폭탄의 시간장치를 뒤로 돌리는 효과가 있을 뿐이며 1995년 사건의 재발은 미일관계의 심각한 위기를 초래할 것이라고 본다(Hook and Siddle 2003, 62). 오키나와 주둔 미군의 역할을 근본적으로 재검토하는 새로운 외교정책의 필요성을 강조하는 그는 기존의 미일안보조약 패러다임에서 벗어나 오키나와 주둔 미 해병대의 철수를 추진하는 SACO Ⅱ의 제안이야 말로 오키나와 문제의 해결은 물론이고 미일관계의 미래를 확고히 하는 관건이 될 것이라고 말한다.

이와 같은 오키나와 미군기지를 둘러싼 잠재적 갈등요인들이 특정한 정치사회적·경제적 계기나 대외관계의 영향에 의해 현재화될 경우, 오키나와의 미군기지 반대운동은 전례 없는 양상을 띠게 될 것이다. 탈물질주의적 차원의 주민저항은 전통적인 정부대책을 무력화하고 미군기지의 정당성을 약화시키며 일본 외교안보의 근간을 뒤흔들 것이기 때문이다. 반대운동이 이익갈등의 수준을 넘어 가치갈등으로 전환될 경우, 지역의 주민운동은 전국적인 운동으로 확산되는 동시에 상호간의 합의와 타협을 어렵게 만드는 극단적인 갈등구도로 심화될 가능성이 높아진다. 이런 맥락에서 볼 때, 일본과 미국 정부 당국은 과거 방식의 물질적 유인 제공 이외에 탈물질주의적 가치에 부합될 수 있는 새로운 타협안을 모색할 필요가 있다. 그리고 이러한 문제는 일본과 유사한 상황에 처해 있는 한국 정부에게도 군사기지 건설 및 이전에 반대하는 시민사회 세력과의 협상과정에 시사하는 바가 크다고 할 것이다.

한국에서도 군사기지 관련 갈등은 단순히 경제적 보상이라는 물질적 가치를 둘러싼 문제만은 아니다. 평택 미군기지 갈등이나 최근의 제주 해군기지 갈등 사례에서 이러한 경향이 분명하게 나타나고 있다. 평택에서 미군기지 반대운동은 평화, 여성, 환경, 삶의 질 등 다양한 탈물질주의적 가치를 내세우는 시민사회가 그것을 어떤 방식으로 조직하는가에 따라서 갈등의 성격이 큰 영향을 받았다. 제주에서도 해군기지 건설 대상지역인 강정마을에 대한 정부 차원의 대대적인 지원 약속에도 불구하고 갈등이 여전히 해소되지 않고 있는 이유는 보상의 규모나 절차적 민주주의의 문제 외에도 지역주민들 사이에서 군사기지 건설로 인해 지역사회의 환경적 여건이 크게 변화되고 그 결과 삶의 질이 위협받을 수 있다는 인식이 점점 더 커져가고 있기 때문인 것으로 보인다. 이와 같은 가치관의 변화를 고려할 때 향후 국방부나 지방정부의 군사기지에 대한 접근도 물질적 보상 위주의 전통적인 접근방식을 넘어 현대적인 탈물질주의적 가치들이 훼손되지 않도록 보완하는 정책적 대안에 초점을 맞춤으로써 보다 적실성 있는 갈등 예방 및 해소 노력이 경주되어야 할 것이다.

제13장

비에케스(Vieques)의 반(反) 해군기지 주민운동 일고

Ⅰ 머리말

비에케스는 미국의 자치령 푸에르토리코의 부속도서로서 푸에르토리코 본 섬에서 약 10킬로미터 떨어져 있는 카리브해의 작은 섬이다. 면적은 51평방 마일로서 오키나와의 약 9분의 1 혹은 맨해튼의 2배이며 인구는 약 9천 4백 명이다. 미군의 주요 상륙훈련, 잠수함 작전, 함포사격과 공중 폭격훈련이 이곳에서 실시되었으며 대서양 함대 훈련뿐만 아니라 나토와 중남미 연합군 모의 훈련, 발칸, 아이티, 이라크, 소말리아 파견부대 훈련이 이곳에서 이루어졌다. 미 해군은 미국의 안보와 국익에 비에케스 해군기지가 절대적으로 중요하다는 입장을 견지해 왔다. 섬의 서부지역은 탄약저장 지대이고 동부지역은 상륙 및 폭격훈련장으로서 전체 면적의 3분의 2를 차지하고 있었으며, 민간인은 중부지역에 샌드위치 상태로 거주해 왔다. 이 섬은 본래 사탕수수 농장을 지역산업으로 하고 있었으나 군사기지로 편입된 후 대부분의 주민들이 어업에 종사하게 되었고, 군이 관광사업을 의도적으로 방해한 결과 경제적으로 매우 낙후된 지역이 되었다. 일부 중산층 백인들이 이곳을 휴양지로 이용하고 있을 뿐이다.

1999년 4월 비에케스 섬에서 훈련 중이던 미국 해군 전투기가 목표 대상물을 잘못 조준함으로써 현지 주민인 민간인 경비원이 사망하는 사건이 발생하였다. 이것은 비에케스 섬뿐만 아니라 푸에르토리코 본토, 미국의 푸에르토리코인 디아스포라 공동체 사이에서 엄청난 항의를 촉발시켰다. 국내외에서 몰려든 시위자들은 연방보안관들에 의해 강제철거를 당할 때까지 13개월 동안 폭격훈련장을 점거하였다. 항의자들은 폭격 중단, 해군기지 철수, 토지 반환, 오염된 기지의 정화를 요구하며 비폭력적인 투쟁을 전개하였다. 시위에 참가했던 2명의 푸에르토리코 출신 미국 연방의회 의원이 체포되기도 하였다. 수년간의 투쟁이 계속된 후, 2003년 5월 미군은 비에케스 섬에서 철수를 시작하였고 해군기지는 폐쇄되었다. 미군이 사용하던 기지의 일부는 보호구역으로 지정되었으며, 나머지 일부는 미국 어류·야생동물국 관할로 이관되었다. 현재는 토지의 반환을 요구하는 주민운동이 계속되고 있다.

제2차 세계대전 당시 미국의 여러 지역공동체들은 군사기지나 군수산업 관련 시설의 존재로 인해 건설, 유통, 서비스 등 분야에서 경기 특수를 누렸고 그 결과 군 기지는 지역경제발전의 원동력으로 간주되었다. 지역 주민들은 군사시설을 적극적으로 유치하려 하였으며 지역의 정치인들은 기지이전이나 폐쇄가 거론될 경우 전방위 로비를 행하며 이를 저지하려 하였다.[1] 그러나 근래에 들어 일부 지역에서 군사기지의 환경파괴 문제가 제기되면서 기지 이전을 요구하거나 군사기지 설치를 반대하는 새로운 움직임이 나타나고 있다.[2] 한

[1] Roger Lotchin, *The Martial Metropolis: U.S. Cities in War and Peace* (New York: Praeger, 1984); Ann Markusen et al., *The Rise of Gun Belt: The Military Remapping of Industrial America* (New York: Oxford University press, 1991); David Sorenson, *Shutting Down the cold War: The Politics of the Military Base Closure* (New York: St. Martin's Press, 1998).

편 해외 미군기지의 경우, 토지의 강점이나 지역주민의 강제 이주 등 무리한 기지건설과 빈발하는 인권침해, 불충분한 경제적 보상과 지역사회에의 기여, 대규모적 환경파괴 등으로 인해 심각한 주민적 저항을 초래하곤 하였다. 비에케스 섬의 반해군기지 운동은 미국의 자치령인 푸에르토리코의 특수한 위상에도 불구하고 해외 미군기지의 일반적 맥락 속에서 고찰될 수 있다.

비에케스 사태를 바라보는 시각은 크게 두 가지로 분류될 수 있다. 하나는 그것을 푸에르토리코의 반식민주의 투쟁 혹은 민족주의 운동이라는 시각에서 바라보는 입장이다. 다른 하나는 비에케스 주민들의 생존권 투쟁이라는 주민운동적 시각에서 그것을 바라보는 입장이다. 전자가 투쟁의 정치적 맥락을 강조한다면, 후자는 경제적이며 문화적인 요인을 강조한다. 마리오 무릴로의 『저항의 섬, 푸에르토리코 비에케스와 미국의 정책』[3]은 비에케스 반해군기지 투쟁의 요체가 식민지 관계 청산의 메시지에 있다고 본다. 아밀카르 안토니오 바레토의 『비에케스, 해군, 푸에르토리코의 정치학』[4] 역시 비에케스 사태를 푸에르토리코 민족주의의 맥락에서 검토한다. 바레토에 따르면 비에케스 투쟁은 생존권이나 환경문제의 해결 혹은 평화주의 이념을 실현하기 위한 것이 아니었으며 푸에르토리코인 전체에 가해진 억압과 차별에 대한 분노의 표시이자 민족주의의 발로였다. 어떤

2) 하와이에서는 마쿠아(Makua) 계곡의 미군 훈련장 철수를 요구하는 현지 주민과 환경보호자들이 격렬한 투쟁을 전개하고 있으며, 푸에르토리코 비에케스 훈련장의 대체 지역을 물색하는 예비 조사 과정에서 텍사스의 킹스빌(Kingsville)과 네바다의 르노(Reno) 지역 시민들은 강력하게 반대의사를 표명하였다.

3) Mario Murillo, *Island of Resistance: Puerto rico, Vieques and U.S. Policy* (New York: Seven Stories Press, 2001).

4) Amílcar Antonio Barreto, *Vieques, the Navy and Puerto Rican Politics* (Gainesville: University of Florida Press, 2002).

의미에서 비에케스는 푸에르토리코 저항운동의 상징적 공간에 불과하다고 생각하는 바레토는 오히려 뉴욕 푸에르토리코 공동체의 비에케스 투쟁을 더 주목한다. 그러나 이러한 해석은 2000년 푸에르토리코 지방선거에서 비에케스 주민의 60% 이상이 푸에르토리코 자치령 유지를 찬성하는 정당 후보를 시장으로 당선시켰다는 점에서 설득력이 떨어진다.[5] 그 동안 수차례 푸에르토리코에서 실시된 국민투표에서 현재의 자치령 체제를 고수하는 안이 미국의 51번째 주로 편입되는 안을 근소한 차이로 앞서왔으며, 독립을 희망하는 유권자의 비율은 5%를 넘어 본적이 없다. 한편 현지주민조사에 입각한 맥카프리의 연구인 『군대와 민중의 저항: 비에케스의 미 해군』[6]은 이들과 견해를 달리한다. 푸에르토리코 주민들은 미국 시민권의 매력과 물질적 혜택 때문에 자치령을 고수하는 체제 내 투쟁을 전통적으로 선호해 왔다. 그는 비에케스 반해군기지 투쟁이 이질적인 요소들을 포함하고 있었지만 최종적인 동인은 지역적 이슈였다고 말한다.

이 글은 주민 운동적 해석과 민족주의적 해석이 상호배타적인 관계가 아니라는 관점에서 맥카프리의 연구에 초점을 맞추어 비에케스의 반해군기지 투쟁을 고찰한다. 먼저 비에케스 해군기지의 역사를 푸에르토리코의 근현대사와 관련하여 살펴 본 후, 이에 저항하는 주민운동의 역사를 정리하고, 1999년 사태의 전개과정을 알아본다. 마지막으로 비에케스 해군기지 반대투쟁의 의의를 생각해본다.

---

5) Cèsar Ayala, "Recent Works on Vieques, Colonialism, and Fishermen," *Centro Journal*, Vol. xv, No.1 (Spring 2003), p. 214.

6) Katherine T. McCaffrey, *Military Power and Popular Protest: The U.S. Navy in Vieques, Puerto Rico* (New Jersey: Rutgers University Press, 2002).

II 비에케스 해군기지의 역사

천혜의 자연조건을 갖춘 아름다운 섬으로 울창한 숲과 산호초, 다양한 동식물이 서식해왔던 비에케스는 식민지의 식민지로서 푸에르토리코와 운명을 같이 해왔다. 16세기에 유럽의 강자로 등장한 스페인은 신대륙 진출 과정에서 푸에르토리코를 전략적 요충지로 활용하였다. 당시 카리브해는 유럽 열강들의 각축장이었는데 푸에르토리코를 선점한 스페인은 산 후안시를 요새화한 후 철저하게 군사기지로 개발하고 도시의 상업과 무역 기능을 외면하였다.

19세기에 새롭게 강국으로 부상한 미국은 카리브해를 미국의 지중해로 간주하며 중남미와 극동시장으로 진출하기 위해 파나마 운하에 지대한 관심을 갖게 되었다. 카리브해 해군기지의 필요성을 절감했던 미국은 1898년 해군 차관 시오도어 루스벨트의 지휘 하에 스페인과의 전쟁에 돌입하여 승리를 거둠으로써 푸에르토리코와 필리핀을 확보하였다.[7] 카리브 해에 산재해 있는 대부분의 미 해군기지는 1898년 전쟁의 전리품이다. 푸에르토리코에 진주한 미 해군은 비상계엄을 선포하며 산 후안 시와 쿨레브라(Culebra) 섬에 군사 기지를 건설하였다. 당시 푸에르토리코는 스페인과의 협상을 통해 자치권을 확보한 후 수개월 동안 자치정부를 실험하고 있었다. 그러나 미국은 자치정부와 별도의 협상을 시도함 없이 푸에르토리코를 인수하였다. 오랫동안 경제적 수탈과 정치적 탄압을 받아왔던 푸에르토

[7] 적당한 전쟁의 명분을 찾지 못했던 미국은 하바나 항에 정박 중이었던 메인호의 의심스러운 폭발사건을 구실로 스페인에 대한 전쟁을 선포하였다. "Remember the Maine!"이 전쟁 구호였다. Russell Baruffi, "Environmental Conflict and Cultural Solidarity: The Case of Vieques," *Seminar on Environmental Conflict Resolution* (Providence, Rhode Island: Brown University, 2002), p. 3.

리코 주민들은 미군의 출현에 오히려 기대를 걸었고 별다른 저항을 시도하지 않았다. 미국정부는 명백한 식민지 정책을 수립함 없이 푸에르토리코 통치를 시작하였으며 초기에는 미군 퇴역 장성이 지사로 임명되었다.

1917년 미국이 제1차 세계대전에 참전하게 되자 푸에르토리코 주민들의 충성심을 유도하기 위해 시민권 확대조치가 취해졌는데, 새로운 법률은 납세의 의무를 면제하는 대신 국방의 의무를 요구하고 대통령 및 연방의회 선거권을 부여하지 않는 제한된 미국 시민권을 인정하였다. 그러나 1920년대와 30년대에 들어서 국제 설탕가격이 하락하자 사탕수수 재배에만 의존하던 푸에르토리코 경제는 치명적인 타격을 받았으며 수차례에 걸친 허리케인의 강습으로 큰 피해를 입었다. 그 결과 푸에르토리코는 카리브해의 빈국으로 전락하게 되었다. 분노와 좌절감으로 인해 주민들 사이에서 즉각적인 독립을 주장하는 민족주의 운동이 시작되었으며 급진적인 노동운동도 출현하였다. 이들 민족주의자들과 경찰 사이에 유혈사태가 발생하였고, '빵, 토지, 자유'를 달라는 구호가 대중적인 지지를 받았다. 제2차 세계대전이 발발했을 때, 푸에르토리코의 불안정한 정치 상황은 미국 정부에게 큰 부담이 되었다. 독일 잠수함이 카리브 해에 출몰하는 사태 속에서 푸에르토리코는 전략적 요충지로 재차 부각되었으며 미국 정부는 푸에르토리코의 정치적 소요를 더 이상 방관할 수 없게 되었다. 푸에르토리코 주민들의 충성심을 다시 한번 이끌어내기 위해 경제구조 개편과 정치 자유화 정책이 시도되었고 푸에르토리코 민족주의자들 역시 파시즘과의 전쟁이라는 대의 앞에서 투쟁을 유보하였다. 이 시기에 미국 정부는 플로리다, 파나마, 푸에르토리코를 연결하는 삼각지대를 구상하며 푸에르토리코 본토 전역에 군사기지를 강화하였다. 푸에르토리코의 루즈벨트 로드(The Roosevelt

Roads) 해군기지는 한 때 대서양함대 물동량의 60%를 수용하는 제2의 펄 하버 건설을 목표로 하기도 하였으나 독일로부터의 위기가 사라지자 계획은 취소되었다. 1948년 최초의 주민 선거를 통해 지사가 선출되었으며, 식민지를 부정하는 유엔 헌장의 이념에 따라 자치령(Commonwealth)안이 채택된 후 1952년 주민투표에서 승인을 받았다. 전쟁이 끝나자 푸에르토리코 자치정부는 전시에 수용된 토지의 반환을 요구했지만 미국 정부는 이를 거절하였다.

한편 비에케스는 1493년 콜롬부스의 제2차 항해 때 발견된 섬으로서 본래 타이노(Taino) 인디언들이 거주하고 있었다. 1524년 스페인은 이들 토착민들을 정복하고 지배권을 선언하였으며 이후 안보상의 이유로 19세기까지 이 섬을 무인도로 방치하였다. 비에케스 섬은 한동안 해적과 범법자들의 소굴이 되기도 하였다. 울창한 숲과 비옥한 토양, 풍부한 수자원 때문에 영국이 계속해서 섬 진입을 시도했지만 스페인 함대에 의해서 번번이 격퇴 당하곤 하였다. 스페인은 뒤늦게 1815년이 되어서야 자국 국민을 정착시키는 사업에 착수하여, 1843년에 성곽건설을 완성하였다. 미서전쟁으로 미국령이 된 비에케스 섬 역시 사탕수수 재배를 주업으로 하고 있었는데 1930년대에 설탕산업이 위기를 맞으면서 지역경제는 큰 타격을 입게 되었다. 주민들은 인근 지역으로 이주를 시작하였고 섬은 공동화되었으며 남아있던 주민들은 기아 직전의 상태에 놓이게 되었다. 제2차 세계대전 초기인 1941년에 거대한 탄약저장소 시설을 목표로 해군 기지 건설이 시작되었을 때, 두 개의 대농장이 대부분 토지를 장악하고 있었고 주민들 다수는 토지 소유권을 갖고 있지 않았기 때문에 토지 수용 과정은 별문제 없이 진행되었다. 사유지에 대해서는 최소한의 보상만이 제공되었다. 주민들은 새로운 정착지로 강제 이주되었지만 최악의 상황에 있었기 때문에 해군기지 건설에 대해서 일말의 희망을 가졌다.[8] 전쟁이 끝나고 대규모 해군기지 건설계획이 취소됨에 따라 푸에르토리코 정부는 농업재건 프로그램에 착수하였다. 그러나 냉전이 시작되자 새로운 군 전략이 수립되었고, 1947년 비에케스 해군기지는 상륙 훈련과 폭격 훈련의 장소로 지정되었다. 이에 따라 해군 당국은 푸에르토리코 정부의 반대에도 불구하고 기존의 농업정책을 백지화하며 계속적인 토지 수용을 추진하였다. 미국은 공식적으로 평화상태를 구가하고 있었지만 비에케스는 냉전의 볼모가 되었다.[9]

1959년 쿠바가 공산화되자 비에케스는 카리브 해에서 가장 중요한 미 해군기지로 부각되었다. 가르시아 캠프(Camp Garcia)에는 해병부대가 보강되었으며, 피그만 침공 당시 비에케스 기지는 퇴각하는 부대의 피난처가 되기도 하였다.[10] 이후 해군 당국은 군사작전에 반대가 된다는 이유로 푸에르토리코 정부의 비에케스 관광진흥정책과 리조트 건설 계획을 방해하였으며, 비키니(Bikini) 섬의 전례를 의식하며 비밀리에 주민추방계획을 수립하였다. 그러나 이 사실이 알려지자 푸에르토리코 주지사 뮤노즈는 1961년 케네디 대통령에 대한 탄원을 통해 이러한 조치가 인근 라틴 아메리카 국가들에게 미국의 제국주의적 이미지만 심어줄 것이라고 호소를 하며 계획의 취소를 요구하였다. 케네디의 명령에 의해 해군의 계획은 일시적으로 무산되었지만, 1964년 해군은 또 다시 토지수용과 주민강제이주 계획을 공표하였다. 이번에는 비에케스 시장인 리베라가 주민들을 대표하여 존슨 대통령과 면담을 행하며 군부 계획의 취소를 통보받는

8) 당시 비에케스 시장이었던 안토니오 아빌라는 주민의 99%가 신속한 기지 건설을 지지하고 있다고 주장하였다. Cèsar Ayala Casás and Josè Bolívar Fresneda, "The Cold War and the Second Expropriation of the Navy in Vieques," *Centro Journal*, vol. xviii, no. 1 (spring 2006), p. 20.

9) Katherine T. McCaffrey, *op. cit.*, p. 36.

10) *Ibid.*, p. 37.

데 성공하였다. 이 당시까지만 하더라도 저항은 주지사나 시장이 비에케스 주민들의 애국심과 미국 시민으로서의 존엄성을 강조하며 연방정부의 선처를 구하는 소극적 권리 주장의 단계에 머물고 있었다.

1960년대 후반이 되자 미국이 월남전에 본격적으로 개입하면서 푸에르토리코 민족주의 운동이 강화되기 시작하였다. 1969년 징집을 거부하는 대학생들에 대해서 연방법원이 실형을 선고했을 때, 푸에르토리코 대학의 학생들은 ROTC 건물을 습격하고 성조기를 불태우며 전후 최대의 반미시위를 감행하였다. 1971년에 사태는 폭동으로 비화되었고 우익단체에 의한 반격이 뒤를 따랐다. 이러한 사태를 배경으로 쿨레브라 섬에서도 반해군기지 주민운동이 시작되었다. 쿨레브라 섬의 해군기지는 푸에르토리코 본토의 루즈벨트 로드 해군기지, 비에케스 섬의 해군기지와 더불어 삼각망을 형성하였는데, 미국은 1948년부터 쿨레브라 섬을 폭격훈련장으로 사용해왔다. 해군당국이 기지 확장을 위해 6백여 명의 주민에 대한 강제이주를 시도했을 때 쿨레브라 해군기지를 식민지의 상징으로 간주했던 푸에르토리코의 좌파 운동가들은 훈련장을 점거하고 인간 사슬을 만들며 격렬하게 저항하였다. 쿨레브라 해군기지 점거투쟁은 푸에르토리코 전역에서 국민적인 지지를 받았으며, 1974년 닉슨 대통령은 기지의 이전을 명령하였다. 그러나 쿨레브라 기지의 대체 훈련장소로 결정된 곳은 비에케스 섬이었다. 그 결과 쿨레브라 문제의 해결은 비에케스 문제의 발단이 되었으며, 비에케스의 반해군기지 투쟁은 쿨레브라 기지 폐쇄 후 이 섬에서 강화된 폭격훈련의 상황과 무관치 않다.[11]

1990년대에 들어 냉전이 종식되었지만 파나마 기지의 반환과 관타나모 기지의 불확실성으로 인하여 푸에르토리코 해군기지의 중요

---

11) *Ibid.*, p. 72.

성은 계속해서 강조되었으며 이곳은 카리브 지역의 미군 본부 역할을 수행하게 되었다. 또한 마약 및 범죄와의 전쟁, 불법이민자 통제 등 새로운 이슈가 제기됨으로서 푸에르토리코 해군기지의 전략적 위상은 새로운 정당성을 부여받게 되었다.[12] 1999년 미 연방의회 청문회에서 해군 책임자는 비에케스 해군기지가 실제 사격을 행하며 상륙훈련을 수행할 수 있는 유일한 후보지로서 대서양 함대의 운영에 절대적으로 필요하다고 증언하였다.[13] 비에케스 기지는 또한 단순한 상륙훈련 외에도 잠수함과 미사일, 기타 최첨단 무기의 시험장소가 되었다.

Ⅲ 반해군기지 주민운동의 전개

1941년 미군의 진입 당시 극심한 생활고를 겪고 있던 주민들은 경제난 해소를 기대하였기 때문에 기지건설에 별다른 저항을 하지 않았으며 이렇다 할 집단적 정체성을 보여주지도 않았다. 해군 당국은 두 개의 거대 기업이 지배했던 중세적 농장경제질서를 청산하고 비에케스 섬의 새로운 개발 주체가 되었다. 그러나 해군의 상주 병력은 소수에 불과하였고 훈련 기간 중에만 군인들이 상륙을 하였으며 군기지 건설 외에는 별다른 투자가 이루어지지 않았다. 고용기회의 증대와 경제 활성화를 기대했던 주민들은 해군기지 건설의 경제적 파급효과가 전무하자 크게 실망하게 되었다. 반면 시간이 흐르면

12) 일부 관측통에 의하면 마약과의 전쟁 슬로건은 콜롬비아 좌익게릴라를 상대로 전쟁을 수행하기 위한 구실에 불과하였다. The Internationalist, "Puerto Rican Labor: Shut Down All U.S. Bases!" *The Internationalist* (May 2000), p. 4.

13) Russell Baruffi, *op. cit.*, p. 12.

서 홍등가가 출현하였으며 해군과 주민사이에 충돌이 잦아졌고 민간인에 대한 강력사건이 발생하였다. 뿐만 아니라 해군은 군사작전상의 필요를 이유로 지역개발을 방해하였으며 급기야는 주민 강제이주계획을 추진하려 하였다. 막다른 골목에 이른 비에케스 주민들은 초창기의 단순한 청원권 행사를 뛰어넘어 점차 직접적인 투쟁을 시도하게 되었다. 1999년의 파국사태에 이르기 전 비에케스 섬 주민들의 반해군기지 투쟁을 간략하게 정리하면 다음과 같다. 주목할 만한 사태는 크게 네 가지이다.

첫째, 1978-1983년의 '어부의 전쟁'(Fishermen's War)이다. 1977년 해군당국은 비에케스 남부해안 지역에 공항건설을 추진할 것이라고 발표하였다. 이로 인해 해당 지역의 민간 개발이 금지되고 추가적인 주민 퇴출이 뒤따를 것을 우려한 지역주민들은 해군의 조치에 크게 반발하며 가르시아 캠프 앞에서 항의 시위를 시작하였다. 과거에는 소수의 좌파 운동가들만이 간헐적으로 투쟁을 시도했던 반면, 이후에는 주민들이 적극적인 투쟁의 주체가 된다는 점에서 이 사건은 비에케스 반해군기지 운동의 일대 전환점이 되었다. 몇몇 조직이 주민들의 저항을 효과적으로 조직하는데 실패하자 어부들이 투쟁의 전면에 나섰다. 비에케스 섬 어부들 다수는 본래 농민들이었으나 농장경제가 붕괴되는 과정에서 일자리를 잃고 생업을 바다에 의존하게 된 사람들이었다. 비에케스 주민들에게 어로 행위는 전통적인 생활방식의 하나로서 농민들은 농번기가 아닌 시기에는 종종 바다로 나가 생계를 연명해왔다. 해군의 각종 규제조치로 어장 접근이 금지되고 환경 파괴에 따른 수산자원 고갈로 고통을 받게 된 어민들은 위기의식 속에서 투쟁을 선언하였다. 연합군의 대규모적 훈련계획이 발표되고 주민들의 해상 출입이 30일 동안 금지되었을 때, 어부들은 피쉬 인(fish-in) 투쟁을 시작하였다. 1978년 2월, 18척의 고깃배는 전함들의 함포사격 작전지역으로 돌입하여 나토(NATO)군의 상륙 훈련을 저지하였다. 이들을 위협하기 위해 헬리콥터가 동원되었지만 그들은 하늘을 향해 돌을 던지며 저항하였다. 전 세계가 이들의 투쟁을 주목하였고 언론이 이들의 행동을 다윗과 골리앗의 싸움으로 보도하였다. 어부의 전쟁은 정치적 투쟁이 아닌 주민들의 생존권이라는 '정통적인'(authentic) 문제를 제기함으로써 국내외적으로 큰 반향을 불러일으켰다.[14] 푸에르토리코 본토에서는 「비에케스보호국민위원회」가 조직되었고, 미국뿐만 아니라 파나마, 일본, 프랑스, 스페인 등이 참여하는 국제적인 연대가 이루어졌으며, 비에케스 투쟁은 식민지 문제를 논의하기 위해 개최된 유엔 위원회의 의제로 상정되었다. 어부들의 투쟁에 동참했던 단체들 중에는 '양키 고 홈'을 외치는 과격한 민족주의 집단도 있었으며 어부들과 후원조직 상호간에 갈등이 노정되기도 하였다. 해군 당국은 이에 맞서 현지 주민과 일부 백인들을 중심으로 친해군단체를 결성하고 이들에게 고용의 기회를 제공하며 반대시위를 조직하였다. 해군은 또한 비에케스 주민투쟁을 공산주의자들의 선동사태로 비난하였으며 우익단체들은 FBI의 수사를 요구하였다.[15] 1983년 푸에르토리코 주지사 로메로가 비에케스 사태에 개입하여 해군과 타협을 한 결과 포르틴 협약(Fortín Accord)으로 알려진 양해각서가 체결되었다. 미국의 주 편입을 추진했던 로메로 지사와 해군 사이에 모종의 거래가 이루어졌다는 비난이 있었으나 외견상으로 협약은 주민의 승리라고 볼 수 있었다. 해

14) Katherine T. McCaffrey, *op. cit.*, p. 83.

15) 비에케스 해군기지 문제는 푸에르토리코의 미국 내 지위라는 정치적 맥락을 내포하고 있기 때문에 FBI는 운동조직에 대해 감시를 행하고 있었으며 180만개 이상의 서류를 관리하고 있었다. John Lindsay-Poland, "U.S. Military Bases in Latin America and the Caribbean," *Foreign Policy in Focus*, Vol. 6, No. 35 (October 2001), p. 2.

군은 양해각서를 통해 비에케스 섬의 환경 보호와 지역 경제 활성화를 위해 더욱 노력할 것임을 약속하고 주민들의 선량한 이웃으로서 의무를 다할 것임을 천명한 후 훈련을 재개하였다. 또한 일부 군부대 소유지의 주정부 반환과 캠프 가르시아의 해병부대 철수 등의 성과도 있었다. 해군의 약속은 제대로 실천되지 않았지만 '어부의 전쟁' 이후 푸에르토리코에서 미 해군의 지위는 예전과 같지 않게 되었다.

둘째, 1987년의 해군 소유지 불법 정주투쟁이다. 1987년 봄 해군은 비에케스 현지 주민인 카르멜로 펠릭스 마타(Carmelo Félix Matta)를 추방하기 위한 법적 절차에 착수하였다. 펠릭스는 해군 소유지 내에 불법으로 거주하고 있었던 여러 주민들 중 한 사람이었다. 조직적으로 점유지에 대한 소유권을 주장하는 사람들도 가끔 있었지만, 대부분의 경우 불법 정주자들은 별다른 문제를 일으킴 없이 평화롭게 일상생활을 영위하고 있었다. 카멜로 펠릭스처럼 일부 주민들은 당국에 의해서 지정된 비좁은 정착지를 피해 조용한 해군 부지로 몰래 진입을 하곤 하였다. 그들은 불법 정착을 한 후 시당국에 대한 압력을 통해 전기와 수도시설을 확보하였을 뿐 아니라 주소를 부여받아 우편 서비스의 혜택도 누렸다. 이런 사태를 방관하던 해군이 어느 날 이들에 대해 철거 명령을 내리고 법적인 조치를 취한 것이다. 카멜로 펠릭스의 변호사는 민간 거주지역과 군부대간의 경계표시가 불명확하고 당사자가 해군에 대해 임대료를 지불할 의사를 보이고 있다는 이유로 들어 항변을 했으나 연방정부의 푸에르토리코 지방법원은 해군 편을 들어 즉각적인 철거를 명령하였다. 미국의 연방 보안관과 비무장 해군병사들이 펠릭스 가족을 퇴출하기 위해 도착하였을 때, 소식을 들은 백여 명 이상의 주민들이 집결하여 이들을 가로 막고 해군 트럭을 불태우는 사태가 발생하였다. 기관총으로 중무장한 지원 병력이 도착하여 추방작업을 완료하고 질서를 회복하였으나, 이 사실이 전국적으로 보도됨으로써 수많은 동조자들이 재집결하였고 펠릭스는 며칠 후 다시 옛집으로 돌아왔다. 펠릭스는 가족을 지킨다는 명분으로 해군과의 투쟁을 선언하였으며 푸에르토리코 국기가 지붕위에 게양되었다. 사람들은 언덕 위에 위치해 있는 그의 집을 몬테 카르멜로(Monte Carmelo)라고 불렀다. 이 사건을 계기로 지역의 운동가들은 고조되는 반해군 정서에 편승하여 군부대토지 반환투쟁을 시작하였다. 1989년 5월에는 5백여 명의 잘 조직된 주민집단이 활용되지 않고 있는 800 에이커의 해군 부지를 점거한 후 '토지구출'(land rescue) 투쟁을 선언하였다.[16] 이들은 치밀한 사전 준비를 통해 토지 등록을 행하며 자신들의 행동을 생존을 위한 자구조치라고 주장하였다. 그러나 이러한 극적인 '토지구출' 투쟁은 의도하지 않았던 부작용을 초래하였다. 생존권 수호나 사회적 정의 실현의 차원에서 운동에 동참했던 사람도 있었지만 일정 지분의 토지를 확보하여 이를 매각하려는 불순한 의도를 갖고 끼어든 주민들도 다수 있었기 때문이다. 이기심이 표출되고 대의명분이 흐려지는 가운데, 사람들은 '토지구출' 투쟁을 점차 회의적인 시각으로 바라보게 되었다.[17] 허리케인이 섬을 강타하여 인근 지역의 모든 가옥들을 파괴하였을 때 해군은 신속하게 병력을 투입하여 법적 권리를 회복하고 토지 경계선을 따라 울타리를 설치하였다. 이것으로 '토지구출' 투쟁은 종료되었다. 그러나 무단 점유자들의 절박한 상황을 외면했던 해군 당국의 처사는 주민들의 원성을 초래하였으며 해군은 평화롭게 토지 문제를 해결할 수 있는 기회를 놓치게 되었다.

셋째, 1993년의 전투기 오폭사건 항의 운동이다. 1993년 10월,

---

16) Katherine T. McCaffrey, *op. cit.*, p. 102.

17) *Ibid.*, p. 103.

해군 전투기가 훈련 중 실수로 민간인 거주 지역 가까운 곳에 폭탄을 투하하는 사건이 발생하였다. 주민들의 항의에도 불구하고 해군 당국은 시끄러운 소음에 대해 사과한다는 짤막한 성명만을 발표하였다. 수십 명의 시위자들이 가르시아 캠프 앞에서 피켓 시위를 벌였지만, 이 사건은 1999년의 오폭 사건과 달리 심각한 주민 소요사태로 발전하지 않았다. 여기에는 핵심적인 주민운동단체의 전략 변경이 결정적인 역할을 하였다.

1991년 소련이 붕괴하자 미국 정부는 해외의 14개 주요 기지를 포함하여 275개 부대의 훈련을 축소하거나 일부 병력을 철수 시키는 조치를 취했다. 필리핀과 하와이에서는 오랫동안 분쟁을 겪었던 기지들이 폐쇄되었다. 이러한 상황 속에서 「비에케스구출및개발위원회」(CPRDV)가 조직되었는데, 이 단체는 비에케스를 해군의 지배로부터 구출하여 경제적으로 발전시킬 수 있는 미래의 청사진을 제시하고 개발의 과실을 모든 주민이 공유할 수 있도록 한다는 설립 취지 속에서 출범하였다. 위원회는 외부의 도시계획 전문가들로부터 자문을 받았으며 비에케스 개발의 구체적인 대안을 제시하려 노력하였다. 위원회는 과거의 투쟁 방식에서 벗어나 다양한 구성원들을 포용하며 대표성을 확보하고 온건한 실용주의 노선을 추구하였다.[18] 위원회는 푸에르토리코 주권회복 투쟁에 개입하지 않았으며 비에케스의 토지 소유권을 회복하여 경제 개발을 추진한다는 제한된 목표에 모든 노력을 집중하였다. 1993년 봄에 위원회는 비에케스 해군기지를 기지폐쇄 대상 리스트에 포함시켜 줄 것을 연방정부의 기지정리위원회에 호소하는 청원운동에 착수하였다. 같은 해 10월 전투기 오폭 사태가 발생하자 위원회는 피켓 항의를 주도하였다. 그러나 위

18) *Ibid.*, p. 127.

원회는 군과의 직접적인 충돌을 피하려고 노력했으며 그들은 몇 명의 초병이 지키고 있는 가르시아 캠프 정문 앞에서 상징적인 시위를 했을 뿐이었다. 그 대신 위원회는 오폭 사건을 규탄하고 폭격훈련 중지와 부대 철수를 요구하는 우편엽서 보내기 운동을 추진하여 3,750장의 우편엽서를 클린턴 대통령에게 전달하였다. 위원회는 효과적인 투쟁 방식을 놓고 고민을 하였지만 가능한 한 대중동원 방식을 삼가 하려 하였다. 위원회는 미군기지 철수운동이 반미주의로 비추어지는 것을 원하지 않았으며 주민들의 불만을 비정치적인 맥락에서 전달하려 노력하였다. 로비와 외교를 강조하는 위원회의 온건한 투쟁방식에 대해 일부의 불만도 있었지만 대부분 비에케스 주민들은 만족감을 표시하였다.[19)]

넷째, 1994-1998년의 레이더 기지 건설 반대운동이다. 비에케스 주민들의 불만이 누적되는 상황이었음에도 불구하고, 1994년 미 해군당국은 푸에르토리코 정부와 협력하여 비에케스섬에 레이더 기지를 건설한다고 발표하였다. 과거에 미군의 레이더 시설은 주로 소비에트 함대의 동태를 감시하는 목적을 갖고 있었으나 이번에는 카리브 해와 라틴 아메리카의 마약 거래를 규제한다는 새로운 명분이 추가되었다. 1992년에 '마약과의 전쟁'을 선포했던 주지사 로셀로는 이러한 해군의 조치를 즉각 환영하였다. 레이더 기지는 버지니아의 노포크, 푸에르토리코 본토의 라자스 기지와 연결될 예정이었다. 주민들의 고통을 외면하며 또 다시 새로운 기지 시설을 건설하려는 해군 당국의 처사에 분노한 「비에케스구출및개발위원회」는 본격적인 투쟁을 주도하기 시작하였다. 내부적으로 투쟁전략과 관련하여 논쟁이 있었지만 기지 철수와 토지 반환이라는 직접적인 문제제기보다는

---

19) *Ibid.*, p. 129.

레이더 기지 건설로 인해 야기될 환경파괴와 주민건강의 위협에 초점을 맞추자는 쪽으로 결론이 모아졌다.[20] 공청회를 앞두고 위원회는 대규모적인 환경파괴와 전자파가 인체에 미치는 치명적인 영향 특히 발암효과 문제를 집중적으로 거론하였다. 위원회는 공청회가 진행되는 시 청사 앞에서 푸에르토리코 환경단체들과 연대하여 피켓 시위를 벌였으며 공청회장 내부에서도 뜨거운 논쟁이 계속되었다. 언론은 더 이상 이들의 시위를 반미투쟁이라 표현하지 않았으며 투쟁은 과거와 달리 주민들의 전폭적인 지지를 받았다. 심지어 해군 옹호단체들까지 레이더 기지 건설에 대해 반대 의사를 표명하였다. 환경과 주민건강의 의제를 놓고 해군기지 철수를 주장하는 운동가들과 지역의 백인 거주자들 사이에 처음으로 이해관계가 일치하게 되었다.[21] 위원회는 레이더 기지 건설을 반대하는 촛불 시위를 조직하였으며, 수도인 산후안에서는 수만 명이 참가하는 동조 시위가 뒤를 따랐다. 그러나 레이더 기지 건설이 주민들의 건강에 미치는 영향을 검토할 때까지 기지 건설을 중단한다는 푸에르토리코 정부의 발표에도 불구하고 해군은 일방적으로 계획을 추진하였다. 지속적으로 항의 시위를 주도하였던 위원회는 1997년 2월에 '비에케스 주민들의 건강을 위한 행진'을 기획하여 주민들의 우려를 극적으로 표출하기도 하였지만 해군의 사업 강행으로 결국 레이더 기지건설 저지에 실패하였다. 그러나 투쟁은 건강과 환경의 의제를 부각시키며 주민적인 단결을 이루는 성과를 거두었다. 또한 이 사건은 지역주민의 건강과 안전에 대한 해군의 무관심을 드러내 보임으로써 1999년 투쟁의 도화선이 되었다.

---

20) *Ibid.*, p. 140.

21) *Ibid.*, p. 141.

이상의 반해군기지 주민운동들은 대체적으로 주민의 생계와 복지를 주요 관심사로 삼는 물질적인 성격을 보여주었다. 주민들의 불만은 특히 생계를 위협하는 최악의 경제 상태에서 비롯되었는데, 1999년 푸에르토리코 정부가 임명한 특별위원회의 보고서는 비에케스 섬의 경제적 낙후가 해군기지의 영향 때문이라고 결론을 내렸다.[22] 2001년 통계자료에 의하면, 섬 주민의 73%가 빈곤선 이하의 삶을 영위하고 있으며 실업률은 50-60% 수준에 이른다. 물류비용으로 인하여 식품가격은 여타 지역보다 15%이상 비싸고 관광 산업은 거의 미개발 상태이다.[23] 대부분 주민들은 취업의 기대를 포기했으며 젊은이들은 고향을 등지고 있다. 해군의 레이더 기지 건설 강행 이후 분노했던 비에케스 주민들은 최후의 결정적 사태를 맞게 되었다.

Ⅳ 1999년 오폭사건과 기지폐쇄 결정

레이더 기지 건설 투쟁이 있은 후 얼마 지나지 않아 해군과 주민의 대립은 다시 한번 폭발하였고, 이 마지막 투쟁에서 비에케스 주민들은 완전한 승리를 거두었다. 1999년 4월 19일, 훈련 중이었던 해군항공기의 실수로 목표물에서 1마일 벗어난 곳에 위치하고 있었던 해군 관측소가 폭격을 당하는 사고가 발생하였다. 이 폭발로 경비병 1명과 민간경비원이었던 현지주민 다비드 사네 로드리게즈(David Sane Rodríguez)가 사망하였다. 제복을 입은 경비원의 죽음은 오히려 충격효과를 유발하였다. 희생된 사람은 바로 미군 부대를

22) Russell Baruffi, *op. cit.*, p. 8.

23) *Ibid.*, p. 7.

위해서 일했던 주민이 아닌가. 사네의 죽음은 수십 년간 지속되어 온 갈등을 다시 한번 점화시키는 계기가 되었다. 장례식이 끝나자 항의자들은 폭격훈련장을 점거하고 캠프를 설치하며 무기한 농성을 시작하였다. 이들이 몬테 다비드(Monte David)라 이름을 붙인 언덕 위에는 그동안 섬에서 사망한 희생자들을 기리는 하얀 십자가가 세워졌다. 소형 보트들이 농성자들을 위해 날마다 생활 물자를 운반하였고 군에 의한 강제 해산이 이루어지기 직전 폭격훈련장에는 13개의 캠프가 있었다. 항의자들은 캠프에 설치된 컴퓨터와 팩스를 이용하여 자신들의 대의를 전 세계에 알렸다. 수도인 산 후안에서도 비에케스 섬의 군사훈련 중단을 요구하는 대규모의 비폭력 시위가 발생하였고, 달라이라마를 비롯한 저명한 인권운동가들이 세계도처에서 몰려들었다. 서울, 오키나와 인도, 유럽에서 건너온 많은 인사들이 투쟁에 동참하였다. 계급투쟁을 주장하는 국제 공산주의 연맹이나 트로츠키주의자에서부터 푸에르토리코 독립을 주장하는 급진적 민족주의자에 이르기까지 다양한 세력들이 집결하였다. 그 결과 해군의 군사훈련은 1년간 중단되었다.

1999년 푸에르토리코 주지사에 의해 비에케스 사태 조사를 위한 특별위원회가 구성되었는데 3개의 주요 정당, 교회, 여성, 어민 대표 등으로 구성된 위원회는 최종적으로 비에케스섬의 탈기지화와 토지의 반환을 골자로 하는 보고서를 제출하였다. 2000년 2월 로셀로 푸에르토리코 지사는 클린턴 대통령과의 협약을 발표하였다. 로셀로/클린턴 협약에 의하면 푸에르토리코 정부는 2000년 1월 연방정부로부터 4천만 달러의 경제지원을 받는 대신 연습탄에 의한 훈련재개를 수용하되 훈련 일자는 연 90일로 축소할 것이며, 과거처럼 실사격 훈련을 계속 허용할 것인지 혹은 2003년 5월 1일까지 해군기지를 철수하도록 요구할 것인지를 묻는 주민투표를 연방정부가 2001년 8

월에서 2002년 2월 사이에 실시하는데 합의하였다.[24] 주민들이 기지의 계속적인 사용을 허용할 경우 추가로 5천만 달러가 제공될 것이라는 약속도 제시되었다. 협약 체결 직후 해군 당국은 여론 무마 공작에 착수하였고 즉각적인 폭격 중단을 요구하던 주민들은 지사의 행동에 대해서 큰 배신감을 느꼈다. 2000년 2월 푸에르토리코의 종교계는 연방정부의 현금 지원 약속을 비도덕적인 조치로 비난하며 산 후안에서 대규모의 항의시위를 조직하였다. 종교지도자들이 앞장섰던 이 시위에는 푸에르토리코 역사상 최대 규모인 15만 명이 참여하였다.

2000년 5월 4일 FBI와 중무장한 연방경찰이 동원된 가운데 폭격장 캠프에 대한 강제해산이 이루어졌으며 이 과정에서 미 하원의원 2명과 비에케스 시장을 포함한 지역 주민과 운동가들 200여명이 체포되었다. 그러나 이후에도 항의자들은 군 소유지 내부로 침입하여 군대의 권위를 부정하는 시민적 불복종 운동을 계속해서 전개하였으며 가르시아 기지 정문 앞에는 평화 캠프가 설치되었다. 이러한 상황 속에서 실시된 2000년 푸에르토리코 지사 선거에서는 비에케스 해군기지 폐쇄를 공약한 산 후안 시장 칼데론 후보가 당선되었으며 비에케스 시장 선거 역시 해군 추방을 주장한 후보가 당선되었다.

2001년 6월, 부시 대통령은 2003년 비에케스에서 모든 군사훈련을 중단할 것이라고 발표하고 해군 당국에 대해 대안지를 모색하도록 지시하였다. 부시의 참모들은 계속되는 시위와 체포 사태가 라틴

---

24) 보수주의자들은 클린턴의 타협안에 대해 국가안보의 문제를 주민투표에 일임하고 있다고 비판적인 입장을 취했다. 헤리티지 연구소 국방 및 안보 분석관인 잭 스펜서는 후임자인 부시대통령이 클린턴 전 대통령처럼 안보문제를 정치적으로 처리해서는 안 될 것이라고 경고하였다. Jack Spencer, "The Importance of Vieques Island for Military Readiness," Heritage Foundation, *Issues* (February 16, 2001).

계 유권자들을 자극함으로써 부시 정부에 부담이 될 것을 우려하였다.[25] 해군 당국은 이러한 조치가 해외의 미군기지에 대해서 좋지 않은 영향을 미칠 것이라고 판단하여 불만을 표시하였으나, 반해군 진영 역시 즉각적인 훈련 중지를 명령하지 않는 처사에 대해 비난을 가했다. 펜타곤은 이 사태가 하나의 전례가 될 것을 두려워했으며 특히 오키나와 미군기지에 미칠 도미노 효과를 우려하였다. 미 해병대 사령관은 오키나와 현 주민들이 비에케스를 주시하고 있으며 여기서 결론을 도출하려 하고 있다고 경고하였다.[26]

한편 해군 당국이 일방적으로 추진하는 미국 정부에 의한 주민투표 계획에 지역주민들이 반발하자 푸에르토리코 정부는 독자적으로 주민투표를 실시하였다. 2001년 7월 푸에르토리코 정부는 비에케스 전 주민을 상대로 해군훈련의 즉각적인 중지와 기지 반환, 계속적인 훈련 실시 허용, 2003년 5월까지 모의실탄에 의한 훈련 허용과 이후 해군 철수 등 3개의 안을 놓고 투표를 행한 결과, 응답자의 68.2%가 즉각적인 훈련중지와 기지반환을 원하는 것으로 나타났다. 그러나 해군은 푸에르토리코 정부에 의한 주민투표가 법적 구속력이 없음을 주장하며 연습탄에 의한 폭격훈련을 계속하였다.

2001년 9월 11일 미국 본토에서 발생한 테러 사태로 인해 비에

25) 푸에르토리코의 인구는 380만 명인데 미국 본토에 200만 명의 푸에르토리코 디아스포라 사회가 존재한다. 한편 미국의 히스패닉 유권자들은 3천3백만 명에 이른다.

26) '97년 유엔환경개발특별총회에서 두 지역의 NGO가 조우한 이후, 2000년 7월 나하시에서 열린 국제환경NGO포럼에 푸에르토리코 시민단체가 참여하여 비에케스 해군기지의 실상을 보고하였다. 이를 계기로 두 지역 주민들 간의 연대가 이루어져, 푸에르토리코 시민단체들이 오키나와 가데나 기지 인간띠 둘러싸기 행사에 참가하였다. 2001년 11월 오키나와 대표 역시 캠프 가르시아 앞 평화집회에 참가하였고 나고시의 주민투표와 비교를 하기도 하였다. 평화와 통일을 여는 사람들, "섬전체가 미군과 싸우는 비에케스 사람들," 『온누리 통일누리』 제48호 (2004/09/18).

케스 투쟁은 불리한 국면을 맞게 되었다.[27] 일부 우익 단체들은 비에케스 해군기지 반대 투쟁을 반미국적 행동이라고 비난하였으며 푸에르토리코의 운동단체들 역시 테러주의에 대해 반대의사를 분명히 하고 시민적 불복종 운동의 일시적 중단을 선언하였다. 연방의회에서는 2003년에 예정된 비에케스 기지 폐쇄 일정을 철회하려는 움직임이 일기 시작하였다.

2001년 11월에 예정되었던 연방정부 주도의 주민투표는 9/11테러로 인해 연기되었다가 결국 연방의회의 반대로 실시되지 아니하였다. 푸에르토리코 전 지역에서 행해질 구속적 국민투표 계획이 취소됨으로써 클린턴의 약속은 사실상 파기되었다. 의회는 기지 철수가 예상되는 상황 하에서 주민투표를 실시한다는 것은 무의미한 일일뿐만 아니라 현지주민의 의사에 굴복하는 나쁜 선례를 남길 수 있다고 판단하였으며, 해군 역시 자체적인 여론조사를 통해 현지 분위기를 감지하고 있었기 때문에 주민투표의 강행을 주장하지 않았다. 푸에르토리코 정부의 일방적인 행동에 분개한 미 의회는 비에케스 기지에 필적하거나 혹은 능가하는 후보지를 발견하지 못하면 협약을 파기해도 좋다는 법안을 통과시켰다.[28] 2002년 4월 비에케스에서 폭격 훈련이 시작되자 시민단체들 역시 투쟁을 재개하였고 주민들은 또 다시 폭격훈련장으로 진입하였다.

미국 본토에서 비에케스 투쟁은 정치적 논쟁의 중심부에 서게 되

---

27) 그러나 이와 반대로 9/11은 현대전의 본질에 대한 논쟁을 촉발시켜 대규모적 상륙작전의 무의미성을 강조하는 계기가 되었다. 일부 군사전문가들은 아프가니스탄 동굴에서 비밀부대가 작전을 벌이는 현대전에 있어서 1940년대식의 상륙작전은 시대착오적이라고 지적하였다. Katherine T. McCaffrey, *op. cit.*, p. 182.

28) Juan Giusti-Cordero, "Vieques after September 11," *The American Prospect* (November 26, 2001),

었다. 히스패닉 유권자를 의식했던 뉴욕의 공화당 주지사인 조지 파타키(George Pataki)는 비에케스를 방문하여 주민들의 투쟁을 지지한다고 발표하였으며 부시의 기지 철수 결정에 대해 환영의 뜻을 표시했다. 힐러리 클린턴 역시 뉴욕 상원의원 선거에서 비에케스의 대의를 지지한다고 밝혔다. 결국 2003년 5월 1일 비에케스 해군기지는 60년 만에 폐쇄되었다. 섬의 동쪽 반을 점유하고 있는 캠프 가르시아 훈련장은 미국 내무성이 넘겨받아 생물보호구역으로 지정할 방침이다.

1999년의 오폭사건으로 시작된 비에케스 주민들의 마지막 투쟁은 비폭력주의와 시민적 불복종을 특징으로 하였다. 주민들은 1970년대와 달리 시종일관 비폭력적 태도를 견지하였는데 여기에는 교회와 여성의 참여가 결정적인 역할을 하였다. 일부 단체와 운동가들이 강경노선을 고집함으로써 내부적인 갈등을 겪기도 했지만 교회 조직의 제도적인 참여로 투쟁은 순화되었다. 하얀 적십자는 평화주의와 종교적 헌신의 메시지를 전달하였고 운동의 새로운 패러다임을 제공하였다. 한 운동가는 푸에르토리코 주지사가 폭동진압경찰을 투입하였을 때 사태는 폭발직전이었지만 교회가 개입하여 비폭력을 강조했기 때문에 유혈사태가 발생하지 않았다고 회상하였다.[29] 한편 과거 소극적 역할에 안주해왔던 비에케스 여성들이 어머니와 주부로서 가족의 건강과 안전을 염려하며 운동의 전면에 나서게 되었다. 그들은 하얀 리본을 군부대의 철조망에 매달았으며 주민들에게도 그것을 의복에 부착하도록 권유하였는데, 그것은 "비에케스는 평화를 원한다."라는 메시지를 담고 있었다.[30] 비에케스의 여성들은 또한 가르시아 기지 앞에 평화 캠프를 설치하여 평화시위를 주도하였으며, 푸에르

29) Katherine T. McCaffrey, *op. cit.*, p. 168.

30) *Ibid.*, p. 162.

토리코와 미국 본토를 방문하여 기자회견을 행하고 후원조직을 방문하는 등 비에케스 투쟁의 지속과 대외적 확산에도 기여하였다. 하얀 십자가와 더불어 하얀 리본 캠페인 역시 비에케스 투쟁 과정에서 인권과 평화의 상징이 되었다.

결국 비에케스 주민들의 투쟁은 생존권과 인권의 문제로 요약되었다. 비에케스 섬은 비재래식 무기 실험, 특히 열화우라늄탄의 사용으로 환경오염이 최악에 이른 상태이다. 모든 생태계가 오염된 결과 주민들의 암 발병율은 27%, 미숙아 출산율은 65%, 일반인 사망률은 47%로 본토보다 더 높다. 모든 채소와 과일이 납과 카드뮴으로 오염되었으며 지하수와 토양 역시 심각하게 오염되어 있다. 이런 관점에서 볼 때 비에케스 투쟁은 지역 주민의 인권이라는 관점에서 고찰될 수밖에 없었다.[31] 1999년 푸에르토리코 정부의 조사단이 섬을 방문했을 때 비에케스 시장은 다음과 같이 말했다. "우리는 국가 방위의 이상을 전폭적으로 지지한다. 그러나 주민의 인권을 희생시키는 것에 반대한다."[32]

V 맺는 말

비에케스 투쟁의 승리는 국경을 초월한 시민사회의 승리라고 말

31) Comité Pro Rescate y Desarrollo de Vieques, "Military contamination on the Island of Vieques, Puerto Rico and the People's Response," p. 3. 「비에케스구출및개발위원회」가 연방정부 인권위원회에 제출한 청원서의 내용은 Rich Vázquez,, "Comité Pro Rescate y Desarrollo de Vieques v United States Navy," *Las Culturas* (13 August 2005)를 참조할 것.

32) Justin O'Brien, "Puerto Rico Mayors Protest Military Bombing Exercises in Off-Shore Municipality of Vieques," *U.S. Mayor Newspaper* (May 15, 2000).

할 수 있었으며 시민사회의 가치를 재확인한 사건이었다. 미국의 주류사회[33]를 비롯한 국제사회의 연대가 형성되었고 푸에르토리코의 언론과 종교, 시민단체가 비에케스의 투쟁을 지원하였다. 특히 미국의 시민사회는 민간에 의한 군부 통제라는 오랜 전통을 깨고 미군이 통제 불가능한 조직으로 발전하는 사실에 우려감을 갖게 된 결과 군부를 견제하기 위한 노력을 재개하였다.[34] 비에케스의 투쟁은 미국에서 군사기지 문제가 주민투표에 회부되었던 최초의 사례이다. 비에케스 사태에 일차적 책임은 전시적 사고와 전통을 고집하는 군부의 오만하고 고압적인 태도에 있었다. 해군 당국은 주민들의 물질적인 피해를 보상하고 지원하기 위한 어떠한 노력도 행하지 않았으며 오히려 시위 진압과정에서 물리적 폭력과 인격적 모욕 등 시대착오적 행동으로 일관하였다. 『워싱턴포스트』지는 해군의 오만함과 강압적인 태도가 비에케스 사태를 세계적인 사건으로 만들어 버렸다고 보도하였다.[35] 비에케스 사태는 미군이 국가 안보를 최고의 가치로 강조하는 전시적 사고에 계속 집착함으로써 군대와 시민사회의 본질적 간극을 보여준 상징적 사건으로 지적되었다.[36] 비에케스 사태 청문회에서 참석자들은 주민들이 그동안 너무나 온순하게 행동해온 사실에 놀랐다고 소감을 이야기 하였다. 어떤 의미에서 주민들은 해군

---

33) 특히 미국의 매사추세츠, 버몬트 등 동북부의 지방의회는 비에케스 해군기지 투쟁에 연대를 표명하였다. 또한 매사추세츠, 델라웨어, 코네티컷 소재지의 시장들은 산 후안에서 개최된 전국 시장회의에서 비에케스의 투쟁을 지지하는 성명을 발표하였다. Justin O'Brien, "Puerto Rico Mayors Protest Military Bombing Exercises in Off-Shore Municipality of Vieques," *U.S. Mayor Newspaper* (May 15, 2000), p. 2.

34) 비에케스 반해군기지 투쟁은 군대와 시민사회의 관계라는 측면에서 이후 미국사회가 직면하게 될 중요한 이슈를 제기하였다. Juan Giusti-Cordero, *op. cit.*

35) *Ibid.*

36) Katherine T. McCaffrey, *op. cit.*, p. 177.

당국과 늘 타협할 준비가 되어 있었으나 해군이 완고하고 무성의한 태도로 일관하였던 것이다.

비에케스의 해군기지 투쟁의 승리는 다른 한편 반식민지 투쟁의 성과라고 말할 수 있었다. 현지 주민들은 생존권 혹은 인권의 문제를 제기하였으며 어떤 의미에서 투쟁의 순수성을 견지하였다. 그러나 푸에르토리코 국민과 디아스포라 사회의 전폭적인 지지가 없었더라면 투쟁은 성공을 거두기 어려웠을 것이다. 그들은 비에케스 섬 주민들에게 가해진 고통을 푸에르토리코인에 대한 차별적 대우와 억압으로 간주하며 민족주의적 정서에 입각하여 투쟁을 지원하였다. 푸에르토리코 주민들은 백년 이상의 지배를 겪은 후 처음으로 미국에 대해 거부권을 행사했으며 자신의 운명을 스스로 결정하려 하였다.[37] 비에케스의 투쟁은 푸에르토리코의 지위에 대한 투쟁과 분리될 수 없었다.

그러나 푸에르토리코의 민족주의는 주권회복과 독립을 주장하는 소수 급진세력의 존재에도 불구하고 자치령을 거부하지 않는 실용주의적 성격을 보여주었다. 푸에르토리코 국민 대다수는 기존의 자치령 체제를 옹호하거나 미국으로의 편입을 희망하고 있다.[38] 자치령

---

37) *Ibid.*

38) 이미 1993년과 1998년 두 차례 국민투표가 실시되었으나 근소한 표차로 미국의 51번째 주 편입안은 부결되었다. 독립을 희망하는 유권자의 비율은 5%를 넘지 아니하였다. 그러나 주 편입을 주장하는 로셀로는 1996년 선거에서 51%로 재선되었다. 1998년 알래스카 출신의 영의원은 현상유지, 완전독립, 51번째 주 편입의 3개안 중 하나를 선택하도록 하자는 Young Bill을 제안하여 이를 1표차로 통과시켰다. 푸에르토리코 독립당(PIP)은 양국간의 관계를 은폐된 식민지 관계로 보고 독립을 주장한다. 민중민주주의당(PDP)은 자치령 지위의 이점을 강조하며 현상유지를 주장한다. 페드로 로셀로 전 지사가 중심이 된 신진보당(NPP)은 미국 정부에 대한 주민들의 불만을 무마하며 주정부 편입을 주장한다. 2000년 선거에서 새로 당선된 칼데론(Calderon)은 PDP의 후보이다. 2004년 선거에서 당선된 아니발 아세베도 빌라(Anibal Acevedo Vila) 역시 PDP 소속으로서 2005년 4월 푸에르토리코 상원과 하원이 푸에르토리코의 미국 51번째 주 편입 여부에 관한 국민투표 청원법안을 통과시키자 거부권을 행사하였다. 법안은 51

체제를 옹호하는 국민들이 미국의 51번째 주 편입을 옹호하는 사람들보다 상대적으로 민족주의적 색채가 더 강하다고 볼 수 있으나 그들 역시 미국의 일부로 남아있기를 원한다. 양자는 수적으로 거의 균형을 이루고 있는 상태이다. 따라서 푸에르토리코 주민들의 비에케스 투쟁은 주권보다는 인권을 옹호했다는 점에서 민족주의적이었다는 표현보다 민족적이었다는 표현이 더 정확할지도 모른다.[39] 물론 푸에르토리코의 독립을 주장하는 소수세력의 투쟁 역시 이러한 민족적 정서를 자극하는데 일조하였다. 지역 주민들은 생존권 투쟁으로 정당성을 확보하고 외부의 시민단체들은 강력한 정치적 투쟁을 전개하여 국제사회의 지원을 이끌어냈다는 점에서 그것은 이상적인 역할분담이 이루어졌던 운동이었다.

비에케스 투쟁에 있어서 시민사회와 민족주의의 승리는 연동정치(linkage politics)의 역학을 잘 보여준다. 비에케스 투쟁을 승리로 이끈 결정적 요인은 비에케스 주민들의 생존권 투쟁을 전국적인 차원으로 증폭시킨 정당, 시민단체, 교회, 언론의 결집된 힘에 있었다. 이 과정에서 푸에르토리코 정치 지도자들의 역할도 중요한 변수가 되었다. 가령 해군과 주민들의 충돌사태를 가급적 무마하려 했던 이전의 지사들과 달리 해군기지 폐쇄를 공약으로 내걸었던 칼데론 후보가 2000년 선거에서 당선됨으로써 사태는 급진전 될 수 있었다. 또한 그것은 히스패닉 유권자의 존재를 의식하는 미국 정부 지도자들의 정치적 계산

번째 주 편입, 완전 독립, 자치 확대 세 방안을 규정하였다. 그러나 미국정부의 입장에서 볼 때 푸에르토리코의 주정부 편입은 현실성이 별로 없는 주장이다. 푸에르토리코가 주로 편입될 경우 2명의 상원과 7명의 하원이 배정되는데 이것은 20여개의 군소 주정부보다 더 큰 권력이 등장함을 의미한다. 이미 3명의 푸에르토리코 정치인이 뉴욕을 중심으로 의회에 진출해 있는 상황에서 이것은 심각한 정치지형 변화를 초래할 수 있다. 더구나 푸에르토리코 출신의 유권자들은 전통적으로 민주당 지지 세력이다. Russell Baruffi, *op. cit.*, p. 14.

39) Cèsar Ayala, *op. cit.*, p. 221.

의 산물이기도 하였다. 이런 맥락에서 볼 때 비에케스 사태는 특히 디아스포라 정치의 위력을 보여주었다. 미국 본토에 거주하고 있던 푸에르토리코 출신 이민자들이 거대한 압력집단이 되어 한 목소리로 투쟁에 나섰으며 정치과정의 무대는 이미 지리적 경계를 뛰어넘고 있었기 때문이다.[40] 따라서 혹자는 이들에 의해 대리전이 벌어졌던 뉴욕이야말로 비에케스 투쟁의 중심지였다고 분석하기도 하였다.

마지막으로 거론될 문제는 환경오염의 문제이다. 오늘날 군사기지는 환경오염의 최대 주범이 되고 있으나 안보의 논리 때문에 비밀주의의 지배를 받고 있고 규제가 사실상 불가능한 실정이다. 기지전환의 정치학에 있어서 가장 심각한 문제는 환경파괴와 오염의 피해를 복구하는 사후처리작업으로서 기존의 조사에 따르면 오랜 시간과 천문학적 자금이 소요된다. 가령 미 해군이 하와이 카호올라웨(Kaho'olawe) 섬의 폭격훈련장을 폐쇄했을 때, 미 의회는 이 섬의 복원 예산으로 10년간 4억 달러를 투입할 것을 결의했으나 2001년 당시 8년차에 들어선 사업은 목표치의 10분의 1만을 달성하고 본래 사업 계획을 사실상 포기한 것으로 알려져 있다.[41] 펜타곤은 필리핀이나 파나마와 같은 해외 미군기지의 경우에 심각한 환경오염에도 불구하고 아무런 사후조치를 취하지 않았다. 그 결과 해당지역은 철저히 황폐화되었으며 피나투보(Pinatubo) 화산 폭발 당시 클라크 공군 기지 안으로 피신했던 수만 명의 현지주민들은 토지가 심각하게 오염되었음을 뒤늦게 확인하였고, 그 후 기지 인근 지역에 살고 있는 주민들은 환경오염의 후유증으로 판단되는 심각한 질병들을 앓고

---

40) 이러한 디아스포라의 정치는 후기근대의 초국가적 정치체제의 등장을 예고한다. Gabriel Sheffer, *Diaspora Politics* (Cambridge: Cambridge University Press, 2003), p. 245.

41) Katherine T. McCaffrey, *op. cit.*, p. 178.

있다. 비에케스의 경우에는 국내법의 적용을 받기 때문에 기본적인 조치가 취해질 것이지만 연방의회의 의석을 확보하고 있지 못한 푸에르토리코 정부로서는 정치적 지렛대가 없을 뿐만 아니라 해군과의 관계 악화로 인해 전망은 그리 밝은 편이 아니다. 국내기지의 경우에도 신속한 조치가 취해지지 않는다면 상황은 심각해질 수 있으며 하와이 사례에서 보는 것처럼 재원부족으로 중간에 작업이 포기 될 수도 있다. 레이더 시설을 제외한 해군부지는 비에케스 시, 푸에르토리코 주정부, 연방정부 내무성으로 관할권이 이전되는데, 문제는 이들 부지가 자연보호구역이나 야생동물 보호지역으로 지정되는 경우에 형식적인 정화작업만 이루어지고 사실상 방치되는 결과를 초래할 수 있다는 사실이다. 더구나 최악의 시나리오는 해당 지역이 너무 오염되어서 정화가 불가능하다고 판정을 받는 경우이다. 현재 폭격 훈련장이었던 섬 동부지역은 열화우라늄탄으로 인한 오염 피해가 매우 심각한 상황인 것으로 알려져 있다.[42]

현재 해군기지가 폐쇄된 비에케스는 거대 국제자본에 의한 대규모 리조트 건설을 계획하고 있다. 대형 호텔과 골프장이 들어선다면 결국 부는 외부로 유출될 것이고 관광산업은 현지 주민들의 지위를 전락시킬 수 있다. 문화적 유산이 파괴되고 또 다른 방식의 환경오염이 초래될 수도 있다. 비에케스 주민들은 자신들의 운명을 결정하게 될 또 다른 선택을 강요받고 있다.

---

42) Comité Pro Rescate y Desarrollo de Vieques, “Military Contamination on the Island of Vieques, Puerto Rico and the People’s Response,” (http://prorescatevieques.org 검색일 2007. 4.2). 이 문제에 대한 국내자료로서는, 평화와 통일을 여는 사람들, “섬전체가 미군과 싸우는 비에케스 사람들(1),” 『온누리 통일누리』 제48호 (2004/09/18); “섬전체가 미군과 싸우는 비에케스 사람들(2),” 『온누리 통일누리』 제50호(2005/03/08).

제 4 부

갈등과 화해

제14장

도서지역의 국제화와 인종정치

Ⅰ 머리말

제3의 물결이 초래한 지구촌화 현상은 한편으로 보편적 가치와 질서를 가능케 하였으나 다른 한편으로 사회적 해체와 분열을 가속화시킴으로써 범지구적 역설을 초래하였다. 특히 후자의 현상에 주목할 때 평가는 양면적이다. 새로운 사회는 한편으로 개성을 존중하고 차이를 긍정하는 공존의 철학을 새로운 시대정신으로 수용할 것이다. 그러나 다른 한편 공동체 윤리가 파괴되고 이기주의가 팽배해질 가능성 역시 상존한다.

이러한 현상을 인종문제와 관련시켜 고찰할 때, 규범적인 차원에서 21세기는 인종적 차별을 극복하는 평등사회의 이념을 구현할 것이며 모든 집단의 역사와 전통에 대해서 고유의 가치를 부여하는 문화의 세기가 기대된다. 그러나 동시적으로, 문명의 충돌에 대한 우려가 점차 현실화되고 있으며 인류사회는 도처에서 근본주의의 도전에 직면하고 있다.

도서지역의 국제화는 정도의 차이에도 불구하고 외부로부터의 인구유입과 다문화사회로의 진입을 불가피하게 함으로써 정체성의 위기와 사회적 혼란을 초래할 수 있다.

세계적인 관광도시인 하와이는 동서문명의 교착점이라는 지정학적 이유로 인해 일찍부터 국제주의를 중요한 사회적 에토스로 수용해 왔으며, 관광산업의 발전은 이러한 경향을 더욱 강화시켰다. 필연적으로 다수의 인종이 진입하였고 복수의 문화가 경합하였다. 그러나 하와이는 인종적 조화와 화해의 사회적 신화를 성취하였다.

이 글은 우선 하와이를 성공적인 다문화공동체로 바라보는 일반적인 시각을 수용하여 인종적 조화의 본질과 배경을 살펴본다. 그 다음에 이러한 가정에 도전하는 두 가지 주제로서 인종투표와 주민운동의 문제를 검토한다.

이러한 작업은 다문화사회에 있어서 인종적 갈등을 극복하기 위해 취할 수 있는 유효한 전략이 무엇인지를 보여줄 것이다. 또한, 조화의 외관에도 불구하고 이면에서 작용하는 인종정치의 역학에 대한 이해를 제고시킬 것이다. 마지막으로 인종적 평등의 이념이 초래하는 치명적인 문제가 무엇인지에 대해서 중요한 시사를 할 것이다.

II 비패권주의 현상의 분석

아더 쉴레진저(Arthur M. Schlesinger, Jr)는 미국의 인종문제를 심각히 우려한 자신의 저서 『미국의 해체: 다문화사회에 대한 성찰』(1992)에서 다음과 같이 주장하였다.

> "새로운 인종적 복음은 다양한 민족적 배경을 갖고 있는 개인들을 하나의 새로운 인종으로 통합하는 전망을 부정하고 있다. 그것의 근본 철학은 미국을 개인들로 구성된 국가가 아니라 집단들로 구성된 국가로 보는 것이며, 대부분 미국인들에게 인종은 미국을 규정하는 경험이 된다. 따라서 인종적 유대는 항구적이고, 인종공동체의 분리는 미국사회

의 기본구조이다…"[1]

쉴레진저는 분리주의적 경향으로 인종적 갈등을 겪고 있는 소련, 유고슬라비아, 인도, 북아프리카, 스리랑카, 키프로스, 소말리아, 나이지리아, 앙골라, 수단, 자이르, 가이아나, 트리니다드 등 수많은 사례를 언급하면서 미국이 인종적 이질성을 극복할 수 있는 통합이념과 공통의 문화를 시급히 창출해야 한다고 역설하였다. 인종적인 융합이 이루어지지 않는 상황 하에서 미국이 발칸화현상(balkanization)을 모면할 수 있는지의 문제가 근래에 심각히 제기되고 있으며 가까운 장래에 전통적인 백인의 우위가 인구학적 요인에 의해서 도전을 받게 될 것이라는 관측이 점차 공감대를 형성하고 있다. 현재 미국은 매해 1백만의 인구가 유입되고 있고, 1971년부터 1990년 사이 이민자의 85%가 제3세계 출신이다. 인구학자 레온 부비어(Leon Bouvier)는 아시아 태평양으로부터의 이민 사태에 주목하여 그것을 '태평양의 침입'[2]이라고 표현했는데 이러한 상황이 지속된다면 미국의 de-WASP화 현상은 가속화 될 것이다. 1960년에 백인인구는 미국인구의 88.6%였다. 1990년 그 숫자는 75.6%로 떨어졌으며, 2020년에는 61%가 될 것으로 예측되고 있다. 부비어에 의하면 15세 이하의 경우 비백인 인종집단의 인구는 이미 다수에 접근하고 있다. 다인종사회로의 진입은 인종 상호간에 조화와 협력을 불가능하게 하는가? 하와이의 사례는 이에 대해서 하나의 긍정적인 모델을 제시한다. 하와이는 다인종사회이면서도 인종적인 편견과 갈등을 극복한 모범적 사회이다.[3]

---

1) Arthur M. Schlesinger, Jr., *The Disuniting of America: Reflection on a Multicultural Society* (New York: Norton, 1992), p. 16.

2) Leon Bouvier, *Pacific Invasions: Immigration and Changing America* (Lanham, MD: University Press of America, 1992).

우선 하와이의 역사를 간단히 고찰하면 다음과 같다. 1778년에 제임스 쿡 선장이 유럽인 최초로 이 섬에 상륙했으며 1810년 카메하메하(Kamehameha) 1세가 최초로 하와이를 통일하였다. 1830년대에 시작된 사탕수수산업은 이곳에 상품경제를 도입하는 계기가 되었고 미국기업의 대규모 투자에 힘입어 지역경제의 기간산업이 되었다. 사탕수수와 파인애플 농장경영에 필요한 노동력을 충원하기 위해서 1852년에 중국인 노동자를 선두로 포르투갈, 독일, 일본, 푸에르토리코인들이 유입되었으며, 20세기에 들어서 필리핀인과 한국인 노동자들이 건너왔다. 선교사들의 노력에 의해서 1840년대까지는 지배집단의 기독교 개종이 이루어졌으며, 이와 더불어 서구의 법체계가 도입되었고, 토지의 사유화 작업이 가속화되었다. 1887년에 백인 사업가들은 총칼로써 서구식 정치체제를 강요하여 불평등한 헌법이 제정되었으며, 다수의 하와이인들이 정치적 권리를 박탈당했다. 자주의식이 강했던 릴리우오카라니(Lili'uokalany)여왕이 주권회복을 시도하자 미국군대는 자국 시민의 생명과 재산을 보호한다는 명분으로 1893년에 왕조를 전복시키고 사이비공화국을 수립하였다. 1898년 하와이는 미국에 강제합병 되었다. 이후 하와이를 미국의 한 주로 편입시키려는 공화당 백인집단의 노력은 1937

---

3) 1920년대에 이미 하와이의 다문화현상은 하와이대학교 사회학교수들에 의해서 학문적으로 검토되기 시작하였다. 이들의 작업은 초기 이민사회에 대한 귀중한 연구업적들을 남겼다. 특히 앤드류 린드(Andrew Lind)는 하와이가 인종주의를 극복할 수 있는 마력을 소유하고 있다는 근거 없는 가정을 경계하면서도, 하와이가 공개적인 인종적 갈등으로부터 해방되었다는 사실을 주장함으로써 알로하 정신(aloha: spirit of racial tolerance)의 실제를 확인하는 계기를 제공하였다. Andre Lind, *An Island Community: Ecological Succession in Hawaii* (Chicago: University of Chicago Press, 1938): idem, *Hawaii,s People* (Honolulu: University of Hawaii Press, 1955); idem, *Hawaii: The Last of the Magic Isles* (New York: Institute of Peace Relations, 1969).

년 연방의회에서 좌절되기도 하였으나 하와이는 1959년에 미국의 50번째 주로 승인되었다. 유색인종과 노동자집단의 지지에 힘입어 1954년에 집권한 민주당 주정부는 이후 정치권력을 독점하고 관광개발에 전력을 기울여 산업구조를 1차 산업에서 3차 산업으로 전환시켰으며, 이 과정에서 백인 대신 일본계 주민이 새로운 사회주도세력으로 등장하였다.

오늘날 하와이의 인구는 110만이며 40여개의 인종으로 구성되어 있다. 그 구성 비율을 살펴보면 다음과 같다. 백인은 최대 단일집단으로 전 인구의 24.5%를 차지하고 있으며, 그 뒤를 이어 일본계 주민이 23%로 2위이다. 하와이 원주민과 부분적으로 하와이 원주민의 혈통을 계승하고 있는 집단이 19.9%, 필리핀 출신 주민이 11.3%이다. 나머지 21.1%는 중국계, 한국계, 사모아인, 동남아 국가 및 기타 지역에서 건너온 사람들이다.

다인종사회로서 하와이는 두 가지 특징을 보여준다. 하나는 각 인종집단이 자신의 고유한 문화적 정체성을 유지하고 있다는 사실이다. 한 때 미국사회를 거대한 문화적 용광로에 비유한 적이 있는데, 이런 관점에서 볼 때 하와이는 미국의 일부이면서도 가장 비미국적인 사회이다. 다른 하나는 그럼에도 불구하고 공통의 문화를 창조해냄으로써 하와이가 조화의 공동체를 건설했다는 사실이다. 성공적인 다인종사회로서 하와이의 탄생은 복합적 요인의 산물이며 몇 가지 역사적 배경을 갖고 있다.

첫 번째 요인은 하와이 발전의 사회경제사와 관련이 있다. 문화충격과 물리적 환경의 변화로 원주민인구가 급감하여 일손이 부족해지자, 백인농장주들은 외부로부터 값싼 노동력을 수입하기 시작하였다. 1885년부터 1929년 사이에 35만 여명에 이르는 노동자가 유입되었으며 이에 따라 하와이 원주민은 소수집단으로 전락하였다. 5개의 재벌로 재조직되어 지방의회를 장악하고 완벽한 계급지배체제를 구축하게 된 백인 지배집단은 다양한 인종적 배경을 갖고 있는 이들 노동자계급의 단결을 두려워하여, 그들을 격리시키고, 상호간의 접촉을 금지시켰으며, 심지어 반목을 조장하는 등 분리와 지배(divide and rule)의 전략을 채택하였다.[4] 각각의 인종집단은 상이한 거주지역을 할당받았으며 식량이나 의료의 제공, 각종 편의시설의 이용에 있어서 신분을 확인하는 인식표가 사용되었다. 어느 인종집단이 농장노동에 먼저 투입되었는지에 따라서 상이한 임금체계가 적용되었고 이 역시 불화의 한 요인이 되었다. 그 결과 인종집단 상호간에 유대가 형성되지 않았으며, 1909년과 1920년에 일본인 노동자들이 파업을 일으켰을 때 필리핀 노동자의 대체투입으로 사태가 종결되었던 것은 이러한 상황을 잘 증명하였다.

그러나 백인농장주들은 각각의 인종집단 내부에서 고유한 언어, 종교, 교육, 음식, 관습이 보존되는 것을 허용하였다. 그것은 그들의 문화를 존중해서가 아니라, 인종 상호간의 유대를 사전에 차단하기 위해서 불가피했던 최소한의 양보조치였다. 이 당시 본토에서는 이민자에 대한 적극적인 미국화정책을 추진하고 있었다. 그러나 하와이는 정반대의 방향으로 나아갔다.[5] 1916년 호놀룰루를 방문했던 영국의 소설가 섬머셋 몸(W. Somerset Maugham)은 하와이 사회가 보여주는 다문화적 풍경에 감탄하며 그곳에서 동양과 서양이 만났고 과거와 현재가 공존하였다고 묘사하였다.

20세기에 들어 백인과 유색인종, 혹은 유색인종 상호간에 몇 번

---

4) Glen Grant and Dennis M. Ogawa. "Living Proof: Is Hawaii the Answer?" *The Annals of the American Academy*, No. 530 (November, 1993), p. 146.

5) 물론 1920년대에 YMCA나 YWCA에 의한 서구화 노력이 있었지만 그 효과는 미미하였다.

의 충돌 - 살인 혹은 납치 등의 사건- 이 있었다. 그러나 그것들은 인종적 폭동으로 비화되지 않았다. 그 이유는 백인들은 수적으로 소수였던 까닭에 유색노동자집단에 대한 공공연한 적대행위를 회피하였으며, 유색노동자집단 역시 농장노동 이외의 직업기회가 존재하지 않았으므로 삶의 터전의 상실을 우려하여 격한 행동을 자제했기 때문이었다. 그러나 1940년대 이후 농장경제가 해체되면서 사회적 카스트제도 역시 종말을 고했다. 전쟁을 계기로 부와 특권을 소유하지 않은 새로운 종류의 백인인구 - 군인, 기술자, 육체노동자 등 - 가 본토로부터 유입되었고 이들은 유색인종집단과 더불어 기득권세력에 도전하였다. 일본계 주민과 연대한 이들 백인 집단은 부두노조와 창고노조를 정치적 자원으로 하여 민주당을 재건하고 전직 경찰관출신인 존 번즈(John Burns)를 지사로 당선시키는데 성공하였다. 무혈혁명을 이룩한 민주당 정부는 관광산업 개발에 박차를 가함으로써 농장경제의 잔재를 청산하였다.

두 번째 요인은 폴리네시아 특유의 정치문화이다. 하와이 왕조는 인종적 편견과 차별을 혐오하는 알로하(aloha) 정신의 전통을 유산으로 남겼다. 그들은 일찍이 백인의 진출에 관대하였고 여타의 유색인종에 대해서 사해 동포적 사랑을 실천함으로써 인종적 갈등을 완화시키는 동력을 제공하였다. 미국의 상인들은 노예상태에서 벗어나기 위하여 도피한 아프리카인이 하와이에서 직장과 부인을 얻고 국왕과도 친교를 맺는 사실에 놀랐으며, 하와이왕조의 어느 왕자는 미국 방문당시 그곳에서 목격된 인종차별정책에 충격을 받기도 하였다.

세 번째 요인은 인구학적인 결과이다. 섬 내에 거주하고 있는 백인여성의 부족으로 미국인 선교사들은 백인과 非기독교도 유색인종의 결합을 승인하였으며, 독신노동자들 역시 체류기간을 연장하거나 영구거주를 결심하면서 상이한 인종간의 결합이 가속화되었다. 1991

년의 경우 새로 결혼한 부부의 45.9%가 서로 다른 인종 간에서 이루어졌다. 오늘날 하와이에서 여러 개의 인종적 배경을 갖는 주민들을 발견하는 것은 어려운 일이 아니다.

인종적 편견을 약화시키는 마지막 요인은 세대의 교체와 더불어 습득된 다문화적 생활방식의 등장이다. 이민 제1세대가 자신들의 인종적 유대를 고집했다면, 제2세대는 학교교육과 놀이터를 통해서 문화적 상호작용의 과정 속으로 돌입하였다. 특히 하와이 원주민 자녀와 이민노동자 자녀의 접촉은 이질적 삶의 방식에 대한 적응 효과를 제고시켰다. 아시아 인종의 경우 하와이 원주민 가정과 마찬가지로 대가족제도의 전통을 갖고 있었으며, 따라서 가족 내부에서 습득한 자기절제의 성품은 대인관계에서도 유효하게 작동되었다. 인류학자들이 "최대최소의 원칙(mini-max principle)"이라고 불렀던 이들의 생활방식은 공동체의 유대를 최대화하며 개인적 이해를 최소화하는 규범을 구성원들에게 강조하여 다인종 사회건설에 긍정적인 역할을 수행하였다.[6] 또한 다인종 사회 속을 살아나가기 위한 공리적 전략으로 자신을 낮추는 습관이 보편화되었다. "ain't no big thing" 증후군이라고 불리는 이러한 생활태도는 일상적인 농담 속에서 자신이 속한 인종집단의 약점을 우선적으로 드러냄으로써 전체사회의 긴장을 완화시키는 결과를 초래하였다.[7]

그 결과 새로운 지방문화(local culture)가 건설되었다. 그것의 본질은 한편으로 다양성을 추구하여 각 인종집단의 고유한 문화를 존중하면서도, 다른 한편으로 보편성을 모색하여 공통의 문화를 창조하는데 있었다. 베르나르 호만(Bernhard L. Hormann)이 피진문화

---

6) Glen Grant and Dennis M. Ogawa. "Living Proof: Is Hawaii the Answer?" p. 150.

7) *Ibid.*, p. 151

(pidgin culture)[8]라고 명명했던 혼합문화의 탄생으로 지방적 정체성(local identity)이 확립되었고, 하와이 주민들은 자신들의 고유한 전통을 상실함 없이 인종적 차별을 극복할 수 있는 보편적 관행을 확립하게 되었다. 피진문화는 하와이 공통의 언어와 음식, 관습 등을 내용으로 하고 있는데, 가령 하와이의 영어는 표준영어와 다른 독특한 억양과 의미를 내포하고 있으며 하와이 지방문화의 유지에 중요한 기능을 수행한다. 당신은 누구인가라는 물음에 대해서 하와이인들은 자신들 상호간에 조상의 고향을 이야기하지만, 외부인에 대해서는 로칼(local)이라고 답변한다. 호놀룰루의 한 대학은 하와이 사회로 새롭게 진입하는 외부인들을 위해서 로칼 컬츄어에 대한 강의를 제공하고 있다. 지난 세기의 하와이 역사는 다양성을 인정하면서도 상호적 이해와 결속을 통해서 공통성을 추구하는 사회화 과정이었다. 하와이가 보여주는 교훈은 다수 인종집단의 정체성의 유지가 반드시 분열로 나아가지 않으며 반대로 진정한 공동체 사회의 기반이 될 수 있다는 사실이었다.

한 가지 흥미 있는 점은 비록 공개적인 적대감이 사라졌다고 하지만 비공식적인 조롱과 험담이 인종집단 상호간에 존재한다는 것이다. 하와이에서 '백인자식', '거만한 일본놈', '게으른 원주민' 등의 이야기를 듣는 것은 그렇게 어려운 일이 아니다. 따라서 새로운 진입자는 하와이 사회에서 공개적으로 천명되는 인종적 우위와 일상적으로 체험하는 은밀한 차별에 종종 당황하고 분노하게 된다.[9]

---

[8] 호만의 개념은 John F. McDermott, Jr., "Toward an Interethnic Society," in John F. McDermott, Jr., Wen-Shing Tseng, and Thomas W.Maretzki(ed.), *People and Cultures of Hawaii: A Psychocultural Profile* (Honolulu: John A. Burns School of Medicine and University of Hawaii Press, 1980), p. 228에서 검토되었다.

[9] Glen Grant and Dennis M. Ogawa, p. 148.

성공적인 다인종사회의 명성에도 불구하고 하와이는 아직도 해결해야 할 또 하나의 과제를 갖고 있다. 그것은 실질적 평등의 문제이다. 유색인종의 경우 일본계와 중국계 주민들은 사회적 지위가 높고 소득수준이 높다. 그러나 하와이 원주민과 필리핀계 주민들은 매우 열악한 삶을 영위하고 있다. 가령 관광산업의 경우 최고관리자는 외부에서 진입한 백인들이며 중간관리자는 최고학부를 나온 현지인들로 충원된다. 단순육체노동에 종사하는 자들은 대부분 원주민이거나 필리핀계 주민들이다. 혹자는 이러한 인종적 지위구조가 고착화되고 있음을 우려하고 있다. 그러나 이들 인종집단의 각성과 노력으로 상황은 다소 호전되고 있다고 보여 진다. 근래에 들어 필리핀계 주민들의 정치적 부상이 두드러지며 하와이 원주민 역시 자치 운동을 통해서 자신들의 사회적 지위를 신장시켜 나아가고 있다.

III 인종투표

인종을 초월한 조화사회의 명성에도 불구하고 인종문제는 하와이 정치의 중요한 변수이다. 이와 관련하여 특히 집단적인 인종투표의 존재여부가 쟁점이 되어왔다. 이 문제를 검토하기 이전에 특히 두 가지 사실을 지적할 필요가 있다.

첫째로 인종투표가 하와이 정치의 특유한 현상이 아니며, 미국본토를 비롯한 모든 다인종 사회에서 보편적으로 발견된다는 점이다. 다만 하와이의 경우 인종 초월적 사회의 신화가 문제 될 뿐이다. 둘째로 투표에 있어서 인종집단의 결속이 병리현상으로만 속단될 수 없다는 점이다. 민주정치는 사회구성원들의 상반된 이해관계를 정당한 기제에 의해서 조절하려는 노력이며 인종투표는 정상적인 이익표출과정의 한 단계일 수 있다. 일탈된 행위를 수반하지 않는 인종투표는 위험한 수준의 사회적 갈등과 동일시 될 수 없을 것이다.

하와이 정치와 인종투표의 문제에 대해서는 2개의 가설이 존재한다. 하나는 현저한 인종투표현상이 존재하지 않는다는 입장이며, 다른 하나는 투표에서 인종변수가 결정적인 역할을 한다고 보는 입장이다. 전자를 대표하는 힐로(Hilo)의 하와이대학교 제임스 왕(James Wang)교수는 집단적 인종투표현상의 존재를 부정한다. 그는 이에 대해서 네 가지 이유를 들고 있다.[10] 첫째로 정책이슈의 성격이 인종적 고려에 우선한다. 더구나 각 인종집단은 여러 개의 섬에 흩어져있기 때문에 지역적 문제가 더 중시될 수밖에 없다. 둘째로 제2차 세계대전 이후에 성취된 선거혁명으로 민주적 사회가 실현되었으며, 모든 인종집단은 정치과정 상에서 공정한 몫을 부여 받았다. 셋째로 모든 구성원들이 상대집단의 반발을 의식하여 자제력을 발휘하고 있다. 특히 민주당의 경우 입후보결정에 인종적 균형을 배려하기 때문에 집단적 편향은 불가능하다. 마지막으로 플리네시아 특유의 관용의 정치문화가 작용한다. 인종적 호소는 대중으로 하여금 반발 심리를 갖게 만들며 선거에서 실질적인 패인이 된다. 왕교수에 의하면 간헐적으로 인종투표현상이 발견되기도 하는데, 그것은 후보자들이 유권자에게 낯선 인물들이거나 혹은 너무나 잘 알려진 인물들일 경우이다. 하와이대학교 심리학 교수인 존 디그만(John Digman) 역시 1954년과 1957년의 선거결과에 대한 분석을 통해서 정당선호가 투표에서 결정적인 변수임을 주장하였다. 그러나 디그만은 인종변수가 일정한 정도로 작용하고 있으며 특히 근접적인 경우 큰 영향을 미치

---

10) James C. F. Wang, *Hawaii State and Local Politics* (Hilo : University of Hawaii at Hilo, 1982), pp. 84-85.

고 있음을 지적하였다.

그러나 표면적인 자제심이나 명분론과는 달리 실제로는 인종적 변수가 매우 중요한 역할을 하고 있으며 학자들보다도 정치인들이 이러한 사실을 더 잘 인식하고 있다. 인종투표현상을 주목하고 있는 웨스트 오아후(West Oahu)대학의 정치학 교수인 단 보이란(Dan Boylan)은 인종정치의 존재를 인정하지 않으려는 '부정의 심리'(psychology of denial)[11]를 지적한다. 왜 어떤 사람들은 하와이에 인종정치가 존재하지 않는다고 고집하는가? 보이란은 하와이에서 인종정치의 존재를 부정하게 되는 세 가지 심리적 계기를 지적한다. 첫 번째 계기는 최대 유색인종집단인 일본계 주민들의 태도 변화이다. 2차 세계대전 당시 일본계 주민들은 모국의 군국주의를 지켜보면서 미국에서의 자신들의 지위를 불안해하였다. 일본과 미국의 전쟁은 일본계 미국인들에게 커다란 고통을 안겨주었다. 이들 집단은 끊임없이 의혹의 눈길을 받아야 했으며, 차별적 대우를 감수해야만 했고, 일부는 본토의 수용소로 이송되기도 하였다. 따라서 자기방어의 차원에서 일본계 젊은이들은 자진해서 참전하여 자신의 애국심을 증명하려 하였다. 투표장에서는 다른 인종 후보에게 한 표를 던졌다. 그것은 일종의 죄의식의 산물이었다. 두 번째의 계기는 하와이가 미국이 주로 편입되는 과정에서 지역사회 지도자들이 취했던 태도이다. 1930년대 중반부터 하와이는 미국의 한 주로 편입되기 위해서 줄기차게 노력을 시도하였다. 본국에서 늘 문제가 되었던 것은 하와이 인구 중 백인이 20%에 불과하다는 사실이었다. 특히 남부의 주들이 이 문제에 대해서 적극적으로 반대의사를 표명하였는데 그 이유는 다인종사

11) Don Boylan, "Blood Runs Thick," in Zachary A. Smith and Smith and Richard C. Pratt(eds.), *Politics and Public Policy in Hawaii* (State University of New York Press, 1992), pp. 73-77.

회의 등장으로 인종문제가 제기될 때 자신들의 입지가 불리해질 것이라는 우려에서였다. 하와이 사회의 백인 지도자들은 하와이가 다인종사회임에도 불구하고 본토와 마찬가지로 하나의 미국으로 완전히 동화되었음을 강조함으로써 이들의 반발을 무마하려 하였다. 마지막으로 공리적인 계산과 신사의 품위의 문제이다. 어떤 집단도 지배적 지위를 향유하지 못하는 사회에서 인종문제를 공개적으로 거론하는 것은 예의상으로나 실질적으로나 전혀 도움이 안 된다. 선거에서 승리하려는 자는 다수의 인종집단을 포섭해야하며 인종적 대화는 선거본부 안방에만 국한되어야 한다.

1959년 하와이가 주로 편입되었을 때, 많은 사람들은 피부와 출신이 더 이상 문제되지 않는 사회가 도래하였다고 주장하였다. 그러나 여전히 현실은 그와 반대의 양상을 나타내고 있다. 그 이유는 무엇인가? 보이란은 우선 소수집단의 자기이익방어가 인종투표의 기제를 통해서 이루어지고 있기 때문이라고 본다. 이 점과 관련하여 그는 본토에서도 마찬가지의 현상을 목격할 수 있음을 강조한다. 아일랜드인, 이탈리아인, 유태인, 흑인, 히스패닉 계통 등 모두가 자신들의 사회경제적 지위를 확보하기 위한 합법적 장치로서 선거를 이용하고 있다. 하와이로 이주한 아시아 태평양 지역의 주민들 역시 마찬가지의 경우이다. 두 번째 이유는 정당정치의 퇴조와 관련되어 있다. 이것 역시 미국 전역에서 발견되는 보편적 현상인데, 텔레비전을 이용하는 미디어정치의 효과와 정치행동위원회(PAC) 등장으로 정당은 자신의 역할을 상당 부분 상실하였다. 정당이 의미 있는 역할을 수행하지 못하는 상황 하에서 인종적 고려는 정치적 선택의 중요한 변수가 된다. 1962년 이후 지속적으로 정치권력을 독점해온 민주당의 선거 전략은 본질적으로 인종카드의 적절한 활용에 있다.[12)]

1962년 선거에서 민주당은 일본계인 이누예(Daniel Inouye)를 상원의원에, 백인인 번즈(John A. Burns)를 지사에, 하와이 원주민계인 윌리엄 리차드슨(William Richardson)을 부지사에, 중국계인 허버트 리(Herbert Lee)와 백인인 톰 질(Tom Gill)을 하원의원에 입후보시켜 5개의 공직선거 모두에서 승리하였다. 24년이 지난 1986년 선거 역시 전략은 마찬가지로 모든 인종집단에게 호소할 수 있는 대진표를 작성하는 것이다. 이번에는 이누예를 상원의원에, 백인인 닐 애버크롬비(Neil Abercrombie)와 하와이 원주민계인 단 아카카(Dan Akaka)를 하원의원에, 하와이 원주민계인 존 웨이히(John Waihee)를 지사에, 필리핀계 벤 카예타노(Ben Cayetano)를 입후보 시켜 승리하였다.

하와이 공화당은 1986년 주지사 선거에서 주로 편입된 이후 최초의 승리를 기대하고 있었다. 많은 주민들이 민주당의 일당독주에 거부감을 갖고 있었으며 변화를 기대하고 있었다. 공화당은 유능한 행정관으로 능력을 검증받았고 지난 20년 동안 최고의 인기를 보여주었던 포르투갈계의 앤디 앤더슨(Andy Aderson)을 후보로 지명하고 있었으며, 또한 호놀룰루 시장을 세 차례 역임했던 민주당의 거물정치인 프랭크 파시(Franf Fasi)를 영입하여 선거를 지원토록 하고 있었다. 파시는 하와이인과 필리핀 출신 주민들에게 상당한 인기를 확보하고 있었다. 그러나 공화당의 소망은 성취되지 않았다. 그 이유는 민주당이 효과적으로 인종카드를 구사했기 때문이었다. 민주당은 하와이원주민 계통의 존 웨이히를 지사 후보로, 필리핀계인 벤 카예타노를 부지사 후보로 지명하여 두 인종집단이 최초로 공직에 접근할 수 있는 기회를 부여하였다. 일본계 미국인의 변함없는 지지를

12) 따라서 하와이 민주당의 내분은 인종적 분장(扮裝)의 본질을 폭로한다. "Ethnic Pineapple Salad," The Economist (October 20, 1990).

바탕으로 제3, 제4의 인종집단을 적절히 이용하여 하와이 민주당은 다시 한번 승리하였다.

1984년 하와이 주 하원의원의 선거를 분석해보면 인종적 변수와 결합된 투표행태를 추론해볼 수 있다. 51개 선거구 중 60%의 선거구에서 다수 인종집단의 후보자가 당선되었다. 한 인종집단이 전체 인구의 40% 이상을 차지하는 선거구 23개 중 20개에서 지배적 인종집단의 후보자가 승리하였다. 이들 통계가 보여주는 바에 의하면, 기회가 주어졌을 때 백인은 백인에게 일본계 미국인은 일본계 미국인에게, 필리핀인은 필리핀인에게, 하와이 원주민은 하와이 원주민에게, 중국인은 중국인에게 투표를 한다는 사실이다.[13)]

민주당의 당료로서 수십년 동안 선거운동을 책임졌던 로버트 오시로(Robert Oshiro)는 1989년 인터뷰에서 다음과 같이 말하고 있다.

> "모든 선거운동에서 우리는 민주당이 각각의 인종집단에게 무엇을 의미하는 지를 상기시키려 하였다. 1960년대에 우리는 인종적 요인이 하와이정치에서 매우 중요하다고 공개적으로 말했다. 오늘날 그것은 더욱 큰 역할을 수행하고 있다. 선거는 수의 경기이다. 백인과 일본인은 가장 강력한 지배집단이다. 오늘날 필리핀계가 부상하고 있으며 보트피플, 베트남인, 캄보디아인, 태평양군도인들이 밀려오고 있다. 이들 모두는 자신의 위치를 원하고 있으며 그것을 성취하기 위해서 정치를 이용하려 하고 있다. 백인들은 또 다른 문제가 있다. 그들은 농장노동자들과 달리 집단적으로 이주하지 않았다. 그리고 그들은 집단으로 행동하는

13) Don Boylan, "Blood Runs Thick," p. 72. 로렌스 푹스(Lawrence Fuchs)는 1958년 선거 후 패배한 후보자들과의 인터뷰를 통해서 인종투표의 한 유형으로 프렁킹(plunking)의 문제를 지적하였다. 이것은 연기명식 투표의 경우 잠재적 경쟁자의 추격을 뿌리치고, 혹은 압도적인 세를 과시하기 위해서 지지자 1인에게만 투표하여 나머지 1인을 사장시키는 경우이다. 특히 중국인 유권자들에게서 이러한 경향이 현저히 나타났다. James C. F. Wang, *Hawaii State and Local Politics*, pp. 87-88.

문화를 갖고 있지 않다."[14)]

1984년 하와이 공화당의 사무총장이었던 제임스 홀(James V Hall)은 171개의 오하우섬 투표소에서의 대통령선거와 시장선거를 분석한 후, 20페이지에 달하는 보고서를 제출하였는데 그것의 결론은 다음과 같았다. "인종정치가 오하우에 여전히 살아있다. 백인들은 압도적으로 레이건(Reagan)에게 투표한다. 필리핀인은 압도적으로 파시에게 투표하며, 그 보다 다소 덜 레이건에게 투표한다. 하와이 원주민들은 압도적으로 파시에게 투표한다."[15)]

제2차 세계대전 후 하와이 민주당은 인종투표를 성공적으로 활용해왔다. 과거 40년 동안 민주당의 선거운동을 전담해왔던 마이크 도쿠나가(Mike Tokunaga)는 인종문제가 선거운동에 있어서 최우선적인 고려사항이었다고 회술하며 다음과 같이 말한다.

> "나는 이러한 현상에 대해서 변명할 필요가 없다고 생각한다. 미국에서 어디를 가든 '같은 무리끼리 어울리는 것'(Birds of the same feather flock together)은 보편적 현상이다."[16)]

1974년 이후 어드버타이저(Advertiser)의 여론조사책임자로 활약하고 있는 게리 케어(Gerry Keir) 역시 다음과 같이 말한다.

> "인종이야말로 하와이에서 투표행태를 결정하는 가장 강력한 지표이다. 두 번째와 세 번째의 지표는 거주기간과 소득수준이다. 그러나 그

---

14) Don Boylan, "Blood Runs Thick," pp. 76-77.

15) *Ibid.*, p. 73.

16) *Ibid.*, p. 73.

것들은 인종보다 훨씬 효과가 미약하다. 인종만큼 중요한 변수는 존재하지 않는다."[17]

1976년과 1986년을 예로 들어, 각 인종집단의 정당선호를 살펴보면 [표-1]과 같다.

[표-1]

	1976년			1986년		
	민주당	공화당	무소속	민주당	공화당	무소속
백인	44	30	26	33	43	24
일본계	58	11	31	68	9	23
하와이 원주민	49	17	34	46	21	33
필리핀인	77	9	14	41	24	35
중국인	40	29	31	37	20	43
기타	n/a	n/a	n/a	44	21	35
합계	52	18	30	45	27	28

출처: Zachary A. Smith, *Politics and Public Policy in Hawaii*, p. 71. 1984년에 하와이 부지사실 조사정보과에 의해서 제공된 1984년 선거와 인종적 배경에 관한 공식자료임.

그러나 시간이 흐르면서 이민 3세대, 4세대, 5세대에 이르러 사람들은 인종적으로 더욱 혼합적이 되었고, 자신의 뿌리에 대한 관념도 점차 희박해지기 시작하였다. 1988년 하와이에서 출생한 어린이의 55%가 혼합적 인종의 배경을 보여주고 있다. 그들은 자신의 존재를 어떻게 규정할 것인가? 그들은 어느 정당에 대해서 충성을 보

17) *Ibid.*, p. 71.

일 것인가? 이들 새로운 세대의 주요한 관심사는 인종적인 고려보다는 물질적인 혜택과 실리이다. 이러한 상황의 전개는 상대적으로 공화당에게 유리하다고 말할 수 있다. 인종투표의 약화로 공정한 게임이 전개될 것을 기대하는 하와이 공화당 당의장인 앤디 앤더슨(D.G.Andy Anderson)은 앞으로 민주당의 우위가 종식되고 공화당이 그 자리를 차지하게 될 것이라고 예측한다.

그러나 게리 케어는 이 점에 대해서 회의적이다. 그가 갖고 있는 통계는 아직까지 인종투표를 이탈하는 특별한 경향을 보이지 않고 있다. 마이크 도쿠나가 역시 회의적인 태도를 보인다. 가령 3세대 일본계 미국인 젊은이의 경우, 평소에는 후보자가 어느 정당인가에 관심이 없다. 그러나 투표소에 들어서면 그들은 인종적인 선택을 행한다. 부모들로부터의 영향이 그곳에서 작용하기 때문이다.[18]

Ⅳ 원주민 문제

오늘날 하와이 사회가 직면하고 있는 가장 심각한 문제 중의 하나는 하와이 원주민 문제이다. 과도한 개발의 폐해는 특히 하와이 원주민집단에 대해서 치명적인 타격을 가했다.[19] 대륙으로부터의

18) *Ibid.*, pp. 77-78.

19) 이에 대해서는 다음을 참조하였다. Haunani-Kay Trask, "Native Hawaiians Nationalism in Hawaii," in Smith, Zachary A. and Richard C. Pratt(eds.), *Politics and Public Policy in Hawaii* (State University of New York Press, 1992); Haunani-Kay Trask, "Hawaiians, Americanization, and the Quest for Independence," *Social Process in Hawaii,* Vol. 31(1984), pp. 102-135; Paul F. Hooper, *Elusive Destiny: The Internationalist Movement in Modern Hawaii* (Honolulu: The University Press of Hawaii, 1980); Noreen Mokuau, "The Impoverishment of Native Hawaiians and the Social Work Challenge,"

질병 유입과 문화충격으로 신체적인 약화과정이 진행되었으며 평균 수명이 단축되었고 인구수가 급격히 감소되었다. 백인이 최초로 하와이에 상륙했을 당시 50만 이상으로 추정되었던 원주민 인구는 오늘날 순수혈통의 경우 5천명인 정도에 불과한 것으로 조사되고 있다. 기독교와 시장제도의 도입은 원주민의 문화와 생활양식을 파괴시켰다. 토지 공동소유의 전통, 타로(taro) 농사, 고유의 언어와 종교, 춤과 노래가 사라지고 있으며 진정한 알로하 정신은 상업화되었다. 1990년 하와이 교회협의회는 관광산업으로 인한 전통문화의 파괴를 경고하고 모라토리엄(moratorium)을 주장한 바 있다. 하와이 원주민의 사회경제적 지위 역시 매우 열악한 상태이다. 토지를 매도하고 도시로 진출한 원주민들에게 주어지는 직업기회는 경쟁력의 부재로 인해 서비스직종의 보조적인 역할에 불과하였다. 성공을 거둔 일부를 제외한 다수의 원주민 집단은 하층계급으로 전락하였다. 그들의 거주 지역은 게토(ghetto)화 되었고 사회적인 일탈자의 비율이 급증하였다. 원주민은 인종별 수감자 대비에 있어서 가장 높은 비율을 보여준다. 개발이 가속화되면서 1960년대 말 하와이 원주민들은 막다른 골목에 다다르게 되었다. 급속히 진행된 도시화는 원주민의 마지막 피난처였던 농촌지역을 파괴하기 시작한 것이다. 특유의 관용정신으로 한 세기 이상 고통을 감내했던 하와이 원주민들은 결국 봉기하였다.

1971년 5월 11일 비숍(Bishop) 재단[20]의 사유지인 오하우 섬의

Health and Social Work, Vol. 15, No, 3(August, 1990), pp. 235-242; Edith Terry, "Trouble in Paradise: Ethnic Movement for Self-Rule Gains Momentum." *Far Eastern Economic Review* (11 March, 1993), pp. 32-33; Joye Mercer, "Native Hawaiians Push to Extend and Deepen University's Diversity." *The Chronicle of Higher Education* (August 3, 19~94).

20) 비숍 재단은 19세기에 하와이원주민의 한 족장에 의해서 설립되었다. 재단은

카라마 계곡에 거주하고 있던 일단의 주민들이 재단의 강제철거에 대항하여 투쟁을 선언하였다. 다수의 원주민을 포함한 150여 세대가 비숍 재단으로부터 토지를 임대한 후 수 십년 동안 이곳에서 전통적인 방식으로 농업에 종사하며 거주해왔다. 재단이 체결된 계약에 따라 거주민에 대한 철거를 명령하고 관광단지개발사업에 착수했을 때, 이들은 생활의 터전을 상실할 위기에 놓이게 되었다. 이미 주 의회는 수차례에 걸쳐 시 당국과 재단에 대해서 거주민 재이주 계획수립을 요청한바 있으며 상원 역시 주정부가 토지를 구입하여 거주민을 보호할 것을 촉구한 바 있었으나 재단은 이를 거절하였다. 철거작업의 강행으로 대부분 이곳을 떠났으며 일부는 새로운 정착지를 제공받았다. 그러나 3가구가 마지막까지 재단의 요구를 거부하고 투쟁을 감행하였다. 당시 베트남 전쟁을 문제 삼고 미국의 제국주의 정책에 항거하던 대학의 운동집단이 여기에 가세하였으며, 사회 인사들에 의한 후원회가 조직되었고, 주민들은 당국의 원주민 주택정책의 실패를 성토하였다. 거주민들을 후원하는 지지자들은 계곡의 입구에 참호를 파고 재단 경비원들의 내습에 대비하였다. 최초에 투쟁은 백인 마르크스주의 운동가 집단의 가세로 계급적인 성격을 띠기도 했으나, 곧 원주민 투쟁위원회는 백인의 관여가 적에게 빌미를 준다는 이유로 그들의 철수를 정중히 요구하였고, 백인운동가 집단은 투쟁이 순수한 인종문제로 치환되는데 대해서 크게 좌절하였다. 이 무렵 투쟁위원회는 원주민과 백인을 구분했지만 아시아계통의 유색인종에 대해서는 현지주민의 개념으로 포용하였다.

하와이 토지의 10%를 소유하고 있으며 이를 기금으로 하여 원주민 자녀를 위한 사교육기관인 카메하메하 스쿨(Kamehameha School)을 운영해왔다. 재단의 이사는 하와이 대법원에 의해서 임명되는데 선교사 계통의 백인기업가집단이 배후에서 영향력을 행사하고 있어서 하와이인은 소수에 불과하며 대부분이 공화당원이다. 그들은 사실상 하와이 상류사회의 후즈후(Who's Who)이다.

강제철거의 과정은 TV로 방영되었는데 철거에 참여한 불도저의 운전사 역시 원주민이었다는 사실로 비극은 심화되었다. 저항은 비폭력적인 방식으로 전개되었으나 가담자들은 결국 체포되었으며, 재판에 회부된 후 그 해 8월 유죄판결과 동시에 집행유예를 선고받았다. 원주민들과 운동가들에 의해서 정부 및 비숍 재단을 상대로 한 항의와 시위가 수개월동안 계속되었으며 「Kokua Kalama」("Help Karama")라는 투쟁조직은 「Kokua Kalama」("Help Hawaii")로 확대 개편되었다. 백인기업가의 이익을 대변해온 보수적 지방신문인 『어드버타이저』(Advertiser)는 사설에서 이제 하와이가 토지용의 문제에 관하여 심각한 고민을 행해야 할 시기라고 말하기에 이르렀다. 이 사건은 낙원의 이미지로 채색되었던 하와이의 또 다른 현실을 폭로하고 하와이 원주민의 민족의식을 자극함으로써 본격적인 하와이 주민운동의 효시가 되었다.

카라마 계곡의 투쟁으로 점화된 70년대 초의 주민운동은 개발업자, 주 정부, 사유자본의 횡포에 저항하는 현지주민(Local)의 생존권 투쟁이라는 양상을 보였다. 현지 주민이라 함은 원주민과 하와이에 장기 거주한 비원주민을 모두 포함하는 개념이다. 아시아계 이민 집단의 우월한 사회경제적 지위에도 불구하고 급격한 개발에 대한 거부감으로 주민 상호간에 일체감이 유지되었다. 그러나 10여 년이 흐르면서 운동은 인종적 성격을 분명히 하기 시작하였다. 현지주민의 권리를 부정하지 않았지만 운동의 방향은 하와이 원주민(Native)의 생존권투쟁으로 정착되었다.

1972년에는 비숍재단을 감시하기 위한 단체가 조직되었으며, 1973년에는 리조트개발을 위한 강제철거를 거부하는 여러 개의 주민운동조직이 결성되었다. 1974년에는 해변가를 점거한 원주민들이 개발에 반대하여 전통적인 어촌을 건설하는 사태가 발생하였다.

1975년에는 이주를 거부하는 어민들의 투쟁이 있었고 하와이 원주민을 위한 정치단체가 출현하였다. 1976년에는 도서지역에서의 폭격훈련을 반대하는 운동이 전개되었으며 1977년에는 병원이전을 거부하는 나병환자들의 투쟁이 있었다. 1978년에는 힐로(Hilo)공항 건설에 반대하는 원주민과 지지자들의 시위가 계속되었으며 1980년에는 원주민들에 의한 불법적인 문화촌 건설이 시도되었다.

1980년대에 들어서 원주민운동은 과거의 소극적인 개발반대 투쟁에서 벗어나 지나간 역사 - 왕조 전복과 강제합병 - 에 대한 정부당국의 사과와 보상, 토지의 반환과 하와이 문화재건, 자치권의 회복을 본격적으로 주장하기에 이르렀다. 운동은 정치적 투쟁 외에도 법률적 투쟁을 병행하였는데 특히 토지문제는 운동의 핵심적인 사안이 되었다.[21]

그들은 우선 연방정부와 주 정부에 의해서 관리되고 있는 원주민 거주를 위한 신탁토지가 용도외적으로 사용되고 있음을 문제 삼고 이에 대한 보상과 신탁토지의 지배권을 주장하였다. 1920년 미 의회는 50%이상의 혈통을 갖는 하와이 원주민을 위한 정주계획(homestead plan)을 수립하였다. 곧 정주위원회가 구성되었고 20만 에이커의 신탁지가 지정되었다. 그러나 연방정부의 재정지원 부족으로 계획은 지지부진하였고 토지의 일부가 본래의 목적과 무관하게 국가기관 혹

21) 토지반환논쟁에 대해서는 Randall W. Roth, The Price of Paradise, pp. 198-203; Edith Terry, "Trouble in Paradise: Ethnic Movement for Self-Rule Gains Momentum," p. 33; Norman Meller, "Policy Control: Institutionalized in the Fiftieth State" in Smith, Zachary A., and Richard C. Pratt(eds.) *Politics and Public Policy in Hawaii*, pp. 23-24; Haunani-Kay Trask, "Native Hawaiian Nationalism in Hawaii," in Smith, Zachary A., and Richard C. Pratt(eds.) *Politics and Public Policy in Hawaii*, pp. 248-250; Haunani-Kay Trask, "Stay Home: Native Hawaiians Want Their Land Back," *The Progressive* (June, 1993), pp. 32-34 참조.

은 주 정부 기관에게 양도되었으며 심지어 사기업에게 임대되었다. 1959년에 관리권을 이양 받은 주 정부에 대해서 원주민 단체들은 신탁지의 지배권이전과 과거의 불법적인 토지사용에 대한 보상을 동시에 요구하였다. 그리고 운동은 점차 합병으로 빼앗긴 토지에 대한 권리를 주장하기에 이르렀다. 1898년 당시 하와이 공화국은 미국정부에게 120만 에이커의 토지를 할양했는데 당초의 약속과 달리 토지운용 수입금은 하와이 원주민의 복지를 위해서 전혀 사용되지 않았다. 1980년에 와서야 수입의 일부가 지급되었으며 이후 협상은 미집행된 금액을 포함한 누적적 보상액의 산출이 문제가 되었다. 원주민 단체들은 상기의 두 종류 토지에 대해서 금전적 보상뿐만 아니라 토지의 부분적인 반환을 강력하게 주장하였다.

원주민 운동의 또 하나 중요한 특징은 문화적 투쟁을 강조했다는 점이다. 그들은 하와이 언어와 종교, 춤과 노래, 타로 농사, 토지의 공동체적 사용 등 전통적인 문화와 생활방식을 강조하였으며 자신의 역사를 새롭게 해석하려 하였다. 그들은 정신적인 탈식민화라는 맥락에서 투쟁의 모든 용어를 하와이 고유의 언어로 통일하였다. 하와이 원주민 문화의 핵심적인 가치는 정신성의 숭배, 자연의 질서와 조화에 대한 성찰, 가족의 중요성 강조이다.[22] 그들은 토지를 생명의 요람으로 인식하였으며 따라서 토지의 무분별한 개발과 파괴적 사용에 반대하였다. 그들은 오하우 섬의 30%가 군사기지화 된 사실을 항의하였고 1976년에는 군사폭격 훈련지였던 카호오라웨(Kahoolawe)섬을 점거하여 신성한 토지의 군사적 파괴를 즉각 중지할 것을 요구하는 시위를 벌였다. 1990년에 2명의 운동가가 사망하는 사건이 있은 후 폭격훈련이 중단되었고 이 섬은 역사적 유적지로 지정되었다. 원

---

22) Noreen Mokuau, p. 240.

주민 운동의 전통문화에 대한 강조는 그들로 하여금 기독교와 자본주의에 대해 적대적 태도를 갖게 만들었으며 일부 사회주의 운동가들은 이들의 사고방식의 퇴행성을 문제 삼기도 하였다.

원주민 운동은 최종적으로 자치권의 회복을 표방하였다. 자치권의 의미와 관련하여 다양한 노선과 이념이 추구되었는데 구 왕조의 재건, 독립된 주권공화국의 건설, 연방헌법 한계 내에서의 제한적인 주권 향유, 인디언과 같은 민족적 지위의 확보 같은 주장은 그 대표적인 내용들이다. 일부 운동단체들은 「블랙 팬더」(Black Panther)와 같은 과격한 흑인투쟁조직과 연합전선을 구축하였으며 인디언 투쟁조직과도 제휴하였다. 1980년대에 들어서 운동가들은 UN과 각종 국제회의에 진출하였고 제3세계의 투쟁에 합류하기도 하였다. 원주민 운동의 대표적인 이론가의 한 사람인 하와이 대학교 하우나니 카이 트라스크(Haunani-Kay Trask)교수는 하와이를 미국의 식민지로 규정하며 투쟁의 성격을 주권의 회복이라고 잘라 말한다. 그러나 카라마 계곡의 사태에서 드러났듯이 운동은 백인 이념집단의 접근에 대해서 일정한 경계를 그었다. 하와이 원주민운동은 인종문제가 계급문제를 압도하고 있다.

하와이 원주민 문제는 급기야 선거의 쟁점이 되었고 이를 지지하는 의원과 선출직 공무원의 숫자가 늘어나면서 점차 강력한 추진력을 부여받게 된 원주민 운동은 70년대 말에 와서 연방정부 및 주 정부 차원의 성과를 얻어내는데 성공하였다. 1978년의 주 헌법회의는 주 헌법 조항의 개정을 통해서 하와이 원주민의 생존권, 언어와 종교와 문화, 토지에 대한 권리 등을 최대한 보호하기 위한 기본적인 토대를 마련하였다. 주헌법회의에 의해서 하와이 사무국(OHA)이 조직되었으며 1981년에는 하와이 원주민 문제를 검토하기 위한 대통령위원회가 임명되었다.

하와이인에 의한 하와이인의 권리보호를 목적으로 창설된 OHA는 투표에 의해서 선출된 각 도서지역의 원주민 대표자들로서 구성된다. 사실상 주 정부 기구라고 할 수 있는 이 조직은 민주당과 밀접한 관계를 유지하고 있으며 주 정부로부터 신탁토지 수입의 20%를 지원받는다. 그러나 하와이 원주민 사회의 대표조직임을 주장하고 있는 OHA는 법률적 실질적인 권한을 결여하고 있으며 때때로 파괴적인 개발을 지지하고 나섬으로써 하나의 이익단체에 불과하다는 비판을 받고 있다. 위원들은 급료가 없기 때문에 중도에 사퇴하는 경우가 많고 종종 이권개입의 추문에 휩쓸리고 있으며 직함은 정계입문을 위한 발판으로 이용되고 있다. 비판세력들은 OHA가 정부지원자금을 관리하는 것 외에 하는 일이 없는 조직이며 그것마저도 원주민들에게 수혜가 미치지 않는다고 맹공을 퍼붓는다.[23]

OHA에 대항해서 강경한 투쟁을 선도하고 있는 주민운동단체인 「Ka Lahui Hawaii」(the Hawaiian Nation)는 1987년 자체적인 헌법회의를 소집하고 250명의 대표로서 헌법제정과 임시정부 수립을 시도한 바 있다. 이 단체는 미국정부가 강제합병의 범죄성을 인정하고 하와이 원주민의 자치를 허용할 것을 주장하며 우선적인 과제로서 인디언과 동등한 대우의 실현을 위한 투쟁을 주도하고 있다. 회원 가입자 수의 급증에 힘입어 이 조직은 1988년 하와이 원주민 자치를 위한 회의를 제안하였는데 OHA가 불참한 상태에서 여섯 개의 주요 원주민 단체가 참여하여 회의가 진행되었다. 회의는 하와이 원주민과 미국의 관계를 보편적 인권의 문제로 규정하였으며 1893년의 하와이 왕조 전복 이후 최초로 자치정부 수립문제를 하와이인들의 공식적 의제로 상정하였다.

---

23) Haunani-Kay Trask, *op. cit.*, pp. 250-252.

1988년 인디안 문제위원회의 상원의원 이누예(Inouye)가 보상 문제를 해결하기 위해서 호놀룰루로 왔다. 일련의 공청회에서 원주민 운동단체들은 보상뿐만 아니라 자치권을 요구하였으며 그들은 연방정부의 인디안 정책을 예로 들어 "민족대 민족"(Nation-to-Nation)의 지위를 인정할 것을 요구하였다. 1970년대에 닉슨 대통령은 인디안 정책의 기조를 후견(後見)에서 자치(自治)로 방향 전환시킨 후 한시적인 토지사용권 대신에 경제적 지원과 부족적 자치의 권한을 약속하였고 미국정부는 오늘날 300이 넘는 인디안 부족들을 하나의 민족으로 인정하고 있다. 이러한 주장에 당황한 이누예는 인디언에게 인정되는 자치권이 하와이 원주민에게 인정되지 않을 이유가 없음을 결국 시인하였다. 이 때 조직상으로 유리한 위치에 있었던 OHA는 하와이 원주민집단에 대한 대표성을 주장하면서 구체적인 문제해결의 청사진을 제시하였다. 청사진은 연방정부의 인디언 정책 적용문제를 제기함 없이 과거의 강제합병을 비난하고 신탁토지의 관리권이 OHA에 이양되어야 한다고 주장하였다.

1990년, 30여 개월의 협상 끝에 주정부와 OHA, 이누예 의원은 원주민에 대한 보상 문제에 합의하였다. 이 결정에 의하면 하와이 원주민은 1991년에 8000만 달러를 제공받고 이후 매해 850만 달러의 지원을 받게 되었다. 자금은 OHA를 통해서 제공된다. 또한 신탁지에 대한 연방정부와 주정부의 권한이 계속 인정되지만 특정 장소의 경우 농업적, 주거적인 목적에 한해 원주민의 자치권이 인정된다. 이러한 합의는 결국 토지의 반환 대신 금전보상의 방식을 선택한 것이며 하와이 원주민의 자치권요구를 사실상 봉쇄해버리는 결과를 초래하였다. OHA의 위상이 상대적으로 강화된 반면 Ka Lahui를 비롯한 여러 원주민단체들은 이러한 결정에 즉각적으로 반발하였다.

1993년 11월 23일 미의회는 미국의 하와이왕조 전복행위에 대한 사죄성명서를 채택하였고 클린턴 대통령은 이에 서명하였다.[24] 그러나 성명서는 애매하고 다의적인 표현을 사용함으로써 주권운동의 지도자들 사이에 격렬한 논쟁을 야기 시켰다.

V 맺는 말

이상의 논의를 통해서 얻어낸 결론은 다음과 같다. 첫째로, 다인종사회로의 진입에 있어서 갈등해소의 전략과 관련된 문제이다. 인종적 갈등을 극복하고 조화의 사회를 건설하기 위해서는 무리한 통합의 노력을 지양하는 것이 좋다. 특정 집단의 우위나 지배는 인종적 불화를 자초하기 쉽다. 따라서 우선 각각의 인종집단으로 하여금 고유의 문화적 정체성을 유지토록 하며, 연후에 공통의 문화를 창출하도록 하는 것이 평화공존을 위한 최선의 전략이 된다. 개별적 정체성을 전제로 한 지방적 정체성의 창조는 다양성 속에서 통일을 추구하는 현대사회의 이념과도 일맥상통한다. 무지개(rainbow)는 하와이의 상징이며 조화의 세계를 표상한다. 인종적 화해와 협력은 공통의 지방문화를 지향하는 무지개 사회의 건설에 의해서 실현가능하다.

둘째로, 다인종사회에 있어서 조화의 한계 문제이다. 비록 문화적 다원주의에 입각하여 새로운 공통문화가 창출되었다 하더라도,

---

24) 학계에서도 미국의 몇몇 국제법학자들에 의해서 하와이원주민의 주권운동을 정당화하는 주장이 개진되었다. 가령 1993년 일리노이대학의 프란시스 안소니 보일(Francis Anthony Boyle) 교수는 하와이원주민의 투쟁을 팔레스타인인들의 주권회복운동과 유사한 것으로 파악하였으며, 1996년 프린스턴 대학의 폭크(Richard Falk)교수는 하와이가 미합중국으로부터 이탈할 수 있는 가능성을 조심스럽게 거론함으로써 남북전쟁 이후 최초로 연방제의 본질에 대한 본격적인 논쟁을 야기하였다. Janes Podgers, "Greeting from Hawaii." *ABA Journal* (June, 1997), pp. 74-79.

각 인종집단의 정치적 선택은 최종적으로 인종적 변수에 의존할 가능성이 높다. 그러나 이 점은 크게 우려할 문제는 아니라고 본다. 합의제 민주주의의(consensus democracy)[25]는 다수의 횡포를 방지하고 소수집단의 권리를 보호하기 위해서 이질적 구성원 모두에게 공정한 몫을 부여하는 것을 이상으로 한다. 따라서 정치공동체의 모든 구성 집단에 의한 집단적인 이익표출과 이익집약을 정상적인 정치과정으로 수용한다. 인종투표는 이상적인 정치현상이라고 말하기는 어렵지만 그것의 순기능이 고려되어야 할 것이다.

마지막으로, 다인종사회가 초래하는 원주민의 지위문제이다. 어떤 집단도 특권을 인정받을 수 없다는 인종적 평등의 이념은 원주민의 주인적 지위를 박탈할 것이다. 또한 문화적 다원주의나 새로운 지방문화의 등장은 상대적으로 원주민 고유의 문화적 정체성을 손상시키는 결과를 초래할 것이다. 그리고 그 이상으로 중요한 사실은, 만일 원주민집단이 충분한 사회경제적 경쟁력을 확보하고 있지 못할 경우, 그들은 주변집단 혹은 3류 시민으로 전락할 것이라는 사실이다. 세계화 현상을 하나의 기회로 맞이할 수 있는 소수의 엘리트집단과는 달리 다수 대중에게 그것은 하나의 덫일 수 있다는 사실이야말로 하와이의 역사가 보여주고 있는 교훈이다.

---

25) 합의제 민주주의에 대해서는 Arend Lijphart, *Democracy in Plural Society: A Comparative Exploration* (New Haven: Yale University Press, 1977): idem, *Democracy: Patterns of Majoritarian and Consensus Government in Twenty One Countries* (New Haven and London: Yale University Press, 1984) 참조.

제15장

남아프리카공화국 진실화해위원회와 회복적 정의론

I 머리말

과거 정권에서 자행된 총체적 인권 침해의 문제를 어떻게 해결할 것인가 하는 것은 새로 출범한 민주정부의 중차대한 과제이다. 이행기의 정의(transitional justice)와 관련하여 상반된 두 가지 과거사 청산 방식이 제시된다.[1] 하나는 사법적 처리이고 다른 하나는 진실화

1) '이행기의 정의'는 루티 타이텔에 의해서 처음 사용된 개념이다. Ruti G. Teitel, *Transitional Justice* (New York: Oxford University Press, 2000). 이 용어는 주로 과거사청산의 맥락에서 사용되는데 국제 이행기정의센터에(ICTJ)에 따르면 '광범위한 인권탄압의 잔재를 처리하기 위해서 다양한 국가들로부터 도입된 사법적 혹은 비사법적 조치들'로 정의된다. 이병재, "이행기의 정의와 인권," 『국제정치논총』, Vol. 55, No. 3 (2015), p. 89. 이병재는 이행기의 정의를 '민주주의로의 체제이행기에, 과거의 인권침해를 다루기 위해, 정부에 의해서 공식적으로 도입된 조치들'로 정의 한 후 구체적 내용으로서 처벌적 조치(재판과 정화), 정보적 조치(진실위원회), 배상적 조치, 사면의 네 가지를 거론하고 있다. 한편 이영재는 과거사청산 모델로서 정의모델(형사재판), 진실화해모델, 배상모델 세 가지를 들고 있다. 광주민주화운동의 청산방식은 정의모델에 해당된다. 이영재, "이행기 정의의 본질과 형태에 관한 연구," 『민주주의와 인권』, Vol. 12, No. 1 (2012), p. 137. 이재승은 과거사청산모델을 정의모델, 진실화해모델, 혼합모델, 망각모델, 신원모델 다섯 가지로 구분한다. 혼합모델은 형사법정과 진실화해위원회를 병행하는 방식이고 신원모델은 기념사업에 치중하는 낮은 수준의 정의구현 방식이다. 이재승, 『국가범죄』 (2010), pp. 31-37. 타이텔에 따르면 이행기의 정의는 세 개의 국면을 보여주는데, 첫 번째 국면은 뉘른베르크 법정

해위원회의 활동이다. 종종 전자를 응보적 정의(retributive justice) 혹은 형사적 정의(criminal justice)로, 후자를 회복적 정의(restorative justice)로 표현한다. 진실화해위원회와 회복적 정의를 옹호하는 사람들은 관용과 화해의 방식을 통해 진실규명과 사회적 통합이라는 또 다른 가치를 추구한다. 남아프리카공화국의 진실화해위원회는 회복적 정의를 지향하는 진실화해위원회의 대표적인 성공 모델이다. 악명높은 아파르트헤이트(apartheit) 체제를 종식시키고 민주정부를 수립하는 과정에서 시종일관 관용과 평화의 정신을 보여준 넬슨 만델라와 남아공 진실화해위원회의 위원장직을 성공리에 수행한 투투 대주교는 신화적인 인물이 되었다. 영향력있는 정치인이나 이에 준하는 인물들의 경우 노벨평화상은 과거의 업적에 대한 평가일 뿐 아니라 미래의 행동에도 지대한 영향을 미칠 수 있다는 점에서 수상의 의미를 다시 한번 생각하게 된다.

그러나 회복적 정의와 관련하여 그것이 과연 응보적 정의보다 우월한 것인지 여부에 대해 뜨거운 논쟁이 있고, 또한 남아공 진실화해위원회의 성과에 대해서도 비판적 시각이 존재한다. 반대의 견해에 따르면 반인륜적 범죄에 대해서는 엄정한 사법적 처벌을 가하는 것이 정의의 요체이며 여타의 목표를 추구하는 것은 도덕적으로 정당하지가 않다. 혹자는 남아공 진실화해위원회가 회복적 정의를

으로 상징되는 종전 후 전범재판이며, 두 번째 국면은 제3의 물결로 표현되는 1980년대의 진실위원회의 등장이고, 세 번째 국면은 형사적 정의의 안정적 이행을 위한 국제형사재판소의 설립이다. 이에 따라 정의 개념 역시 형사적 정의로부터 회복적 정의, 배상적 정의로 개념이 확대되고 있다. Ruti G. Teitel, "Transitional Justice Geneology," *Harvard Human Rights Journal*, Vol. 16 (2003), pp. 69-94. 이처럼 이행기의 정의를 해결하는 구체적 조치와 관련하여 다양한 분류방식을 취할 수 있지만 필자는 남아공진실화해위원회를 고찰함에 있어서 응보적 정의와 회복적 정의의 대립이 주요한 논쟁 주제이기에 편의상 사법적 처리와 진실화해위원회의 두 가지 방법론을 부각시켰다.

구현하는 제도적 장치로서 몇 가지 결함을 보여주고 있다고 비판한다. 이들 비판론자들은 남아프리카공화국의 과거사 청산이 국민적인 공감대를 이루지 못하고 있으며 화해의 효과 역시 피상적이라고 판단한다.

이 글은 남아공 진실화해위원회의 역할과 성과에 대한 서로 다른 두 개의 해석을 검토함으로써 바람직한 이행기의 정의는 무엇인가에 대해 성찰을 행하려 한다.

논문의 구성은 우선 남아프리카공화국의 민주화 과정을 정리하고 진실화해위원회의 도입 과정과 조직 및 활동 등을 살펴본다. 이와 관련하여 아프리카 특유의 평화문화라고 할 수 있는 우분투(ubuntu)의 정신에 대해서 알아볼 것이고 투투의 저술[2)]에 입각하여 일련의 성공담을 경청할 것이다. 다음에 남아공 진실화해위원회를 비판하는 논리들을 원칙의 문제인가 적용상의 문제인가 두 개의 범주를 나누어 검토할 것이다. 그리고 이에 대한 반론들을 검토할 것이다. 결론에서는 남아프리카 방식의 과거사 청산에 대한 긍정론과 비판론을 종합하여 남아공 진실화해위원회의 정당성을 확인하는 한편 문제점들을 지적함으로써 체제이행기 진실화해위원회의 이상적 운영방안에 대해 제언을 할 것이다.

II 남아프리카공화국 아파르트헤이트의 역사

17세기에 인도 항로를 개척하는 과정에서 네덜란드 동인도회사는 케이프 지역에 상륙하였고 네덜란드인들이 남아프리카로 이주를

---

2) 데즈먼드 투투 지음, 홍종락 옮김, 『용서없이 미래없다』 (홍성사, 2009).

시작한다. 네덜란드인들은 스스로를 농민이란 뜻의 보어인(Boer)이라 불렀고 이들은 현재 남아공 백인들의 선조가 된다. 한편 19세기 초가 되자 아프리카 최초의 토착민 통일국가인 줄루(Zulu) 왕국이 건설되었다. 뒤늦게 영국도 이 지역의 식민지 개척에 뛰어들어 줄루 전쟁(1879-80)을 승리로 이끈 후 1887년 줄루 왕국을 정복하였고 다이아몬드와 금광 채굴권을 놓고 보어인들과 충돌한다. 영국의 케이프 총독 세실 로즈는 보어 전쟁(1899-1901)을 통해 보어인들을 무력으로 제압하는데 성공한다. 1910년 영국은 인근 지역을 합병하여 대영제국의 특수자치령으로서 남아프리카연방을 건설하였다.

그러나 남아프리카연방의 국내정치는 최대 백인세력인 보어인들이 계속적으로 주도권을 장악한다. 온건 노선의 보어인 세력과 영국계 주민들의 제휴관계 속에서 연합당(United Party)이 조직되어 수권정당으로서 중심적 역할을 수행한다. 그러나 1934년 보어인들의 배타적 권익을 앞세우는 국민당이 창당된다.[3] 국민당은 캘빈교 근본주의 사상으로 무장하여 극단적 인종주의를 추구하였고 보다 온건한 백인 정치세력과 종종 갈등을 빚기 시작한다. 남아프리카연방은 제2차세계대전 당시 연합국 측에 가담하였으나 일부 정치세력들은 나치와 친교를 맺었으며 정부 여당인 연합당 역시 이 문제로 내분을 겪은 후 와해된다.

1948년 총선거에서 승리한 국민당은 아파르트헤이트 정책을 공식적으로 선언하고 이후 지속적으로 관련 법률들을 공표하며 극단적 인종주의 체제를 구축해 나간다. 아파르트헤이트는 분리(segregation)라

---

3) 정확하게 말한다면 당의 명칭은 '순수한 국민당(Purified National Party)'이다. 1914년 창당된 국민당은 1934년 제1당인 남아프리카당과 통합하여 연합당을 만들었다. 이에 반발한 국민당 잔존세력들이 '순수한 국민당'을 조직하였고 이들 세력이 1948년 국민당 정부의 모체가 되었다.

는 의미의 아프리칸스어(Afrikaans: 공용 네덜란드어)로서 인종적 분리에 따른 발전을 추구한다는 국민당의 인종주의 통치이념을 표상한다.[4] 아파르트헤이트는 식민지 지배의 유산이며 사실상 영국 통치 시절부터 시작되었으나 국민당 정권이 출범한 이후 더욱 조직적이고 체계화된 양상을 보였다는 차이가 있다. 백인, 유색인종, 인도인, 흑인 네 인종 사회를 분리시키는 이들 정책의 내용들을 간단히 살펴보면 다음과 같다: 인종간 결혼을 금지시켰던 잡혼 금지법(1949년), 인종별 거주를 법제화한 집단지역법(1950년), 유색 인종에게 참정권과 피선거권을 박탈하는 법(1951년), 흑인의 신분증 휴대를 의무화한 통행법(1952년), 교통 및 공공시설을 인종별로 분리시킨 시설분리법(1953년), 인종별 교육을 실시한 반투교육법(1953년), 인종별 국가건설을 규정한 반투자치촉진법(1959년) 등 30 여개의 인종차별 법률이 제정되었다. 1961년 국민당은 아파르트헤이트 정책에 비판적인 영국정부에 반발하여 영연방을 탈퇴하고 남아프리카공화국을 선언하였으며 1990년까지 국민당의 독점체제가 유지되었다.

1923년 흑인사회는 인종차별에 맞서 아프리카민족회의(ANC)를 조직하였으며 처음에는 비폭력적인 투쟁을 시도하였다. 초기의 저항은 백인사회에 대해 동등한 권리보장을 호소하는 것이었으나 1950년대가 되자 불복종운동으로 투쟁방식을 전환하였다. 그러나 1960년 샤프빌 대학살(Sharpville massacre)[5] 이후 흑인들의 투쟁조직이 불법화되자 ANC의 지도부는 인근 국가로 망명하였으며 만델라는

---

4) 'separate but equal'이라는 19세기 말 미 대법원의 짐 크로우(Jim Crow)법 합헌 판결과 유사한 논리를 보여준다.

5) 통행법을 반대하는 흑인들의 비폭력시위를 경찰이 발포하여 69명이 사망한 사건이다. 영국정부가 이 사건을 비난하자 남아프리카연방은 공화국을 선언하고 영연방을 탈퇴하였다.

투옥되었고 이후 무장투쟁과 테러활동이 시작되었다. 특히 1976년의 소웨토(Soweto) 폭동[6] 이후 ANC의 무장투쟁은 더욱 격화되었으며 그것은 밀고자 차단과 자체의 기율확립을 목적으로 내부적인 테러까지 감행하게 된다(Allan, 466). 1980년대에 들어서 국민당 정부는 일시적으로 유화책을 선보이기도 하였으나 백인 극우단체와 국민당 강경파의 압력으로 사태는 다시 악화되기 시작한다. 1986년 ANC는 전면적인 인민전쟁을 선언하였고 도시테러가 자행되었다. ANC는 일종의 망명정부로서 소련과 친교를 맺었으며 사회주의적 강령을 채택하였고 집행부 다수가 공산당에 가입하였다.[7]

그러나 1990년대에 접어들어 아파르트헤이트 체제는 해체되기 시작한다. 동독의 붕괴 이후 민주화의 요구가 더욱 증폭되었으며 점증하는 사회적 갈등과 국제사회의 경제제재 등을 견디지 못했기 때문이다. 이에 따라 1989년 대통령에 취임한 드 클러크는 아프리카민족회의와 기타 민족주의 운동에 대한 규제조치를 해제하고 넬슨 만델라를 석방하며 평화협정을 시작하였다. 테러조직의 책임자로서 28년간 수감되었던 만델라는 협상을 주도하며 또 다른 저항조직인 인카라당의 불만을 무마하고 보복없는 정권교체를 성취하였다.[8] 1993

---

6) 아프리칸스어 강제교육에 대한 소웨토 흑인 학생들의 거부운동이 경찰의 총격으로 5백여명이 사망하고 2천여명이 부상당하는 대규모 유혈참사로 이어진 사건이다. 유엔안보리에 의해서 비난결의안이 채택되었다. 현재 이 날은 국가기념일로 지정되어 있다.

7) 김광수 외, 『남아프리카공화국 들여다보기』 (한국외국어대학교 출판부, 2010), p. 80. ANC는 남아공 공산당과 60년 넘게 우호관계를 유지하고 있었으며 1985년 미국무성 보고서에 따르면 ANC 집행위원 30명 중 21명이 공산당원이었다.

8) 코르넬과 말레는 남아공의 체제이행과정을 한스 켈젠의 개념을 원용하여 실체적 혁명(substantive revolution)으로 설명한다. 남아공의 민주화 과정은 집권세력이 지배권을 포기했지만 이후 피의 숙청이 이루어지지 않았을 뿐 아니라 그들 대부분이 현직을 유지했으며 새로운 정권 창출에 공동으로 참여하는 등 동유럽 공산주의의 붕괴과정과 차이가 있다. 그러나 내용적으로 볼 때, 새로운 헌법질서의

년 12월 임시헌법이 공포되었으며 1994년 5월 남아프리카공화국 최초의 민주선거가 실시되어 60%의 압도적 지지를 받은 만델라가 대통령에 당선되었고 드 클러크와 타보 음베키가 부통령이 되었다. 체제의 이행이 비교적 순조롭게 진행될 수 있었던 것은 인권침해 가해자들을 사법처리 하는 대신 진실화해위원회의 방식으로 사면하는 것에 대해 합의가 이루어졌기 때문이었다.[9] 협상 참가자들은 뉘른베르크식 재판과 일괄사면 또는 국민적 망각이라는 극단을 모두 거부하고 타협안으로서 개별적 사면의 방식을 채택하였다. 그 결과 고백과 사면의 교환을 대원칙으로 하는 과거사청산이 이루어졌다. 투투 대주교는 자신의 저서에서 백인정부 보안세력의 협조 없이 민주화는 불가능하였으며 뉘른베르크식 승자의 정의를 주장할 수 없는 상황이었음을 분명히 하였다. 그리고 진실에 대한 보상으로서 사면의 방식이 국가를 위해 인권사태 피해자들이 감수했던 불가피한 희생이었음을 인정하였다(투투, 71).

1994년 거국정부 출범당시 제1야당으로 새출발을 시작한 국민당은 이후 총선거에서 계속 참패하여 군소정당으로 전락하였고, 2009년 선거결과 연합당의 후신이며 백인 온건세력인 민주동맹(DA)이

창출을 통해 혁명의 이상이 실현되었다. Drucilla Cornell and Karin van Marle with Albie Sachs, *Albie Sachs and Transformation in South Africa: From Revolutionary Activists to Constitutional Court Judge* (London and New York: Routledge, 2015), pp. 1-8.

9) 인권운동가 출신의 헌법재판관인 알비 삭스에 따르면 1988년부터 흑인 운동의 지도부는 진실위원회 모델을 지향하고 인권단체와 다른 행보를 보였다. 그 이유는 법률전문가들의 왜곡된 변론 등 사법적 접근이 여건상 바람직하지 않다는 전략적 판단을 했으며 또한 체제범죄를 규명할 필요성이 있었기 때문이다. 따라서 그들은 과거사청산의 문제를 전통적 갈등해소 방식과 유사한 진실위원회의 역할에 기대하려 하였다. Bronwyn Leebaw, "Legitimation or Judgement: South Africa's Restorative Approach to Transitional Justice," *Polity*, Vol. 36, No. 1 (October 2003), pp. 33-37.

제1야당이 되고 줄루족의 인카라 자유당(IFP)이 제2야당이 되었다.

Ⅲ 남아프리카공화국 진실화해위원회의 출범

1992년 「민주주의연구소」가 중심이 되어 진실화해위원회에 대한 연구조사가 시작되었는데 두 차례의 국제 심포지움을 통해 라틴아메리카 모델과 동유럽 사례에 대한 검토가 이루어졌다. 이 과정에서 라틴아메리카 방식의 취약점[10]을 보완하여 대통령이 아닌 의회 입법을 통한 위원회의 조직과 위원회의 증인소환권 및 관련자료 압수권 등이 결정되었다. 1995년 5월 만델라에 의해 서명된 '국민통합 및 화해촉진법'은 남아공 진실화해위원회의 토대를 구성한 법안이다. 남아프리카공화국 진실화해위원회는 샤프빌 대학살이 벌어진 1960년 3월부터 만델라가 대통령직에 취임한 1994년 5월 10일까지 자행된 심각한 인권침해의 원인과 본질에 대한 전모를 규명하고 법률적 요건을 구비한 신청자에 대해 사면조치를 취하며 인권 침해의 희생자와 생존자에 대해 보상조치를 하고 미래의 인권침해를 막기 위한 제안을 포함한 포괄적 보고서를 작성할 것을 임무로 부여받았다. 심각한 인권침해는 살인, 납치, 고문, 극심한 학대의 의미로 정의되었고 해방투쟁과정에서 자행된 심각한 인권침해 역시 동일한 범죄로 간주되었다. 이를 위해 인권침해조사위원회, 사면위원회, 보상 및 명예회복위원회의 3개 분과위원회가 조직되었다.

정부는 위원회의 신뢰성을 제고하기 위해 사회 제단체에 대해 후

10) 위원회가 대통령령에 의해 설치되어 정당성의 제약을 받은 것, 조사 대상을 불법적 살인에 한정시킨 것, 증인소환권과 관련자료 압수권을 인정하지 아니한 것, 가해자의 실명을 공개하지 아니한 것 등을 들 수 있다.

보자 추천을 요청하였으며 최종적으로 299명의 명단이 제출되었다. 대통령이 임명한 심사위원들에 의해서 면담과정을 거친 후 27명의 명단이 대통령에게 다시 제출되었고 최종적으로 17명의 위원이 임명되었다. 인터뷰 과정은 인간의 존엄성 추구를 최고의 기준으로 삼았다. 이들은 남아프리카공화국의 모든 부문을 대표할 수 있는 인물들로 구성되었으며 데스몬드 투투 성공회 대주교가 위원장으로 임명되었다.[11] 위원들은 3개의 소위원회에 각각 배치되었다.

인권침해조사위원회는 자원봉사자들의 도움을 받아 2만 여건의 증언을 채록하였고 이중 10%에 해당하는 2,000여명이 증인으로 공청회에 출두하였다. 공청회 개최는 라틴아메리카 모델과 차이를 보여주는 중요한 특징이었는데 전국을 순회하는 방식으로 진행된 공청회는 진실의 규명 외에도 최대한의 대중 참여를 통해 위원회에 대한 사회적 관심을 제고시키려는데 그 목적이 있었으며 피해자의 심리치유라는 추가적 의미도 갖고 있었다. 과거의 상처를 치료하기 위해서는 상처부위를 절개하여 신선한 공기에 노출시켜야 한다는 것이다(릭비, 148). 위원회는 특히 인권침해의 가해자들이 상대적으로 소수에 불과하고 백인사회 다수가 아파르트헤이트 체제의 방관자이며 수혜자로서 도덕적, 정치적 책임을 면할 수 없다고 보았기 때문에 기업, 언론, 종교, 법조계 등 개별적 제도의 역할에 대한 공청회를 별도로 개최하였다. 그리하여 위원회는 다수의 백인들이 얼마나 구조적 불평등의 혜택을 받았는지 혹은 체제의 불의에 대해 얼마나 도덕적으로 책임이 있는지를 규명하려 하였다.

사면위원회는 가해자가 범죄를 솔직히 고백하고, 그것이 정치적

---

11) 그러나 백인 사회는 두 명을 제외한 모든 위원들이 아프리카민족회의에 호의적인 인사들로 구성되어 있다고 주장하였다.

성격의 것으로서 개인적 악의나 이익추구를 목표로 하지 않았으며, 극악한 범죄가 아닌 경우에 한해 사면을 결정하였다. 출석을 거부하거나 심사에 탈락하는 경우 기소가 예정되었는데 2003년 집계에 따르면 7,112명이 심사를 받았으나 1,200명 정도만이 사면조치 되었다(이남희, 240). 이 과정에서 후회나 가책의 표현, 혹은 용서의 요청 등은 요구되지 않았다. 부통령 타보 음베키를 포함하여 4백명 이상의 아프리카민족회의 간부들이 사면 신청서를 제출하였다. 그러나 이것은 자신들이 정의의 전쟁을 수행했기 때문에 사면신청을 할 필요가 없다는 주장을 하자 투투 대주교가 위원회 대표직을 사임하겠다고 위협을 한 후 전개된 상황이었다(릭비, 153).[12] 또한 사면위원회가 아프리카민족회의 지도자들에 대해 일반사면을 결정하자 진실화해위원회가 법원에 항소를 하는 기묘한 사건도 있었다. '국민통합 및 화해촉진법'은 구체적인 범죄를 적시하지 않는 집단적 사면을 불허했기 때문이었다(릭비, 165).

화해의 과정이 뿌리를 내리고 앞으로 나아가려면 사과를 받아내는 일 외에도 다소간의 정의가 필요하다. 이 경우 그것은 어느 정도의 원상회복과 사회적 개조를 의미한다. 원상회복을 위해서는 희생자들에 대해 보상 - 현금지급, 장학금지원, 의료혜택, 기념비 건립 등 - 을 제공해야 한다. 보상 및 명예회복위원회는 피해자로 지정된 2만여 명의 사람들에 대해서 1인당 330달러의 임시지원금을 지급했으며 최고 3,830달러에 이르는 최종보상금을 6년 내로 지불할 것을

12) ANC는 반인륜범죄에 대한 투쟁을 동일한 잣대로 단죄해서는 안된다고 반발하였다. 그러나 위원회는 '전쟁의 정당성'(jus ad bellum) 여부가 아닌 '전쟁에 있어서 정의'(jus in bello)를 문제삼았다. Bronwyn Leebaw, "Legitimation or Judgement: South Africa's Restorative Approach to Transitional Justice," *Polity*, Vol. 36, No. 1 (October 2003), p. 44. *TRC Report*, vol. 1, p. 66의 재인용이다.

건의 하였다. 그러나 한정된 정부예산으로 보상금을 감당할 수 있는지에 대해 의문이 발생했으며 정부는 향후 3년에 걸쳐 건의된 금액의 5분의 1에 해당하는 예산을 편성하였다.

최종적으로 보고서가 제출되었는데 그것은 지난 역사에 대한 다양한 관점을 모두 서술하였으며 총체적인 인권침해의 문제에 대해 국가보안기구뿐만 아니라 흑인운동단체 역시 책임이 있음을 지적하였다. 아프리카민족회의는 이를 문제삼아 법원에 보고서 출간금지명령을 신청하였지만 법원에 의해서 기각되었다. 그러나 보고서의 기조는 아파르트헤이트 체제의 본질과 체계적 불의를 고발하는데 집중되었으며 이를 위해 소수의 가해자뿐만 아니라 다수의 수혜자에 대해서도 책임을 추궁하였다. 보고서는 철저한 제도개혁 외에도 사회경제적 불평등의 해소를 강조하였으며 이러한 문제가 해결되지 않는다면 흑인사회에 대한 구조적 폭력은 불식되지 않을 것이라 경고하였다.[13]

진실에 대한 보상으로서 사면이라는 원칙을 견지했던 남아공 진실화해위원회의 활동에 대해 일부 피해자들이 정의 추구의 기회를 박탈당한 불만을 토로하였고 백인 세력 역시 그것이 공산주의와의 투쟁을 무시한 마녀사냥임을 주장하였다. 투투는 백인 사회 대다수가 위원회 활동에 동참하지 않은 사실과 인카타 자유당의 적극적 참여를 이끌어내지 못한 점을 아쉬워하였다. 그러나 남아공의 과거사청산 모델은 기소의 위협과 사면의 약속을 적절히 구사하여 인권침해의 진실을 규명하고 민주체제로의 평화로운 이행을 성취하는데 대체적

13) 그러나 2000년 UNDP에 제출된 보고서는 남아공 정부가 경제활성화를 위해서 신자유주의정책을 채택하였고 그 결과 인종 간 사회경제적 수준의 차이가 더욱 심화되고 있다는 비판을 하고 있다. 김영수, “남아공 시민사회와 진실화해위원회,” 『역사비평』 (2014년 11월), p. 113.

으로 성공했다는 평가를 받았다. 관용과 화해를 요체로 하는 과거사 청산방식이 별다른 국민적 저항 없이 수용될 수 있었던 배경요인은 무엇인가? 여기서는 남아프리카의 고유한 문화인 우분투(ubuntu)의 전통과 투투 대주교의 카리스마 있는 리더십 두 가지를 언급하고자 한다.

우분투는 줄루족의 용어로서 인간다움(humanness)을 의미하며 아프리카의 정신세계를 표상하는 용어로 알려져 있다. 특히 남아프리카 지역에서 집중적으로 사용되는데 그 구체적인 내용을 살펴보면 크게 두 개의 개념 요소로 구성되어 있다. 하나는 인간의 선한 본성을 강조한다. 인간은 본래 신의 피조물로서 관대함, 친절성, 배려심 등 좋은 심성을 갖고 태어났다는 것이다. 다른 하나는 인간의 공동체적 속성이다. 개인은 타인과의 관계를 통해서만 존재할 수 있으며 누구도 고립된 섬이 아니라는 것이다. 이러한 두 가지 전제 속에서 최종적인 결론이 도출된다. 즉 공동체 내부의 분쟁과 갈등은 관용과 화해의 정신으로 해결되어야 한다는 것이다. 우분투의 정신은 인간의 존엄성과 집단적 정체성에 입각하여 합의지향적 방식으로 갈등의 해소를 추구하는 아프리카 고유의 문화적 전통이며 그것은 평화주의 철학으로서 의미를 갖고 있다. 우분투의 정신은 절도, 재산권 분쟁, 결혼 송사, 살인과 전쟁 등 모든 영역에 걸쳐 적용된다. 투투 대주교는 과거사청산에 즈음하여 아프리카의 가치가 일응 기독교의 정신과도 일치한다고 강조하며 '용서없이 미래없다'는 유명한 말을 남겼다. 그러나 일부 백인 기독교 성직자들은 우분투의 개념 속에 내포된 조상숭배의 논리를 우상숭배로서 배척하기도 하였다.

프레토리아 대학 마상고 교수에 따르면 우분투의 개념을 새롭게 강조하는 것은 새로운 민주국가 건설에 즈음하여 아파르트헤이트 시절 자유를 위한 투쟁과정에서 잊혀졌던 아프리카의 고유한 가치를 다시 부활시켜 상실된 인간성을 회복하겠다는 의지를 담고 있다(Masango, 932). 한편 케이프타운 대학의 티모시 뮤리티는 우분투 전통의 요체는 공동체의 참여에 있다고 보고 이를 우분투 거버넌스라고 표현하고 있다. 갈등적 사안의 해결에 이해관계 당사자 외에 공동체가 개입을 한다는 것이며 특히 원로들의 역할이 중요하다. 뮤리티는 우분투 방식의 남아프리카 갈등해소 기제로서 인쿤들라(Inkundla)/랙코틀라(Lekgotla) 포럼을 이야기 한다. 공동체의 사회적 단합을 위협하는 사안이 발생할 경우 사실의 규명을 위해서 마을 원로들의 주재하에 자리가 마련되며 사람들은 사건을 경청한다. 이 자리에는 공동체의 구성원들이 참석하여 당사자들에게 질문을 행하고 자신의 견해를 표출하며 제언을 할 수 있다. 원로들은 자체적으로 조사를 행하고 참석자들의 의견을 청취하여 해법을 제시한다. 이 과정에서 가해자에게는 반성과 회개를 촉구하고 피해자에게는 용서를 촉구한다. 또한 가해자에 대해서 적절한 보상을 요구한다. 마지막 단계에서 사면이 행해지고 화해를 달성하여 공동체의 조화를 도모한다(Murithi, 30-32).

1995년 남아공 헌법재판소는 판결을 통해 정의의 기준으로 우분투의 개념을 수용하였으며, 1996년의 이른바 소위 AZAPO 재판[14] 역시 살해된 흑인운동가 스티브 비코(Steve Biko)의 미망인이 제기한 소송을 각하함으로써 우분투의 원칙을 재확인하고 개인의 권리보다 공동체 건설이 더 중요함을 증명하였다(Leebaw, 41-41). 2010년 남아프리카공화국 사법부는 회복적 정의를 강조하는 강력한 정책

14) AZAPO는 Azanian People's Organization의 약자로서 1978년에 설립된 흑인운동조직이다. 아자니아는 고대 로마 시대에 남아프리카 지역을 지칭하는 용어이다. 나탈대학 의과대학생이었으며 흑인의식운동의 지도자였던 스티브 비코(1946-1977)의 정신이 이 조직의 지도이념이 되었다. AZAPO는 진실화해위원회의 사면행위가 불법적이라고 주장하였다.

지침을 발표하였다. 이에 따르면 모든 사법재판 과정에 사전적인 조정과 중재를 실시할 것이 권장되며 그 요체는 공동체의 참여를 통한 분쟁 해결이라는 아프리카적 전통을 수용하는데 있다. 우분투 정신이 생각하는 회복적 정의는 '죄는 미워하되 인간을 미워하지는 않는 것'이며 브레드웨이트는 이를 '수치심을 안겨주고 사회적 재통합을 지향하는 것'(theory of reintegrative shaming)으로 정리한 바 있다.[15)]

청문회가 진행되는 2년동안 투투는 흑백 양쪽 사회로부터 온갖 비난을 받았음에도 불구하고 위원회의 방패막이가 되어 무지개 국가의 이상을 실현하려 하였다. 투투는 수시로 우분투의 논리를 강조였으며 또한 흑인 투쟁단체들을 설득하여 이들이 고해성사에 동참하도록 유도하는데 성공하였다. 그는 해방투쟁이라는 명목으로 행해진 테러에 대해서 목적이 수단을 정당화 하는 것은 아니라고 못을 박았다. 또한 공청회의 운영과정에서도 모든 주체가 자신의 입장을 충분히 설명할 수 있는 기회를 제공하기 위해 노력하였으며 보고서 역시 양측의 책임을 모두 지적하였다. 백인 사회가 위원회의 활동을 수용할 수밖에 없었던 이유 중의 하나는 투투의 공정한 위원회 운영방식에 기인하였다. 따라서 혹자는 투투의 카리스마를 위원회의 최고 성공요인으로 들기도 하였다. "위원회의 중심부에는 카리스마적인 인물인 투투 대주교가 있었다. 남아프리카공화국의 진실화해위원회를 상징했던 인물은 '진실과 화해로 가는 길'이라는 깃발아래 검은 성복을 입고 십자가를 든 투투 대주교였다. 사실 위원회에 대한 비판 중의 하나는 구원, 화해, 용서, 치유를 강조했던 대주교 개인의 목소리

---

15) Theo Gavrielides and Grace Loseby, *The Wind of Change: Comparative Lessons for Restorative Justice in South Africa and the United Kingdom* (London: RJ4ALL Publications, 2014), p. 28. John Braithwaite, *Crime, Shame, and Reintegration* (Cambridge: University of Cambridge Press, 1989, pp. 54-65의 내용을 인용하고 있다.

가 모든 과정을 지배하고 정의와 징벌의 거친 언어가 무시되었다는 것이다"(릭비, 155).

Ⅳ 논쟁과 평가

투투는 자신의 저서에서 남아공 헌법이 인권보호의 측면에서 세계 최고의 진보적 헌법이며 진실화해위원회는 문제해결을 위한 최선의 방안이었고 전 세계가 위원회의 활동 속에서 희망의 빛을 보았다고 주장하였다(투투, 332). 또한 공청회와 사면신청 과정에서 가해자들이 양심의 가책을 토로한 사실, 그리고 피해자들이 보여준 비범한 아량에 감동을 받았다고 회고하였다.

그러나 비판자들은 남아공 진실화해위원회가 상징적인 차원에서 화해를 성취하였으나 실질적인 효과는 그리 대단하지 않다고 본다. 가령 언론인 로젠버그는 위원회가 궁극적으로 남아프리카공화국을 만족시키지 못했다고 말한다. 사면의 결정은 단기적으로 체제의 안정에 기여했을지 모르나 미래의 시민사회에 대해 공권력 불신이라는 문제를 안겨주었다(Stanley, 536). 비록 일부 인사가 후회하는 태도를 보이고 용서를 요청한 사례도 있지만 대체적으로 가해자의 다수가 양심의 가책을 느끼지 않고 오히려 과거의 신념을 고집하는 현실 속에서 화해와 치유는 빈말에 불과하게 되었다. 중간보상이 지연되고 있는 가운데 가해자들에 대한 사면 결정이 신속하게 내려지자 피해자 가족들은 분노하였으며 또 한 번의 고통을 맛보아야만 했다.[16)]

16) 희생자 가족의 한 어머니는 살인자에 대한 사면청문회에서 자신의 고통을 다음과 같이 표현하였다. "나는 그들을 용서할 수 없다. 그들은 자식을 잃은 우리에게 용서를 구하는 것이 아니라 정부에게 용서를 구하고 있다." 어떤 면에서 대

1) 비판적 시각

a) 원칙의 문제

남아공 진실화해위원회를 비판하는 첫 번째 논리는 과거사 청산 과정에 적용시킬 원칙의 문제로서 회복적 정의를 거부하고 응보적 정의를 주장하는 경우이다. 이것은 결국 정의와 화해의 관계에 있어서 전자의 우위 혹은 정의를 통한 화해를 주장하는 논리이다.

영국 헐(Hull) 대학의 법학교수 게리 존스톤은 회복적 정의론에 대한 비판적 시각을 다음과 같이 여섯 가지로 정리한다. 첫째, 개념 정의가 모호하다는 것이다. 관용과 치유, 사회적 통합, 신뢰성 회복 등 광범위한 이상들을 나열하고 있으나 목표 간의 서열, 구체적 방법론, 성과 평가의 기준 등이 분명치 않다. 둘째, 회복적 정의의 효과가 과장되고 있다는 지적이다. 가령 피해자의 심리치유나 사회적 통합의 효과는 경험적으로 볼 때 그렇게 인상적이지 못하다. 셋째, 범죄의 재발가능성에 대한 우려이다. 평균적인 시민의 입장에서 볼 때 형벌의 부재는 많은 사람들로 하여금 범죄의 유혹에 굴복하게 만든다. 넷째, 심각한 범죄는 처벌하는 것이 정의이다. 회복적 정의는 처벌의 보완에 불과하다. 다섯째, 민주국가의 정의는 법정에서 국가가 판결한다. 회복적 정의는 분쟁의 해결과정에 이해관계 당사자의 관여를 인정함으로써 공정성과 비례성을 상실한다. 여섯째, 회복적 정의의 도입은 범죄자 처벌 방식에 있어서 획기적 변화를 초래할 것이며 그 결과 형벌제도를 사회전반에 확대시키는 부작용이 예상된다

중언론의 보도는 상처의 치유를 돕기보다는 희생자의 상처와 고통을 자극하고 악화시켰다. 다수 피해자들의 입장에서 볼 때 화해의 과정은 구체적인 현실과 괴리된 세계에서 진행되고 있었다. "우리는 텔레비전에서 위원회가 화해를 성취하는 것을 보았다. 그러나 우리에게 그런 일은 일어나지 않았다." 앤드류 릭비 지음, 장원석 역, 『과거사청산의 비교정치학』 (온누리, 2007), p. 158.

(Johnstone and Ness, 598-614).

메릴랜드 대학 공공정책연구소의 데이비드 크로커는 투투가 뉘른베르크식 해결을 거부하는 이유로서 다음의 두 가지 도덕적 논변을 들고 있다고 말한다. 첫째, 처벌은 결국 복수를 의미하며 이는 도덕적으로 옳지 못하다는 것이다. 둘째, 처벌은 사회적 조화의 회복이라는 화해의 목표를 방해한다는 것이다. 크로커는 투투의 주장에 대해서 다음과 같이 반박한다. 첫째, 응징은 적절한 수준의 처벌을 의미하는데 그것은 복수와 전혀 성격이 다르다. 크로커에 따르면 복수는 신중함이 결여되고 자기만족적인 반면, 응징은 절제되고 비례적인 성격을 갖는다. 또한 집단적 갈등의 경우 복수는 집단적 책임전가의 양상을 보이지만, 사법적 절차에 따른 응징은 개인의 책임을 강조함으로써 선량한 시민을 보호한다. 둘째, 처벌없는 화해는 현실성이 없다고 말한다. 공동체가 우분투의 정신을 과도하게 강조할 때 피해자 집단의 분노를 자극하여 공동체의 양극화가 심화될 우려가 있다. 크로커는 오히려 재판을 실시했더라면 사회적 치유나 화해의 성과가 훨씬 더 크게 나타나지 않았을까 반문한다. 셋째, 면책의 문화는 범죄의 재발을 초래할 수 있다. 그는 1999년 시에라리온 내전 당시 평화협정에 의해 사면을 받았던 반군지도자 상코(Sankoh)가 후일 다시 학살을 재개한 사건을 지적한다. 정의의 화해 효과가 과소평가되어서는 안 된다고 주장하는 그는 뉘른베르크 재판과 같이 공정한 사법처리는 국민의 분노를 완화시킴으로써 신생민주주의에 대한 국민적 충성심을 제고시키는 법이며 칠레 정부가 뒤늦게 피노체트의 면책권을 박탈하고 25명의 책임자들을 체포하였지만 국민 대다수는 그것이 국민통합과 민주주의 발전에 긍정적 결과를 가져올 것으로 믿었음을 강조한다(Crocker, 70-71). 따라서 그는 사법재판과 진실화해위원회를 동시에 추진하되 후자는 확보된 자료를 사법당국에 제공하거나 혹은 기소를 제안하는 보조적 역할을 수행해야 한다고 말한다. 크로커는 우분투의 논리가 공동체의 이름으로 개인의 자율성을 부정함으로써 민주적 가치를 훼손하고 있음을 지적하며 분노한 피해자들을 현실적으로 해결할 수 있는 방법은 재판밖에 없다고 말한다.

한편 프린스턴대 정치학 교수인 구트만과 하버드대의 톰슨은 진실과 화해를 명분으로 정의를 희생시키는 것이 도덕적으로 정당한가의 물음을 던진다. 그들의 결론은 첫째, 정치적 안정의 목표가 정의를 대신할 수 없다는 원칙적 입장을 확인하는 것이다. 여타의 가치는 정의의 실현과 더불어 추구되어야 하며 도덕성을 결여한 미래사회 건설은 바람직하지 않다. 둘째, 아파르트헤이트의 희생자 다수는 관용보다 응징을 원하고 있다고 본다. 그들은 경찰에 의해 살해된 인권운동가 스티븐 비코와 그리피스 므상지 가족의 절규를 사례로 소개한다. 가족들은 "우리는 진실화해위원회를 반대한다. 진실뿐만 아니라 정의를 원하기 때문이다"고 주장하였다. 셋째, 회복적 정의를 통한 피해자 심리치유의 효과도 의문시 된다. 케이프 타운의 비영리 단체인 트라우마 센터의 조사는 청문회 증언자의 50-60%가 심각한 후유증을 호소하였다고 보고하였다. 많은 사람들에게 증언은 심리적 상처의 치유가 아닌 악화를 초래하였다. 넷째, 용서는 미래에 유사한 범죄의 재발을 불러일으킬 위험이 있다. 구트만과 톰슨은 진실화해위원회와 같은 국가기구가 인권침해 가해자들을 용서하는 것은 논리적으로 가능한 일이나 피해자들의 의사와 무관하게 추진되는 것은 비민주적인 처사라고 결론을 내린다(Gutmann and Thompson, 31).

b) 적용상의 문제

한편 남아공 진실화해위원회가 좋은 취지에도 불구하고 회복적 정의의 구현에 사실상 실패했다고 보는 견해도 있다. 이것은 다시 남아공진실화해위원회 자체의 제도적 결함 혹은 운용상의 문제를 지적하는 시각과 후속정부의 보고서 제안 이행 여부에 초점을 맞추는 시각 두 개의 범주로 나누어 고찰될 수 있다.

미시간 법대의 리웰린과 호우세는 위원회가 보여주는 다음의 두 가지 절차상 문제점을 지적한다. 첫째는 일부 예외조항이 있었지만 인권위원회와 사면위원회가 별개로 운영되었기 때문에 가해자와 피해자가 대면할 수 있는 기회가 주어지지 않았다는 것이다. 이는 상호간 교감을 통해 진정으로 화해할 수 있는 자리를 박탈하는 결과를 초래하였다. 둘째, 피해자에 대한 보상은 국가가 책임지는 방식을 채택함으로써 사면과정에 가해자의 보상 책임을 면제하였다. 이러한 결정은 가해자에 대해서도 피해를 줄 여지가 있는데 그것은 정당한 방식으로 사회에 복귀할 수 있는 기회를 박탈하기 때문이다(Llewellyn and Howse, 387-388).

영국 엣지 힐 대학의 범죄학교수인 엘리자벳 스탠리는 위원회의 잠재력이 정부당국과 백인사회의 무성의로 크게 훼손되었다고 본다. 진실의 규명뿐만 아니라 피해자의 명예회복과 피해보상, 나아가 억압과 불평등의 체제 개혁을 목표로 했던 위원회의 작업은 용두사미로 끝났다. 첫째, 위원회에 불참했거나 부적격 판정을 받은 인사들에 대한 기소에 실패하였다. 정부당국은 이에 대해 예산상의 한계와 국가적 사업의 우선순위 등을 이유로 들며 변명하였다. 둘째, 위원회 보고서는 1만 8천명의 피해자에 대해 일정액수의 보상금 지급을 건의하였는데 정부(타보 음베키 대통령: 1999-2008)는 예산상의 이유로 난색을 표명하였다. 셋째, 직접적인 가해자는 아니지만 아파르트헤이트 체제유지에 핵심적인 역할을 했고 이로 인해 수혜를 입었던 기득권 사회의 책임문제이다. 위원회는 이 문제를 다루기 위해 특별

청문회를 개최하였으며 언론과 사법부, 기업의 일대 각성을 촉구하였지만 이들 집단은 별다른 반응을 보이지 않았다. 흑인 집단의 사회경제적 지위향상이라는 사회적 정의를 실현하지 못한다면 화해와 통합은 한갓 구호에 그치게 될 것이다. 그러나 흑인의 실업과 빈곤의 문제를 해결하기 위한 진보적 정책 조치가 실시되지 않고 있으며 백인 사회 역시 비협조적이다. 스탠리는 이 모든 문제가 새로운 지배엘리트의 의지부족에 기인한다고 진단하였다(Stanley, 537). 헤이너 역시 15개 국가의 진실위원회를 검토한 후 진실위원회의 제안들이 제대로 이행되지 않고 있는 현실을 비슷한 맥락에서 개탄한 바 있다(Hayner, 28).

2) 긍정적 시각

남아공 진실화해위원회에 대한 긍정적 시각은 원칙의 문제로서 회복적 정의를 채택한 것이 올바른 결정이었음을 지적한 후 위원회의 활동 역시 부분적인 문제점에도 불구하고 대체적으로 성공적이었다고 평가한다. 이들 논자들의 평가를 구체적으로 살펴보자.

리웰린과 호우세는 남아공 진실화해위원회가 일부 문제점에도 불구하고 장점이 더 많다고 주장한다. 첫째, 그들은 회복적 정의의 성과와 관련하여 다음과 같이 말한다. 정치적 사안의 경우 사법적 정의는 개인적 책임을 규명하기가 힘들다. 형사법정의 속성상 살인행위에 대한 상급자의 개인적 관여를 입증 못하면 하급자나 하수인만 처벌되는 불공정한 사태가 발생한다.[17] 또한 가해자와 방관자를

17) 하버드 대학교 케네디 스쿨 갈등 연구 책임자인 로트버그 역시 비슷한 지적을 하고 있다. "진실위원회의 출범 당시 이미 부분적으로 학살책임자에 대한 재판이 진행되고 있었으나 고위책임자들이 증거불충분을 이유로 무죄석방됨으로써 응보적 정의의 실현이 쉽지 않음을 보여준 바 있다." Robert I. Rortberg, "Apology, Truth Commissions, and Intrastate Conflict," in Elaza Barkan and

포함한 공동체 구성원들 모두가 자리를 같이하여 사안을 공론화해야만이 체제개혁 나아가 사회적 통합이 가능하다. 둘째, 진실화해위원회의 운영과 관련하여 대표성과 공정성을 높게 평가할만 하다. 위원회는 다양한 공동체 구성원들을 공개적 절차를 통해서 위원으로 선출하였으며 투명한 방식으로 논쟁과 토론에 임했다. 두 사람은 위원회가 정의의 부재가 아니라 이행기의 정의가 무엇인지를 보여준 강력한 사례라고 결론을 내린다(Llewellyn and Howse, 388).

요하네스버그 위트워터스랜드 대학의 철학교수인 루시 얼래스는 남아공진실화해위원회에 대해서 그것이 회복적 정의를 구현하는 표준적 모델이 아니라고 말한다. 왜냐하면 가해자에게 후회와 사과의 표시를 요구하지 않았고 가해자의 보상책임도 생략됐기 때문이다. 또한 정부는 조세의 형식이나 기업의 헌금 등 방식을 통한 지원이라는 보고서 제안을 묵살하였다. 그러나 그는 다음과 같은 관점에서 남아공 진실화해위원회를 긍정적으로 평가한다. 첫째, 상황적 요인이다. 이것은 일종의 소극적 논변이라고 할 수 있다. 집권세력의 협조가 없었다면 진실의 규명도 평화로운 체제 이행도 불가능하였다. 둘째, 사법처리 방식으로는 상급자에 대한 처벌이 사실상 힘들다는 문제를 직시해야 한다. 지도자는 면책될 가능성이 많고 또한 수혜자에 대한 단죄가 어렵다. 마찬가지로 피해자에 대한 보상이라는 관점에서 볼 때도 형사재판의 방식은 큰 도움이 안된다. 얼래스는 회복적 정의가 정의의 가치를 포기하는 것이 아니라 응보적 정의와 다른 방식의 처벌을 행하는 대안적 정의임을 강조한다. 범죄자의 고백을 역사에 기록하여 그들에게 수치심을 안겨주는 것 역시 중대한 처벌

Alexander Karn (ed.), *Taking Wrongs Seriously: Apology and Reconciliation* (Stanford: Stanford University Press, 2006), p. 49.

방식의 일환이다.[18] 그리고 그것은 현행 형사제도의 한계인 사회적 정의의 실현을 보완하는 일면이 있다. 즉 아파르트 체제하에서 수혜를 입은 다수의 백인들에 대해 책임을 묻고 사회개혁을 추진한다는 것이다. 뿐만 아니라 위원회는 고백을 거부하는 사람에 대한 기소의 원칙을 분명히 하였다. 얼래스는 위원회의 조치 속에는 처벌의 도덕적 욕구에 상응하는 그 무엇이 있다고 주장한다. 다시 말해서 남아프리카공화국의 회복적 정의는 응보적 정의를 포함한다(Allais, 332).

ANC 주도의 신생 정부가 뉘른베르크식 정의를 추구했더라면 사태는 크게 악화되었을 것이라고 말하는 하버드대 케네디 스쿨의 로버트 로트버그는 진실화해위원회의 전반적 성과에 대해 긍정적으로 평가한다. 위원회의 구성은 민주적으로 결정되었으며 위원회의 활동은 진실규명과 개인 및 사회의 치유에 효과적이었다. 또한 심사결과에 따라 기소가 가능하였고 공개적인 치욕을 안겨준다는 응징적 일면이 있었다. 그는 다만 화해의 성과에 대해서는 유보적이라고 말한다. 일부 여론조사에 따르면 다수의 백인과 흑인의 3분의 1이 진실화해위원회에 대해서 불만을 표시했으며, 국민의 3분의 2가 위원회로 인해 인종관계가 악화되었다고 응답하였다. 그는 가해자에 대한 사면조치를 특수한 종류의 유죄협상(plea bargain)으로 이해한다(Rortberg 2000, 17). 남아공의 진실화해위원회는 미래의 진실위원회 모델이 될 것이며 여타의 분쟁지역으로 보급될 것이다.

캘리포니아 대학 정치학 교수 브로닌 리보는 다음과 같이 주장한다. 회복적 정의론의 채택은 즉자적 폭력행위의 진실을 뛰어넘어 구

---

18) 투투 역시 범죄를 자백하는 행위 자체가 처벌과 다름없다고 주장하였다. 지역사회에서 존경받던 인물들이 사실은 살인가담자였고 혹은 구금자들을 정기적으로 고문했다는 사실을 알게된 것은 이웃주민들뿐만 아니라 심지어 가족들에게도 충격이었다. 데즈먼드 투투 지음, 홍종락 옮김, 『용서없이 미래없다』(홍성사, 2009), p. 65.

체제의 총체적 문제점을 규명하고 야스퍼스가 말하는 정치폭력 수혜자들의 도덕적 책임을 제기하는데 기여하였다(Leebaw, 30). 위원회는 개인적 책임 외에도 사회 제조직의 공모관계를 밝혀냈고 또한 빈곤이나 기회의 박탈 등 체제의 장기적 효과도 규명하였다. 그는 남아공 진실화해위원회가 이러한 임무를 수행함에 있어서 증인선정에서부터 보고서 작성에 이르기까지 공정성을 견지하였음을 높이 평가하였다.

한편, 호주 대학교 심리학과 알프레드 알란과 마리엣지 알란은 원칙론으로서 회복적 정의론을 지지하지만 남아공 진실화해위원회가 얼마나 성공적이었는지는 별개의 문제라고 본다. 그들은 응보적 정의가 이행기의 평화정착을 어렵게 하고 생존자의 피해회복에 별다른 도움을 주지 못한다고 주장한다. 또한 사법재판은 실패할 가능성이 많은데 그것은 가해자의 특정화가 어렵고 순교자를 양산함으로써 기존의 신념을 강화할 뿐이기 때문이다. 역으로 회복적 정의는 가해자의 책임을 추궁하고 생존자의 피해 회복을 도와 사회적 통합을 성취할 수 있다. 두 사람은 위원회가 안권문화의 창달에 기여했으며 위원회의 보고서는 완전한 진실규명에 성공한 것이 아니지만 기존의 오류를 제거하는 긍정적 역할을 수행하였다고 보았다.

그러나 두 사람은 남아공진실화해위원회의 운영상 문제점으로 다음의 내용들을 지적하였다. 첫째, 피해자에 대한 보상과정이 가해자에 대한 사면과정보다 지체됨으로써 불만을 야기시킨 점, 그리고 국가가 보상을 책임지고 개인적 사과를 요구하지 않은 점 등의 문제가 있다. 또한 그들은 사면위원회가 가해자와 생존자의 회동을 추진했어야 했다고 말한다. 감정의 교류를 통한 진정한 대화가 필요하였고 이를 통해 가해자의 보상 기회를 확보할 수 있었기 때문이다. 그들은 이 문제와 관련하여 호주와 뉴질랜드의 성공사례를 참조할 것을 조언하였다(Allan, 474). 두 사람은 희생자에 대한 심리치료 효과에 대해서도 조심스럽게 평가하였다. 공청회의 증언은 단기적으로 심리치유의 효과가 있었던 것으로 보고되었으나 중장기적 관점에서 그것의 효과에 대해 의문이 제기된 바 있기 때문이다. 즉 공청회에 대한 일부의 비판과 논쟁이 피해자에게 스트레스를 초래함으로써 오히려 부정적 효과를 초래할 수 있었다. 따라서 투투와 보레인의 주장에도 불구하고 치유효과에 대해서는 분명히 말할 수 있는 단계가 아니라고 본다. 의학계의 반응도 카타르시스의 단기적 효험에도 불구하고 경우에 따라서는 오히려 재트라우마, 즉 고통의 재현가능성을 초래할 수 있음을 지적하였다. 또한 두 사람은 개인적 차원의 사례에도 불구하고 국가적 차원의 화해효과는 경험적 연구가 없어서 확인할 수 없지만 다소 회의적이라고 말한다(Allan, 464). 그들은 또한 위원회가 진실규명에만 초점을 두어 화해의 성취에는 덜 진력한 것이 아닌가 하는 견해를 피력한다.

V 맺는 말

국제사회에서 악명 높았던 남아프리카공화국의 아파르트헤이트 체제는 민주주의의 세계화 물결 앞에서 결국 와해되었다. 그리고 만델라가 이끄는 아프리카민족회의는 체제이행의 위기에 슬기롭게 대처하여 민주주의의 공고화에 성공하였다. 그들은 과거사 청산과 이행기의 정의라는 국가적 과제를 진실화해위원회의 방식을 통해서 해결하였다. 이 과정에서 흑인과 백인 사회 내부로부터 불만이 표출되기도 했지만 이후 민주화의 과정은 순조로웠고 남아공 모델은 진실화해위원회의 선진적 사례로서 자리매김하였다. 그러나 과거사 청산의 과정에 회복적 정의의 원리를 적용하는 것이 과연 바람직한가의 문제 혹은 남아공 방식이 회복적 정의의 이상을 충실히 구현하고 있는지 여부에 대해 논쟁이 있어왔다.

비판자들은 회복적 정의의 논리가 사실상 정의의 관념을 훼손하고 있다고 우려하였고 정치적 과도기일수록 오히려 사법적 처리를 분명히 해야만 민주주의의 정착 나아가 사회적 통합이 가능하다고 주장하였다.[19] 반면 회복적 정의의 옹호론자들은 재판의 방식을 취할 수 없었던 현실적 여건 외에 회복적 정의가 추구하는 다수의 가치들을 강조하였다. 한편 남아공 진실화해위원회의 성과를 평가함에 있어서 운영방식과 관련하여 문제제기가 있었다. 특히 가해자에게 사과를 요구하지 않는 사면의 절차는 중대한 흠결로 지적되었다. 결론에 즈음하여 필자의 판단은 다음과 같다.

첫째, 사법적 정의 대신 회복적 정의의 방식을 취한 남아공 정부의 선택은 적절했다고 본다. 존재의 차원에서 고찰할 때 남아공의 체제이행은 백인정부의 협력을 필요로 했고 사법적 정의를 고집할 경우 사태가 파국으로 치달을 수 있었기 때문이다. 투투는 응보적 정의를 추구하여 국가를 재속에 파묻히게 만드는 허무한 승리를 구가할 수는 없었다고 회고하였다(투투, 32). 헌팅턴은 제3의 물결론을 개진하며 민주화 과정의 유형을 기존 엘리트가 변화를 주도하는 경우, 반대세력이 변화를 주도하는 경우, 집권세력과 반대세력이 타협을 통해 성취하는 경우 세 가지로 분류하였는데 남아공의 민주화는

19) 한국의 경우 법학자인 이재승이 대표적인 이론가이다. 그는 과거사청산 과정에서 책임자처벌은 핵심적 요소이며 남아공 방식의 회복적 정의론은 국지성의 한계를 갖고 있다고 본다. 또한 용서와 사면은 민주시민의 헤게모니 하에서만 정당화될 수 있고 과거에 박해를 받았던 체코의 하벨 대통령 같은 민주 지도자가 사면을 행할 경우에 문제는 완화된다. 이재승, "이행기의 정의,"『법과 사회』제22권 (2002), pp. 47-74; "화해의 문법,"『민주법학』제46호 (2011), pp. 123-158.

마지막 유형에 해당되며 이러한 방식은 사법적 정의의 실현을 심각하게 제약한다고 보았다. 기소에 따른 정치적 비용이 너무 크기 때문이다(Huntington, 231). 다른 한편, 당위의 차원에서 볼 때 응보적 정의론과 회복적 정의론은 각각 나름대로의 대의를 확보하고 있다. 전자는 정의의 실현과 유사범죄의 재발 방지를, 후자는 진실규명과 피해자에 대한 실질적 지원 및 공동체의 회복과 제도개혁 등의 다목적 가치를 주장한다. 사실 어느 편이 더 바람직한 선택인지는 가치판단의 문제라 할 수 있다. 이런 관점에서 볼 때 응보적 정의와 회복적 정의의 방식을 절충하여 중대한 범죄에 대해서는 사법적 처리를 하고 경미한 사안에 대해서는 사면의 방식을 취하는 것도 하나의 대안이 될 수 있다.[20] 남아공 진실화해위원회 모델은 심사과정을 통해 기소 가능성을 열어두었기 때문에 절충적 성격을 어느 정도 갖고 있다. 다만 처음부터 사법처리와 진실위원회 회부라는 이원적 역할분담 과정에 돌입하지 않고 진실위원회의 판결에 따른 기소조치라는 순차적 방식을 취했기 때문에 후속정부의 의지에 따라 용두사미가 될 수 있는 문제가 있다. 그리고 남아공 진실화해위원회의 사면조치는 가해자의 신분을 공개하고 범죄행위를 역사에 기록하여 개인적 수치감을 안겨주는 응징적 측면이 있음을 부정하기 어렵다. 필자는 생각건대 체제전환 과정이 민주세력의 일방적 승리로 종료될 경

---

20) 가령 시에라리온과 동티모르는 유엔주도의 법정과 진실화해위원회를 동시에 운영하여 응보적 정의와 회복적 정의를 병행한 사례이다. 르완다 역시 국제임시법정을 설치한 후 4년이 지나 진실화해위원회를 도입하였다. 응보적 정의와 회복적 정의의 통합 모델을 옹호하는 시드니대학의 람부른느는 사법재판소와 진실위원회의 동시적 운영이 약간의 혼란을 초래할 수 있음을 지적 한 후 이들 국가의 토착적 재판 관행(가령 르완다의 gacaca나 동티모르의 nahe biti 제도)을 활용하는 것이 더 성공적 접근방식일 수 있다고 주장한다. Wendy Lambourne, "Transitional Justice and Peace Building after Mass Violence," *The International Journal of Transitional Justice*, Vol. 3 (2009), pp. 36-37.

우 절충적 모델이 좋아 보이나[21], 만일 타협의 방식에 의존하게 된다면 남아공 모델이 보여주는 것처럼 기소가능성을 문서로 규정해두고 후일을 기약하는 것도 한 방법이 아닌가 한다. 중남미의 사례는 시간이 흐른 후 이전의 사면조치를 무효화하고 선별적으로 사법처리를 시도하는 또 다른 경로를 보여주고 있다.

둘째, 남아공 진실화해위원회는 맡은 바 임무를 어느 정도 성공적으로 수행했다고 본다. 남아프리카공화국은 진실화해위원회의 방식을 통해 심각한 충돌없이 아파르트헤이트 체제를 청산하였으며 민주주의 체제를 공고히 하였다. 악명 높았던 국민당 세력은 사실상 퇴출되었고 더 이상 정치적 영향력을 행사할 수 없게 되었다. 다만 국민적 화해라는 중요한 목표는 아직 성취되지 않은 것으로 보여진다. 이것은 일부 흑인 집단의 입장에서 볼 때 회복적 정의의 내재적 한계일 수도 있지만 진실화해위원회의 운영방식과 관련하여 문제의 근원을 진단해 볼 수도 있다. 즉 사면과정에서 가해자에게 배상책임뿐만 아니라 사과의 표현을 요구하지 않았다는 점이다. 피해자의 입장에서 볼 때 화해를 위해서는 명예회복이나 물질적 보상뿐만 아니라 가해자의 진심어린 사과가 필수적으로 요청된다고 말할 수 있다. 그 후 인권유린 방지를 위한 제도 개혁과 사회경제적 불평등 해소가 실현된다면 화해의 가능성은 더욱 제고될 것이다. 만델라의 남아공 정부는 백인 사회의 반발을 우려하여 사면과정에서 인권침해 책임자에게 사과를 공식적으로 요구하지 않았다. 이로 인해 피해자 가족들의 가슴속 응어리가 풀리지 않았고 결국 화해는 공허한 구호에 그치

---

21) 헌팅턴도 이러한 경우 중하위직 관리에 대해서는 기소를 하지 않는 것이 바람직하다고 말한다. Samuel Huntington, *The Third Wave: Democratization in the Late Twentieth Century* (Norman and London: University of Oklahoma Press, 1991), p. 231.

게 되었다. 가해자가 자발적으로 사과의 의사를 표명하려면 공정한 방식으로 진실 규명이 선행되어야 하고 또 사면이라는 유인책이 제공되어야 할 것이다. 다만 이념적 요소가 개입될 때 자신의 행동에 대해 계속적으로 정당성을 주장할 가능성이 있다. 남아공의 경우 진실의 규명과 사면조치라는 두 개의 조건이 충족되었음에도 불구하고[22] 가해자에 대해 사과의 표현을 요구하지 않은 것은 당시의 유동적 상황을 감안하더라도 다소 소극적인 대처가 아니었는가하는 평가를 하게된다. 로트버그는 트라우마를 겪은 사회가 화해를 성취함에 있어서 가장 효과적인 방법은 사과를 행하는데 있다고 말한다. 그리고 객관적이고 공정한 진실규명의 결과가 가해자와 피해자 모두에 의해서 수용되어질 때 사과는 화해의 강력한 원동력이 된다고 말한다. 회복적 정의의 실현에 있어서 최고의 원동력은 사과를 행하는데 있다(Rortberg 2006, 47). 그러나 남아공 진실화해위원회의 경우 투투의 호소에도 불구하고 백인사회는 사실상 사과를 거부하였다.

셋째, 남아공 진실화해위원회의 성공요인으로 우분투의 정치문화와 투투 대주교의 리더십을 다시 한번 강조하고 싶다. 진실과 사면의 교환이라는 흑인운동 지도부의 전략적 선택을 흑인사회가 큰 문제없이 수용할 수 있었던 것은 전통적인 화해문화가 일정부분 작용

22) 물론 진실화해위원회를 통한 진실의 규명에 한계가 있었다. 스탠리는 기소의 위협과 사회적 체면 때문에 가해자의 진술은 최선의 스토리만을 들려주는 전술적 성격을 보여주었다고 분석하였다. 또한 위니 만델라와 드 클러크 같은 거물들은 잔혹행위에 깊숙이 관여했음에도 불구하고 진실의 토로를 거부하였다. Elizabeth Stanley, “Evaluating the Truth and Reconciliation Commission,” *The Journal of Modern African Studies*, Vol. 39, No. 3 (September 2001), pp. 532-533. 한편 이그나티에프는 위원회의 역할을 과장하는 것에 반대하면서도 위원회의 조사가 시중에 떠도는 다수의 풍문을 검증하는 효과가 있음을 인정하였다. Michael Ignatieff, “Overview: Articles of Faith,” *Index on Censorship*, No. 5 (1996), p. 113.

을 했다고 보여진다. 강력한 공동체 문화의 존재는 갈등의 해소 과정에 중요한 역할을 한다. 이러한 배경적 요인 외에 더욱 주목해야 할 것은 투투 대주교의 리더십이다. 투투의 카리스마와 균형있는 현실감각은 진실화해위원회의 운영과 국민여론의 조성에 지대한 공헌을 하였다. 보복의 욕구가 팽배해질 수 있는 시점에서 투투는 희생자 집단에 대해 관용을 촉구하였고 흑인저항단체의 불법행위 역시 단죄하였다. 투투의 소신과 용기, 양식과 공정성은 백인사회의 저항심리를 무력화시켰고 진실화해위원회의 도덕적 권위를 배가시켰다. 남아공 진실화해위원회의 성공담은 사회적으로 존경받는 지도자의 역할이 갈등해소 과정에 얼마나 중요한지를 보여주는 대표적인 사례이다.

마지막으로, 남아공 진실화해위원회의 성과와 관련하여 결정적인 문제는 사면심사 탈락자와 불응자에 대해 기소를 행하지 않았다는 사실이며 이는 후속정부의 개혁의지를 의심케 하는 부분이다. 진실화해위원회의 남아공 모델은 그 자체에 사법적 정의의 요소를 보유하고 있다. 따라서 적절한 방식으로 사과의 과정이 보완되고 기소의 절차가 원칙대로 실현된다면 이행기의 정의 구현 방식으로서 손색이 없다고 보여진다. 중남미나 탈공산주의 국가의 사례가 보여주듯이 시간이 흘러 체제가 안정되면 미흡한 과거사청산의 문제는 다시 한 번 재점화되는 경향이 있다. 헬가 웰쉬는 폴란드가 탈공산주의화 과정에서 보복을 금지함으로써 체제이행에 기여했다는 평가에 대해 화해의 정치는 민주주의 공고화 단계에서 부담으로 되돌아오며 과거사 청산의 문제는 권력투쟁의 수단이 되어 끊임없이 우리를 괴롭힐 것이라고 말한 바 있는데[23], 현재 폴란드 정치는 이 문제로 큰 진통을

[23] Helga A. Welsh, "Dealing with the Communist Past: Central and Eastern European Experiences after 1990," *Europe-Asia Studies*, Vol. 48, No. 3 (1996), p. 425.

겪고 있으며 심지어 바웬사까지도 구공산세력과의 연루설로 고통을 받고 있다. 남아프리카공화국의 경우 상이한 인종집단간의 갈등구조이기 때문에 상대적으로 과거사 논의의 재개가 용이하지 않겠지만 중대한 범죄자에 대한 기소의 가능성은 항시 열려 있다고 보아야 하지 않을까 한다. 한반도 통일과 관련하여 북한의 과거사 청산과 남아공 진실화해위원회 모델의 적용가능성 여부의 문제는 또 다른 연구를 요하는 주제이기 때문에 여기서는 논의를 생략한다.[24)]

---

24) 독일은 통일과정에서 사법재판과 진실위원회를 동시에 운용하였다. 그러나 사법적 처벌은 최소화되었고(20여명만이 복역함) 진실위원회 역시 큰 역할을 수행하지 못했다. 반면 정화(lustration)라는 인적 숙정작업에 착수하여 슈타지 비밀문서를 근거로 5만 5천여명(공적 부문 42,046명, 사기업 12,880명)을 해고하고 15년간 공직제한을 강제하였다. 이로 인해 '승자의 정의' 논쟁이 초래되었다. 클라우스 오페(Claus Offe)는 독일정부의 과거사 청산은 i) 개인적 차원에서 ii) 살인 등 중범죄가 아닌 경우에 iii) 진실한 고백과 공개적 사과를 전제로 사면이 주어진다면 이행기의 정의를 실현할 뿐 아니라 민주시민의 화해를 성취하여 새로운 체제의 안정성을 높여줄 것이라고 남아공 진실화해위원회의 모델을 연상케 하는 주장을 한 바 있다. 한편 북한전문가인 안드레이 란코프(Andrei Lankov)는 한반도의 통일과정에서 저항을 최소화하고 통일 후 조화와 평화를 실현한다는 차원에서 북한 고위간부집단에 대한 일반 사면을 제안하고 있다. 필자는 독일의 사례와 마찬가지로 사법재판을 최소화하고 문서공개와 진실위원회의 역할을 활용하는 것이 바람직한 과거사 청산의 방식이 아닌가 한다. 사면의 방식이나 정화의 범위에 대해서는 더 많은 논의가 필요하다. 장원석, "통일독일의 과거사 청산 일고,"『정치와 평론』 14 (2014), pp. 89-119 참조.

제16장

그린즈버러(Greensboro) 진실화해위원회 일고

I 머리말

그린즈버러(Greensboro)는 미국 노스캐롤라이나의 중소도시로서 흑인인권운동의 요람지로서 잘 알려진 곳이다.[1] 2004년 6월 일군의 지역 인사들이 중심이 되어 '그린즈버러 진실화해위원회(GTRC)'를 출범시켰는데 이것은 국내외로부터 지대한 관심을 불러일으켰다. 그린즈버러에 또 무슨 일이 일어났는가? 민주주의의 본산임을 자처하는 미국에서 진실화해위원회라니 이 무슨 이야기인가?

본래 진실화해위원회(TRC)는 내전이나 심각한 독재를 경험한 국가가 민주화 이후 과거사를 청산하는 과정에서 채택하는 이른바 '이행기의 정의(transitional justice)'의 유력한 기제이다. 그것은 국가가 사법적 절차와는 무관하게 지난 정권하에서 자행된 인권침해

1) 1960년 2월 1일 네 명의 흑인 대학생(the Greensboro Four)이 흑백좌석 분리방침을 고수하는 울워즈(Woolworth) 식당에 들어가 백인좌석에 앉은 후 음식을 주문하는 비폭력 연좌농성(sit-in)을 시작하였다. 많은 수의 동료 대학생들이 이 운동에 가세하였고 언론의 집중적 보도와 인권단체의 지원에 힘입어 6개월 만에 식당은 종전의 방침을 철회하였다. 이 사건은 미국 흑인 인권운동의 역사에 한 획을 그었던 상징적 사건으로 평가된다. 이 운동을 주도했던 대학생 에젤 블레어(Ezell Blair)는 고등학생 시절인 1958년 그린즈버러의 베넷대학(Bennett College)에서 행해진 마틴 루터 킹의 강연을 듣고 눈물을 흘렸다고 회고하였다.

사태를 조사하여 진실 규명, 피해자의 명예회복, 사후적인 보상과 유사한 사태의 재발 방지를 위한 제도 개선 등을 행함으로써 궁극적으로 공동체의 치유와 화합을 실현하려는 시도이다.

그런데 그린즈버러 진실화해위원회의 경우는 좀 특별한데가 있었다. 문제를 삼은 사안이 국가적 차원의 사건이 아니라 지역공동체의 과거사였고 조사의 주체가 중앙정부나 지방정부가 아닌 민간단체였기 때문이다. 사연인즉 1979년 11월 그린즈버러의 공산주의노동자당(CWP)[2] 소속원들이 가두시위를 시작하다가 KKK단의 공격을 받고 5명이 살해되는 일명 그린즈버러 대학살(massacre) 사건이 발생하였다. 일련의 재판 결과와 지역사회의 여론에 불만을 느낀 희생자 가족과 생존자들은 문제해결의 돌파구로서 그린즈버러 진실화해위원회를 조직하기에 이른 것이다.

이 논문은 그린즈버러 진실화해위원회의 발족 배경과 경과 및 성과 등을 검토함으로써 민간단체가 중심이 되어 정의를 구현하고 지역공동체의 갈등해소를 시도하는 진실화해위원회의 새로운 경향을 살펴보려 한다. 그리고 그린즈버러 진실화해위원회가 나름대로 소기의 성과를 거두었다고 보고 그 성공의 원인은 무엇인지를 알아본다. 마지막으로 진실과 정의 및 화해 사이에 존재하는 내적인 갈등에 초점을 맞춰 진실화해위원회의 본질과 내재적 한계에 대해 성찰해 본다.

논문의 구성은 다음과 같다. 제2장에서 칠레와 남아프리카공화

---

2) 본래 미국공산당(CPUSA)은 미국의 남부지역에 적극적으로 진출하지 아니했으나 국가전복 음모로 알카트라즈 감옥에 수감되는 노스캐롤라이나 출신의 폴 크로우치(Paul Crouch)의 노력에 의해서 1920년 대 이후 노스캐롤라이나를 중심으로 활발한 운동이 시작되었다. 그러나 1950년대에 들어 매카시즘의 여파로 공산당은 지리멸렬하게 된다. 그 후 1970년대가 되자 보다 급진적인 공산주의 운동이 재건되었고 이들 조직은 넬슨 존슨(Nelson Johnson)을 중심으로 하는 그린즈버러의 흑인혁명가들과 연대하여 1979년 공산주의노동자당(CWP)을 창당하였다.

국의 사례를 중심으로 이행기의 정의와 진실화해위원회에 대해서 알아본다. 제3장에서 그린즈버러 진실화해위원회의 조직과 활동을 살펴본다. 제4장에서는 그린즈버러 진실화해위원회를 둘러싼 논쟁과 평가를 검토한다. 결론에서는 이상의 논의를 종합하여 그린즈버러 진실화해위원회의 역사적 의의와 성공요인 및 내재적 한계를 정리한다.

II 이행기의 정의와 진실화해위원회

'이행기의 정의'란 체제가 민주화되는 과정에서 이전 정권의 인권침해를 처리하는 일련의 방식을 말한다. 올슨과 그의 동료들은 재판, 진실위원회, 사면, 보상, 숙정의 다섯 가지를 전환기 정의의 주요 기제로 파악했는데[3] 그중에서도 진실위원회는 오늘날 널리 보급되고 있는 중요한 과거사청산 제도의 하나이다. 주로 중남미 국가에서 시작된 진실위원회는 남아프리카공화국에서 최적화된 형태를 선보였으며, 통일독일의 경우처럼 후기공산주의 국가의 과거사청산 과정에서도 채택되었다. 하이너는 21개국 진실위원회의 비교연구를 통해서 진실위원회를 다음과 같이 개념 정의하였다.

> "진실위원회는 과거 일정기간 동안 자행된 인권침해를 조사하는 한시적(6개월에서 2년) 기구로서 국가에 의해 공식적으로 권한을 부여받으며 보통 정치적 이행기에 조직된다. 또한 진실위원회는 재판을 대신

3) T,D.Olson, L.A.Payne, and A.G.Reiter, "Transitional Justice in The World, 1970–2007: Insights From a New Dataset," *Journal of Peace Research*, 47(6) (2010), p. 805.

하는 사법기구가 아니다."[4)]

진실위원회는 대개 정치적 범죄의 가해자들을 재판할 의지나 수단이 결여된 정권이 채택하는 접근방식으로서 범죄에 연루된 공범자의 숫자가 너무 많거나 특정의 인종집단 혹은 공동체에 근거해 있어 재판이나 숙청이 화해의 기반을 파괴하고 사회적 분열을 야기할 우려가 있는 경우, 혹은 가해자 집단이 여전히 강력한 힘을 보유하고 있어 후속 정부가 자신감을 갖지 못하는 상황을 배경으로 하고 있다(Rigby, 8).

진실위원회의 역사를 살펴보면 1983년 아르헨티나의 라울 알폰신 대통령에 의해서 설치된 「실종자조사국가위원회」가 원형이 된다. 위원회는 보고서를 통해 수천 명에 달하는 군사정권 희생자들에 대한 고문과 살인, 실종과 관련된 비밀을 파헤치려 노력하였다. 그러나 '진실화해위원회'의 명칭은 1990년 칠레에서 시작되었고 1995년 남아프리카공화국에서 다시 사용되었다. 칠레의 경우 군부가 완전히 패배한 것이 아니라 물리적 힘을 장악하고 있는 상태에서 민간정부에게 권한을 이양하였기 때문에 새 정부는 상당한 제약 속에서 진실위원회를 가동시킬 수밖에 없었다. 따라서 위원회는 의회가 아닌 대통령령에 의해 설치된 결과 증인소환권을 행사하지 못하였으며, 조

4) P.B.Hayner, Unspeakable Truths: Confronting State Terror and Atrocity (New York: Routledge, 2001), p. 14. 진실위원회의 방식은 보통 사법 재판을 우회한다. 그러나 중남미의 사례에서 보듯이 TRC의 결정에도 불구하고 후일 사법적 처리가 뒤따를 수도 있다. 후술하듯이 남아프리카공화국은 TRC에 동참하는 경우 사면조치를 내렸다. 그러나 동티모르의 TRC는 중범죄자에 대해서는 사법처리를 하고 그 외의 경우에는 진실위원회의 방식을 적용하는 이원적 접근을 하였다. 동티모르의 사례에 대해서는 D. Androff, "Working in the Mud. Community Reconciliation and Restorative Justice in Timor-Leste," in K.van Wormer (ed.), *Restorative Justice across the East and the West* (Hong Kong: Casa Verde Publishing, 2008), pp. 123-144 참조.

사대상이 실종과 사망에 국한되어 고문이나 습격 기타 불법 감금 등이 제외되었고, 보고서에 가해자의 이름을 밝히지 않았다. 보고서의 제언에 따라 희생자의 가족들은 금전적인 보상을 받았다. 남아프리카공화국의 경우 중남미 모델의 문제점을 보완하기 위해 의회에서 '국민통합 및 화해촉진법'을 제정하여 「남아프리카공화국 진실화해위원회」(SATRC)를 발족시켰다.[5] 그 결과 위원회는 증인 출석을 강제하고 관련 자료를 압수할 수 있는 권한을 행사할 수 있었다. 하부조직인 인권조사침해위원회에 의해서 공청회가 개최된 것도 중남미의 진실위원회와는 다른 점이었다. 하지만 중남미 모델과의 가장 큰 차이는 '진실에 대한 보상으로서 사면'의 원칙을 채택한 것이었다. 용서받기를 원하는 가해자들은 사면신청을 한 후 일정한 절차에 따라 과거의 범죄에 대해 고백을 해야 했고 사면심사위원회가 최종적인 결정을 내렸다. 심사의 기준은 가해행위가 정치적인 성격의 것이었고 개인적인 악의나 이익추구가 아니었음을 해명하는 것이었다. 그러나 사면조치가 뒤따르는 경우에도 가해자의 실명이 공개되고 기록됨으로써 공개적인 모욕을 받은 것과 같았다(Rigby, 9).

남아프리카공화국 진실화해위원회는 회복적 정의를 강조하는 화해모델의 전범으로서 전 세계에 대해 큰 영향을 미쳤다. 화해의 개념이 구체적으로 무엇을 의미하는 지에 대해 많은 논란이 있었으나 그것은 대체적으로 용서와 사면으로 압축되었고 이에 대해 응보적 정의를 주장하는 목소리도 있었지만 새로운 민주질서를 수립하는 과정에 화해는 필수적임이 강조되었다. 남아프리카 공화국의 임시 헌

---

5) 남아프리카공화국의 경우 본래 진실위원회의 명칭이 제안되었지만 그것이 조지 오웰(G. Orwell)식 전체주의를 연상시킬 수 있기에 화해의 단어를 추가하였다는 흥미로운 일화도 있다. James Edward Beitler Ⅲ, *Remaking Transitional Justice in the United States: the Rhetorical Authorization of the Greensboro Truth and Reconciliation Commission* (New York: Springer, 2013), p. 104.

법은 보복이나 복수가 아닌 이해와 우분투(ubuntu)를 추구해야 한다고 명기하였다. 우분투는 아프리카 고유의 정신세계를 표현하는 반투어(Bantu language)로서 인간은 상호의존적인 존재이며 우리는 타인과의 관계를 통해서만 인간적일 수 있다는 의미를 내포하고 있다.[6] 화해의 원동력이 된 우분투의 정신은 진실화해위원회의 의장인 투투(Tutu) 대주교에 의해서 수시로 강조되었으며 기독교의 권위[7]를 앞세운 그의 카리스마에 힘입어 「남아프리카공화국 진실화해위원회」는 명실상부한 화해의 노선을 밟을 수 있었다. 위원회의 최종 보고서는 모든 사람들의 요구와 주장을 포용하는 망라적인 양상을 보임으로써 혼란이 야기되기도 했지만 긍정론자들은 다양한 목소리를 수용하고 적대 세력간 대화를 촉진했다는 점에서 위원회가 사회통합에 크게 기여했다고 평가하였다. 물론 상당수의 흑인들이 사면 조치와 정의에 부재에 대해 거부감을 보였고 백인들 역시 진실과 화해의 과정이 마녀사냥과 다름이 없다고 비판하였다.

남아프리카공화국의 진실화해위원회는 화해의 목표를 추구하는 회복적 정의를 개진함에 있어서 두 가지 논리를 강조하였다. 하나는 진실 규명의 필요성이고 다른 하나는 평화와 안정의 요청이다. 위원회를 옹호하는 사람들은 진실을 규명하기 위해서는 응징의 욕구를

---

6) 인간의 상호의존성을 강조하는 우분투의 철학은 공동체의 가치를 추구한다는 점에서 서구의 개인주의적 전통과 대비되며 '아시아적 가치'와 유사한 것으로 평가되기도 한다. James Edward BeitlerⅢ, *op. cit.*, p. 53. 따라서 우분투의 정신을 서구문화에 접목시키는데는 어려움이 따르며 비판자들은 우분투의 강조가 개인적 자유의 포기를 의미한다고 말하고 있다. 미국의 개인주의 사회규범을 고려할 때 그리 놀랄 일은 아니다. Spoma Jovanovic, *op. cit.*, pp. 59-60, p. 87.

7) 종교적 언어와 의례가 모든 과정에 수반되었는데 가령 공청회에 앞서 기도를 하고 찬송가를 부름으로써 종교적 엄숙함을 견지하였다. 투투가 의식을 압도하였으며 위원들은 그의 카리스마가 없었다면 위원회는 좌초되었을 것이라고 회고하였다. *Ibid.*, p. 40.

자제해야 한다고 주장하였다. 남아프리카공화국의 진실화해위원회 모델은 기소의 위협과 사면의 약속을 적절히 구사함으로써 가해자의 일부가 진실을 고백하게 만드는데 성공하였다. 다른 한편 위원회의 설계자들은 가해자에 대한 처벌을 통해서 정의를 실현하려는 시도가 반생산적이라는 점을 분명히 했다. "우리는 정의, 책임, 안정, 평화와 화해의 요구 사이에서 균형을 취해야만 했다. 우리는 응징적 정의를 실현하여 국가를 재속에 파묻히게 만드는 허무한 승리를 구가할 수도 있었다."[8)]

Ⅲ 그린즈버러 진실화해위원회의 출범

1. 사건 개요

1979년 11월 3일 노스캐롤라이나 그린즈버러의 마을 어귀에 공산주의노동자당(CWP) 당원과 지지자들이 KKK 반대와 공장노동자의 권리증진을 위한 가두시위를 위해 집결하였다. 수개월 전부터 「국가탄생」[9)]영화 상연을 둘러싸고 KKK 집단과 공산당 양측간 갈등이 고조된 시점이었다. 참가자들이 노래를 부르고 플랜카드("Death to the Klan")를 휘두르며 출발하려는 순간 KKK 단원과 미국 나치

---

8) Desmond Tutu, *No Future Without Forgiveness* (New York: Doubleday, 1999), p. 23. 투투 대주교는 그것이 피루스의 승리(Pyrrhic victory)와 같다고 부언하였다.

9) 1915년에 상영된 데이비드 그리피스(D.W. Griffith) 감독의 무성영화로서 영화사에서 고전으로 꼽히는 작품이다. 남북전쟁 시대를 다루고 있는데 한편으로는 북부의 자본가를 비판하는 진보주의적 내용을 담았으나 다른 한편으로는 흑인을 경멸적으로 묘사하는 인종차별주의적 경향을 보임으로써 흑인사회의 거센 비판을 받았다. KKK단은 이 영화를 자신들의 선전에 적극 활용하였다.

당 당원들이 탑승한 9대의 자동차 행렬이 접근해왔고 시위대와 약간의 실랑이 끝에 88초간 총격전이 있었다. 공산당원 5명이 사망[10]했으며 10명이 부상을 당했다. 전날 공산당 지도자들이 관할 경찰서에 시위 보호를 요청했음에도 불구하고 경찰은 현장에 출동하지 않았다. 후일 밝혀진 바에 따르면 경찰은 정보원을 통해 KKK단의 난동 가능성을 사전에 인지하였으나 고의적으로 사태를 방관한 것으로 드러났다. 총기를 난사한 KKK 단원들은 현장에서 취재 중이었던 방송사 기자들이 촬영한 비디오를 증거로 살인죄로 기소되었으나 전원 백인들로 구성된 배심원단에 의해서 무죄 석방되었다. 주법원의 첫 번째 형사재판은 양측 모두가 총기를 휴대하고 있었으며 공산당원들이 먼저 상대방의 차를 가격하는 폭력을 행사했기 때문에 발포는 정당방위로 보아야 한다고 판결을 내렸다. 연방법원의 두 번째 형사재판에서도 양측 모두[11]가 발포하였으며 인종차별적 동기에서 행해진 폭력이라는 주장은 설득력이 없다고 배심원단은 결론을 내렸다. 1985년 세 번째로 행해진 연방 민사재판에서 KKK와 미국 나치당, 그린즈버러 경찰국은 5명의 사망자 중 1인에 대해서 책임이 있다고 판결하였고, 시 당국은 이들을 대신하여 사망자의 부인에게 35만 1천 달러의 보상금을 지불하였다. 공산당은 그린즈버러 주민들을 상대로 억울함을 호소하였지만 주민들은 이들과 거리를 두려하였다. 주민들은 평소 이들 집단의 이데올로기적 투쟁을 별로 탐탁히 여기지 않고 있었다. 그린즈버러 시장은 이 사건이 본질적으로 현지 주민과 무관한 두 개의 극단적 집단 간 충돌이었다고 주장하였다. 주

---

10) 이들은 30대 전후의 나이로 대부분 듀크대학교(Duke University) 출신이었다. 3명이 백인이었고 1명은 흑인여성이었다.

11) 일부 공산당원들도 총기를 휴대하고 있었고 KKK 측의 사격에 대해 즉각 응사하였다. KKK 측이 21발, CWP 측이 18발을 발사한 것으로 조사되었다.

류 언론 역시 동일한 방식으로 사건을 설명하였다. 그 결과 희생자 가족과 관련자들은 부정적 이미지가 각인되어 상당 기간 불이익과 고통을 감수해야만 했다.

2. 진실화해위원회의 발족

사건 직후부터 대학살 사태를 다루는 도서와 다큐멘터리, 연극, 신문 및 잡지 기사 등 무수한 자료가 쏟아져 나왔는데 공산당은 이 사건을 자본주의 정부의 음모로 간주하고 계급적 불평등을 강조[12)] 한 반면, 흑인운동단체들은 반공주의는 명분일 따름이고 본질은 뿌리 깊은 인종주의라고 주장하였다. 정부 인권위원회의 보고서는 다양한 견해들을 평면적으로 소개하였다.

1999년 그린즈버러 대학살 20주기 추모회 행사에 즈음하여 피해자 가족과 관련자들은 새로운 문제해결 방안을 모색하기 시작하였고 이 과정에서 보다 안전한 환경을 추구하는 자선단체인 「앤드루스 페밀리 펀드」(AFF)와 접촉하였다. AFF는 이들에게 진실위원회의 국제연대인 「전환기정의국제센터」(ICTJ)를 소개하였으며 ICTJ는 진실위원회를 조직할 것을 조언하였다. 그 결과 진실위원회를 추진할 주체로서 「그린즈버러 진실화해위원회프로젝트」(GTCRP)가 탄생하였고, 2002년 프로젝트는 진실화해위원회의 위원을 선발하고 위원회의 임무를 결정할 국민자문위원회(NAC)와 지역 테스크포스(LTF)를 조직하였다. 프로젝트는 '취지 선언'을 통해서 위원회의 설립 목

12) 사망한 5인의 묘비에는 숭고한 공산주의 이념을 위해 투쟁하다 사망한 투사라고 소개되었다. Spoma Jovanovic, *Democracy, Dialogue, and Community Action: Truth and Reconciliation in Greensboro* (University of Arkansas Press, 2012), p. 18. 공산당은 KKK를 자본주의 하수인으로 간주하였다.

표가 진실을 규명하여 과거의 불의를 시정하고 지역공동체의 화해와 발전을 도모하는데 있다고 천명하였다. 또한 프로젝트는 '위원선발기준'과 '위원회의 책무'를 공식적으로 발표하였다. 67명의 후보자를 대상으로 3개월간의 심사과정을 거쳐 선발된 7인의 위원들[13]은 2004년 6월 12일 성대한 서약식 행사를 공개리에 치르고 공식적인 업무에 들어갔다. 그린즈버러의 진실위원회가 조직되는 과정에 「남아프리카공화국 진실화해위원회」관계자들이 입국하여 연대감을 표명하고 기술적인 조언을 하였다. 만델라의 담임 목사였던 스토레이(Storey)가 입국하여 프로젝트 추진과정에 일조하였고, SATRC 위원이었던 핀카(Finca)는 출범식 축사를 통해 만델라와 투투를 언급하며 「남아프리카공화국 진실화해위원회」와 「그린즈버러 진실화해위원회」가 하나임을 강조하고 우분투의 정신이 그린즈버러 위원회의 기본이념이 될 것을 주문하였다.[14] 그것은 그린즈버러를 국제사회가 지지한다는 공개적인 입장 표명이었고 다른 한편 그린즈버러의 진실화해위원회가 남아프리카공화국 모델에 입각해 있음을 선언하는 자리이기도 했다. 핀카는 '한 인간에게는 작은 걸음에 불과하지만 인류에게는 큰 도약'이라는 최초의 달 착륙 우주비행사 암스트롱의 말을 인용하며 그린즈버러의 시도가 미국의 여타 지역에 대해 본보기가 될 것을 요청하였다. 투투 대주교는 위원들에게 격려편지를 발송하였다. 위원회 출범식에는 500여 명이 참석하였는데 과거를 직시

13) 위원회의 구성을 살펴보면 남성이 2명, 여성이 5명이었다. 또한 3명이 백인, 3명이 흑인, 1명은 인도 출신이었다. 프로젝트의 결정에 따라 2명은 외지인으로 충원되었다. 직업상으로 보면 은퇴한 변호사, 대학교수, 전직 시의원, 목사, 퇴직한 회사원, 시민단체 임원 등을 포함하였는데 대부분 시민단체에서 활동한 경력을 보유하고 있었다.

14) 그러나 동 행사에 참석했던 하원의원 와트(M. Watt)는 논평을 통해 위원회의 기본정신이 우분투가 아니라 미국의 건국이념과 개인주의 철학에 입각해 있다고 상반된 주장을 하였다. James Edward Beitler Ⅲ, *op. cit.*, p. 63.

하고 미래를 개척하자는 남아프리카공화국 위원회의 휘장이 사용되었고 진실위원회가 활약했던 국가들 깃발이 게양되었다.

위원회의 출범식에 대해서 호의적인 기사가 실리기도 했으나 일부의 사설은 제휴대상인 아프리카민족회의(ANC) 멤버들이 공산당과 연루되어있으며 피해자들만을 옹호할 가능성이 있다는 회의적인 논평을 하였다(Beitler Ⅲ 2013, 86). 그리고 홀리데이 시장은 위원회의 발족에 반발하여 도시의 인종갈등 해소를 위한 독자적 프로젝트(Mosaic Partnerships Program)를 한시적으로 출범시켰다.

3. 그린즈버러 진실화해위원회(GTRC)의 활동

GTRC는 출범단계에서 모체인 프로젝트(GTCRP)로부터 기초자금과 인력을 지원받았다. 그리고 프로젝트 팀은 2005년 4월 주민 5천 3백명의 서명을 받아 시의회가 GTRC를 공인하고 지원해 줄 것을 청원하는 주민운동을 전개하고 가두 행진을 기획하는 등 위원회에 대한 측면지원활동을 계속하였다. 따라서 많은 사람들이 사실상 프로젝트가 배후에서 위원회에 대해 영향력을 행사하고 있지 않은가라는 의구심을 가졌고 공산주의 운동가인 넬슨 존슨[15]이 프로젝트의 주역이라는 사실 때문에 부정적인 반응을 보였다. 따라서 위원회가 맨 처음 한 일은 자신의 독립성과 중립성을 확보하고 이를 지역

15) 넬슨 존슨은 노스캐롤라이나의 시골 마을 출신으로서 공군으로 4년 복무한 후 사건 발생 10년 전 노스캐롤라이나 농업기술주립대학(A&T)에 입학하여 그린즈버러에 정착하였다. 흑인인 그는 이후 흑인인권운동과 빈민운동의 중심적인 역할을 수행하여 시당국으로부터 그린즈버러에서 가장 위험한 인물로 지목되었다. 그는 공산주의 이데올로기를 공개적으로 표방하였고 그린즈버러 주류 사회로부터 1979년 사건의 원흉으로 비난받았다. 존슨은 후일 몇 개의 인권상을 수상했으며 여타 지역의 인권운동에도 관여하였다.

사회에 널리 알리는 일이었다. 위원회는 출범 후 자체적으로 기금을 조달하고 인력을 충원했으며 심지어 혼란을 일으킬 가능성이 있으니 프로젝트의 명칭을 변경해 달라고 요청하기도 하였다.[16]

위원회는 자체적으로 유급 조사원과 조사 책임자를 고용한 후 이들을 중심으로 많은 수의 자원봉사자와 전문가 집단의 도움을 받으며 증언채록과 자료수집에 착수하였다. 자료의 분석 작업은 도시의 공산주의 운동과 인권 운동의 역사에서부터 재판 기록에 이르기까지 다양한 주제들을 다루었고 정치학, 사회학, 역사학, 언론학 등 제학문의 접근방식이 동원되었다. 또한 주민의 무관심과 회의를 극복하고 적극적 참여와 협조를 이끌어내기 위해서 웹 사이트를 개설하고 블로그를 운영하며 뉴스 레터(*Ubuntu Weekly*)를 발행하였다. 위원회는 주민과의 간담회를 개최하여 참석자들의 제언을 청취했으며 기자들을 초청하여 위원회의 회의 과정을 보여주는 등 언론과의 관계에도 유념하였다.

남아프리카공화국 진실화해위원회의 운영방식을 모델로 삼은 GTRC는 2년의 임기동안 여러 가지 활동을 했는데 가장 중요한 행사는 공청회였다. 이틀간 진행되는 공청회는 3회에 걸쳐 개최되었는데 각각의 주제는 '우리는 왜 79년의 학살을 말해야 하는가', '그날 무슨 일이 발생하였고 그 이후는 어떠하였는가', '과거와 현재, 미래의 관계는 무엇인가'라는 대주제 속에서 진행되었다. 2개 대학과 1개 고등학교 강당에서 진행된 공청회는 88초의 묵념이 있은 후 주제설명이 뒤따랐고 귀빈소개가 있었다. 행사의 공정성을 기하기 위해 증언자의 선정에 각별히 신경을 썼는데 가능한 한 다양한 목소리를

16) GTRC(Greensboro Truth and Reconciliation Commission)와 GTCRP(Greensboro Truth and Community Reconciliation Project)의 혼란을 말한다.

듣는 방향으로 원칙이 수립되었다. 그리고 주최 측에 의해서 부드러운 분위기를 유지하기 위한 노력이 경주되었다. 방청객들에게 발언의 기회가 주어지지 않은 대신 위원들은 정중하지만 날카로운 질문을 행했다(Magarrell, 104). 증언자들은 KKK 단원, 공산당 당원, 그린즈버러 경찰관, 피해지역 주민, 재판 당시 판사와 변호사, 시공무원, 시민운동가 등 다양한 집단을 망라하였다. 특히 KKK 단원이었던 버질 그리핀(Virgil Griffin)의 3차 공청회 증언은 논쟁거리가 되었다. 그리핀은 자신들이 정당한 행동을 했으며 위원회의 활동은 시간낭비에 불과하다고 비난하였다. 지역신문들은 이 사건을 대서특필했으며 일부 관계자들은 그리핀을 증언자로 선정한 것이 올바른 결정이었는지 의구심을 표시했으나 많은 사람들은 위원회가 균형된 시각을 취하기 위해 노력했으며 이로 인해 위원회의 신뢰성이 크게 제고되었다고 평가하였고 넬슨 존슨도 여기에 동의하였다(Beitler Ⅲ 2013, 90). 한편 대학생의 참여를 독려하기 위해 인턴과 자원봉사제도를 최대한 활용하였으며 이들은 행사장에서 모금활동을 하거나 웹사이트를 운영하는 등 나름대로 위원회의 활동에 기여하였다.

4. 최종보고서 제출

위원회의 조사결과는 최종적으로 보고서로 제출되었다. 사전에 50여개의 사회단체를 보고서의 보고서 수신자로 지정하여 간담회를 가졌다. 2006년 5월 25일 흑인 여성 교육기관인 베넷 대학(Bennett College) 대강당에서 500여 명이 참석한 가운데 「그린즈버러진실화해위원회」의 보고서 전달식이 성대히 개최되었다. 88초의 묵념이 있은 후 그간의 경과에 대해 비디오 상영이 있었고, 7인의 위원들이 한 사람씩 돌아가며 소회를 발표하였다. 그 다음 최종보고서의 결론을 요약해서 보고하였고 보고서를 요약한 책자를 참석자들에게 배부하였다. 예산상의 이유로 최종보고서는 300부만 제작되었으며 전달식 현장에서 배부된 보고서는 원본이 아닌 49페이지 분량의 축약본과 2페이지짜리 요약문이었다. 희생자 가족과 GTCRP 멤버들, 행사에 참석한 시의원과 초청받은 공공단체 대표들이 연단에 올라 간단하게 위원회의 노고를 치하하였고 남아프리카공화국에서 온 스토레이 목사가 감사의 기도를 함으로써 행사를 마무리하였다. 유가족에게는 행사 개최 몇 시간 전에 보고서의 내용을 설명하는 자리를 마련하여 최소한의 예우를 하였다.

보고서의 초안 작성은 조사책임자에게 위임되었으며 위원들은 제출된 결과물을 중심으로 토론을 행하며 내용을 수정하는 방식을 취했다. 이 과정에서 견해가 다른 위원들 상호간 치열한 논쟁이 있었으나 진실의 추구라는 공동의 목표와 상호 존중의 정신을 통해 이견을 좁혀 나갔고 그 결과 모든 위원이 흔쾌하게 최종보고서에 서명을 할 수 있었다(Magarrell, 124). 위원들은 합의의 과정을 회고하며 동료들에게 경의를 표하고 위원회에 대한 자부심을 표명하였다.

위원회는 결론 부분에서 대학살 사태가 우연적이며 일시적인 현상이 아니라 도시 속에 잠재해 온 인종적, 계급적 갈등의 구조적 산물이며 보다 중요한 동인은 뿌리 깊은 인종주의에 있다고 결론을 내렸다. 또한 11월 3일 사건이 그린즈버러 공동체를 인종과 계급의 경계선을 따라 분열시켰을 뿐 아니라 경찰과 법원 및 시당국과 언론에 대한 불신을 증폭시키고 시민단체의 활동을 크게 위축시켰다고 진단하였다. 또한 피해자와 그 동료들은 심리적 충격과 고통을 받았으며 일련의 보복조치로 인해 경제적 시련을 겪었다. 그리고 그린즈버러 경찰이 의도적으로 현장을 회피한 것이 비극적 사태의 결정적 요인이었음을 지적하였다. 공산당과 KKK단의 충돌과정에 대해서는 양측 모두 책임이 있지만 경중을 따질 때 KKK단이 비난받아야 한다고 강조하였다.[17] 사건 직후 피해자 측의 항의집회를 불허하는 등 시당국이 보여준 편파적 태도도 지적되었다. 또한 사후 재판과정에서 명백한 증거에도 불구하고 가해자들이 석방된 이유와 백인만으로 구성된 배심원단의 문제, 왜 최종적으로 5명의 사망자 중 1인에 대해서만 배상 결정이 내려졌는지 등의 문제를 지적했으며 시당국이 모든 배상을 떠맡은 것에 대해서도 문제를 제기하였다. 또한 언론이 이 사건을 두 극렬단체간의 총격전으로 묘사한 것에 대해서도 비판을 하였다.

보고서는 마지막으로 다음의 제언을 하였다: 가해자는 피해자들에게 공식적이거나 비공식적인 사과를 한다. 경찰과 시당국은 시민보호의 책임을 다하지 못했으므로 주민들에게 공식적인 사과를 한다. 가해자를 포함하여 사건에 관련된 사람들은 추모비 건립과 노동자권리 옹호단체 지원을 위해 기부를 한다. 희생자들을 추모하기 위한 기념관을 건립한다. 희생자 가족 2세대를 위한 치유 워크숍을 운영한다. 포럼을 조직하여 대학살 사건과 조사보고서를 소개하고 토론한다. 인종차별 금지를 위한 공무원 교육훈련센터를 가동한다. 노동자들에게 생계임금을 보장한다. 인종문제 처리결과에 대한 연례보고서를 발간한다. 11월 3일 사건을 다루는 초중등학교 교과과정을 개설한다. 경찰의 업무수행을 감시할 평가위원회와 공정한 사법제도의 운영을 점검하기 위한 지역센터를 조직한다.

최종보고서는 인간의 행위는 언제든지 오류가 가능한 법이며 따라서 보고서의 내용이 완벽하다고 주장하는 것은 오만함에 불과하다

17) 보고서는 공산당 시위대가 'Death to the Klan'이라는 폭력적 구호를 사용한 것에 대해서도 책임을 물었지만 KKK단이 고의적으로 물리적 충돌을 시도했다고 결론을 내렸다.

고 말하고 새로운 증거에 의해서 보고서의 결론이 강화될 수도 있지만 반대로 의문시 될 수도 있다고 언급하였다. 보고서는 최종적인 결정이 아니라 토론과 비판이 가능한 살아있는 문서로 간주되었다(Magarrell, 90, 126, 134). 위원회는 자신들이 확보한 모든 자료를 그동안 도움을 준 베넷대학에 기증하는 것으로 역할을 마무리 하였다.

Ⅳ 논쟁과 평가

1. 논쟁

그린즈버러의 진실화해위원회는 출범 당시부터 지역사회 내부적으로 격렬한 찬반 논쟁을 불러일으켰다. 비판을 하는 사람들은 그러한 시도가 과거 지향적이며 도시의 분열만을 초래할 것이라고 주장하였다. 또 다른 비판은 그것이 품위 있는 신사의 도시로 널려 알려진 그린즈버러의 평판을 해칠 것이라고 걱정하였다. 그러나 결정적인 반대 이유는 위원회가 사실상 피해자들만을 일방적으로 옹호하는 편향된 역할을 수행하게 될 것이라는 우려였다. 물론 정반대의 비판도 있었다. 화해를 언급하는 위원회의 구호가 결국 새로운 형식의 식민지 논리가 아닌가하는 회의이다(Doxtader, 379-380). GTRC의 역할을 환영한 백인 주민들이 지역사회의 갈등해소를 기대했던 반면, 비판론자들은 화해의 구호가 기득권을 보호하는 기능을 수행하게 될 것이라고 의혹의 눈초리를 보냈다.[18]

---

18) 진실화해위원회를 옹호하는 사람들 사이에서도 화해의 명칭에 대해 거북함을 느끼는 경향이 있는데 그것은 화해를 지나치게 강조할 경우 희생자의 권리가 소홀히 취급될 수 있다는 우려에서이다. Jane Morley Q.C., "Book Reviews:

여기서는 두 번째와 세 번째 문제를 조금 더 살펴보기로 하자.

우선 그린즈버러가 어떤 도시인가에 대해 상반된 두 개 시각의 대립이 있었다. 가령 시의회측은 그린즈버러가 모범적으로 인종문제를 해결해온 진보적 공동체이고 1979년 사건은 도시와 무관한 외부인들 상호간의 충돌이며 소수의 운동가들이 도시의 얼굴에 먹칠을 하는 행동을 하고 있다고 비난하였다. 일부 주민들은 남아프리카공화국 사태와 그린즈버러를 비교하는 것은 도시에 대한 모욕이며 진실의 왜곡이라고 주장하였다(Beitler Ⅲ 2013, 112). 이에 대해 위원회측은 그린즈버러가 인종문제에 관한 후진적 도시였으며 1979년뿐만 아니라 2004년 현재도 마찬가지 상태라고 주장하였다. 위원회에 따르면 그린즈버러는 진보적 도시가 아니고 변화에 저항하는 도시이며 자신들의 활동은 도시를 보다 민주적인 사회로 발전시키기 위한 노력이었다. 최종보고서는 그린즈버러가 미국 남부의 수치스러운 인종차별의 역사에서 면제된 모범지역이라는 왜곡된 신화[19]에 도전하여 도시가 노스캐롤라이나와 더불어 KKK 단의 근거지임을 고발하였다(McCarty Ⅲ 2013, 114).

다음에는 위원회의 지위에 관한 논쟁이 있었다. 그것은 진실위원회의 개념정의와 관련하여 그린즈버러의 위원회가 과연 진실위원회로 인정받을 수 있는가 하는 문제였다. 2005년 홀리데이 시장은 그린즈버러 위원회가 불과 십 수명이 주도하는 비공인단체로서 집행능력이 의심스럽다고 말하며 만일 그것이 편견 없는 공정한 단체였다

Learning from Greensboro Truth and Reconciliation in the United States," *The International Journal of Transitional Justice*, Vol. 4 (2010), p. 131.

19) 한편 역사학자 샤프는 미국 남부사회가 교양을 앞세워 인종문제의 제기를 원천적으로 봉쇄하며 진보주의의 신화(progressive myth)를 유지해 왔다고 지적하였다. William H. Chafe, *Civilities and Civil Right* (New York: Oxford University Press, 1980) 참조.

면 벌써 협조했을 것이라고 주장하였다. 이것은 시의원들의 시각일 뿐만 아니라 많은 주민들의 생각이기도 하였다(Beitler Ⅲ 2013, 110). GTRC의 문제점은 그것이 여타의 진실위원회와 달리 정부로부터 인정을 받지 못한 단체이며, 다루는 사안이 일정기간 지속된 인권침해가 아닌 일회성 사건이고, 민주화 과정이라는 정치적 이행기와 무관하다는 점이었다. 이에 대해 위원회측은 진실위원회에 대한 기존의 전문연구들[20]을 인용하면서 진실위원회가 비공식적 단체를 포함할 수 있으며 지역공동체의 차원에 대해서도 확대적용될 수 있다고 주장하였다. 또한 그린즈버러 위원회는 페루, 칠레, 과테말라의 경우를 언급하며 강제력 없이 도덕적 권위만으로도 업무수행이 가능하다고 주장하였다(Beitler Ⅲ 2013, 109). 마찬가지로 일회성 인권침해라는 주장에 대해서도 모든 사태는 지역적 차원에서 그린즈버러와 비슷한 양상을 보이는 법이며 양자의 차이는 규모의 차이에 불과하지 질적인 차이가 아니라고 주장하였다. 위원회에 따르면 79년의 학살은 외견상 일회성 사건이지만 기실은 오랫동안 지속되어온 인종주의와 반공주의의 소산이었다. 이러한 논쟁은 그린즈버러 위원회가 남아프리카공화국 진실화해위원회의 적극적인 지원 하에 국제사회로

20) 2001년 헤이너는 진실위원회를 집대성한 자신의 저서에서 그것의 개념정의와 관련하여 진실위원회를 국가가 인정하는 공식적 단체에 한정하였다. 그러나 2003년 GTRC가 논의되기 시작하자 ICTJ의 연구책임자로 활동하던 그는 그린즈버러 대학살의 생존자인 셀리 버만존과의 인터뷰를 통해 진실위원회가 민간단체의 진실프로젝트를 포함한다고 이론 수정을 하였다. S. A. Bermanzohn, *Througu Survivor's Eyes: From the Sixties to The Greensboro Massacre* (Nashville, TN: Vanderbilt University Press, 2003), p. 370. 한편 2007년 빅포드는 헤이너의 이론을 염두에 두며 공식적인 진실위원회 외에 비공식적인 진실프로젝트가 존재함을 지적하여 후자가 국제사회의 지원을 받을 수 있는 여지를 만들어 주었다. L. Bickford, "Unofficial Truth Project," *Human Right Quarterly*, 29 (4) (2007), pp. 994-1035. GTRC의 보고서는 ICTJ를 위해 쓰여진 빅포드의 2004년 초고를 인용하였다.

부터 자격을 공인받음으로써 최종적으로 해소될 수 있었다.

2. 평가

위원회의 보고서가 발표되자 지역 언론에 나타난 주민들의 반응은 다양하였다. 일부 평자들은 위원회가 공산당 편향적인 결론을 내렸다고 비판하였다. 다른 일부 사람들은 위원회가 객관적이고 균형 있게 업무를 수행했다고 칭찬하였다. 또 다른 일부 사람들은 위원회가 비록 공산당에게 우호적이었지만 공동체의 발전을 위해서 크게 기여했다고 평가하였다. 여러 신문이 위원회의 노고를 치하하고 시 당국의 무성의를 비난하였지만 일부 신문은 자체적으로 임명한 위원들에 의해서 사전적으로 취해진 결론이 채택되었다고 비난하였다(BeitlerⅢ 2013, 119-120, 144).

위원회가 성공을 거두었는지 여부에 대한 측정기준을 무엇으로 볼 것인가? 만일 위원회 보고서에 대한 시정부의 반응을 기준으로 한다면 위원회의 활동은 실패작이었다. 2005년 4월 19일 시의회는 사건 당사자인 넬슨 존슨이 프로젝트의 주요 멤버이며 위원회의 배후에서 영향력을 행사하고 있다고 주장하고 6대 3으로 위원회에 대한 지원안을 부결시켰다. 1년 후인 2006년 7월 18일 시의회는 최종 보고서를 어떻게 처리할 것인가의 문제를 놓고 75분간 위원회 측과 간담회를 가졌다. 여기서 시의회는 관계부처에 대해 보고서 검토를 의뢰할 것이라고 말하였으나 이후 회답이 없었고, 2007년 3월이 되자 보고서의 제안을 수용할 것인지 여부를 놓고 투표를 행한 후에 부결사실을 통보하였다. 시장인 홀리데이는 공식적인 사과를 거부한다고 분명히 입장을 밝혔다.[21] 위원회가 시당국의 지지를 받지 못한 결과 적어도 단기적인 관점에서 볼 때 도시는 중요한 변화를 보여주지 못했다.

그러나 대학살 사건을 다시 한번 공론화하고 진실규명 과정에 주민참여를 이끌어 냈다는 관점에서 본다면 위원회의 활동은 성공이었다. ICTJ가 파견한 위원회 자문위원인 마가렐은 주민들이 보고서에 대해서 토론을 하기 시작하였으며 위원회는 지역공동체에 무시할 수 없는 영향을 미쳤다고 평가하였다. 가해자 중 1인이 희생자 가족에게 공식적으로 사과를 했으며 위원회의 권고안 중 일부가 채택되었다는 사실 역시 고무적인 현상이었다. 도서관과 교회, 공회당에서 보고서의 내용들을 토론하기 위한 포럼들이 조직되었고 일부 대학에서 위원회의 활동을 주제로 하는 세미나 코스가 개설되었다. 또한 보고서는 다양한 강좌에서 교재로 활용되었다. 생계임금제를 촉구하는 운동이 시작되었으며 해당 군청 복지과는 반인종주의 워크숍을 조직하였다. 또한 ICTJ의 도움 속에 그린즈버러의 진실화해위원회를 기리는 세미나가 베넷 대학에서 개최되어 국제적인 네트워크가 형성되었다. '지방의 진실추구'라는 주제의 국제포럼에 참석한 국내외의 인사들은 그린즈버러 위원회의 활동에 감동을 받았으며 위원회로 인해 그린즈버러의 이미지는 더욱 빛나게 될 것이라고 격려하였다(Beitler Ⅲ 2013, 121·144).

GTRC의 조사책임자인 질 윌리암스(Jill Williams)는 도시의 구성원 모두가 과거의 침묵에서 벗어나 인종과 빈곤의 문제를 토론하는 공간을 제공하는데 위원회가 크게 기여했다고 지적하였고 노스캐롤라이나 대학 언론학과 교수인 스포마 조바노비츠(Spoma Jovanovic)는 위원회의 활동이 시민의 자치능력을 증명하고 참여민주주의를 촉진

21) 그러나 2007년 시장선거에서 흑인여성인 이본느 존슨(Yvonne Johnson)이 당선되었고 시의회는 보고서를 재검토한 후 2009년 5:4의 표결로 경찰책임을 언급함 없이 유감(regret) 성명을 발표하기로 결의하였다.

하는 계기가 되었다고 평가하였다. 2007년 노스캐롤라이나의 유권자 716명을 대상으로 실시한 여론조사 결과에 따르면 GTRC의 활동 때문에 KKK단을 비난하는 목소리가 높아지고 인종차별 시정조치를 촉구하는 여론이 강화된 것으로 분석되었다(Ghoshal, 182, 184), 그러나 경찰의 책임 문제에 대한 반응은 위원회의 기대에 미치지 못했는데 그것은 경찰의 행위를 긍정적으로 수용하는 미국 사회의 일반적 분위기에 기인한 것으로 해석되었다.

한편 2012년 피해자 가족 17명을 대상으로 실시한 인터뷰의 질적 분석에 따르면 위원회의 활동에 대한 평가는 긍정론과 부정론이 혼재했는데 전자는 주로 사건 당사자 양측이 자리를 같이하여 진지한 대화를 시도한 점을 높이 평가하였고 위원회의 중립적 태도가 가족들을 섭섭하게 만들기도 했지만 성과는 기대 이상이었다고 대답하였다. 후자는 경찰과 시당국이 시종 일관 비협조적이었음을 문제 삼았으며 가해자인 KKK단 측에서 소수만 행사에 참석했을 뿐 아니라 증언자가 사과를 거부하여 공청회의 효과를 반감시켰음을 비난하였다(Androff 2012a, 86-89). 또한 희생자들의 명예가 회복되었고 사회적 변혁을 위한 도시의 노력이 촉발된 점을 긍정적으로 평가하였으나 그린즈버러 위원회가 법적인 권위를 부여받지 못하여 증언자의 출석을 강제할 수 없었고 보상이나 구조개혁을 추진할 수 없었던 점을 한계로 지적하였다. 연구자는 이 조사를 통해 대화치료 요법(narrative therapy)의 효과를 재확인 했는데, 그것은 내전이나 제노사이드 등 심각한 인권침해 상황을 경험한 생존자들이 우호적인 청중을 상대로 자신의 고난을 토로하고 인정을 받음으로써 일종의 정화감정(catharsis)과 해방감을 느낀다는 것이다. 그린즈버러의 피해자들 역시 동일한 긍정적인 답변을 보여주었고 이러한 심리적 치유의 과정은 궁극적으로 공동체의 화해에 일조하게 될 것이다(Androff 2012c, 42-44).

V 맺는 말

1. 이상의 논의를 요약하면 다음과 같다. 1979년의 그린즈버러 사태에 대해 사법적 정의가 실현되지 않았을 때 희생자 가족과 관련자들은 민간차원의 진실규명 운동을 전개하였고 비록 시당국의 협조를 얻지 못하였으나 남아프리카공화국 진실화해위원회와 지구촌 시민단체의 도움을 받아 임무를 완수하였으며 소기의 성과를 거두는데 성공하였다. 위원회는 뿌리깊은 도시의 허위의식에 도전하였고 대학살 사건과 관련하여 왜곡된 주민의 인식을 바로잡았다. 그리하여 GTRC는 진실위원회의 패러다임을 지역적, 풀뿌리적 차원으로 확장시키는 전기를 마련하였고 선진 민주국가의 경우에도 전환기 정의의 논리가 적용될 수 있음을 증명하였다. GTRC의 가장 큰 기여는 오랫동안 피해의식 속에서 침묵을 강요당해온 사람들에게 당당하게 진실을 이야기 할 수 있는 자리를 마련한데 있었다.

인권문제는 법정에서 다 못 다룬 부분이 있을 수 있다는 지구촌 사회의 인식이 형성되면서 선진사회에서도 진실위원회의 역할이 거론되기 시작하였다.[22] 미국도 인권침해에서 자유로울 수 없는 나라이며 보다 정의롭고 포용적인 사회를 만들기 위한 노력의 일환으로 진실위원회의 필요성이 인정될 수 있다. 미국에 있어서 이행기의 정의는 제3세계의 그것처럼 극적이지 않으나 짐 크로우(Jim Crow) 법

22) 2008년 캐나다에서 진실화해위원회(CTRC)가 조직되어 5년간의 조사활동에 착수했는데 동 위원회는 정부가 지난 100여년간 캐나다 원주민 학생들을 특수학교에 격리시켜 강제동화정책을 실시한 것에 대한 진실규명 작업을 실시하였다. 캐나다의 진실화해위원회는 서구국가 중 국가차원에서 진실위원회를 운영한 최초의 사례이며 또한 원주민에 대한 식민주의의 만행을 조사하는 최초의 진실위원회이다. 그러나 시민단체와의 제휴 없이 정부 스스로 조사 주체를 자임함으로써 원주민 사회로부터 위원회의 정당성에 의문이 제기되었다(Androff 2012 b, 416).

의 잔재를 청산해 온 대장정의 관점에서 볼 때 진실위원회의 기제는 정당성을 갖는다. 그러나 필포트는 자유주의와 TRC는 양립불가능하다고 주장한다. 자유주의 국가에 있어서 범죄자는 처벌되어야 하며 화해와 용서는 국가의 관심사가 아니라는 것이다(Philpott 2007, 27). 반안트워픈 역시 화해의 개념은 비자유주의적이어서 수용이 힘들다고 말한다. 그것은 사건의 해석이 하나의 도덕적 관점으로 통합되는 것을 의미하는데 본질적으로 비민주적인 발상이라는 것이다(VanAntwerpen 2010, 41). 이들이 주장하듯이 미국은 국가적 차원에서 진실위원회가 성립되기 어려울지 모른다.[23] 그렇지만 그린즈버러의 사례에서 보듯이 지역적이며 풀뿌리 차원에서는 진실위원회의 실험이 이미 진행되고 있다. 미국에 있어서 이행기의 정의는 탈중앙정부적인 양상을 보여 준다: 미시시피 진실위원회(1945-1975년의 인종범죄를 조사하는 풀뿌리단체로서 2007년 발족됨. ICTJ, AFF, Tutu, GTRC의 도움을 받음), 디트로이트 진실화해위원회(인종적 불평등 해소를 목적으로 2011년 발족됨. SATRC, GTRC의 지

23) 2016년 2월 버지니아 리치몬드에서 흑인을 향한 인종폭력의 문제를 다룰 미국 최초의 전국 규모 진실화해위원회 준비 모임이 개최되었다. 여기에는 GTRC의 주역인 넬슨 존슨 부부도 참석하였다. Yessenia Funes, "Finally, the US Steps Closer to Racial Healing With a National Truth and Reconciliation Commission," *BillMoyers* (April 21, 2016). 콜린스와 와트슨은 미국의 진실위원회는 지역차원에서 주정부와 시민단체가 제휴하여 운영하되 중앙정부가 재정지원을 하는 방식이 좋다고 말한다. Bennett Collins and Alison M. S. Watson, "Examining the Potential for an American Truth and Reconciliation Commission," *Carnegie Council for Ethics in International Affairs* (February 5, 2015). 미국사회의 구조적 폭력에 맞서 사회적 변화를 촉진하기 위해서는 차라리 공적인 지원을 받지 않는 GTRC 방식의 진실위원회가 더 적합하다는 주장도 있다. Joshua Inwood, Derek Alderman, and Melanie Barron, "Addressing Structural Violence through US Reconciliation Commissions: The Case Study of Greensboro, NC and Detroit, MI." *Political Geography*, Volume 52 (2016), pp. 57-64.

원을 받았고 Tutu의 딸이 기조연설을 함), 보스턴 통학차별 프로젝트(BBDT: 보스턴 공립학교의 흑인학생 차별 관행을 시정하기 위해 2011년 조직된 진실 프로젝트임), 메인주 아동복지진실위원회(와바나키 인디안 아동의 강제입양 범죄를 규명하기 위해 2012년 출범함. 탈식민지, 자치권의 요구로 진행됨, GTRC 행정책임자가 관여하고 있으며 ICTJ, AFF의 지원 받음), 퍼거슨 진실 이니셔티브(2015년 미주리주 퍼거슨시에서 발생한 경찰의 비무장 흑인 사살사건을 규명함), 기타 빈곤진실위원회(오하이오와 뉴욕). 미국 남부에서만 12개 이상의 진실위원회 프로그램이 확인되고 있다는 보고도 있다(Jovanovic 2012, 55).

안드로프에 따르면 태풍 카트리나 사태의 원인과 결과를 규명하기 위한 뉴올리안스 위원회가 여기에 추가될 수 있으며 테러와의 전쟁과정에서 자행된 인권 범죄 조사를 위한 위원회의 제안도 동일한 범주에서 이해될 수 있다. 안드로프는 북미에서 진실위원회는 소수민족과 주변집단의 권리 보호를 위한 참여민주주의의 강력한 기제로서 잠재력을 보유하고 있다고 말한다(Androff 2012 b, 416-417). 미국의 TRC는 공청회 대신 타운홀 미팅 등 다양한 형식을 취할 수 있을 것이다.

2. 그린즈버러 진실위원회가 과연 성공을 거두었는가에 대해서는 앞에서 언급한 것처럼 다양한 평가가 가능하지만 여기서는 일단 소기의 성과를 거둔 것으로 보고 그 성공요인에 대해 살펴보고자 한다.

1) 국제적 연대와 권위의 탄생

그린즈버러 위원회는 시정부로부터 공인을 받지 못하였으며 오히려 자격논쟁에 시달렸음에도 불구하고 자체의 힘으로 그 역할을 완수하였다. 위원회의 권위는 어디에서 유래하는가. 첫 번째로 강조되어야 할 요인은 지구촌 시민사회의 힘이라고 말할 수 있다. 진실위원회의 연합체인 ICTJ와 남아프리카공화국 진실화해위원회로부터 전폭적인 지지와 기술적 지원을 받을 수 있었기에 최소한의 인적, 물적 자원을 동원하는데 성공하였고 대내외적으로 정당성을 과시할 수 있었다. 투투 대주교가 2번이나 현지를 방문하였으며 기타 관계 인사들이 초기 준비단계에서부터 조사활동 및 보고서 작성과 국제포럼 행사에 이르기까지 수고를 아끼지 않았다. 이에 보답이나 하듯이 그린즈버러 위원회 역시 이후 미국 내에서 탄생하게 되는 일련의 진실위원회 조직 과정에 ICTJ 및 남아프리카공화국 진실화해위원회와 더불어 안내자 역할을 수행하며 국제적 네트워킹을 확산시켜나갔다.

2) 대표성과 공정성

그린즈버러 위원회의 성과는 외부적 권위의 도움을 크게 받았지만 내부적인 운영방식 역시 중요한 성공요인이 되었다. 위원회는 위원 선발 과정에서 대표성을 확보하였고 운영과정에서 최대한의 공정성을 실현하려 노력하였다. 먼저 대표성에 대해 이야기 해보자. 그린즈버러 진실위원회의 조직과정에서 맨 처음 강조된 것은 대표성의 문제였다. ICTJ는 특히 수석위원 마가렐을 파견하여 준비단계에서 이것이 핵심적인 과제임을 주지시켰고 만델라 대통령의 담임목사 스토레이 역시 자문위원회에서 이 문제를 거듭 강조하였다(Beitler Ⅲ 2013, 76). 위원회의 정당성을 확보하기 위해서는 상이한 배경의 정치적 단체들을 모두 포용해야 한다는 의미에서이다. 그 결과 위원선출을 위한 패널의 구성과정에 지역 사회의 모든 영역을 포함시키려 하였고 비록 경찰과 상공회의소가 참여를 거부했지만 그린즈버러 시장이 명망있는 지방 판사 맥스와인(McSwaine)을 추천 하는 등 나름대로 대표성을 확보할 수 있었다.[24] 심사단은 3개월간의 검토 끝에 67명의 후보자 중 7인의 위원을 선정하였는데 지방 언론들은 이에 대해 대표성 있는 인사들을 선출한 것으로 평가했으며 심사위원장이었던 맥스와인 역시 그린즈버러 진실화해위원회의 구성에 대표성을 실현하고자 크게 노력했음을 강조하였다(BeitlerⅢ 2013, 81).

그 다음 공정성의 문제이다. 다른 한편으로 위원회는 공정성을 강조하였는데 이 역시 남아프리카공화국 진실화해위원회의 영향을 받은 바 크다.[25] 즉 그들은 배경을 초월하여 독립적이고 객관적인

---

24) 2003년 프로젝트는 3개 지방신문에 심사위원회 선출방식을 광고하였고 의뢰한 17개단체중 14개 단체가 제의를 수락하였다. 참여를 거부한 것은 경찰과 상공회의소, 남부연합 재향군인 자녀모임 3개 단체였다. 그린즈버러 시장 홀리데이는 진실위원회의 출범에 부정적이었지만 지방판사 맥스와인을 심사위원으로 추천하였는데 그것은 위원 선출과정이 한편으로 쏠리는 것을 방지하기 위한 포석으로 추측되었다. 한편 프로젝트는 선발위원회에 대해서 다양한 인구분포를 고려할 것과 18가지에 이르는 일련의 지적, 도덕적 자질을 확인할 것을 주문하였다. Magarrell and Wesley, *op. cit.*, pp. 63-64. 프로젝트 조직은 선발위원회 14개 단체 중 일원의 자격으로 위원선발과정에 동참하였다.

25) SATRC의 경우도 공정성의 문제를 크게 강조하였는데 위원장인 투투 대주교는 특정집단의 입장을 대변하지 않고 객관적으로 사안을 처리하려 노력하였다. 위원회는 국가폭력과 해방운동의 피해를 모두 토로하도록 하였으며 산하기구인 사면심사위원회가 아프리카민족회의(ANC) 지도자들에 대해 일반사면을 행하자 법원에 항소하였다. 법률은 구체적인 범죄를 적시하지 않는 집단적 사면을 불허했기 때문이다(Tutu, 234). 공청회의 증언과정에서 통역사들은 감정을 자제하고 중립적 언어로 업무에 임할 것을 지시받았으며, 보고서 역시 피해자의 목소리를 그대로 대변하지 아니하고 비판적 거리를 유지함으로써 자신의 역사적 품격을 높이려 하였다. 17인의 위원들은 차분한 어조를 유지하며 인용자료를 명시하고 확실한 증거를 제시하는 등 중립적 태도를 견지하려 하였다(Beitler Ⅲ, 42-44). 물론 백인들은 위원회의 공정성에 대해 소수만이 만족을 표시하였다. SATRC의 공정성을 묘사하는 자료로서 Vincencio C. Villa & Verwoerd, W., “Constructing a Report: Writing up the Truth,” in R. I. Rotberg & D. Thomson(eds.), *Truth v. Justice: The Morality of Truth Commissions* (Princeton, NJ: Princeton University Press, 2000); M. Sandres, *Ambiguities of Witnessing: Law and Literature in the Time of a Truth Commission* (Stanford, CA: Stanford University Press, 2007); A. R. Chapman & H. Van der Merwe, “Introduction: Assessing the South African Transitional Justice

판결을 하려고 노력하였다. 가령 증인선정 자체가 다양한 견해의 표출을 전제로 하였으며(피해자, 가해자, 공무원, 시민운동가, 법조인 등 모든 집단을 망라함), 공청회의 진행과정에서 위원들은 특정의 관점을 취하지 않을 것이며 누구의 증언도 최종적 결론이 아니라는 사실을 주지시켰다. 최종보고서 전달식 행사에서 위원들은 다양한 관점과 의견의 차이에도 불구하고 치열한 토론과 검증과정을 거쳐 합의에 이른 사실에 대해 자부심을 보였다. 희생자 가족들은 최종보고서의 내용이 자신들의 기대와 다른 방향으로 전개 될까봐 조바심을 가졌었다고 회고했는데 이 역시 위원회의 중립성을 간접적으로 증명하는 일화라고 하겠다. ICTJ의 선임위원이며 위원회 자문위원인 마가렐은 그린즈버러 위원회가 서로를 존중하며 진실을 파헤친 성공적 모델이라고 평가하였다(Magarrell and Wesley 2009, 121).[26]

3. 그러나 그린즈버러 위원회는 진실의 규명과 회복적 정의의 실현이라는 소기의 성과에도 불구하고 궁극적으로 표방했던 화해의 목표를 성취하는데 사실상 실패하였다. 백인 주류 사회는 위원회의 최종보고서를 외면하였다.[27] 위원회의 활동에 긍정적인 백인 주민들

Model," in A. R. Chapman & H. Van der Merwe(eds.), *Truth and Reconciliation in South Africa: Did the TRC Deliver?* (Philadelphia, PA: University of Pennsylvania Press, 2008); C.M.Cole, *Performing South Africa's Truth Commission: Strategy of Transition* (Bloomington & Indianapolis, IN: Indiana University Press, 2010) 참조.

26) 이에 대해 마가렐과 웨슬리의 저서는 동 위원회의 일원으로서 내부자의 시각에 입각해 있기 때문에 위원회에 대한 객관적 평가는 좀 더 기다려 보아야 한다는 주장도 있다. Elizabeth M. Smith-Pryor, "A Review of Learning from Greensboro: Truth and Reconciliation in the United States." *History: Reviews of New Books* 38 (3) (2010), pp. 95-96.

27) 2010년 그린즈버러 시내에 국제인권기념관이 개관되었다. 전시장은 1960년의 연좌시위를 자랑스럽게 보여주었으나 79년의 학살을 소개하는 공간은 없었다.

도 위원회가 화해에 더 많은 관심을 보여야 했다고 질타하였으며 혹자는 유가족들 사이에 잠재해 있는 응보적 정의의 욕망을 지적하기도 하였다. 마지막으로 그린즈버러 위원회가 진실을 넘어서 화해의 단계에 이르지 못한 원인이 무엇인가에 대해 성찰해 본다. 이것은 비단 그린즈버러 위원회의 문제일 뿐만 아니라 진실화해위원회의 내재적 한계이기도 하다. 진실의 규명과 정의의 추구, 화해의 성취 사이에는 내적인 긴장관계가 존재한다. 그리고 진실 규명이 바로 화해의 성취로 연결되는 것이 아니라 중간 과정에 정의의 실현이 요청된다. 만일 정의의 의미를 가해자에 대한 처벌을 지칭하는 응징적 정의로 수용한다면 화해의 목표는 사실상 무산될 수밖에 없으며, 이 경우 위원회의 명칭도 단순히 진실위원회로 표기하거나 혹은 진실정의위원회로 호칭함이 옳을 것이다.[28] 그러나 화해를 표방하는 진실화해위원회라면 정의의 의미는 회복적 정의가 될 수밖에 없다. 회복적 정의라 함은 피해자의 명예를 회복시키고 적절한 보상을 행하며 동일한 사태가 재발하지 않도록 사회경제적 불평등 해소를 위한 제도적, 구조적 문제를 개선해 나가는 최소한의 정의를 말한다.[29] 피

그린즈버러의 공식적 역사는 아직도 79년의 사건을 논쟁적인 사안으로 간주하고 있었다. Spoma Jovanovic, *op. cit.*, 137.

28) 칠레정부가 진실화해위원회를 출범시켰을 때 많은 인권 단체들이 위원회의 목적과 명칭에 대해 불편해 하였으며 그 명칭은 '진실정의위원회'가 되어야 한다고 주장한 것도 같은 맥락에서이다. Andrew Rigby, *Justice and Reconciliation* (Boulder: Lynne Rienner Publishers, Inc., 2001), p. 81. 그리고 응보적 정의 즉, 사법적 처리가 화해의 지름길이라는 견해도 있다. E. Stover & H. Weinstein, *My Neighbor, My Enemy: Justice and Community in the Aftermath of Mass Atrocity* (Cambridge: Cambridge University Press, 2004).

29) 화해의 실현은 매우 고통스러운 과정이다. 화해를 위해서는 진실 이상의 것이 필요하다. 증오와 분열을 극복하고 공동의 미래로 나가기 위해서는 어느 정도의 정의가 실현되어야 한다. 피해자의 고통과 분노를 표현하고 그것이 경청될 수 있는 공간이 마련되어야 하며 어느 정도의 원상회복과 사회적 개조가 뒤따라야 한다. 즉 회복적 정의가 실현되어야 한다. 최소한의 정의로서 회복적 정의는 반

해자의 입장에서 볼 때 마음의 문을 여는 것은 일련의 문제가 해결되는 것을 지켜본 후에서야 가능한 일이기에 화해의 실현은 시간을 요구하는 장기적인 과정이 된다. 그러나 문제는 회복적 정의가 반드시 화해를 담보하는 것은 아니라는 점이다. 회복적 정의의 실현은 화해의 필요조건이기는 하지만 충분조건은 아니다. 피해자가 최종적으로 관용하고 용서를 베풀기 위해서는 가해자의 사과가 필연적으로 요구된다. 그러나 진실위원회의 결정은 사법적 조치가 아니기 때문에 사면권을 행사하지 않는 한 가해자가 사과를 할 것인지 여부는 전적으로 가해자의 의지에 달려 있다. 따라서 남아프리카공화국 진실화해위원회의 경우처럼 화해의 실현을 위해서는 카리스마 있는 중재자의 역할이 절대적으로 요청된다. 이 경우 중재자는 투투의 사례에서 보듯이 피해자가 투쟁과정에서 범하게 되는 작은 과오에 대해서도 마찬가지로 사과할 것을 요구해야만 궁극적으로 가해자의 전면적인 사과를 이끌어낼 수 있다.[30] 만일 절대선이 존재하지 않는다면 정도의 차이에도 불구하고 갈등 당사자 양측 모두의 과오가 발견될 수 있기 때문에 쌍방적 사과가 요청된다 할 것이다. 이런 관점에서 보면 진실화해위원회가 추구하는 진실과 화해의 목표는 비현실적인 기대일 수 있다. 그린즈버러의 경우 TRC 위원들은 진실규명에는 어느 정도 성공했으나 주류 백인사회의 반성을 촉구하고 지역사회의 대통합을 이루는 데까지 나아가지 못했다. 이는 일부 지역신문이 '선

드시 가해자에 대한 처벌을 의미하지 않으며 사회경제적 불평등을 축소하기 위해 구조와 제도를 개선하는 것이다. Andrew Rigby, *op. cit.*, pp. 139-143.

30) 흑인주민들의 투쟁단체인 아프리카민족회의(ANC) 지도자가 자신은 정의의 전쟁을 수행했기 때문에 사면신청을 할 필요가 없다고 주장하자 투투 대주교는 그런 식으로 행동한다면 당장 위원회 대표직을 사임하겠다고 단호하게 대응하였다. 그 결과 400명 이상의 민족회의 간부들이 사면신청을 하였다. Andrew Rigby, *Justice and Reconciliation*, p. 134.

출된 위원들 면면을 살펴볼 때 영향력 있는 인사가 없어서 위원회가 지역사회의 갈등을 봉합할 수 있는 초당적 역량을 보여줄 수 있을지 아쉬움이 남는다'고 말한 사실과 무관치 않다 할 것이다(Beitler Ⅲ 2013, 81; Jovanovic 2012, 76). 물론 남아프리카공화국 TRC가 우분투의 정신을 적절히 활용한 것처럼 해당 공동체가 독자적인 평화문화의 유산을 보유하고 있다면 문화적, 종교적 기법을 동원하는 것도 유효한 전략이 될 것이다.

제17장

사과의 정치학

I 머리말

1970년 폴란드 바르샤바를 방문한 독일 수상 브란트는 유대인 게토 기념비 앞에 무릎을 꿇고 나치 독일의 만행에 대해 깊이 사과하였다. 회고록에 따르면 그것은 브란트에게 억누를 수 없는 감정의 표현이었으며 인간의 도리였다. 브란트는 곧 바로 바르샤바·협약에 서명하고 후속조치에 착수했으며 그의 행동은 정치적 사과의 전범이 되었다. 후일 독일 대통령 라우 역시 이스라엘 의회를 방문하고 홀로코스트에 대한 국민적 용서를 구하였다. 독일의 유대인 학살과정에 직간접으로 협력했던 관련 국가들 또한 과거의 불의에 대해 공식적으로 사과를 하였고 이러한 일련의 사태는 전후 사과의 정치를 이끄는 원동력이 되었다.

1990년대 이후 국제사회는 정치적 사과의 폭발적인 증가세를 목격하게 되는데 여기에는 몇 가지 배경요인이 있다. 보편적 인권의식의 강화와 서구사회의 자기반성, 제3세계 및 구공산국가의 민주화 과정, 인종적· 종교적 갈등과 대량학살 사태 등은 과거사 청산이나 갈등해소의 과정에서 사과의 정치를 적극적으로 요청하게 되었다. 그리하여 '사과의 시대'나 '사과의 문화'가 운위되기 시작하였고 사과는 중요한 정치적 행위로서 고유한 논의영역을 확보하기에 이르렀다.[1] '이행기의 정의'라는 용어를 맨 처음 사용했던 루티 타이텔은 사과의 의례가 정치적 변동과정에 독립적인 역할을 수행한다는 관점에서 '이행기의 사과'(transitional apology)라는 용어를 다시 제안하기도 하였다.[2]

이 글은 우선 사과의 정치의 본질과 효용에 대한 이론적 논의를 살펴본다. 그 다음 소기의 성과를 기대할 수 있는 국가적 사과의 모델을 검토한다. 계속해서 국가적 차원의 사과가 아닌 개인적, 집단적, 사회적 사과에 대해서 알아본다. 그리고 테러와의 전쟁과 관련하여 왜곡된 사과의 문제를 제기한다. 결론에서는 사과의 정치를 강화하는 시대적 추세 – 회복적 정의의 확대와 사과의 정치의 세계화 현상 – 에 대해서 언급한다.

---

1) 최초의 본격적 논의는 Nicholas Tavuchis, *Mea Culpa: A Sociology of Apology and Reconciliation* (Stanford: Stanford University Press, 1991); 후속 연구로서 Roy L. Brooks (ed.), *When Sorry Isn't Enough: The Controversy over Apologies and Reparation for Human Injustice* (New York: New York University Press, 1999); Elazar Barkan, *The Guilt of Nation* (New York: Norton, 2000); Janna Thomson, *Taking Responsibility for the Past: Reparation and Historical Injustice* (Cambridge: Polity Press, 2002); John C. Torpey (ed.), *Politics and the Past: On Repairing Historical Injustices* (Lanham, MD.: Rowman and Littlefield, 2003); Aaron Lazare, *On Apology* (New York: Oxford University Press, 2004); Elazar Barkan and Alexander Karn (eds.), *Taking Wrongs Seriously: Apologies and Reconciliation* (Stanford: Stanford University Press, 2006); Mark Gibney et al (eds.), *The Age of Apology: Facing Up to the Past* (Philadelphia: University of Pennsylvania Press, 2008) 등을 들 수 있다.

2) Ruti Teitel, "The Transitional Apology," in Elazar Barkan and Alexander Karn (eds.), *Taking Wrongs Seriously: Apologies and Reconciliation* (Stanford: Stanford University Press, 2006), pp. 101–114.

Ⅱ 이론적 검토

폴 데이비스는 사과의 개념적 구성요소를 다음과 같이 정리하였다. 첫째, 과거에 자행된 불의에 대해 책임을 인정한다. 둘째, 양심의 가책을 느낀다. 셋째, 미래에 유사사태가 발생하지 않도록 노력하겠다는 의지를 천명한다(Davis 2002, 169-175). 캐더린 질 역시 비슷한 맥락에서 사과의 개념을 파악한다: 어떤 사건이 발생하였고 그것이 문제가 있다는 사실을 인정하며 그 책임 또한 인정한다. 후회와 가책의 태도를 보인다. 미래 유사사태의 재발 방지 의지를 밝힌다(Gill 2000, 12).

일부 국제법 학자들은 응보적 정의를 중시한 나머지 과거사 청산은 적법한 사법절차를 따르는 것이 최선의 방법이며 사과의 문제는 부차적인 의미밖에 없다고 본다. 또한 후술하는 것처럼 형식적 사과가 초래할 부작용을 우려하여 사과의 의미를 축소하는 주장도 있다. 그러나 불의를 저지른 가해자나 혹은 그들의 대표가 사과를 하는 것은 적어도 세 가지 관점에서 매우 중요한 의미를 갖는다. 첫째는 정의의 요청이다. 사과는 희생자의 인간적 존엄성을 회복시키는 행위이다. 폭력을 행사했던 가해자가 고개를 숙이고 피해자의 용서와 결단을 기대하는 상황은 그 자체가 정의의 실현과정이다. 사과는 형사적 처벌이 선행되는지 여부와 무관하게 도덕적 정언명령이 된다. 용서를 할 것인지 여부는 사과와 별개의 문제이다. 둘째는 화해의 효과이다. 사과는 증오와 폭력의 악순환을 끊고 평화의 정착과 공동체의 회복에 기여한다. 그러나 사과행위가 화해의 성과를 이루어내려면 보완적 조치가 필요하다. 이른바 회복적 정의의 과정 - 진실규명과 명예회복, 피해 보상, 제도 개혁 - 이 뒤따라야 한다. 사과 행위가 없는 회복적 정의의 주장이나 회복적 정의가 수반되지 않는 사과행위 양자 모두 불충분하다.[3] 기존의 회복적 정의론은 사과의 문제를 소홀히 다루어 왔는데 로트버그에 따르면 사과행위는 회복적 정의의 절정을 보여준다. 또한 공정하고 투명한 진실규명 작업은 사과의 원동력을 제공한다. 셋째, 사과 행위는 민주적 정치문화를 재건한다. 사과는 인권유린을 가능케 했던 문화적 관행을 개조하여 실패한 이상을 재건하려는 결의를 보여준다. 따라서 사과의 성공여부는 용서의 반응이 아니라 정치문화의 개혁 여부이다(Mihai 2008, 205). 미하이에 따르면, 국가적 사과에는 다양한 동기가 작동하며 자유주의 엘리트의 도덕적 반성외에도 전략적 고려가 존재한다. 따라서 양심의 가책과 죄의식만을 성실성의 지표로 삼는 것은 무리이다. 또한 사과의 결정이 반드시 국민적 합의를 배경으로 하는 것도 아니다. 국가 이미지의 악화를 두려워하여 사과를 부정하는 보수집단이 존재한다. 그러나 정치적 사과는 대중적 지지가 중요하기 때문에 보다 많은 사람들을 설득할 필요가 있으며 이 과정에서 과거의 수치를 자극하는 방식보다는 인간의 존엄을 지향하는 민주적 정치문화를 구현한다는 자긍심에 호소하는 것이 더 바람직하다. 빌라드센 역시 공식적 사과는 해당공동체의 가치와 규범을 재건하는 건설적 기능을 수행한다고 보았다(Villadsen 2008, 33).

사과의 정치와 관련하여 다음의 몇 가지 이슈가 쟁점이 된다.

첫째 용서할 수 없는 범죄의 문제이다. 뉘른베르크 재판에서 규

---

[3] 네덜란드 마스트리히 대학교 국제법 학자인 테오 반 보벤이 1992년 유엔인권위원회에 제출한 보고서는 회복적 정의의 실현을 네 개의 범주로 나누어 설명하고 있는데 그것은 1) 원상복귀(restitution) 2) 경제적 보상(compensation) 3) 복권(rehabilitation) 4) 사죄 및 재발방지보장(apology and guarantees of non-repetition)이다. 총체적 인권침해에 대한 반 보벤 원칙(van Boven principle)으로 알려져 있다.

정된 반인륜적 범죄가 여기에 해당된다. 아렌트는 『인간의 조건』에서 처벌할 수 없기에 용서조차도 불가능한 근본악이 존재한다고 주장하였다. 그녀에 따르면 "인간사에서 매우 의미 있는 구조적 요소는 인간은 처벌할 수 없는 것을 용서할 수 없으며, 용서받을 수 없는 것을 처벌할 수 없다는 사실이며 이는 다름 아닌 칸트 이래로 우리가 근본악이라 부르는 죄"라고 말한다(아렌트 1996, 306). 이러한 관점에 따를 때 반인륜적 범죄의 가해자에게는 사과할 자격이 부여되지 않는다. 가해자는 오직 침묵과 고통을 감내해야 할 뿐이다. 반면 데리다는 "진정한 용서란 무조건적이며 어떤 불가능성이나 한계를 알지 못한다. 그런 의미에서 진정한 용서는 '광기어린' 용서이다. 용서는 오직 용서할 수 없는 것만을 용서한다"라고 주장한다(데리다 2016, 284). 이러한 논리에 따르면 사과 역시 무제한적일 수밖에 없다. 생각건대 대부분의 정치적 사과는 후속정부라는 제3자에 의해서 진행되기 때문에 큰 문제가 발생하지 않지만 가해자가 직접 사과하는 경우에도 용서의 문제와는 별개로 그것을 허용하는 것이 좋지 않은가 한다.

둘째, 과거사에 대한 집단적 책임의 문제이다. 특정 주체가 저지른 과거의 범죄에 대해 국가가 시간을 초월하여 책임을 져야하는가의 논쟁이다. 일부 자유주의 법이론가들은 특정화된 가해자들만이 처벌의 대상이며 책임의 주체라고 주장한다. 그러나 다수 이론가들은 가해자가 아닌 제3의 주체로서 정치지도자가 국가를 위해 공식적으로 행하는 정치적 사과는 정당하다고 본다. 국가는 구조화된 의사결정체계를 보유하고 있으며 단일화된 행위주체로서 행동가능하다. 다만 국민의 의사가 다양하게 표출될 수 있기 때문에 국가적 책임 혹은 시민적 책임을 주장하는 경우 선험적 정당화의 논리가 요구된다. 정치공동체로서 국가의 본질과 존재이유를 고려할 때 과거 일부

정치집단이 저지른 범죄라 할지라도 국가의 구성원들 모두가 세대를 초월하여 도덕적 책임을 져야한다는 것이 통설적 견해에 가깝다.

셋째, 형식적 사과의 문제이다. 협소한 국익 판단이나 정권적 차원의 실리에 입각하여 진정성을 결여한 사과를 행할 경우 폭력과 불의의 희생자들에게 다시 한번 고통을 안겨주고 그들의 인간적 존엄성을 파괴하는 결과를 초래한다. 아시아 지역에서 자행된 야만적 살상행위에 대한 일본 정부의 사과는 종종 그 진정성을 의심받아 왔다 (Gibney et al 2008, 86).[4] 과거사의 실체를 인정하고 책임을 통감하며 충분한 보상 및 재발방지책을 제시하지 않는 모호한 사과의 행태는 사실상 책임회피의 전략에 불과하다고 말할 수 있다. 그러나 국가의 지도자가 행하는 정치적 사과는 국민적 합의와 무관한 지도

---

4) 그러나 일본정부는 제2차세계대전 당시 인도네시아 포로수용소의 네덜란드 병사들을 상대로 한 가혹행위에 대해서 심심한 사과를 표시한 바 있다. Stanley Engerman, "Apologies, Regrets, and Reparations," *European Review*, Vol. 17, Nos.3&4 (2009), p. 600. 일본정부는 미국, 영국, 호주 등 서방세계에 대해서는 보다 적극적으로 사과하는 경향이 있다. 한편 1995년 사회당의 무라야마 총리는 종전 50년에 즈음하여 일본의 전쟁범죄와 식민지 지배에 대한 국가적 사과문을 발표하려 했으나 의회에서 부결되는 바람에 개인적 사과의 형식을 취해야만 했다. 그러나 1998년 오부치 총리는 대한민국 김대중 대통령과의 공동선언을 통해 일본의 식민통치에 대해 공식적으로 사과하였다. 엘리자베스 달은 김대중 대통령의 유연한 태도가 일본 정부의 사과를 촉진시켰으며 따라서 사과 대상국가의 행태도 사과 여부를 결정하는 한 요인이 된다고 보았다. Elizabeth S. Dahl, "Is Japan Facing Its Past? The Case of Japan and Its Neighbors," in Mark Gibney, Rhoda E. Howard-Hassmann, Jean-Marc Coicaud, and Niklaus Steiner (eds.), *The Age of Apology: Facing up to the Past* (Philadelphia, University of Pennsylvania Press, 2008). p. 247. 달은 히로시마와 나가사키 원폭투하가 일본인의 피해의식을 자극하여 사과의 장애물이 되고 있다고 지적한다. *ibid.*, p. 249. 2002년 9월 고이즈미 총리는 북한을 방문하여 일제의 한반도 식민통치에 대해 사과하였고 김정일 역시 일본 국민을 납치한 사실에 대해 사과하였다. 사실 자료들을 조사해 보면 일본 정부의 대한민국에 대한 사과 성명은 셀 수 없을 정도로 많아서 그 진정성이 의심될 정도이다. 대개 천황은 유감이나 슬픔의 표현을 종종 사용하였고, 수상이나 외상은 사과나 참회 같은 직접적인 표현을 구사해왔다. 위키백과,「일본이 공포한 전쟁사과 목록」 참고할 것.

자 개인의 종합적 판단에 기인하기 때문에 과거의 불의에 대해 도덕적 책임을 인정하고 후속조치들을 약속하면 그것으로 충분하지 사과의 두 번째 개념요소인 양심의 가책을 강요할 필요는 없다는 견해도 있다(Gibney et al 2008, 40).[5]

넷째, 문화적 환경에 따른 사과의 문제이다. 사과의 행태는 문화적 요인을 충분히 고려할 필요가 있다는 주장이다. 1990년대 이후 유엔은 후기갈등사회에 대한 개입과정에서 갈등 당사자간 힘의 역학 외에도 해당 지역의 문화적 맥락을 고려하는 다양한 접근법을 취해 왔다. 남아공 진실화해위원회가 보여준 화해의 방식은 상당부분 남아프리카 특유의 전통인 우분투 문화에 기인하였으며 후술하는 것처럼 중동지역 역시 독자적인 사과와 화해의 전통을 보유하고 있다. 사과의 의미 내용이 문화에 따라 차이가 있으며(예를 들어 사과의 표현이 보상의 의지를 내포하는 지 여부) 사과행위에 대한 사회적 반응 역시 국가별로 차이가 있다. 가령 일본은 사과를 권장하는 사회이며 이를 거부하는 경우 불이익이 예상되나, 송사(訟事)에 있어서 책임문제를 의식하는 미국은 대체적으로 사과의 표현을 금기시한다. 그 결과 사과를 거부하는 미군 병사들이 일본 법정에서 최대형

---

5) 타부치스는 양심의 가책과 후회라는 감정적 요인이 개인적 사과의 원동력이지만 제도화된 사과의 경우 대표자는 대개 과거의 불의와 무관한 주체이기 때문에 심리적 죄책감의 강도가 떨어지는 경향이 있다고 보았다. Nicholas Tavuchis, *Mea Culpa: A Sociology of Apology and Reconciliation* (Stanford: Stanford University Press, 1991). 그러나 쾨스튼과 로우랜드는 국가적 사과의 경우에도 공적인 개인은 양심의 가책과 고통을 느껴야만 진정한 사과일 수 있다고 주장한다. 그들은 냉전시기에 비밀리에 진행된 방사능 실험(1944-1974)과 흑인을 상대로 한 매독 임상실험(터스키기 사건: 1932-1972)의 피해자들에 대한 클린턴 대통령의 사과 성명서(각각 1995년과 1997년에 발표됨)를 분석한 후 범죄의 인정과 사과의 요청, 반성과 태도변화, 미래에 대한 의지, 공개적 회개, 속죄의 형식 등의 관점에서 진정한 사과의 수범을 보여주었다고 평가하였다. Joy Koesten and Robert C. Rowland, "The Rhetoric of Atonement," *Communication Studies* (Spring 2004), pp. 68-87.

량을 선고받은 일화들도 소개된다. 개인적 사과를 중시하는 일본 사회가 국가적 사과에 대해 거부감을 보이는 자기모순이 존재한다.[6]

Ⅲ 국가적 사과의 모델

정부의 최고책임자가 국가를 대표하여 공권력 남용에 따른 과거의 불의에 대해 피해자 집단에게 사과를 행하는 것은 전형적인 사과의 정치이다. 이러한 모습은 제3세계의 민주화과정뿐만 아니라 서구 민주국가의 발전과정에서도 종종 목격된다. 이 경우 최고지도자의 사과는 사면권과 마찬가지로 민주적 질서 하에서 제도화된 특권이며 개인적 차원을 뛰어넘어 정치적 신체의 표상으로서 의미를 갖는다. 대개는 국가로부터 위임을 받은 조사위원회의 최종보고서를 추인하는 방식으로 사과의 절차가 진행된다. 사과의 의례는 복잡한 정치과정의 최종적 산물이며 최고지도자의 담화를 통해서 모든 절차가 완성된다.

국가적 사과의 몇 가지 사례를 소개하면 다음과 같다. 제2차세계대전 당시 미국 정부는 일본계 미국인의 충성심을 의심하여 강제격리조치를 취한 바 있다. 이들 일본계 주민에 대한 인권침해는 뒤늦게 언론의 조명을 받았으며 일련의 조사가 이루어지고 최종적으로 의회 청문회과정을 거친 후 미국 정부의 사과가 요구되었다. 부시 대통령과 클린턴 대통령 양자 모두 이 문제에 대해 공식적으로 사과를 했으며 정부는 관계법령을 개정하여 피해자에 대한 보상이 이루

6) 달은 대표자의 결단이나 개인적 주도를 가로막는 일본 특유의 합의지향적 막후(behind-the-scenes)문화가 정치적 사과를 어렵게 만들고 있다고 분석한다. Elizabeth Dahl, *op. cit.*, p. 246.

어졌다. 한편 클린턴 대통령은 과테말라 진실위원회의 보고서에 따라 과거 CIA가 20만명의 민간인 학살을 자행한 독재정권을 지원한 사실에 대해 과테말라 정부에 사과하였는데 이는 미국 정부가 중남미 군사정권의 체제유지에 개입했음을 시인한 최초의 사건이었다. 칠레의 경우 민주화 이후 출범한 진실위원회의 조사를 통해 군사정권의 선전과 달리 대부분의 희생자가 비무장한 시민이었음을 밝혀냈고 에일윈 대통령은 정치범들을 집단 수용했던 경기장에서 역사적인 사과를 행하였다. 2000년 압두라만 와히드 인도네시아 대통령은 동티모르를 방문하고 과거 인도네시아군과 친인도네시아계 민병대가 저질렀던 만행에 대해 사과를 하였는데 이 경우 역시 진실위원회의 조사가 선행되었다.

톰슨은 원주민 문제로 진통을 겪었던 호주의 사례를 염두에 두며 진정한 정치적 사과의 모델에 대해서 다음과 같이 네 가지 특징을 정리한다(Gibney et al 2008, 41-42).

첫째, 사과의 내용과 절차가 희생자 및 그들의 대표에 의해서 수용되어야 한다. 즉 사과의 내용과 절차를 결정하는 과정에 희생자와 그 대표가 참여해야 한다. 둘째, 과거에 자행된 불의에 책임이 있는 국가의 구성원들에 의해서 사과의 내용과 절차가 수용되어야 한다. 그러나 모든 국민의 동의를 필요로 하는 것은 아니다. 공개적 토론이 이루어져야 하고 이 과정에서 희생자와 가해자 집단 상호간 의사소통이 있어야 한다. 또한 사과의 내용과 절차는 의회의 동의를 받고 국가책임자가 공표하는 형식을 취하는 것이 바람직하다. 셋째, 진정한 사과는 자행된 불의와 희생자의 고통을 반드시 역사에 기록할 것을 요구한다. 그것은 교과서에 관련 사실을 수록하고 기념관과 기념비 등을 설치하는 등의 조치를 포함한다. 넷째, 유사한 사태의 재발 방지 의지를 표명하고 보상과 제도 개선 및 법률적 보완조치를 취한다.

한편 깁니와 록스트롬은 다수의 정치적 사과들이 진정성을 결여한 결과 종종 냉소주의를 초래한다고 말하며 1999년에 행한 클린턴의 과테말라 사태에 대한 사과를 그 예로 분석한다. 클린턴은 "미국정부가 폭력적인 과테말라 군사정부를 지원하였음을 시인하며 향후 동일한 오류를 되풀이 하지 않을 것이고 과테말라의 평화협상을 지원할 것"이라고 선언하였다. 깁니와 록스트롬은 클린턴의 사과 속에 내재해 있는 아홉 가지 문제점을 지적하였는데 그 내용은 다음과 같다(Gibney and Roxstrom 2001, 927-936): 공표(사안에 대해서 미국 국민들에게 제대로 알리지 않았다), 의례(평화협상과정에서 원탁회의 형식으로 발표하여 엄숙한 절차를 결여하였다), 설명(사과문은 두 줄에 불과하였으며 미국의 개입과정을 구체적으로 설명하지 않았다), 재정지원(2천 5백만 달러의 지원금은 약소하였다), 정의(미국의 관리 누구도 책임을 추궁당하지 않았다), 일관성(왜 동일한 방식으로 군사정권을 지원하여 민간인 학살사태가 초래되었던 엘살바도르에 대해서는 사과하지 않는가?), 이해(개입의 논리적 근거를 제시하지 아니함), 용서(상대국가에게 용서를 구하지 아니함), 위선(1999년 미국은 쿠르드족에 대해 체계적 억압을 시도하는 터키정부를 지원함으로써 행태적 변화를 보여주지 못했다).

고비어는 진정한 사과가 분노를 해소시키는 신비한 힘을 갖고 있지만 진정성을 결여한 사과는 피해자의 상처를 악화시킬 뿐이라고 말한다. 그리고 그는 불성실한 사과의 예로서 드 클라크의 사과를 거론한다. 남아공 대통령 드 클라크는 아파르트헤이트의 총체적 인권침해행위에 대해서 사과성명서를 발표하였으나 사실상 정부책임을 회피하였고 실질적인 시정조치를 언급하지 않았다. 따라서 투투 대주교는 이에 대해 깊은 실망감을 표명하였으며 아프리카 민족회의

(ANC)는 사과의 수용을 거부하였다(Govier and Verwoerd 2002, 77). 한편 직전 대통령 보타(Botha)는 드 클라크의 대표성에 대해서 의문을 제기하기도 하였다.

사과에 따른 보상의 문제는 종종 논란을 불러일으킨다. 독일과 이스라엘 정부의 1953년 보상 협정(홀로코스트의 생존자에 대한 천억 도이치 마르크 보상 결정)은 성공사례로 이야기 되지만 당시 양국은 국내적으로 거센 반발과 직면하였다. 홀로코스트 7년 후에 체결된 이 협정은 이스라엘에서 거의 내전을 촉발하였으며, 독일 국민들 역시 정부의 조치에 불만을 표시하였고 수상 콘라드 아데나워는 자신의 정치적 생명을 걸어야만 했다. 핵심은 화해를 위해 피묻은 돈을 수령해야 하는가의 문제였다. 그러나 물질적 보상은 희생자의 명예회복과 상호충돌하지 않는다고 보아야 하며 오히려 진정한 사과의 필수적 요청이 된다. 총체적 인권침해에 대한 사과와 보상의 요청은 20세기 후반의 현상으로서 아데나워가 여기에 첫 발을 내딘 것으로 평가된다(Engerman 2009, 597-598). 한편 정치적 사과가 결실을 거두려면 진정성의 요인 외에도 시의성, 발표자의 카리스마, 사과의 수사학 등 외적 변수들을 고려해야 할 것이다.

IV 개인적, 집단적, 사회적 사과

1) 개인적 사과

진실에 대한 보상으로서 사면이라는 원칙을 견지했던 남아공 진실화해위원회는 인권침해의 진실을 규명하고 민주체제로의 평화로운 이행을 성취하는데 대체적으로 성공했다는 평가를 받았다. 동위원회는 사면의 전제조건으로서 가해자들이 당국에 출두하여 범죄 사실에 대해 고백할 것을 요구하였다. 그리고 가해자가 범죄를 솔직히 고백하고, 그것이 정치적 성격의 것으로서 개인적 악의나 이익추구를 목표로 하지 않았으며, 극악한 범죄가 아닌 경우에 한해 사면을 결정하였다. 그러나 이 과정에서 후회나 가책의 표현, 혹은 용서의 요청 등은 요구되지 않았다. 백인사회의 집단적 반발을 우려했기 때문이었다. 물론 진실화해위원회의 위원장인 투투 대주교는 공청회 과정을 통해서 백인 사회가 과거의 불의에 대해 사과할 것을 수시로 요청하였고 간혹 여기에 응하는 개별적인 사례들도 소개된 바 있으나 법적인 강제가 아닌 도덕적 호소는 큰 효과를 거두지 못했다. 위원회는 국민적 화해라는 관점에서 볼 때 성공적이지 못한 것으로 평가되었는데 결정적인 원인 중 하나는 가해자에게 사과의 표현을 공식적으로 요구하지 않음으로써 희생자 가족들이 크게 분노했기 때문이었다. 그들은 "사과하지 않는 자를 어떻게 용서한단 말인가?"라고 절규하였다. 이것은 남아공 진실화해위원회의 운영방식에 대한 평가에 있어서 가장 문제가 되는 부분이다. 그러나 주목할 만한 사실은 '국민통합 및 화해촉진법'이 구체적인 범죄를 적시하지 않는 집단적 사면을 불허했기 때문에 일반사면이 불가능하였고 모든 가해자는 개별적으로 심사를 받아야 했다는 점이다. 따라서 남아공 진실화해위원회를 반면교사로 삼는다면 진실화해위원회의 이상적 모델은 가해자들이 위원회의 심사과정에서 개별적으로 사과를 하도록 하는 것이며 이러한 경우에만 용서와 화해의 가능성이 존재한다 할 것이다.

2) 집단적 사과

종교와 인종, 이념의 차이에 근거한 집단 상호간 분쟁의 경우 비대칭적이기는 하나 쌍방적 책임이 인정되며 서로가 약점을 보이려 하지 않기 때문에 화해의 과정은 지난하다고 말할 수 있다. 투쟁은 집단적 정체성 그 자체로부터 기인하므로 일방적 사과는 기대하기 어렵고 제3자의 중재를 통한 상호적 사과만이 유일한 해결책이 된다. 유고사태 종료 후 세르비아와 크로아티아는 서로가 부분적인 책임을 인정하고 사과를 행함으로써 화해의 길로 나아갈 수 있었지만 키프로스 사태처럼 유엔의 중재노력에도 불구하고 그리스계와 터키계 주민이 상대방을 인정하지 않는 경우에는 대화 자체가 불가능하게 된다. 독일과 체코의 1997년 공동화해선언문도 상호적 사과를 전제한다는 점에서 집단적 사과의 범주를 통해 고찰될 수 있다. 양국의 학자와 관리들이 머리를 맞대어 오랫동안 협상을 한 결과 최종적 합의를 도출했는데 선언문을 통해 독일은 나치의 체코 침공에 대해 공식적으로 사과하였고 체코는 종전 후 수데텐(Sudeten) 거주 독일인들을 강제로 추방하는 과정에서 불의를 저지른데 대해 최초로 사과하였다. 합의문은 양측이 과거사의 법적, 정치적 문제를 더 이상 거론하지 않고 미래지향적인 관계를 정립할 것임을 선언하였다.

문화적 배경을 달리하는 국가나 집단 간 갈등해소의 노력은 상대방의 문화적 전통을 십분 이해하고 존중함으로써 소기의 성과를 거둘 수 있다. 남아프리카 공화국의 과거사 청산작업이 유혈사태를 피할 수 있었던 것은 토착주민의 우분투 정신과 기독교의 박애주의 전통에 힘입은 바 크다. 마찬가지로 아랍과 이슬람의 화해문화를 주목하는 사람들은 서방세계에 대해 개인주의적 접근방식을 수정할 것을 주문한다. 중동 전문가인 이라니에 따르면 레바논, 시리아, 팔레스타인 지역의 베두인 전통은 분쟁의 해결과정에 사법적 절차보다 화해의 방식을 선호하는데[7] 이는 공식적 외교행위에 있어서도 충분히

7) 이라니가 소개하는 술(sulh)과 무살라(musalaha)의 전통에 따르면 사적 분쟁이 발생하는 경우 당사자들은 맨 먼저 중재자를 찾는다. 대개 존경받는 지역원로들이 이 역할을 떠맡는데 중재자가 하는 일은 폭력사태를 즉각 중단시키고 사실파

고려되어야 할 중요한 사항이며 혹은 트랙2의 차원에서 상기 방식의 문제해결을 시도할 필요가 있다. 코란의 가르침은 "설령 반격행위라 할지라도 과도한 폭력은 회피해야하며 상대방이 평화를 원할 경우 즉각 여기에 응해야 하고 복수보다 용서를 강조하고 있다"고 말하는 이라니는 미국정부가 이스라엘 관련 분쟁을 중재함에 있어서 공정한 제3자의 역할을 수행해야 한다고 주장한다.

3) 사회적 사과

국가지도자 또는 정부책임자가 정치적 사과를 채택할 지 여부는 사안의 성격 못지않게 개인적 성향이 중요한 변수가 된다. 1995년 프랑스 시라크 대통령은 프랑스 정부가 나치 점령 기간 중 유대인 학살에 협조한 사실에 대해 공식적으로 사과하였다. 그는 인권의 모국인 프랑스가 돌이킬 수 없는 과오를 범했음을 고백하며 프랑스의 집단적 책임을 시인하였다. 시라크의 사과는 비시정권의 책임을 강조하고 레지스탕스에 대한 자부심을 표명해 온 과거의 프랑스 정부 입장과 확연한 차이를 보였다. 시라크의 사과에 대해 정치권 내부에서 상당한 반발이 있었지만 국민 여론은 대체적으로 시라크를 지지하였다. 이후 법조계, 카톨릭, 의료인, 대학 등을 중심으로 시민사회가 제2차세계대전 당시 반유대주의에 협조한 사실을 사과하였고 경

악을 행한 후 피해의 정도에 따라 배상 수준을 정하고 사과와 용서를 유도하는 일이다. 이 과정에서 쌍방의 명예와 자존심을 최대한 존중하려는 노력이 경주된다. 최종적으로 화해의 상징적 의식이 거행된다. 구체적으로 말한다면 분쟁 당사자 양측이 도열하여 서로 악수를 하고 사과의 말을 전달한 후 피해자의 집을 방문하여 피해자가 제공한 커피를 마시고 가해자가 제공한 식사를 한다. 이라니는 술과 무살라의 전통이 중동 특유의 공동체 정치의 일환이라고 말한다. George Emile Irani, "Apologies and Reconciliation: Middle Eastern Rituals," in Elazar Barkan and Alexander Karn (eds.), *Taking Wrongs Seriously: Apologies and Reconciliation* (Stanford: Stanford University Press, 2006), p. 143.

찰과 철도공무원 등도 이러한 운동에 동참하였다.[8)]

그러나 호주에서 벌어진 상황은 정반대의 방향으로 전개되었다. 1997년 호주의 국가인권위원회는 과거 호주정부가 원주민 자녀를 대상으로 강제격리 및 강제입양 조치를 취해왔음을 고발하고 의회가 원주민들에게 공식적으로 사과할 것을 촉구하였다. 그러나 이에 대해 보수당의 하워드 수상은 직접적인 행위책임이 없는 오늘의 대다수 호주 국민이 과거사에 대해서 책임을 진다는 것은 비합리적인 처사라고 주장하며 국가적 사과를 거부하였다. 이를 옹호하는 사람들은 과거 원주민에 대한 강제조치는 실정법 위반이 아니었으며 한 시대의 정치문화였다고 주장하였다. 그러나 보고서의 내용에 충격을 받은 상당수 시민들이 전국적으로 사과운동(sorry movement)을 시작하였다. 그들은 과거에 인종차별주의적 정부 정책이 호주국민의 이름으로 시행된 것에 대해 커다란 수치심을 느끼며 이를 반성한다고 말하고 인권을 강조하는 호주의 헌법정신을 다시 한번 재건해야 한다고 주장하였다. 결국 사과운동의 요체는 호주의 인종차별적 정치문화에 대해 정치공동체의 구성원으로서 집단적 책임, 역사적 책임을 통감한다는 것이었다. 정체성을 근거로 집단적 책임을 추궁하는 것이 정당한가의 문제가 이론적 쟁점이 되었을 때 혹자는 사과운동을 옹호하며 독일의 철학자 야스퍼스의 이론을 원용하였다. 1947년 야스퍼스는 나치 범죄에 대한 독일의 책임과 관련하여 4개의 범죄행위론을 주장하였다.[9)] 야스퍼스에 따르면 형사적 범죄는 범죄행

8) 당시 파리 주재 미국인 신문기자는 "전시 유대인 처우 문제에 대한 성찰에 있어서 프랑스보다 더 강박관념을 보인 국가는 없었다"고 기록하였다. Julie Pette, "The Apology Moment: Vichy Memories in 1990s France," in Elazar Barkan and Alexander Karn(ed.), *Taking Wrongs Seriously*, p. 276.

9) Karl Jaspers, *The Question of German Guilt*, trans. E. B. Ashton (New York: Dial Press, 1947); 카를 야스퍼스 지음, 이재승 옮김, 『죄의 문제: 시민의 정치

위에 가담한 주체에 대해 개인적 책임의 원칙이 적용된다. 그러나 정치적, 도덕적, 형이상학적 범죄는 정체성에 기인하는 집단적 책임의 원칙이 적용된다. 전자의 경우 책임의 내용은 법적 처벌을 의미하지만, 후자의 경우 책임의 내용은 회개와 의식개조를 의미한다. 야스퍼스는 설령 개인적으로 억압적 정권 혹은 지배적 규범에 반대했다 하더라도 집단적 책임으로부터 면책될 수 없다고 보았다. 따라서 모든 독일 국민은 자신들의 지도자와 동료시민의 행위가 초래한 결과에 대해 국가의 구성원으로서 책임을 수용해야 한다. 호주의 사과운동은 헌법의 이상과 괴리된 국가행위에 대해 수치감을 표명하여 국민적 명예회복을 의욕했지만 피해자에 대한 보상이라는 관점에서 볼 때 미흡한 측면이 있다는 지적이 있다(Barkan and Karn 2006, 17).

2008년 노동당 출신의 호주 수상 케빈 러드는 잘못된 정책으로 인해 원주민들이 겪어야 했던 고통과 피해에 대해 공식적으로 사과하였고 사과문은 연방의회를 만장일치로 통과하였다. 러드 총리의 노동당은 사과는 하되 정부차원의 보상은 하지 않겠다는 타협안을 통해 보수당의 찬성을 이끌어냈다. 러드는 보상금을 주는 대신 10년 안에 원주민의 생활수준을 획기적으로 개선하겠다고 약속했다.[10)]

적 책임』(앨피, 2014). 1946년 2차 대전 직후 하이델베르크 대학에서의 강의를 기초로 이 책을 펴낸 야스퍼스는 독일의 전쟁책임과 국가폭력의 문제에 대해 폭넓은 성찰을 행했다. 이 책에서 그는 4가지 종류의 죄와 책임을 논했는데 법적인 죄는 소수의 독일인 전범들, 정치적인 죄는 독일 국적자 시민 전체, 도덕적 죄는 나치의 만행을 방관한 독일인들을 포함한 유럽인들, 그리고 형이상학적 죄는 수용소 생존 유대인을 포함한 인류 전체에게 귀속된다. 정치공동체의 구성원으로서 인간의 숙명은 죄의 굴레에서 자유로울 수 없으며 이를 극복하는 것은 정의와 인권을 실현하는 권력을 지지하는 것이라고 그는 주장하였다.

10) 원주민 문제에 대한 여타 국가의 사과 사례들을 살펴보자. 1993년 클린턴 대통령은 미국 정부가 1893년 불법으로 하와이 왕조를 전복한 것을 사과하는 결의문에 서명하였다. 그러나 클린턴은 미국의 노예제도에 대한 사과를 거부하였는데 이는 사과에 따른 법률적 문제들을 의식했기 때문인 것으로 알려졌다. 2010

V 테러와의 전쟁과 사과의 정치

국제관계에서 자국의 잘못을 시인하는 사과행위가 빈번해지는 반면 이를 통해 진실을 은폐하는 경우도 있다. 테러와의 전쟁에 즈음하여 정치적 사과는 더 이상 과거사청산의 문제가 아니라 현재적 사안에 대한 즉각적 외교조치로서 의미를 갖게 되었다.

2004년 4월 28일 미국의 CBS 방송은 이라크 아부 그라이브(Abu Ghraib) 수용소에서 발생한 포로학대 사건을 방영하였다. 30여명의 수감자들이 미군요원들에 의해서 비인간적인 고문과 학대를 받은 이 사건은 생생한 현장 사진의 공개로 전 세계에 충격을 주었으며 7명의 군인들이 군법회의에서 유죄판결을 받았다. 부시 대통령의 공식적 첫 발언은 사진을 보고 큰 혐오감을 느꼈으며 극소수 병사들의 일탈행위로 미군의 명예가 훼손되어서는 안될 것이고 수사결과에 따

년 미 의회는 아메리카 원주민인 인디안에 대한 미국 정부의 잘못된 정책과 폭력행위에 대해 사과하는 내용의 결의안을 통과시켰고 오바마 대통령이 여기에 서명하였다. 1995년 엘리자베스 여왕은 지난 세기 영국의 식민당국이 뉴질랜드 마오리족의 토지를 불법적으로 강탈하고 그들의 삶을 파괴한 만행에 대해 깊이 사과하였다. 1996년 뉴질랜드 정부 역시 마오리족을 대상으로 자행된 정부의 박해에 대해 공식적으로 사과하고 일부 토지를 반환하였다. 그러나 1997년 엘리자베스 여왕은 1919년 인도에서 자행된 암리차르(Amritsar)시 학살사건 추모식에 참석하여 애도의 뜻을 표시했고 1999년 남아프리카 공화국에서 보어전쟁 당시 희생된 아프리카너들에 대해서 슬픔을 표시했지만 두 경우 모두 공식적인 사과를 표명하지는 않았다. 영국의 식민지 통치를 문제삼을 경우 '판도라 상자'가 열릴 것을 두려워했기 때문이다. Mark, Gibney and Erik Roxstrom, "The Status of Statee Apologies," *Human Right Quarterly* 23 (2001), p. 933. 1997년 토니 블레어 영국 수상은 아일랜드 대기근 사태 당시 영국 정부가 취했던 잘못된 정책에 대해서 아일랜드 국민들에게 사과하였다. 그는 노예제와 노예무역에 대해서도 사과했으나 영국의 식민주의에 대한 사과를 거부하였다. 한편 2008년 캐나다의 스티븐 하퍼 총리는 지난 세기 원주민을 상대로 추진했던 강제 동화정책에 대해 공식적으로 사과하였다.

라 의법조치할 것이라는 내용이었다. 며칠 후 그는 아랍 텔레비전 방송과의 인터뷰에서 동일한 내용을 반복하였다. 즉 미국 국민들 모두가 이 사건에 경악했으며 반드시 진실을 밝혀 정의를 실현하겠다는 것이었다. 이번에도 사과의 발언은 없었다. 부시는 다음날 백악관에서 진행된 행사 도중에 요르단 왕 압둘라에게 이라크 병사들이 겪어야 했던 수모에 대해 미안하게 생각한다고 말한 것으로 보도되었다. 부시는 이라크인들이 진정한 미국의 본질을 오해할까 염려된다는 말을 덧붙였으며 이라크 주둔 미군은 최고의 미국시민들임을 강조하였다. 부시는 사과를 해야하는 상황에서 늘 거부감을 보였고 마지못해 사과를 하는 경우에도 제3자(대개 해당국가 파견 대사나 정부 대변인 등)를 통해서 의사를 전달하는 방식을 선호하였다.[11] 또한 명시적인 사과의 용어보다 '유감이다' 혹은 '미안하다'는 표현을 선호하였다.[12]

한편 부시가 사과를 미루는 동안 라이스 국가안보 보좌관, 아미티지 외무부 차관, 키미트 이라크 주둔 미군 대변인, 밀러 수용소 사

11) 2001년 오키나와에서 발생한 미군의 강간사건 당시 부시는 주일대사를 통해서 깊은 유감을 전달했으며, 2002년 한국에서 발생한 중학생 압사사건 때에도 주한미국대사와 국무차관을 통해서 간접적으로 사과했다가 사태가 악화되자 한국 대통령에게 전화를 하여 개인적으로 사과하였다.

12) '유감'(regret)의 어휘는 '사과'(apology)보다 약한 개념이다. 그런데 '미안하다'(sorry)의 표현도 사과보다 약한 개념으로 인식된다. 2001년 남중국해에서 미군 정찰기와 중국 전투기가 충돌하여 미군 조종사가 해남도에 불시착하고 중국군 조종사가 사망하는 사건이 발생했을 때 이 사건은 양국간의 외교분쟁으로 비화되었다. 미국 측은 사과(apology)의 표현을 원하는 중국 정부의 요구에 대해 미안하다(sorry)는 표현을 고집하였고 사과의 표현을 거부하였다. 이는 사과의 용어를 사용함으로써 미군 조종사의 석방에 문제가 있을 수 있다는 판단에서였다. 결국 중국 정부가 미국 정부의 사과 -'미안하다'의 표현- 를 수락한다고 발표하는 방식으로 사건은 종결되었다. Elazar Barkan, "The Worst is Yet to Come: Abu Ghraib and the Politics of Not Apologizing," in Elazar Barkan and Alexander Karn, *Taking Wrongs Seriously : Apologiess and Reconciliation* (Stanford: Stanford University Press, 2006), p. 318.

령관 등 미국 정부의 고위관료들이 잇달아 미흡하나마 사과성명을 발표하였다. 특히 군부의 사과는 미국의 수치와 고통을 강조함으로써 누가 진정한 희생자인지 혼란스런 분위기를 연출하였다(Barkan and Karn 2006, 314). 미국 정부의 사과가 충분치 못하자 언론은 대통령과 국방장관 및 국무장관의 사과를 요구하였고 대통령이 럼스펠드 국방장관에게 충분한 설명을 지시했다는 기사가 보도되었다. 보수정치인들마저 불만을 표시하자 럼스펠드는 의회 국방위원회의 증언을 통해 공식적으로 사과하였다.

사실상 실무 총책임자라고 할 수 있는 럼스펠드는 피해자들에 대해 깊이 사과한다고 표현하였으며 의회에 신속하게 보고하지 않은 점에 대해서도 사과하였다. 그러나 그는 가혹행위가 쿠바의 관타나모 기지 이후 계속되어진 관행이며 정책임을 언급하지 않았고, 자신이 이러한 과정에 개입했다는 사실에 대해서도 시인하지 않았으며, 계속 자리를 보전함으로써 사실상 책임을 회피하였다(Gibney et al 2008, 292-293). 나중에 확보된 자료에 따르면 제네바협약을 무시하고 포로들에 대해 불법적인 가혹행위를 가하는 관행에 대해서 군 당국은 사실상 눈을 감고 있었다. 한편 대통령의 간접적인 유감표명과 오해 여지의 발언으로 비판이 고조되자 파월 국무장관 역시 대통령이 이미 사과했음을 강조하며 피해자들에 대해 다시 사과하였다.

현실주의 정치인들은 사과의 표시를 약점을 드러내 보이는 행위로 간주하여 그것이 국가이익에 반한다고 생각하고 기피하는 경향이 있는데 부시의 경우가 여기에 해당되었다. 부시는 보수정치인으로서 사과에 소극적이었으며 사과보다 변명에 급급하였다. 그는 아부 그라이브 사건의 경우에도 계속해서 자국민의 정신적 상처와 미국의 이상을 강조하는 본말전도된 모습을 보여주었다. 불성실한 사과는 피해자 측의 분노를 자극하는 법이며 부시의 소극적 태도는 사태를 악화시켰다. 반면 궁지에 몰린 럼스펠드는 사과의 정치를 능숙하게 구사하여 위기에서 벗어나는데 성공하였다. 그는 성실한 사과의 외양을 견지하여 긍정적인 반응을 이끌어냈다. 발칸은 럼스펠드가 사과의 수단을 성공적으로 운용하는 보수정치의 또 다른 모습을 보여준다고 말한다. 그러나 그것은 진실을 은폐하였다. 발칸은 테러와의 전쟁 당시 미국 정부의 사과는 사실상 책임회피와 진실은폐의 수단이 되었다고 말한다(Barkan and Karn 2006, 328). 한편 깁니는 테러와의 전쟁이 즉각적 사과의 문제를 제기하였으며 그것은 과거의 사과행위와 달리 국가적 과오를 지체없이 시인하는 긍정적 측면도 있었으나 강대국의 일방적 의사표명으로 일부의 진실이 밝혀지는 반면 더 큰 진실이 은폐되는 위험을 보여주었다고 결론을 내린다(Gibney et al 2008, 297). 깁니는 아부 그라이브와 달리 아프가니스탄 전쟁의 민간인 피해에 대해서 미국 정부뿐만 아니라 언론도 무관심한 태도로 일관했음을 질타한다. 또한 이라크 침공에 대해서는 개전의 명분 - 대량학살무기의 존재, 9·11사태에 관련하여 알카에다 지원 - 이 사실이 아니었음이 드러났기 때문에 미국 정부는 미국 국민과 이라크 국민 양자 모두에 대해 사과해야 한다고 주장한다.

VI 맺는 말

결론적으로 말해서 올바른 방식으로 표출된 사과는 한편으로 정의의 요구를 충족시키는 동시에 다른 한편으로 가장 강력한 화해의 수단이 되며 민주적 정치문화 발전의 계기가 된다. 또한 자발적 사과를 이끌어내기 위해서는 객관적 진실규명이 요청된다.

사과의 정치가 더욱 활성화 될 것이라고 예상하게 만드는 두 개의 시대적 추세를 주목해 보자. 첫 번째 추세는 회복적 정의의 강화 현상이다. 국제형사재판소의 출범으로 반인륜범죄에 대한 응보적 정의의 구현이 가능해 졌지만 진실화해위원회의 도입 역시 이행기의 정의를 실현하는 유력한 기제로서 그 중요성을 인정받게 되었다. 과거사 청산은 두 개의 방식을 동시에 적용하여 일종의 역할분담 - 핵심관련자는 재판에 회부하고 하급자에 대해서는 진실화해위원회의 방식을 취하는 것 - 을 행하는 것이 바람직하다는 전문가들의 제언이 있어왔고 실제로 양자를 병행하는 사례들 - 보스니아, 코소보, 동티모르, 르완다 등 - 이 늘고 있다. 회복적 정의의 이상을 실현하는 진실화해위원회의 과정은 남아공의 역사적 실험에서 지적된 것처럼 사과의 절차를 강조할때만이 용서와 화해라는 최종적 성과를 기대할 수 있다. 또한 르완다 가차차(gachacha)[13] 재판의 예에서 보듯

13) "대학살 20주년을 맞은 현재의 르완다는 놀랍게도 제노사이드를 극복하고 발전을 향해 달려가는 승리의 드라마를 쓰고 있다. 대학살을 극복하고 협력을 가능케 한 배경은 바로 '가차차 제도'를 통한 종족 간 화해와 협력 덕분이라는 평가가 나온다. 르완다의 전통적 재판제도인 가차차는 현지어로 '짧고 깨끗하게 다듬어진 풀밭'이라는 뜻. 풀밭에서 열린 재판에서 유래한 말이다. 과거 마을의 원로나 현자(賢者)들이 주재한 가차차는 재산 분할, 절도, 유산 상속 문제를 해결했다. 징벌보다는 화해와 협력이 우선시됐다. 르완다 정부는 2001년 대량학살 문제를 다룰 가차차를 전국 1만2100개 마을에 공식 설치했다. 법조 교육을 받은 재판관이 아니라 성별에 관계없이 20세 이상이면 누구나 재판관이 될 수 있게 했다. 가차차가 열리는 날에는 마을에 시장이 서는 것을 금지해 모든 사람이 재판에 참여하게 했다. 중요한 것은 학살 사실을 구체적으로 밝히고 용서를 구하면 파격적으로 형량을 줄였다는 점이다. 죄를 시인한 학살 가담자들은 징역형 대신 피해자 측에 노동을 제공하거나 소 같은 재산을 건네라는 판결을 받았다. 가차차 재판은 빠르게 진행됐다. 가차차가 가동되지 않았다면 르완다 정부는 지금까지도 대량학살 가담자 10만 명에 대한 재판을 끝내지 못했을 것이라고 전문가들은 설명한다. 대통령 직속기구인 국가통합화해위원회의 파투마 은당기자 위원장은 "서구식 법정에서는 가해자가 결코 자신에게 불리한 발언을 하지 않는다. 가차차에서 가해자의 진심어린 사과를 받아들인 피해자들은 자신도 예상치 못했던 용서와 자비를 베푼다"고 말했다. CNN도 폴 카가메 대통령의 말을 인용해 "르완다가 '눈에는 눈' 전략으로 나갔다면 르완다 국민은 모두 장님이 됐을 것"이라며 가차차 제도를 높이 평가했다." 김기용, "처벌 대신 용서… 르완

이 현지의 시민법정제도를 수용하는 조치 역시 회복적 정의와 사과의 정치가 일정 수준 작용할 수 있는 여지를 제공하고 있다.

두 번째 추세는 사과의 세계화 현상이다. 국제사회의 상호의존성이 심화되고 정치적 파국의 공동책임이 강조됨에 따라 국경을 초월한 새로운 형태의 사과가 시작되었다. 이례적으로 미국과 유엔의 최고책임자는 인도주의적 개입을 주저함으로써 대규모 살육사태를 초래했던 지구촌의 비극에 대해서 공식적으로 사과하였다. 클린턴 대통령은 미국 정부가 르완다 제노사이드 사태 당시 아프리카에 대한 무관심으로 신속한 조치를 취하지 아니한데 대해서 사과하고 향후 유사한 사태가 발생할 경우 적극적으로 대처할 것을 약속하였다. 유엔사무총장 코피아난 역시 르완다 제노사이드에 대한 조사보고서를 통해서 유엔이 적절한 조치를 취하는데 실패한 사실에 대해 사과하였다. 그는 또한 보스니아 스레브레니차(Srebrenica) 대학살 당시 안전지대(safe haven)를 제대로 보호하지 못한 유엔의 책임에 대해서도 사과하였다. 코피아난은 국제사회의 비협조와 유엔의 자원부족을 언급하며 유엔의 체제개혁을 주장하였다.

1998년 오랜 분쟁지역인 북아일랜드에서 평화협정이 체결되었다. 영국과 아일랜드, 북아일랜드의 신구교 정당 및 정파들 4개 주체가 합의를 본 평화협정은 권력분점을 제도화하고(의석수에 비례하여 각료를 배분하는 협의민주주의 방식 도입) 주민들에게 국적 선택의 헌법적 권리를 인정함으로써 북아일랜드 자치정부를 회복시켰다. 이후 일시적인 위기가 있기는 했으나 양측은 무장해제와 자치정부 구성을 지속적으로 추진하여 과거로의 회귀는 사실상 불가능하게 되었다. 북아일랜드의 평화협정은 쉽게 약정이 파기되는 여타지역의 그

다 일으켜 세운 '가차차'," 『동아일보』 (2014년 4월 7일).

것과 달리 모범적인 사례로 평가를 받고 있다. 미국과 유럽연합의 적극적인 중재 및 지원, 평화를 희구하는 주민들의 정서, 양측 온건 지도자들의 결단이 3박자를 이루면서 평화협정이 성사되고 이행된 것으로 전문가들은 분석한다.[14] 그러나 사과의 정치라는 관점에서 볼 때 북아일랜드 평화프로세스의 가장 강력한 동인은 영국 정부의 진정성있는 사과와 인내심에 기인하였다. 1997년 블레어 총리는 벨파스트를 방문하여 대기근 추모음악제에 참석한 청중들 앞에서 과거의 정책적 과오를 고백하고 대기근으로 인한 200만명의 죽음에 대해 사과를 했으며, 2010년 캐머런 총리 역시 '피의 일요일' 학살사태[15]를 재조사한 보고서를 인용하여 군인들의 행동이 정당하지 못

14) 큰 규모의 아일랜드 이민사회를 가졌으며 IRA 조직의 무력투쟁이 국제테러집단과 연계되는 것을 우려했던 클린턴 정부는 정직한 중재자로서 분쟁 당사자 모두가 조금씩 양보할 것을 독려하며 '아일랜드국제기금'을 통해 9억여 달러의 재정지원을 하였고, 유럽연합 역시 북아일랜드 피스 프로그램(Northern Ireland PEACE Programme)을 마련하여 북아일랜드에 대한 청년교육과 12억 유로의 재정지원을 제공하였다. 평화협상에 즈음하여 실시된 주민투표에서 아일랜드에서는 유권자 56% 투표에 94%가 찬성하였고, 북아일랜드에서는 81% 투표에 71%가 평화협정에 찬성하였다. 강경파의 반대를 무릅쓰고 협상을 체결한 북아일랜드 사회민주노동당(SDLP) 당수 존 흄(John Hume)과 얼스터 연합당(UUP) 당수 데이비드 트림블(David Trimble)은 1998년 노벨평화상을 공동 수상하였다. 이와 관련된 내용은 김동진, "북아일랜드 평화 프로세스와 지속가능한 평화구축," 『통일과 평화』 7집 2호 (2015), pp. 290-303; 동아시아연구원, 「한-아일랜드 평화협상 경험공유 보고서」 (2015년 11월); 김연철, 『협상의 전략』 (휴머니스트, 2016), 제19장 북아일랜드 평화협정 참조. 토니 블레어는 협상을 성사시키기 위해 IRA의 무장해제 조건에 대해 '창의적 모호성'(creative ambiguity)의 전략을 감행하였다. '창의적 모호성'이란 당장 해결하기 어려운 문제에 창의적으로 대응할 수 있도록 양측의 입장을 포괄하는 방식으로 모호하게 내용을 규정하는 것을 말한다.

15) 1972년 1월30일 영국군 공수부대가 평화적인 북아일랜드 시위대를 향해 발포해 14명의 목숨을 앗아간 사건이다. 이후 영국 정부는 북아일랜드에 대해 직접통치를 실시하였다. 1998년 토니 블레어 총리는 최고법원 판사인 새빌경을 조사책임자로 임명하여 이 사건에 대한 전면적인 재조사에 착수하였다. 12년 동안 1400여명의 증언을 청취하여 작성된 10권에 달하는 5000여 쪽 새빌 보고서가 내린 결론은 당시 공수부대가 무고한 비무장 시민들에게 아무런 경고없이

했음을 인정하고 정부를 대표해서 공식적으로 사과하였다. 엘리자베스 여왕도 2011년과 2012년 각각 아일랜드와 북아일랜드를 방문하여 독립전쟁 중 사망한 아일랜드인들에 대해 조의를 표했다. 또한 '피의 일요일' 사태의 현장책임자였던 마이크 잭슨 공수부대 여단장도 일부 군인들의 반발에도 불구하고 캐머런의 사과에 전적으로 동의한다고 자신의 의견을 밝혔다. 이에 대해 2002년 아일랜드 공화군(IRA) 역시 신문지상을 통해 폭력적 행위로 발생한 민간인 희생자 가족들에게 진심어린 사과와 애도의 뜻을 표한다는 성명을 발표하였고 2014년 영국을 방문한 마이클 하긴스 아일랜드 대통령은 불의를 자행한 주체는 누구든지 국민과 희생자에게 사과해야 한다고 하여 아일랜드 공화파에 대한 일방적인 지지를 거부하였다. 이는 남아공 진실화해위원회의 추진과정에서 투투 대주교가 보여준 공정성과 일맥상통한다고 볼 수 있다. 북아일랜드 평화프로세스의 시사점은 첫째, 분쟁을 종식시키고 화해를 성취하려면 강자의 진정성 있는 사과가 선행되어야 하며 정치적 사과의 효과는 즉각적이지 않기 때문에 장시간에 걸쳐 그것이 반복되어야 한다는 것이다.[16] 장기간의 점진

총격을 가했고 많은 군인들이 자신의 행동을 정당화하기 위해 거짓말을 했다는 것이다. 이는 자기방어를 위한 발포라고 주장했던 1972 조사보고서 내용을 완전히 뒤엎은 내용이었다. 영국정부는 이에 따라 유가족에 대해 보상금 지급을 제의하였고 2015년에는 사건 당시 진압작전에 참여했던 66세의 전직 군인 남성을 살인혐의로 체포하였다.

16) 수많은 분쟁사회를 대상으로 정신의학적 접근을 시도해온 버지니아대 심리치유 석좌교수인 바믹 볼칸에 따르면 집단적 정체성의 일부가 된 트라우마는 역사적 진실과 무관하게 차세대에 전이된다. 이 경우 가해자의 사과는 단기적으로 효과를 기대할 수 없으며 피해자 집단의 슬픔이 충분히 삭혀진 이후에만 수용가능하다. 따라서 사과와 용서의 역학은 장시간의 복잡한 과정을 요구한다. Vamik Volkan, "What Some Monuments Tell Us About Mourning and Forgiveness," in Barkan, Elazar and Alexander Karn (eds.), *Taking Wrongs Seriously: Apologies and Reconciliation* (Stanford: Stanford University Press, 2006), pp. 129-130.

적인 신뢰구축 노력이야말로 북아일랜드 평화프로세스의 핵심이다. 둘째, 약자 역시 시간이 걸리지만 여기에 화답해야만 화해의 결실을 거둘 수 있다는 점이다. 만일 북아일랜드 구교도와 아일랜드 정부가 정의의 전쟁을 주장하여 자신들의 책임을 부정하고 상대에 대한 비난만을 고집하였다면 평화협정은 제대로 이행될 수 없었을 것이다.

2000년 3월 교황 요한 바오로 2세는 지난 2000년 역사 속에서 교회가 저지른 과오에 대해서 공식적으로 사과하고 용서를 청했다. '기억과 화해: 교회의 과거 범죄'라는 제목의 보고서는 십자군 전쟁, 종교재판, 원주민 학살, 유대인과 이교도 박해 등에 대한 사과의 내용을 포함하였다. 교황은 "화해는 다른 사람에 대한 승리가 아니라 자기 자신에 대한 승리"라고 강조했다. 교황의 이러한 행보는 새 천년을 맞이한 인류사회의 새로운 시대정신을 제시했다고 말할 수 있다. 테러와의 전쟁은 국가안보와 관련된 사안의 경우 강대국의 사과 행위가 책임회피나 진실은폐의 수단이 될 수 있음을 보여주었다. 국제관계에 있어서 갈등을 겪고 있는 국가들간의 사과는 종종 진정성을 의심받지만 그럼에도 불구하고 상대방에 입힌 피해를 인정하는 행위는 폭력과 불신의 악순환을 억제하는 긍정적인 영향을 미칠 수 있다. 사과의 정치는 후기갈등사회뿐만 아니라 국제관계의 긴장완화와 평화정착에도 크게 기여할 것이다.

보론

21세기 핵전쟁 위기에 대한 단상

Ⅰ 머리말

이 글은 뉴욕에서 컬럼니스트로 활약하며 핵전쟁에 대해 큰 관심을 갖고 있는 존 로젠바움이 광범위한 자료 분석과 전문가 면담을 토대로 저술한 제3차 세계대전 경고서의 내용을 재구성하여 소개한다.[1] 로젠바움은 냉전시기에 핵무기에 의한 평화가 가능했던 것은 사실상 행운에 기인하며 새로운 핵질서 하에서 더 이상 핵억지 효과를 기대하기가 어렵다고 주장한다. 즉 핵억지이론은 수명이 다했거나 본질적으로 불완전한 이론이라는 것이다. 그는 핵폐기만이 인류의 재앙을 방지하는 근원적 해법이지만 그러한 방법은 현실적으로 한계가 있는 만큼 실현가능한 노력을 최대한 경주해야 한다는 입장에서 몇 가지 대안을 제시하고 있다.

---

1) Ron Rosenbaum, *How the End Begins: The Road to a Nuclear World War III* (New York: Simon & Schuster, 2011).

Ⅱ 임박한 위험

2007년 10월 6일 영국의 고급 교양지 『스펙테이터』는 '그날 우리는 제3차 세계대전에 진입할 뻔하였다'라는 충격적인 제목의 기사를 게재하였다.[2] 냉전의 종식으로 핵전쟁의 공포는 중세 흑사병 이야기처럼 잊혀진 과거가 되어버린 역사의 휴일에 이 무슨 소리인가. 기사는 이스라엘 전투기의 시리아 핵시설에 대한 기습공격을 다루고 있었고 공습은 후일 사실로 확인되었다.

2007년 9월 6일 해가 떨어지자 이스라엘 전투기들은 시리아 북동부를 비행 한 후 유프라테스 지역 외진 곳에 위치해 있던 원자로 시설에 대한 공습을 감행하였다. 시리아 정부는 북한의 영변 원자로 시설을 모델로 삼아 핵무기 제조를 위한 플루토늄 생산을 추진하고 있었다. 비록 목표물은 파괴되었지만 그날의 작전은 대단히 위험한 상황을 초래할 수 있었다. 러시아는 인공위성을 통해 이스라엘 전투기의 이륙 상황을 지켜보고 있었으며 군사적 협력관계에 있는 이란에 대해서 이스라엘의 공습가능성을 통보했을 것이다. 또한 이스라엘에 대해서도 공격을 강행할 경우 심각한 결과가 초래될 수 있음을 경고했을 것이다. 소련은 이미 1973년 이스라엘 군의 이집트 공격 당시 핵무기 사용가능성을 미국 측에 통보한 바 있고 이스라엘군의 후퇴로 사태는 수습되었는데 그날 러시아는 핵억지력을 발동한 것이다. 2백여 기의 핵탄두를 보유하고 있는 이스라엘은 현재 비상계획의 일환으로 소련이 공격할 경우 보복공격을 가할 구체적 목표 지점

2) James Forsyth and Douglas Davis, "We Came So Close to War," *The Spectator* (September 20, 2007). 이 서평은 몇몇 주요 자료들을 원전에서 재인용하여 각주의 형식으로 소개하려 한다.

을 이미 확정하고 있는 상태이다. 한편 이스라엘은 미국 정부에게 러시아의 반응을 전달했을 것이며 미국은 이미 이스라엘을 핵공격하는 국가에 대해서 핵무기로 응징하겠다는 의지를 천명해왔다. 2008년 대선과정에서 힐러리 클린턴은 만일 이란이 이스라엘에 대해 핵공격을 시도한다면 미국은 이란을 초토화시켜 버릴 것이라고 공언한 바 있다. 다른 한편 이슬람의 대의를 강조하는 파키스탄의 핵폭탄은 중앙통제력의 약화로 인해 이슬람 강경세력과 연계된 지역사령관의 결심만으로도 발사될 가능성이 상존하며 그것은 이스라엘에 대해 치명적 일격을 가할 수 있다. 이스라엘 전투기가 목표지점에 도달할 무렵 우방국과 적대국 사이에 협박과 반협박이 난무했을 것이고 어느 일방의 착오나 과잉반응은 지역적인 핵전쟁을 유발했을 것이며 그것은 세계적인 차원으로 증폭되었을 것이다(p. 4). 시리아 정부는 신속하게 잔해처리 작업을 실시하였으며 이 사태에 대해 침묵으로 일관하였다. 여기에는 이스라엘의 핵공격에 대한 두려움, 반격의 부재에 따른 국가적인 자존심 손상, 국제원자력기구의 핵사찰 대비 등 여러 가지 원인이 작용했을 것이다. 미정보당국은 시리아 정부가 북한의 협력을 받아 원자로 건설을 거의 마무리하는 단계였으며 그것은 핵무기 개발을 목적으로 하고 있었다고 대통령에게 보고하였다(p. 187). 시리아 사태는 탈냉전시기의 다극적 핵질서가 연쇄반응과정을 통해 지역적 분쟁을 세계대전으로 비화시킬 수 있음을 보여준 가장 극적인 사건이었다. 저자는 시리아 사태가 장차 예견되는 이란의 핵시설 공격을 위한 리허설이며 이란이 목표가 되는 경우 문제는 더욱 심각해질 것이라고 말한다(p. 16).

그러면 핵억지력의 발동으로 안정된 체제를 유지할 수 있었다는 냉전의 시기에는 정말로 위기가 없었는가? 「정보자유법」에 의해 기밀 해제된 문서들을 검토할 수 있게 된 핵 역사학자들의 연구결과는 이 시기에 이미 핵 위기가 우리가 생각했던 것 이상으로 빈번했음을 보여준다. 가령 1962년의 쿠바 사태를 예로 들어보자. 마이클 돕스(Michael Dobbs)의 조사[3]에 따르면 미 정보당국의 분석과는 달리 쿠바의 핵 미사일은 이미 발사준비가 완료된 상태였고, 소련은 미사일 발사 권한을 카스트로에게 인계하고 있었으며, 카스트로는 어떠한 형태의 공격에 대해서도 세계대전의 발발을 불사하고 핵무기로 대응하겠다는 맹세를 하고 있었다. 소련의 핵잠수함 역시 쿠바를 봉쇄한 미국 함정을 목표로 발사대기 중이었다.

냉전 시기를 연구하는 학자들에 의해서 밝혀진 또 다른 위기 사례들을 살펴보면 기러기 떼나 기상위성을 핵미사일 공격으로 오인하여 핵 버튼을 누를 뻔 했던 경우가 있는가 하면 조기경보실 스크린에 훈련용 테이프가 작동되는 바람에 핵경보가 발령되었던 사건도 있다. 카터 대통령 시절 안보보좌관이었던 브레진스키(Brzezinski)가 한밤중에 북미항공방위사령부(NORAD)로부터 소련이 미국을 향해 2천 2백 개의 미사일을 발사했다는 급보를 받고 대통령에게 보고하기 1분 전 그것이 오류임을 통보 받았던 섬뜩한 이야기도 있다. 1983년 가을 나토군의 핵전쟁 훈련(작전명: Able Archer) 당시 크렘린은 소련에 대한 기습공격을 훈련으로 위장하고 있다고 판단하여 핵무기 선제공격을 준비하였는데 KGB의 이중첩자였던 영국정보원이 본국에 이 사실을 알리자 이에 놀란 레이건 대통령은 소련의 의혹을 해소시키기 위해 여느 훈련 때와는 달리 은폐된 지휘본부로 이동하지 않고 백악관에서 정상적으로 집무를 보았다는 일화도 있다. 브레진스키가 시간을 지체하지 않았더라면 혹은 유능한 스파이가 결

---

3) Michael Dobbs, *One Minute to Midnight* (New York: Alfred A. Knopf, 2009). p. 209.

정적 정보를 적시에 전달하지 않았더라면 어떠한 사태가 발생하였을지 아무도 모른다. 저자는 위험한 순간들이 핵전쟁의 재앙으로 이어지지 않은 것은 순전히 운이 좋았기 때문이라고 말한다(p. 7). 결론적으로 기존의 핵 통제 시스템은 잘못된 정보나 판단으로 인한 오인사격의 가능성이 상존하며 페리미터(Perimeter)[4]와 같은 자동발사체제의 존재를 염두에 둔다면 위험은 배가된다. 뿐만 아니라 경우에 따라서는 정치지도자의 의도적 일탈 가능성을 문제삼을 수도 있다.

따라서 임박한 위기의 근원은 크게 보아 내재적 요인과 상황적 요인으로 이분될 수 있는데 전자는 핵무기 통제와 발사절차에 따른 우발적 변수를 주로 문제 삼는 반면, 후자는 게임의 법칙을 준수하지 않는 새로운 행위자의 출현을 강조한다.

핵확산을 연구해온 벤자민 프랑켈(Benjamin Frankel)은 새로운 핵시대의 내재적 복잡성이 다극체제를 위기와 전쟁에 취약하게 만들며 불안정한 상태로 몰아가고 있다고 보았다. 마찬가지로 2010년 신중한 핵 분석가인 하버드의 그래함 앨리슨(Graham Allison) 역시 "세계의 핵질서는 2년 전의 세계적 금융위기만큼이나 허약하며... 핵질서의 붕괴는 핵 테러리즘과 핵전쟁의 절박한 위기를 초래하고 있기 때문에 지각 있는 정치인이라면 그것을 막기 위해 가능한 모든 노력을 경주해야 한다."라고 경고하였다.[5] 저자의 결론은 핵억지 이론이 더 이상 통용되지 않게 되었으며 공포의 균형시대는 끝났다는

---

4) 러시아의 핵 명령제어 체계는 '페리미터'(Perimeter)라는 일급비밀 프로그램에 연결돼 있다. 모스크바가 공격당할 경우 페리미터는 프로그램에 따라 자동으로 수천 개의 핵무기를 발사하는 것으로 알려졌다. 이 장치는 스탠리 큐브릭(Stanley Kubric) 감독의 영화 「Dr. Strangelove」(1964)에서 'doomsday machine'으로 맨 처음 소개 되었다.

5) Graham Allison, "Nuclear Disorder: Surveying Atomic Threats," *Foreign Affairs* 1, no. 89 (Jan/Feb 2010).

것이다. 상호확증파괴(MAD)가 더 이상 억지력으로 작용하지 않는 이유는 불량국가와 테러조직의 자살공격이나 순교자 이데올로기가 보복의 두려움을 의식하지 않는 특별한 광기를 특징으로 하기 때문이다. 이제 핵무기의 존재는 국제정치의 안정요인이 아니라 교란요인이 되었다. 우리는 핵비등점(nuclear tipping point)에 도달한 것이다.

III 핵폐기론과 변형된 핵억지론

1. 저자는 최근 10년 동안 과거의 저명한 핵무기 옹호론자들뿐만 아니라 급진적인 핵감축을 주장해온 자유주의자들까지도 핵폐기론으로 속속 돌아서고 있다고 말한다. 그리고 지난 시대의 반핵운동과 달리 현재의 핵폐기 운동은 그 주체가 핵문제 전문가들이라는데 특징이 있다고 덧붙인다.

1979년의 잭슨 브라운(Jackson Browne) 반핵공연으로 절정을 이루었던 반핵운동은 한동안 침체일로를 벗어나지 못하다가 4반세기가 지난 2007년 2월 획기적인 계기를 맞게 되었다. 과거 미국의 핵정책 입안을 책임져 온 4명의 현실주의 정치인들 - 헨리 키신저(Henry Kissinger) 전안보보좌관 겸 국무장관, 조지 슐츠(George Schultz) 전 국무장관, 윌리엄 페리(William Perry) 전 국방장관, 샘 넌(Sam Nunn) 전 민주당 상원의원 - 이 공동 성명서를 통해서 단순한 핵동결이나 감축이 아닌 핵폐기를 주장한 것이다. 특히 키신저와 슐츠는 과거 미국의 핵전력 강화를 주도해온 인물들이었기에 성명서 발표는 충격적인 사건으로 받아들여졌다. 성명서에 따르면 냉전 시절 미소 양국은 열의와 지혜로서 핵무장에 따른 위기를 슬기롭게 관리하고 평화를 구현하는데 성공하였으나 현재의 핵보유 잠재국들에 대해서는 그것을 기대하기 힘들며 핵전쟁의 위기가 고조되고 있다고 주장하고 새로운 핵질서를 안전하게 만들기 위한 8단계의 프로그램을 제시하였다. 그것은 우발적 핵무기 사용의 위험을 방지하기 위한 경고시간 확대, 지속적인 핵무기 감축, 전진 배치된 단거리 핵무기 폐기, 포괄적 핵실험 금지조약 체결, 모든 핵무기와 핵연료에 대한 최고의 안전조치 실시, 우라늄 농축 과정 통제, 핵분열 물질 생산 중단과 상업용 고농축 우라늄 사용 중단, 지역분쟁 해소를 위한 배가된 노력 등의 내용이다(pp. 213-214). 그들의 성명서는 핵폐기 운동에 탄력을 불어넣었을 뿐 아니라 2년 후 핵무기 없는 세상을 선언한 오바마 대통령의 입지를 강화하는데도 일조하였다. 총검 대신 쟁기를 만들자는 이들의 운동에 대해 콜린 파월(Colin Powell) 전국무장관도 지지를 표명하였는데 샘 넌에 따르면 생존하고 있는 이전의 국무장관, 국방장관, 안보보좌관의 3분의 2가 이들의 운동에 동참했다고 말한다(p. 215)

레이건 정부 시절 국무성의 강경한 핵무기 옹호론자였던 리차드 버트(Richard R. Burt) 역시 상황의 변화로 인해 핵통제 패러다임을 핵감축에서 핵폐기로 전환시켜야 할 시점이라고 말한다. 그는 미소간 이념적 대결구도가 종식되었고 핵기술의 보급으로 핵무기 보유국가가 확산되고 있으며 비국가행위자의 자살공격이 가시화되고 있기 때문에 양극적 핵억지 체제의 복원이 아닌 핵무기의 체제의 완전한 청산을 통해 국제질서의 안정을 회복해야 한다고 주장한다. 그가 제안하는 방법론은 먼저 미국과 러시아 두 나라가 파격적인 핵감축 조치의 모범을 보임으로써 중국이나 인도 같은 중간급 핵무장국가의 핵폐기 청사진에 대한 동의를 유도하고 최종적으로 군소국가의 핵폐기를 설득하는 방식이다(p. 233). 그가 제안하는 핵폐기 외교의 실천계획에 따르면 2010년부터 2030년까지 20년을 목표로 하여 점진적으로 핵폐기를 실시하는데 마지막 단계에서 미국과 러시아는 최후의 무기를 처분하고 새로운 국제기구를 통해 서로의 알몸을 확인한다. 버트는 냉전 종식 후 4만 여개의 핵탄두가 현재 2만 여개로 줄어들었는데 양국이 합의만 한다면 향후 20년 동안 나머지 핵탄두를 제로로 만드는 것도 불가능하지 않다고 주장한다(p. 234). 그는 먼저 일반 시민들이 핵폐기 운동을 이해하고 이를 공론화함으로써 정부 당국에 대해 압력을 가해야 할 것이라고 말한다. 물론 버트는 펜타곤이 핵억지력을 상실해나감에 따라 점차 초조감을 느끼게 될 것이고 일본이나 한국 혹은 대만 같은 나라의 경우 핵우산이 사라지면 자체적인 핵무기 개발을 시도할 가능성도 있다고 본다.

한편 공군 미사일기지 핵무기 통제관이었다가 예일대학에서 박사학위를 받은 후 「브루킹스 연구소」를 거쳐 의회에서 핵무기 지휘체계를 조사한 바 있고 현재 세계적인 핵폐기 운동인 '글로벌 제로 이니셔티브'(Global Zero Initiative)를 주도하고 있는 브루스 블레어(Bruce Blair)는 미국의 핵무기 발사 시스템에 내재해 있는 원천적인 결함을 지적함으로써 위험은 불량국가의 도전 이전의 문제임을 주장한다. 블레어가 의회 보고서와 청문회를 통해 제기한 문제들을 정리하면 다음과 같다. 우선 대통령이 군통수권자로서 핵무기 발사 명령권을 독점하고 있다는 사실을 지적할 필요가 있다. 급박한 위기상황에서 발생하는 핵무기 발사명령에 대해서 민주적 통제가 전혀 불가능하다. 따라서 대통령의 결정은 절대적으로 정당한가의 문제를 제기할 수 있다.[6] 워터게이트 사건으로 탄핵의 위기에 몰렸던 닉슨 대

6) 저자는 자신의 책 제2장에서 대륙간탄도미사일(Minuteman) 부대의 발사책임 장교였던 허링(Herring) 소령의 일화를 소개하고 있다. 1973년 소령은 "대통령이 정상적인 심리상태에서 발사명령을 내렸다고 어떻게 알 수 있는가?"라는 도발적인 질문을 던졌다가 강제 퇴역당한 후 트럭운전사로 생계를 유지하였다. 2008년 딕 체니 부통령이 핵무기 발사는 대통령의 절대적 권한이라고 주장했을 때 헌법학

통령이 몇몇 의원들에게 "내가 이 방을 떠난 후 25분이 지나면 7천만 명이 사망할 수 있다."라고 이야기를 하였고 이에 놀란 국방장관 제임스 슐레진저(James Schlesinger)는 비밀조직을 가동시켜 대통령의 핵관련 조치를 감시했다는 일화가 있다(p. 35). 보다 심각한 문제는 경보망을 통해 적의 기습공격을 포착하는 경우에 보복공격 여부를 결정하는 시간이 불과 15분 내외라는 사실이다. 인류적 재앙을 초래할 수도 있는 핵무기 공격 결정에 사태를 충분히 숙고할 시간이 주어지지 않는다는 것은 치명적인 문제이다. 따라서 후술하는 것처럼 의사결정시간을 연장할 수 있는 각종 조치를 강구하는 것은 핵무기의 양적 감축만큼이나 시급한 과제이다. 한편 대통령의 발사 명령은 과연 대통령 자신의 최종적 판단인가라는 또 다른 의문을 제기할 수도 있다. 블레어에 의하면 대통령의 선택은 사실상 정부와 군의 최고위급 핵 관계자들에 의해서 사전적으로 결정되며 이 과정에 비밀이 너무 많기 때문에 대통령과 국방장관도 구체적인 진행상황을 정확히 알 수가 없다(p. 221). 또 다른 문제는 지휘체계 혹은 통신체계가 마비되는 사태에서 발생하는 위험이다. 적의 공격으로 지도부가 궤멸되거나 연락이 두절되는 경우에도 핵 반격의 메커니즘을 유지하기 위해서 현재 군은 발사명령권을 여러 단계에 걸쳐 하급부대에 사전 위임한 상태이다. 그러나 이러한 조치는 현지 지휘관의 재량권 남용이라는 또 다른 위험을 초래한다. 그리하여 핵잠수함 함장이 독자적인 외교정책을 수립하며 국가의 운명을 결정하는 상황을 맞이할 수 있다. 전시에 대통령이 아닌 군지휘관이 적법한 핵무기 발사명령을 내릴 수 있다는 불편한 진실을 전략사령부는 사실상 숨

자들 사이에서 논쟁이 있었지만 합의를 도출해 내지 못했다. Ron Rosenbaum, *How the End Begins*, p. 14.

기고 있는 것이다(p. 104). 현재로서는 핵무기 발사명령이 대통령 본인의 결정에 따른 것인지 현장에서 확인할 방법이 없다고 저자는 말한다. 마지막으로 핵무기 발사체계는 완전히 컴퓨터화 되었기 때문에 해커나 테러리스트가 전자장치를 통제하여 왜곡된 발사명령을 하달할 수 있는 위험이 늘 존재한다. 특히 중국은 고도의 사이버 전쟁 수행능력을 갖춘 것으로 알려져 있으며 최악의 경우 미국의 핵무기가 미국 본토를 공격할 수도 있다. 블레어는 미국이 핵무기에 의존하는 대신 소프트 파워와 재래식 무기를 동원하는 것이 전략적으로도 훨씬 유리하다고 주장한다. 세계적 차원에서 핵폐기가 현실화된다면 미국은 더 이상 핵무기의 위협을 받지 않는 대신 재래식 무기에서 압도적인 우위를 유지할 수 있기 때문이다.

한편 핵폐기론의 주장 중에는 핵억지력의 본질 - 핵무기에 의한 보복 - 그 자체를 문제 삼는 논리도 있다. 1차적으로 핵억지가 실패한 경우에 핵무기에 의한 보복공격은 정당화될 수 있는가? 이에 대해 일각의 견해는 설령 선제공격을 받았다 할지라도 핵무기에 의한 보복은 선제공격과 마찬가지로 제노사이드이며 악을 악으로 응징하는 방식은 도덕적으로 용납될 수 없다고 본다. 1996년 헤이그의 국제사법재판소는 핵억지 이론의 모든 시스템이 전쟁범죄(war crime)에 해당된다고 선언하였다. 재판소는 핵무기의 특수한 성격에 주목하여 그것의 파괴력은 인류에게 형언할 수 없는 고통을 안겨 주며 그 피해는 세대를 뛰어넘는다고 지적하고 핵무기의 사용뿐만 아니라 핵무기에 의한 위협도 불법이라고 주장하였다(pp. 84-86).[7] 핵무기

7) 이러한 논리에 따르면 키신저의 '광인이론'(Madman Theory)은 전쟁범죄와 직결된다고 말할 수 있다. 최고사령관이 핵전쟁을 도발할 정도로 무모한 사람이라고 과시하는 것이 핵억지 효과에는 만점이라는 자신들의 이론에 따라 1969년 베트남 전쟁 당시 닉슨과 키신저는 핵무기를 탑재한 B-52 전폭기를 소련 영공에 출격시켜 무력시위를 하였다. Ron Rosenbaum, *How the End Begins*, p. 100.

는 여타의 무기와 본질을 달리하며 따라서 '정의로운 전쟁'의 규준에 비추어 볼 때 절대로 사용이 용납될 수 없다는 것이다.

2009년 4월 오바마는 프라하에서 핵무기 없는 세상에 대한 소망을 밝히며 그것이 설령 자신의 생애 내에 이루어지지 않는다 할지라도 일단 출발을 시작 한다고 선언하였다. 같은 해 10월 9일 오바마는 노벨평화상을 받았다. 오바마가 대통령직에 취임한 후 얼마 안 된 시점에서 노벨상을 수상한데 대해 약간의 논란이 있었지만 오슬로 위원회는 선정 이유를 '핵무기 없는 세상을 만들겠다는 그의 비전과 노력에 특별한 의미를 부여한 것'이라고 밝혔다. 위원회의 결정은 핵전쟁의 공포에 대한 세계의 경각심을 반영하고 있었으며 남아있는 시간이 별로 없기 때문 핵폐기를 위한 노력이 시급하다는 메시지를 던진 것이다(p. 28).

2. 기존의 핵억지론이 좌우로부터 협공을 당하자 핵 낙관론자들은 핵폐기론에 대항하여 변형된 핵억지론을 대안으로 내세웠는데 소위 말하는 '맞춤형 억지론'(tailored deterrence)이 그것이다(p. 30). 그들은 핵무기 관리 및 발사기제에 별다른 하자가 없으며 불량국가의 문제는 특별한 방식으로 해결 가능하다고 믿는다. 또한 핵무기의 존재의의에 대해 이전과 달리 단순한 협박이나 보복 수단이 아닌 실전용 무기로서 인식한다. 따라서 변형된 억지론은 사실상 도덕률이 되어온 핵무기 사용의 금기를 부정하며 선제타격론을 주장한다. 그들은 선제타격이 공격목표를 적국의 핵시설이나 군 지휘부에 국한함으로써 민간인의 희생을 최소화하고 본격적인 전쟁 발발로 인한 인명 피해를 미연에 방지하기 때문에 오히려 더 인간적일 수 있다고 말한다.

대상에 따라 핵전략의 운용방식을 달리하며 핵 선제타격도 가능하다는 맞춤형 억지론의 이론적 선구자는 허만 칸(Herman Kahn) 박사이다. 「허드슨 연구소」의 설립자인 그는 핵폭탄이 전투용 무기로 제작되어야 한다고 주장하며 단거리 전술핵무기의 개발, 특히 지하시설을 파괴할 수 있는 초소형 핵폭탄을 강조한 바 있다. 칸 박사 사후 핵전투의 이론은 안보문제를 주로 다루는 미국 「공공정책연구소」 소장 케이드 페인(Keith Payne)에 의해서 계승되었는데 그는 현재 매파 최고 핵이론가의 한 사람으로서 불량국가에 대한 핵무기 선제공격은 자국의 시민을 보호하기 위한 적극적 조치로서 도덕적으로 정당화된다고 주장한다.[8] 그는 처칠을 인용하며 평화를 보존할 수 있는 여타의 수단이 확보되지 않는 한 핵무기를 포기할 수는 없다고 말한다. 그는 에너지부의 노후 핵무기의 수명연장 프로그램(LEP)을 비판하고 대체핵탄두(RRW) 개발을 주장하며 포괄적핵실험금지조약(CTBT) 비준에 반대해왔다. 그는 우주공간에 핵무기를 배치하자는 '스타워즈'(Star Wars) 옹호론자이기도 하다. 그의 이론은 부시 정부의 핵 정책으로 채택되어 2001년 핵태세보고서에도 반영되었다. 최근에는 조지타운 대학의 키어 리버(Keir Lieber) 교수와 다트머스의 다릴 프레스(Daryl Press)가 2009년 『포린 어페어스』 겨울 호에서 누구도 대량살육을 초래하는 핵억지력의 발동을 믿지 않기 때문에 핵무기의 존재는 허세가 되어버렸음을 지적하며 보다 정교하고 피해가 적은 소형 핵무기의 사용을 통해서 핵 터부가 잘못된 환상이었음을 인식시켜야 한다고 주장하였다.[9] 그들은 즉각적 피해의 규모를 7백명 정도로 추산하였다(p. 250).

---

8) Keith Payne, "Examination of U.S. Strategic Forces Policy." *Strategic Studies Quarterly* 3, no. 1 (Spring 2009).

9) Keir Lieber and Daryl Press, "The Nukes We Need: Preserving the American Deterrent," *Foreign Affairs* 88, no. 6 (November/December 2009), pp. 39–51.

한편 미 국가정보국 간부로서 전략무기감축협정(START) 재협상에 참여했던 엘브리지 콜비(Elbridge Colby)는 전쟁을 예방하고 평화를 지향한다는 점에서 핵폐기론과 핵억지론은 목표를 같이 하지만 후자가 전자보다 더 유효하다고 말하며 핵무기에 의한 '차가운 평화'(cold peace)를 인내할 수 있어야 한다고 주장한 다(p. 228). 2008년 1월 전 나토 지휘관 5명이 공동 성명서를 발표하였는데 그들은 핵무기나 여타 형태의 대량살상 무기의 확산으로 인한 급박한 위험을 방지하기 위해 서방세계가 핵무기에 의한 선제공격 준비태세를 갖춰야 한다고 주장하였다. 그들은 새로운 핵전쟁 시대의 도래로 인해 과거의 규칙은 변경되어야 하며 핵전략을 덜 강조하는 나토의 최근 정책은 잘못된 것이라고 비난하였다. 그들은 불량국가들을 대상으로 한 제한적 형태의 핵전투 가능성을 거론하고 핵무기에 의한 선제공격 대량살상무기의 사용을 저지할 수 있는 최후의 수단임을 강조하였다. 이들 전 나토 지휘관들의 선제공격론은 빙산의 일각에 불과하며 현재 다수의 유관 연구소와 군사전략가들 사이에서 그것은 폭넓은 공감대를 형성하고 있다.

저자가 가장 문제 삼는 인물은 미 전략사령부(STRATCOM)의 사령관 케빈 칠톤(Kevin P. Cilton)대장이다. 공군과 해군으로 이원화되었던 핵 지휘체계는 1992년 부시 행정부 당시 공군 산하의 전략사령부로 통합되었고 미국 역사상 가장 강력한 군사조직이 탄생하였다. 2009년 7월 오마하 전략사령부의 컨벤션 센터에서 대규모의 '제1차 핵억지 심포지움'이 개최되었다. 펜타곤과 군수산업체의 호출로 소집된 이 회의에서 많은 핵전사들이 새로운 시대상황에 즈음하여 핵억지력을 어떻게 발휘할 것인가를 주제로 열띤 논쟁을 벌였다. 참가자들은 기존의 핵억지력을 현대화하고 맞춤화하며 정교화하고 재구성하기 위한 나름대로의 논리를 제시하였다. 저자에 따르면 이

행사는 오바마의 핵 제로(nuclear zero) 청사진에 반기를 든 핵억지론자들의 대반격이었고 칠튼은 그 상징적 인물이었다. 그는 인사말에서 "지난 64년간 제3차 세계대전이 발발하지 않았던 것은 우연의 일치였는가?"라고 반문하며 핵무기에 의한 전쟁억지효과를 강조하였다. 더 나아가 그는 핵무기 없는 세상이 가능하다고 믿는 것은 자유지만 현실적으로 볼 때 핵무기는 가까운 미래에 늘 우리와 함께할 것이라고 말함으로써 우회적으로 오바마 대통령을 비판하였다(p. 51). 또한 그는 미국의 핵무기가 우발적 사고로부터 안전할 뿐만 아니라 대통령의 정당한 명령 없이는 발사가 불가능함을 거듭 강조하였다. 저자는 이 심포지움을 바라보며 핵폐기론자와 핵억지론자 사이에 역사적 대결이 시작되었다고 말한다(p. 29). 2009년 9월 뉴욕의 저널리스트인 조나단 테퍼만(Jonathan Tepperman)은 『뉴스위크』지 기고문을 통해 히로시마 이후 핵보유국들 사이에 전쟁이 없었다는 것은 매우 놀라운 일이라고 주장했던 핵낙관론자들의 거두 케네스 월츠(Kenneth Waltz)를 인용한 후 오바마는 '핵폭탄을 사랑하는 법을 배워야 한다'고 말했는데[10] 이 표현은 영화 「Dr. Strangelove」의 부제에 착안한 독설이었다.

Ⅳ 3개의 핵전쟁 시나리오

저자는 3개의 핵전쟁 예상 시나리오를 말한다. 첫째는 미국과 러시아의 대결구도이고, 두 번째는 제2의 홀로코스트가 유발하는 중동

10) Jonathan Tepperman, "Why Obama Should Learn to Love the Bomb," *Newsweek* (September 7, 2009).

의 핵전쟁이며, 세 번째는 파키스탄이다. 첫 번째 시나리오는 주로 긴장과 오판을 문제 삼는 반면, 두 번째와 세 번째 시나리오는 게임의 룰을 위반하는 일탈 행위가 문제가 된다.

1. 2001년 새로 출범한 부시행정부는 핵태세보고서(NPR)[11]를 통해 핵무기가 실전에 배치될 수 있다는 입장을 피력했는데 그것은 핵무기 사용을 금기시해온 종래의 전통을 사실상 파괴하는 결정이었다. 이미 냉전 말기 시점에서 동일한 주장이 힘을 얻은 바 있으나 한동안 사장되었다가 부시 행정부와 더불어 부활한 것이다. 이러한 핵정책의 변화는 2002년 일급기밀문서의 일부가 누출되면서 재차 확인되었다. 입수된 자료에 따르면 공포의 균형 원칙이 포기되는 대신 새로운 독트린으로서 '핵 우선'(nuclear primacy) 원칙이 천명되었고 핵무기 사용조건이 완화되었다. 이러한 신사고는 새로운 군사전략의 일환으로서 탄도미사일방어체제(BMD) 구축과 소형 전술핵무기 개발로 연결되었으며 지하견고표적(HDBT)을 파괴할 수 있는 소형 핵폭탄이 개발되었다. 냉전 시대의 전사들 및 신예 핵강경론자들에 의해 주도된 미사일방어체제의 본질은 그 명칭과 달리 방어가 아닌 선제타격을 목표로 한다(p. 27). 물론 냉전 시기에도 미국정부는 핵무기의 선제사용 문제에 대해서 침묵으로 일관 하였으며 이러한 모호함은 재래식무기에 있어서 열세에 있었던 NATO 국가들을 엄호하는 핵우산 전략의 일환으로 전쟁도발 억지에 기여하였다. 그러나 선제사용(first use)의 개념은 선제타격(first strike)의 개념과 성격을 달리한다. 전자는

11) 핵태세보고서(Nuclear Posture Review)는 미국 행정부에서 발간하는 핵관련 보고서이다. 이 보고서는 미국의 핵정책과 연관이 깊으며 8년을 주기로 해서 작성된다. 지금까지 1994년 빌 클린턴 행정부와 2002년 조지 부시 행정부, 2010년 오바마 행정부를 포함하여 총 3번 발간되었다. 해당 보고서를 바탕으로 향후 5~10년간의 핵정책과 관련예산 편성이 결정된다.

방어적 성격을 갖는 반면 후자는 완전히 공격적이다(p. 25).

2007년 4월 부시행정부가 이란의 미사일 발사를 요격할 수 있는 로켓 기지를 폴란드에 건설하겠다고 발표하자 러시아 정부는 자신의 국경지역에 어떠한 형태의 미사일 기지가 들어서는 것도 용납될 수 없다고 반발하며 즉각적인 반격에 나섰다. 같은 해 8월 푸틴은 오랫동안 중지되어온 장거리 폭격기의 전략비행 재개를 선언하였는데 여기서 전략이라는 표현은 핵무기 탑재를 의미하였다. 냉전시대에 양국은 선제공격의 목표물이 되는 것을 피하면서 선제공격의 준비태세를 유지하기 위하여 정기적으로 폭격기를 출격시킨 바 있다. 모스크바는 또한 재래식무기감축조약을 탈퇴하고 기존의 핵무기 시설을 현대화하며 심지어 유럽을 과녁으로 핵미사일을 배치하겠다고 발표하였다.

러시아 폭격기가 미국 및 캐나다 서해안과 나토 영공을 침범하는 일이 빈번해지자 미국 공군은 전투기를 출격시켜 러시아 전폭기의 진로를 방해하였고 이 과정에서 양측은 초근접거리상의 곡예비행을 거듭하였다. 급기야 미 국무장관 곤돌리자 라이스는 러시아의 전략비행을 비난하는 성명을 발표하였다. 지금도 이러한 상황은 계속되고 있으며 우발적인 핵무기 발사 사고(inadvertence)의 가능성이 우려되고 있는 시점이다(p. 12). 석유와 천연가스 수출로 인해 부가 유입되자 대국 부활의 의지를 불태우는 푸틴이 미국과의 충돌을 계기로 핵전력 강화에 박차를 가하고 있는데 대해서 러시아의 군사전문가 빅터 미찐(Victor Mizin)은 '러시아의 핵 르네상스'라는 표현을 사용하였다. 러시아 정부는 최근 3조 달러의 핵무기 개발계획을 발표한 바 있다. 미찐은 "러시아 장군들은 미국이나 나토와의 핵전쟁이 이론적으로 여전히 가능하다고 보고 있으며 소비에트 시절과 근본적으로 달라진 것이 없다고 생각한다"고 말한다.[12)]

저자는 2008년의 조지아 사태[13)]를 양국간 충돌이 핵전쟁으로 비화될 수도 있었던 위험한 순간으로 규정한다. 러시아군이 핵탄두를 탑재할 수 있는 SS-26 미사일[14]을 동원하자 백악관은 즉각 이 사실을 북경올림픽을 참관하고 있었던 부시 대통령에게 보고하였으며 조지아 정부는 미국의 지원을 강력히 요청하였다. 그러나 미국은 한발 뒤로 물러섰다. 사태의 심각성은 러시아 정부가 잠재적으로 핵무기 사용의지를 과시한데 있었으며 결과적으로 그것은 성과를 거두었다고 볼 수 있다. 그러나 저자는 미국정부가 소극적으로 대응한 것은 러시아의 위세에 굴복해서가 아니라 개입의 이해득실 여부가 미미했기 때문이라고 말한다. 만일 당시에 조지아의 NATO 가입이 마무리된 상태였다면 미국과 러시아와의 대결은 불가피했었을 것이다(p. 205).

새롭게 고조된 미국과 러시아의 갈등은 전략무기감축조약(START) 협상에도 큰 영향을 미쳤다. 2009년 12월에 종료되는 동 조약을 갱신하기 위해 양국간 접촉이 시작되었지만 러시아는 오바마 행정부가 추진하는 미사일 방어체제 계획의 수정을 요구하며 검증 절차상의 이견을 이유로 협상을 거부하였다. 2010년 4월 오바마와 메드베데프가 뒤늦게 NEW START 조약에 서명했지만 저자의 평가는 부정적이다. 그 이유는 양국이 아직도 핵억지 이데올로기를 포기하지 않고 있으며 엄밀히 따진다면 핵감축이라는 본래의 취지도 현실화되고 있

12) Victor Mizin, "Russia's Nuclear Renaissance," *Journal of International Security Affairs* 14 (Spring 2008), pp. 61-69.

13) 남오세티아 전쟁이라고도 한다. 2008년 조지아 군대가 친러시아 성향의 남오세티아 분리주의자들에 대해 무력공격을 시작하자 러시아 정부는 즉각 러시아 국적의 민간인 보호를 명분으로 군사적 개입에 착수하였다. 사건 발발 열흘 후 양국은 유럽연합 의장국인 프랑스의 중재로 평화협정에 서명하였다. 조지아 정부는 이 사태를 계기로 독립국가연합 탈퇴를 선언하였다.

14) 러시아가 개발한 최신형 단거리 전술탄도미사일로서 핵탄두를 장착할 수 있다. SS-26은 나토식 명칭이며 러시아명은 이스칸데르(Iskander) 미사일이다. 이스칸데르는 알렉산더 대왕의 아랍식 이름이다.

지 못하기 때문이다. 조약은 양측 모두 핵탄두를 2,200기에서 1,550기로 줄일 것을 규정하고 있지만 핵탄두 계산방식에 있어서 전폭기의 경우에는 1대당 1기로 간주함으로써 사실상 1대당 10여 기 이상을 탑재할 수 있는 현실을 외면하고 있으며 결과적으로 700기까지의 추가적인 핵탄두 보유가 가능하다는 것이다(p. 209). 혹자는 미국과 러시아 양국이 핵무기 감축을 위한 기본 틀에 합의했다는 사실 자체만으로도 핵폐기를 향한 장도에 큰 성과라고 평가하지만 저자는 미국의 미사일방어체제를 문제 삼는 러시아의 입장을 고려할 때 협약은 사실상 막다른 골목에 진입한 것으로 분석한다(p. 211).

평소 미사일방어체제에 회의적이었던 오바마는 취임 후 폴란드 기지 건설계획을 취소하고 핵잠수함 보강과 루마니아 기지건설을 대안으로 선택하였지만 러시아 정부는 이에 대해서도 계속 반발하고 있다. 지난 15년 동안 핵무기 발사조건을 계속 완화시켜 왔으며 구소련 영토와 위성국가에 대해서는 전술핵무기 사용도 불사하겠다는 원칙을 발전시키고 있는 러시아는 때로는 벼랑끝 전술을 구사하며 오바마 정부가 러시아의 도전에 맞설 의지가 있는지를 계속 시험하고 있다. 국내적으로 볼 때도 비록 오바마 행정부가 출범 당시 부시 행정부와 차이를 강조하며 군사전략 운용과정에서 핵무기에 덜 의존하겠다고 공언을 하였다고는 하나 게이츠 국방장관, 칠톤 미 전략사령부 사령관 및 주요 실무 책임자들은 대통령과 다른 행보를 보이고 있으며 새로 발표된 핵태세보고서 역시 과거의 그것과 별반 차이가 없다. 저자는 오바마가 진정으로 핵폐기의 수호자가 되기를 원한다면 절대군주인 짜르가 되어야 할 것이라고 말한다(p. 29).

2. 저자에 따르면 제3차 세계대전이나 핵전쟁의 화약고는 중동이며 더 구체적으로 말한다면 이스라엘이다. 이스라엘은 비공식적으로

2백여 기의 핵탄두를 보유하고 있으며 유사시 핵무기 발사의지가 확고하다. 온건파 지도자인 페레스(Simon Peres)조차 "차라리 지나친 반응이 소극적 대처보다 더 낫다."[15]라고 말하고 있는 데서 보듯이 그것은 이스라엘 국민의 일반적 정서이다. 현재 이스라엘은 제2의 홀로코스트(second Holocaust)라는 용어를 공공연히 사용하고 있다. 히틀러의 유대인 학살사태가 중동에서 핵무기로 재연될 것이라는 주장이다. 물론 그것은 하마스와 같은 무장투쟁단체나 이란 정부의 이스라엘에 대한 공공연한 적대감을 근거로 한다. 이들은 과거 히틀러가 그랬듯이 유대민족을 암세포로 비유하며 르완다 제노사이드 사태에서처럼 방송매체를 통해 유대인 대량학살을 선동하고 있다. 따라서 이스라엘은 만일 이란이 핵무기를 보유하게 된다면 어느 날 반드시 그것을 발사할 것이라고 예상하는데 의문을 품지 않는다. 이란과는 지리적으로 인접해 있기 때문에 장거리 미사일도 필요가 없으며 또한 이스라엘을 초토화시키는 데는 불과 몇 개의 핵폭탄으로 충분하다. 이러한 강박관념은 이스라엘 정부로 하여금 아랍 적대국가의 핵무기 개발을 절대 용납하지 않도록 하고 있으며 최종적인 선택은 선제공격이다. 이미 1981년 이라크의 핵발전소를 폭격한 바 있고 2007년에는 시리아가 건설 중인 핵발전소를 파괴하였다. 현재로서 초미의 관심사는 이란의 핵무기 개발이다(전문가들의 분석에 따르면 이란은 늦어도 2020년까지는 핵무기 개발을 완료하게 될 것이다). 이란은 국제사회의 제재를 받고 핵무기 개발을 잠정적으로 중단한 상태이지만 그것을 완전히 포기하지 않고 있으며 비밀리에 사업을 계속 추진 중이다.[16] 만일 이란이 핵무기 개발을 본격적으로 재개한

15) Shimon Peres to Jeffrey Goldberg, "Shimon Peres on Iran: Overreaction is Better than Under-Reaction," *The Atlantic* (May 6, 2009).

16) 2007년 미국 정보당국은 국가정보평가(NIE)에서 이란이 핵무기 개발을 포기했

다면 사태는 어떻게 될 것인가. 미국의 보고서에 따르면 재래식 무기를 통한 이스라엘의 선제공격은 성공확률이 50대 50에 불과하며 따라서 이스라엘은 핵무기를 사용할 가능성이 많다. 저자는 이스라엘 국제법 학자가 주장하는 선제공격의 정당성을 소개한다. 그것은 월처(Michael Waltzer)가 말하는 초비상사태(supreme emergencies)의 이론[17]에 입각해 있다. 만일 이란이나 제3의 아랍국가가 이스라엘에 대해 핵 공격을 감행한다면 소국인 이스라엘은 그 시간으로 지도상에서 사라질 수 있기 때문에 생존권 수호의 차원에서 최종적 선택으로 핵무기 사용이 정당화된다는 것이다. 초비상사태란 1940년 처칠이 독일에 대한 야간 공습을 명령하며 사용한 용어인데 프랑스의 패배로 나치의 영국 정복이 목전의 현실이 되었음을 강조한 말이다. 월처는 처칠의 용어를 원용하여 정의로운 전쟁과 무고한 시민의 희생을 양립시키는 예외적인 상황을 인정하였다. 물론 선제공격은 핵시설과 원자로, 혹은 정부청사 등 제한된 목표에 집중될 것이며 민간인에 대한 피해를 최소화한다는 전제를 한다.

이스라엘의 핵무기 사용 시나리오는 더욱 가공스러운 단계가 하나 더 존재한다. 만일 이스라엘이 선제공격에 실패하거나 혹은 선제

다고 결론 내렸는데 이는 미국 정보활동 역사상 최악의 오류 중 하나로 기록된다. 저자는 미 정보당국이 이란의 역공작에 넘어간 것으로 본다. 2009년 미국정부는 2007년의 국가정보평가가 잘못되었음을 공식적으로 인정하였다. 현재 이란은 핵탄두 디자인 프로그램 사업을 잠정적으로 중단했으나 우라늄 연료 농축 작업과 핵탑재용 미사일 개발을 계속하고 있다.

17) Michael Walzer, *Just and Unjust War: A Moral Argument with Historical Illustrations*, 4th ed.(New York: Basic Books, 2006), pp. 259-60. 월처는 영국의 독일공습에 대해 그것이 도덕적으로 정당한지에 대해 결론을 내릴 수는 없으나 불가피한 조치였음을 인정하였다. 그러나 히로시마 원폭 투하에 대해서는 일본의 완전항복을 강요하지 않고 휴전조약을 체결하는 것이 가능했다는 점을 문제 삼아 비판적 입장을 취했다. Ron Rosenbaum, *How the End Begins*, p.157.

공격을 당해 국토가 초토화된다면 그때는 어떻게 할 것인가. 이 경우 이스라엘은 즉각 삼손 작전(Samson Option)[18]을 실행할 것이다. 이 작전은 홍해와 인도양에 잠복 중인 5척의 이스라엘 핵잠수함이 무차별적 보복공격을 감행하는 것으로서 보복 대상은 교전국뿐만 아니라 이스라엘에 대한 공격을 방조한 국가들까지 포함되며 심지어 서방국가들도 예외가 될 수 없다고 말한다(p. 22).

3. 한편 저자는 파키스탄의 도발을 이스라엘/이란의 갈등보다 더 급박한 상황으로 간주한다. 파키스탄은 잠재적 불량국가이며 핵전쟁 위기의 가장 큰 진원지이다. 2000년 12월 부시대통령은 백악관에서 대통령에 당선된 클린턴에게 미국이 직면하고 있는 여섯 개의 주요 위협에 대해 설명했는데 그 중 세 가지는 파키스탄과 관련이 있었다(p. 16). 파키스탄은 인도에 대한 핵 억지력 확보를 명분으로 핵 지하디스트(jihadist)라고 불리는 악명 높은 칸(A.Q. Kahn)박사의 주도하에 서방세계의 핵 기술을 도용하여 1974년 최초의 실험에 성공하였고 현재 100여개의 핵탄두를 보유하고 있으며 리비아, 북한, 사우디아라비아 등의 국가에 대해 핵무기 부품과 기술을 제공해 왔다.

파키스탄이 주범이 되는 핵전쟁 발발 시나리오는 크게 두 가지이다. 첫째는 카시미르 지역에서의 테러나 충돌이 인도와 파키스탄 양국 사이에서 핵무기 선제공격으로 이어지는 경우이다. 그러면 중국은 전통적인 우방국가인 파키스탄을 지원하게 될 것이고 인도는 중국에 대해 보복공격을 하게 될 것이다. 남부 러시아 지역의 무슬림 출신 핵 사령관이 전쟁의 포화를 틈타 이스라엘을 공격한다면 이스

18) 블레셋인(philistine)들의 궁전 기둥을 뽑아 자신의 목숨을 포기하며 적을 응징했던 구약성서 삼손의 이야기를 상징한 작전이다.

라엘이 반격을 할 것이고 이러한 사태는 미국의 개입을 초래할 것이다. 두 번째는 파키스탄과 이스라엘의 전쟁이다. 현재 파키스탄은 자신이 보유하고 있는 핵무기를 '이슬람 폭탄'이라 말하고 있고 이스라엘은 그것을 생존의 위협으로 간주하고 있다. 만일 이스라엘이 이란이나 시리아 같은 이슬람 국가와 무력 충돌하는 사태가 발생한다면 파키스탄은 이스라엘에 대해 핵무기 보복공격을 감행할 수도 있고 혹은 보복공격을 방지하려는 이스라엘에 의해 선제공격의 대상이 될 수도 있다. 저자는 파키스탄을 불신하는 이유로서 무사라프 퇴진 이후 중앙정부의 국정통제력이 약화된 사실, 특히 탈레반과 알 카에다가 침투해 있는 정보당국(ISI)의 향배를 우려한다(p. 18). 이 기관은 인도, 이스라엘, 서방세계에 대한 이슬람주의자들의 음모에 깊숙이 연루되어 있는 것으로 알려져 있다. 따라서 지역사령관이 중앙정부의 허가 없이 핵무기에 의한 성전 개시를 시도할 가능성이 있다. 혹은 극단적인 이슬람주의자들이 파키스탄 중앙정부를 접수하고 합법적인 핵무기 발사명령을 내릴 수도 있을 것이다. 저자는 탈레반이나 알 카에다에 의한 쿠데타가 발생할 경우 미군 특수부대가 파키스탄의 핵기지에 침투하여 핵무기 통제권을 장악하고 그것들을 포획하는 비밀작전 게임이 진행되었음을 언급한다(p. 236). 그러나 핵기지 전체의 소재 파악에 실패하는 경우 이러한 작전은 위험을 초래할 수 있다고 본다.

V 엔드게임(Endgame)

핵폐기론과 변형된 핵억지론에 대한 저자의 입장은 무엇인가? 핵폐기론은 가능한 대안인가? 저자는 핵폐기론이 원칙적으로 바람직하기는 하나 현실적으로 불가능하다고 본다. 첫째, 그것은 사실상의 세계정부의 존재를 전제로 한다는 점에서 실현가능성이 희박하다. 핵폐기론은 핵보유 국가들의 순차적인 핵감축을 감시하고 최후의 핵무기를 폐기하며 향후 위반국가에 대해서 강제력을 행사하게 될 새로운 권위체를 필요로 하는데 이러한 국제기구가 존재할 수 있는가? 뿐만 아니라 핵폐기론은 지역갈등의 부재를 가정할 때만 효과를 발휘할 수 있다. 이스라엘과 팔레스타인, 러시아와 조지아, 인도와 파키스탄, 대만과 중국, 남한과 북한 등 지역의 갈등이 계속되는 한 핵우산의 철수는 재래식 전쟁의 발발을 초래할 수 있으며 약소국은 자체적인 핵억지력 확보를 시도함으로써 오히려 핵확산이라는 역설적 결과를 맞게 될 수도 있다. 저자는 핵폐기론이 인간 본성의 변화와 새로운 정치질서를 가정하지 않는 한 멋진 이상에 불과하다고 말한다(p. 235). 또한 핵폐기론은 원대한 청사진에만 몰입함으로써 안전조치의 강화라는 보다 현실적인 문제를 소홀히 하는 경향이 있다.

한편 저자는 전술핵무기를 사용한 선제공격론과 변형된 핵억지론에 대해서도 반대의 입장을 표시한다. 핵무기의 사용은 파괴력의 크기와 무관하게 그 자체가 비합법적이며 비도덕적 행위이다. 그는 최소의 제노사이드 역시 제노사이드이며 악과의 투쟁에 악을 동원하는 방식은 결코 정당화 될 수 없다고 본다. 더구나 전시상황 하에서는 대혼란으로 인하여 정밀타격을 보장하기가 어렵고 정의로운 전쟁이 고집하는 비례성의 원칙이나 구별성의 원칙을 실천하기가 힘들다(p. 80). 그렇다면 대안은 무엇인가? 저자는 최소억지력(minimal deterrence)의 확보와 안전조치의 강화 두 가지를 핵전쟁의 위험에 대처하기 위한 대안으로 제시한다. 핵무기의 파격적 감축은 최소억지론의 필수적 요청이다.

그는 조지 워싱턴 대학의 「안보문서보관소」에서 발견한 기밀 해제된 문서들을 통해 한스 크리스텐센(Hanns Kristensen)과 제프리 루이스(Jeffrey Lewis) 박사가 각각 주장하는 최소억지 전략이 1959년 미국의 해군제독 버크(Arleigf A. Burke)가 주장했던 제한적 억지론[19]을 다시 한번 부활시키고 있음을 발견하고 여기에 공감한다. 버크는 미국의 핵무기체제를 어떤 방향으로 구축할 것인가에 대한 초기의 논의과정에서 상호확증파괴를 전제로 한 지상 미사일 의존방식을 반대하고 핵잠수함을 활용하는 대안적 체제의 도입을 주장하였다. 버크에 따르면 지상 미사일 방식은 그 특징상 관련국 상호간 대규모의 군비경쟁을 촉발하고 핵전쟁 발발가능성을 높인다. 왜냐하면 지상의 핵미사일은 본질적으로 고도의 정밀성과 강력한 파괴능력을 확보함으로써 상대방의 공격능력을 분쇄하기 위한 선제공격용 무기이며 사전에 목표물이 이미 지정되어 있고 자동화조치가 되어있어서 인간적 통제가 최소화되기 때문이다. 그것은 군사적 위기 시 정치지도자들에게 적의 공격보다 한발 앞서 핵무기를 발사할 것인가의 선택을 늘 강요한다(p. 256). 그러나 폴라리스와 같은 핵 잠수함을 활용하면 보다 적은 예산과 소규모의 인명 피해로 핵 억지력을 배가시킬 수 있다. 잠수함에 탑재되는 핵탄두는 선제공격에 요구되는 정확성을 결여하고 있기 때문에 결코 공격용 무기로 사용될 수 없으며 핵잠수함의 위치 자체가 유동적이기 때문에 선제공격의 대상이 되지 않는다. 따라서 핵잠수함은 본질적으로 수비용 혹은 보복용 무기이지 공격용 무기가 아니다(p. 243). 그럼에도 불구하고 잠수함에 탑재된 핵무기의 발사는 상대국가에 대해서 치명적 타격을 가할 수 있기 때

19) Hans M. Kristensen, "From Counterforce to Minimal Deterrence: A New Nuclear Policy on the Path Toward Eliminating Nuclear Weapons," *Occasional Paper* No. 7, April 2009, Federation of American Scientists and the Natural Resources Defense Council; Jeffrey Lewis, "Minimum Deterrence," *Bulletin of the Atomic Scientists* 64. no. 3 (July/August 2008).

문에 그것은 선제공격을 자살행위로 만든다. 맥나마라(McNamara) 전 국방장관은 핵 억지력이 유효하기 위해서 필요한 보복살상의 규모를 적국 인구의 25% 정도라고 말한 적이 있는데 러시아를 상대로 굳이 계산을 해 본다면 이는 수십 기의 폴라리스 핵미사일 확보만으로도 충분히 감당할 수 있는 수준이다(p.243). 저자는 만일 버크의 제안이 수용되었더라면 SALT나 START 회담의 시행착오를 피할 수 있었을 것이라고 아쉬워한다. 현재 핵탄두의 총량감축보다 더 중요한 것은 내용물의 구조조정이며 지상 핵미사일을 폐기하여 육·해·공의 삼위일체적인 포진을 청산하고 핵잠수함 체제로 나아가는 것이다. 최소 100기에서 최대 360기 핵탄두를 보유한 것으로 알려진 중국정부가 최소억지력을 선호하고 있는 것은 흥미로운 일이다. 2005년 중국의 한 장성은 현재의 핵보유만으로도 유사시 미국 서해안을 초토화시킬 수 있다고 발언하였다(p. 23).

최소억지론에 이어 저자가 강조하는 또 다른 대비책은 안전조치의 강화이다. 이는 발사명령의 집행을 가능한 지연시킴으로써 부주의나 성급한 판단에서 기인하는 불행한 사태를 미연에 방지하려는 노력을 말한다. 현재의 발사체계하에서는 미국 대통령의 경우 불과 15분 이내에 핵무기를 발사할 것인지 여부를 결정해야 하는데 이러한 메커니즘을 이완시켜 숙고의 시간을 확보하는 것이 급선무이다. 저자는 과거 핵무기 통제관으로 근무했던 미국과 러시아 핵전문가의 입을 빌어 이 문제를 해결하기 위한 몇 가지 제안들을 소개한다(pp. 120-124). 미국 측 전문가의 제안은 첫째, 타격 대상을 미사일의 소프트웨어에서 삭제함으로써 코드를 재입력하는데 필요한 몇 시간을 버는 방법이다. 이러한 조치는 사이버 공격에 의한 왜곡된 발사명령을 무력화시키는데도 유효하다. 둘째, 발사대 내부의 안전장치를 조작하여 미사일을 중앙통제실로부터 차단시키는 방법이다. 이러한 조치는 임의적 주체가 지휘소를 장악하여 부적절한 발사명령을 내리는 사태를 방지할 수 있는데 미사일을 재가동하기 위해서는 대략 24시간이 소요된다고 말한다. 셋째, 핵탄두를 미사일에서 분리시켜 격납고에 저장하거나 그것을 해체하는 방법이다. 이 방식은 관련 당사국 간 정교한 검증절차가 요구되므로 힘든 협상과정이 예상된다.

한편 러시아측 전문가의 제안은 다음과 같다. 미국과 러시아가 현재 보유하고 있는 핵무기를 3개 집단 – 선제공격용, 보복용, 기타 – 으로 분류한다. 우선 선제공격용 핵탄두는 폐기조치가 있을 때까지 해체된 상태에서 발사지점에서 떨어진 지점으로 이동시켜 비축하도록 한다. 문제는 보복용 핵무기인데 일반적으로 그것들은 선제공격용에 비해 강력하지만 정교하지 못한 특징을 갖는다. 보복용 핵무기에 대해서는 두 가지 조치를 취할 필요가 있다. 첫째, 충분한 억지력을 발휘할 수 있는 수준의 수량과 위력에 대해 양측이 합의를 한다. 둘째, 보복용 핵무기는 핵탄두와 발사대를 분리시켜 별도로 보관하며 저장시설 내부에 국제적으로 감시가 가능하도록 특수한 장치를 설치한다. 유사시에 대비하여 핵탄두의 이동과 결합에 필요한 시간은 3시간 정도로 설정한다. 기타의 범주에 해당되는 핵무기는 우선적 파괴의 대상이 된다.

마지막으로 불량국가의 핵무기 개발과 핵 도발 가능성에 대해서는 어떻게 대처해야 하는가? 저자는 핵폐기론이 불량국가의 문제를 해결하는데 한계가 있음을 지적하였다. 이들 국가가 공개적으로 혹은 비밀리에 핵무기 개발을 추진한다면 핵 대국의 솔선수범과 설득만으로 문제해결이 가능하겠는가? 그러나 저자는 선제공격론에 대해서도 역시 부정적이다. 그것은 핵무기를 사랑하는 닥터 스트레인지러브(Dr. Strangelove)의 행태이며 파우스트적 거래와도 같다. 그러나 저자 자신의 대안 역시 명확하지가 않다. 전문을 통해서 추론을 해보면 설득, 선제공격, 핵무기 탈취 등의 방식은 부분적인 효과는 있겠지만 만족스런 해결책이 못된다. 책의 후반부에서 그는 다소 아마추어적인 제안을 하고 있다. "불량국가의 핵무기를 제거하는 것은 세계적인 홀로코스트를 방지하기 위한 가장 중요한 조치이다. 핵무기를 탑재한 전폭기는 최소한 마지막 발사순간까지 인간의 통제하에 놓여 있으며 회항이 가능하다는 장점이 있다. 만일 선제공격이 필요하다면 원폭을 투하하지 않고 위협만을 가할 수 있는 소형 전폭기가 필요할지도 모른다."(p.259) 너무 짧은 문장이어서 저자의 진의를 파악하기가 어렵지만 과연 핵폭격의 제스처만으로 불량국가의 핵문제가 해결될 것인가. 최소억지론에 희망을 거는 저자의 마지막 호소는 다음과 같다.

> "당신이 누구이든 미래에 핵무기 발사에 관여하는 위치에 있게 된다면 암호를 발송하지 말 것이며 키를 돌리지 말라."(p. 260)

VI 맺는 말

이 책은 우리 시대가 직면한 가공할만한 현실에 대한 성찰이다. 언젠가 윈스턴 처칠은 핵무기가 여타의 폭탄보다 더 위력적이라는 사실 외에 무슨 차이가 있겠는가라고 말했다지만 핵무기는 양의 질로의 변화를 보여주는 고전적 사례이며 소규모의 지역적인 핵전쟁도 세계적인 핵겨울을 통해 수 억만 명의 죽음을 초래할 수 있는 법이다. 우발적인 사고 가능성이 점증하고 있을 뿐만 아니라 자위권의 발동 혹은 성전 차원의 발사 가능성도 예견되어 지는 시점이며 미국 군부는 전술 핵무기에 의한 선제타격론을 점차 선호하고 있다. 모든 터부가 그렇듯이 핵 터부 역시 언젠가는 깨어질 수밖에 없는 법이다. 임박한 위험에도 불구하고 충분히 두려워하지 않는 오늘의 세계를 향해 저자는 강력한 경고의 메시지를 던지려 했는데 의욕이 지나치다보니 무리수가 따르게 되고 때로는 허점도 드러나 보인다. 문장은 과장된 수사법으로 가득 차있고 다소 품위 없는 표현들도 빈번히 등장한다. 또한 위기사태를 상정함에 있어 과도한 추리와 상상에 의존하는 듯한 인상을 주기도 한다. 가령 이스라엘전투기의 시리아 공습이나 카시미르 지역에서의 충돌에 따른 국제사회의 반응은 가정법의 연속이며 현실과 반드시 부합된다고 말할 수 없다. 자신의 명제를 증명하기 위해 동원하는 자료의 신뢰성 역시 의문이 들기도 한다. 가령 쿠바사태 당시 카스트로가 핵미사일 발사 재량권을 소련으로부터 위임받았다는 주장은 과연 확인된 사실인지 알 길이 없다. 그러나 이러한 일부 결함에도 불구하고 이 책의 의미를 높이 사고 싶은 것은 다음과 같은 이유에서이다. 첫째, 저자는 핵문제의 공론화를 주장함으로써 그것이 소수 전문가집단의 배타적 의제가 되는 것을 반대하고 있다는 점이다. 우리는 핵위기의 실상을 이해하고 이에 대처하기 위한 방안을 모색함에 있어서 일련의 규준을 정립할 필요가 있는데 여기에는 과학적 전문성뿐만 아니라 시민적 판단이 동시에 고려되어야 할 것이다. 또한 가능한 범위 내에서 핵문제에 대한 민주적 통제의 기제를 최대한 강화할 필요가 있다. 둘째, 저자는 주제의 전개과정에서 단순히 사실만을 거론하는 것이 아니라 동시에 주요한 윤리적 이슈들을 소개하고 있다. 그것은 우리들로 하여금 저자의 주관적 입장과 무관하게 윤리적 쟁점 하나 하나에 대해 진지한 성찰을 하도록 만든다. 예를 들면, 대통령의 핵무기 발사권한은 절대적인가? 핵무기에 의한 선제공격은 어떤 경우에 정당화 되는가? 초비상사태의 기준은? 핵 보복은 정당한가? 핵 터부의 본질은 무엇인가, 합리적 선택인가 혹은 도덕적 지상명령인가? 상호확증파괴 없이 핵억지가 유효한가? 핵전쟁에 정의로운 전쟁의 원칙이 적용가능한가? 사실상의 세계정부를 전제함 없이 완전한 핵폐기의 이상은 현실적으로 실현될 수 있는가? 셋째, 저자의 현실주의적 감각을 높이 평가하고 싶다. 저자는 핵폐기를 지지하고 핵억지론과 선제공격론을 비판하지만 핵탄두의 수량적 감축 못지않게 중요한 것은 핵폐기론자들이 경시하는 안전조치의 강화임을 거듭 강조한다. 즉 발사대기 상태의 핵탄두를 기술적으로 일정시간 무력화시켜 우발적인 혹은 조급한 발사명령을 억제하자는 것이다. 저자는 오바마가 핵무기의 수량 감축에 노력하는 만큼 이 문제에 대해 전력투구하고 있지 않음을 비판한다.

이 책에서 특히 눈길을 끄는 것은 이스라엘의 핵준비태세에 있다. 저자는 이스라엘의 비장한 핵무기 사용의지를 소개함에 있어서 일견 제3자적 관점을 취하고 있으나 내용적으로는 자신의 논지와 달리 상당히 동정적이다. 이스라엘의 경우는 핵 선제공격이 국가적 존망의 위기와 직결된다는 점에서 예외적으로 취급되는 듯하며 이는 저자가 유대인 출신이라는 점과 무관하지 않을 것이다. 저자는 이스라엘이 제2차 세계대전 당시 유럽의 유대인들과는 달리 이제 세계를 파괴할 수 있는 힘을 보유하게 되었다고 말함으로써 일종의 핵억지력에 대한 기대를 드러내고 있다. 마지막으로 북한과 이란의 핵위협이 가시화되고 있는 시점에서 불량국가의 핵문제를 어떻게 해결할 것인가는 국제사회의 심각한 과제이다. 교과서적으로 말한다면 충분한 인센티브를 제시하며 핵무기를 포기하는 것이 국가적 이익임을 설득하는 것이 최선의 방책일 것이다. 그런데 만약 설득에 실패한다면 어떻게 할 것인가? 저자는 이 결정적인 문제에 대해 분명한 해답을 제시하지 않고 있다.

참고문헌

국방부. 2004.『국방백서』.

김광수 외. 2010.『남아프리카공화국 들여다보기』. 서울: 한국외국어대학교 출판부.

김광열. 2003. "일본과 한국에서의 주둔미군 역할의 한계와 전망."『대한정치학회보』 11집 2호.

김동성·양기용·강혜정. 2001.『주한미군과 지역사회 통합에 관한 연구』. 경기개발연구원 연구보고서 2001-10.

김동성·최용환·Adam Evans·박성호. 2006.『미군기지 평택이전에 따른 주한미군과 지역사회간 갈등관리 및 협력제고 방안 연구』. 경기개발연구원 정책연구 2006-09.

김동진. 2015. "북아일랜드 평화 프로세스와 지속가능한 평화구축."『통일과 평화』 7집 2호, pp. 290-303.

김연철. 2016.『협상의 전략』. 서울: 휴머니스트.

김영석. 2003.『국제형사재판소법 강의』. 서울: 법문사.

김영수. 2014. "남아공 시민사회와 진실화해위원회."『역사비평』(겨울).

김천영. 2002. "님비형 국방시설의 외부성 갈등 조정에 관한 연구."『한국지방자치학회보』 제14권 제3호.

김태현. 2004. "2002년형 반미(反美): 그 정치심리학적 근원과 정치외교적 의의."『한국과 국제정치』 제20권 1호.

김홍길. 2003. "탈냉전기 한미군사동맹 재편의 주요쟁점: 미국의 한반도전략과 주한미군지위협정."『한국동북아논총』 제24권.

김환철·김태복. 2003. "미군기지 현안문제 조사 및 로컬거버넌스에 관한 연구: 의정부를 중심으로."『한국토지행정학회보』 제10권.

남창희·이종성. 2004. "오키나와 주일미군 기지조정 정책결정 요인에 대한 연구: 미군, 일본정부, 지자체, 주민 간의 협상 과정을 중심으로."『일본연구논총』 제19권.

대통령자문지속가능발전위원회. 2005.『공공갈등 관리의 이론과 기법』. 서울: 논형.
데즈먼드 투투 저, 홍종락 역. 2009.『용서 없이 미래 없다』. 서울: 홍성사.
민병원. 2007. "탈냉전기 안보개념의 확대와 네트워크 패러다임."『국방연구』 제50권 제2호.
박영주. 2004. "정책갈등집단간 인식과 정부의 정책자율성 분석."『한국행정논집』 제16권 제3호.
박진·채종헌. 2006.『갈등 조정, 그 소통의 미학』. 서울: 굿인포메이션.
박찬기. 2006. "수단 다르푸르 내란의 원인규명에 관한 고찰."『한국국제정치학회 하계학술대회 자료집』.
박홍엽·홍성만·김유환·권영인·강상규. 2007.『공공갈등: 소통, 대안, 그리고 합의형성』. 서울: 르네상스.
새뮤얼 헌팅턴 저, 이희재 역. 1997.『문명의 충돌』. 서울: 김영사.
서동만. 2007. "오키나와(沖繩) 미군기지 문제와 일본 국내정치."『주요 국제문제 분석』(1997. 6. 18. 외교안보연구원). http://www.ifans.go.kr/ik_a003/ik_b011/ik_c007/1131767_1155.html(검색일: 2007. 2. 23).
손승회. 2003. "만보산사건과 중국공산당."『동양사학연구』 제83집.
손승회. 2005. "소설『만보산』과 만보산사건."『대동문화연구』 제54집.
심양섭. 2005.『한국의 반미, 대안은 있는가』. 서울: 삼성경제연구소.
앤드류 릭비 저, 장원석 역. 2007.『과거사청산의 비교정치학』. 제주: 온누리.
아라사키 모리테루 저, 정연신 외 역. 2008.『오키나와 현대사』. 서울: 논형.
양기용. 2005. "지방정부와 주둔미군과의 상호작용과 협력체제에 관한 연구."『한국사회와 행정연구』 제16권 제1호.
윤인진. 2004.『코리안 디아스포라: 재외한인의 이주, 적응, 정체성』. 서울: 고려대학교출판부.
이강로. 2004. "한국 내 반미주의의 성장과정 분석."『국제정치논총』 제44집 4호.
이남희. 2006. "치유와 정의의 기억 만들기: 아파르트헤이트 체제의 청산과 보상."『역사와 담론』 제44집.
이병재. 2015. "이행기의 정의와 인권."『국제정치논총』 제55집 3호.
이영재. 2012. "이행기 정의의 본질과 형태에 관한 연구."『민주주의와 인권』 12 (1).
이재령. 2004. "남경국민정부시기 중국의 한국인식: 만보산 사건에 대한 여론 동향을 중심으로.”『중국사연구』 제31집.
이재승. 2002. “이행기의 정의.”『법과 사회』 제22권.
이재승. 2011. “화해의 문법.”『민주법학』 제46호.
임미리. “‘경기동부연합’의 기원과 형성, 그리고 고립,“『기억과 전망』 통권 28호 (2013), pp. 67-108.
자크 데리다 저, 최용호·신정아 역. 2016.『신앙과 지식: 세기와 용서』. 서울: 아카넷.
장원석. 2008. “한국의 군사기지 갈등과 국내정치 : 평택 미군기지 갈등 사례 분석.”『국방연구』 제51권 제3호.
제대식. 2003. “인도네시아 아쩨 분리독립운동의 배경과 전개.”『동남아시아연구』 13권 1호.
조홍식. 2004. “주한미군의 환경책임과 SOFA의 후속협약.”『서울대학교 법학』 제45집 3호.
주한미군범죄근절운동본부. 2002.『미군범죄와 한미 SOFA』. 서울: 두리미디어.
차경진. 2006. “다르푸르 평화협정, 성과와 전망.”『수은해외경제』 제25권 제6호.
최병두. 2003. “주한미군의 미시적 지정학: 미군기지로 인한 지역사회의 범죄 및 환경문제의 발생과 해결방안.”『한국지역지리학회지』 제9권 제3호.
카를 야스퍼스 저, 이재승 역. 2014.『죄의 문제: 시민의 정치적 책임』. 서울: 앨피.
평화와 통일을 여는 사람들. 2004. “섬전체가 미군과 싸우는 비에케스 사람들.”『온누리 통일누리』 제48호.
평화와 통일을 여는 사람들. 2004. “비에케스 싸움은 계속된다.”『온누리 통일누리』 제49호.
평화와 통일을 여는 사람들. 2005. “해외 미군기지 투쟁사례: 섬전체가 미군과 싸우는 비에케스.”『온누리 통일누리』 제50호.
하랄트 뮐러 저, 이영희 역. 2000.『문명의 공존』. 서울: 푸른숲.
한나 아렌트 저, 김선욱 역. 2006.『예루살렘의 아이히만』. 서울: 한길사.
한나 아렌트 저, 이진우·태정우 역. 1996.『인간의 조건』. 서울: 한길사.
한홍구. 2003.『대한민국사 02』. 서울: 한겨레출판사.
허훈. 2006. “군부대이전과 지역발전.”『한국행정학 50년: 비판적 성찰』. 한국행정학회 하계학술대회.
헌법재판소. 2006. "대한민국과 미합중국간의 미합중국군대의 서울지역으로부터의 이전에 관한 협정 등 위헌확인." 2005헌마268 전원재판부(2006. 2. 23.). 『판례집 제18권 1집 상』.
홍관희. 2004. 『주한미군 감축 및 재배치와 한국의 국가안보』. 통일연구원 연구총서 04-07.
황영주. 1999. "미군기지의 양공주 다시보기 = 파편화된 기억과 완충지대로서의 식민지화 된 여성의 몸." 『비교한국학』. 제5권.

Aglionby. 2005. "Legacy of Tsunami Bring Peace to Aceh." *The Guardian.*
Allais, Lucy. 2012. "Restorative Justice, Retributive Justice, and the South African Truth and Reconciliation Commission." *Philosophy and Public Affairs*, 39(4).
Allan, Alfred, and Marietjie M. Allan. 2000. "The South African Truth and Reconciliation Commission as a Therapeutic Tool." *Behavioral Science and the Law*, 18.
Allen, Matthew. 2002. *Identity and Resistance in Okinawa.* Lanham: Rowman & Littlefield Publishers, Inc.
Androff, David K. 2012a. "Reconciliation in a Community-Based Restorative Justice Intervention." *Journal of Sociology and Social Welfare.* Vol. 39, No. 4.
Androff, David K. 2012b. "Adaptations of Truth and Reconciliation Commissions in the North American Context: Local Examples of a Global Restorative Justice Intervention." *Advance in Social Work*, Summer 13 (2).
Androff, David K. 2012c. "Narrative Healing Among Victims of Violence: The Impact of the Greensboro Truth and Reconciliation Commission," Families in Society: T*he Journal of Contemporary Social Services*, 93 (1).
Ayala, César. 2003. "Recent Works on Vieques, Colonialism, and Fishermen," *Centro Journal*, Vol. xv, No. 1.
Ayala Casás, Cèsar and Josè Bolívar Fresneda. 2006. "The Cold War and the Second Expropriation of the Navy in Vieques." *Centro*

Journal, Vol. xviii, No.1.

Bandow, Doug. 1999. "The U.S. Role in Kosovo." in testimony before the U.S. House International Relations Committee (March 10).

Barkan, Elazar and Alexander Karn (eds.). *Taking Wrongs Seriously: Apologies and Reconciliation.* Stanford: Stanford University Press, 2006.

Barreto, Amílcar Antonio. 2002. *Vieques, the Navy and Puerto Rican Politics.* Gainesville: University of Florida Press.

Baruffi, Russell. 2002. "Environmental Conflict and Cultural Solidarity: The Case of Vieques." This paper was prepared as part of a seminar on Environmental Conflict Resolution, Watson Institute for International Studies. RI. USA: Brown University

Beitler Ⅲ, James Edward. 2013. *Remaking Transitional Justice in the United States : the Rhetorical Authorization of the Greensboro Truth and Reconciliation Commission.* New York: Springer.

Bermanzohn, S. A. 2003. *Through Survivor's Eyes: From the Sixties to The Greensboro Massacre.* Nashville, TN: Vanderbilt University Press.

Bickford, L. 2007. "Unofficial Truth Project." *Human Right Quarterly*, 29(4).

Bonacich, Edna. 1973. "A Theory of Middleman Minorities." *American Sociological Review* 38.

Braun, Sebastian. 2007. "The Legislative deliberations on the Law on the Governance of Aceh." *Watch Indonesia: Information Analysis.*

Browning, Christopher R. 1993. *Ordinary man: Reserve Police Battalion 101 and the Final Solution in Poland.* New York: Harpercollins.

Browning, Christopher R. 1980. "Middleman Minorities and Advanced Capitalism." *Ethnic Groups* 2.

Calder, Kent E. 2007. *Embattled Garrisons: Comparative Base Politics and American Globalism.* Princeton, NJ: Princeton University Press.

Cheadle, Don & John Prendergast. 2007. *Not on Our Watch.* New York: Hyperion.

Cohen, Allison S. 2005. "We Must Halt the Genocide in Darfur, Sudan

Now." *The Jacob Blaustein Institute for the Advancement of Human Rights, Human Rights Discussion Paper* .

Collins, Bennett, and Alison M. S. Watson. 2015. "Examining the Potential for an American Truth and Reconciliation Commission." *Carnegie Council for Ethics in International Affairs.*

Comité Pro Rescate y Desarrollo de Vieques. "Military contamination on the Island of Vieques, Puerto Rico and the People's Response." http://prorescatevieques.org (accessed April 2, 2007).

Conroy, Mary Schaeffer. 2000. "Book Reviews: Warrant for Genocide." *The Social Science Journal.* Vol. 37, No. 3.

Cooley, Alexander & Kimberly Marten. 2006. "Base Motives: The Political Economy of Okinawa's Antimilitarism." *Armed Forces & Society.* Vol. 32, No. 4.

Cooley, Alexander. 2005a. "Base Politics." *Foreign Affairs* 84, No. 6.

Cooley, Alexander. 2005b. "Democratization and the Contested Politics of U.S. Military Bases in Korea: Towards A Comparative Understanding." *IRI Review* 10, No. 2.

Cooley, Alexander. 2005b. 2008. *Base Politics: Democratic Change and The U.S Military Overseas.* Ithaca and London: Cornell University Press.

Cornell, Drucilla, and Karin van Marle, with Albie Sachs. 2015. *Albie Sachs and Transformation in South Africa: From Revolutionary Activists to Constitutional Court Judge.* London and New York: Routledge.

Coste, Renô. 1993. "View from the Vatican: The Moral Dimension of Intervention." *Harvard International Review* (Fall).

Cowan, Tadlock and Baird Webel. 2005. "Military Base Closure: Socioeconomic Impact." *CRS Report for Congress.* https://fas.org/sgp/crs/natsec/RS22147.pdf (accessed December 9, 2006).

Crew, Spencer R. 2010. "Book Reviews: Lisa Magarrell and Joya Wesley, Learning from Greensboro: Truth and Reconciliation in the United States." *Human Rights Quarterly.* 32(2).

Crocker, David A. 2006. "Punishment, Reconciliation, and Democratic

Deliberation." in Elazar Barkan and Alexander Karn (ed.) *Taking Wrongs Seriously: Apologies and Reconciliation.* Stanford: Stanford University Press.

Cumings, Bruce. 2003. "Some Thoughts on the Korean-American Relationship." *JPRI Occasional Paper*, No. 31, May. http://www.jpri.org/publications/occasionalpapers/op31.html (accessed January 23, 2007).

Dadrian, Vahakn, N. 1975. "A Typology of Genocide." *International Review of Modern Sociology* 5.

Dadrian, Vahakn, N. 1993. "The Role of the Special Organization in the Armenian Genocide during the First World War." in Panikos Panayi (ed.) *Minorities in Wartime.* Providence: Berg.

Dadrian, Vahakn, N. 1999. *Warrant for Genocide: Key Elements of Turko-Armenian Conflict.* New Brunswick and London: Transaction Publishers.

Dalton, Russell J., Manfred Kuechler, and William Burklin. 1990. "The Challenger of New Movements." in Russell J. Dalton and Manfred Kuechler (eds.) *Challenging the Political Order: New Social and Political Movements in Western Democracies.* Cambridge, UK: Polity Press.

Dardia, M., K. F. McCarthy, J. Malkin, and G. Vernez. 1996. *The Effects of Base Closures on Local Communities: A Short Term Perspective.* Santa Monica: RAND Corporation.

Davies, Paul. 2002. "On Apology." *Journal of Philosophy.* Vol. 19, No. 2, pp. 169-175.

Davis, Fania. 2005. "How Truth and Reconciliation Commissions Help Heal Wounds From Racial Injustice." *YES! Magazine.* http://www.truth-out.org/news/item/31836-how-truth-and-reconciliation-commissions-help-heal-wounds-from-racial-injustice. accessed September 8, 2016).

De Waal, Alex. 2004. "Counter-insurgency on the Cheap." *London Review of Books.* vol. 26, no. 15.

De Waal, Alex. 2005. "Review of Gerard Prunier, Darfur: The Ambiguous Genocide." *The Times Literary Supplement.* 27 (16).

Dean, Peter. 2013. "Book Review: Democracy, Dialogue, and Community Action: Truth and Reconciliation in Greensboro." T*he Southeastern Librarian.* 61 (1).

DoD(Department of Defense). 1995. *United States Security Strategy for the East Asia-Pacific Region.* Washington, DC: Office of International Security Affairs.

Doxtader, E. 2004. "The Potential of Reconciliation's Beginning: A Reply." *Rhetoric & Public Affairs.* 7(3).

Elkin, Stephen L. 1987. *City and Regime in the American Republic.* Chicago: University of Chicago Press.

Engerman, Stanley. 2009. "Apologies, Regrets, and Reparations." *European Review.* Vol. 17, No. 3&4, pp. 593-610.

Evans Braziel, Jana and Anita Mannur (ed.). 2003. *Theorizing Diaspora: A Reader.* Blackwell Publishing.

Falk, Richard. 1993. "Intervention Revisited: Hard Choices and Tragic Dilemmas." *The Nation.* December 20.

Funes, Yessenia. 2016. "Finally, the US Steps Closer to Racial Healing With a National Truth and Reconciliation Commission." BillMoyers (April 21, 2016). http://billmoyers.com /story/finally-the-us-steps-closer-to-racial-healing-with-a-national-truth-and-reconciliation-commission/#.(accessed December 8, 2016).

GAO. 1998. "Military Bases: Status of Prior Base Realignment and Closure Rounds." *GAO/NSIAD*-99-36. http://www.gao.gov/archive/1999/ns99036.pdf (accessed December 9, 2006).

Gavrielides, Theo, and Grace Loseby. 2014. *The Wind of Change: Comparative Lessons for Restorative Justice in South Africa and the United Kingdom.* London: RJ4ALL Publications.

Ghoshal, Raj. 2015. "What Does Remembering Racial Violence Do? Greensboro Truth Commission, Mnemonic Overlap, and Attitudes Toward Racial Redress." *Race and Justice.* 5(2).

Gibney, Mark, and Erik Roxstrom. 2001. "The Status of State Apologies." *Human Right Quarterly.* 23, pp. 911-939.

Gibney, Mark, Rhoda E. Howard-Hassmann, Jean-Marc Coicaud, and

Niklaus Steiner. (eds.). 2008. *The Age of Apology: Facing up to the Past.* Philadelphia: University of Pennsylvania Press.

Giddens, Anthony. 1991. *Modernity and Self-identity: Self and Society in the Later Modern Age.* Stanford, CA: Stanford University Press.

Gill, Kathleen. 2000. "The Moral Functions of An Apology." *The Philosophical Forum.* Vol. 31, No. 1(Spring), pp. 11-27.

Giusti-Cordero, Juan. 2001. "Vieques after September 11." *The American Prospect.* November 26.

Glassberg, Andrew D. 1995. "Intergovernmental Relations and Base Closing." *The Journal of Federalism* 25. No. 3(Summer).

Goldhagen, Daniel Jonah. 1996. *Hitler's Willing Executioners: Ordinary Germans and the Holocaust.* New York: Alfred A. Knopf.

Goren, Lilly J. 2003. *The Politics of Military Base Closings: Not in My District.* New York: Peter Lang Pub Inc.

Govier, Trudy, and Wilhelm Verwoerd. 2002. "The Promise and Pitfalls of Apology." *Journal of Social Philosophy.* Vol. 33, No. 1 (Spring), pp. 67-82.

Grant, Glen, and Dennis M. Ogawa. 1993. "Living Proof: Is Hawaii the Answer?" *The Annals of the American Academy.* No.530.

Gutmann, Amy, and Dennis Thompson. 2000. "The Moral Foundation of Truth Commissions." in Robert I. Rotberg and Dennis Thompson (ed.). *Truth V. Justice: The Morality of Truth Commissions.* Princeton: Princeton University Press.

Haas, Richard. 1994. *Intervention: The Use of American Military Force in the Post-Cold War World. Washington,* DC: The Carnegie Endowment for International Peace.

Harff, Barbara. 1984. *Genocide and Human Rights: International Legal and Political Issues.* Denver: University of Denver Monograph Series in World Affairs.

Hayner, Priscilla B. 1996. "Commissioning the Truth: Further Research Questions." *Third World Quarterly.* 17 (1).

Hehir, J. Brian. 1993. "Religion and International Affairs." *Nieman Reports* (Summer).

Heidenrich, John G. 2001. *How to Prevent Genocide.* Westport: Praeger.

Hein, Laura & Mark Selden (ed.). 2003. *Islands of Discontent.* Lanham: Rowman & Littlefield Publishers, INC.

Hillman, Ben. 2007. "Aceh's Rebel Turn to Ruling." *Far Eastern Economic Review.*

Hook, Glenn D., and Richard Siddle (ed.). 2003. *Japan and Okinawa: Structure and Subjectivity.* London and New York: RoutledgeCurzon.

Hooper, Paul F. Elusive Destiny. 1980. *The Internationalist Movement in Modern Hawaii.* Honolulu: The University Press of Hawaii.

Horowitz, Irving Louis. 1976. *Genocide: State Power and Mass Murder.* New Brunswick, N.J.: Transaction Books.

Human Right Watch Asia Division. 2001. "Indonesia: The War in Aceh" *Human Right Watch.* Vol. 13, No. 4.

Human Right Watch. 2004. "Darfur in Flames: Atrocities in Western Sudan." *Human Right Watch.* Vol. 16, No. 5 (A).

Huntington, Samuel. 1991. *The Third Wave: Democratization in the Late Twentieth Century.* Norman and London: University of Oklahoma Press.

Ignatieff, Michael. 1996. "Overview: Articles of Faith." *Index on Censorship.* 5.

Inglehart, Ronald. 1987. "Value Change in Industrial Societies." *American Political Science Review* 81.

Inglehart, Ronald. 1990. "Value, Ideology, and Cognitive Mobilization in New Social Movements." in Russell J. Dalton and Manfred Kuechler (eds.). C*hallenging the Political Order: New Social and Political Movements in Western Democracies.* Cambridge, UK: Polity Press.

Inoue, Masamichi S. 2007. *Okinawa and the U. S. Military: Identity Making in the Age of Globalization.* New York: Columbia University Press.

International Crisis Group. 2005. "Aceh: So Far, So Good." *Asia Briefing.* No. 44.

International Crisis Group. 2007. "Indonesia: How GAM Won in Aceh." *Asia Briefing* No. 61.

International Crisis Group. 2007. "Aceh: Post-Conflict Complications." *Asia Report* No. 139.

Inwood, Joshua, Derek Alderman, and Melanie Barron. 2016. "Addressing Structural Violence through US Reconciliation Commissions: The Case Study of Greensboro, NC and Detroit, MI." *Political Geography*, Volume 52.

Jacobs, Lawrence and Benjamin Page. 2005. "Who Influences U.S. Foreign Policy?" *American Political Science Review* 99, No. 1.

Johnson, Chalmers. 2004. *Blowback: The Cost and Consequences of American Empire.* New York: A Metropolitan/Owl Book.

Johnstone, Gerry, and Daniel W. Van Ness (ed.). 2011. *Handbook of Restorative Justice.* London and New York: Routledge.

Jovanovic, Spoma. 2012. *Democracy, Dialogue, and Community Action: Truth and Reconciliation in Greensboro.* Arkansas: University of Arkansas Press.

Kamimura, Naoki. 2001. "Japanese Civil Society and U.S.-Japan Security Relations in the 1990s." *Medicine & Global Survival* 7. No. 1 (April).

Kennedy, Paul and Bruce Russett. 1995. "Reforming the United Nations." *Foreign Affairs* (September/October).

Kim, Seung-Hwan. 2002. "Anti-Americanism in Korea." *The Washington Quarterly.* Vol. 26, No. 1.

Kissinger, Henry. 1999. "The End of Nato as We Know It?" *Washington Post* (August 15). B.7.

Klandermans, Bert. 1984. "Mobilization and Participation: Social Psychological Expansions of Resource Mobilization Theory." *American Sociological Review* 49.

Koesten, Joy, and Robert C. Rowland. 2004. "The Rhetoric of Atonement." *Communication Studies* (Spring), pp. 68-87.

Kriesi, Hanspeter. 1995. "The Political Opportunity Structure of New Social Movements: Its Impact on Their Mobilization." in J. C. Jenkins & B. Klandermans (eds.). *The Politics of Social Protest.* Minneapolis: University of Minnesota Press.

Kuper, Leo. 1982. *Genocide: Its Political Use in the Twentieth Century.* New Haven: Yale University Press.

Lambourne, Wendy. 2009. "Transitional Justice and Peace Building after Mass Violence." *The International Journal of Transitional Justice,* 3.

Leebaw, Bronwyn. 2003. "Legitimation or Judgement: South Africa's Restorative Approach to Transitional Justice." *Polity,* 36 (1).

Lefever, Ernest W. 1993. "Reining in the UN: Mistaking the Instrument for the Actor." *Foreign Affairs* (Summer).

Lemkin, Raphael. 1944. *Axis Rule in Occupied Europe. Washington.* D.C.: Carnegie Endowment for International Peace.

Leurdijk, Dick A. 1995. *A UN Rapid Deployment Brigade: Strengthening the Capacity For Quick Response.* The Hague: Netherlands Institute of International Relations Clingendael.

Lewellyn, Jennifer J., and Robert Howse. 1999. "Institutions for Restorative Justice: The South African Truth and Reconciliation Commission." Canada: *University of Toronto Law Journal,* 49 (3).

Lewy, Guenter. 2005. "Revisiting the Armenian Genocide." *The Middle East Quarterly.* vol. XII, no. 4.

Lijphart, Arend. 1979. *Democracy in Pluralistic Society : A Comparative Exploration.* New Haven: Yale University Press.

Lindsay-Poland, John. 2001. "U.S. Military Bases in Latin America and the Caribbean." *Foreign Policy in Focus,* Vol. 6, No. 35.

Logan, John R. and Harvey Molotch. 1987. *Urban Fortunes: the Political Economy of Place.* Berkeley: University of California Press.

Lyotard, Jean-François. 1984. *The Postmodern Condition: A Report on Knowledge.* Minneapolis: Minnesota University Pres.

Magarrell, Lisa, and Joya Wesley. 2009. *Learning from Greensboro Truth and Reconciliation in the United States.* Philadelphia: University of Pennsylvania Press.

Marten, Kimberly T. 2003. "U.S. Military Bases in Post-Soviet Central Asia: Economic Lessons from Okinawa." *Ponars Policy Memo* 311, November.

Masango, M. J. S. 2006. "African Spirituality That Shapes the Concept of Ubuntu." *VERBUM et ECCLESIA*, 27 (3).

McAdam, Doug. 1988. "Micromobilization Context and Recruitment to activism." in B. Klandermans, B.H. Kriesi & S. Tarrow (eds.). *International Social Movement Research*, vol. I. Greenwich, Connecticut: JAI Press.

McCaffrey, Katherine T. 2002. *Military Power and Popular Protest: the U.S. Navy in Vieques, Puerto Rico.* New Brunswick: Rutgers University Press.

McCarty III, J.W. 2013. "The Embrace of Justice: The Greensboro Truth and Reconciliation Commission, Miroslav Volf, and The Ethics of Reconciliation." *Journal of the Society of Christian Ethics*, Volume 33, Issue 2.

Mccormack, Gavan. 2003. "Okinawa and the Structure of Dependence." in Glenn D. Hook and Richard Siddle (ed.). *Japan and Okinawa: Structure and Subjectivity.* New York: RoutledgeCurzon.

Medeiros, Evan S. and Jing-dong Yuan. 2001. "A US Military Presence in Asia: Offshore Balancer or Local Sheriff." *Jane's Intelligence Review* 13, No. 1(January).

Melson Robert. 2000. "Book Reviews: Warrant for Genocide." *American Historical Review*, vol. 105, no. 3.

Mercer, Joye. 1994. "Native Hawaiians Push to Extend and Deepen University's Diversity." *The Chronicle of Higher Education.*

Mihai, Mihaela. 2008. "When the State Says "Sorry: State Apologies as Exemplary Political Judgements." *The Journal of Political Philosophy*, Vol. 21, No. 2 (2013), pp. 200-220. Pennsylvania Press.

Milgram, Stanley. 1974. *Obedience to Authority: An Experimental View.* New York: Harper & Row.

Minow, Martha. 1998. *Vengeance and Forgiveness.* Boston: Beacon Press.

Mokuau, Noreen. 1990. "The Impoverishment of Native Hawaiians and the Social Work Challenge." *Health and Social Work*, Vol. 15, No. 3.

Moriteru, Arasaki. 2000. "Okinawa Tōsō-sono rekishi to tembo' (The 'Okinawa Struggle': History and Prospect)." in Jōkyō Shuppan

Henshūbu (ed.). *Okinawa o Yomu.* Reading Okinawa. Tokyo: Tokyo Shuppan.

Moriteru, Arasaki. 2001. "The Struggle against Military Bases in Okinawa? Its History and Current Situation." *Inter-Asia Cultural Studies* 2, No. 1(April).

Morley, Q.C. Jane. 2010. "Book Reviews: Learning from Greensboro Truth and Reconciliation in the United States." *The International Journal of Transitional Justice*, Vol. 4.

Mulgan, Aurelia George. 2000. "Managing the US Base Issue in Okinawa: A Test for Japanese Democracy." *Japanese Studies* 20, No. 2.

Murillo, Mario. 2001. *Island of Resistance: Puerto rico, Vieques and U.S. Policy*. New York: Seven Stories Press.

Murithi, Timothy. 2006. "Practical Peacemaking Wisdom from Africa: Reflections on Ubuntu." *The Journal of Pan African Studies*, 1 (4).

National Governors Association. 2002. "Military Installations Pressured by Sprawl." *Natural Resources Policy Studies*, NGA Center for Best Practices. http://www.nga.org/Files/pdf/100802SPRAWL.pdf (accessed December 9, 2006).

Nicholas Evan Sarantakes. 2000. *Keystone: The American Occupation of Okinawa and U.S.-Japanese Relations.* College Station: Texas A&M University Press.

O'Brien, Justin. 2000. "Puerto Rico Mayors Protest Military Bombing Exercises in Off-Shore Municipality of Vieques." *U.S. Mayor Newspaper.*

Pan, Esther. 2005. "Indonesia: The Aceh Peace Agreement." *Council on Foreign Relations* (September).

Peterson, Paul E. 1981. *City Limits.* Chicago: University of Chicago Press.

Philpott, D. 2007. "Beyond Politics as Usual: Is Reconciliation Compatible With Liberalism." in D. Philpott (ed.). *The Politics of Past Evil: Religion, REconciliation, and the Dilemmas of Transitional Justice.* Notre Dame, IN: University of Notre Dam Press.

Podgers, Janes. 1997. "Greetins from Hawaii." *ABA Journal* (June).

Porther, Gareth. 1980. "Vietnam's Ethnic Chinese and the Sino-Vietnamese

Conflict." *Bulletin of Concerned Asian Scholars* 12, no. 4.

Power, Samantha. 2004. "Dying in Darfur: Can the Ethnic Cleansing in Sudan be Stopped." *The New Yorker* (August).

Prunier, Gerard. 2007. *Darfur: The Ambiguous Genocide.* Ithaca, New York: Cornell University.

Reeves, Eric. 2007. "Understanding Genocide in Darfur: The View from Khartoum." *Sudan Tribune* (January).

Reeves, Eric. 2006. "Quantifying Genocide in Darfur: April 28, 2006 (Part 1)." *SUDAN Research, Analysis and Advocacy.*

Reid, Anthony (ed.). 2006. *Verandah of Violence: The Background to the Aceh Problem.* Singapore: Singapore University Press.

Rigby, Andrew. 2001. *Justice and Reconciliation.* Boulder: Lynne Rienner Publishers, Inc.

Riiber, Kris Ann. 2007. "Aceh, Indonesia: Governor and District Elections December 2006-March 2007." *NORDEN Report* 03/2007.

Ritter, Carol and Sondra Myers (eds.). 1986. *The Courage to Care.* New York: New York University Press.

Rotberg, Robert I. 2000. "Truth Commission and the Provision of Truth, Justice and Reconciliation." in Robert I. Rotberg and Dennis Thompson (ed.). *Truth V. Justice: The Morality of Truth Commissions*. Princeton: Princeton University Press.

Rotberg, Robert I. 2006. "Apology, Truth Commissions, and Intrastate Conflict." in Elaza Barkan and Alexander Karn (ed.). *Taking Wrongs Seriously: Apology and Reconciliation.* Stanford: Stanford University Press.

Roth, Randall W. 1992. *The Price of Paradise.* Honolulu: Mutual Publishing.

Rother, Ira. 1992. *A Green Hawaii: Sourcebook for Development Alternatives.* Honolulu : Na Kane O Ka Malo Press.

Rubenstein, Richard. 1983. *The Age of Triage: Fear and Hope in an Overcrowded World.* Boston: Beacon Press.

Rummel, Rudolph. 1994. *Death by Government.* New Brunswick, N.J.: Transaction.

SACO(Special Action Committee on Okinawa). 1996. *Final Report.*

Salih, M.A. Mohamed. 2005. "Understanding the Conflict in Darfur." *Centre of African Studies, University of Copenhagen, Occasional Paper* (May).

Scheffer, Gabriel. 2003. *Diaspora Politics: At Home Abroad.* Cambridge, NY: Cambridge University Press.

Schulze, Kirsten E. 2004. *The Free Aceh Movement: Anatomy of a Separatist Organization.* Washington: East-West Center.

Sheffer, Gabriel. 2003. *Diaspora Politics.* Cambridge University Press.

Smith, Sheila A. 2006. "Shifting Terrain: The Domestic Politics of the U.S. Military Presence in Asia." *East-West Center Special Report* No. 8.

Smith, Zachary A. 1992. *Hawaii : State and Local Government.* Washington, DC: University Press of America.

Smith, Zachary A. and Richard C. Pratt. (eds.). 1992. *Politics and Public Policy in Hawaii.* New York: State University of New York Press.

Smith-Pryor, Elizabeth M. 2010. "A Review of Learning from Greensboro: Truth and Reconciliation in the United States." *History: Reviews of New Books* 38 (3).

Spencer, Jack. 2001. "The Importance of Vieques Island for Military Readiness." *Heritage Foundation, Issues* (February 16). http://www.heritage.org (accessed April 2, 2007)

Stanley, Elizabeth. 2001. "Evaluating the Truth and Reconciliation Commission." *The Journal of Modern African Studies,* 39 (3).

Stone, Clarence N. 1989. *Regime Politics: Governing Atlanta, 1946~1988.* Lawrence, K.S.: University of Kansas.

Sukma Rizal. 2004. *Security Operation in Aceh: Goals, Consequences, and Lessons.* Washington: East-West Center.

Tanji, Miyume. 2006. *Myth, Protest and Struggle in Okinawa.* London and New York: Routledge.

Tanji, Miyume. 2008. "U.S Court Rules in the Okinawa Dugong Case: Implications for U.S. Military Bases Overseas." *Critical Asian Studies* 40, No. 3.

Teitel, Ruti G. 2000. *Transitional Justice.* New York: Oxford University

Press.

Teitel, Ruti G. 2003. "Transitional Justice Genealogy." *Harvard Human Rights Journal*, 16.

Terry, Edith. 1993. "Trouble in Paradise: Ethnic Movement for Self-Rule Gains Momentum." *Far Eastern Economic Review* (March).

The Internationalist. 2000. "Puerto Rican Labor: Shut Down All U.S. Bases!" *The Internationalist* (May).

Trask, Haunani-Kay. 1984. "Hawaiians, Americanization, and the Quest for Independence." *Social Process in Hawaii*, Vol. 31.

Trask, Haunani-Kay. 1987. "The Birth of the Modern Hawaiian Movement: Kalama Valley, Oahu." *Hawaiian Journal of History*, NO. 21.

Trask, Haunani-Kay. 1993. "Native Hawaiians Want Their Land Back." *The Progressive* (July).

Tutu, Desmond M. 1999. *No Future Without Forgiveness.* New York: Doubleday.

Valentino, Benjamin A. 2004. *Final Solutions: Mass Killing and Genocide in the Twentieth Century.* Ithaca and London: Cornell University Press.

VanAntwerpen, J. 2010. "Reconciliation Reconceived: Religion, Secularism, and the Language of Transition." in W. KImlicka & B. Bashir (eds.). *The Politics of Reconciliation in Multicultural Societies.* New York, NY: Oxford University Press.

Vázquez, Rich. 2005. "Comité Pro Rescate y Desarrollo de Vieques v United States Navy." *Las Culturas* (August).

Villadsen, Lisa Storm. 2008. "Speaking on Behalf of Others: Rhetorical Agency and Epideictic Functions in Official Apologies." *Rhetoric Society Quarterly.* Vol. 38, No. 1 (January), pp. 25-45.

Vogel, Ezra. 1999. "Case for U.S. Troops in Okinawa." *Asian Studies Newsletter* 44, No. 1.

Volkan, Vamik. "The Tree Model: A Comprehensive Psychopolitical Approach to Unofficial Diplomacy and the Reduction of Ethnic Tension," *Mind and Human Interaction*, No. 10 (1999), pp. 142-210.

____________. "Traumatized Societies and Psychological Care: Expanding the Concept of Preventive Medicine," *Mind and Human Interaction*, No. 11 (2000), pp. 177-194.

____________. "What Some Monunents Tell Us About Mourning and Forgiveness," in Elazar Barkan and Alexander Karn (ed.), *Taking Wrongs Seriously: Apology and Reconciliation* (California: Stanford University Press 2006).

____________. Large-Group-Psychology in Its Own Right: Large-Group Identity and Peace-making. *International Journal of Applied Psychoanalytic Studies* 10 (2013): 210-246.

____________. *Psychoanalysis, International Relations, and Diplomacy: A Sourcebook on Large-Group Psychology* (London: Karnac Books, 2014).

Wallimann Isidor and Michael N, Dobkowski. (eds.). 2000. *Genocide and the Modern Age.* New York: Syracuse University Press.

Walzer, Michael. 1977. *Just and Unjust War.* New York: Basic Books.

Walzer, Michael. 1995. "The Politics of Rescue." *Dissent* (winter).

Wang, James C. F. 1982. *Hawaii State and Local Politics.* Hilo: University of Hawaii at Hilo.

Willemse, Karin. 2005. "Darfur in War: The Politicization of Ethnic Identities?" *ISIM Review* (Spring).

Williamson, Richard S. 2006. "Darfur: Genocide in Slow Motion." *UNA_USA Occasional Paper*, No. 1, 17 (April).

Woodward L. Susan. 1995. *Balkan Tragedy: Chaos and Dissolution after the Cold War.* Washington D.C.: Brookings Institution.

World Socialist Web Site. 2002. "US Navy Resumes Vieques Bombings." www.wsws.org (accessed April 2, 2007)

Yonetani, Julia. 2001. "Playing Base Politics in a Global Strategic Theater: Futenma Relocation, the G-8 Summit, and Okinawa." *Critical Asian Studies* 33, No. 1 (March).

Zenner, Walter P. 1978. *Middleman Minority Theories and the Jews: A Historical Assessment.* New York: YIVO Working Papers in Yiddish and East European Jewish Studies Series, No. 31.

Zenner, Walter P. 1980. "Theories of Middleman Minorities: A Critical

Review." in Roy S. Bryce-Laporte (ed.). *Sourcebook on the New Immigration.* New Brunswick, N.J.: Transaction Books.

Zenner, Walter P. 2000. "Middleman Minorities and Genocide." in William Isidor and Michael N. Dobkowski. *Genocide and Modern Age.* New york: Syracuse University Press.

Zimbardo, Philip. 2007. *The Lucifer Effect: How the Good People Turn Evil.* London: Rider Books.

색인

[ㄴ·ㄷ·ㄹ]

[ㅁ·ㅂ·ㅅ]

[ㅇ]

[ㅈ·ㅊ]

[ㅋ·ㅌ·ㅍ]

[ㅎ·기타]

■ 장원석

서울대학교 정치학과를 졸업하고 동대학원에서 석사, 박사학위를 취득했다. 현재 제주대학교 정치외교학과 교수로 있다. 주요 저서로는 『현대정치이론 산책』, 『클로드 르포르의 정치이론』, 『북한과 통일을 생각한다』 등이 있고, 역서로는 『미국정치론』, 『영국정치론』, 『현대프랑스정치론』, 『21세기 러시아 정치론』, 『과거사 청산의 비교정치학』, 『디아스포라의 정치학』, 『정치적 이슬람의 미래』(공역), 『20세기의 대량학살과 제노사이드』(공역), 『제노사이드 예방학』(공역), 『현대사회와 제노사이드』(공역), 『평화교육의 이론과 현실』(공역), 『옥스팜과 국제구호의 교훈』(공역) 등이 있다.

진실과 화해의 정치

초판인쇄 | 2018년 9월 10일
초판발행 | 2018년 9월 20일

지은이 | 장원석

펴낸곳 | 온누리디앤피
등　록 | 제51호(1995년 8월 31일)
주　소 | 제주특별자치도 제주시 신성로12길 21-2
전　화 | (064)722-0086
전　송 | (064)755-3380

ISBN 978-89-94495-54-5 93300

값 32,000원

※ 이 도서의 국립중앙도서관 출판예정도서목록(CIP)은 서지정보유통지원시스템 홈페이지(http://seoji.nl.go.kr)와 국가자료공동목록시스템(http://www.nl.go.kr/kolisnet)에서 이용하실 수 있습니다.(CIP제어번호: CIP2018028975)